쉽게 배우는 자바 프로그래밍

(이클립스 및 인텔리J 아이디어 기반)

2판

지은이 우종정 jwoo@sungshin.ac.kr

경북대학교 컴퓨터공학과에서 학사 과정을 마친 후 University of Texas at Austin에서 공학 석사 및 공학 박사를 취득했다. 산업연구원에서 연구원 및 책임연구원으로 재직했으며, 미국 IBM에서 PowerPC 개발에도 참여했다. 현재 성신여자대학교 컴퓨터공학과 교수로 재직 중이다. 저서로는 『IT CookBook, 컴퓨터 아키텍처』(한빛아카데미, 2014), 『CDMA 이동통신을 위한 휴대폰 프로그래밍』(홍릉과학출판사, 2007) 등이 있고, 역서로는 『디지털 시스템 설계 및 VHDL』(인터비전, 1999), 『Java 프로그래밍의 이해』(피어슨에듀케이션, 2002) 등이 있으며, 임베디드시스템과 모바일 기술 분야의 논문이 다수 있다.

쉽게 배우는 자바 프로그래밍 2판

초판발행 2020년 11월 22일
4쇄발행 2023년 3월 6일

지은이 우종정 / **펴낸이** 전태호
펴낸곳 한빛아카데미(주) / **주소** 서울시 서대문구 연희로2길 62 한빛아카데미(주) 2층
전화 02-336-7112 / **팩스** 02-336-7199
등록 2013년 1월 14일 제2017-000063호 / **ISBN** 979-11-5664-514-6 93000

책임편집 김성무 / **기획** 정서린 / **편집** 정서린, 권수연 / **진행** 안비단
디자인 김연정 / **전산편집** 이소연 / **제작** 박성우, 김정우
영업 김태진, 김성삼, 이정훈, 임현기, 이성훈, 김주성 / **마케팅** 길진철, 김호철, 심지연

이 책에 대한 의견이나 오탈자 및 잘못된 내용에 대한 수정 정보는 아래 이메일로 알려주십시오.
잘못된 책은 구입하신 서점에서 교환해 드립니다. 책값은 뒤표지에 표시되어 있습니다.

홈페이지 www.hanbit.co.kr / 이메일 question@hanbit.co.kr

Published by HANBIT Academy, Inc. Printed in Korea

쉽게 배우는 자바 프로그래밍 2판

우종정 지음

한빛아카데미
Hanbit Academy, Inc.

지금보다 더 나은 미래를 위해

세상의 중심이 하드웨어에서 소프트웨어로 바뀜에 따라, 프로그래밍 역량이 국가 경쟁력에 일조한다는 시대적 흐름 속에서 대다수 선진국이 프로그래밍 교육에 많은 투자를 하고 있습니다. 미국에서는 일주일에 한 시간씩 코딩을 배우자는 'Hour of Coding' 캠페인이 사회적 흐름으로 자리를 잡았고, 영국과 프랑스, 핀란드에서는 프로그래밍을 교과 과정으로 도입했습니다. 우리나라도 초등학교에서는 실과 과목에서 소프트웨어 기초 교육을 하고 있고, 중학교에서는 정보 과목을 필수 교과로, 고등학교에서는 정보 과목을 일반 선택 과목으로 지정해서 소프트웨어 교육을 강화하고 있습니다.

이처럼 소프트웨어 교육의 중요성이 부각되고 코딩 열풍이 불면서 배울 프로그래밍 언어를 선별해야 하는 어려운 문제가 발생했습니다. 특히 고등교육을 받는 대학생이나 현장에서 소프트웨어를 개발하는 직장인은 자신의 무기가 될 프로그래밍 언어를 선택하기가 더 어렵습니다. 그러나 필자는 망설이지 않고 자바 언어를 추천합니다. 여러 이유가 있지만 그중 일부는 다음과 같습니다.

자바는 탄생 24주년 만에 1,200만 명의 개발자와 300억 개의 디바이스에서 사용하는 프로그래밍 언어가 되었습니다. 한 번 작성하면 모든 곳에서 실행시킬 수 있는 플랫폼 독립적이면서 창의적인 프로그래밍 언어로, 지금도 끊임없이 발전하고 있습니다. 오늘날 자바는 빅데이터, 클라우드, 소셜 네트워크, 모바일, 사물인터넷 등의 혁신 기술부터 커넥티드 카, 스마트폰 및 비디오 게임까지 우리 일상생활과 업무 환경 전반에 연관되어 있습니다. 대부분의 소프트웨어 품질 관련 전문업체에 따르면 자바는 현재 프로그래밍 언어 중 가장 높은 점유율을 차지하고 있다고 합니다.

소프트웨어 관련 학과에서는 자바 언어를 필수 과목으로 개설하고 있습니다. 그런데 자바는 객체 지향 언어라서 프로그래밍 입문자는 매우 어렵게 느낄 수 있습니다. 특히 많은 입문자가 프로그램을 이해는 하지만, 실제 프로그래밍을 할 때는 머뭇거리고 어려워하는 경우가 많습니다. 필자는 그동안 프로그래밍 언어를 어렵게 여기는 수많은 대학생을 가르친 경험을 바탕으로 프로그래밍 초보자들이 더욱 쉽고 흥미롭게 자바의 세계로 입문할 수 있도록 다음 사항을 염두에 두고 이 책을 집필했습니다.

- 입문자가 객체 지향과 자바를 쉽게 이해할 수 있도록 적절한 그림을 사용해 설명했습니다.
- 최근 필수로 알아야 할 람다식, 메서드 참조, 스트림, 디폴트 메서드 등 주요 기술도 쉽게 이해하여 응용할 수 있게 설명했습니다.
- 최신 자바 버전에서 모듈화와 개선된 스위치에 대해서도 다양한 예제를 제시하고 쉽게 이해하도록 설명했습니다.
- 동일한 기능을 다양한 방식으로 표현한 프로그램을 제공해서 어떤 프로그램이든 이해하고 수정할 수 있는 능력을 키울 수 있게 구성했습니다.
- 모바일 분야에 쉽게 대처할 수 있도록 모바일 프로그램에서 사용하는 다양한 기법이 녹아든 예제도 골고루 담았습니다.
- 학습자가 각 장의 중요한 개념을 기억하도록 본문 중간에 셀프 테스트를 두었고, 입문자가 쉬운 코드부터 단계별로 프로그래밍할 수 있도록 각 장마다 도전 과제를 제시해 프로그래밍에 대한 거부감을 없애도록 노력했습니다.

이 책은 대학교 소프트웨어 관련 학과의 강의 교재로 적합하며, 자바 애플리케이션 개발자는 물론 안드로이드 프로그램 개발자에게도 많은 도움이 될 것입니다. 이 책을 접하는 모든 독자가 단순히 자바의 기본 문법을 활용하는 수준에서 벗어나 눈앞에 다가온 4차 산업 혁명을 주도할 수 있기를 바랍니다.

마지막까지 원고 교정에 많은 시간과 노력을 아끼지 않은 한빛아카데미(주) 편집진에게 감사의 마음을 보내고, 집필 기간 동안 많은 시간을 함께하지 못한 아내에게도 미안함과 고마움을 전합니다.

뉴욕 맨해튼에서
우종정

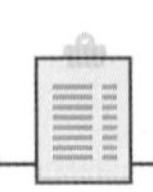

강의 보조 자료

한빛아카데미 홈페이지에서 '교수회원'으로 가입하신 분은 인증 후 교수용 강의 보조 자료를 제공받을 수 있습니다. 한빛아카데미 홈페이지 상단의 〈교수전용공간〉 메뉴를 클릭해 주세요. 강의 노트는 이클립스 버전과 인텔리J 아이디어 버전이 있습니다. 강의 노트의 하이퍼링크는 소스코드와 연결되어 있습니다.

http://www.hanbit.co.kr/academy

연습 문제 해답 안내

본 도서는 대학 강의용 교재로 개발되었으므로 연습 문제 해답은 제공하지 않습니다. 셀프 테스트 해답은 774~775쪽에 있습니다.

실습 환경과 예제 소스

실습 환경 윈도우 10, JDK 14, 이클립스(2020-06) 혹은 인텔리J 아이디어(Community Edition 2020-1), MySQL(8.0.19)

예제 소스 http://www.hanbit.co.kr/src/4514

다루는 내용

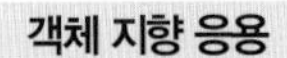

▪ 본문 구성

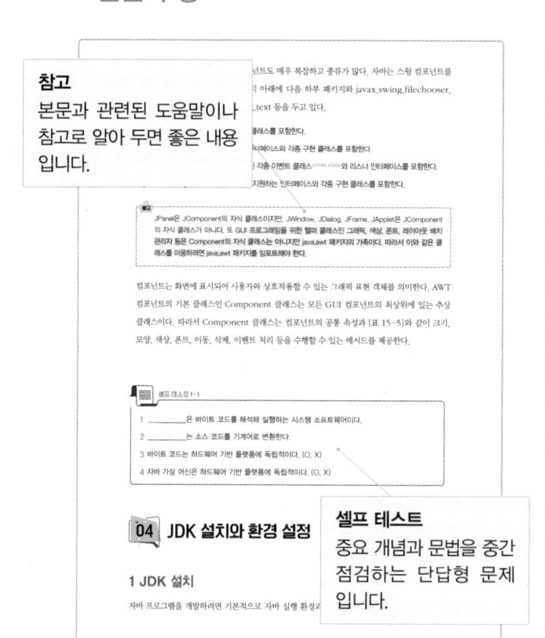
참고
본문과 관련된 도움말이나 참고로 알아 두면 좋은 내용입니다.
셀프 테스트
중요 개념과 문법을 중간 점검하는 단답형 문제입니다.

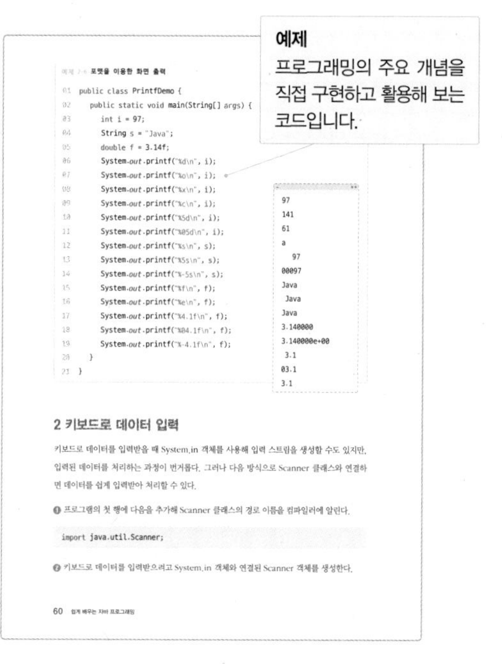
예제
프로그래밍의 주요 개념을 직접 구현하고 활용해 보는 코드입니다.

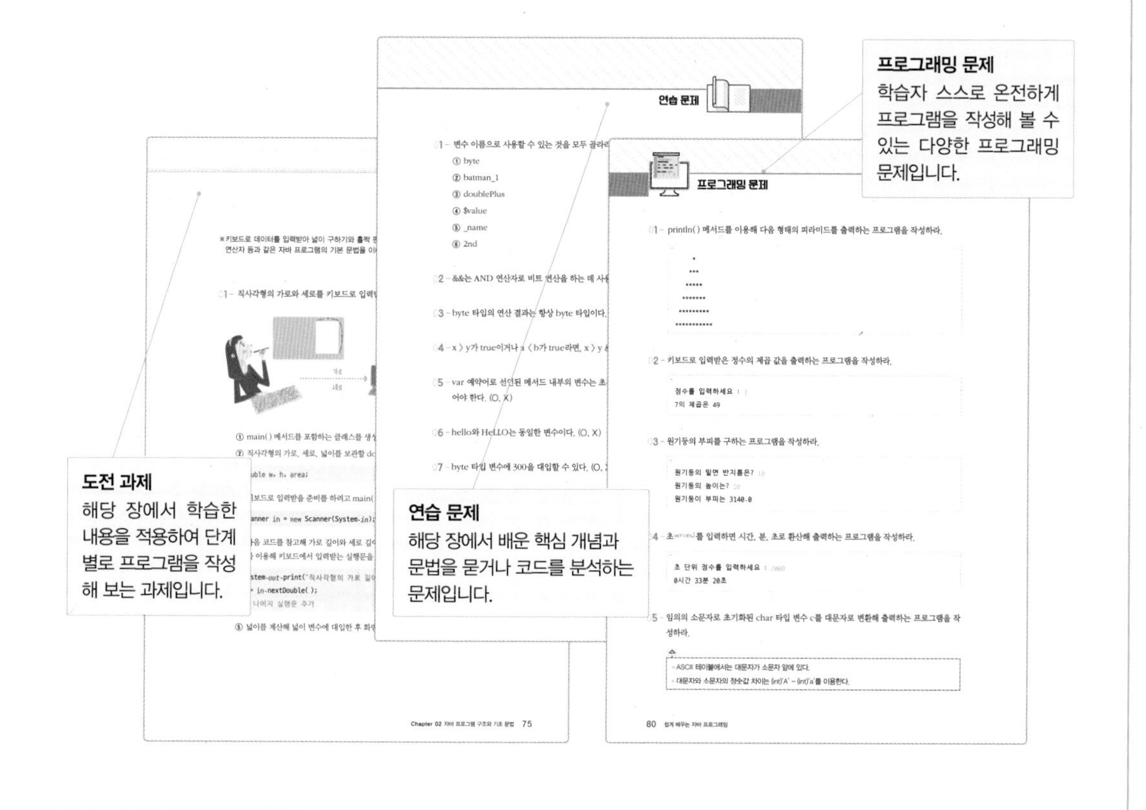
프로그래밍 문제
학습자 스스로 온전하게 프로그램을 작성해 볼 수 있는 다양한 프로그래밍 문제입니다.
도전 과제
해당 장에서 학습한 내용을 적용하여 단계별로 프로그램을 작성해 보는 과제입니다.
연습 문제
해당 장에서 배운 핵심 개념과 문법을 묻거나 코드를 분석하는 문제입니다.

Chapter 04

객체 지향

Chapter 05

문자열, 배열, 열거 타입

Chapter 06

상속

Chapter 07

인터페이스와 특수 클래스

Chapter 08

기본 패키지

Chapter 09

예외 처리와 제네릭 프로그래밍

Chapter 10

람다식과 함수형 인터페이스

Chapter 11

컬렉션 프레임워크

Chapter 12

스트림

Chapter 13

입출력 처리

Chapter 14

스레드

Chapter 15

자바 GUI 기초

Chapter 16

이벤트 처리

Chapter 17

그래픽 프로그래밍

Chapter 18

네트워크 및 데이터베이스 프로그래밍

Chapter 01

자바 시작하기

자바를 본격적으로 살펴보기에 앞서 프로그래밍 언어와 자바 언어의 관계,
자바의 가상 머신, 역사, 특징 등 기본 배경을 살펴본다.
그리고 자바 프로그램을 개발하는 환경을 설정한 후
맛보기 수준의 간단한 예제 프로그램도 작성한다.

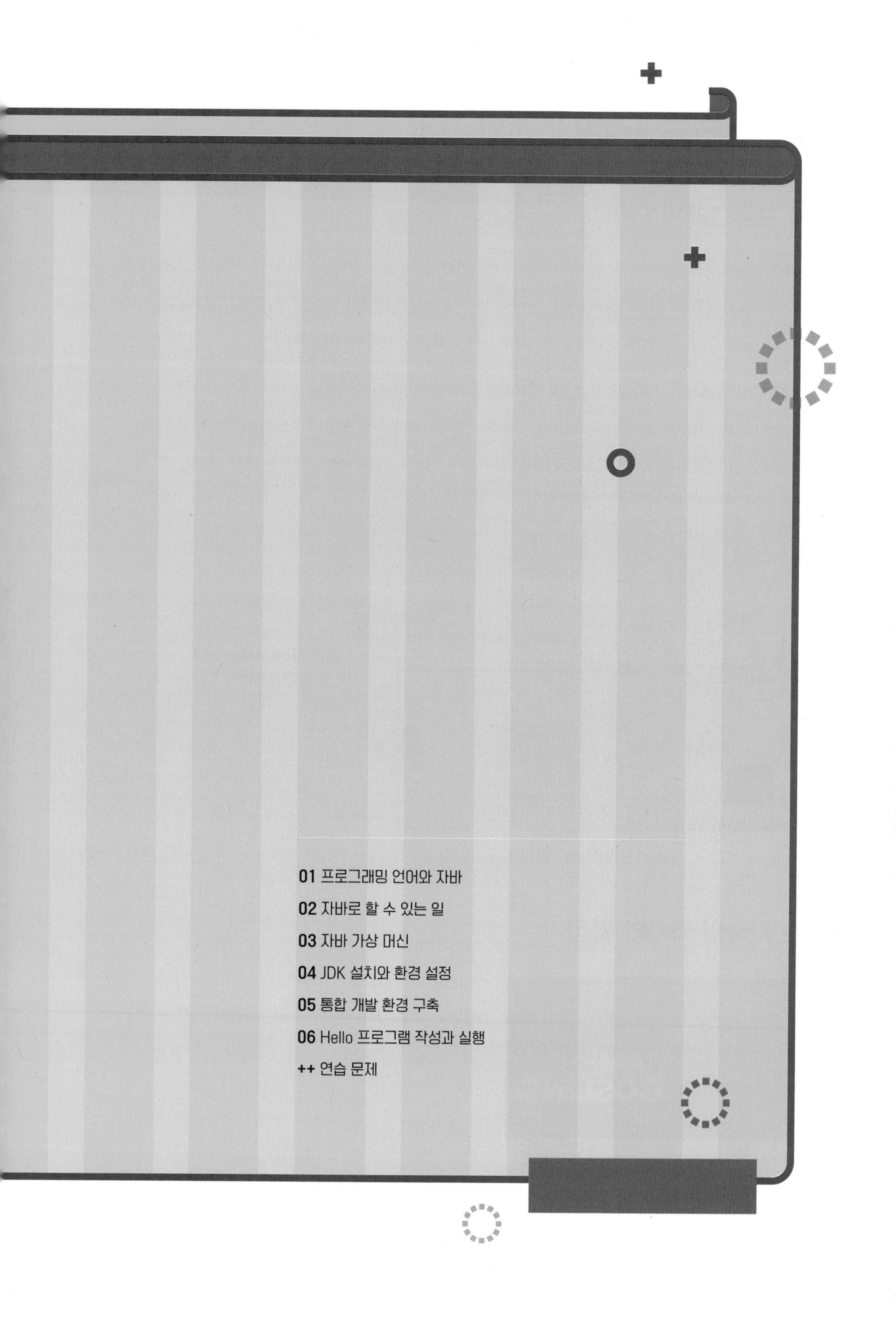

01 프로그래밍 언어와 자바

1 프로그래밍 언어

인간은 자연어를 이해하지만, 컴퓨터는 0과 1만 이해할 수 있다. 따라서 컴퓨터에 작업을 지시하려면 컴퓨터와 인간 사이를 연결할 수 있는 매개체인 프로그래밍 언어가 필요하다. 프로그래밍 언어는 기계어인 저급 언어부터 자연어에 가까운 고급 언어까지 다양하다.

이진 코드로 표현하는 기계어는 컴퓨터가 이해할 수 있지만, 인간에게는 매우 지루하고 복잡한 언어라서 특수한 경우를 제외하고는 잘 사용하지 않는다. 따라서 보통 프로그래밍 언어라고 하면 고급 언어를 의미하는데 C, C++, 자바Java 등이 있다. 고급 언어로 작성된 소스 코드는 컴퓨터에서 바로 실행할 수 없는데, 컴파일러compiler라는 시스템 소프트웨어를 이용해 먼저 기계어로 구성된 실행 코드로 변환해야 한다.

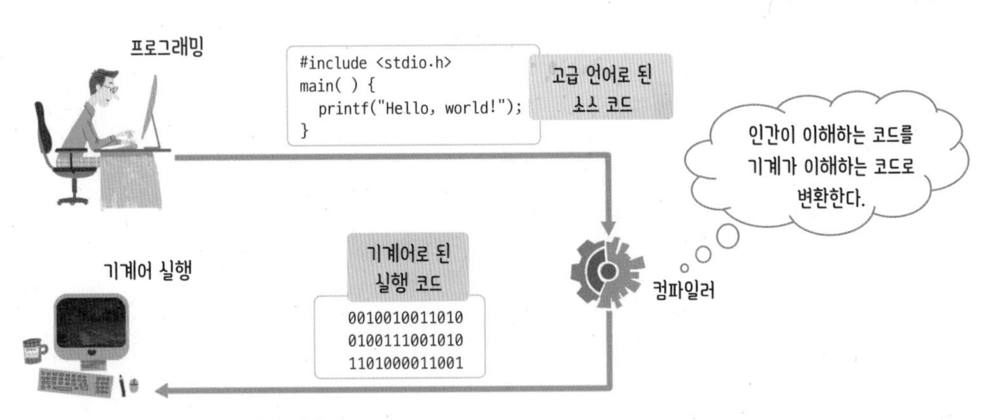

그림 1-1 고급 프로그래밍 언어의 실행 과정

2 자바의 역사와 특징

그림 1-2 자바의 창시자 제임스 고슬링

자바는 선마이크로시스템즈Sun Microsystems의 제임스 고슬링James Gosling이 이끄는 연구팀이 개발했다. 자바의 전신은 1991년 그린 프로젝트green project로 탄생한 객체 지향 언어인 오크Oak이다.

오크는 냉장고, 전기밥솥, TV 등 가전제품에 장착한 컨트롤러 칩에 각종 기능을 추가하는 프로그래밍 언어로 사용할 예정이었다. 하지만 당시 가전제품용 메모리나 컨트롤러 칩이 프로그램을 구동할 만큼 성능을 갖추지 못했기에 시장에서는 시기상조였다. 또 선마이크로시스템즈의 주요 계약이 다른 회사로 넘어가는 등 그린 프로젝트가 많은 어려움에 봉착했었다. 그러나 1993년 인터넷과 웹이 엄청난 속도로 발전하면서 오크에 활력을 불어넣기 시작했다. 선마이크로시스템즈에서는 인터넷 환경에 적합하도록 오크를 새롭게 설계한 후 1995년 자바Java라는 이름으로 발표했다. 2009년 오라클Oracle이 선마이크로시스템즈를 인수하면서 현재는 오라클이 자바 플랫폼을 지원한다.

1996년 자바 1.0을 발표한 후로 자바는 많은 발전을 거듭했다. 자바 1.2~1.4를 자바 2라고도 하는데, 자바 1.5부터는 1을 빼고 단순하게 자바 5로, 자바 1.6은 자바 6 등으로 지칭한다. 책을 집필하는 시점에서 최신 버전은 2020년에 발표한 자바 14이다. 최근 오라클은 신기술에 신속한 대응을 위해 6개월마다 새로운 버전을 공개하며, 3년마다 장기 지원을 위한 LTSLong Term Support 버전을 공개한다. 자바 11은 첫 LTS 버전이며, 이후부터 64비트만 지원한다.

그림 1-3 자바의 역사

표 1-1 자바 버전별 특징

자바 버전	특징
자바 7	타입 추론 기능, Switch 문에 문자열, try-catch문의 자원 자동 닫기
자바 8	람다식, 인터페이스의 디폴트 메서드, Optional 타입, DateTime
자바 9	모듈 시스템, JShell, 인터페이스의 private 메서드
자바 10	지역 변수 타입 추론 가능한 var
자바 11	첫 LTS 버전, ZGC, Nest 기반 접근 컨트롤, HTTP 클라이언트 표준화
자바 12	경미한 개선
자바 13	경미한 개선
자바 14	Switch 표현식

소프트웨어마다 운영체제가 다르면, 서로 호환되지 않는다. 윈도우에서 사용하는 MS 오피스 같은 소프트웨어를 맥용으로 별도 제작하지 않으면 매킨토시 사용자는 이를 이용할 수 없다. 제임스 고슬링은 운영체제와 자바 프로그램 사이에 중계자 역할을 하는 가상 머신virtual machine을 만들

어 모든 운영체제에서 프로그램이 작동되도록 했다. 이는 '한 번 작성하면 어디서나 실행할 수 있다WORA, Write Once, Run Anywhere'는 자바 표어와도 일맥상통한다.

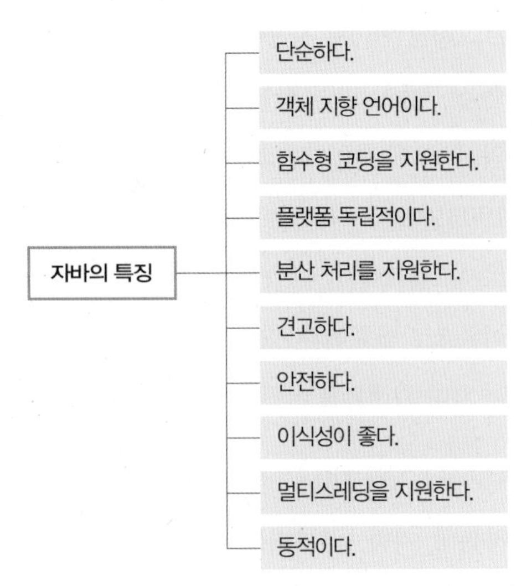

그림 1-4 자바의 특징

자바가 각광받는 이유는 지금도 끊임없이 발전하고 있기 때문이다. 초기 자바는 실행할 때마다 바이트 코드를 해석해야 해서 C나 C++ 언어에 비해 실행 속도가 느렸지만, 자바 1.2부터 JIT Just-In-Time 컴파일러 개념을 도입하면서 성능을 많은 부분 개선시켰다. 이외에도 자바는 다음과 같이 많은 특징이 있는데, 자바를 하나씩 알아가면서 그 특징을 이해하자.

02 자바로 할 수 있는 일

탄생 24주년을 맞은 자바는 현재 1200만 명의 개발자와 300억 개의 기기에서 사용하고 있다. 소프트웨어 품질을 다루는 전문업체인 TIOBE에 따르면 2020년 현재 자바가 프로그래밍 언어 중 가장 높은 점유율을 차지한다고 한다.

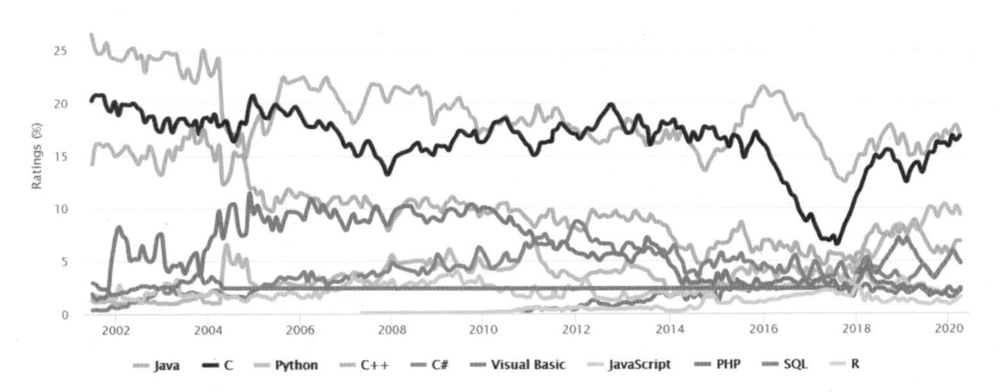

그림 1-5 프로그래밍 언어 점유율 순위

출처 : https://www.tiobe.com

자바는 웹용으로 개발한 언어이다. 하지만 현재는 PC용 소프트웨어나 게임, 웹 애플리케이션은 물론 CRM, ERP, SCM 등 기업용 애플리케이션을 만드는 데도 많이 사용한다. 특히 자바를 기반 언어로 하는 안드로이드 모바일 플랫폼이 엄청난 성공을 거두면서 그 중요성이 더 커졌다. 오늘날 자바는 빅데이터, 클라우드, 소셜, 모바일, 사물인터넷IoT, Internet of Things 등 혁신 기술에서 커넥티드 카, 스마트폰 및 비디오 게임까지 일상생활과 업무 환경 전반에 밀접하게 연관되어 있다. 심지어 전 세계 해양 정보 수집, 인간 두뇌와 근골격계 연구 등에도 다양하게 활용된다.

자바 프로그램은 개발 방식에 따라 크게 자바 애플리케이션, 자바 애플릿, 자바 서블릿으로 분류할 수 있다. 이외에도 JSPJava Server Page, 자바 빈즈java beans 등이 있다.

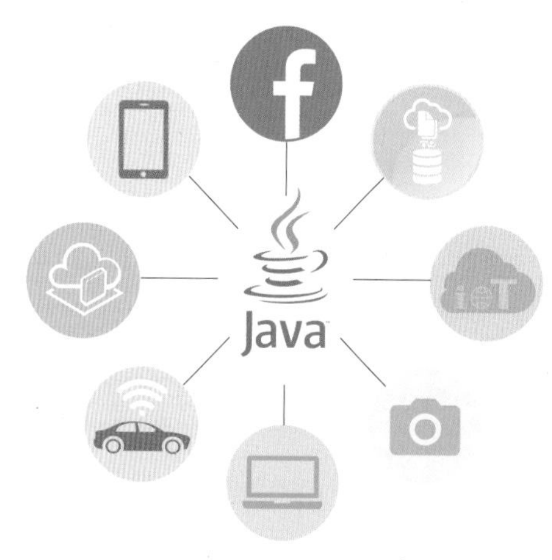

그림 1-6 자바의 활용

자바 애플리케이션

자바 애플리케이션java application은 독립적으로 실행할 수 있는 일반적인 애플리케이션이다. 자바 실행 환경인 JRE가 설치된 모든 컴퓨터 환경에서 실행할 수 있다. 대다수 개발자가 자바 프로그램을 개발할 때 사용하는 통합 개발 환경인 이클립스도 자바 애플리케이션 중 하나이다. 이 책도 자바 애플리케이션을 개발하는 내용을 다룬다.

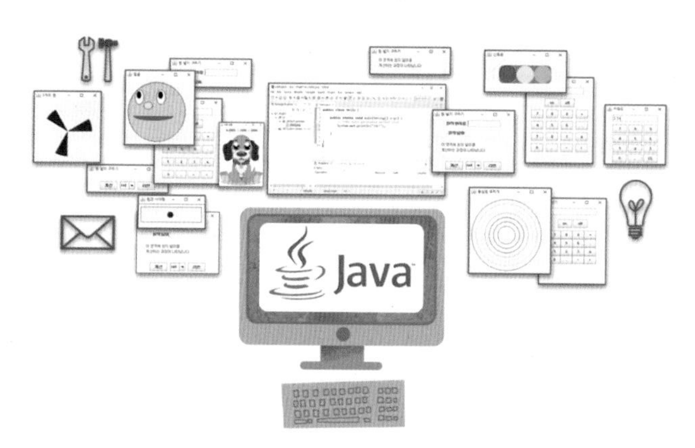

그림 1-7 자바 애플리케이션

자바 애플릿

자바 애플릿Java Applet은 웹 브라우저에서 구동하는 프로그램이다. 웹 브라우저가 애플릿이 포함된 웹 페이지에 접근하면 서버로부터 애플릿을 클라이언트로 다운로드해 웹 브라우저에서 실행한다. 자바 애플릿은 보안상 문제가 있고 사용할 수 있는 자원에 제약이 있어 폭넓게 활용하지는 못한다.

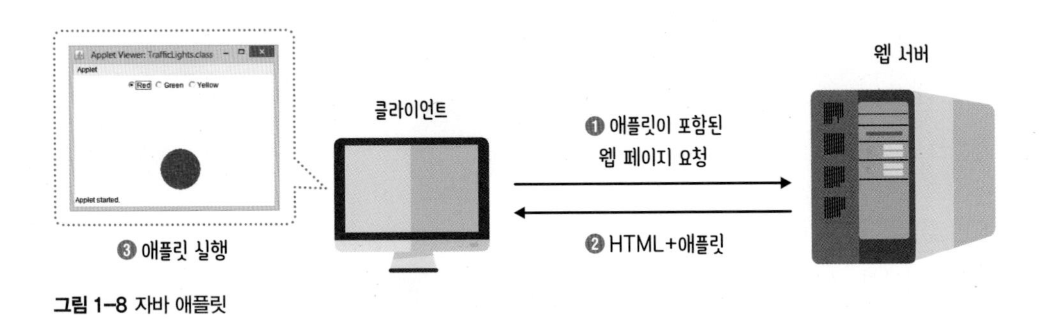

그림 1-8 자바 애플릿

자바 서블릿

자바 서블릿Java Servlet은 애플릿과 달리 웹 서버에서 동작하는 프로그램이다. 클라이언트의 요청을 서버가 처리하고, 실행 결과를 웹 페이지 문서로 클라이언트에 전송해 웹 브라우저에 보여준다. 여기서 서버가 처리하는 모듈을 서블릿이라고 한다. 서블릿은 데이터베이스 연동 등 복잡한 프로그램을 구현할 때 사용한다.

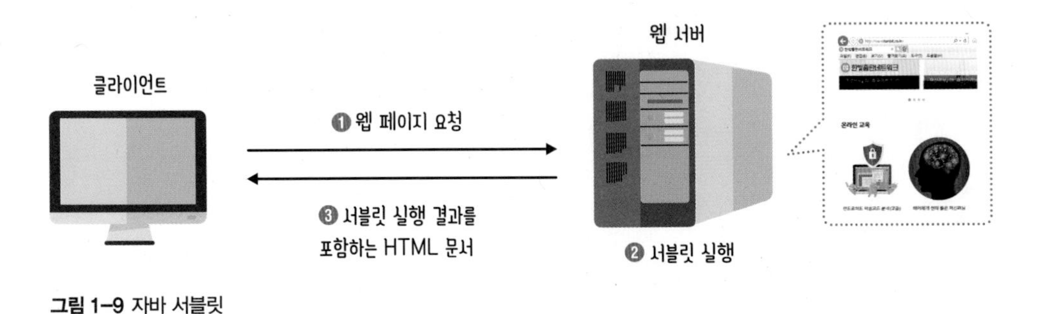

그림 1-9 자바 서블릿

03 자바 가상 머신

고급 언어로 작성한 프로그램은 컴퓨터가 이해할 수 있도록 컴파일해야 한다. 그런데 다음 이유에서 하드웨어나 소프트웨어 환경인 플랫폼platform에 따라 프로그램을 다르게 컴파일해야 한다.

- 하드웨어 아키텍처CPU에 따라 사용하는 기계어 종류가 다르다.
- 운영체제마다 사용하는 애플리케이션 프로그래밍 인터페이스API, Application Programming Interface와 실행 파일 형식이 다르다.
- 프로그램을 실행하려면 운영체제가 제어하는 메모리를 사용해야 하는데, 운영체제마다 메모리를 관리하는 방식이 다르다.

반면 자바 프로그램은 플랫폼에 관계없이 실행할 수 있다. 자바 가상 머신JVM, Java Virtual Machine 개념을 도입했기에 플랫폼 독립적이라는 특징이 있다.

그러면 가상 머신이 무엇인지 예로 살펴보자. 국제회의에서 한국어로 연설을 한다면 대부분이 알아듣지 못한다. 그렇다고 모든 참석자에게 한글을 익히라고 하는 것도 현실적으로 힘들다. 이때 [그림 1-10]과 같이 자국어와 영어에 능통한 자국어 통역관과 한국어 연설을 영어로 번역하는 번역기가 있다면 한국어 연설을 모든 참가자가 이해할 수 있을 것이다.

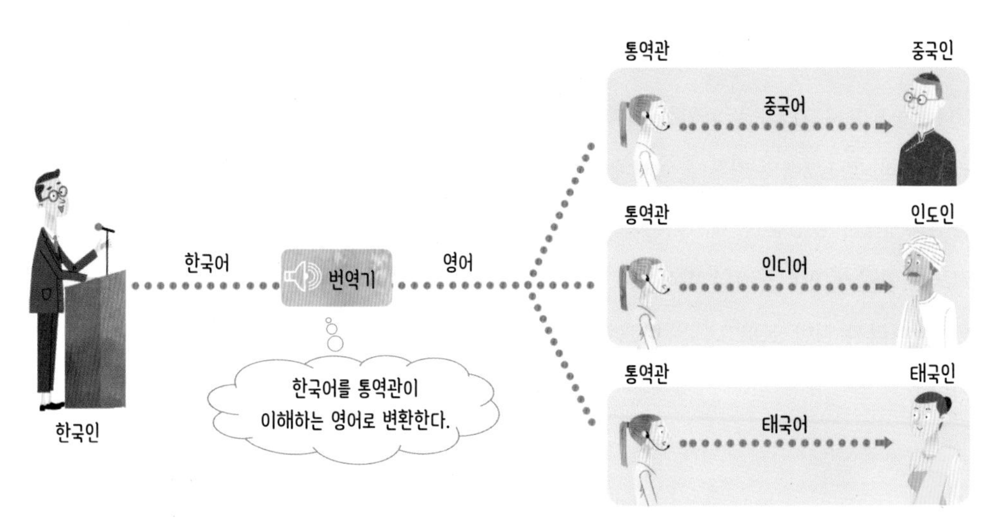

그림 1-10 자바 가상 머신의 개념 : 통역관 역할

자바는 다른 언어와 달리 특정 컴퓨터에 맞는 실행 코드 대신에 JVM(통역관)이 이해할 수 있는 바이트 코드(영어)라는 중간 단계의 코드를 사용한다. 그리고 JVM은 바이트 코드를 특정 컴퓨터에서 사용하는 실행 코드로 해석한다. 통역관이 청취자에 따라 영어를 다른 언어로 통역하는 것처럼 JVM도 플랫폼에 따라 바이트 코드를 다른 실행 코드로 해석한다. 따라서 중국인과 인도인 통역관이 서로 다르듯이 윈도우 컴퓨터와 리눅스 컴퓨터의 JVM도 서로 다르다. 컴파일러라는 번역기를 사용해 자바 프로그램을 바이트 코드로 생성하는데, JVM에서는 이 바이트 코드를 각각 자신에게 맞는 실행 코드로 해석한다. 따라서 JVM이 설치되어 있다면 바이트 코드를 다시 컴파일할 필요 없이 실행할 수 있다.

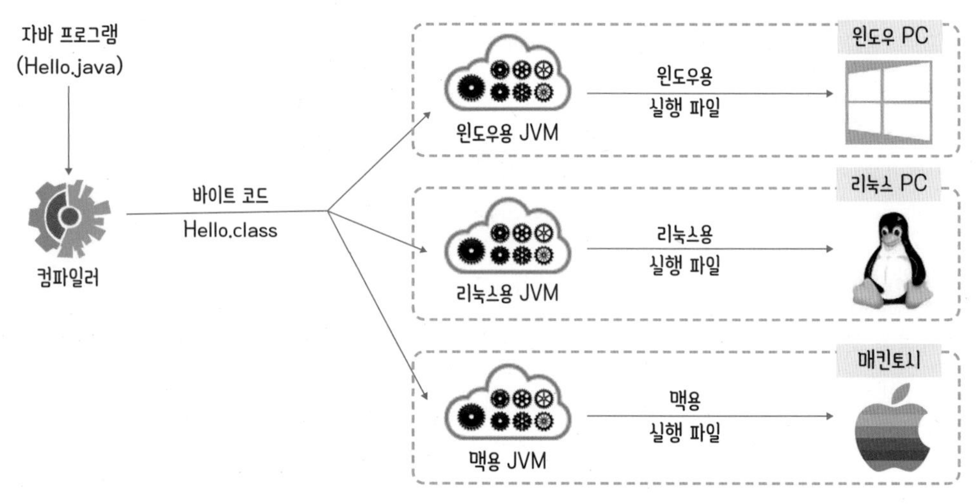

그림 1-11 자바 프로그램과 JVM 관계

C나 C++ 프로그램을 컴파일한 기계어를 실행하려면 운영체제가 메모리를 직접 할당한다. 그러나 자바 프로그램의 경우 운영체제가 메모리를 직접 제어하지 않고 JVM에 위임한다. JVM이 운영체제에서 할당받은 메모리를 프로그램에 할당하고 회수하는 역할을 한다. JVM은 바이트 코드를 호출해 인터프리터 방식으로 운영체제에 맞추어 통역하며, 실행할 때는 최적화를 수행한다. 따라서 일반 프로그램은 하드웨어와 운영체제에 종속적이지만, 자바 프로그램은 독립적이다.

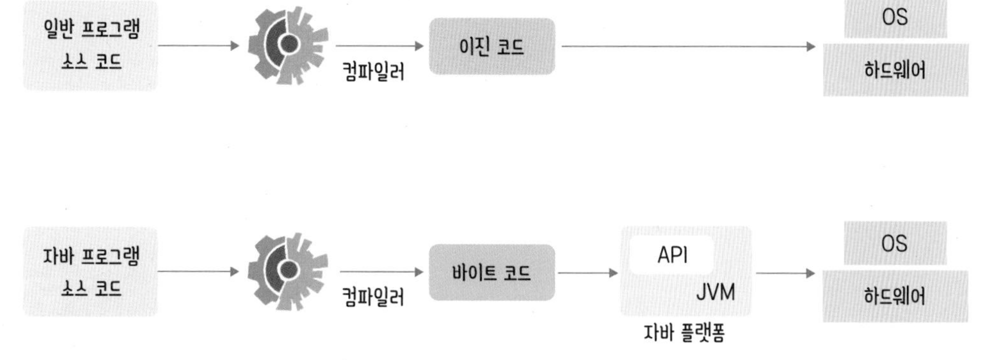

그림 1-12 프로그램과 플랫폼

자바 플랫폼은 JVM과 자바 API 두 가지로 구성되어 있다. 자바 플랫폼이 하드웨어 및 운영체제와 바이트 코드 사이의 중계 역할을 하기 때문에 컴파일된 바이트 코드는 자바 플랫폼이 설치된 모든 컴퓨터에서 수행된다.

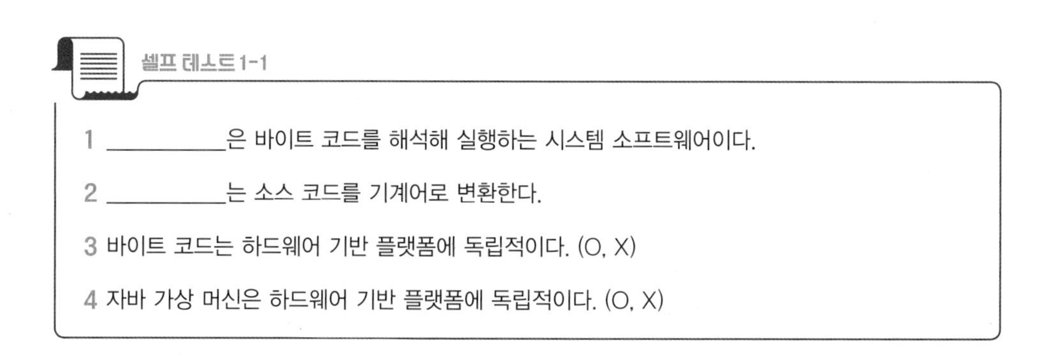

셀프 테스트 1-1

1 __________은 바이트 코드를 해석해 실행하는 시스템 소프트웨어이다.

2 __________는 소스 코드를 기계어로 변환한다.

3 바이트 코드는 하드웨어 기반 플랫폼에 독립적이다. (O, X)

4 자바 가상 머신은 하드웨어 기반 플랫폼에 독립적이다. (O, X)

04 JDK 설치와 환경 설정

1 JDK 설치

자바 프로그램을 개발하려면 기본적으로 자바 실행 환경과 자바 컴파일러 같은 개발 도구가 필요하다. 자바는 개발 분야에 따라 [그림 1-13]과 같이 다양한 에디션으로 개발 도구를 제공한다. 따라서 개발하려는 분야에 적합한 개발 환경을 준비해야 한다. 서버나 임베디드 시스템 같은 특수한 분야가 아닐 때는 자바 SE를 선택하면 되므로, 여기서는 Java SE를 사용한다.

자바

자바 SE Standard Edition
자바의 핵심 기능을 포함하는
표준 자바 플랫폼

자바 EE Enterprise Edition
주로 분산 환경에서 필요한
서버용 자바 플랫폼

자바 ME Micro Edition
자원이 제한된
임베디드 시스템용 플랫폼

데스크톱

인터넷

모바일

그림 1-13 대표적인 자바 에디션

모든 자바 에디션은 자바 실행 환경인 JRE Java Runtime Environment와 자바 개발 키트인 JDK Java Development Kit라는 두 부분을 포함한다. 개발한 자바 프로그램을 실행만 할 때는 JRE로도 충분하지만, 프로그램을 개발해야 할 때는 JDK를 설치해야 한다. JRE는 프로그램 실행에 필요한 JVM, 클래스 로더 class loader, 자바 API, 실행 시간 라이브러리 등을 포함한다. JDK는 JRE를 포함하며, 개발에 필요한 컴파일러, 디버거, 애플릿뷰어 appletviewer 등 도구까지 포함하고 있다.

JDK는 폐쇄적인 상업 코드 기반의 Oracle JDK와 공개 소스 기반의 OpenJDK라는 두 가지 종류의 배포판이 있다. Oracle JDK는 BCL Oracle Binary Code License 라이센스로 오라클이 재산권을 보유하고 있는 플러그인을 제공하며, 오라클로부터 기술 지원 및 버그 개선 버전을 지속적으로 받을 수 있다. OpenJDK는 GPL 라이센스로 무료이며, Oracle을 비롯한 Amazon Corretto, Azul Zulu 등과 같은 기관이나 조직에서 다양한 버전으로 배포하고 있다. 그러나 OpenJDK가 Oracle JDK를 기반으로 만들었기 때문에 사용상의 차이는 거의 없다. 특별한 경우이거나 상업적 목적이 아니라면 어느 배포판이라도 무료로 사용할 수 있다. 여기서는 Oracle JDK를 사용한다.

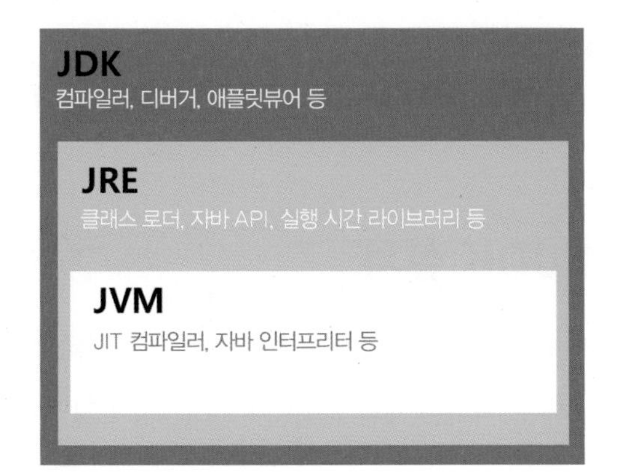

그림 1-14 JDK와 JRE **관계**

다음은 자바 프로그램 개발에 필수적인 JDK를 64비트 윈도우 10 기반의 컴퓨터에 설치하는 과정이다.

1 **웹사이트에 접속** 오라클 사이트(https://www.oracle.com/java)에 접속한 후 다음과 같이 사이트 중간에 있는 [Download]를 클릭한다. 그리고 다운로드 사이트의 [JDK Download]를 클릭한다.

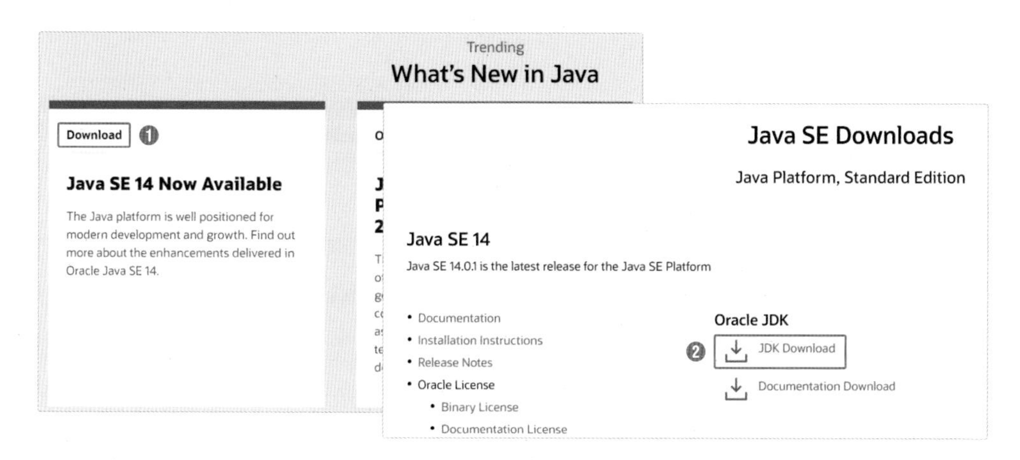

2 **JDK 선택 및 라이선스 동의 및 다운로드** 운영체제에 맞는 설치 버전에 클릭한다. 여기서는 [Windows x64 Intstaller]를 선택한다. 그리고 다음과 같이 라이선스에 동의한 후 설치 파일을 내려받는다.

Java SE Development Kit 14

This software is licensed under the Oracle Technology Network License Agreement for Oracle Java SE

Product / File Description	File Size	Download
Linux Debian Package	157.92 MB	jdk-14.0.1_linux-x64_bin.deb
Linux RPM Packa		bin.rpm
Linux Compresse		bin.tar.gz
macOS Installer		n.dmg
macOS Compressed Archive	176.19 MB	jdk-14.0.1_osx-x64_bin.tar.gz
Windows x64 Installer	162.07 MB	❶ jdk-14.0.1_windows-x64_bin.exe
Windows x64 Compressed Archive	181.53 MB	jdk-14.0.1_windows-x64_bin.zip

You must accept the Oracle Technology Network License Agreement for Oracle Java SE to download this software.

❷ I reviewed and accept the Oracle Technology Network License Agreement for Oracle Java SE

❸ Download jdk-14.0.1_windows-x64_bin.exe

> **참고**
> 사용하는 운영체제가 몇 비트인지 잘 모른다면 윈도우 탐색기를 실행하고 내 PC 아이콘에서 마우스 오른쪽 버튼을 누른 후 [속성] 메뉴를 선택해 확인한다.

3 **자바 설치** 설치 파일을 더블클릭해 설치를 시작한다. 각 설치 단계마다 모두 기본 설정을 그대로 두고 [Next]나 [다음] 버튼을 클릭한다. 마지막 화면에서 [Close] 버튼을 클릭하면 설치가 끝난다.

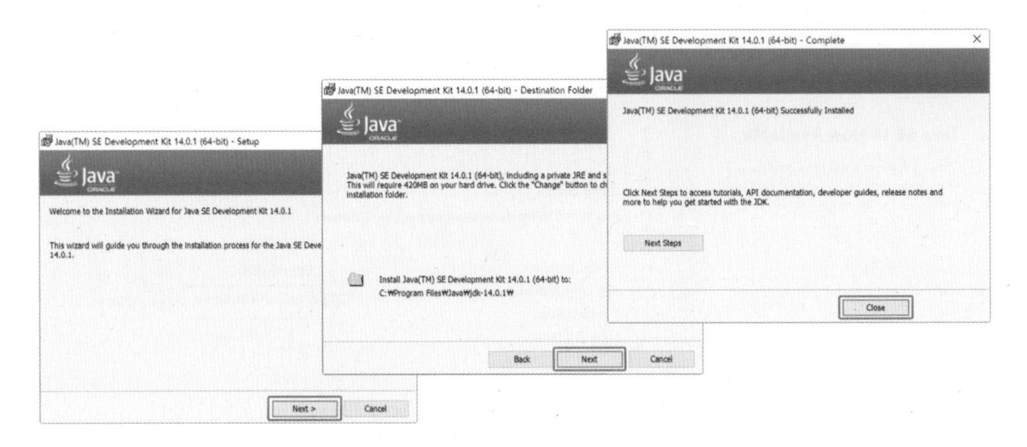

2 자바 환경 변수 설정

자바를 기본 설정으로 설치하면 C:\Program Files\java 폴더에 설치된다. java\jdk*버전번호*\bin 폴더에는 자바 컴파일러 파일인 javac.exe와 JVM을 구동하는 파일인 java.exe가 있다. 몇 가지 자바 환경 변수를 미리 설정하면 자바 명령어를 좀 더 편하게 사용할 수 있다. 먼저 시스템 환경 변수인 Path에 JDK의 bin 폴더를 등록해 보자.

1 **[환경 변수] 대화상자 열기** 윈도우 탐색기의 내 PC 아이콘에서 마우스 오른쪽 버튼을 누른 후 [속성] 메뉴를 선택한다. 시스템 창에서 '고급 시스템 설정'을 클릭한다. [시스템 속성]–[고급] 탭에서 [환경 변수] 버튼을 클릭한다.

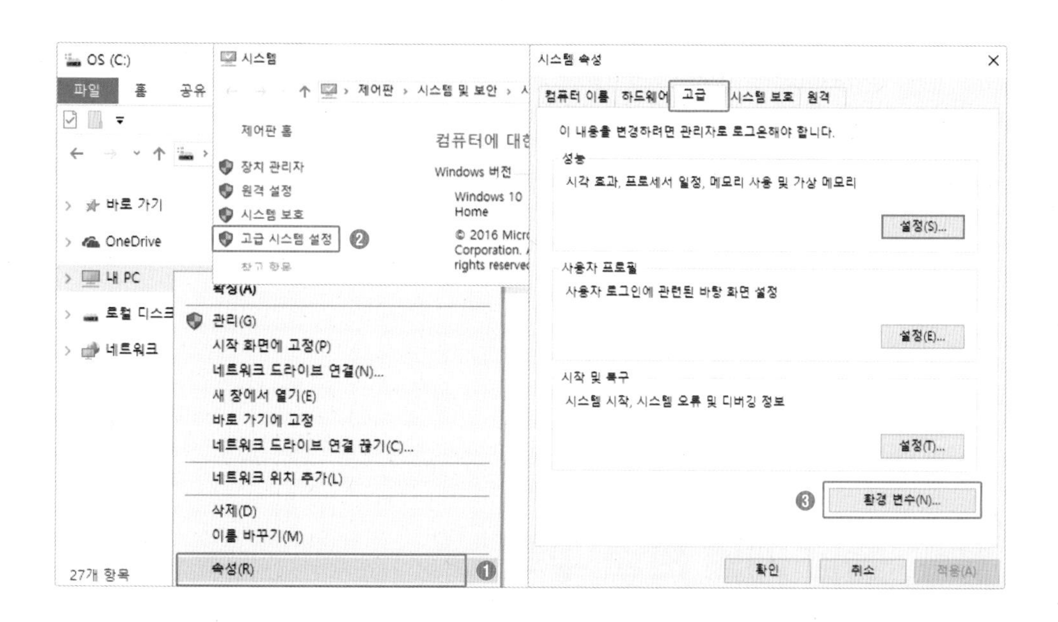

2 **자바 환경 변수 설정하기** [환경 변수] 대화상자에서 JAVA_HOME이라는 환경 변수를 추가하고, Path 환경 변수를 수정한다. 즉, JAVA_HOME에 JDK 경로인 'C:\Program Files\Java\jdk*버전번호*'를 입력하고, Path에는 '%JAVA_HOME%\bin'을 맨 앞에 추가한다.

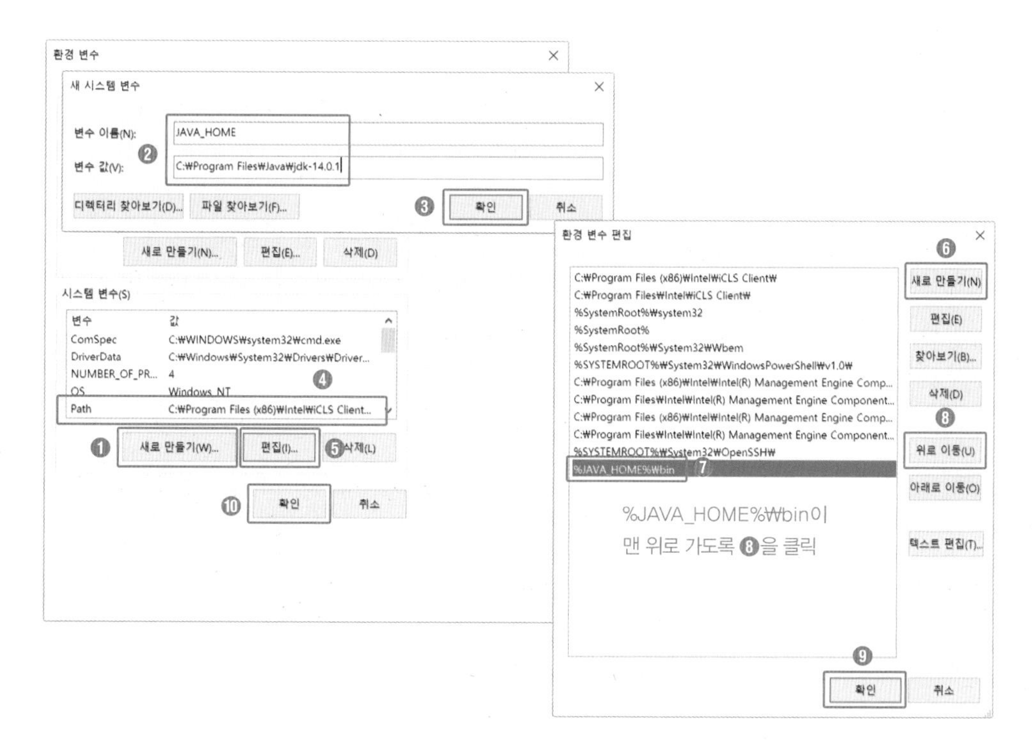

3 **설정한 환경 변수 확인하기** 윈도우 검색 창에서 'cmd'를 입력해 새로운 명령 창을 띄우고, 다음 명령을 실행해 자바 버전이 출력된다면 환경 변수를 올바르게 설정한 것이다. 자바 버전이 아닌 다른 내용이 출력되면 JAVA_HOME과 Path 환경 변수를 확인한 후 새로운 명령 창에서 동일하게 실행한다.

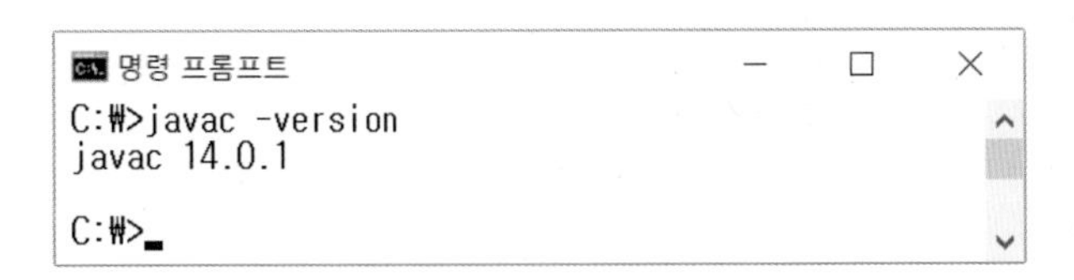

05 통합 개발 환경 구축

자바 프로그램을 개발할 때는 JDK도 설치해야 하지만, 편집 도구와 같은 개발 환경도 필요하다. 매우 간단한 자바 프로그램은 메모장에서 .java 파일로 작성한 후 컴파일하면 된다. 하지만 규모가 커지면 메모장만으로는 한계가 있다. 이때는 메모장 대신에 통합 개발 환경IDE, Integrated Development Environment을 이용하면 효율적으로 관리할 수 있다. 대표적인 자바 통합 개발 환경으로 이클립스eclipse, 인텔리J 아이디어IntelliJ Idea, 넷빈즈NetBeans 등이 있다. 여기서는 이클립스를 위주로 사용하며, 인텔리J 아이디어를 참고로 설명한다.

이클립스는 IBM에서 개발해 오픈 소스로 기증한 통합 개발 환경이다. 이클립스는 자바를 개발할 때 필요한 다양한 기능을 제공한다. 필요한 플러그인을 설치하면 C, C++, PHP 등의 통합 개발 환경으로 사용할 수 있다. 물론 자바는 표준 플러그인이 미리 포함되어 있어 별도로 플러그인을 추가하지 않아도 된다.

인텔리J 아이디어는 JetBrains사가 개발한 통합 개발 환경으로 자바, 파이썬, 루아 등 다양한 프로그래밍 언어를 지원한다. 특히 구글이 공개한 안드로이드용 개발 환경인 안드로이드 스튜디오도 인텔리J 아이디어를 사용한다.

1 이클립스 설치

이클립스도 자바로 개발했기 때문에 실행하려면 JRE가 필요한데, JDK를 이미 설치했으므로 이클립스 웹 사이트에서 이클립스만 설치하면 된다.

1 **웹사이트 접속 및 설치 파일 다운로드** 이클립스 웹사이트(https://www.eclipse.org)에 접속한 후 다음 과정을 통하여 설치 파일을 내려받는다.

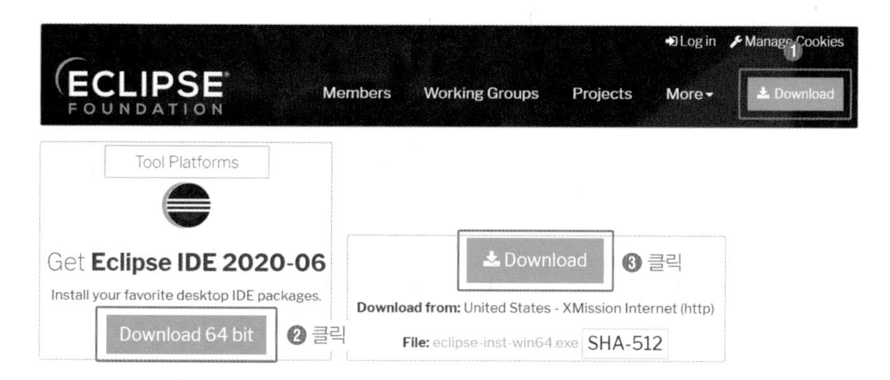

2 **이클립스 설치 및 실행** 다운로드한 파일을 더블클릭하여 다음과 같은 과정을 통하여 이클립스를 설치한 후 처음 실행한다.

3 **이클립스 작업 공간 설정** [Select a directory as workspace] 대화상자가 맨 처음 나타난다. Workspace는 이클립스에서 생성한 프로젝트를 저장하는 공간이다. 여기서는 ❶과 ❷처럼 기본 작업 공간으로 D:\workspace를 사용하며, 체크 박스도 체크한다. ❸을 클릭하면 환영 화면이 나타나고, ❹를 클릭하면 워크벤치가 나타난다.

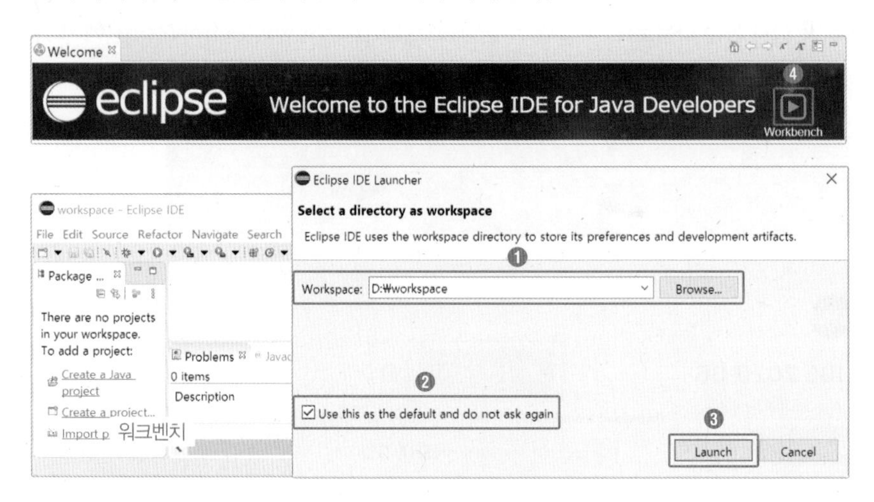

4 **기타 유용한 설정** 필요한 라이브러리 클래스의 자동 임포트와 작성한 소스 코드를 보기 좋게 자동 포맷팅하면 편리하다. 이를 위해 [Window]–[Preferences]를 클릭한다. 새로 뜬 창에서 다음 과정을 수행한다.

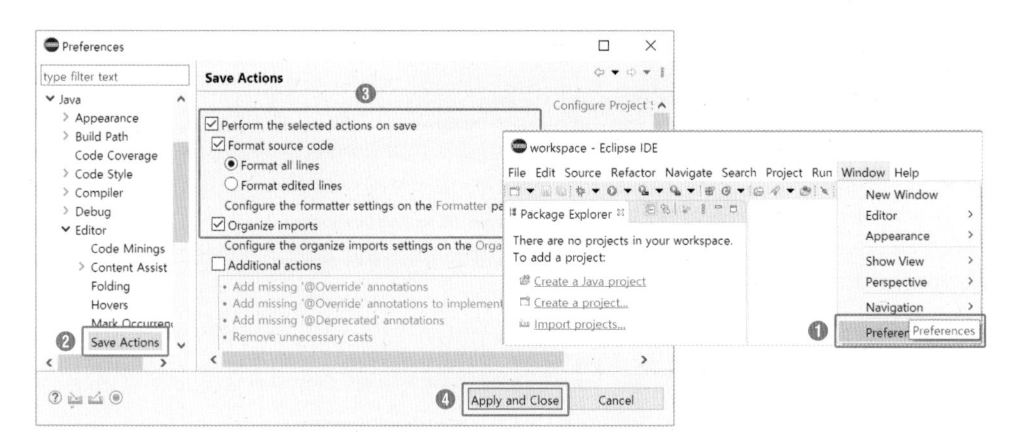

참고

인텔리J 아이디어 설치

JetBrains 웹사이트(https://www.jetbrains.com/idea/)에 접속한 후 하단으로 내려가면 내려받을 수 있는 공개(커뮤니티) 버전이 나타난다. 공개 버전을 기본 설정대로 진행하면 인텔리J 아이디어가 무난히 설치되며 다음은 설치 과정 중의 일부이다.

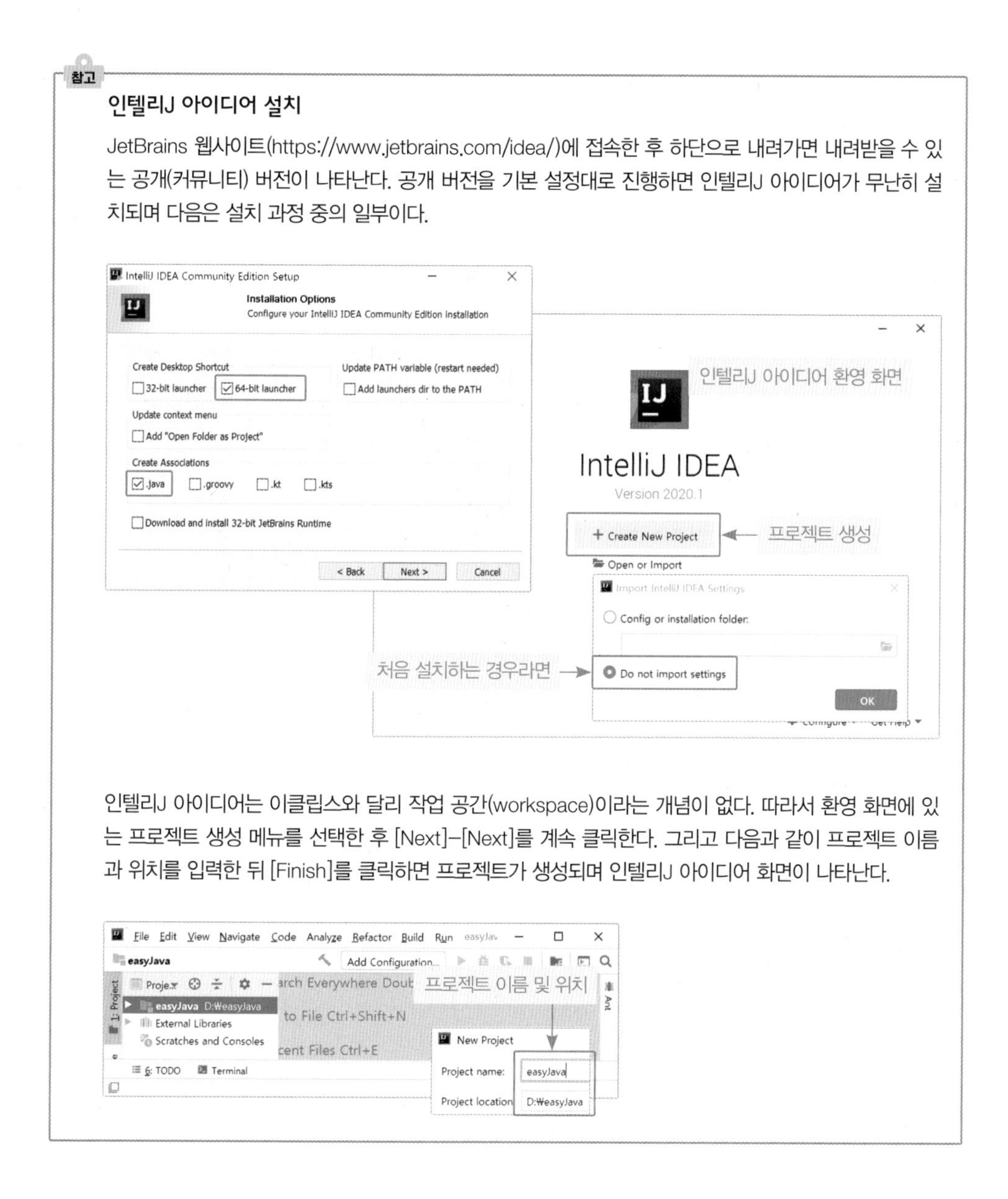

인텔리J 아이디어는 이클립스와 달리 작업 공간(workspace)이라는 개념이 없다. 따라서 환영 화면에 있는 프로젝트 생성 메뉴를 선택한 후 [Next]–[Next]를 계속 클릭한다. 그리고 다음과 같이 프로젝트 이름과 위치를 입력한 뒤 [Finish]를 클릭하면 프로젝트가 생성되며 인텔리J 아이디어 화면이 나타난다.

2 이클립스 퍼스펙티브

이클립스를 처음 실행하면 환영 화면이 나타나는데, [Workbench]를 클릭하면 하나의 작업을 진행할 수 있는 워크벤치workbench가 나타난다. 워크벤치는 퍼스펙티브perspective와 메뉴바, 툴바로 구성된다. 퍼스펙티브는 다시 에디터editor와 뷰view의 모임으로 구성된다. 이 중 뷰는 이클립스 내부에서 사용하는 작은 창으로 1개 이상일 수도 있다.

퍼스펙티브는 주로 자바 퍼스펙티브와 디버그 퍼스펙티브를 사용하는데 기본적으로는 자바 퍼스펙티브를 보여 준다. 퍼스펙티브 선택 버튼을 클릭한 후 Open Perspective 창에서 Debug 항목을 클릭(또는 [Window]–[Perspective]–[Open Perspective]–[Debug] 메뉴 선택)해 디버그 퍼스펙티브로 전환할 수 있다. 여기서는 아래 화면의 파란색 박스(Task List 및 Outline)를 사용하지 않으므로 닫아 두자.

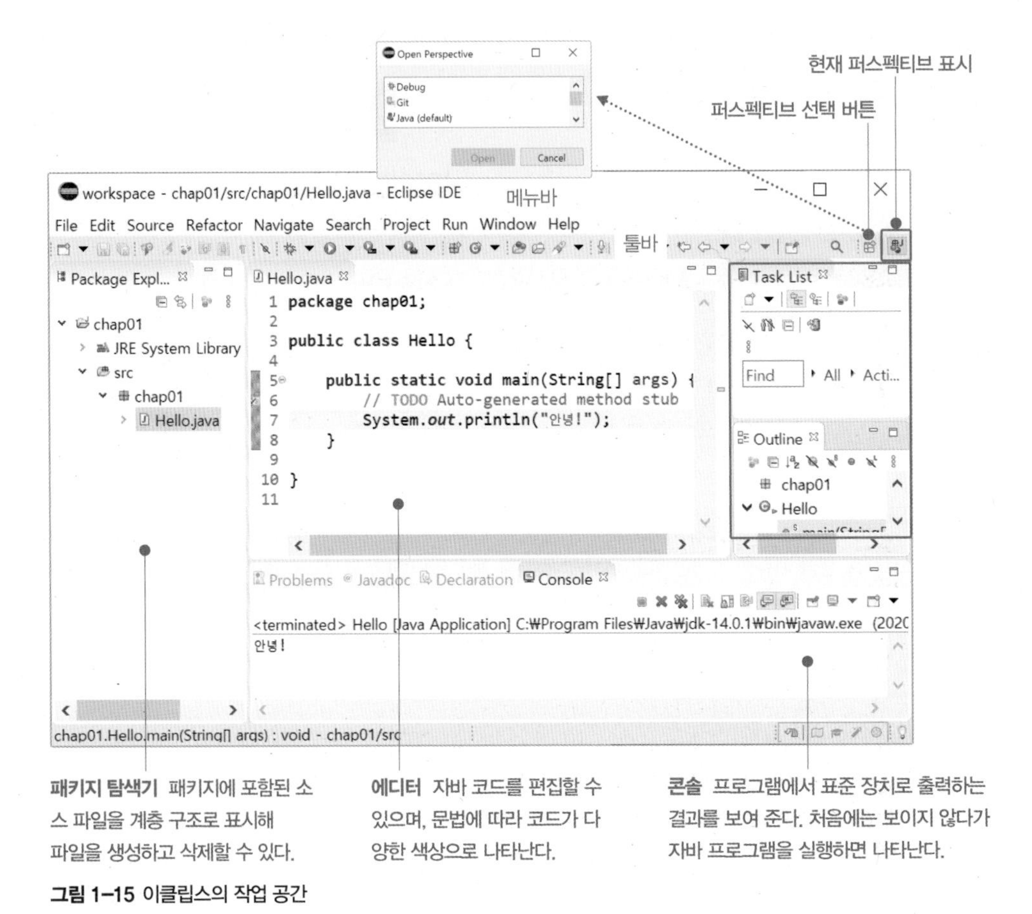

그림 1-15 이클립스의 작업 공간

> **참고**
> 실수로 퍼스펙티브에 포함된 뷰를 화면에서 사라지게 할 때가 있는데, 이클립스의 [Window]–[Perspective]–[Reset Perspective] 메뉴를 선택하면 초기 설정으로 퍼스펙티브를 되돌릴 수 있다.

3 이클립스 코드 박스 활용 및 단축키

이클립스에서는 코드를 입력할 때 관련된 코드 박스가 나타나므로 필요한 코드를 쉽게 선택할 수 있다. 예를 들어 System.을 입력하면 System과 관련된 코드 박스가 나타난다. 코드 박스는 자바 키워드 다음에 점(.)을 입력할 때마다 나타나므로 System 다음에 '.'을 입력해야 한다. 그리고 순서대로 out을 선택하고 '.'을 입력, 다시 println(String x) 항목을 선택하고 x 대신 필요한 문자열을 입력하면 된다.

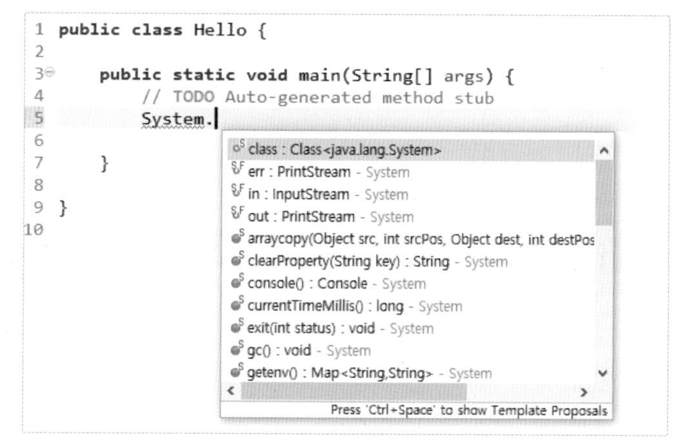

그림 1-16 코드 박스 활용

이클립스로 자바 프로그램을 개발할 때는 이클립스가 제공하는 기능을 이용하면 편리하다. 특히 다음 몇 가지를 익혀 두면 많은 도움을 받을 수 있으므로 자주 사용하면서 익숙해지자.

표 1-2 이클립스의 유용한 단축키

단축키	설명
Ctrl + 1	코드를 문맥에 맞게 빠르게 교정
Ctrl + Shift + O	자동으로 import 문 추가
Ctrl + Space Bar	주어진 단어나 문장으로 시작하는 메서드나 변수 표시
Ctrl + /	주석 처리, 해제
Ctrl + Shift + F	코드의 내용을 보기 좋게 포맷팅
Ctrl + F11	에디터 뷰에 있는 클래스 실행
Alt + Shift + R	선택한 이름을 일괄 변경(Refactoring)
Alt + Shift + Z	선택한 블록을 try~catch, for, while 문 등으로 자동 완성
F3	메서드·변수를 선택하고 누르면 해당 메서드가 선언된 곳으로 이동
'sysout' + Ctrl + Space Bar	System.out.println( ) 삽입
Ctrl + Shift + X / Ctrl + Shift + Y	소문자를 대문자로, 대문자를 소문자로 치환
Ctrl + d	한 행 삭제

셀프 테스트 1-2

1 자바 프로그램을 개발할 때 설치해야 할 필수 도구는 __________이다.

2 JDK 8부터 함수형 기반의 __________을 지원한다.

3 자바 코드의 확장자는 __________이며, 바이트 코드 파일의 확장자는 __________이다.

4 JRE는 JDK를 포함한다. (O, X)

06 Hello 프로그램 작성과 실행

이클립스에서 자바 프로그램을 작성하려면 일반적으로 프로젝트를 먼저 생성해야 한다. 프로젝트는 하나의 프로그램을 생성하는 데 필요한 모든 파일을 모아 둔 곳이다. 프로젝트를 생성하면 내부적으로 프로젝트 이름의 폴더가 생성되고, 그 폴더에 있는 src 폴더와 bin 폴더에 개발자가 만든 소스와 컴파일된 클래스 파일들이 보관된다. 여기서 bin 폴더는 이클립스의 패키지 탐색기에 나타나지 않지만 윈도우 탐색기를 통하여 관찰할 수 있다. 패키지와 자바 소스 파일은 src 폴더 아래에 저장된다. 그리고 자바는 소스 코드가 클래스로 되어있어 클래스와 소스 파일의 이름이 같다.

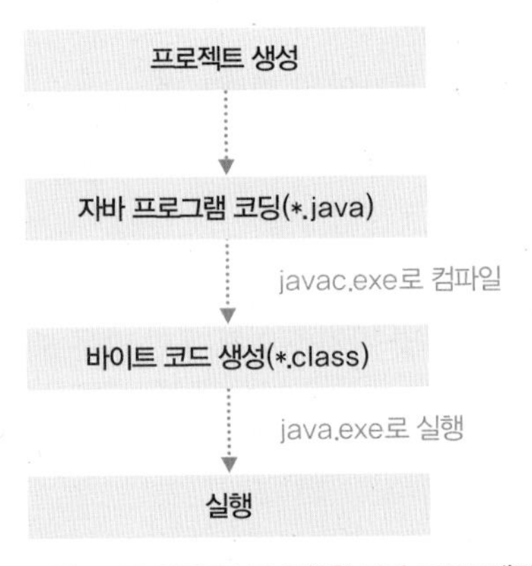

그림 1-17 이클립스를 이용한 자바 프로그래밍

이제 이클립스를 사용하여 콘솔에 '안녕!'을 출력하는 단순한 Hello 프로그램을 작성하고 실행하는 전 과정을 살펴보자. 이 책에서는 장마다 프로젝트(예 : chap01)를 생성하며, 절마다 패키지(예 : sec01)를 생성해 자바 소스 파일을 관리한다.

1 **프로젝트 및 패키지 생성** 이클립스에서 (New) 옆의 ▾ 를 선택해 (Java Project)를 클릭한다(또는 [File]-[New]-[Java Project] 메뉴를 선택한다). [New Java Project] 대화 상자가 나타나면 다음 그림과 같은 과정을 통하여 새로운 프로젝트를 생성한다. 그리고 ❺와 ❻은 모듈 생성 여부를 나타내는데 이에 대해서는 6장과 8장에서 취급하므로 여기서는 생성하지 않기로 한다.

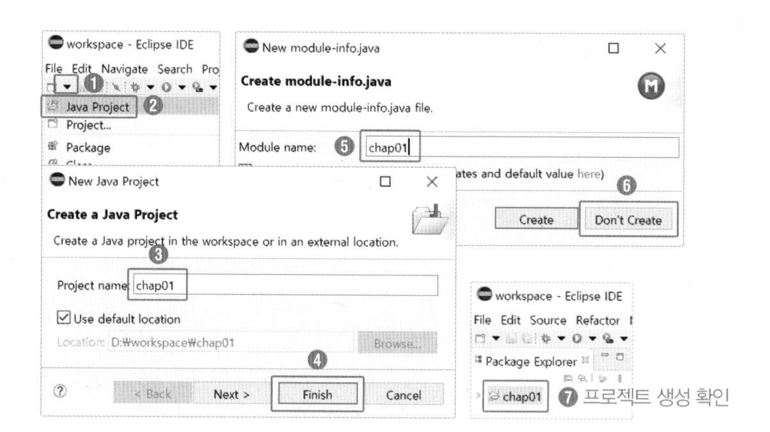

패키지package는 자바 프로그램을 포장하는 단위로 프로젝트 단위가 커지면 다수의 패키지로 관리해야 편리하다. 패키지를 생성하지 않고 클래스를 생성하면 기본 패키지default package에 클래스가 저장되지만 권유하지 않는다.

이클립스에서 를 클릭한다(또는 [File]–[New]–[Package] 메뉴를 선택한다). [New Java Package] 대화상자가 나타나면 다음 그림과 같은 과정을 통하여 새로운 패키지를 생성한다.

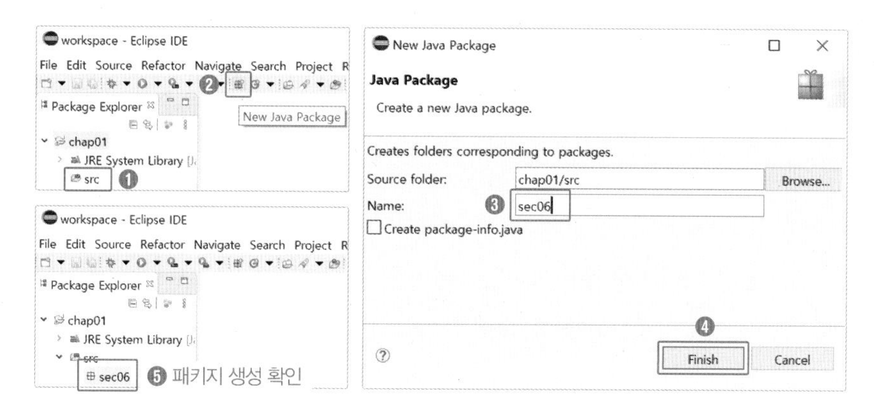

참고

인텔리J 아이디어에서 모듈 및 패키지 생성

이클립스와 인텔리J 아이디어의 프로젝트는 의미가 완전히 다르다. 그렇다고 이클립스의 프로젝트가 인텔리J 아이디어의 모듈과 같은 것도 아니다. 모듈에 대해서는 6장과 8장에서 보도록 하며, 인텔리J 아이디어에서도 일단 장마다 다음과 같이 모듈을 생성한다.

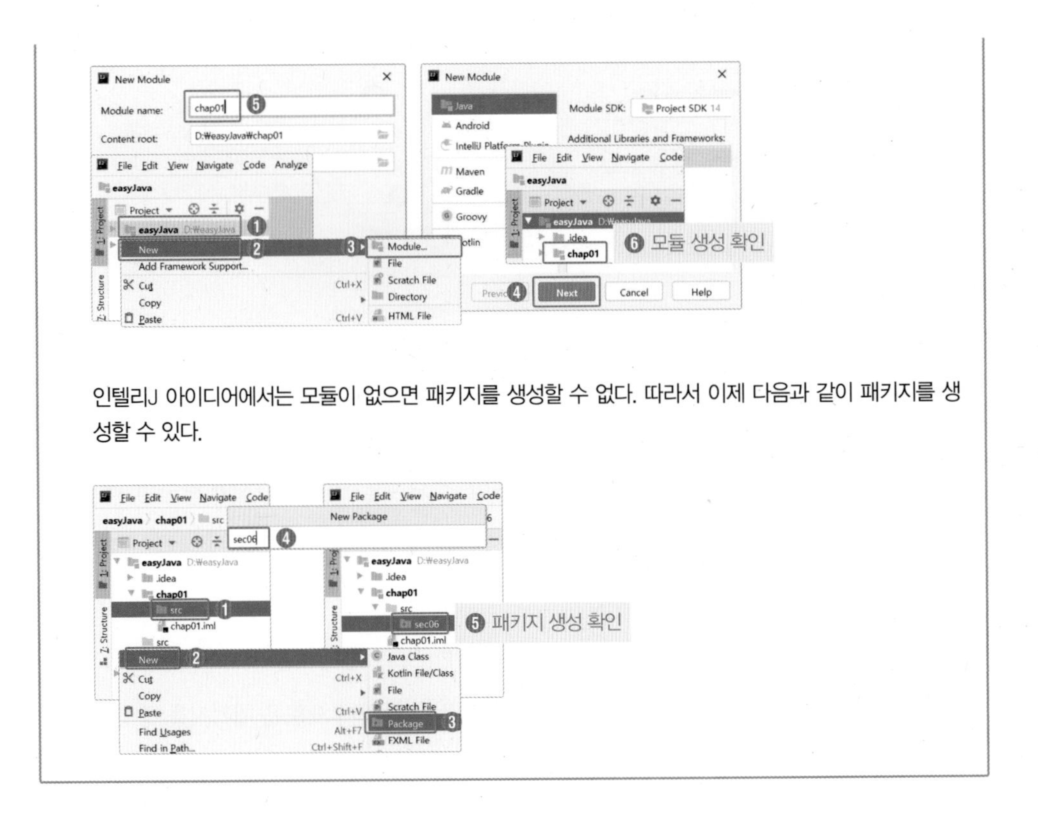

인텔리J 아이디어에서는 모듈이 없으면 패키지를 생성할 수 없다. 따라서 이제 다음과 같이 패키지를 생성할 수 있다.

2 **클래스 생성과 실행** 자바는 소스 코드 자체가 클래스로 되어있어 프로젝트와 패키지를 생성한 후에는 클래스를 생성해야 자바 애플리케이션을 작성할 수 있다. 이클립스의 (New Java Class)를 클릭한다(또는 [File]-[New]-[Class] 메뉴를 선택한다). [New Java Class] 대화상자가 나타나면 다음과 같은 과정을 통하여 새로운 클래스를 생성한다. 여기서 Hello 프로그램에서 main( ) 메서드가 필요하므로 ❹에 체크한다.

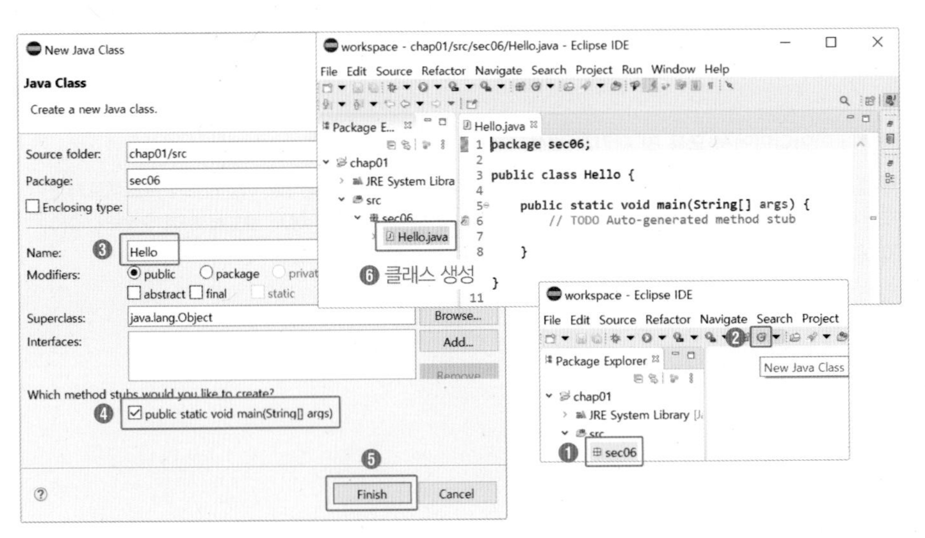

src 폴더에 Hello.java 파일이 생성되면, 편집할 수 있도록 에디터에 Hello.java 파일의 소스 코드가 표시되며 클래스 기본 골격이 생성된다. 생성된 Hello.java도 하나의 프로그램이기는 하지만, 현재는 골격만 있으므로 실행 결과에는 아무 것도 나타나지 않는다. 따라서 다음과 같이 간단히 수정하여 '안녕!'을 콘솔에 나타나도록 해보자.

이클립스에는 컴파일을 위한 별도의 메뉴가 없다. (저장)을 클릭하면 파일을 저장하면서 내부적으로 컴파일러를 사용해 컴파일한다. 문법적인 오류 없이 컴파일되면, bin 폴더에 컴파일된 바이트 코드 Hello.class를 생성한다. 수정된 소스 파일을 저장하지 않고 실행하면 [Save and Launch] 팝업 창이 나타나는데 ❶을 체크하여 실행하기 전에 소스 파일이 자동 저장되도록 하면 편리하다.

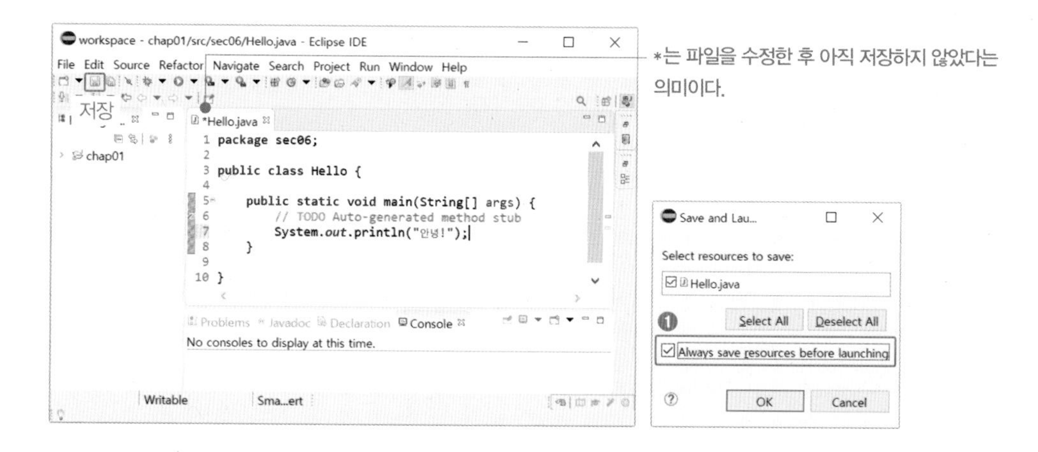

실행할 자바 파일을 선택하고 (실행)을 클릭하거나 [Run]−[Run As]−[Java Application] 메뉴를 선택한다. 그러면 내부적으로 JVM이 컴파일된 바이트 코드를 실행하며, 실행 결과가 콘솔에 나타난다.

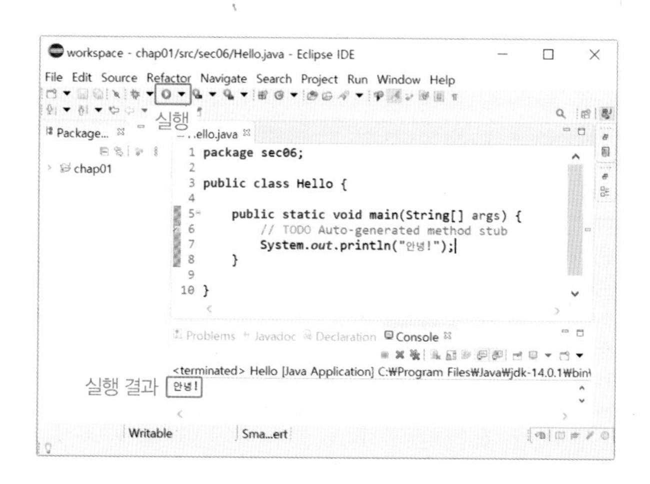

인텔리J 아이디어에서 클래스 생성과 실행

인텔리J 아이디어의 경우 소스 코드를 편집하면 자동 저장되므로 저장 버튼이 없다. 다음과 같이 클래스 생성 및 편집 후에 실행하면 이클립스의 경우처럼 자바 코드가 컴파일된 후 실행된다.

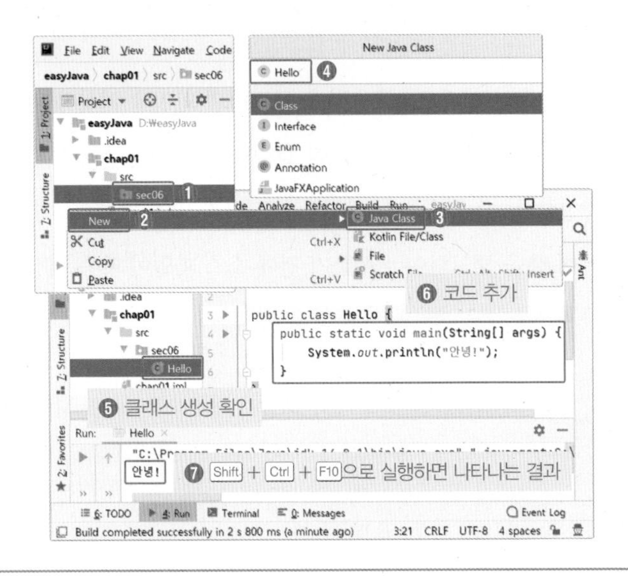

01 – 기업용 자바 플랫폼을 위한 에디션은?

① Java SE ② Java ME
③ Java EE ④ Java FX

02 – 자바의 장점과 관련 없는 것은?

① 객체 지향 언어이다. ② 이식성이 높다.
③ 플랫폼 독립적이다. ④ C 언어보다 빠르다.

03 – 자바 소스 코드를 바이트 코드로 컴파일하는 명령어는?

① java.exe ② javac.exe
③ javah.exe ④ javap.exe

04 – JDK와 JRE의 차이점을 설명한 것이다. 틀린 것은?

① JRE는 자바 컴파일러를 포함한다.
② JDK는 JRE를 포함한다.
③ 자바 프로그램을 개발하려면 JDK가 필요하다.
④ JRE는 자바 가상 머신을 포함하므로 자바 프로그램을 실행할 수 있다.

05 – 자바와 관련된 내용이다. 틀린 것은?

① JVM은 바이트 코드를 기계어로 변환시키고 실행한다.
② JVM은 플랫폼 독립적이다.
③ 자바 8부터 람다식을 지원한다.
④ 자바 통합 개발 환경으로 이클립스 및 넷빈즈라는 무료 도구가 있다.

06 – JVM을 구동하는 명령어는?

① java.exe
② javac.exe
③ javah.exe
④ javap.exe

07 – Hello.java 프로그램을 컴파일하면 바이트 코드로 된 파일을 생성한다. 무엇인가?

① Hello.byte
② Hello.code
③ Hello.exe
④ Hello.class

08 – 이클립스와 관련된 내용이다. 틀린 것은?

① 이클립스는 무료로 사용할 수 있다.
② 자바 프로그램을 개발하려면 이클립스에 자바를 개발하는 플러그인을 설치해야 한다.
③ 이클립스에서 작성한 자바 프로그램을 저장하면 자동으로 컴파일된다.
④ 이클립스는 자바 프로그램을 프로젝트 단위로 관리한다.

09 – 단독으로 실행할 수 없고 웹 페이지에 내장되어 익스플로러 등 웹 브라우저로 구동하고 실행하는 자바 프로그램은?

① 자바 애플리케이션
② 자바 애플릿
③ 자바 서블릿
④ 자바 빈즈

10 – 다음 중 자바와 가장 관련이 먼 것은?

① 하둡
② 안드로이드
③ iOS
④ JSP

11 – ___________는 자바 프로그램을 포장하는 단위로 폴더와 유사하다.

12 – ___________는 IBM에서 처음 개발해 오픈 소스로 기증한 통합 자바 개발 환경이다.

13 – 변수 이름, 클래스 이름, 메서드 이름 등을 일괄적으로 변경하려고 한다. 이클립스에서 사용할 수 있는 단축키는?

14 – JDK를 설치할 때 포함된 javac 등 도구를 어느 곳에서든 사용할 수 있게 하려면 무엇을 변경해야 하는가?

Chapter 02

자바 프로그램 구조와 기초 문법

이 장에서는 Hello 프로그램을 통하여 자바 프로그램의 기본 구조를 살펴본다.
그런 다음 자바 프로그램 작성에 필요한 기본 문법인
식별자, 변수, 연산자 등을 학습해 기초를 다진다.
그리고 자바 프로그램에서 자주 필요한 키보드로부터
데이터를 입력하고 화면으로 출력하는 방법을 학습한다.

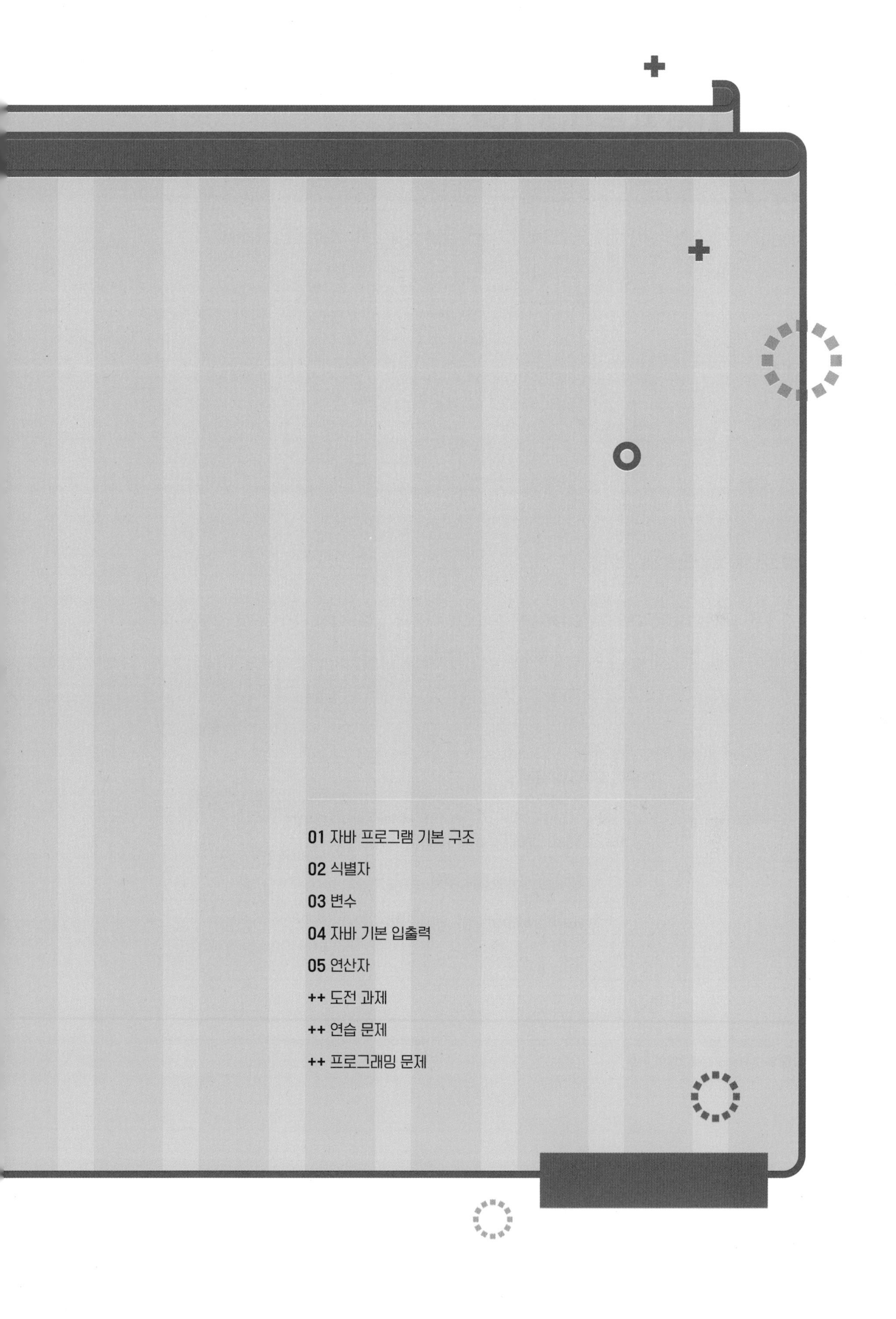
01 자바 프로그램 기본 구조
02 식별자
03 변수
04 자바 기본 입출력
05 연산자
++ 도전 과제
++ 연습 문제
++ 프로그래밍 문제

자바 프로그램 기본 구조

먼저 1장에서 작성한 Hello 프로그램으로 기본 구조를 살펴본 후 다른 방식으로 문자열을 출력하는 실행문을 추가하면서 자바 프로그램의 기본 구조를 익혀 보자. 자바 프로그램의 기본 구조는 다음과 같다.

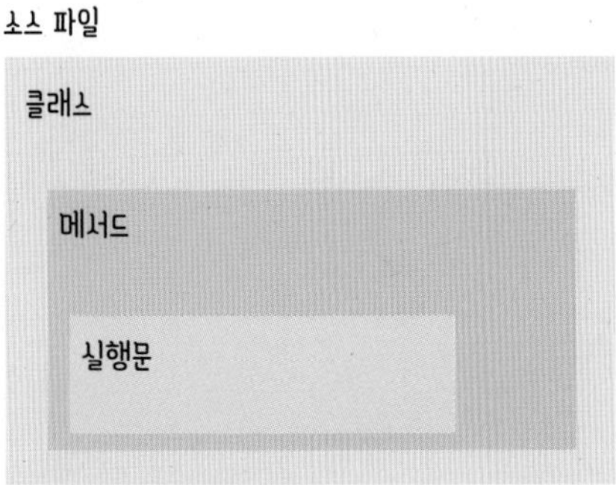

소스 파일

클래스

메서드

실행문

그림 2-1 자바 프로그램의 기본 구조

1장에서 작성한 Hello 프로그램을 하나씩 뜯어보면 다음과 같다. 이제 시작이므로 모르는 내용이라도 이런 것이 있다는 정도만 이해하고 넘어가자.

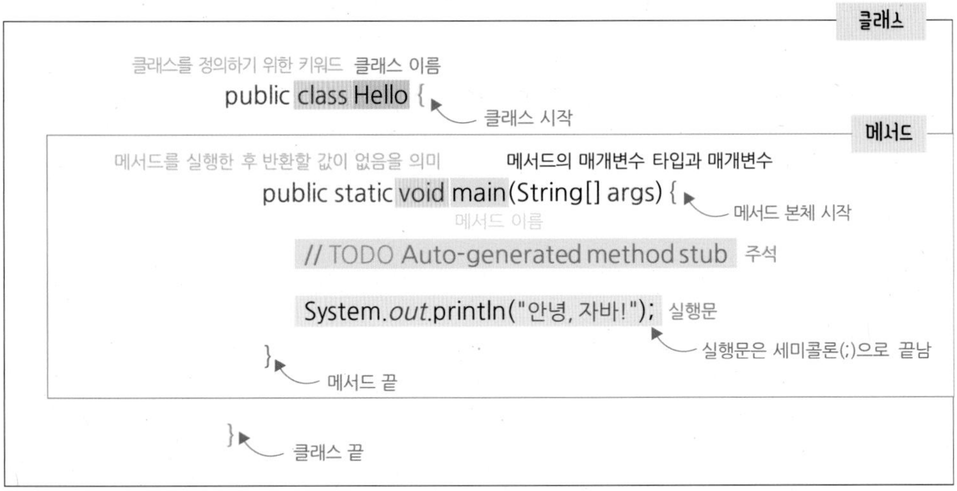

```
public class Hello {
    public static void main(String[] args) {
        // TODO Auto-generated method stub
        System.out.println("안녕, 자바!");
    }
}
```

클래스 / 메서드 / 클래스를 정의하기 위한 키워드 / 클래스 이름 / 클래스 시작 / 메서드를 실행한 후 반환할 값이 없음을 의미 / 메서드의 매개변수 타입과 매개변수 / 메서드 본체 시작 / 메서드 이름 / 주석 / 실행문 / 실행문은 세미콜론(;)으로 끝남 / 메서드 끝 / 클래스 끝

그림 2-2 Hello 프로그램의 구조

- **클래스(class)**

  객체 지향 언어에서 클래스는 프로그램을 개발하는 단위로 적어도 하나의 클래스가 있어야 한다. 자바의 소스 파일 이름은 클래스 이름과 연관되기 때문에 이클립스로 Hello 클래스를 생성하면 Hello.java라는 소스 파일이 생성된다. 클래스 이름은 대문자로 시작하는 것이 관례이며, 클래스 내부에는 여러 개의 메서드가 포함될 수 있다.

- **메서드(method)**

  수행할 작업을 나열한 코드의 모임이다. 자바 애플리케이션은 main( ) 메서드부터 실행을 시작하므로 main( ) 메서드를 포함하는 클래스가 반드시 있어야 한다.

- **실행문(statement)**

  작업을 지시하는 변수 선언, 값 저장, 메서드 호출 등의 코드를 의미한다. System.out.println( )은 화면에 정수나 문자, 문자열을 출력하는 실행문이다.

- **주석문**

  프로그램에 덧붙이는 설명문으로 컴파일러가 무시하는 문장이다. 프로그램에 적절하게 주석문을 달면 코드를 이해하는 데 도움이 된다. 다음 세 가지 방법으로 달 수 있다.

  ① 행 주석 : //부터 행 끝까지를 주석으로 처리

  ② 범위 주석 : /*와 */ 사이를 주석으로 처리

  ③ 문서 주석 : /**와 */ 사이를 주석으로 처리하되 javadoc.exe 명령어로 API 문서를 생성하는 데 사용

Hello 프로그램에 주석을 추가하거나 다른 방법으로 메시지를 출력하도록 수정해 보자. 다음은 '안녕!'이라는 문자열을 세 가지 방법으로 출력하는 실행문을 포함하는 예제이다.

예제 2-1 **Hello 프로그램 수정** sec01/Hello.java

```
01 package sec01;        ← package 문이다. 특별히 필요하지 않다면 다음 예제부터 생략한다.
02
03 /*
04  * 콘솔에 '안녕' 메시지를 출력하는 자바 프로그램   ← 문서 주석이다.
05  */
06
07 public class Hello {
08    public static void main(String[] args) {
09       /*
10       * 메인 메소드 내부   ← 범위 주석이다.
11       */
12       System.out.println("안녕!");   // 화면에 문자 출력   ← 행 주석이다.
```

```
13
14        System.out.println("안녕" + "!");     // 2개의 문자열을 합쳐서 출력한다.
15
16        String hello = "안녕!";              // 문자열을 hello 변수에 대입한 후
17        System.out.println(hello);          // hello 변수의 내용을 출력한다.
18    }
19 }
```

```
안녕!
안녕!
안녕!
```

02 식별자

프로그램에서 사용하는 변수, 메서드, 클래스, 상수 등도 이름으로 구별하는데, 이것을 식별자 identifier라고 한다. 식별자를 작성할 때는 다음 규칙을 따라야 한다.

- 문자, 언더바(_), $로 시작해야 한다. 한글도 가능하며, 영문자는 대·소문자를 구분한다.
- +, – 등 연산자를 포함하면 안 된다.
- 자바 키워드를 사용하면 안 된다([표 2-1] 참고).
- 길이에 제한이 없다.

따라서 %5, a+b, 1b 등은 잘못된 식별자이고 ColoredCircle, radius, $a, _int 등은 올바른 식별자이다. 대·소문자를 구분하기 때문에 식별자 x와 X는 서로 다르다.

표 2-1 자바 키워드

분류	키워드
데이터 타입	byte, char, short, int, long, float, double, boolean
접근 지정자	private, protected, public
제어문	if, else, for, while, do, break, continue, switch, case
클래스와 객체	class, interface, enum, extends, implements, new, this, super, instanceof, null
예외 처리	try, catch, finally, throw, throws
기타	abstract, assert, const, default, false, final, import, native, package, return, static, strictfp, synchronized, transient, true, void, volatile

식별자를 정할 때 다음 관례를 따르면 프로그램의 가독성을 높일 수 있다.

❶ 변수와 메서드는 모두 소문자로 표기한다. 단, 복합 단어일 때는 두 번째 단어부터 단어의 첫 자만 대문자로 표기한다.

```
int thisYear;
String currentPosition;
boolean isEmpty;
public int getYear( ) { }
```

❷ 클래스와 인터페이스는 첫 자만 대문자로 표기하고 나머지는 소문자로 표기한다. 단, 복합 단어일 때는 각 단어의 첫 자만 대문자로 표기한다.

```
public class HelloDemo { }
public interface MyRunnable { }
```

❸ 상수는 전체를 대문자로 표기한다. 단, 복합 단어일 때는 단어를 언더바(_)로 연결한다.

```
final int NUMBER_ONE = 1;
final double PI = 3.141592;
```

셀프 테스트 2-1

1 여러 행의 실행문을 주석으로 처리하기에 가장 적절한 것은?

① //　② /*와 */　③ @　④ /**와 */

2 다음 중 자바 식별자로 적절하지 않은 것을 모두 찾으시오.

① 2times　② if　③ name　④ $　⑤ 이름

3 개발자가 덧붙인 프로그램 설명은 ＿＿＿＿＿＿이다.

4 모든 실행문은 ＿＿＿＿＿＿으로 끝난다.

03 변수

1 변수의 개념

프로그램은 메모리 공간에 데이터를 보관하고, 여러 메모리 공간을 변수variable로 구분한다. 변수는 데이터를 담는 상자 역할을 하며 종류가 다양한데, 이를 구분하려고 데이터 타입data type을 사용한다. 데이터 타입에 따라 가능한 값, 수행할 수 있는 명령, 데이터 의미, 저장하는 방식이 달라진다. 따라서 특정 타입의 변수 상자에는 해당 타입의 데이터만 저장할 수 있다. 예를 들어 정수 변수는 정숫값만 저장할 수 있고, 실수 변수는 실숫값만 저장할 수 있다.

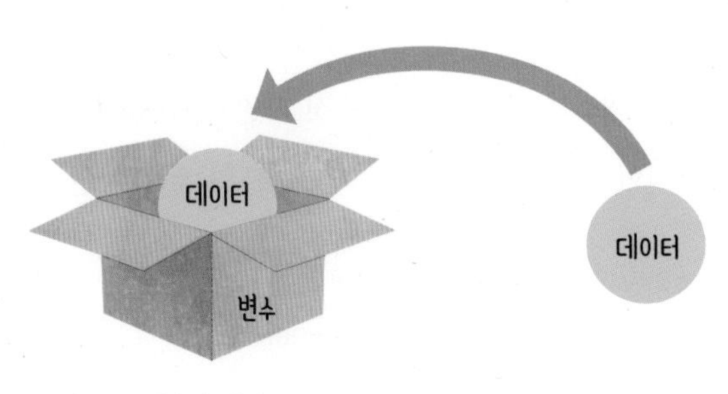

그림 2-3 변수의 개념

2 데이터 타입과 리터럴

데이터 타입data type은 값values과 값을 다룰 수 있는 연산operations의 집합을 의미한다. 자바는 다음과 같이 기초 타입 외에 참조 타입도 제공한다. 기초 타입은 정수, 실수, 논릿값을 담는 그릇의 형태를 의미한다. 참조 타입은 객체가 있는 주소를 담은 그릇의 형태를 의미한다. 주소로 데이터인 객체를 참조하기 때문에 참조 타입이라고 한다. 여기서는 기초 타입을 먼저 알아보고, 객체 지향을 학습할 때 참조 타입을 살펴본다.

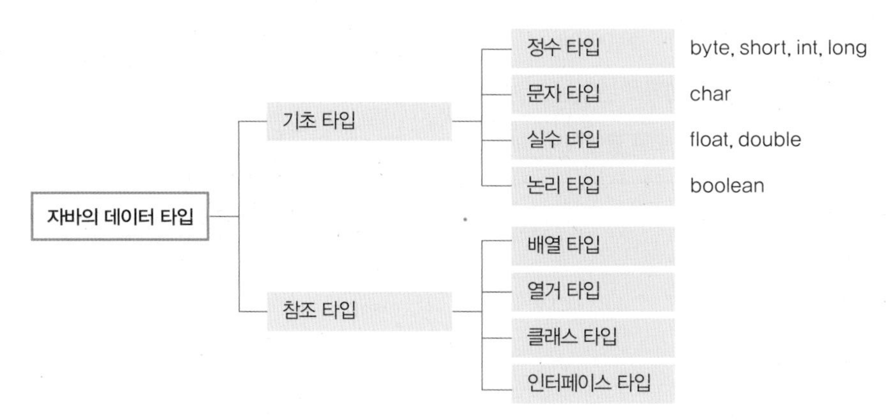

그림 2-4 자바의 데이터 타입

자바의 기초 타입은 총 8개로 [표 2-2]와 같이 정수가 4개, 실수가 2개, 문자와 논리가 각 1개씩 있다.

표 2-2 자바의 기초 타입

분류	기초 타입	기억 공간 크기	기본값	값의 범위
정수	byte	8비트	0	−128~127
	short	16비트	0	−32,768~32,767
	int	32비트	0	−2,147,483,648~2,147,483,647
	long	64비트	0L	−9,223,372,036,854,775,808 ~9,223,372,036,854,775,807
문자	char	16비트	\0000	0('\u0000')~65,535('\uFFFF')
실수	float	32비트	0.0f	약 $\pm 3.4 \times 10^{-38} \sim \pm 3.4 \times 10^{+38}$
	double	64비트	0.0d	약 $\pm 1.7 \times 10^{-308} \sim \pm 1.7 \times 10^{+308}$
논리	boolean	8비트	false	true와 false

프로그램 내부에서 값을 정의해 변수를 초기화할 수 있는데, 그 값을 리터럴literal이라고 한다. 기초 타입으로 정수 리터럴, 실수 리터럴, 문자 리터럴, 논리 리터럴이 있으며, 참조 타입으로 문자열 리터럴과 null이라는 특수한 리터럴이 있다.

정수

정수는 기본적으로 int 타입이고 값의 범위에 따라 byte, short, long을 사용한다. 정수 리터럴은 다음과 같이 다양한 진법으로 표현할 수 있고, 모두 정수 타입 변수에 대입할 수 있다. 2진수, 8진수, 16진수 리터럴 정수이면 0b, 0, 0x라는 접두사를 두어야 한다. long 타입의 정수 리터럴은 L이나 l(소문자 L) 접미사를 붙여 표현한다.

```
int fifteen = 15;            // 10진수
byte fifteen = 0b1111;       // 2진수 15
short fifteen = 017;         // 8진수 15
int fifteen = 0xF;           // 16진수 15
long lightSpeed = 300000L;   // L은 long 타입임을 명시
```

실수

실수는 기본적으로 double 타입이고 값의 범위에 따라 float 타입을 사용한다. 실수 리터럴은 일반 표기법이나 지수 표기법으로 표현할 수 있고, 실수 타입 변수에 대입할 수 있다. float 타입의 실수 리터럴은 F나 f 접미사를 붙여 표현한다.

```
double half = 0.5;      // 일반 표기법
double half = 5E-1;     // 지수 표기법으로 5×10⁻¹을 의미
float  pi = 3.14159;    // 오류
float  pi = 3.14159F;   // F는 float 타입임을 명시
double pi = 3.14159;
```

가수이다. (5)

지수이다. (-1)

예제 2-2 **정수 및 실수 타입 응용** sec03/NumberTypeDemo.java

```
01 public class NumberTypeDemo {
02     public static void main(String[] args) {
03         int mach;
04         int distance;
05         mach = 340;
06         distance = mach * 60 * 60;
07         System.out.println("소리가 1시간 동안 가는 거리 : " + distance + "m");
08 
09         double radius;
10         double area;
11         radius = 10.0;
12         area = radius * radius * 3.14;
13         System.out.println("반지름이 " + radius + "인 원의 넓이 : " + area);
14     }
15 }
```

음속을 m/s 단위로 나타낸 값이다. (340)

```
소리가 1시간 동안 가는 거리 : 1224000m
반지름이 10.0인 원의 넓이 : 314.0
```

문자

문자는 char 타입을 사용하고, 비영어권 언어까지 최대 6만 5,000여 개의 문자를 처리할 수 있도록 내부적으로는 2바이트 문자 처리 방식인 유니코드unicode를 사용한다. 유니코드는 0~65,535 범위의 정수로 표현하기 때문에 char 타입은 일종의 정수 타입이다. 문자 리터럴은 작은따옴표(' ')로 하나의 문자를 감싸서 표현하지만, 유니코드 값을 알면 \u와 4자리 16진수를 작은따옴표로 감싸서 표현할 수 있다. 제어 문자는 [표 2-3]과 같이 역슬래시(\)를 사용해 표현한다.

```
char c = 'A';          // 문자
char c = 65;           // 일종의 정수 타입이기 때문에 65 대입 가능
char c = '\u0041';     // 유니코드 값으로 대입
char c = "A";          // "A"는 문자가 아니라 문자열이므로 오류
```

표 2-3 제어 문자의 표현

표현	제어 문자	유니코드
‘\b’	Backspace	\u0008
‘\t’	Tab	\u0009
‘\n’	한 행 넘김(line feed)	\u000a
‘\r’	맨 앞으로 이동(carriage return)	\u000d
‘\‘’	‘	\u0022
‘\“’	“	\u0027
‘\\’	\	\u005c

논리

논릿값은 boolean 타입을 사용하고, 논리 리터럴은 두 가지 상태인 true와 false로 표현한다.

```
boolean condition = true;    // 논리 리터럴 true와 false 중 하나
```

예제 2-3 **문자 및 논리 타입 응용** sec03/CharBoolDemo.java

```
01  public class CharBoolDemo {
02     public static void main(String[] args) {
03        char ga1 = '가';
04        char ga2 = '\uac00';
05
06        boolean cham = true;
07        boolean geojit = false;
08
09        System.out.println(ga1);
10        System.out.println((int)ga1);
11        System.out.println(ga2);
12        System.out.println(++ga2);
13        System.out.println(cham + "가 아니면 " + geojit + "입니다.");
14     }
15  }
```

변수 ga1을 int 타입으로 변환한다.

'가'의 다음 문자인 '각'을 나타낸다.

```
가
44032
가
각
true가 아니면 false입니다.
```

문자 '가'의 10진법 정숫값으로 문자는 일종의 정수 타입임을 보여준다.

3 변수 사용

변수를 사용하려면 컴파일러에 어떤 데이터 타입을 쓸지 미리 알려야 하는데, 변수에 저장할 데이터 타입을 지정하고 이름을 붙이는 것을 변수 선언이라고 한다. 변수 선언도 실행문이므로 세미콜론(;)을 붙여야 하고, 데이터 타입이 같은 변수는 쉼표(,)로 연결해 선언할 수 있다.

```
int    weight;         // 정수 타입의 weight 변수 선언
double x, y, z;        // 3개의 변수를 ,로 연결해 선언
```

변수 선언과 초기화는 다음과 같이 따로 또는 동시에 할 수도 있다.

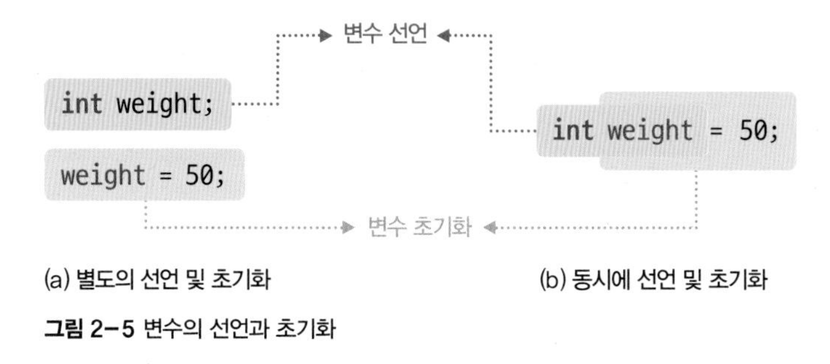

그림 2-5 변수의 선언과 초기화

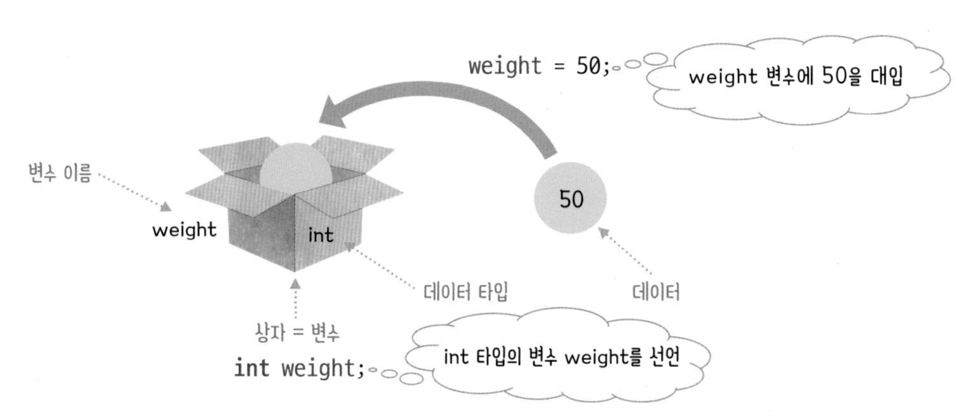

그림 2-6 변수의 사용

자바 10부터는 다음 예와 같이 초깃값을 통하여 데이터 타입을 추론할 수 있는 var이라는 예약어를 지원한다. var은 키워드가 아니기 때문에 식별자로 사용할 수 있다. var은 반드시 초깃값을 통하여 데이터 타입을 추론할 수 있고 메서드 내부에 있는 변수에 대해서만 사용한다.

```
var number = 100;       // var은 정수를 나타낼 수 있는 int 타입으로 추론
var korean = "한국";    // var은 문자열을 나타낼 수 있는 String 타입으로 추론
var oops;               // 오류
```

마지막에 있는 oops는 초깃값이 없으므로 var이 타입을 추론할 수 없다. 따라서 컴파일 오류를 발생한다.

예제 2-4 **var 예약어 응용** sec03/VarDemo.java

```
01  public class VarDemo {
02  //    var a = 1;        var은 메서드 내부에서만 사용할 수 있다.
03
04      public static void main(String[] args) {
05          int var = 1;    var을 변수 이름으로 사용할 수 있다.
```

```
06        var x = 1;
07
08  //        var x = 1, y = 3, z = 4;
09
10  //        var str = null;
11
12  //        var oops;
13  //        oops = 1;
14     }
15
16  //    void test(var x) { }
17  }
```

- var을 사용하여 다수의 변수를 하나의 실행문으로 초기화할 수 없다. (08행)
- var 변수에 null을 대입할 수 없다. (10행)
- var 변수를 바로 초기화하지 않으면 타입을 추론할 수 없다. (12~13행)
- 12행처럼 변수 x의 타입을 추론할 수 없다. (16행)

4 상수

상수 constant 는 프로그램 실행 도중 변경할 수 없는 데이터를 담는 변수이다. 예를 들어 원주율 값(3.14159)이나 빛의 속도(3×10^8m/s) 등은 변하지 않기 때문에 상수로 선언하면 좋다. 상수는 변수와 달리 한 번 값을 저장하면 다른 값으로는 변경할 수 없다. 변수와 구분하기 위하여 상수 이름을 모두 대문자로 표기한다. 상수도 변수처럼 두 가지 방식으로 초기화할 수 있지만, final 키워드로 반드시 지정해야 한다.

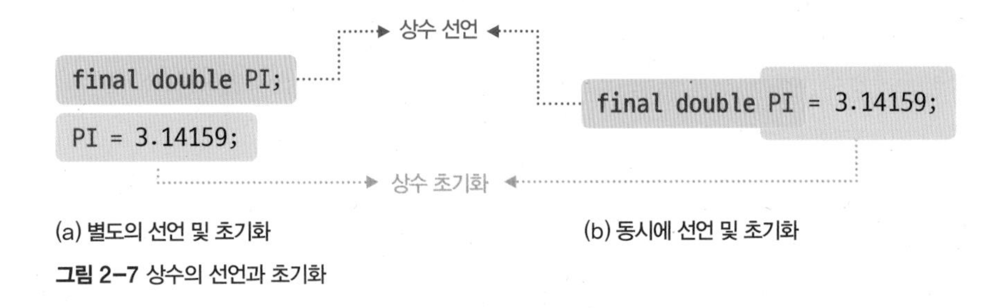

그림 2-7 상수의 선언과 초기화

초기화 없이 선언만 한 상수를 사용하면 컴파일 오류가 발생한다. 따라서 선언된 상수는 반드시 초기화한 후 사용해야 한다.

> **참고**
> 상수는 프로그램 실행 중 항상 동일한 값을 가지는 변수이고, 리터럴은 프로그램에서 정의한 값이다. 상수는 리터럴에 의미 있는 이름을 붙여서 코드의 가독성을 높이고, 쉽게 수정할 수 있게 한다.

5 타입 변환

어떤 그릇에 담긴 물을 다른 그릇으로 옮길 수 있듯이 int 타입의 데이터도 float 타입으로 변경할 수 있다. 이렇게 데이터 타입을 바꾸는 연산을 타입 변환cast이라고 하는데, 자동 타입 변환과 강제 타입 변환이라는 두 가지 종류가 있다.

자동 타입 변환

자동 타입 변환은 프로그램 실행 중에 자동으로 타입이 변환되는 것을 의미한다. 자동 타입 변환은 연산식expression이나 실행문에서 서로 다른 데이터 타입이 나타날 때 발생하며, 자바 컴파일러는 가장 큰 데이터 타입으로 모든 데이터 타입을 통일한다.

예를 들어 다음과 같이 정수와 실수를 연산할 때는 먼저 정수를 큰 데이터 타입인 실수로 변환한 후 연산이나 대입을 수행한다.

```
double d1 = 5 * 3.14;  // 정수 5를 실수 5.0으로 자동 타입 변환
double d2 = 1;         // 정수 1을 실수 1.0으로 자동 타입 변환
```

강제 타입 변환

강제 타입 변환은 타입 변환 연산자를 사용해 데이터 타입을 강제로 변환하는 연산이다. 강제 타입 변환은 다음과 같이 데이터 앞에 '(데이터타입)' 형태의 타입 변환 연산자를 붙인다.

```
// double의 3.14를 float로 형 변환해 f에 3.14F 저장
float f = (float)3.14;

// int의 300을 byte로 형 변환하면 데이터 손실 발생
byte b = (byte)300;

// double의 3.14를 byte로 형 변환하면 데이터가 손실되고 3만 저장
byte x = (byte)3.14;

// float의 3.14를 double로 형 변환하면 데이터 손실 없이 저장
double d = (double)3.14f;
```

큰 그릇에 있는 물을 작은 그릇으로 옮기면 공간이 부족해 물이 넘칠 수 있다. 이처럼 타입도 강

제로 변환하면 일부 정보를 잃어버릴 가능성이 있다. 따라서 [그림 2-8]에 나타난 숫자 기초 타입의 표현 범위를 고려하거나 데이터 손실을 미리 점검할 수 있도록 [표 2-4]에 나타난 숫자 데이터 타입별 최솟값 상수와 최댓값 상수를 이용하는 것이 좋다.

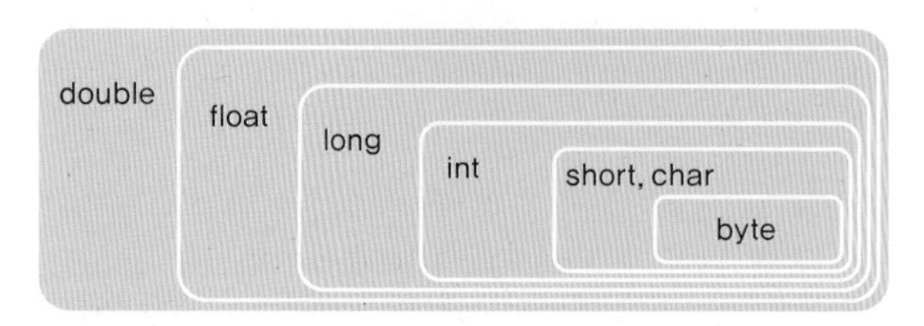

그림 2-8 기초 타입의 표현 범위 비교

표 2-4 자바가 제공하는 숫자 데이터 타입의 최솟값과 최댓값 상수

숫자 데이터 타입	최솟값 상수	최댓값 상수
byte	Byte.MIN_VALUE	Byte.MAX_VALUE
short	Short.MIN_VALUE	Short.MAX_VALUE
int	Integer.MIN_VALUE	Integer.MAX_VALUE
long	Long.MIN_VALUE	Long.MAX_VALUE
float	Float.MIN_VALUE	Float.MAX_VALUE
double	Double.MIN_VALUE	Double.MAX_VALUE

예제 2-5 **타입 변환 응용** sec03/CastDemo.java

```
01  public class CastDemo {
02     public static void main(String[] args) {
03        int i;
04        double d;
05        byte b;
06
07        i = 7 / 4;
08        System.out.println(i);
09        d = 7 / 4;
10        System.out.println(d);
11        d = 7 / (double) 4;
12        System.out.println(d);
```

```
13
14        //  i = 7 / (double) 4;       타입 불일치 오류가 발생한다.
15
16        i = 300;
17        if (i < Byte.MIN_VALUE || i > Byte.MAX_VALUE)
18           System.out.println("byte 타입으로 변환할 수 없습니다.");
19        else
20           b = (byte) i;
21     }
22  }
```

```
1
1.0
1.75
byte 타입으로 변환할 수 없습니다.
```

7행이나 9행의 7 / 4는 정수 나눗셈이므로 결괏값이 정수인 1이 된다. 7행의 변수 i는 int 타입이므로 1이 대입되지만, 9행의 d는 double 타입이므로 1.0이 대입된다. 14행은 다음 순서로 연산을 수행하며, double 타입을 int 타입에 대입하기 때문에 오류가 발생한다.

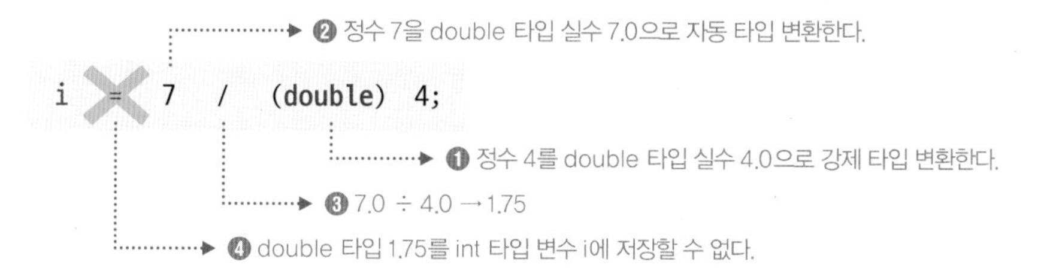

셀프 테스트 2-2

1 프로그램에서 직접 입력한 값을 ___________이라고 한다.

2 동일한 타입의 변수라면 ,(쉼표)로 연결해 선언할 수 있다. (O, X)

3 char는 정수 타입의 일종이 아니다. (O, X)

4 논리 타입 변수에 1을 대입할 수 있다. (O, X)

5 '가'는 문자 리터럴이다. (O, X)

6 System.out.println(6/2.0)의 실행 결과는?

04 자바 기본 입출력

지금까지 System.out.println()을 사용하여 프로그램의 실행 결과를 확인해 왔다. System.out은 표준 출력 객체이며, 이를 사용하여 화면에 데이터를 나타낸 것이다. 키보드로 데이터를 입력받을 때는 표준 입력 객체인 System.in을 사용한다. 여기서 데이터를 키보드로부터 프로그램으로 받아들이거나 화면으로 보내는 자바의 기본 입출력에 대하여 알아보자.

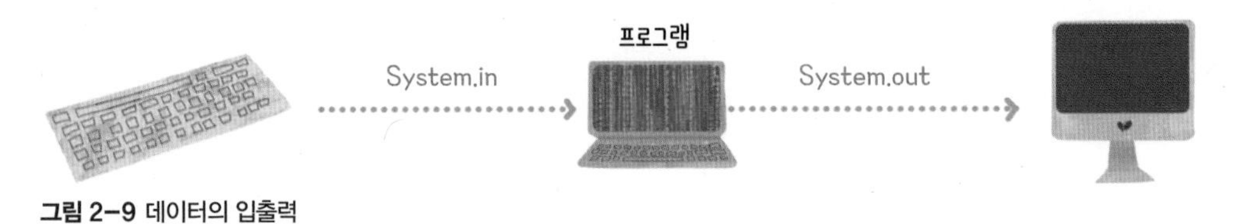

그림 2-9 데이터의 입출력

1 화면에 데이터 출력

자바에서는 콘솔로 데이터를 출력하려고 다음 메서드들을 제공하는데, 모두 System.out 객체와 연결해 사용한다.

- **println()** : () 내부의 내용을 출력한 후 행을 바꾼다.
- **print()** : () 내부의 내용을 출력만 하고 행은 바꾸지 않는다.
- **printf()** : () 내부의 내용을 지정된 포맷을 사용해 출력한다.

포맷을 지정해서 출력하는 printf() 메서드는 %로 시작하는 포맷을 여러 개 포함할 수 있는 포맷 명시자를 사용한다. 단, 이 포맷 개수와 포맷을 적용할 데이터 개수는 서로 같아야 한다.

```
System.out.printf("포맷 명시자", 데이터, 데이터, …);
```

(a) 사용 형식

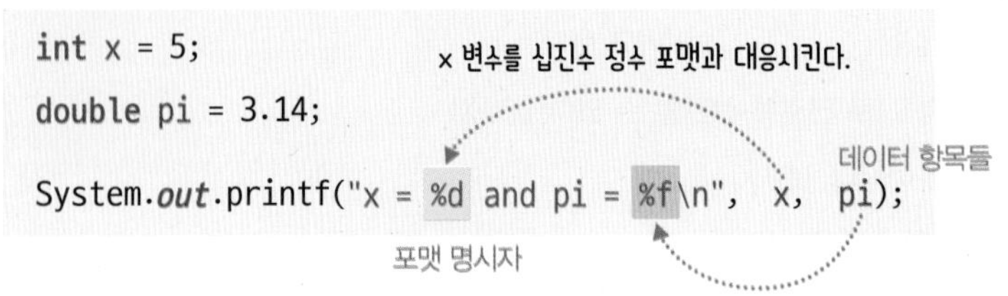

(b) 사용 예

그림 2-10 printf() 메서드의 사용 형식과 예

printf() 메서드는 기본적으로 오른쪽으로 정렬해서 출력하지만 % 다음에 하이픈 표시(–)가 있으면 왼쪽으로 정렬해서 출력한다. % 다음에 숫자가 있다면 출력될 자릿수를 지정한다. 실수를 위한 포맷 명시자로 %a.b를 사용할 수 있는데, 여기서 a는 소수점 이하의 숫자까지 포함해 출력될 최소 자릿수를 나타내고, b는 소수점 이하 자릿수를 나타낸다. 출력할 내용이 자릿수보다 작다면 기본적으로 공백으로 채우지만, % 다음에 0이 있다면 0으로 채운다. 탭tab, 줄 바꿈, % 기호를 출력하려면 각각 \t, \n, %%로 표현한다.

표 2–5 printf() 메서드의 포맷 예와 실행 결과

종류	데이터	포맷	실행 결과	설명
정수	97	%d	97	10진수
		%o	141	8진수
		%x	61	16진수
		%c	a	문자
		%5d	97	5자리. 빈자리는 공백 처리한다.
		%–5d	97	5자리. 빈자리는 공백 처리한다. 왼쪽 정렬
		%05d	00097	5자리. 빈자리는 0으로 채운다.
문자열	"java"	%s	"java"	문자열
		%5s	" java"	5자리. 빈자리는 공백 처리한다.
		%–5s	"java "	5자리. 빈자리는 공백 처리한다. 왼쪽 정렬
실수	3.14f	%f	3.140000	10진수 실수
		%e	3.140000e+00	지수
		%4.1f	3.1	4자리. 소수점 이하 1자리
		%04.1f	03.1	4자리. 소수점 이하 1자리. 빈자리 0
		%–4.1f	3.1	4자리. 소수점 이하 1자리. 왼쪽 정렬

예제 2-6 **포맷을 이용한 화면 출력** sec04/PrintfDemo.java

```
01 public class PrintfDemo {
02    public static void main(String[] args) {
03       int i = 97;
04       String s = "Java";
05       double f = 3.14f;
06       System.out.printf("%d\n", i);
07       System.out.printf("%o\n", i);
08       System.out.printf("%x\n", i);
09       System.out.printf("%c\n", i);
10       System.out.printf("%5d\n", i);
11       System.out.printf("%05d\n", i);
12       System.out.printf("%s\n", s);
13       System.out.printf("%5s\n", s);
14       System.out.printf("%-5s\n", s);
15       System.out.printf("%f\n", f);
16       System.out.printf("%e\n", f);
17       System.out.printf("%4.1f\n", f);
18       System.out.printf("%04.1f\n", f);
19       System.out.printf("%-4.1f\n", f);
20    }
21 }
```

```
97
141
61
a
   97
00097
Java
 Java
Java
3.140000
3.140000e+00
 3.1
03.1
3.1
```

2 키보드로 데이터 입력

키보드로 데이터를 입력받을 때 System.in 객체를 사용해 입력 스트림을 생성할 수도 있지만, 입력된 데이터를 처리하는 과정이 번거롭다. 그러나 다음 방식으로 Scanner 클래스와 연결하면 데이터를 쉽게 입력받아 처리할 수 있다.

❶ 프로그램의 첫 행에 다음을 추가해 Scanner 클래스의 경로 이름을 컴파일러에 알린다.

```
import java.util.Scanner;
```

❷ 키보드로 데이터를 입력받으려고 System.in 객체와 연결된 Scanner 객체를 생성한다.

```
Scanner in = new Scanner(System.in);
```

❸ Scanner 클래스가 제공하는 다양한 메서드를 이용해 키보드로 데이터를 입력받는다.

```
int x = in.nextInt( );        // 정수를 읽어 x 변수에 대입
```

Scanner 클래스가 제공하는 메서드는 키보드로 입력된 값을 공백이나 탭 등 구분자(\t, \f, \r, \n)로 구별해 데이터로 읽어 들인다. 단, nextLine( ) 메서드는 행 바꿈 문자('\n')만 구분자로 사용한다.

표 2-6 Scanner 클래스가 제공하는 데이터 입력 메서드

메서드	반환 타입
next( )	String
nextByte( )	byte
nextShort( )	short
nextInt( )	int
nextLong( )	long
nextFloat( )	float
nextDouble( )	double
nextLine( )	String

예제 2-7 **키보드로 데이터 입력** sec04/ScannerDemo.java

```
01  import java.util.Scanner;
02
03  public class ScannerDemo {
04     public static void main(String[] args) {
05        Scanner in = new Scanner(System.in);
06        int x = in.nextInt();
07        int y = in.nextInt();
08        System.out.printf("%d * %d은 %d입니다.\n", x, y, x * y);
09     }
10  }
```

Scanner 객체를 생성한다.

키보드로 입력한 정수 데이터를 변수에 대입한다.

```
10
20
10 * 20은 200입니다.
```

키보드로 입력한 값이다.

셀프 테스트 2-3

1 printf( ) 메서드에서 정숫값을 16진수로 출력하려면 __________라는 포맷을 사용해야 한다.

2 줄 바꿈을 하기 전까지의 문자열을 입력받으려고 Scanner 클래스가 제공하는 메서드는?
① next( ) ② nextLine( ) ③ nextByte( ) ④ nextString( )

05 연산자

1 연산자와 연산식 개념

프로그램에서 주어진 데이터를 계산해 결과를 얻어 내는 과정을 연산operation이라고 한다. 연산에 사용하는 표시나 기호(+, *, <=)를 연산자operator라고 하며, 연산되는 데이터(x, y, z)를 피연산자operand라고 한다. 그리고 연산식expression은 변수, 상수, 메서드 등 피연산자와 연산자의 조합을 의미한다.

피연산자
x + y ········▶ 연산자
x + u * z
x <= y

그림 2-11 연산자와 피연산자로 구성된 연산식

표 2-7 자바 연산자의 종류

종류	연산자	설명	비고
증감	++, --	1만큼 증가 또는 감소한다.	단항
산술	+, -, *, /, %	사칙 연산과 모듈로 연산한다.	이항
시프트	>>, <<, >>>	비트를 좌우로 이동한다.	이항
부호	+, -	부호를 변환한다.	단항
비교	>, <, >=, <=, ==, !=, instanceof	데이터 값을 비교하거나 데이터 타입을 비교한다.	이항
비트	&, |, ~, ^	비트 단위의 AND, OR, NOT, XOR	단항, 이항
논리	&&, ||, !, ^	논리적 AND, OR, NOT, XOR	단항, 이항
조건	(expr) ? x : y	expr에 따라 x 또는 y로 값을 결정한다.	삼항
대입	=, +=, -=, *=, /=, &=, |=, ^=, >>=, <<=, >>>=	오른쪽 값을 연산해 왼쪽에 대입한다.	이항

자바는 [표 2-7]과 같은 연산자를 제공한다. 피연산자 개수에 따라 단항 연산자, 이항 연산자, 삼항 연산자 등으로 분류한다.

자바 가상 머신은 기본적으로 32비트 단위로 계산한다. 따라서 다음과 같이 byte 타입의 b1과 b2를 더할 경우 32비트 단위로 계산하기 때문에 결과는 int 타입이 된다. 따라서 계산 결과를 byte 타입에 대입하면 오류가 발생한다.

```
byte b1 = 1;
byte b2 = 2;
byte b3 = b1 + b2;      // 오류 발생
```

2 산술 연산자

산술 연산자는 수식 계산에 사용하는데 다음 세 가지를 주의해야 한다.

- 두 피연산자의 데이터 타입이 다르면 큰 범위의 타입으로 일치시킨 후 연산을 수행한다.
- 논리 타입을 제외한 기초 타입을 피연산자로 사용할 수 있다. 단, % 연산자는 정수 타입에만 사용할 수 있다.
- 덧셈 연산자는 문자열을 연결하는 데도 사용한다. 문자열과 덧셈을 하는 데이터는 먼저 문자열로 변환한 후 서로 연결한다.

% 연산자는 다음과 같이 나눗셈을 수행한 후 나머지를 산출한다. 따라서 다음과 같이 % 연산자를 사용하면 짝수 여부, 3의 배수 여부 등을 확인할 수 있다.

```
// 짝수와 홀수 여부 판단. n이 홀수면 a가 1, 짝수면 a는 0
int a = n % 2;

// 3의 배수인지 확인, n이 3의 배수면 b가 0, 아니면 b는 0이 아님
int b = n % 3;
```

예제 2-8 **산술 연산자 응용** sec05/ArithmeticDemo.java

```
01 public class ArithmeticDemo {
02    public static void main(String[] args) {
03       int remainder = 25 % 2;
04       System.out.println("25 ÷ 2의 나머지는 " + remainder + "입니다.");
```

```
05      }
06  }
```

```
25 ÷ 2의 나머지는 1입니다.
```

3 비교 · 논리 연산자

비교 연산자는 2개의 피연산자를 비교해 결괏값으로 논릿값인 true나 false를 되돌려 준다. ==와 !=는 모든 타입에 사용할 수 있지만, 그 외 비교 연산자는 논리 타입을 제외한 기초 타입에만 사용할 수 있다.

표 2-8 비교 연산자의 종류와 사용 예

연산자	사용 예	설명
==	x == y	x와 y는 같은가?
!=	x != y	x와 y가 다른가?
〉	x 〉y	x는 y보다 큰가?
〉=	x 〉= y	x는 y보다 크거나 같은가?
〈	x 〈 y	x는 y보다 작은가?
〈=	x 〈= y	x는 y보다 작거나 같은가?

논리 연산자는 피연산자의 조건을 결합해서 true와 false를 조사하며, 논리 타입에만 사용한다.

표 2-9 논리 연산자 예

a	b	!a	a && b	a || b	a ^ b
false	false	true	false	false	false
false	true	true	false	true	true
true	false	false	false	true	true
true	true	false	true	true	false

&&와 || 연산자 대신에 &와 |를 사용할 수 있지만 &와 |는 쇼트서킷short circuit을 사용하지 않는다. 쇼트서킷은 논리 연산자에 연결된 모든 조건식을 수행하지 않고 필요한 조건식만 수행하는 것을 의미한다. 즉, 다음과 같이 결과가 조건식2에 영향을 받지 않는다면 조건식2를 수행하지 않는다.

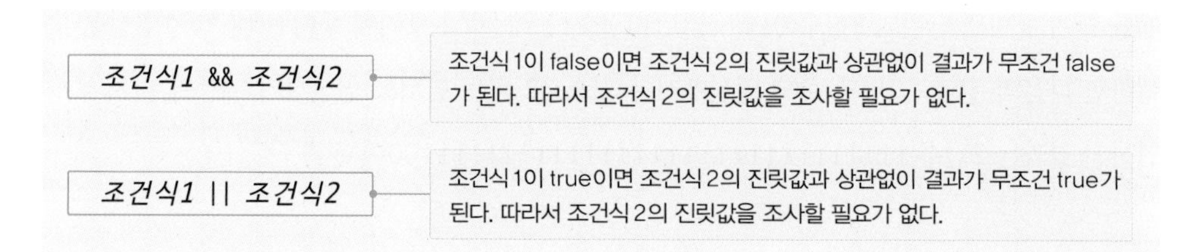

예제 2-9 **비교·논리 연산자 응용** sec05/CompLogicDemo.java

```
01 public class CompLogicDemo {
02    public static void main(String[] args) {
03       int x = 0, y = 1;
04       System.out.println((x < 1) || (y-- < 1));
05       System.out.println("x = " + x + ", y = " + y);
06
07       x = 0;
08       y = 1;
09       System.out.println((x < 1) | (y-- < 1));
10       System.out.println("x = " + x + ", y = " + y);
11    }
12 }
```

true가 된다.

수행하지 않으므로 y 값은 변화가 없다.

true가 된다.

수행해야 하므로 y 값은 1 감소한다.

```
true
x = 0, y = 1
true
x = 0, y = 0
```

4 비트 · 시프트 연산자

비트 연산자와 시프트 연산자는 정수 타입에만 사용하며, 비트 단위로 연산을 수행한다. 주어진 두 비트에서 각각 [표 2-10], [표 2-11]과 같이 연산한다.

표 2-10 비트 연산자의 종류

연산자	설명
&	두 비트가 모두 1일 때만 1이며, 나머지는 모두 0이다.
|	두 비트가 모두 0일 때만 0이며, 나머지는 모두 1이다.
^	두 비트가 서로 다를 때는 1, 동일할 때는 0이다.
~	1을 0으로, 0을 1로 바꾼다.

예를 들어 4 비트 단위의 2진수 0101과 0011을 사용해 [표 2-10]에 주어진 네 가지 연산을 수행하면 다음과 같다. 그런데 실제 연산에서는 최소 32 비트 단위로 연산하기 때문에 마지막 ~ 연산의 결과는 2진수 11111111111111111111111111111100이 된다.

```
  0 1 0 1        0 1 0 1        0 1 0 1
& 0 0 1 1      | 0 0 1 1      ^ 0 0 1 1      ~ 0 0 1 1
---------      ---------      ---------      ---------
  0 0 0 1        0 1 1 1        0 1 1 0        1 1 0 0
```

그림 2-12 비트 연산 예

표 2-11 시프트 연산자의 종류

연산자	피연산자 a와 b로 연산할 경우(예를 들어, a << b)
<<	a의 모든 비트를 왼쪽으로 b비트만큼 이동하며, 이동할 때마다 최하위 비트를 0으로 채운다. 곱셈 효과가 나타나기 때문에 산술적 왼쪽 시프트(arithmetic left shift)라고 한다.
>>	a의 모든 비트를 오른쪽으로 b비트만큼 이동하며, 이동할 때마다 최상위 비트와 동일한 비트로 채운다. 나눗셈 효과가 나타나기 때문에 산술적 오른쪽 시프트(arithmetic right shift)라고 한다.
>>>	a의 모든 비트를 오른쪽으로 b비트만큼 이동하며, 이동할 때마다 최상위 비트를 0으로 채운다. 산술적 효과가 없기 때문에 논리적 오른쪽 시프트(logical right shift)라고 한다.

예를 들어 0b00000110을 <<와 >> 연산자를 사용해 2비트 시프트하면 결괏값이 각각 다음과 같이 0b00000001과 0b00011000이 된다.

그림 2-13 시프트 연산 예

예로 든 비트 연산과 시프트 연산을 프로그램에서 확인하면 [예제 2-10]과 같다.

예제 2-10 **비트·시프트 연산자 응용** sec05/BitOperatorDemo.java

```
01 public class BitOperatorDemo {
02    public static void main(String[] args) {
03       System.out.printf("%x\n", 0b0101 & 0b0011);
04       System.out.printf("%x\n", 0b0101 | 0b0011);
05       System.out.printf("%x\n", 0b0101 ^ 0b0011);
06       System.out.printf("%x\n", (byte) ~0b00000001);
07       System.out.printf("%x\n", 0b0110 >> 2);
08       System.out.printf("%x\n", 0b0110 << 2);
09
10       int i1 = -10;
11       int i2 = i1 >> 1;
12       int i3 = i1 >>> 1;
13       System.out.printf("%x -> %d\n", i1, i1);
14       System.out.printf("%x -> %d\n", i2, i2);
15       System.out.printf("%x -> %d\n", i3, i3);
16    }
17 }
```

자바 가상 머신이 32비트 단위로 연산해 원래는 fffffffe를 출력하므로, 8비트만 출력하려고 (byte) 타입으로 변환한다.

-10을 2로 나눈 결과와 같다.

-10을 1비트 오른쪽으로 이동하되 왼쪽에 빈 1비트를 0으로 채워 왼쪽 4비트가 0111이므로 7이 된다. 따라서 >> 연산 결과와 달리 7ffffffb가 된다.

동일한 결과를 16진수와 10진수로 출력한다.

```
1
7
6
fe
1
18
fffffff6 -> -10
fffffffb -> -5
7ffffffb -> 2147483643
```

5 대입 연산자

대입 연산자는 오른쪽에 있는 연산식의 결괏값을 왼쪽에 있는 변수에 저장한다. 오른쪽에는 값이 될 수 있는 리터럴, 변수나 연산식이 올 수 있지만 왼쪽에는 변수만 올 수 있다. 따라서 =의 오른쪽 변수와 왼쪽 변수의 의미가 다르다. 오른쪽 변수는 값을 나타내지만, 왼쪽 변수는 값을 저장할 기억 공간을 의미한다. 예를 들어 다음 실행문을 살펴보자.

```
int weight = 50;
weight = weight + 10;
```

두 번째 실행문에서 = 왼쪽의 weight 변수는 데이터를 보관하는 상자를 의미하지만, = 오른쪽에 있는 weight 변수는 상자에 담긴 데이터를 의미하므로 50이다. 따라서 왼쪽의 weight 변수는 덧셈 결과인 60을 저장할 상자이다.

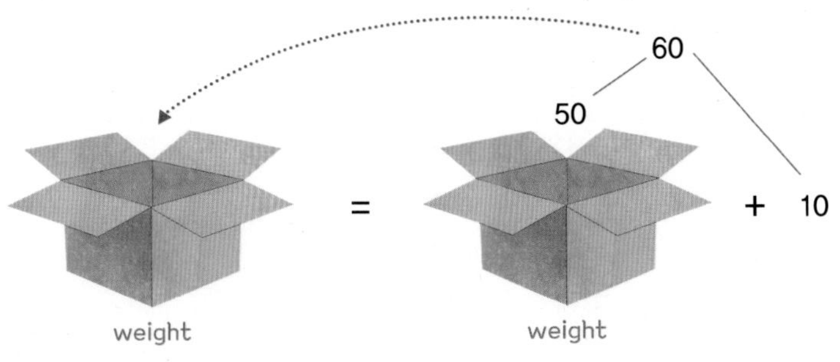

그림 2-14 변수의 대입

대입 연산자에는 = 외에 [표 2-12]와 같이 다른 연산자와 합친 복합 대입 연산자도 있다.

표 2-12 복합 대입 연산자의 종류

연산자	설명
a += b	a = a + b와 동일
a -= b	a = a - b와 동일
a *= b	a = a * b와 동일
a /= b	a = a / b와 동일
a %= b	a = a % b와 동일
a &= b	a = a & b와 동일
a |= b	a = a | b와 동일
a ^= b	a = a ^ b와 동일
a >>= b	a = a >> b와 동일
a <<= b	a = a << b와 동일

예제 2-11 **대입 연산자 응용** sec05/AssignmentDemo.java

```
01  public class AssignmentDemo {
02     public static void main(String[] args) {
03        int value = 1;
04        value += 1;
05        System.out.println("값 = " + value);
06        value -= 1;
07        System.out.println("값 = " + value);
08        value <<= 3;
09        System.out.println("값 = " + value);
10        value %= 3;
11        System.out.println("값 = " + value);
12     }
13  }
```

value의 처음 값은 1이며, << 3 연산을 수행하면 2를 세 번 곱하므로 결괏값은 8이다.

```
값 = 2
값 = 1
값 = 8
값 = 2
```

6 부호 · 증감 연산자

부호 연산자는 숫자를 나타내는 기초 타입에 사용하며 [표 2-13]과 같이 피연산자의 부호를 그대로 유지하거나 반전한다.

표 2-13 부호 연산자의 종류

연산자	설명
+	부호 유지
−	부호 반전

증감 연산자는 변숫값을 1 증가하거나 감소하는 연산자로 논리 타입을 제외한 기초 타입에 사용한다. 증감 연산자는 [표 2-14]와 같이 변수의 위치에 따라 의미가 다르다.

표 2-14 증감 연산자의 종류

연산자	설명	
++	++x	연산 전 x 값 증가(전위 증가)
	x++	연산 후 x 값 증가(후위 증가)
--	--x	연산 전 x 값 감소(전위 감소)
	x--	연산 후 x 값 감소(후위 감소)

예제 2-12 **부호 및 증감 연산자 응용** sec05/SignIncrementDemo.java

```
01 public class SignIncrementDemo {
02    public static void main(String[] args) {
03       int plusOne = 1;
04       int minusOne = -plusOne;
05       System.out.println("plusOne은 " + plusOne + "입니다.");
06       System.out.println("minusOne은 " + minusOne + "입니다.");
07
08       int x = 1, y = 1;
09       System.out.println("x = " + x + ", ++x = " + ++x);
10       System.out.println("y = " + y + ", y++ = " + y++);
11       System.out.println("x = " + x + ", y = " + y);
12    }
13 }
```

plusOne의 부호를 바꾼다.

문자열과 합쳐지기 전에 x 값이 증가된다.

문자열과 합친 후에 y 값이 증가된다.

```
plusOne은 1입니다.
minusOne은 -1입니다.
x = 1, ++x = 2
y = 1, y++ = 1
x = 2, y = 2
```

7 조건 연산자

조건 연산자(?:)는 다음과 같이 사용하며, 조건식이 true이면 결괏값은 연산식1의 값이 되고 false이면 결괏값은 연산식2의 값이 된다. 조건 연산자도 쇼트서킷 로직을 이용하기 때문에 조건식에 따라 연산식1과 연산식2 중 맞는 값 하나만 실행한다.

```
조건식 ? 연산식1 : 연산식2
```

예제 2-13 **삼항 연산 예제** sec05/TernaryOperatorDemo.java

```
01  public class TernaryOperatorDemo {
02     public static void main(String[] args) {
03        int x = 1;
04        int y;
05        y = (x == 1) ? 10 : 20;         // x == 1이 true이므로 y에 10을 대입한다.
06        System.out.println(y);
07        y = (x > 1) ? x++ : x + 20;     // x > 1이 거짓이므로 y에 x + 20의 값을 대입한다.
                                          // 쇼트서킷 로직을 이용하므로 x++는 수행하지 않는다.
08        System.out.println(x);
09        System.out.println(y);
10     }
11  }
```

```
10
1
21
```

8 연산자 우선순위 및 결합 규칙

사칙 연산에서 곱셈이나 나눗셈을 덧셈이나 뺄셈보다 먼저 계산하듯이 연산자 사이에는 우선순위가 존재한다. 연산자 우선순위는 단항 연산자, 이항 연산자, 삼항 연산자 순이다. 이항 연산자는 산술, 비교, 비트, 논리, 대입 순이지만, 괄호를 사용해 우선순위를 정할 수 있다.

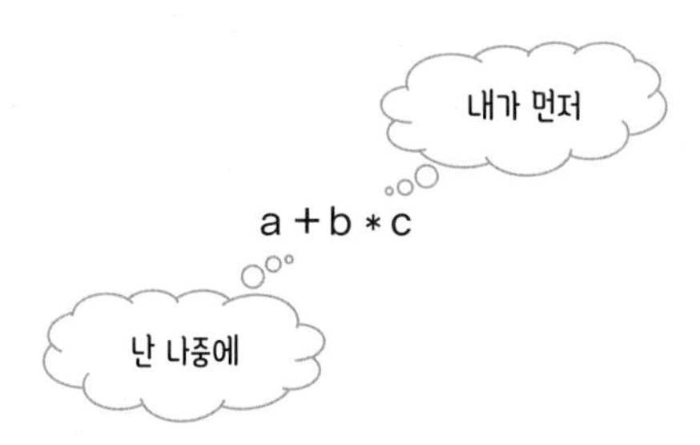

그림 2-15 연산자 우선순위의 개념

대부분의 연산자는 왼쪽에서 오른쪽으로 연산하는 결합 규칙을 사용하지만, ++(전위), --(전위)와 대입 연산자는 오른쪽에서 왼쪽으로 연산한다. 연산자의 우선순위를 정리하면 다음과 같다.

표 2-15 연산자 우선순위

연산자	설명
[ ], ., ( ), ++, −−	배열 접근, 객체 접근, 메서드 호출, 후위 증가, 후위 감소
+x, −x, ++x, −−x, ~(비트), !(논리)	부호 +/−, 선위 증가, 선위 감소, 비트 부정, 논리 부정
( ), new	타입 변환, 객체 생성
*, /, %	곱셈, 나눗셈, 모듈로
+, −	덧셈, 뺄셈
〉〉, 〈〈, 〈〈〈	시프트
〉, 〈, 〉=, 〈=, instanceof	비교
==, !=	동등 여부
&	비트 AND
^	비트 XOR
|	비트 OR
&&	조건 AND
||	조건 OR
? :	조건 연산
=, +=, −=, *=, /=, %=, &=, ^=, !=, 〈〈=, 〉〉=, 〉〉〉=	대입

다음 실행문을 차례로 수행할 때 연산자의 우선순위와 결합 규칙이 어떻게 적용되는지 살펴보자.

`int x, y, z;` x, y, z를 정수 타입으로 선언한다.

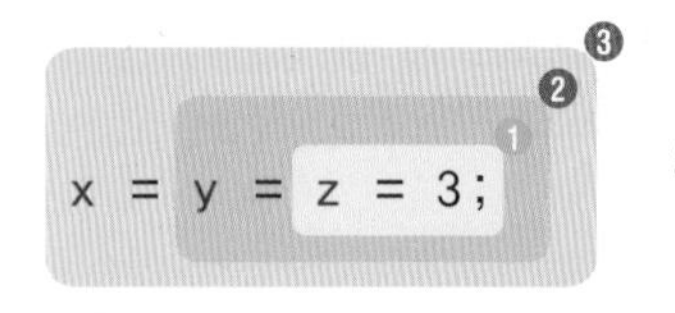

3을 z, y, x 순(오른쪽에서 왼쪽 순)으로 대입한다.

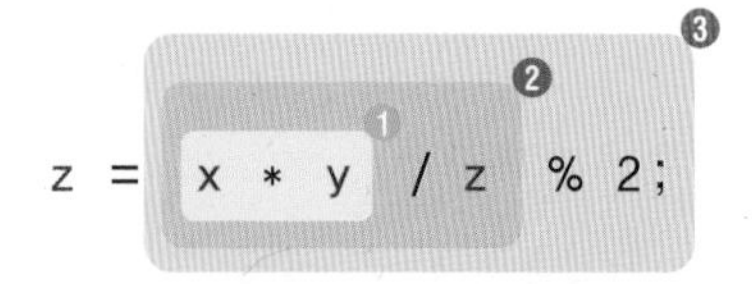

*, /, % 연산자는 우선순위가 모두 같으므로 왼쪽에서 오른쪽으로 순서대로 연산한다. 3 * 3 / 3 % 2를 연산하면 z에 1을 대입한다.

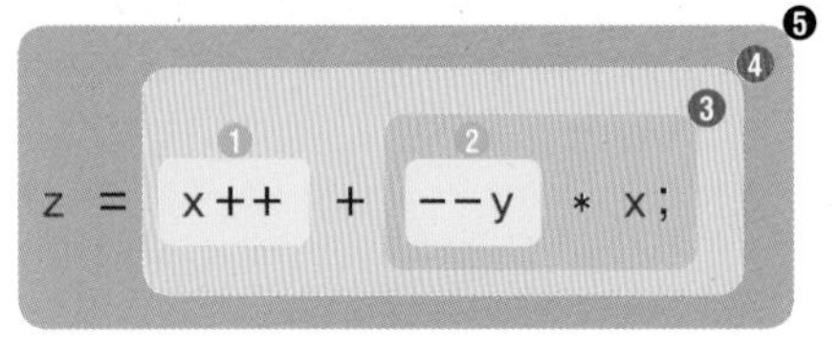

연산자의 우선순위에 따라 연산하면 ❶은 3, ❷는 2, ❸은 2 * 4이므로 8, ❹는 3 + 8이므로 11이다. 따라서 z에 11을 대입한다.

그림 2-16 연산자 우선순위 예

예제 2-14 **연산자 우선순위 예제** sec05/OperatorPrecedenceDemo.java

```
01  public class OperatorPrecedenceDemo {
02     public static void main(String[] args) {
03        int x = 5;
04        int y = 10;
05        int z = ++x * y--;
06        System.out.printf("%d\t%d\t%d\n", x, y, z);
07
08        int year = 2020;
09        System.out.println(year % 4 == 0 && year % 100 != 0 || year % 400 == 0);
10     }
11  }
```

```
6 9 60
true
```

5행을 살펴보면 다음과 같다. x는 ①에서 6이 되며, y는 나중에 바뀌므로 ②에서는 10이다. 따라서 z는 6*10, 즉 값이 60이 되며, 6행에서 y는 9가 된다.

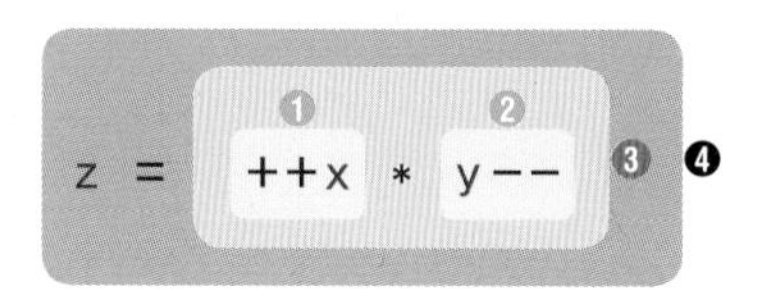

9행은 ①~⑤의 진릿값이 true이기 때문에 쇼트서킷 로직을 사용해 ⑥~⑦의 진릿값은 조사하지 않는다.

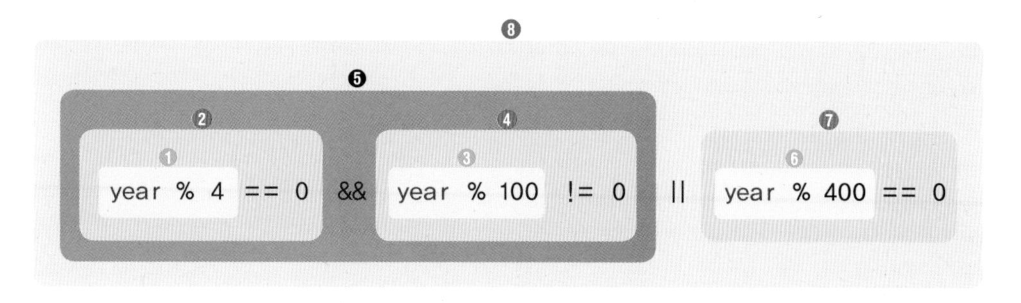

1 System.out.println(5 〉 3 ? "true" : "false")의 실행 결과는?

2 정수 변수 a가 3으로 초기화되어 있다. a *= a + 1의 실행 결과는?

3 정수 변수 a가 3으로 초기화되어 있다. System.out.println(a++)의 실행 결과는?

4 다음 실행문에서 연산자의 우선순위를 정하시오.

```
a = b = c + d / 3 * 5;
```

도전 과제

※키보드로 데이터를 입력받아 넓이 구하기와 홀짝 판단하기와 같은 간단한 프로그램을 작성하면서 변수, 연산자 등과 같은 자바 프로그램의 기본 문법을 이해하자.

01 – 직사각형의 가로와 세로를 키보드로 입력받아 넓이를 구하는 프로그램을 작성해 보자.

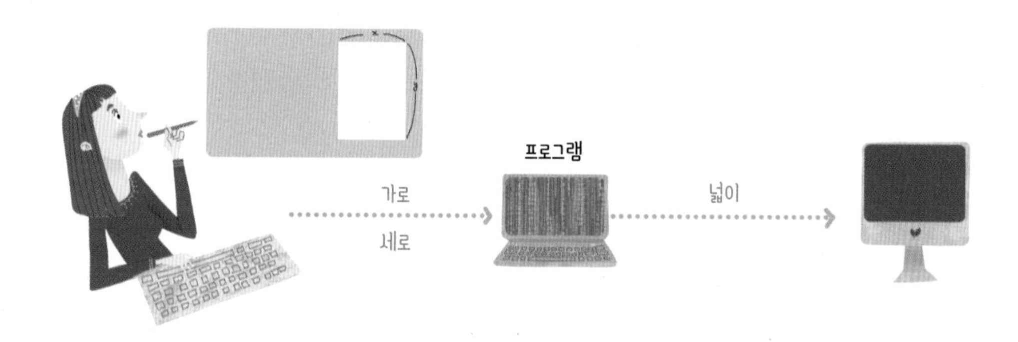

① main() 메서드를 포함하는 클래스를 생성한다.

② 직사각형의 가로, 세로, 넓이를 보관할 double 타입 변수를 선언한다.

```
double w, h, area;
```

③ 키보드로 입력받을 준비를 하려고 main() 메서드에 Scanner 객체를 생성한다.

```
Scanner in = new Scanner(System.in);
```

④ 다음 코드를 참고해 가로 길이와 세로 길이를 입력하라는 메시지를 출력한 후 Scanner 객체를 이용해 키보드에서 입력받는 실행문을 추가한다.

```
System.out.print("직사각형의 가로 길이를 입력하세요 : ");
w = in.nextDouble( );
// 나머지 실행문 추가
```

⑤ 넓이를 계산해 넓이 변수에 대입한 후 화면으로 출력하는 실행문을 추가한다.

⑥ 완성된 클래스를 실행해 다음과 같이 결괏값이 출력되는지 확인한다.

```
직사각형의 가로 길이를 입력하세요 : 2.2    키보드로 입력한 가로 값이다.
직사각형의 세로 길이를 입력하세요 : 10.0
직사각형의 넓이는 22.0입니다.
```

02 – 입력된 정수가 홀수인지 짝수인지를 출력하는 프로그램을 조건 연산자를 사용해서 작성해 보자.

① 01과 같은 방법으로 클래스를 생성한다.

② 01의 ②~④와 유사한 방법으로 Scanner 객체 생성, 정수 입력 메시지, 키보드로 정수 입력 과정의 코드를 작성한다.

③ 조건 연산자를 사용해 입력된 정수의 홀짝 여부를 조사하고 출력하도록 한다.

④ 완성된 클래스를 실행해 다음과 같이 결과 값이 출력되는지 확인한다.

```
정수를 입력하세요 : 20    키보드로 입력한 가로 값이다.
짝수
```

연습 문제

01 – 변수 이름으로 사용할 수 있는 것을 모두 골라라.

① byte
② batman_1
③ doublePlus
④ $value
⑤ _name
⑥ 2nd

02 – &&는 AND 연산자로 비트 연산을 하는 데 사용한다. (O, X)

03 – byte 타입의 연산 결과는 항상 byte 타입이다. (O, X)

04 – x 〉 y가 true이거나 a 〈 b가 true라면, x 〉 y && a 〈 b도 true이다. (O, X)

05 – var 예약어로 선언된 메서드 내부의 변수는 초깃값을 통하여 데이터 타입을 추론할 수 있어야 한다. (O, X)

06 – hello와 HeLLO는 동일한 변수이다. (O, X)

07 – byte 타입 변수에 300을 대입할 수 있다. (O, X)

08 – 모듈로 연산자(%)는 double 타입도 사용할 수 있다. (O, X)

09 – 모든 자바 애플리케이션은 ____________ 메서드에서 실행을 시작한다.

10 – 모든 자바 실행문은 ____________ 로 끝난다.

11 – ____________ 는 행 주석의 시작을 나타낸다.

12 – 다음은 자바의 기본 데이터 타입을 나타내는 표이다. 빈칸에 적절한 타입은? (단, 적절한 타입이 없을 때는 n/a로 표시하라.)

종류	정수	실수	논리
1바이트			
2바이트			
4바이트			
8바이트			

13 – 다음 실행문 중 잘못된 것은?

① long x = 100;

② char c = “a”;

③ float f = 100.0;

④ double d = (double)100;

⑤ byte b = 300;

14 – 다음 코드의 실행 결과는?

```
int x = 1, y = 2;

System.out.println(x++);
System.out.println(++x + y--);
System.out.println(++x / 3 + x * ++y);
```

15 – 다음 코드의 실행 결과는?

```
int x = 100;

System.out.println(x + "부터 " + 200);
System.out.println(x + 100 + " 년 전");
System.out.println("200" + "100" + " 어이쿠!");
```

16 – 다음 코드의 실행 결과는?

```
int i1 = 0x11, i2 = 5;
final int ONE = 1;
char c1 = 'a';
float f1 = 1.5f;
double d1 = 2.8;
boolean b1 = true;

System.out.printf("i1 = %d\n", i1);
System.out.printf("i1/2 = %d\n", i1/ 2);
System.out.println("c1 + ONE = " + c1 + ONE);
System.out.println("(int)c1 + ONE = " + (int) c1 + ONE);
System.out.printf("(c1 + ONE) = %d\n", c1 + ONE);
System.out.printf("(c1 + ONE) = %c\n", c1 + ONE);
System.out.printf("(c1 + ONE) = %5s\n", c1 + ONE);
System.out.printf("i2 + f1 = %f\n", i2 + f1);
System.out.printf("f1 + d1 = %.1f\n", f1 + d1);
System.out.printf("(int)(f1 + d1) = %d\n", (int) (f1 + d1));
System.out.printf("(int)f1 + (int)d1 = %d\n", (int) f1 + (int) d1);
System.out.println("b1 = " + b1);
```

17 – 각 타입별 변환 가능 여부와 가능하다면 그 변환 결과를 답하라. 문자 a의 정숫값은 97이다.

①
```
float f = 3.14f;
int i = (int)f;
```

②
```
int i = 100;
char c = (char)i;
```

③
```
int i = 1;
boolean b = (boolean)i;
```

프로그래밍 문제

01 – println() 메서드를 이용해 다음 형태의 피라미드를 출력하는 프로그램을 작성하라.

02 – 키보드로 입력받은 정수의 제곱 값을 출력하는 프로그램을 작성하라.

```
정수를 입력하세요 : 7
7의 제곱은 49
```

03 – 원기둥의 부피를 구하는 프로그램을 작성하라.

```
원기둥의 밑면 반지름은? 10
원기둥의 높이는? 10
원기둥이 부피는 3140.0
```

04 – 초second를 입력하면 시간, 분, 초로 환산해 출력하는 프로그램을 작성하라.

```
초 단위 정수를 입력하세요 : 2000
0시간 33분 20초
```

05 – 임의의 소문자로 초기화된 char 타입 변수 c를 대문자로 변환해 출력하는 프로그램을 작성하라.

+ ASCII 테이블에서는 대문자가 소문자 앞에 있다.
+ 대문자와 소문자의 정숫값 차이는 (int)'A' – (int)'a'를 이용한다.

06 – 키보드로 화씨온도(℉)를 입력받아 섭씨온도(℃)로 환산해 출력하는 프로그램을 작성하라.

+ 화씨온도 F를 섭씨온도 C로 바꾸는 수식 : $C = \frac{5}{9}(F - 32)$
+ 정수 타입을 사용하면 5/9는 0이 되므로 정확한 결과를 얻을 수 없다.

07 – 키보드로 정수를 입력받아 ① 4와 5로 나누어지는지, ② 4 또는 5로 나누어지는지, ③ 4나 5 중 하나로 나누어지지만 두 수 모두로는 나누어지지 않는지를 true/false로 출력하는 프로그램을 작성하라.

+ 정수 x가 4로 나누어지면 x % 4 == 0이 true이다.

08 – 키보드로 0부터 999 사이의 정수를 입력받아 각 자릿수를 더한 결과를 출력하는 프로그램을 작성하라.

```
0~999 사이의 숫자를 입력하세요 : 194
각 자릿수의 합 = 14
```

09 – 대학을 졸업하려면 최소 140학점을 이수해야 한다고 하자. 이수한 학점 중 전공은 70학점 이상이어야 하며, 교양과 일반은 각각 30학점 이상이거나 두 영역이 80학점 이상이어야 한다. 이수한 세 개의 학점을 각각 키보드로 입력받아 졸업 여부를 출력하는 프로그램을 작성하라.

```
전공 이수 학점 : 75
교양 이수 학점 : 70
일반 이수 학점 : 10
졸업 가능
```

Chapter 03

제어문과 메서드

실행문을 수행할 때, 필요에 따라 수행 순서를 변경하거나
반복해서 수행할 수도 있다. 이 장에서는 반복되거나
비순차적인 작업을 실행하는 제어문의 종류와 사용 방법을 살펴본다.
또 중복되거나 특정 부분을 모듈화해 프로그램의 가독성을 높이고
품질을 향상할 수 있는 메서드도 학습한다.

01 제어문

일반적으로 프로그램에 포함된 실행문은 순차적으로 수행된다. 하지만 순차적으로만 실행하면 프로그램이 매우 길어지거나 표현하기 어려울 때가 발생한다. 예를 들어 어떤 변수에 10을 더하는 실행문을 1,000번 수행해야 할 때 순차적으로만 실행할 수 있다면 해당 실행문을 1,000번 적어야 한다. 또 순차적 실행은 선택 개념이 없어 '비가 오면 우산을 들고 나가고 비가 오지 않으면 우산을 들고 나가지 않는다'는 행동을 구현하지 못한다. 프로그래밍 언어는 제어문을 사용해 실행문을 비순차적으로 수행할 수 있게 한다.

그림 3-1 제어문의 필요성

제어문 control statement은 실행문의 수행 순서를 변경하는 것으로 조건문 conditional statement, 반복문 loop statement, 분기문 branch statement이 있다. 조건문과 반복문은 실행 흐름을 제어하는 제어식 control expression과 수행할 실행문으로 구성된다. 수행할 실행문이 여러 개라면 중괄호로 묶어야 하고, 중괄호로 묶인 실행문의 조합을 복합문 compound statement 또는 블록 block이라고 한다.

그림 3-2 제어문, 조건문, 반복문의 개념

조건문은 조건식의 결과에 따라 여러 실행 경로 중 하나를 선택한다. 선택문이라고도 하며, 다양한 종류의 if 문과 switch 문이 있다.

반복문은 조건에 따라 같은 처리를 반복하며 for 문, while 문, do~while 문이 있다.

분기문에는 실행 흐름을 무조건 변경하는 break 문과 continue 문이 있다.

제어문 내부에 다른 제어문을 포함할 수 있어 제어문을 사용하면 흐름이 복잡한 프로그램도 개발할 수 있다.

02 조건문

조건문은 조건에 따라 실행문을 선택할 때 사용한다. 조건문 중에서 단순 if 문, if~else 문, 다중 if 문, 중첩 if 문을 살펴보자.

그림 3-3 조건문의 개념

1 단순 if 문

단순 if 문은 조건식이 true일 때만 실행문을 수행한다. 조건식에는 true 또는 false를 산출할 수 있는 연산식이나 논릿값, 변수가 올 수 있다. 조건식이 true일 때 수행할 실행문이 하나라면 {}를 생략할 수 있다.

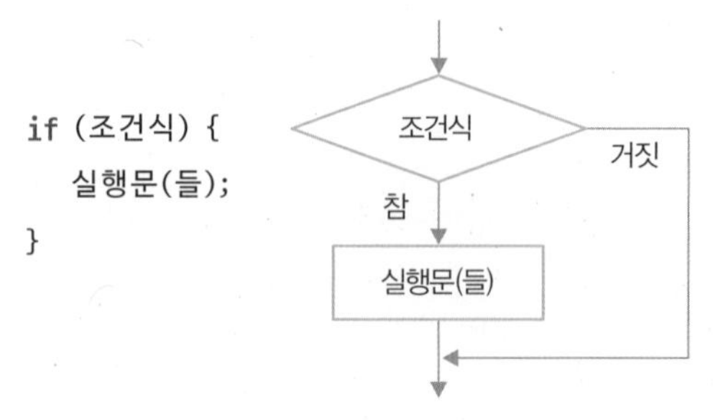

그림 3-4 단순 if 문의 형식과 순서도

예제 3-1 **단순 if 문을 이용한 홀짝 조사** sec02/SimpleIfDemo.java

```
01 import java.util.Scanner;
02 
03 public class SimpleIfDemo {
04    public static void main(String[] args) {
05       Scanner in = new Scanner(System.in);
06       System.out.print("숫자를 입력하세요 : ");
07       int number = in.nextInt();             키보드로 정수를 입력받는다.
08 
09       if (number % 2 == 0)
10          System.out.println("짝수!");        입력 값이 짝수일 때만 실행한다.
11       if (number % 2 == 1)
12          System.out.println("홀수!");        입력 값이 홀수일 때만 실행한다.
13       System.out.println("종료");            항상 실행한다.
14    }
15 }
```

```
숫자를 입력하세요 : 2
짝수!
종료
```

```
숫자를 입력하세요 : 3
홀수!
종료
```

2 if~else 문

if~else 문은 조건식의 true나 false에 따라 다른 실행문을 수행할 때 사용한다.

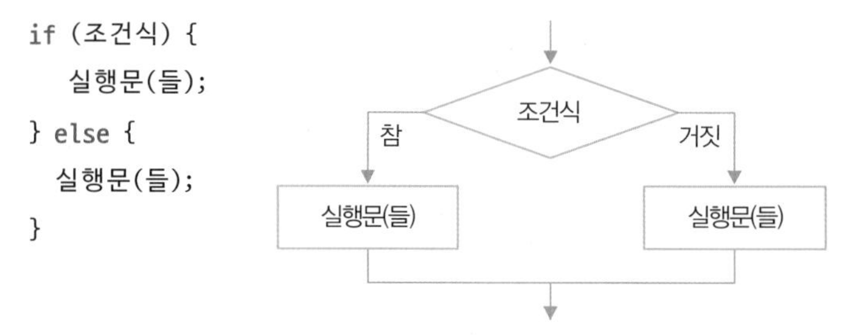

그림 3-5 if~else 문의 형식과 순서도

예제 3-2 **if~else 문을 이용한 홀짝 조사** sec02/IfElseDemo.java

```
01  import java.util.Scanner;
02
03  public class IfElseDemo {
04     public static void main(String[] args) {
05        Scanner in = new Scanner(System.in);
06        System.out.print("숫자를 입력하세요 : ");
07        int number = in.nextInt();
08
09        if (number % 2 == 0)
10           System.out.println("짝수!");      // 입력 값이 짝수일 때만 실행한다.
11        else
12           System.out.println("홀수!");      // 입력 값이 홀수일 때만 실행한다.
13        System.out.println("종료");          // 항상 실행한다.
14     }
15  }
```

[예제 3-2]의 9~12행과 같이 단순한 if~else 문은 조건 연산자를 사용해 더 간결하게 표현할 수 있다.

```
                        true
System.out.println( number % 2 == 0 ? "짝수!" : "홀수!" );
                        false
```

3 다중 if 문

조건이 다양할 때는 다중 if 문으로 표현하면 좋다. if 문 다음에 else if 문을 연속 추가해 각 조건을 차례대로 점검한 후 만족하는 실행문을 수행한다. 사용 형식과 흐름은 [그림 3-6]과 같다.

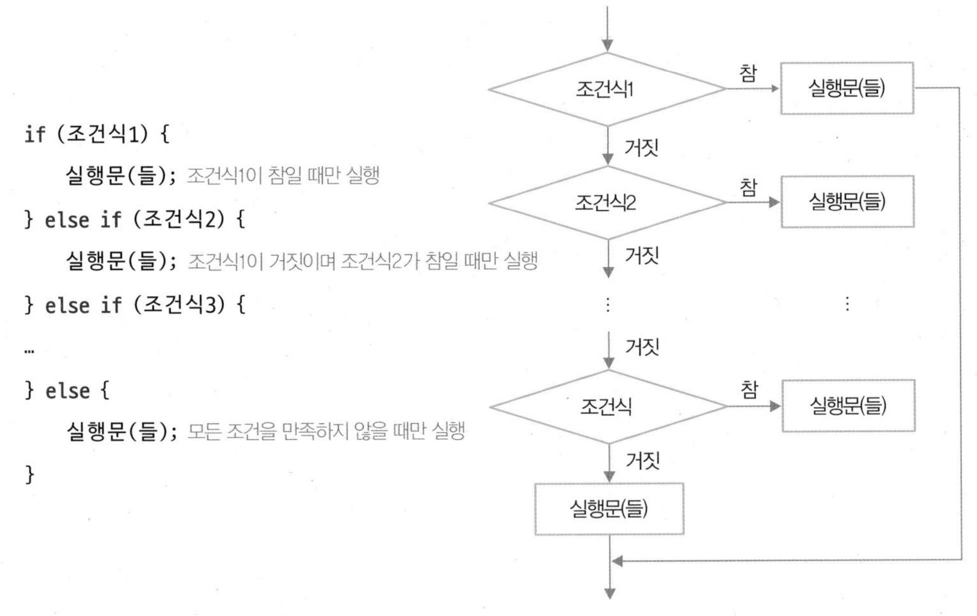

그림 3-6 다중 if 문의 형식과 순서도

예제 3-3 다중 if 문을 이용한 점수 구간별 학점 부여 sec02/MultiIfDemo.java

```
01  import java.util.Scanner;
02
03  public class MultiIfDemo {
04     public static void main(String[] args) {
05        Scanner in = new Scanner(System.in);
06        String grade;
07        System.out.print("점수를 입력하세요 : ");
08        int score = in.nextInt();
09
10        if (score >= 90)                  // 90점 이상일 때
11           grade = "A";
12        else if (score >= 80)             // 90점 미만이면서 80점 이상일 때
13           grade = "B";
```

```
14        else if (score >= 70)        80점 미만이면서 70점 이상일 때
15           grade = "C";
16        else if (score >= 60)        70점 미만이면서 60점 이상일 때
17           grade = "D";
18        else        60점 미만일 때
19           grade = "F";
20        System.out.println("당신의 학점은 " + grade);
21     }
22  }
```

```
점수를 입력하세요 : 95
당신의 학점은 A
```

```
점수를 입력하세요 : 87
당신의 학점은 B
```

다중 if 문은 여러 조건 중 하나만 true로써 해당 실행문을 수행하고, 나머지는 더 이상 비교하지 않는다. 따라서 12행의 조건문은 이미 10행에서 score가 90 이상일 때를 모두 처리한 90 미만일 때이므로 사실상 다음과 같다.

```
else if (score < 90 && score >= 80)
```

4 중첩 if 문

if 문이나 if~else 문도 하나의 실행문이므로 다른 if 문이나 if~else 문에 포함될 수 있다. 이처럼 if 문에 다른 if 문이 포함되는 것을 중첩 if 문이라고 한다. 다음은 [예제 3-3]의 다중 if 문을 중첩 if 문으로 수정한 예제이다.

예제 3-4 **중첩 if 문을 이용한 점수 구간별 학점 부여** sec02/NestedIfDemo.java

```
01  import java.util.Scanner;
02
03  public class NestedIfDemo {
04     public static void main(String[] args) {
05        Scanner in = new Scanner(System.in);
06        String grade;
```

```
07        System.out.print("점수를 입력하세요 : ");
08        int score = in.nextInt();
09
10        if (score >= 90)
11           grade = "A";
12        else {
13           if (score >= 80)
14              grade = "B";
15           else {
16              if (score >= 70)
17                 grade = "C";
18              else {
19                 if (score >= 60)
20                    grade = "D";
21                 else
22                    grade = "F";
23              }
24           }
25        }
26        System.out.println("당신의 학점은 " + grade);
27     }
28  }
```


중첩 if 문에는 if 절과 else 절에 관련된 실행문이 명확하게 표시되도록 중괄호를 사용하면 좋다. 중괄호를 사용하지 않더라도 정상적으로 실행하지만 혼란스러울 수 있기 때문이다. 예를 들어 결과가 같은 다음 두 if 문 중 왼쪽 if 문은 들여쓰기를 잘못해서 마치 else 절이 외부 if 문과 연결되어 있는 것처럼 오해를 불러일으킨다.

```
if   (score >= 90)
   if   (score >= 96)
           grade = "A+";
else
     grade = "A0 or A-";
```



```
if (score >= 90) {
   if (score >= 96)
      grade = "A+";
   else
      grade = "A0 or A-";
}
```

셀프 테스트 3-1

1 if 문 내부에는 다른 if 문을 포함할 수 없다. (O, X)

2 x 변숫값이 5일 때, 다음 코드의 실행 결과는?

```
if (x > 0)
    System.out.print(x - 1);
if (x > 1)
    System.out.print(x - 2);
if (x < 0)
    System.out.print(x - 3);
```

3 다음 코드는 무엇이 잘못되었는가?

```
if (x > 0)
    System.out.print(x - 1);
else (x > 1)
    System.out.print(x - 2);
```

03 반복문

반복문은 조건에 따라 같은 처리를 반복하며 while 문, do~while 문, for 문이 있다. while 문과 do~while 문은 반복할 횟수는 모르지만 조건을 알 때, for 문은 반복할 횟수를 알 때 주로 사용한다.

while 문, do~while 문

종이 한 쪽을 다 채울 때까지 반복해 쓰기
반복할 조건을 안다.

for 문

100번 반복해 쓰기
반복 횟수를 안다.

그림 3-7 반복문의 종류

1 while 문

while 문은 반복할 횟수는 미리 알 수 없지만 조건은 알 수 있을 때 주로 사용하는 반복문이다. while 문의 구조는 다음과 같으며, 조건식이 true일 동안 본체 실행문을 반복적으로 수행한다.

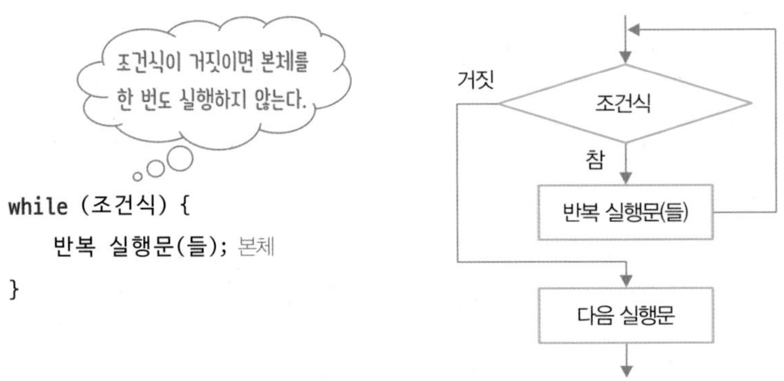

그림 3-8 while 문의 형식과 순서도

조건식은 반복할 본체를 실행하기 전에 항상 평가해야 하며, 반드시 존재해야 한다. 조건식이 true이면 반복문 본체를 실행하고, false이면 while 문 다음 실행문을 수행한다.

예제 3-5 **while 문을 이용한 연속 숫자 출력** sec03/While1Demo.java

```
01  public class While1Demo {
02     public static void main(String[] args) {
03        int i = 1;
04        while (i < 5) {
05           System.out.print(i);
06           i++;
07        }
08     }
09  }
```

값이 5보다 작을 동안 본체인 5~6행을 반복해 실행한다. 따라서 본체를 네 번 반복한다.

```
1234
```

while 문의 조건식은 true 또는 false에 해당하는 값만 주어지면 되지만 다음을 유의해야 한다. [그림 3-9]의 (a)는 무한 반복문으로 오류를 발생하지 않지만 본체를 탈출할 수 있는 break 문이 필요하다. 반면 (b)는 본체를 항상 실행하지 않으므로 도달하지 않는 코드unreachable code라는 오류를 발생시킨다.

```
while (true) {
    반복 실행문(들);
}
```

본체를 탈출할 실행문이 필요하다.

(a) 오류 미발생

```
while (false) {
    반복 실행문(들);
}
```

도달하지 않는 코드라는 오류를 발생시킨다.

(b) 오류 발생

그림 3-9 while 문의 특별한 유형

다음은 while 문 내부에 다른 while 문을 중첩해 구구단을 출력하는 예제이다.

예제 3-6 **while 문을 이용한 구구단 출력** sec03/While2Demo.java

```
01 public class While2Demo {
02     public static void main(String[] args) {
03         int row = 2;
04         while (row < 10) {
05             int column = 1;
06             while (column < 10) {
07                 System.out.printf("%4d", row * column);
08                 column++;
09             }
10             System.out.println();
11             row++;
12         }
13     }
14 }
```

- 03행: 2단부터 시작한다.
- 04행: row 값이 10보다 작을 때까지 실행한다.
- 06행: column 값이 10보다 작을 때까지 실행한다.
- 07행: 곱셈 결과를 4자리로 출력한다.
- 10행: 구구단의 각 단이 끝날 때마다 행을 바꾼다.

```
   2   4   6   8  10  12  14  16  18
   3   6   9  12  15  18  21  24  27
   4   8  12  16  20  24  28  32  36
   5  10  15  20  25  30  35  40  45
   6  12  18  24  30  36  42  48  54
   7  14  21  28  35  42  49  56  63
   8  16  24  32  40  48  56  64  72
   9  18  27  36  45  54  63  72  81
```

2 do~while 문

do~while 문은 while 문과 비슷하지만 조건식 평가와 본체 실행 순서가 다르다. while 문은 조건식부터 먼저 평가한 후 반복문 본체를 실행하지만, do~while 문은 반복문 본체를 먼저 실행한 후 조건식을 평가한다. 따라서 do~while 문은 최소한 한 번은 반복문 본체를 실행한다.

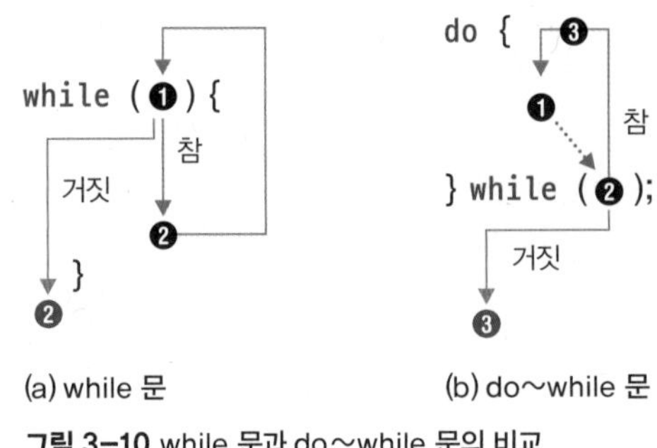

그림 3-10 while 문과 do~while 문의 비교

do~while 문은 세미콜론으로 끝내야 하며, while 문과 마찬가지로 조건식이 없을 때는 컴파일 오류가 발생한다.

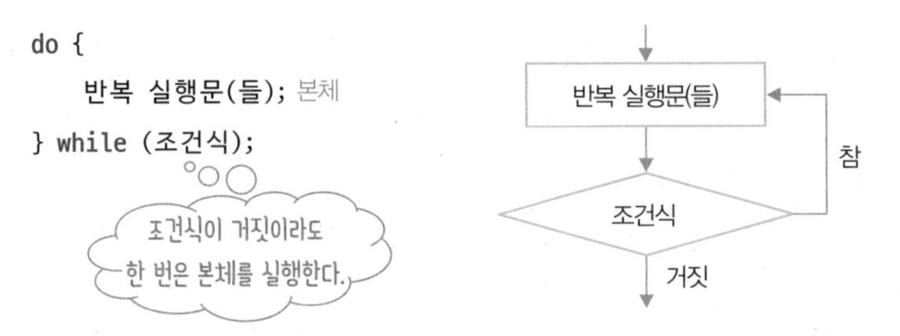

그림 3-11 do~while 문의 형식과 순서도

다음은 while 문으로 연속 숫자를 출력했던 [예제 3-5]를 do~while 문을 사용해 수정한 예제이다.

예제 3-7 **do~while 문을 이용한 연속 숫자 출력** sec03/DoWhile1Demo.java

```
01 public class DoWhile1Demo {
02    public static void main(String[] args) {
03       int i = 1;
04       do {
05          System.out.print(i);
06          i++;
07       } while (i < 5);
08    }
09 }
```

i 값이 5보다 작을 동안 본체를 반복해 실행한다.

```
1234
```

연속 숫자를 출력하는 예제는 while 문을 사용하든 do~while 문을 사용하든 간에 결과는 같다. 다음은 결과가 다른 예제로 do~while 문과 while 문을 비교한 것이다. 실행 결과를 보면 do~while 문은 본체를 한 번 실행하지만, while 문은 본체를 한 번도 실행하지 않은 채 종료한 것을 알 수 있다.

예제 3-8 **while 문과 do~while 문 비교** sec03/DoWhile2Demo.java

```
01 public class DoWhile2Demo {
02    public static void main(String[] args) {
03       int i = 10;
04       do {
05          i++;
06       } while (i < 5);
07       System.out.println("do~while 문 실행 후 : " + i);
08
09       i = 10;
10       while (i < 5) {
11          i++;
12       }
13       System.out.println("while 문 실행 후 : " + i);
14    }
15 }
```

본체를 한 번 실행한 후 조건식을 조사하면 false이므로 본체를 종료한다. 따라서 조건에 관계없이 한 번은 실행하므로 i = 11이 된다.

처음부터 조건식을 만족하지 않으므로 본체를 한 번도 실행하지 않고 종료한다. 따라서 i = 10이다.

```
do~while 문 실행 후 : 11
while 문 실행 후 : 10
```

do~while 문도 다른 do~while 문을 중첩할 수 있으므로 구구단 예제를 do~while 문으로 다시 작성하면 [예제 3-9]와 같다.

예제 3-9 do~while 문을 이용한 구구단 출력 sec03/DoWhile3Demo.java

```
01 public class DoWhile3Demo {
02    public static void main(String[] args) {
03       int row = 2;
04       do {
05          int column = 1;
06          do {
07             System.out.printf("%4d", row * column);
08             column++;
09          } while (column < 10);
10          System.out.println();
11          row++;
12       } while (row < 10);
13    }
14 }
```

3 for 문

for 문은 반복할 횟수를 미리 알 수 있을 때 주로 사용하는 반복문이다. for 문의 구조는 다음과 같으며, 조건식이 true이면 본체 실행문을 반복적으로 수행한다.

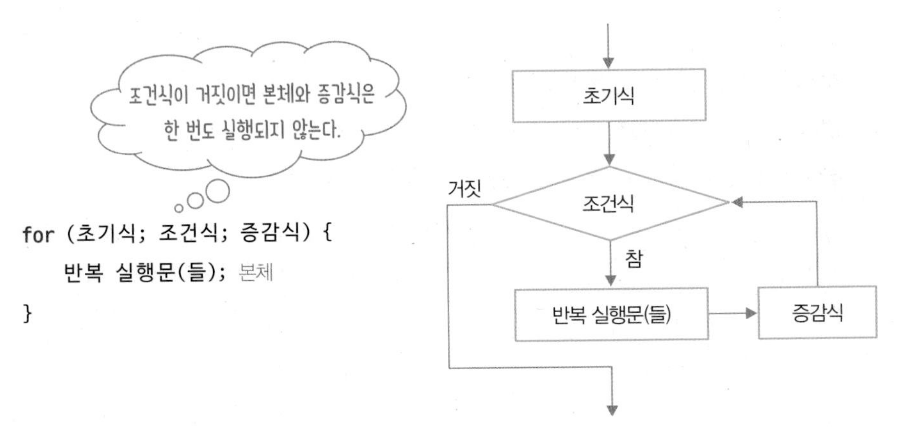

그림 3-12 for 문의 형식과 순서도

초기식은 for 문을 시작할 때 한 번만 실행한다. 초기식을 실행한 후 조건식을 평가한다. 조건식이 false이면 for 문을 종료하고, 조건식이 true이면 반복문 본체를 실행하며, 증감식을 실행한 후 다시 조건식을 평가하는 과정을 반복한다. 따라서 처음부터 조건식을 만족하지 않는다면 증감식과 반복문 본체를 한 번도 실행하지 않는다.

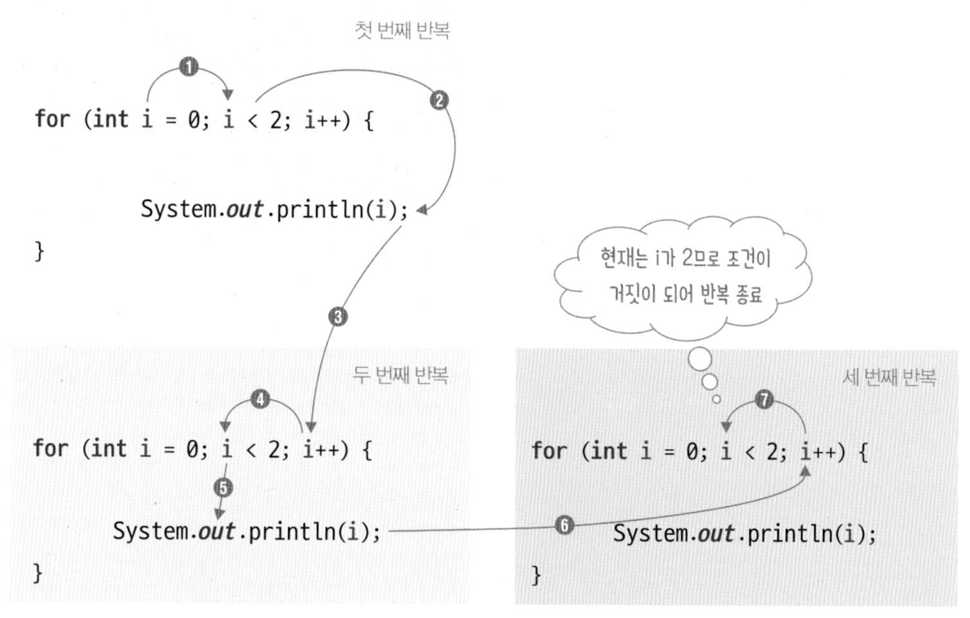

그림 3-13 for 문 각 부분의 실행 순서

앞서 작성한 연속 숫자 출력 예제와 구구단 출력 예제를 for 문을 사용해 재작성한 후 그 차이를 비교해 보자.

예제 3-10 **for 문을 이용한 연속된 숫자 출력** sec03/For1Demo.java

```
01 public class For1Demo {
02     public static void main(String[] args) {
03         for (int i = 1; i < 5; i++)    i 값이 5보다 작을 때까지 본체를 반복해 실행한다.
04             System.out.print(i);
05     }
06 }
```

```
1234
```

예제 3-11 **for 문을 이용한 구구단 출력** sec03/For2Demo.java

```
01 public class For2Demo {
02    public static void main(String[] args) {
03       for (int row = 2; row < 10; row++) {
04          for (int column = 1; column < 10; column++) {
05             System.out.printf("%4d", row * column);
06          }
07          System.out.println();
08       }
09    }
10 }
```

앞서 작성한 2개의 구구단 예제 코드와 비교하면, for 문을 이용한 구구단 코드가 가장 간단하다. 구구단은 각 단을 아홉 번씩 반복하는 구조로 반복할 횟수를 알기 때문에 for 문을 사용하는 것이 가장 효율적이다.

for 문은 초기식, 조건식, 증감식도 생략할 수 있는데, 이때는 무한 반복문이 된다.

```
for ( ; ; )      // 무한 반복문
;
```

for 문에서 초기식이나 증감식이 2개 이상 필요하다면 다음과 같이 쉼표로 구분해서 작성한다.

```
          초기식        조건식    증감식
for (int i = 0, j = 10; i < j; i++, j--) {
   … 본체
}
```

04 분기문

앞서 살펴본 조건문이나 반복문에서는 조건식의 진위 여부에 따라 경로를 선택한다. 그러나 break 문이나 continue 문은 무조건 다른 경로로 이동하므로 반복문을 종료하거나 현재 반복문을 마칠 때 주로 사용한다. 분기문을 사용하면 프로그램 흐름이 복잡해지기 때문에 꼭 필요할 때를 제외하고는 가급적 삼가는 것이 좋다.

1 break 문

break 문은 반복문이나 5절에서 학습할 switch 문의 본체를 벗어나려고 주로 사용된다. break 문은 레이블label과 함께 사용할 수도 있다. 레이블이 없다면 break 문을 포함하는 맨 안쪽 반복문을 종료하고, 레이블이 있다면 레이블로 표시된 반복문을 종료한다.

```
while () {
    while () {
        break;
    }
}
```

(a) break를 포함한 맨 안쪽 반복문 종료

```
out: while () {
    while () {
        break out;
    }
}
```

(b) 레이블이 표시된 반복문 종료

그림 3-14 레이블 유무에 따른 break 문

예제 3-12 **break 문을 이용한 연속된 숫자 출력** sec04/BreakDemo.java

```
01 public class BreakDemo {
02     public static void main(String[] args) {
03         int i = 1, j = 5;
04 
05         while (true) {
06             System.out.print(i++);
07             if (i >= j)
08                 break;
09         }
10     }
11 }
```

무한 반복 실행한다.

조건을 만족하면, 즉 i >= j이면 무한 반복하는 while 문을 벗어난다.

```
1
2
3
4
```

2 continue 문

continue 문은 break 문과 달리 반복문에서만 사용한다. continue 문은 현재 반복은 건너뛴 채 나머지 반복만 계속 실행한다. continue 문은 continue 문을 따라오는 실행문은 수행하지 않는데 다음과 같이 for 문은 증감식으로, while 문과 do~while 문은 조건식으로 실행 흐름이 이동된다.

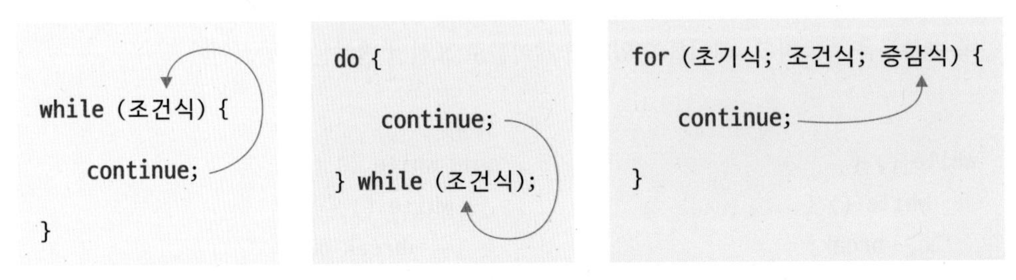

그림 3-15 continue 문의 사용 예

continue 문도 break 문처럼 레이블을 붙일 수 있다. 레이블이 있는 continue 문은 레이블이 가리키는 반복문에서 현재 반복은 건너뛰고는 다음 반복을 실행한다.

예제 3-13 **continue 문을 이용한 홀수 출력** sec04/ContinueDemo.java

```
01 public class ContinueDemo {
02    public static void main(String[] args) {
03       for (int i = 0; i < 10; i++) {
04          if (i % 2 == 0)
05             continue;          짝수일 때는 for 문의 증감식(i++)으로 이동한다.
06          System.out.print(i);  홀수일 때만 출력한다.
07       }
08    }
09 }
```

```
1
3
5
7
9
```

셀프 테스트 3-2

1 다음 코드의 실행 결과는?

```
char c = 'a';
while (c <= 'z')
    System.out.print(c++);
```

2 다음 코드는 문법적으로 오류가 있다. (O, X)

```
for ( ; ; );
```

3 break 문이나 continue 문은 모두 조건문에서 사용할 수 있다. (O, X)

4 다음 코드의 실행 결과는?

```
for (int i = 1; i < 3; i++)
    System.out.print(i);
```

05 switch 문

switch 문은 if 문과 마찬가지로 조건문의 일종이지만 여러 경로 중 하나를 선택할 때 사용된다. 지금까지 낙하fall-through 방식의 실행문으로 사용된 switch 문은 자바 14부터 화살표 case 레이블, switch 연산식과 같은 많은 변화가 도입되었다.

그림 3-16 switch 문의 개념

1 기존 switch 문

switch 문은 다음과 같이 0개 이상의 case 레이블을 포함하며, 필요할 경우 1개의 default 레이블도 포함할 수 있다.

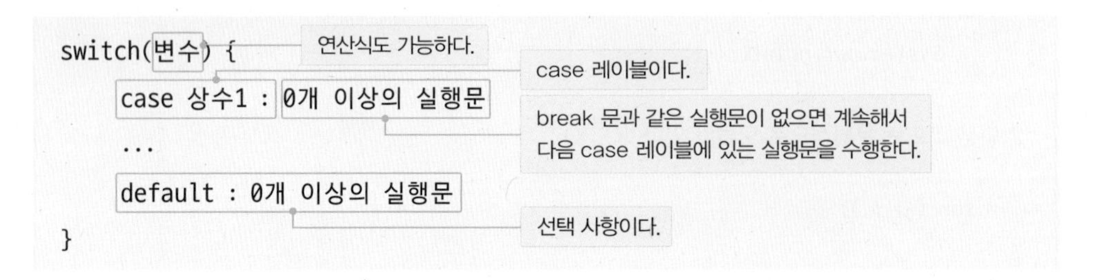

switch 변수는 정수 타입, 문자열과 열거 타입(자바 7 이후)이어야 하며, 변수 대신에 연산식도 가능하다. switch 문을 실행하면 변숫값에 일치하는 case 레이블로 이동한 후 해당 실행문을 수행한다. 만약 일치하는 case 레이블이 없으면 default 레이블의 여부에 따라 default 레이블로 이동하거나 switch 문을 벗어난다. case 레이블은 실행문의 시작점을 나타내므로 break 문으로 벗어나지 않는다면 계속하여 다음 case 레이블의 실행문도 수행한다.

다음은 switch 문이 낙하 방식임을 보여주는 예제이다. 이 예제는 정수 타입의 switch 변수를 사용하며, 변수에 해당하는 개수의 별표를 화면에 출력하고 그 외의 정수는 아무것도 출력하지 않는다.

예제 3-14 **정수 타입 switch 문** sec05/Switch1Demo.java

```
01 public class Switch1Demo {
02    public static void main(String[] args) {
03       int number = 2;
04
05       switch (number) {
06          case 3:
07             System.out.print("*");
08          case 2:
09             System.out.print("*");
10          case 1:
11             System.out.print("*");
12       }
```

number가 2이므로

break 문이 없으므로

```
13      }
14  }
```

```
**
```

number의 값이 2이므로 5행의 switch 문에서 number 값에 일치하는 case 레이블(8행)로 이동하여 9행을 수행한다. 그러나 break 문이 없으므로 다음 case 레이블(10행)로 이동하여 11행도 수행한 후 12행을 통하여 switch 문을 벗어난다.

다음은 switch 문에서 실행문이 없는 case 레이블, break 문, 그리고 default 레이블을 포함하는 예제이다. 여기서 9행의 메서드에 대해서는 다음 절에서 자세히 설명한다.

예제 3-15 **문자열 타입 switch 문** sec05/Switch2Demo.java

```
01  public class Switch2Demo {
02     public static void main(String[] args) {
03        whoIsIt("호랑이");
04        whoIsIt("참새");
05        whoIsIt("고등어");
06        whoIsIt("곰팡이");
07     }
08
09     static void whoIsIt(String bio) {
10        String kind = "";
11        switch (bio) {
12           case "호랑이":
13           case "사자":
14              kind = "포유류";
15              break;
16           case "독수리":
17           case "참새":
18              kind = "조류";
19              break;
20           case "고등어":
21           case "연어":
22              kind = "어류";
23              break;
```

bio 값이 '호랑이'이거나 '사자'이면 실행하며, break 문에 의하여 switch 문을 벗어난다.

```
24                default:
25                    System.out.print("어이쿠! ");
26                    kind = "...";
27            }
28            System.out.printf("%s는 %s이다.\n", bio, kind);
29        }
30    }
```

bio 값이 '호랑이', '사자', '독수리', '참새', '고등어', '연어'가 아니면 수행하는 실행문이다.

```
호랑이는 포유류이다.
참새는 조류이다.
고등어는 어류이다.
어이쿠! 곰팡이는 ...이다.
```

2 개선된 switch 문

앞서 살펴보았듯이 기존의 switch 문은 많은 case 레이블과 break 문을 포함한다. 이와 같은 코드는 깔끔하지 못하고 가독성도 떨어지며, break 문의 누락으로 인한 오류 가능성도 크다. 이에 자바 14는 기존 switch 문에 다음과 같은 변화를 도입하여 개발자에게 코드의 가독성과 생산성에 도움을 제공한다.

- **화살표 case 레이블(case 상수 ->)** : 콜론 case 레이블과 달리 일치하는 case 레이블의 실행문만 수행하고 다음 case 레이블로 이동하지 않는다. case 레이블의 실행문은 실행문 블록도 가능하다.
- **switch 연산식** : 기존 switch 문과 달리 값을 반환할 수 있는 연산식으로 사용할 수 있다.
- **다중 case 레이블** : 콤마로 연결된 다수의 상수를 case 레이블로 사용할 수 있다.
- **yield 예약어** : yield는 값을 반환하면서 switch 연산식을 종료하므로 yield 문 뒤에 break 문이 필요 없다. case 혹은 default 레이블의 실행문이 블록일 경우에만 사용할 수 있다.

자바 14부터는 기존 switch 문도 연산식으로 사용할 수 있고, 다중 case 레이블과 yield 예약어도 허용된다. 그러나 기존 switch 문에서 벗어나려면 여전히 break 문이나 yield 문이 필요하다. 기존 switch 문의 case 레이블의 실행문은 블록이 아니더라도 yield 문을 사용할 수 있다.

다음은 [예제 3-15]를 화살표 case 레이블을 사용한 switch 문으로 변경한 예제이다.

예제 3-16 **개선된 switch 문** sec05/Switch3Demo.java

```
01  public class Switch3Demo {
02     public static void main(String[] args) {
03        whoIsIt("호랑이");
04        whoIsIt("참새");
05        whoIsIt("고등어");
06        whoIsIt("곰팡이");
07     }
08
09     static void whoIsIt(String bio) {
10        String kind = "...";
11        switch (bio) {
12           case "호랑이", "사자" -> kind = "포유류";
13           case "독수리", "참새" -> kind = "조류";
14           case "고등어", "연어" -> kind = "어류";
15           default -> System.out.print("어이쿠! ");
16        }
17        System.out.printf("%s는 %s이다.\n", bio, kind);
18     }
19  }
```

bio 값이 '호랑이'이거나 '사자'이면 kind에 '포유류'를 대입한다.

일치되는 case 레이블이 없으면 실행한다.

switch 문은 실행문으로 사용될 수도 있지만, 연산식으로도 사용될 수 있다. 다음은 앞 예제를 switch 연산식으로 변경한 예제이다.

예제 3-17 **switch 연산식 1** sec05/Switch4Demo.java

```
01  public class Switch4Demo {
02     public static void main(String[] args) {
03        whoIsIt("호랑이");
04        whoIsIt("참새");
05        whoIsIt("고등어");
06        whoIsIt("곰팡이");
07     }
08
```

```
09    static void whoIsIt(String bio) {
10       String kind = switch (bio) {
11          case "호랑이", "사자" -> "포유류";
12          case "독수리", "참새" -> "조류";
13          case "고등어", "연어" -> "어류";
14          default -> {
15             System.out.print("어이쿠! ");
16             yield "...";
17          }
18       };
19       System.out.printf("%s는 %s이다.\n", bio, kind);
20    }
21 }
```

bio 값이 '호랑이'이거나 '사자'이면 '포유류'를 반환한다.

'어이쿠'를 화면에 출력만 한다면 반환 값이 문자열이 아니므로 오류가 발생한다. 따라서 yield를 사용하여 문자열을 반환해야 한다.

하나의 실행문이므로 마지막에 세미콜론이 필요하다.

자바 14부터는 기존 switch 문도 연산식, 다중 case 레이블, yield 예약어가 허용되므로 10~18행을 다음과 같이 나타낼 수도 있다.

```
String kind = switch (bio) {
   case "호랑이", "사자":
      yield "포유류";
   case "독수리", "참새":
      yield "조류";
   case "고등어", "연어":
      yield "어류";
   default:
      System.out.print("어이쿠! ");
      yield "...";
};
```

기존 switch 문에서는 블록이 아니더라도 yield 예약어를 사용할 수 있다.

그런데 switch 연산식은 가능한 모든 값에 대하여 일치하는 case 레이블이 없으면 오류가 발생한다. 다음과 같은 보기를 살펴보자.

```
static String howMany(int n) {
    return switch(n) {
        case 1 -> "1개";
        case 2 -> "2개";
    };
}
```

default 문은 선택 사항

여기서 변수 n의 가능한 값은 모든 정숫값이다. 그런데 switch 연산식의 case 레이블이 2가지뿐이므로 1과 2가 아닌 경우 문자열을 반환하지 못한다. 따라서 컴파일 오류가 발생한다. 다음은 정상적으로 컴파일 및 실행되도록 이를 수정한 예제이다.

예제 3-18 **switch 연산식 2** sec05/Switch5Demo.java

```
01  public class Switch5Demo {
02     public static void main(String[] args) {
03        System.out.println(howMany(1) + " 있다.");
04        System.out.println(howMany(2) + " 있다.");
05        System.out.println(howMany(3) + " 있다.");
06     }
07
08     static String howMany(int n) {
09        return switch (n) {
10           case 1  -> "1개";
11           case 2  -> "2개";
12           default -> "많이";
13        };
14     }
15  }
```

```
1개 있다.
2개 있다.
많이 있다.
```

셀프 테스트 3-3

1 switch 문에서 사용할 수 있는 변수 타입은 int뿐만 아니라 double도 된다. (O, X)

2 변수 x의 값이 1일 때, 다음 코드의 실행 결과는?

```
switch(x) {
   case 0:
      System.out.print(x);
   case 1:
      System.out.print(x + 1);
   case 2:
      System.out.print(x + 2);
   default:
      System.out.print(x + 3);
}
```

06 메서드

1 메서드의 개념

메서드가 무엇인지 알아보기 전에 먼저 0~10, 10~100, 100~1000 구간의 합을 구하는 다음 프로그램이 있다고 하자.

예제 3-19 **메서드 없는 구간 누적값 출력** sec06/Method1Demo.java

```
01 public class Method1Demo {
02    public static void main(String[] args) {
03       int sum = 0;
04       for (int i = 0; i <= 10; i++)
05          sum += i;
06       System.out.println("합(1~10) : " + sum);
07
08       sum = 0;
```

```
09        for (int i = 10; i <= 100; i++)
10            sum += i;
11        System.out.println("합(10~100) : " + sum);
12
13        sum = 0;
14        for (int i = 100; i <= 1000; i++)
15            sum += i;
16        System.out.println("합(100~1000) : " + sum);
17    }
18 }
```

```
합(1~10) : 55
합(10~100) : 5005
합(100~1000) : 495550
```

이 예제는 세 구간의 누적값을 합산하는 데 반복문을 세 번 사용했다. 그런데 이 세 번의 반복문은 시작 정수와 끝 정수만 다를 뿐 거의 비슷하다. 이때 유사한 코드를 계속 반복해서 나열하기보다는 [예제 3-20]의 8~14행처럼 기본 틀을 만들어 재사용하면 더 효율적이다. 이와 같이 재사용할 수 있는 코드의 집합을 메서드method라고 한다.

예제 3-20 **메서드를 이용한 구간 누적값 출력** sec06/Method2Demo.java

```
01 public class Method2Demo {
02     public static void main(String[] args) {
03         System.out.println("합(1~10) : " + sum(1, 10));
04         System.out.println("합(10~100) : " + sum(10, 100));
05         System.out.println("합(100~1000) : " + sum(100, 1000));
06     }
07
08     public static int sum(int i1, int i2) {
09         int sum = 0;
10         for (int i = i1; i <= i2; i++)
11             sum += i;
12
13         return sum;
14     }
15 }
```

main() 메서드이다.

사용자가 정의한 메서드를 호출한다.

사용자가 정의한 메서드이다.

메서드 본체로 이 부분을 재활용한다.

메서드는 특정 연산을 수행하려고 실행문을 모아 둔 블록이다. 다른 프로그래밍 언어의 함수 또는 프로시저와 비슷한 개념이다. 자바에서 메서드는 독립적으로 존재하지 않고 클래스 내부에서만 정의된다.

메서드를 이용하면 다음 장점을 얻을 수 있다.

- 중복 코드를 줄이고 코드를 재사용할 수 있다.
- 코드를 모듈화해 가독성을 높이므로 프로그램의 품질을 향상시킨다.

2 메서드의 구조

메서드는 [예제 3-20]의 sum() 메서드와 구조가 같으며, 하나씩 뜯어보면 다음과 같다.

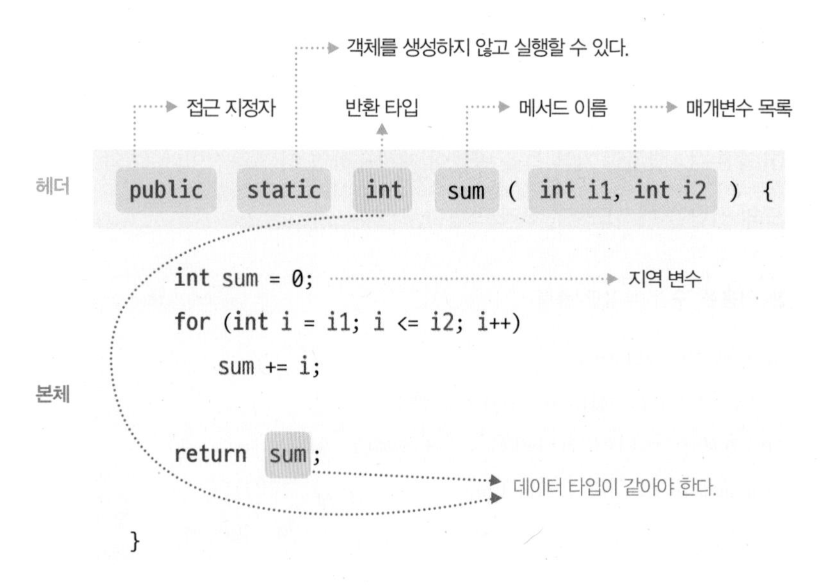

그림 3-17 메서드의 구조

메서드는 헤더header와 본체body로 구성된다. 헤더는 메서드의 접근 지정자, 반환 타입return type, 메서드 이름, 매개변수parameter로 구성된다. 본체는 실행할 코드를 나열하는 부분으로 메서드 실행 블록이다.

- **접근 지정자**

  접근 지정자는 메서드의 특성으로 컴파일러에 메서드의 접근 범위를 알려준다.

- **반환 타입**

  메서드는 값을 반환할 수 있다. 반환 타입은 메서드가 본체를 실행한 후 반환할 데이터 타입이다. 반환할 데이터가 없다면 반환 타입에 void를 사용한다. 따라서 main( ) 메서드는 반환할 데이터가 없으므로 반환 타입으로 void를 사용한다.

- **매개변수 목록**

  메서드에는 외부에서 데이터를 전달받을 수 있는 매개변수 목록이 있는데, 같은 타입의 매개변수가 여러 개라 하더라도 데이터 타입을 따로 선언해야 한다. 예를 들어 2개의 정수 타입 매개변수를 가지는 foo( ) 메서드는 다음과 같이 선언할 수 있다.

```
void foo(int x, int y);        // 올바른 선언
void foo(int x, y);            // 잘못된 선언
```

- **지역 변수**

  메서드는 변수를 선언해 사용하는데, 매개변수나 메서드 본체에 선언된 변수를 지역 변수local variable라고 한다.

3 메서드의 호출과 반환

본체까지 정의된 메서드는 호출해야 사용할 수 있는데, 여러 번 호출할 수도 있다. 메서드를 호출하면 제어가 호출된 메서드callee로 넘어갔다가 호출된 메서드의 마지막 실행문을 마친 후 호출한 메서드caller로 다시 돌아온다. 단, return 문을 만나면 다음과 같이 실행 도중에도 호출한 메서드로 제어를 넘길 수 있다. 이때 반환할 데이터가 있다면 return 문에 데이터를 포함해야 하며, 반환 값의 데이터 타입은 메서드 헤더에 있는 반환 타입과 같아야 한다.

```
public void foo() {
   실행문1;
   실행문2;
   return;   // 실행문3을 수행하지 않고 foo()를 호출한 메서드로 제어를 넘김
   실행문3;
}
```

다음은 main( ) 메서드와 sum( ) 메서드 사이에서 제어가 이동되는 모습을 나타낸다.

```java
public static void main(String[] args) {          public static int sum(int i1, int i2) {
   int i = 1, j = 10;                        ❶        int sum = 0;
                                                      for (int i = i1; i <= i2; i++)
   int k = sum(i, j);                                    sum += i;
   system.out.println(k);                    ❷
}                                                     return sum;
                                                   }
```

그림 3-18 메서드 간의 제어 이동

다음은 return 문을 사용해 메서드 사이의 제어 이동을 보여 주는 예제로, printScore() 메서드가 처리할 점수가 0~100점 범위를 벗어나면 오류 내용을 출력하고 return 문을 사용해 호출한 메서드로 돌아간다.

예제 3-21 **메서드에서 return 문 활용** sec06/ReturnDemo.java

```java
01 public class ReturnDemo {
02    public static void main(String[] args) {
03       printScore(99);
04       printScore(120);
05    }
06
07    public static void printScore(int score) {
08       if (score < 0 || score > 100) {
09          System.out.println("잘못된 점수 : " + score);
10          return;
11       }
12       System.out.println("점수 : " + score);
13    }
14 }
```

0~100이 아닌 점수는 잘못된 점수라고 출력하고는 종료한다.

```
점수 : 99
잘못된 점수 : 120
```

4 메서드의 매개변수와 값 전달

메서드는 매개변수를 사용할 수 있다는 점에서 강력하다. 예를 들어 임의의 두 수 사이에 있는 모든 수를 더할 때 두 수를 sum() 메서드의 매개변수로 사용할 수 있다. 매개변수를 가진 메서드를 호출할 때는 이 매개변수에 대응하는 값이나 변수를 제공해야 하는데, 이를 인수argument라고 한다.

인수는 메서드를 호출할 때 사용될 값이나 변수가 될 수 있다. 메서드를 호출할 때 매개변수와 인수는 순서, 데이터 타입, 개수가 일치해야 한다.

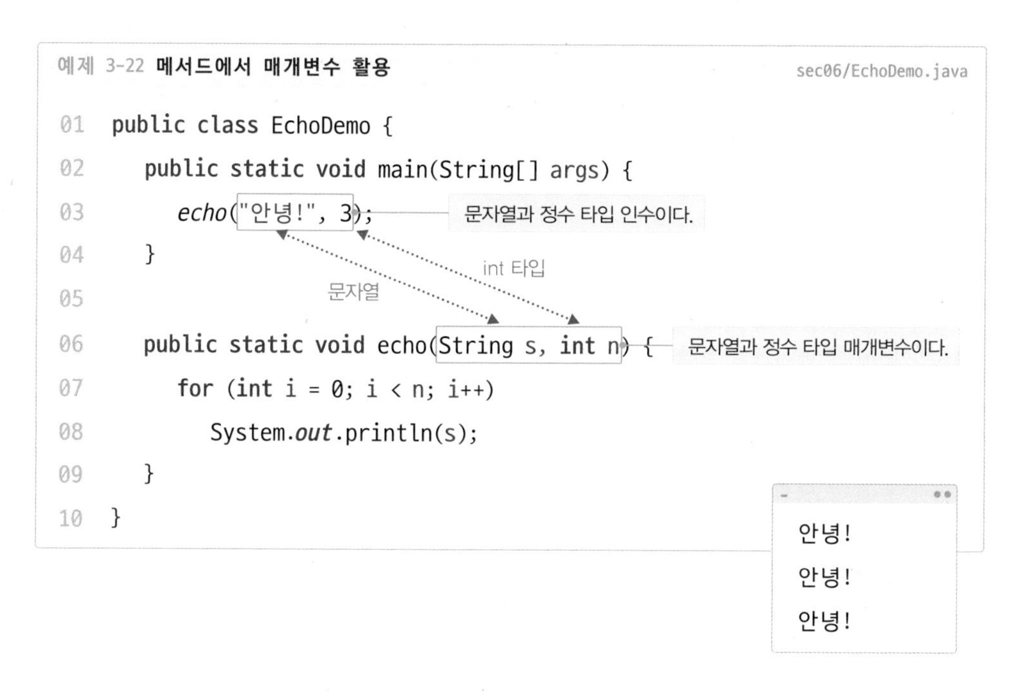
예제 3-22 **메서드에서 매개변수 활용** sec06/EchoDemo.java

```
01  public class EchoDemo {
02     public static void main(String[] args) {
03        echo("안녕!", 3);
04     }
05
06     public static void echo(String s, int n) {
07        for (int i = 0; i < n; i++)
08           System.out.println(s);
09     }
10  }
```


메서드를 호출하면 인숫값의 복사본을 매개변수로 전달하는데, 이를 값 전달call by value이라고 한다. 이 방식은 메서드를 실행하는 도중에 매개변수 값이 변하더라도 인수에는 영향을 미치지 않는다. 매개변수 값이 변경된다는 것은 인숫값의 복사본이 변경된다는 의미이지 인수 자체가 변한다는 것은 아니다. 다음 예제에서 실제 값 변화를 확인해 보자.

예제 3-23 **메서드와 값 전달** sec06/IncrementDemo.java

```
01  public class IncrementDemo {
02     public static void main(String[] args) {
03        int x = 0;
04        System.out.println("increment() 메서드를 호출하기 전의 x는 " + x);
05        increment(x);
06        System.out.println("increment() 메서드를 호출한 후의 x는 " + x);
07     }
08
09     public static void increment(int n) {
10        System.out.println("increment() 메서드를 시작할 때의 n은 " + n);
11        n++;
12        System.out.println("increment() 메서드가 끝날 때의 n은 " + n);
13     }
14  }
```

인수 x 값을 매개변수 n에 복사한다.

```
increment() 메서드를 호출하기 전의 x는 0
increment() 메서드를 시작할 때의 n은 0
increment() 메서드가 끝날 때의 n은 1
increment() 메서드를 호출한 후의 x는 0
```

실행 결과를 보면 increment() 메서드를 호출한 전후로 인수 x 값에는 변화가 없다. 이는 increment() 메서드가 인수 x에 영향을 주지 않는다는 것을 의미한다. 다음과 같이 increment() 메서드를 호출할 때는 인수 x를 매개변수 n에 대입하는 것이 아니라 인숫값인 0을 매개변수로 복사한다. 따라서 복사한 값이 increment() 메서드 내부에서 증가할 뿐이므로 increment() 메서드 외부의 원본 값은 여전히 동일하다. 심지어 인수와 매개변수의 이름이 같다고 해도 변화가 없다.

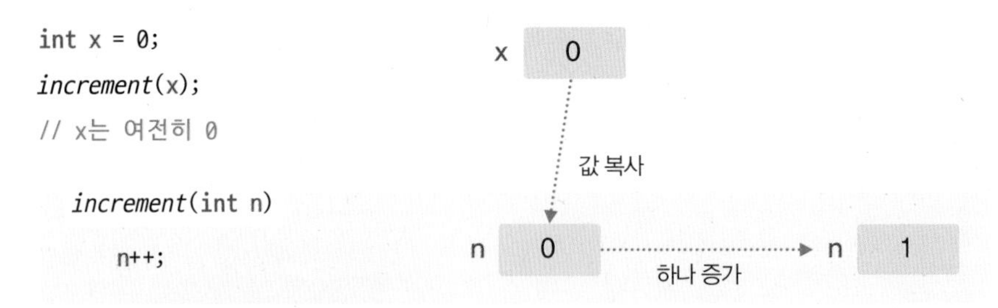

그림 3-19 메서드 호출에서 값 전달의 의미

5 메서드 오버로딩

두 수 중에서 큰 수를 넘겨주는 max() 메서드를 정의한다고 가정해 보자. 2개의 정수 혹은 2개의 실수에서 큰 수를 가져오려면 max_int()와 max_real()이라는 메서드 이름을 각각 사용할 수 있다. 그러나 기능은 같은데 데이터 타입이 다르다고 이름을 다르게 지정하면 가독성이 떨어지고, 전달할 데이터에 따라 구분해서 호출해야 하므로 코드가 복잡해진다.

자바는 메서드 시그너처를 사용해 메서드를 구분한다. 메서드 시그너처method signature는 메서드 이름, 매개변수의 개수, 매개변수의 데이터 타입, 매개변수의 순서를 의미한다. 메서드 이름이 동일하더라도 매개변수 개수, 데이터 타입, 순서 중 하나라도 다르면 서로 다른 메서드로 취급한다. 메서드 이름은 같지만 메서드 시그너처가 다른 메서드를 정의하는 것을 메서드 오버로딩method overloading이라고 한다. 자바는 반환 타입으로 메서드를 구분하지 않기 때문에 반환 타입이 다르다고 메서드를 오버로딩할 수는 없다.

다음은 인수가 정수 타입이면 int 매개변수를 가진 max() 메서드를 호출하고, double 타입이면 double 매개변수를 가진 max() 메서드를 호출하도록 max() 메서드를 오버로딩하는 예제이다.

예제 3-24 **메서드 오버로딩** sec06/OverloadDemo.java

```
01 public class OverloadDemo {
02    public static void main(String[] args) {
03       int i1 = 3, i2 = 7, i3 = 10;
04       double d1 = 7.0, d2 = 3.0;
05
06       System.out.printf("max(%d, %d) = %d\n", i1, i2, max(i1, i2));
07       System.out.printf("max(%.1f, %.1f) = %.1f\n", d1, d2, max(d1, d2));
08       System.out.printf("max(%d, %d, %d) = %d\n", i1, i2, i3, max(i1, i2, i3));
09    }
10
```

max(int, int)를 호출한다.

max(double, double)을 호출한다.

max(int, int, int)를 호출한다.

```
11      public static int max(int n1, int n2) {
12          int result = n1 > n2 ? n1 : n2;
13          return result;
14      }
15
16      public static double max(double n1, double n2) {
17          double result = n1 > n2 ? n1 : n2;
18          return result;
19      }
20
21      public static int max(int n1, int n2, int n3) {
22          return max(max(n1, n2), n3);
23      }
24  }
```

메서드 이름은 같지만, 매개변수의 타입이나 개수가 다르다.

```
max(3, 7) = 7
max(7.0, 3.0) = 7.0
max(3, 7, 10) = 10
```

셀프 테스트 3-4

1 main( ) 메서드는 반환할 데이터가 없기 때문에 반환 타입으로 __________를 사용한다.

2 메서드 이름은 같지만 매개변수 개수나 타입 등은 다르게 정의하는 것을 __________라고 한다.

3 다음 메서드는 매개변수 x가 홀수일 때만 화면에 x를 출력한다. 본체에 들어갈 적절한 코드는?

```
void oddPrint(int x) {
    // 적절한 코드
}
```

※팩토리얼 값을 계산하는 프로그램을 반복문, 조건문, 메서드 등을 사용해서 작성해 보자.

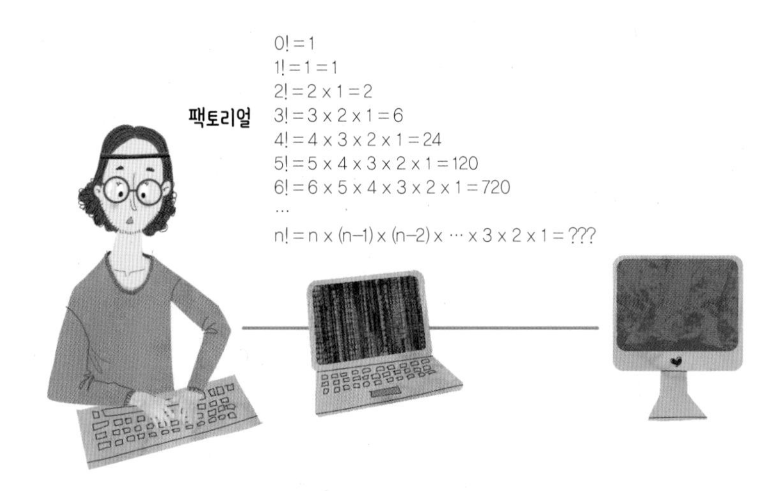

01 – 키보드로 입력한 정수의 팩토리얼 값을 구하는 프로그램을 작성해 보자.

① main( ) 메서드를 포함하는 테스트 프로그램을 생성한다.

```
int result;                       // 팩토리얼 결괏값 저장
int n;                            // 키보드에서 입력받을 정수 저장
Scanner in = new Scanner(System.in);

// 키보드로 정수를 입력받고 팩토리얼 값을 계산하는 코드

System.out.println(result);
```

② 정수를 키보드로 입력하라고 출력한 후 입력받은 정수를 n에 대입한다.

③ 팩토리얼 계산을 위한 코드로 구성된 while 문을 추가해 프로그램을 완성한다.

```
result = 1;
while (n > 0) {
   // 팩토리얼 값을 계산하는 코드
}
```

④ 테스트 프로그램을 실행해 결과를 확인한다.

```
팩토리얼 값을 구할 정수 : 5
120
```

⑤ while 문을 다음 방식으로 수정한 후 테스트 프로그램을 한 번 더 실행해 결과를 확인한다.

```
while (true) {
    // 조건문을 사용해 팩토리얼 값을 계산하는 코드
}
```

02 – 팩토리얼 값을 자주 계산한다면 메서드로 작성하는 것이 좋다. 이번에는 앞서 작성한 테스트 프로그램에서 팩토리얼 계산 과정을 메서드로 작성해 보자.

① 01의 ①과 ②를 작성하고, main() 메서드 아래에 다음 메서드를 작성한다.

```
static int factorial(int x) {
    int r = 1;
    // 팩토리얼 값을 계산하는 코드
    return r;
}
```

② main() 메서드에서 factorial() 메서드를 호출한다.

```
result = factorial(n);
```

③ 테스트 프로그램을 실행해 결과를 확인한다.

```
팩토리얼 값을 구할 정수 : 5
120
```

03 – 팩토리얼 값뿐만 아니라 구간 팩토리얼 값을 계산하는 메서드를 오버로딩해 보자. 이번에는 편의상 키보드로 팩토리얼 인숫값을 받지 말고 테스트 프로그램에서 그냥 인숫값을 제공한다. 여기서 구간 팩토리얼 factorial(3, 5)는 3 * 4 * 5의 값을 의미한다.

① 02에서 작성한 factorial(int) 메서드 외에 이름이 같은 다음 메서드를 작성한다.

```
static int factorial(int x, int y) {
    int r = 1;
    // 구간 팩토리얼 값을 계산하는 코드
    return r;
}
```

② main( ) 메서드의 본체에서 다음과 같이 작성한 후 factorial( ) 메서드를 실행해 결과를 확인한다.

```
System.out.println(factorial(5));
System.out.println(factorial(1, 5));
System.out.println(factorial(3, 5));
System.out.println(factorial(10, 5));
```

```
120
120
60
1
```

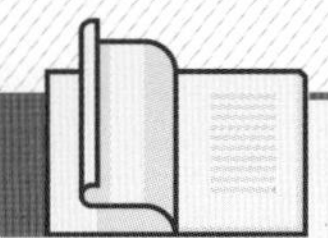

연습 문제

01 – switch 문의 default 레이블은 선택 사항이다. (O, X)

02 – 메서드의 반환 값이 없을 때는 반환 타입을 명시하지 않아도 된다. (O, X)

03 – 클래스 내부에 이름과 매개변수가 동일하지만 반환 타입이 다른 메서드를 여러 개 정의할 수 있다. (O, X)

04 – ____________ 문은 호출된 메서드에서 호출한 메서드로 복귀하는 데 사용한다.

05 – 다음 코드에서 오류를 찾아 수정하라.

①
```
for (i = 0, i > 10, i++)
   System.out.println(i);
```

②
```
int sum, i = 0;
do {
   sum += i++;
} while (i < 10)
System.out.println(sum);
```

06 – 다음 코드의 실행 결과는?

```
int sum = 0;
for (int i = 1; i < 10; i += 2)
   sum += i;
System.out.println(sum);
```

07 – switch 문을 수행한 후 b 값은?

```
int a = 1, b = 2;
switch (a++) {
   case 1 : b += a;
   case 2 : b += 5;
}
```

```
int a = 1, b = 2;
switch (a++) {
   case 1 -> b += a;
   case 2 -> b += 5;
}
```

08 – 두 실행문의 결과가 같은지 O, X로 답하라.

```
if (a < 1)
   b = 1;
else if (a < 3)
   b = 2;
```

```
if (a < 1)
   b = 1;
else if (a >= 1 && a < 3)
   b = 2;
```

09 – 반복문을 실행했을 때 sum 값은?

```
int sum = 0;
for (int i = 0; i < 5; i++) {
   if (i % 3 == 0)
      continue;
   sum += i;
}
```

10 – 다음 코드의 실행 결과는?

```
int total = 0, x = 0, y;
while (++x < 5) {
   y = x * x;
   System.out.println(y);
   total += y;
}
System.out.println("총합은 " + total);
```

프로그래밍 문제

01 – 키보드로 입력한 정수가 19 이상이면 '성년', 아니면 '미성년'을 출력하는 프로그램을 if~else 문을 사용해 작성하라.

02 – 키보드로 등수를 입력받아 1등이면 '아주 잘했습니다', 2~3등이면 '잘했습니다', 4~6등이면 '보통입니다', 그 외 등수이면 '노력해야겠습니다'라고 출력하는 프로그램을 switch 문을 사용해 작성하라.

03 – 키보드로 입력된 양의 정수 중에서 짝수만 덧셈해서 출력하는 코드를 do~while 문을 사용해 작성하라. 단, 입력된 정수가 양수가 아니라면 입력을 종료한다.

```
양의 정수를 입력하세요 : 1
양의 정수를 입력하세요 : 2
양의 정수를 입력하세요 : 3
양의 정수를 입력하세요 : 4
양의 정수를 입력하세요 : -1
입력한 양의 정수 중에서 짝수의 합은 6
```

04 – 다음 실행 결과를 출력하는 프로그램을 for 문을 사용해 작성하라.

```
*
**
***
****
*****
```

05 – 각 변의 길이 합이 20 이하이며 각 변의 길이가 정수인 직각 삼각형의 모든 변을 구하라.

힌트

+ 피타고라스 정리, 즉 $a^2 + b^2 = c^2$을 이용하고 for 문을 중첩해서 사용한다.

06 – 철수와 영희가 가위(s), 바위(r), 보(p) 게임을 한다. 다음 실행 결과와 같이 r, p, s 중 하나를 입력해 승자 또는 무승부를 출력하는 프로그램을 작성하라.

힌트

+ Scanner 클래스의 next( ) 메서드를 호출하면 키보드에서 입력된 문자열을 읽을 수 있다. 문자열 타입은 equals( ) 메서드를 이용해 비교한다. 예를 들어 String s가 있을 때 s.equals("r")은 문자열 s와 'r'을 비교해 같다면 true, 다르면 false를 반환한다.

```
철수 : r
영희 : s
철수, 승!
```

07 – 06에서 프롬프트와 r, p, s를 입력하는 부분, 입력된 데이터에 따라 승자를 출력하는 부분을 각각 메서드로 작성하라. main( ) 메서드는 다음과 같다.

```
public static void main(String[] args) {
    String c = input("철수");
    String y = input("영희");
    whosWin(c, y);
}
```

08 – 다음과 같은 프로그램이 있다. factorial() 메서드를 화살표 case 레이블을 가진 switch 문으로 작성하라.

```
public class FactorialTest {
    public static void main(String[] args) {
        System.out.println(factorial(5));
    }

    static int factorial(int n) {
        // 코드 작성
    }
}
```

09 – 다음은 foo() 메서드가 빠진 프로그램 일부와 실행 결과이다. foo() 메서드를 완성하라.

```
public static void main(String[] args) {
   foo("안녕", 1);
   foo("안녕하세요", 1, 2);
   foo("잘 있어");
}
```

```
안녕 1
안녕하세요 1 2
잘 있어
```

10 – 다음은 주어진 정수가 소수prime인지를 조사하는 프로그램의 일부이다. isPrime() 메서드를 완성하라. 여기서 소수는 1보다 크면서 1과 자신 외에는 나누지 않는 수이다.

```
public static void main(String[] args) {
  System.out.print("양의 정수를 입력하세요 : ");
  int num = new Scanner(System.in).nextInt();
  if (isPrime(num))
    System.out.println(num + "는 소수입니다.");
  else
    System.out.println(num + "는 소수가 아닙니다.");
  }
}
```

Chapter 04

객체 지향

어떤 문제의 해결책을 찾도록 컴퓨터에 지시하려고 할 일을 명령어로 작성하는 프로그래밍 방법은 다양하다. 대표적인 방법으로 절차 지향과 객체 지향이 있는데, 자바는 객체 지향 언어이다. 이 장에서는 객체 지향 언어의 개념과 특징, 객체를 정의하는 클래스를 살펴본다.

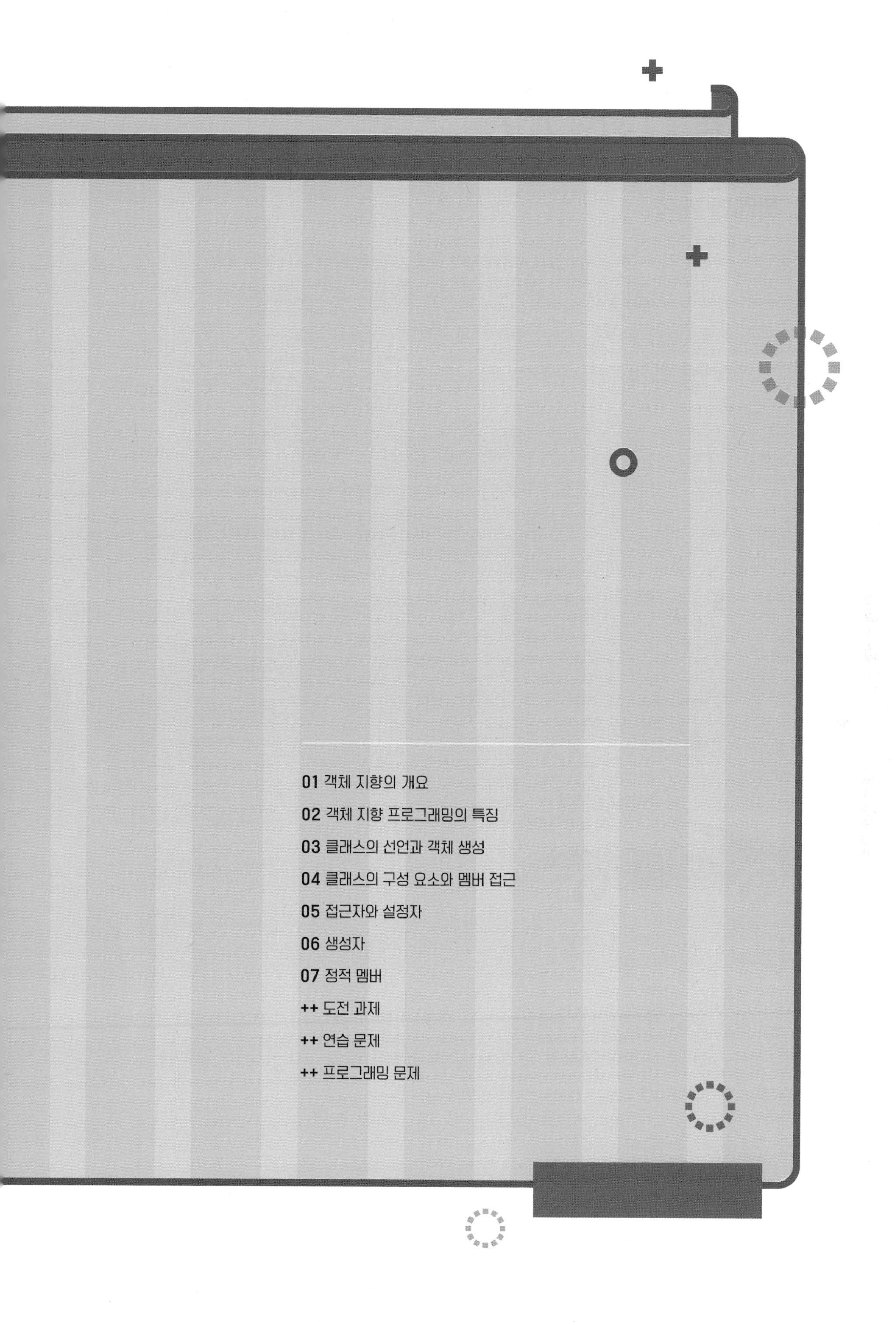

01 객체 지향의 개요
02 객체 지향 프로그래밍의 특징
03 클래스의 선언과 객체 생성
04 클래스의 구성 요소와 멤버 접근
05 접근자와 설정자
06 생성자
07 정적 멤버
++ 도전 과제
++ 연습 문제
++ 프로그래밍 문제

객체 지향의 개요

1 객체의 개념

객체object는 현실 세계에서 구체적이거나 추상적인 사물(개념)을 의미한다. 예를 들어 구체적인 것으로는 인간, 자동차, 램프 등이 있으며, 추상적인 것으로는 축구, 강의, 직장 등이 있다. 이 모두는 객체가 될 수 있으며, 객체는 상태state와 동작behavior으로 구성되어 있다. 자동차에는 속도 및 방향과 같은 상태, '가·감속하다' 혹은 '방향을 바꾸다'와 같은 동작이 있다. 어떤 객체는 복잡해서 다른 객체도 포함할 수 있다.

소프트웨어 객체도 현실 세계의 객체와 비슷한 의미를 가진다. 소프트웨어 객체는 상태를 필드field로 정의하고, 동작을 메서드method로 정의한다. 필드는 객체를 통하여 사용할 수 있는 변수이며, 메서드는 객체를 통하여 호출할 수 있는 동작이다. 따라서 소프트웨어 객체는 현실 세계의 객체를 필드와 메서드로 모델링한 것이다.

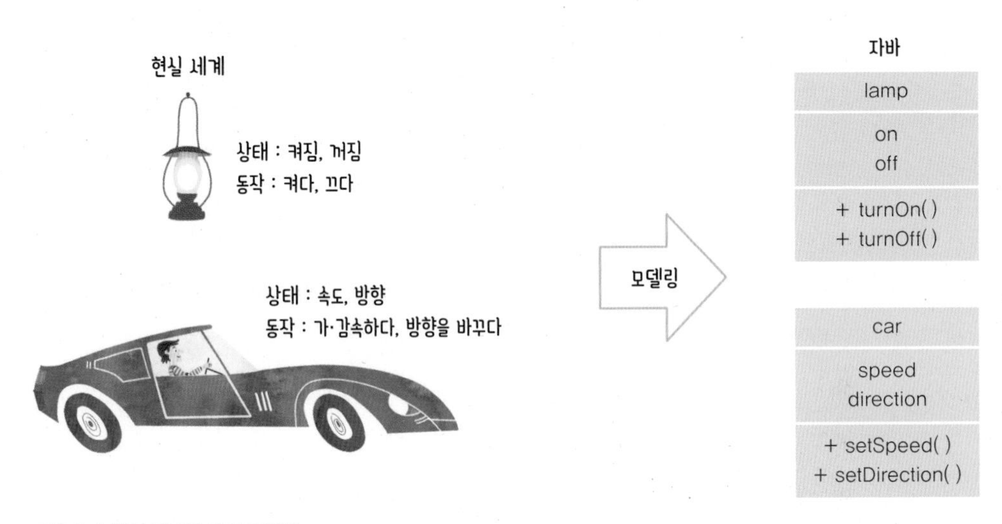

그림 4-1 현실 세계와 자바의 객체

현실 세계의 객체는 개별적으로도 사용할 수 있고, 다른 객체와도 상호작용할 수 있다. 예를 들어 사람이 자동차를 운전하면 자동차가 사람의 위치를 이동시키듯이 현실 세계에서 발생하는 대부분의 현상은 다수의 객체가 상호작용해서 나타난다.

그림 4-2 현실 세계에서 객체의 상호작용

소프트웨어에서도 객체는 개별적으로 사용하거나 다른 객체와 관계를 맺으면서 동작할 수 있다. 대부분의 소프트웨어는 다수의 객체로 구성되며, 상호작용해서 문제를 해결한다.

2 절차 지향과 객체 지향

초기 프로그래밍은 입력 데이터를 받아서 처리한 후 출력 데이터를 생산하는 논리적인 절차를 사용했다. 이런 방식을 절차 지향 프로그래밍procedural programming 또는 명령형 프로그래밍imperative programming이라고 한다.

절차 지향 프로그래밍은 일련의 동작을 순서에 맞추어 단계적으로 실행하도록 명령어를 나열한다. 데이터를 정의하는 방법보다는 명령어의 순서와 흐름에 중점을 둔다. 절차 지향 프로그래밍은 수행할 작업을 예상할 수 있어 직관적인데, 규모가 작을 때는 프로그래밍하기가 쉽고 이해하기도 쉽다. 초기 소프트웨어는 계산 위주이므로 절차 지향 프로그래밍이 적합했다. 그러나 소프트웨어의 규모가 커지면서 한계에 부딪혔는데, 이는 전 과정에서 서로 복잡하게 얽혀 있는 데이터를 동작과 분리하여 사용했기 때문이다. 게다가 절차 지향 프로그램은 추후 변경하거나 확장하기도 어렵다.

현실 세계의 작업은 절차나 과정보다는 이것과 관련된 많은 물체의 상호작용으로 표현하는 것이 더 이해하기가 쉽다. 절차 지향의 한계를 극복하고 이런 현실 세계의 특성을 고려해 등장한 것이 객체 지향 프로그래밍OOP, Object-Oriented Programming이다.

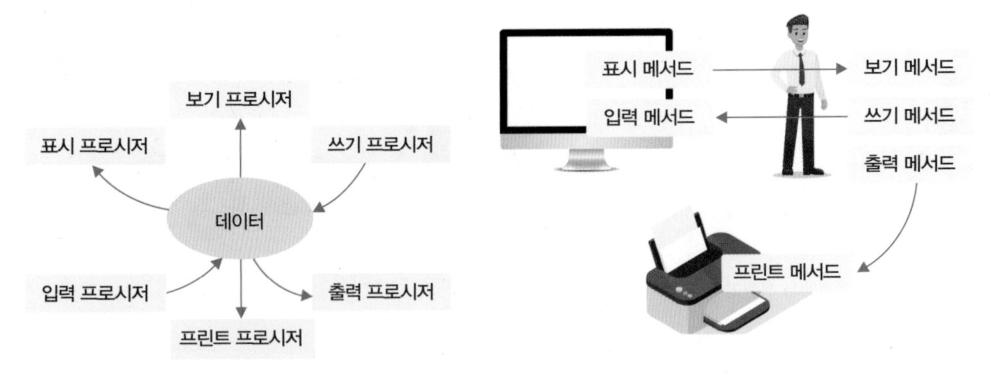

(a) 절차 지향 : 명령어의 순서와 흐름에 중점 (b) 객체 지향 : 객체가 중심

그림 4-3 절차 지향과 객체 지향의 비교

객체 지향 프로그래밍에서는 현실 세계를 객체 단위로 프로그래밍한다. 여기서 객체는 필드(데이터)와 메서드(코드)를 하나로 묶어 표현하는 구성 요소이다.

프로그램은 코드와 데이터로 구성된다. 절차 지향 프로그래밍에서는 코드를 함수function 또는 프로시저procedure라고 하며, 객체 지향 프로그래밍에서는 메서드라고 한다.

3 객체와 클래스

제품을 만들려면 설계도가 필요하다. 예를 들어 붕어빵은 밀가루 반죽, 앙금 등 재료도 필요하지만, 붕어빵 형틀template도 있어야 한다. 자동차도 자동차 설계도를 바탕으로 제작한다. 이런 틀이나 설계도가 있다면 동일한 제품을 여러 개 만들 수 있다. 객체 지향 프로그래밍의 클래스class가 이 동일한 객체를 생산하는 틀이나 설계도에 해당한다.

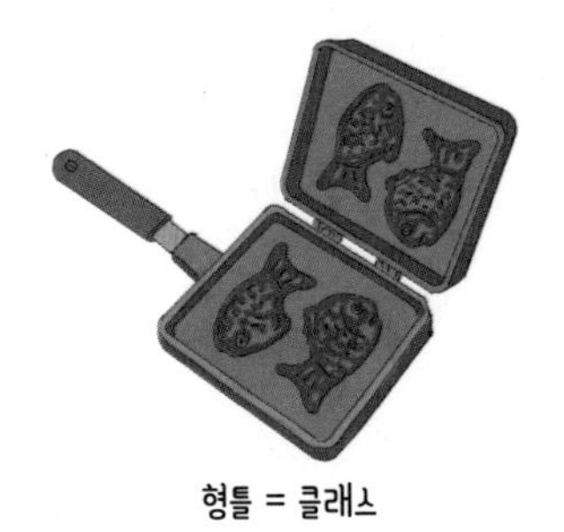

형틀 = 클래스 제품 = 객체

그림 4-4 클래스와 객체의 개념

클래스라는 틀로 만든 객체가 해당 클래스의 인스턴스instance이다. 예를 들어 붕어빵은 붕어빵 틀의 인스턴스이다. 클래스에서 객체를 생성하는 과정을 인스턴스화라고 한다.

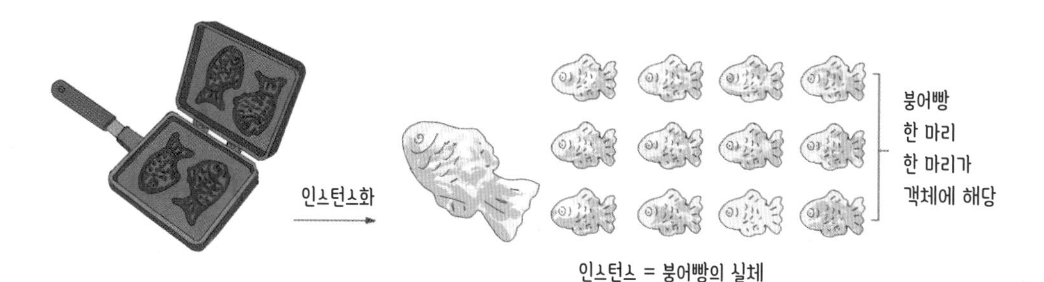

그림 4-5 인스턴스화의 개념

객체가 필드와 메서드로 구성되므로 클래스도 필드와 메서드를 정의해야 한다. 객체 지향 프로그래밍은 클래스의 필드와 메서드를 정의한 후 이를 기반으로 필요한 객체를 생성한다.

그림 4-6 클래스의 구성

02 객체 지향 프로그래밍의 특징

캡슐화, 상속, 다형성은 객체 지향 프로그래밍의 주요 특징이다.

1 캡슐화

캡슐화encapsulation는 관련된 필드와 메서드를 하나의 캡슐처럼 포장해 세부 내용을 외부에서 알 수 없도록 감추는 것이다. 그래서 캡슐화를 정보은닉information hiding이라고도 한다.

그림 4-7 캡슐화와 정보은닉

캡슐화의 주목적은 내부 데이터를 숨겨서 외부 영향을 받지 않도록 하는 것이다. 사용자에게 컴퓨터 부품이 모두 노출된다면 실수로 쉽게 고장을 낼 수도 있으므로 부품을 케이스에 담아 숨겨서 이를 방지하는 것과 같은 목적이다.

객체 지향 언어에서도 외부로부터 보호하고 싶은 필드나 메서드가 있다면 캡슐화해 외부에서 직접 접근할 수 없도록 사용 범위를 제한한다. 따라서 외부에서 객체 내부 구조를 모르기 때문에 객체가 노출하는 필드와 메서드로만 객체에 제한적으로 접근할 수 있게 된다.

캡슐화하면 내부의 상세 내역을 숨길 수 있기 때문에 캡슐화된 부품을 동일한 기능의 다른 부품으로 바꿔도 외부에 영향을 미치지 않는 부수 효과도 있다. 예를 들어 조립 컴퓨터가 고장 나면 기능이 동일한 다른 부품으로 교환해도 조립 컴퓨터는 정상적으로 작동한다. 마찬가지로 클래스 내부의 캡슐화된 코드는 동일한 기능이라면 다른 코드로 대체될 수 있다. 따라서 캡슐화는 세부 구현을 숨김으로 외부 영향에 대한 가능성을 줄이는 기술이다.

2 상속

자녀가 부모 재산을 상속받아 사용하듯이 객체 지향 프로그래밍에서는 상위 객체(부모)를 상속받은 하위 객체(자녀)가 상위 객체(부모)의 메서드와 필드를 사용할 수 있다. 이를 상속 inheritance이라고 하는데, 상속은 개발된 객체를 재사용하는 방법 중 하나이다. 상위 객체 클래스를 부모 클래스parent class, 슈퍼 클래스super class 또는 기본 클래스base class라고 하며, 하위 객체 클래스를 자식 클래스child class, 서브 클래스subclass, 파생 클래스derived class, 확장 클래스extended class라고 한다.

자식 클래스는 부모 클래스의 메서드와 필드를 사용할 수 있으며, 자신에게 맞게 수정하거나 새로 추가할 수도 있다. 예를 들어 Animal 클래스를 상속받아 Eagle, Tiger, Goldfish 등 자식 클래스를 생성할 수 있다. 자식 클래스는 부모 클래스인 Animal에 있는 move() 메서드를 그대로 사용할 수도 있고, 다시 정의해서 사용할 수도 있으며, 새로운 필드나 메서드를 추가할 수도 있다.

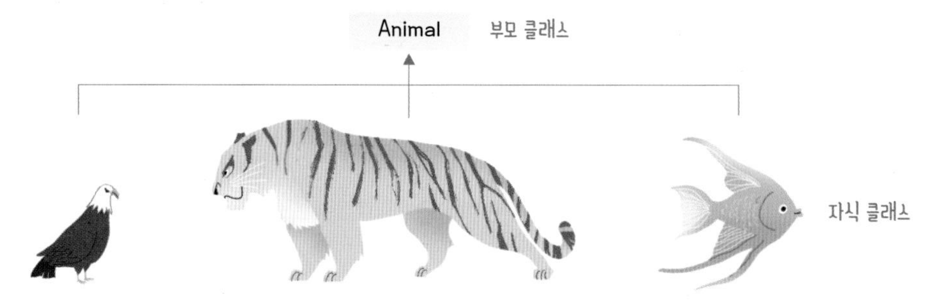

그림 4-8 상속의 개념

3 다형성

다형성polymorphism은 대입되는 객체에 따라서 메서드를 다르게 동작하도록 구현하는 기술이다. 이는 실행 도중 동일한 이름의 다양한 구현체 중에서 각각의 메서드를 선택할 수 있다는 것을 의미한다.

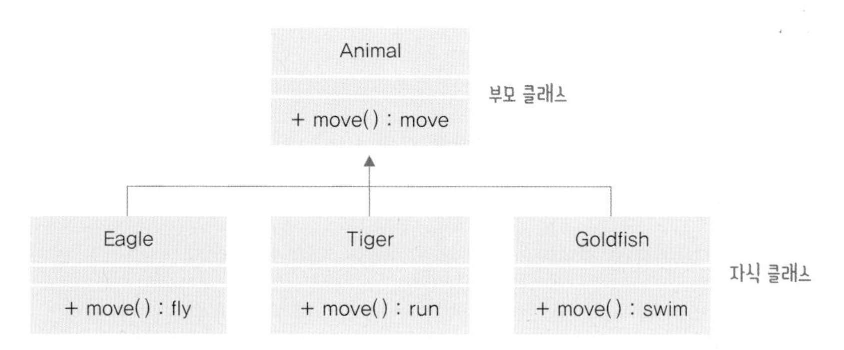

그림 4-9 다형성의 개념

종류가 다른 객체라도 동작이 비슷하면 다형성을 사용해 간결하게 코드를 작성할 수 있다. 예를 들어 Eagle독수리, Tiger호랑이, Goldfish금붕어는 모두 다르게 움직인다. 따라서 앞서 예로 든 Animal 클래스의 move() 메서드를 자식 클래스에서 수정한다면 각 객체에 적합하게 이용할 수 있다. 즉, move()라는 동일한 메시지를 전달하지만 동물마다 다르게 반응하도록 할 수 있는 것이다. 이렇듯 동일한 명령을 내려도 객체의 종류에 따라 다른 결과가 나타나도록 하는 프로그래밍 기술이 다형성이다.

다형성은 동일한 명령을 내리더라도
객체의 종류에 따라 다르게 실행되는
프로그래밍 기법이다.

그림 4-10 다형성 예

클래스의 선언과 객체 생성

1 클래스의 선언

현실 세계의 객체는 수많은 상태가 있고 다양한 동작을 하지만, 이 모든 것을 클래스에 모두 포함하기는 어렵다. 그래서 추상화abstraction하는 과정이 필요하다. 추상화는 현실 세계의 객체에서 불필요한 속성을 제거하고 중요한 정보만 클래스로 표현하는 일종의 모델링 기법이다. 따라서 사람마다 추상화하는 기법이 같지 않으므로 각 개발자는 클래스를 다르게 정의할 수 있다.

그림 4-11 추상화의 개념

객체를 추상화할 때는 상태를 필드로, 동작을 메서드로 정의해서 다음 구조처럼 클래스로 선언한다. 필드와 메서드는 없거나 하나 이상 있을 수 있는데 순서는 상관없다. 클래스 선언은 실제로 객체를 생성하는 것이 아니라 이런 구조의 데이터 타입을 정의하는 과정이다.

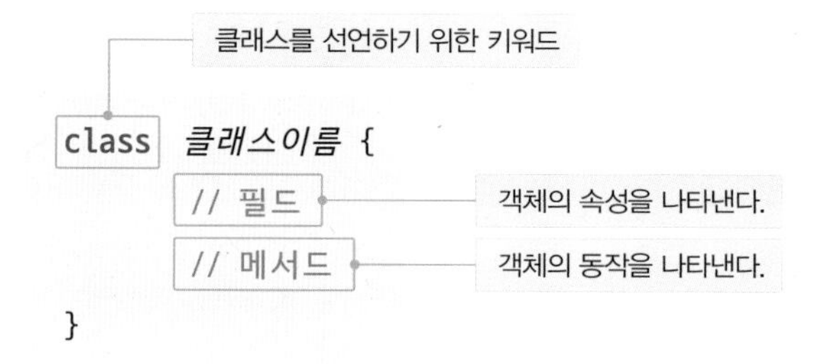

그림 4-12 클래스의 선언 형식

공ball을 클래스로 선언해 보자. 공이라는 객체에는 반지름, 색상, 재질 등 다양한 속성이 있지만, 여기서는 부피를 계산하는 동작만 이용하여 반지름 속성으로만 공을 추상화한다고 하자. 이때 Ball 클래스는 다음과 같이 선언할 수 있다.

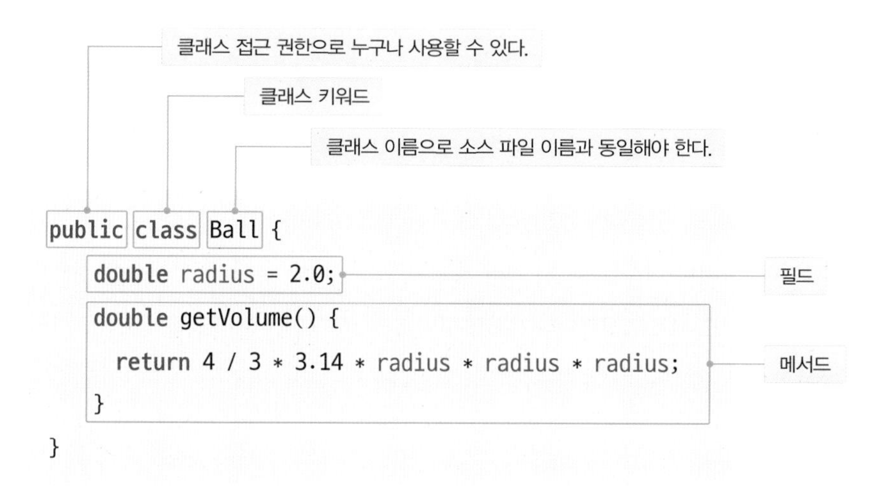

그림 4-13 Ball 클래스의 선언 예

여기서 확장자를 제외한 파일 이름은 클래스 이름과 같아야 한다. 따라서 Ball 클래스의 파일 이름은 Ball.java가 된다. Ball.java 파일을 컴파일하면 Ball.class 파일을 생성한다. 그런데 Ball 클래스는 main() 메서드가 없기 때문에 단독으로는 실행할 수 없고, Ball 객체를 생성하는 하나의 타입으로 사용한다. 예를 들어 Ball 클래스는 main() 메서드를 가진 클래스에서 객체 생성을 위한 타입으로 사용될 수 있다.

보통 소스 파일마다 하나의 클래스를 선언하지만, 2개 이상의 클래스를 하나의 파일로 선언할 수도 있다.

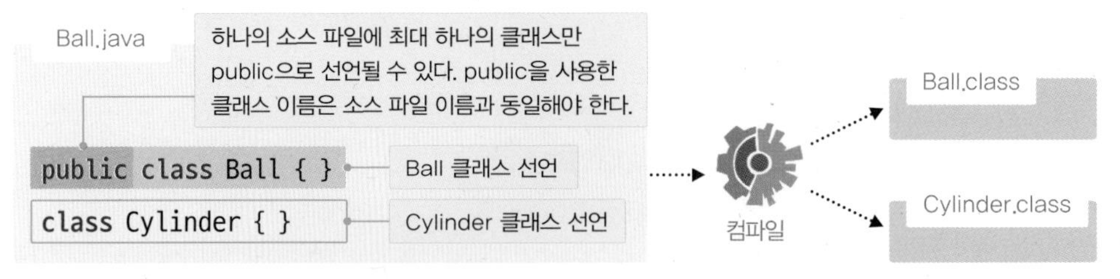

그림 4-14 소스 파일 하나에 클래스 2개가 선언된 예

하나의 파일에 클래스가 둘 이상 있다면 하나만 public으로 선언할 수 있고, 해당 클래스 이름은 소스 파일 이름과 같아야 한다. 따라서 Ball 클래스는 public이기 때문에 파일 이름으로 Ball.java를 사용한다. 반면 컴파일하면 Ball.class와 Cylinder.class라는 2개의 클래스 파일이 생성된다.

2 객체 생성과 참조 변수

객체를 생성할 때는 new 연산자를 사용하는데, 이 연산자는 생성한 객체의 주소를 반환한다. 일반적으로 객체를 생성할 때 해당 객체를 참조할 변수부터 선언하며, 이는 생성한 객체를 여러 번 참조하기 위함이다. 그러나 객체를 두 번 이상 참조하지 않는다면 굳이 참조 변수를 선언하지 않아도 된다. 안드로이드 프로그래밍이나 GUI, 이벤트 프로그래밍에서 [그림 4-15]의 (b)와 같이 변수 없이 객체를 생성하는 코드를 자주 볼 수 있다.

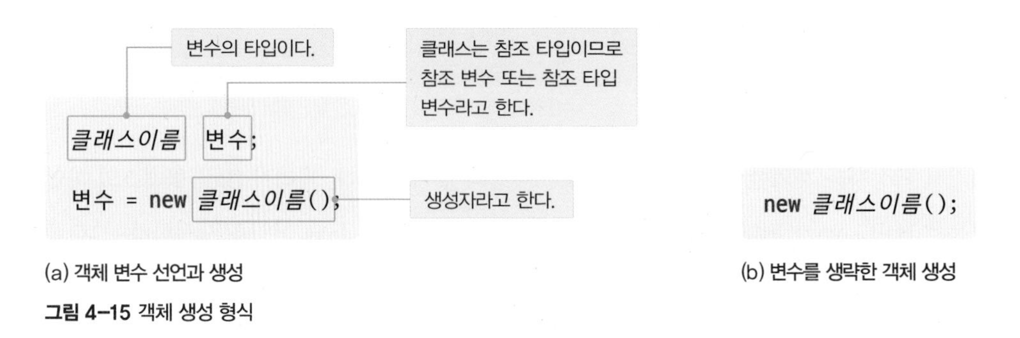

(a) 객체 변수 선언과 생성

(b) 변수를 생략한 객체 생성

그림 4-15 객체 생성 형식

다음과 같이 변수 선언과 객체 생성을 동시에 할 수 있다.

```
클래스이름 변수 = new 클래스이름();
```

클래스는 자바의 데이터 타입에서 참조 타입 중 하나이다. new 연산자를 사용해 객체를 생성하고 반환된 주소를 변수에 대입하면, 변수가 생성된 객체를 참조한다. int 타입과 Ball 클래스 타입의 변수를 각각 선언하고 초기화하여 기초 타입과 참조 타입을 비교해 보자.

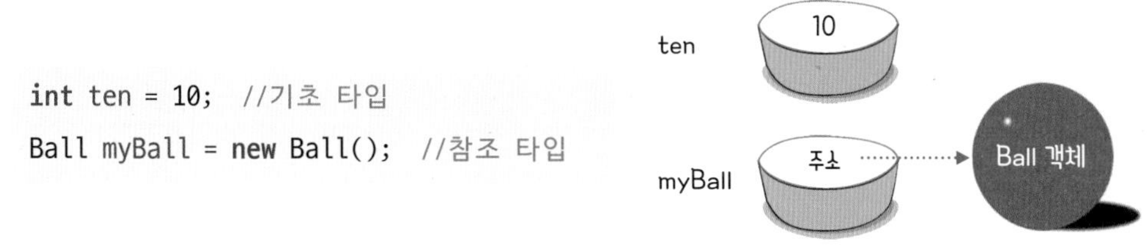

```
int ten = 10;  //기초 타입
Ball myBall = new Ball();  //참조 타입
```


그림 4-16 기초 타입과 참조 타입

기초 변수 ten은 실제 데이터인 10을 저장하지만, 참조 변수 myBall은 Ball 객체가 아니라 Ball 객체를 가리키는 화살표인 주소를 저장한다. 따라서 참조 변수 사이의 대입 연산은 기초 변수 사이의 대입 연산과는 다른 효과를 가진다.

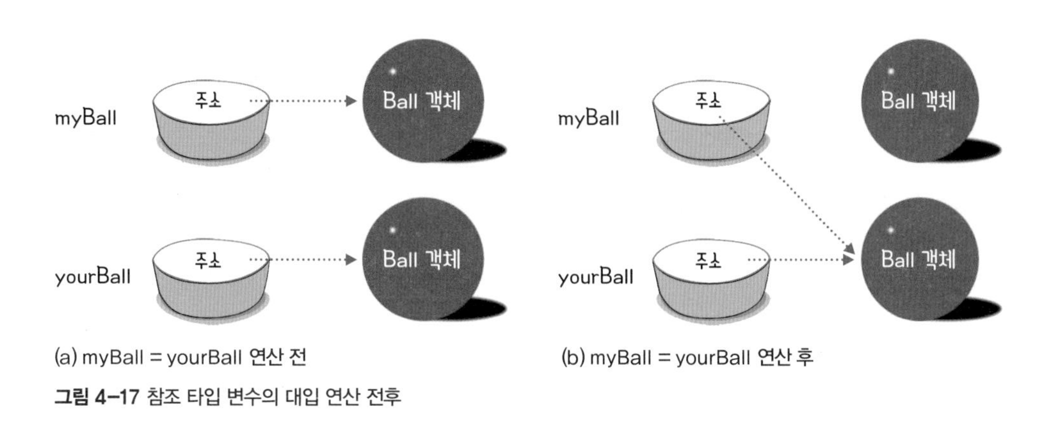

(a) myBall = yourBall 연산 전

(b) myBall = yourBall 연산 후

그림 4-17 참조 타입 변수의 대입 연산 전후

객체는 참조 변수가 없다면 두 번 이상 사용할 수 없다. 따라서 [그림 4-17]의 (b)에서 참조 변수와 연결되지 않은 Ball 객체는 더 이상 사용할 수 없는 가비지가 되며, JVM의 가비지 컬렉터가 이를 자동으로 수거한다.

다음은 클래스를 선언하고 2개의 객체를 생성해 참조 변수에 대입하는 예제이다.

예제 4-1 **클래스 선언과 객체 생성** sec03/PhoneDemo.java

```
01 class Phone {
02    String model;
03    int value;
04
05    void print() {
06       System.out.println(value + "만 원짜리 " + model + " 스마트폰");
07    }
08 }
09
10 public class PhoneDemo {
11    public static void main(String[] args) {
12       Phone myPhone = new Phone();
13       myPhone.model = "갤럭시 S8";
14       myPhone.value = 100;
15       myPhone.print();
16
17       Phone yourPhone = new Phone();
18       yourPhone.model = "G6";
19       yourPhone.value = 85;
20       yourPhone.print();
21    }
22 }
```

model과 value라는 필드와 print( ) 메서드를 가진 클래스이다.

Phone 타입의 객체를 생성한 후 myPhone이라는 참조 변수에 대입한다.

객체의 필드에 값을 대입한다.

객체의 메서드를 호출한다.

```
100만 원짜리 갤럭시 S8 스마트폰
85만 원짜리 G6 스마트폰
```

셀프 테스트 4-1

1 객체 지향 방식은 절차 지향 방식에 비해 대규모 소프트웨어를 제작하기가 어렵다. (O, X)

2 객체 지향 언어의 주요 특징은 __________, __________, __________이다.

3 특정 목적의 객체를 생성하는 설계도를 __________라고 한다.

4 소프트웨어 객체는 상태를 __________로, 동작을 __________로 정의한다.

04 클래스의 구성 요소와 멤버 접근

클래스는 필드와 메서드로 구성된다. 필드와 메서드는 각각 멤버 변수와 멤버 메서드라고도 하며, 이 둘을 합쳐서 클래스의 멤버members라고 한다. 필드는 객체의 속성이나 상태를 나타내고, 메서드는 해당 객체에서 수행할 동작을 나타낸다. 이외에 객체를 생성하는 생성자constructor도 클래스의 구성 요소이며, new 연산자로 호출하는 특수한 메서드이다.

1 필드와 지역 변수

필드는 메서드 내부를 제외한 클래스 내부의 어디에서든 위치할 수 있다. 필드 선언은 기초 타입 변수 선언처럼 선언할 때 명시적으로 초기화할 수 있다. 그러나 지역 변수와는 다르게 명시적으로 초기화하지 않으면 [표 4-1]과 같이 기본값으로 초기화된다.

지역 변수는 매개변수나 메서드 내부에서 선언된 변수이며, for 문 등 블록 내부에서도 지역 변수를 선언할 수 있다. 필드와 지역 변수는 다음과 같은 차이점이 있다.

- 필드는 기본값이 있어서 초기화하지 않고 사용할 수 있지만, 지역 변수는 기본값이 없기 때문에 초기화하지 않은 채 사용하면 오류가 발생한다.
- 필드는 클래스 전체에서 사용할 수 있지만, 지역 변수는 선언된 후부터 선언된 블록 내부에서만 사용할 수 있다. 따라서 필드는 클래스 어디에서 선언해도 상관없지만, 지역 변수는 선언된 위치가 중요하다.
- 필드는 모든 접근 지정자뿐만 아니라 static, final로 지정할 수 있지만, 지역 변수는 final로만 지정할 수 있다.

또한, 지역 변수는 선언된 블록 내부에서만 사용하며, 다른 블록에 선언된 지역 변수와 이름이 같지 않아야 한다.

표 4-1 데이터 타입과 기본값

데이터 타입	기본값	데이터 타입	기본값	데이터 타입	기본값
byte	0	int	0	float	0.0F
char	\u0000	배열, 클래스, 인터페이스	null	double	0.0
short	0	long	0L	boolean	false

다음은 지역 변수의 사용 범위를 보여 주는 예제이다.

예제 4-2 지역 변수의 사용 범위 sec04/LocalVariableDemo.java

```
01  public class LocalVariableDemo {
02     public static void main(String[] args) {
03        int a = 0;
04        double b;
05
06        // System.out.print(b);          초기화되지 않고는 사용할 수 없다.
07        // System.out.print(a + c);      c 변수는 아직 선언되지 않았기 때문에
08                                         사용할 수 없다.
09        int c = 0;
10
11        // public double d = 0.0;        지역 변수는 public으로 지정할 수 없다.
12
13        for (int e = 0; e < 10; e++) {
14           // int a = 1;                 3행에서 선언된 지역 변수 이름이다. 블록이
15           System.out.print(e);          달라도 같은 이름으로는 다시 선언할 수 없다.
16        }
17     }
18  }
```

```
0123456789
```

2 필드와 메서드 접근

메서드나 필드는 객체에 소속된 멤버이므로 객체가 없다면 접근할 수 없다. 따라서 다른 클래스의 멤버에 접근하려면 해당 클래스의 객체를 먼저 생성해야 한다. 그리고 생성된 객체 멤버에 접근하려면 다음과 같이 객체 참조 변수, 마침표(.) 연산자, 멤버를 연결하여 사용한다.

```
객체참조변수 . 멤버
```

예를 들어 외부 클래스 Circle의 객체 myCircle이 있다면 myCircle 객체의 필드 radius와 메서드 findArea()는 다음과 같은 방식으로 접근할 수 있다.

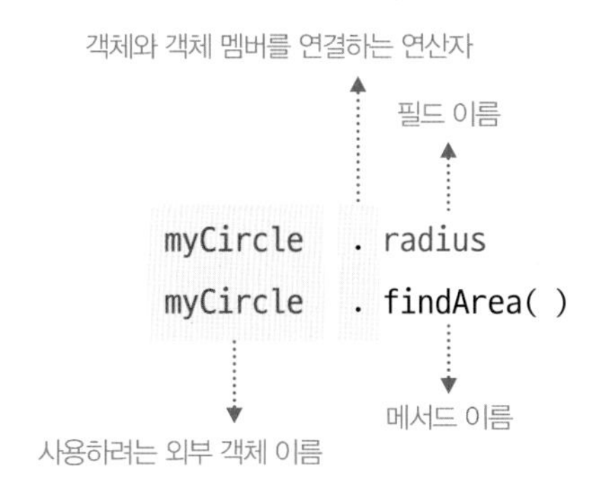

그림 4-18 클래스 외부에서 멤버 접근 방법

마침표(.)는 객체와 객체 멤버를 연결해 주는 연산자로 배열 원소에 접근하는 대괄호([ ]) 연산자 등과 같이 우선순위가 가장 높다. myCircle.radius는 myCircle 객체의 radius 필드를 의미하고, myCircle.findArea()는 myCircle 객체의 findArea() 메서드를 의미한다. 여기서 radius는 myCircle에만 종속되므로 인스턴스 변수instance variable라고 하며, findArea()는 특정 인스턴스를 생성한 후에만 호출할 수 있으므로 인스턴스 메서드instance method라고 한다. 인스턴스 변수는 객체마다 따로 있으며, 인스턴스 메서드는 메서드 영역에서 공유된다. 예를 들어 다음과 같이 2개의 Circle 객체가 있을 때, 인스턴스 변수는 각 객체마다 있으므로 2개의 radius 필드가 존재한다.

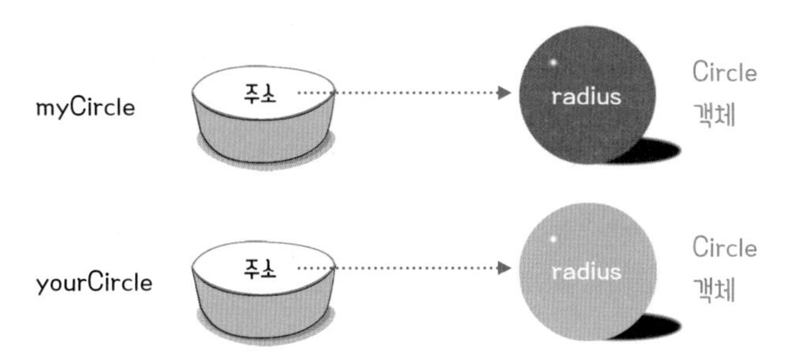

그림 4-19 인스턴스 변수

외부 객체가 임의 클래스의 멤버에 접근하는 경우와 달리 클래스 내부에서 자신의 멤버에 접근하려면 멤버를 참조할 변수가 없다. 이 같은 경우 다음과 같이 참조 변수로 this를 사용하거나 혹은 참조 변수 없이 그냥 필드 이름이나 메서드 이름 그대로 사용하면 된다. this는 클래스를 통해 만들어진 객체 자신을 지칭하는 키워드이다.

```
멤버 혹은 this.멤버
```

다음은 Circle 클래스와 이 클래스를 테스트하는 클래스를 사용하여 클래스의 멤버에 접근하는 방식을 보여 주는 예제이다.

예제 4-3 **클래스의 멤버 접근** sec04/CircleDemo.java

```java
01 class Circle {
02    double radius;        // 초기화하지 않았으므로 기본값인 0.0이 된다.
03
04    double findArea() {
05       return 3.14 * radius * radius;
06    }                     // 클래스의 멤버에 접근한다. radius 대신에 this.radius를 사용해도 된다.
07
08    void show(double x, double y) {
09       System.out.printf("반지름 = %.1f, 넓이 = %.1f\n", x, y);
10    }
11 }
12
13 public class CircleDemo {
14    public static void main(String[] args) {
15       Circle myCircle = new Circle();   // 생성자를 호출해 Circle 객체를 생성한다. 생성자는 6절에서 다룬다.
16
17       myCircle.radius = 10.0;   // myCircle 객체의 radius 필드를 의미한다.
18
19       myCircle.show(myCircle.radius, myCircle.findArea());   // myCircle 객체의 show( )와 findArea( ) 메서드를 의미한다.
20    }
21 }
```

```
반지름 = 10.0, 넓이 = 314.0
```

셀프 테스트 4-2

1 지역 변수를 설명한 것이다. 잘못된 것은?
① final 키워드로만 지정할 수 있다.
② 기본값이 없기 때문에 반드시 초기화해야 한다.
③ 선언된 장소는 중요하지 않다.
④ 중첩된 블록에서 두 번 이상 선언할 수 없다.

2 new 연산자로 호출되는 특별한 메서드를 __________라고 한다.

3 다른 클래스에서 다음과 같은 Circle 클래스의 radius 필드에 접근하려면 어떻게 해야 하나?

```
public class Circle {
   double radius = 10.0;
}
```

접근자와 설정자

객체 지향 프로그래밍의 주요 특징 중 하나는 캡슐화이다. 캡슐화는 클래스 멤버를 클래스 내부에 감추는 것이다. 클래스 멤버를 외부에서 조작할 수 없도록 은닉하려면 멤버 앞에서 private으로 지정한다.

클래스의 모든 멤버를 private으로 지정하면 외부 클래스에서는 해당 클래스를 사용할 수 없다. 따라서 클래스의 일부 멤버는 외부 클래스가 사용할 수 있도록 공개해야 한다. 예를 들어 리모컨은 복잡한 내부 회로를 캡슐화해서 은폐하지만 전원 버튼, 음량 조절 버튼 등은 외부에 노출해서 사용할 수 있게 한다. 이처럼 클래스 내부에 은닉한 필드를 외부에서 사용할 수 있도록 접근자accessors 또는 getters와 설정자mutators 또는 setters를 제공해야 한다. private으로 지정된 필드에 값을 가져오는 접근자와 값을 변경하는 설정자는 공개된 메서드이다. 일반적으로 접근자는 get, 설정자는 set으로 시작하는 이름을 사용한다. 예를 들어 radius 필드를 위한 접근자와 설정자는 getRadius()와 setRadius()이다.

다음은 [예제 4-3]에서 radius 필드를 private으로 명시하고, radius 필드를 위한 접근자와 설정자를 정의하는 예제이다.

예제 4-4 **접근자와 설정자 추가** sec05/CircleDemo.java

```
01 class Circle {
02    private double radius;                         필드를 외부로부터 은닉한다.
03
04    public double getRadius() {
05       return radius;                              접근자
06    }
07
08    public void setRadius(double r) {
09       this.radius = r;                            설정자
10    }
11
12    double findArea() {
13       return 3.14 * radius * radius;
14    }
15
16    void show(double x, double y) {
17       System.out.printf("반지름 = %.1f, 넓이 = %.1f\n", x, y);
18    }
19 }
20
21 public class CircleDemo {
22    public static void main(String[] args) {
23       Circle myCircle = new Circle();
24
25       myCircle.setRadius(10.0);
26
27       myCircle.show(myCircle.getRadius(), myCircle.findArea());
28    }
29 }
```

접근자와 설정자를 사용하면 다소 오버헤드가 발생할 수 있다. 그러나 필드 이름을 외부와 차단해서 독립시킬 수 있으며, 데이터도 검증할 수 있다. 예를 들어 개발자의 사정으로 Circle 클래

스의 필드 이름을 변경해도 CircleDemo 클래스에는 영향을 미치지 않는다. 또 설정자를 다음과 같이 수정하면 radius에 음수처럼 잘못된 값을 대입하는 것을 사전에 차단할 수 있다.

```
public void setRadius(double r) {
    if (r >= 0)
        radius = r;
}
```

다음 절부터는 코드를 간결하게 작성하려고 접근자와 설정자는 되도록이면 사용하지 않을 것이다.

06 생성자

1 생성자의 개념과 선언

클래스로 객체를 생성할 때는 객체의 필드를 초기화해야 한다. 클래스에서 필드를 선언할 때 초기화하면 값이 같은 객체만 생성할 수 있고, 클래스에서 필드를 초기화하지 않는다면 기본값으로 초기화된 객체만 생성할 수 있다. 그러나 일반적인 경우 객체마다 자신의 필드 값을 가지기 때문에 객체를 생성한 후 필드 값을 다시 변경해야 한다. 그래서 자바는 객체를 생성하는 시점부터 필드를 다양하게 초기화할 수 있도록 생성자를 제공한다.

생성자는 메서드와 비슷하지만, 이름이 클래스 이름과 같고 반환 타입이 없다. 생성자는 객체가 생성될 때 필드를 초기화하거나 객체 사용을 준비한다. new 연산자와 함께 생성자를 실행하면 객체가 생성되고 해당 객체의 주소를 반환한다. 일반적으로 생성자는 다음과 같이 선언한다.

```
클래스이름 ( … ) { … }
```

일반적으로 공개되어야 하므로 public으로 선언되지만 아닐 수도 있다.

```
클래스이름 변수 = new 클래스이름(…);
```

생성자

- 생성자 이름은 클래스 이름과 같다.
- 생성자의 반환 타입은 없다.
- 생성자는 new 연산자와 함께 사용하며, 객체를 생성할 때 호출한다.
- 생성자도 오버로딩할 수 있다.

2 디폴트 생성자와 생성자 오버로딩

모든 클래스는 생성자를 하나 이상 꼭 가진다. 생성자를 선언하지 않으면 컴파일러가 자동으로 디폴트 생성자 default constructor를 추가한다. 디폴트 생성자는 매개변수도 없고 본체에서 실행할 내용도 없는 생성자이다. [예제 4-4]의 Circle 클래스는 생성자가 없지만, 컴파일러가 디폴트 생성자를 추가하기 때문에 CircleDemo 클래스에서 new 연산자로 호출할 수 있다.

```
class Circle {
  private double radius;
  public double getRadius() { … }
  public void setRadius(double radius) { … }
  …
}
```

생성자를 하나도 선언하지 않았지만 컴파일러가 디폴트 생성자인 Circle( )을 자동으로 추가한다.

```
public class CircleDemo {
  public static void main(String[] args) {
    Circle myCircle = new Circle();
    …
  }
}
```

Circle 클래스에서 생성자를 선언하지 않았지만, 디폴트 생성자를 사용해 객체를 생성할 수 있다.

다음은 double 타입의 radius 필드와 이 필드를 초기화하는 생성자를 포함한 Circle 클래스를 보여 주는 예제이다.

예제 4-5 **생성자를 포함한 Circle 클래스** sec06/etc/CircleDemo.java

```
01  class Circle {
02     private double radius;
03
04     public Circle(double r) {
05        radius = r;
06     }
07  }
08
09  public class CircleDemo {
10     public static void main(String[] args) {
11        Circle myCircle = new Circle(10.0);
12        // Circle yourCircle = new Circle();
13     }
14  }
```

04~06행: 클래스에 다른 생성자가 하나라도 있다면 디폴트 생성자를 자동으로 추가하지 않는다. 따라서 Circle 클래스에는 디폴트 생성자가 없다.

12행: 디폴트 생성자가 없으므로 사용할 수 없다.

생성자도 메서드처럼 오버로딩overloading할 수 있다. 다음은 double 타입의 radius 필드와 String 타입의 color 필드를 가진 Circle 클래스에 생성자를 오버로딩하는 예제이다.

예제 4-6 **다양한 생성자로 오버로딩한 Circle 클래스** sec06/CircleDemo.java

```
01  class Circle {
02     double radius;
03     String color;
04
05     public Circle(double r, String c) {
06        radius = r;
07        color = c;
08     }
09
10     public Circle(double r) {
11        radius = r;
12        color = "파랑";
13     }
14
```

01행: 생성자를 선언했기 때문에 디폴트 생성자를 자동으로 추가하지 않는다.

05~08행: 생성자 ❶ 임의의 반지름과 색상을 가진 객체 생성자이다.

10~13행: 생성자 ❷ 파랑 객체 생성자이다.

```
15     public Circle(String c) {
16        radius = 10.0;
17        color = c;
18     }
19
20     public Circle() {
21        radius = 10.0;
22        color = "빨강";
23     }
24  }
25
26  public class CircleDemo {
27     public static void main(String[] args) {
28        Circle c1 = new Circle(10.0, "빨강");
29
30        Circle c2 = new Circle(5.0);
31
32        Circle c3 = new Circle("노랑");
33
34        Circle c4 = new Circle();
35     }
36  }
```

생성자 ❸
반지름이 10.0인 객체 생성자이다.

생성자 ❹
반지름이 10.0인 빨강 객체를 생성하는 디폴트 생성자이다.

생성자 ❶을 호출한다.

생성자 ❷를 호출한다.

생성자 ❸을 호출한다.

생성자 ❹를 호출한다.

셀프 테스트 4-3

1 생성자의 반환 타입은 void이다. (O, X)

2 클래스를 작성할 때는 반드시 생성자를 포함해야 한다. (O, X)

3 생성자도 오버로딩할 수 있다. (O, X)

4 생성자는 공개해야 하므로 반드시 public으로 선언한다. (O, X)

5 클래스의 모든 멤버를 캡슐화하면 외부에서 클래스의 멤버에 접근할 수 없다. 따라서 외부에서 꼭 필요한 멤버라면 메서드로 공개해야 한다. 이때 사용하는 메서드는 get 또는 set으로 시작하는데, 이를 ___________와 ___________라고 한다.

3 this와 this()

변수 이름은 가능하면 변수 의미를 잘 나타내도록 지정하면 좋다. 의미가 같은데도 다른 이름을 사용한다면 가독성이 떨어진다. 다음과 같은 Square 클래스를 살펴보자.

```
class Square {
    private double side;          멤버 필드

    public void setRadius(double s) {    멤버 필드처럼 정사각형 변을 의미하지만,
        side = s;                        변수 이름은 다르다.
    }
}
```

여기서 멤버 변수 side와 매개변수 s의 의미는 같지만 역할이 다르다. 의미가 같으므로 2개의 변수를 둘 다 side로 선언한다고 하자. 이 경우 필드보다 지역 변수의 우선순위가 높아 그냥 side라고 하면 지역 변수인 매개변수를 의미한다. 따라서 필드 변수 side를 참조할 수 있는 방법이 필요하다. 자바는 객체 자신을 참조할 수 있도록 this 키워드를 제공한다. this는 생성자에 의해 생성된 객체 자신을 가리킨다. 따라서 앞의 코드를 다음과 같이 this를 사용해 수정하면 변수 이름이 같아도 멤버 필드와 매개변수를 구별할 수 있다.

```
class Square {
    private double side;

    public void setRadius(double side) {
        this.side = side;          매개변수
    }                              멤버 필드
}
```

자바는 생성자에서 다른 생성자를 호출할 수 있도록 기존 생성자를 나타내는 this()도 제공한다. this()를 사용하면 오버로딩된 생성자에서 생기는 중복 코드를 없앨 수 있다.

[예제 4-7]은 [예제 4-6]의 Circle 클래스를 this와 this()로 수정해 중복 코드를 없앤 것이다.

예제 4-7 **this와 this()를 이용한 Circle 클래스** sec06/dis/Circle.java

```
01  class Circle {
02     double radius;
03     String color;
04
05     public Circle(double radius, String color) {
06        this.radius = radius;
07        this.color = color;
08     }
09
10     public Circle(double radius) {
11        this(radius, "파랑");
12     }
13
14     public Circle(String color) {
15        this(10.0, color);
16     }
17
18     public Circle() {
19        this(10.0, "빨강");
20     }
21  }
```

매개변수가 있는 기존 생성자를 호출한다.

this()를 사용할 때는 반드시 생성자의 첫 행에 위치해야 한다는 점에 주의하자. 다음과 같이 this() 앞에 다른 실행문이 있다면 오류가 발생한다.

```
public Circle() {
   radius = 10.0;
   this("빨강");
}
```

기존 생성자를 호출하기 전에 다른 실행문이 있어 오류가 발생한다. 따라서 순서를 바꿔야 한다.

4 연속 호출

객체는 자신의 메서드를 연속해서 호출할 때가 있다. 예를 들어 반환 타입이 void인 setName(), setAge(), sayHello()라는 메서드를 가진 Person 클래스가 있다고 가정하자. Person 클래스는 다음과 같이 메서드를 호출할 때마다 새로운 실행문을 사용해야 하므로 번거롭고 가독성도 떨어진다.

```
Person person = new Person();
person.setName("민국");
person.setAge(21);
person.sayHello();
```

setName( )과 setAge( )의 반환 타입이 Person이라면 (a)처럼 수정할 수 있고, 이는 다시 (b)처럼 간단하게 표현할 수 있다.

```
(a)  Person person = new Person();
     person = person.setName("민국");
     person = person.setAge(21);
     person.sayHello();

(b)  Person person = new Person();
     person.setName("민국").setAge(21).sayHello();
```

setName( )이 this를 반환하므로 Person 객체이다. 따라서 person.setName( )은 setAge( )를 호출할 수 있다.

setAge( )도 this를 반환하므로 Person 객체이다. 따라서 person.setName( ).setAge( )는 sayHello( )를 호출할 수 있다.

여기서 (b)처럼 여러 메서드를 하나의 실행문에서 연속해 호출하는 기법을 연속 호출method chaining이라고 한다.

다음은 Person 클래스에서 멤버 메서드를 연속 호출하도록 작성한 예제이다.

예제 4-8 연속 호출을 이용한 클래스 sec06/MethodChainDemo.java

```
01 class Person {
02    String name;
03    int age;
04
05    public Person setName(String name) {
06       this.name = name;
07       return this;
08    }
```

- 반환 타입도 동일한 클래스이다. (05행 Person)
- 생성된 객체 자신을 반환한다. (07행 this)

```
09
10     public Person setAge(int age) {
11        this.age = age;
12        return this;
13     }
14
15     public void sayHello() {
16        System.out.println("안녕, 나는 " + name + "이고 " + age + "살이야.");
17     }
18  }
19
20  public class MethodChainDemo {
21     public static void main(String[] args) {
22        Person person = new Person();
23        person.setName("민국").setAge(21).sayHello();     연속 호출
24     }
25  }
```

```
안녕, 나는 민국이고 21살이야.
```

정적 멤버

1 인스턴스 멤버와 정적 멤버

지금까지 살펴본 클래스를 사용해 객체를 생성하면, 객체마다 자신의 필드를 가진다. 예를 들어 다음과 같이 2개의 Circle 객체를 생성하면 c1의 radius는 c2의 radius에 독립적이고, 다른 기억 공간을 사용한다. 따라서 c1의 radius와 c2의 radius는 서로 영향을 주지 않는다.

```
Circle c1 = new Circle(10.0);
Circle c2 = new Circle(5.0);
```

그런데 애플리케이션에 따라서는 같은 클래스의 객체끼리 공유할 데이터가 필요할 수도 있다. 예를 들어 생성한 객체 개수를 파악할 때는 모든 객체가 공유할 수 있는 변수가 있어야 한다. 이를 위해 자바는 static 키워드로 클래스의 필드를 공유할 수 있도록 지원한다. static 키워드로 지정되지 않은 필드는 공유되지 않고 인스턴스마다 자신의 필드를 생성한다. 이를 인스턴스 변수instance variable라고 한다. static 키워드로 지정한 필드는 정적 변수static variable 혹은 클래스 변수class variable라고 하며, 모든 인스턴스가 그 필드를 공유한다.

예를 들어 2개의 인스턴스 변수 radius와 color, 1개의 정적 변수 numberOfCircles를 멤버로 가진 Circle 클래스가 있다고 하자. 다음은 2개의 Circle 클래스의 객체가 사용하는 기억 공간을 보여 준다.

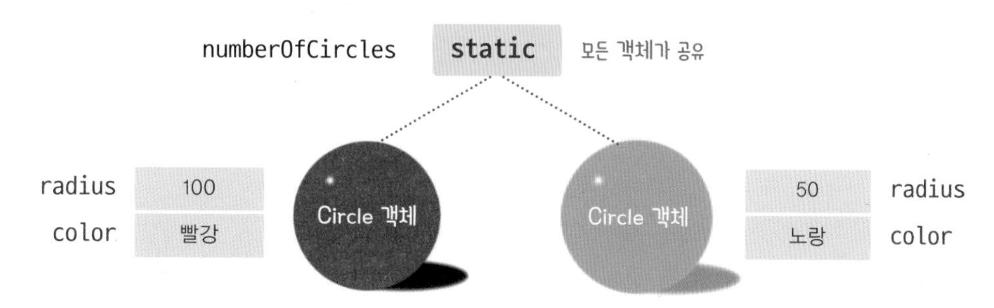

그림 4-20 정적 변수와 인스턴스 변수

인스턴스 변수는 객체별로 관리된다. 객체를 생성할 때 인스턴스 변수도 생성하므로 객체를 생성한 후에야 접근할 수 있으며, 객체가 소멸될 때 자동으로 소멸된다. 객체를 여러 개 생성하면 인스턴스 변수도 여러 개 생성된다. 반면 정적 변수는 클래스 로더가 클래스를 메서드 영역에 적재할 때 생성하므로 객체 생성 전에도 접근할 수 있다. 객체를 여러 개 생성해도 정적 변수는 하나뿐이며, 모든 객체가 공유한다.

마찬가지로 인스턴스 메서드instance method는 객체를 생성한 후에만 호출할 수 있지만, 정적 메서드static method는 정적 변수처럼 객체를 생성하기 전에도 호출할 수 있다. 정적 메서드를 클래스 메서드class method라고도 하며 다음 사항에 유의해야 한다.

- 객체와 관련된 인스턴스 변수를 사용할 수 없다.
- 객체와 관련된 인스턴스 메서드를 호출할 수 없다.
- 객체 자신을 가리키는 this 키워드를 사용할 수 없다.

정적 메서드는 정적 변수와 지역 변수를 사용할 수 있다. 또 다른 정적 메서드를 호출할 수 있으며, 생성자도 호출할 수 있다. 그러나 정적 메서드가 객체와 관련된 인스턴스 변수를 참조하거나 인스턴스 메서드를 호출할 때는 오류가 발생한다. 인스턴스 변수나 인스턴스 메서드가 필요하다면 먼저 객체를 생성한 후 사용해야 한다.

2 정적 멤버의 활용

인스턴스 멤버와 달리 정적 멤버는 객체를 생성하기 전이라도 사용할 수 있기 때문에 일반적으로 객체 이름 대신에 클래스 이름과 연결해서 사용한다. 물론 객체를 생성한 후에 객체 이름과 연결할 수 있지만 바람직하지는 않다.

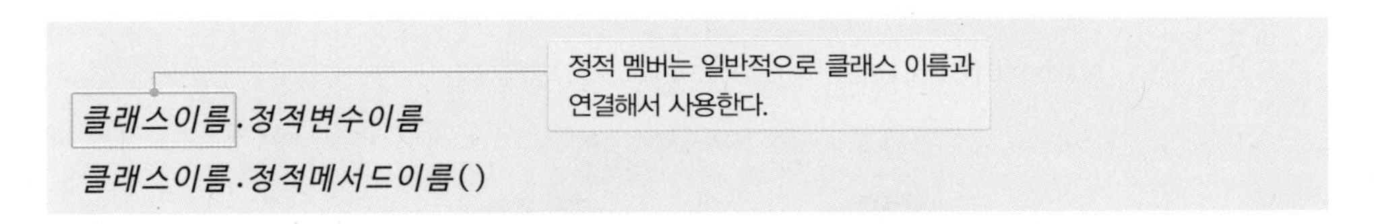

정적 변수의 대표적인 예는 상수이다. 상수는 변경되지 않는 변수이기 때문에 final 키워드로 지정하지만 final로만 지정하면 객체마다 자신의 기억 공간을 가진다. 상수는 값이 변경되지 않으므로 객체마다 따로 기억 공간을 할당할 필요가 없다. 따라서 상수는 공유해도 되기 때문에 일반적으로 다음과 같이 static final로 지정해서 선언한다.

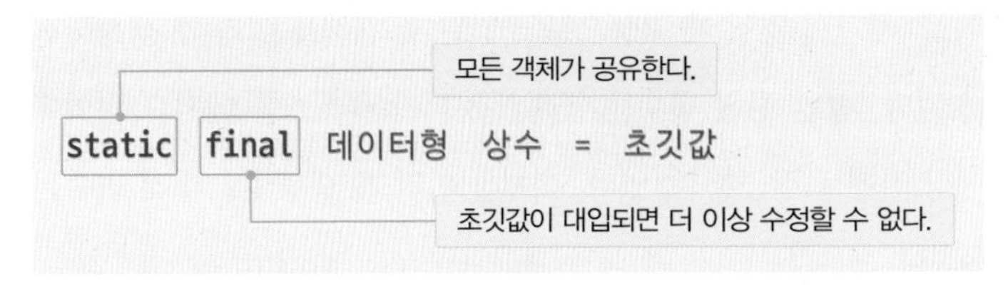

그림 4-21 상수 선언

다음은 정적 변수를 사용해 생성한 Circle 객체의 개수를 조사하는 예제이다.

예제 4-9 **정적 변수 활용** sec07/CircleDemo.java

```
01  class Circle {
02     double radius;
03     static int numOfCircles = 0;
04     int numCircles = 0;
```

정적 변수

```
05
06    public Circle(double radius) {
07       this.radius = radius;
08       numOfCircles++;
09       numCircles++;
10    }
11 }
12
13 public class CircleDemo {
14    public static void main(String[] args) {
15       Circle myCircle = new Circle(10.0);
16       Circle yourCircle = new Circle(5.0);
17
18       // print();
19       System.out.println("원의 개수 : " + Circle.numOfCircles);
20       System.out.println("원의 개수 : " + yourCircle.numCircles);
21    }
22
23    void print() {
24       System.out.println("인스턴스 메서드입니다.");
25    }
26 }
```

객체를 생성할 때마다 하나씩 증가한다.

객체를 생성할 때 하나씩 증가하지만, 객체마다 별도의 기억 공간을 사용하기 때문에 항상 0에서 증가한다.

main() 메서드는 정적 메서드이므로 인스턴스 메서드를 호출할 수 없다.

정적 변수의 사용

```
원의 개수 : 2
원의 개수 : 1
```

정적 메서드의 대표적인 예는 main() 메서드이다. JVM은 객체를 생성하지 않고도 main() 메서드를 호출할 수 있어야 하므로 main() 메서드도 정적 메서드가 되어야 한다.

정적 메서드의 또 다른 예로는 8장에서 학습할 Math 클래스나 포장 클래스에 포함된 메서드가 있다. Math 클래스는 절댓값, 제곱 값 등 다양한 메서드를 정적 메서드로 제공하는데, 이와 같은 값을 구할 때는 굳이 객체를 생성할 필요가 없기 때문이다. 다음은 Math 클래스에 포함된 정적 메서드 abs()를 호출한다.

```
double positive = Math.abs(-1.0);
```

다음은 정적 메서드 fourTimes()를 정의하고 호출하는 예제이다.

예제 4-10 **정적 메서드 활용** sec07/UtilDemo.java

```
01  class Util {
02     static int fourTimes(int i) {
03        return i * 4;                          정적 메서드이다.
04     }
05  }
06
07  public class UtilDemo {
08     public static void main(String[] args) {
09        System.out.println(Util.fourTimes(5));    정적 메서드를 호출한다.
10     }
11  }
```

```
20
```

3 정적 블록

정적 변수도 인스턴스 변수처럼 선언과 동시에 초기화할 수 있다. 그러나 초기화 과정이 for 문이나 오류 처리처럼 복잡한 과정을 포함한다면 그리 간단하지 않을 것이다. 인스턴스 변수라면 생성자를 사용할 수 있지만, 정적 변수는 객체를 생성하기 전이므로 생성자로 초기화를 할 수 없다. 대신에 정적 변수의 초기화가 복잡할 때는 다음과 같이 정적 블록static block을 사용할 수 있다.

```
static { … }
```

정적 블록도 정적 멤버처럼 클래스 로더가 클래스를 메서드 영역에 적재할 때 실행한다. 따라서 객체 생성 전에 실행되므로 정적 메서드처럼 유의해서 사용해야 한다.

다음은 정적 변수 sumOneToTen을 1부터 10까지 누적 합으로 초기화하는 예제이다.

예제 4-11 **정적 블록 활용** sec07/OneToTenDemo.java

```
01  public class OneToTenDemo {
02     static int sumOneToTen;
03
04     static {
05        int sum = 0;
06        for (int i = 1; i <= 10; i++)
07           sum += i;
08        sumOneToTen = sum;
09     }
10
11     public static void main(String[] args) {
12        System.out.println(sumOneToTen);
13     }
14  }
```

정적 블록으로 정적 변수를 초기화한다.

```
55
```

※프린터의 상태와 동작을 다음과 같이 모델링해서 클래스를 작성함으로써 객체 지향의 개념을 정리해 보자.

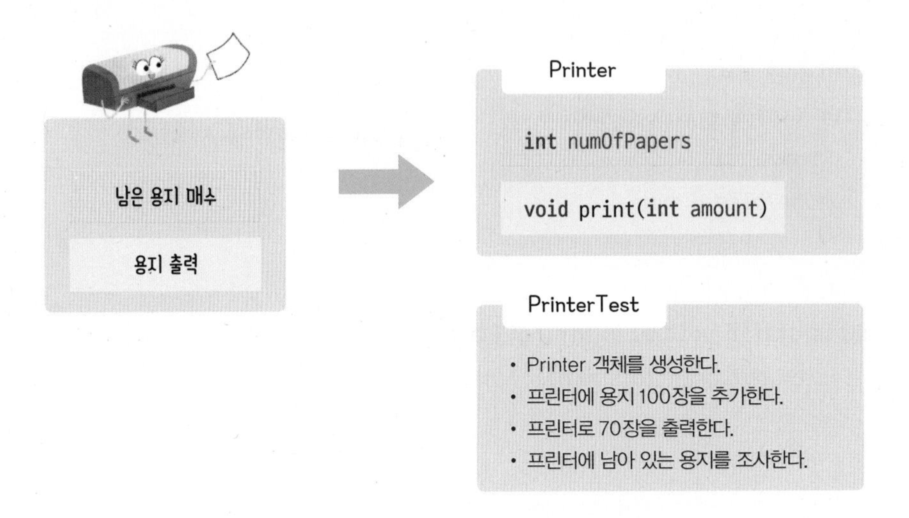

01 – 그림을 참고해 프린터의 상태와 동작을 클래스로 작성하고 테스트해 보자.

① Printer 클래스를 테스트하는 PrinterTest 클래스를 생성한다.

```
class Printer {
   int numOfPapers = 0;

   public void print(int amount) {
      // 코드 추가
   }
}

public class PrinterTest {
   public static void main(String[] args) {
      // Printer 클래스를 테스트하는 코드
   }
}
```

② Printer 클래스에는 모델링한 프린터 상태와 동작을 구현하고, 테스트 프로그램은 다음을 수행하도록 구현한다.

- Printer 객체를 생성한다.
- 프린터에 용지 100장을 추가한다.
- 프린터로 70장을 출력한다.
- 프린터에 남아 있는 용지를 조사한다.

```
30
```

02 – 프린터의 용지가 부족할 수도 있다. 따라서 Printer 클래스를 다음과 같이 수정하되 이번에는 생성자도 추가해 보자.

① numOfPapers 필드를 private으로 지정하고, 초기화하는 생성자를 추가한다.

② print( ) 메서드가 다음을 수행하도록 작성한다.

- 출력할 때 남아 있는 용지가 없다면 용지가 없다고 알려 준다.
- 남아 있는 용지보다 많은 출력을 요구하면 남아 있는 용지만큼 출력하고, 부족한 용지 매수를 알려 준다.
- 출력한 후 남아 있는 용지 매수를 알려 준다.

③ 테스트 프로그램을 다음 코드로 작성한 후 실행하고 결과를 확인한다.

```java
public class PrinterTest {
   public static void main(String[] args) {
      Printer p = new Printer(10);
      p.print(2);
      p.print(20);
      p.print(10);
   }
}
```

```
2장 출력했습니다. 현재 8장 남아 있습니다.
모두 출력하려면 용지가 12매 부족합니다. 8장만 출력합니다.
용지가 없습니다.
```

03 – 양면 출력이 가능한 Printer 클래스로 수정하되 이번에는 접근자와 설정자도 추가해 보자.

① 양면 출력 여부를 나타내는 필드를 private으로 선언하고, 이 필드를 초기화하는 생성자와 외부에서 이 필드를 사용할 수 있도록 접근자와 설정자를 추가한다.

```
class Printer {
   private int numOfPapers;
   private boolean duplex;

   public Printer(int numOfPapers, boolean duplex) {
   }

   public void print(int amount) {
   }

   public boolean getDuplex() {
   }

   public void setDuplex(boolean duplex) {
   }
}
```

② print() 메서드를 양면 여부에 따라 출력할 수 있도록 수정한다.

③ 테스트 프로그램을 다음 코드로 작성한 후 실행하고 결과를 확인한다.

```
public class PrinterDemo {
   public static void main(String[] args) {
      Printer p = new Printer(20, true);
      p.print(25);
      p.setDuplex(false);
      p.print(10);
   }
}
```

```
양면으로 13장 출력했습니다. 현재 7장 남아 있습니다.
단면으로 모두 출력하려면 용지가 3매 부족합니다. 7장만 출력합니다.
```

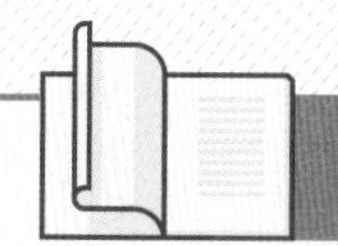

01 - 다음 중 틀린 것은?

① 필드는 초기화하지 않아도 된다.

② 생성자 없이 클래스를 정의해도 된다.

③ 생성자는 일반적으로 필드를 초기화한다.

④ 필드는 생성자보다 먼저 선언해야 한다.

02 - 클래스의 구성 요소와 가장 거리가 먼 것은?

① 필드

② 지역 변수

③ 메서드

④ 생성자

03 - 하나의 클래스는 하나의 객체 인스턴스만 생성할 수 있다. (O, X)

04 - 정적 메서드는 객체를 생성하지 않고도 접근할 수 있다. (O, X)

05 - 다음 코드에는 문법적인 오류가 없다. (O, X)

```
public class ShowError {
   public static void main(String[] args) {
      ShowError s = new ShowError();
   }
}
```

06 - __________은 대입하는 객체에 따라서 메서드가 다르게 동작하도록 구현하는 기술이다. 객체 지향 프로그래밍의 특징 중 하나이다.

07 - 다음 코드에서 오류를 찾아 수정하라.

```
class Util {
   public double findPi() {
      return 3.14;
   }
}

public class MathTest {
   public static void main(String[] args) {
      Util u;
      System.out.println(u.findPi());
   }
}
```

08 - 다음 코드의 실행 결과는?

```
class Sklass {
   static int i;
   Sklass() {
      i++;
   }
}

class Oklass {
   int i;
   Oklass() {
      i++;
   }
}

public class PrintTest {
   public static void main(String[] args) {
      new Sklass(); new Sklass(); Sklass s = new Sklass();
      new Oklass(); new Oklass(); Oklass o = new Oklass();
      System.out.printf("s.i = %d, o.i = %d", s.i, o.i);
   }
}
```

09 - 다음 코드에서 오류를 찾아 수정하고, 그 이유를 설명하라.

```
public class Student {
    String name;

    Student(String name) {
        this.name = name;
    }

    Student() {
        System.out.println("no argument");
        this("no name");
    }
}
```

10 - 다음 코드에서 오류를 찾아 수정하라.

```
public class FooTest {
    public static void main(String[] args) {
        show();
    }

    public void show() {
        System.out.println("show");
    }
}
```

프로그래밍 문제

01 – 삼각형을 나타내는 Triangle 클래스를 작성하라. 삼각형의 속성으로는 실숫값의 밑변과 높이를, 동작으로는 넓이 구하기와 접근자가 있고 생성자도 포함한다. 작성한 클래스를 다음 코드를 사용해 테스트하라.

```
public class TriangleTest {
   public static void main(String[] args) {
      Triangle t = new Triangle(10.0, 5.0);
      System.out.println(t.findArea());
   }
}
```

02 – 01에서 작성한 Triangle 클래스에 2개의 삼각형 넓이가 동일한지 비교하는 isSameArea() 메서드를 추가하라. 그리고 다음 코드를 사용해 테스트하라.

```
public class TriangleTest {
   public static void main(String[] args) {
      Triangle t1 = new Triangle(10.0, 5.0);
      Triangle t2 = new Triangle(5.0, 10.0);
      Triangle t3 = new Triangle(8.0, 8.0);

      System.out.println(t1.isSameArea(t2));
      System.out.println(t1.isSameArea(t3));
   }
}
```

03 – 회원을 관리하려고 회원을 모델링한 Member 클래스를 작성하라. 회원 정보로는 이름, 아이디, 암호, 나이가 있다. 외부 객체는 이와 같은 회원 정보에 직접 접근할 수 없고 접근자와 설정자로만 접근할 수 있다. 그리고 모든 회원 정보를 사용해 객체를 생성할 수 있는 생성자도 있다.

04 – 생산된 모든 자동차와 빨간색 자동차의 개수를 출력하는 Car 클래스를 작성하라. 그리고 다음 코드를 사용해 테스트하라.

```
public class CarTest {
   public static void main(String[] args) {
      Car c1 = new Car("red");
      Car c2 = new Car("blue");
      Car c3 = new Car("RED");

      System.out.printf("자동차 수 : %d, 빨간색 자동차 수 : %d",
                           Car.getNumOfCar(), Car.getNumOfRedCar());
   }
}
```

05 – 길이 속성만 가진 직선을 모델링한 Line 클래스를 작성하고, 다음 프로그램으로 테스트하라.

```
public class LineTest {
   public static void main(String[] args) {
      Line a = new Line(1);
      Line b = new Line(1);

      System.out.println(a.isSameLine(b));
      System.out.println(a == b);
   }
}
```

```
true
false
```

06 – 복소수를 모델링한 Complex 클래스를 작성하고, 다음 프로그램으로 테스트하라.

```
public class ComplexTest {
   public static void main(String[] args) {
      Complex c1 = new Complex(2.0);
      c1.print();
      Complex c2 = new Complex(1.5, 2.5);
      c2.print();
   }
}
```

```
2.0 + 0.0i
1.5 + 2.5i
```

07 – 골프채를 모델링한 GolfClub 클래스를 작성하고, 다음 프로그램으로 테스트하라.

```
public class GolfClubTest {
   public static void main(String[] args) {
      GolfClub g1 = new GolfClub();
      g1.print();

      GolfClub g2 = new GolfClub(8);
      g2.print();

      GolfClub g3 = new GolfClub("퍼터");
      g3.print();
   }
}
```

```
7번 아이언입니다.
8번 아이언입니다.
퍼터입니다.
```

08 – 주사위를 나타내는 Dice 클래스를 작성하고, 다음 코드를 사용해 테스트하라.

+ Dice 클래스에는 6개의 면face이라는 속성과 굴리기roll라는 동작이 있다. Math.random( ) 메서드는 0.0 이상 1.0 미만의 double 타입의 무작위 실수를 반환한다.

```
public class DiceTest {
   public static void main(String[] args) {
      Dice d = new Dice();
      System.out.println("주사위의 숫자 : " + d.roll());
   }
}
```

Chapter 05

문자열, 배열, 열거 타입

프로그램의 연산 결과는 최종적으로 출력되어야 한다. 가장 기본적이며 간단한 출력 형식 중의 하나가 문자열이다. 따라서 이 장에서는 문자열을 처리하는 클래스인 String을 다룬다. 그리고 종류가 비슷한 데이터를 처리할 때 유용한 배열을 학습하며, 가변 크기의 배열을 위해 자바가 제공하는 ArrayList도 간단히 살펴본다. 마지막으로 경우의 수가 제한된 상징적인 값을 상수로 묶어놓은 특별한 클래스 타입인 열거 타입에 대해서도 알아본다.

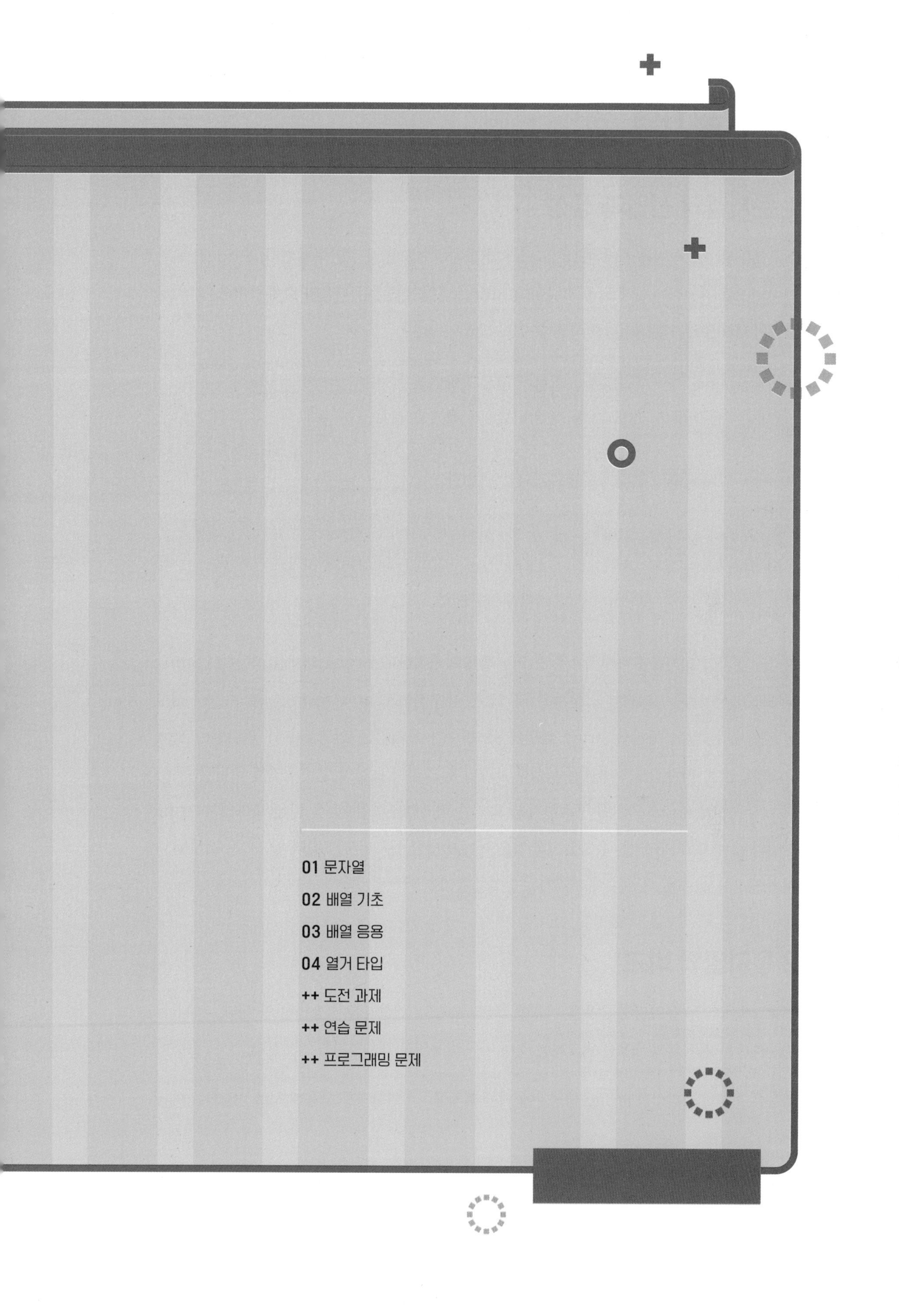
01 문자열
02 배열 기초
03 배열 응용
04 열거 타입
++ 도전 과제
++ 연습 문제
++ 프로그래밍 문제

문자열

1 문자열의 선언과 생성

문자열은 String 타입을 사용하므로 String 타입의 변수를 먼저 선언해야 한다. String은 자바가 기본으로 제공하는 클래스 중 하나이다. String 타입의 변수는 다음과 같이 큰따옴표(" ")로 감싸서 나타낸 문자열 리터럴을 사용하여 초기화할 수 있다.

```
String 변수;      // String 타입의 변수 선언
변수 = "문자열";  // String 타입의 변수에 문자열 대입
```

String 타입도 변수 선언과 동시에 초기화할 수 있다.

```
String s1 = "안녕, 자바!";      // String 타입의 변수 선언과 초기화
String s2 = "안녕, 자바!";      // String 타입의 변수 선언과 초기화
```
문자열 리터럴이다.

자바는 문자열 리터럴을 내부적으로 String 객체로 처리한다. String 객체를 생성하면 String 클래스의 생성자를 호출한다. 문자열 리터럴은 내부적으로 new String()을 호출해 생성한 객체이다. 앞의 예에서 String 타입의 s1 변수가 가리키는 '안녕, 자바!' 리터럴은 new String("안녕, 자바!")를 호출해서 생성한 객체이다. 그러나 내용이 같은 문자열 리터럴이라면 더 이상 새로운 String 객체를 생성하지 않고 기존 리터럴을 공유한다. 즉, 앞의 예에서 String 타입의 s2 변수가 가리키는 문자열 리터럴은 이미 동일한 문자열 리터럴이 있으므로 객체를 다시 생성하지 않으며, s1 변수가 가리키는 동일한 문자열 리터럴이다.

2 문자열의 비교

프로그램에서 두 문자열의 내용을 비교할 때는 ==나 != 연산자를 사용하면 안 된다. ==나 != 연산자는 두 문자열의 내용을 비교하는 것이 아니라 동일한 객체인지를 검사한다.

다음은 문자열 리터럴과 String 생성자에 의한 객체에 == 연산자를 사용해 서로 비교하는 예제이다.

예제 5-1 **문자열 객체 비교** sec01/String1Demo.java

```
01  public class String1Demo {
02     public static void main(String[] args) {
03        String s1 = "Hi, Java!";
04        String s2 = "Hi, Java!";
05        String s3 = new String("Hi, Java!");
06        String s4 = new String("Hi, Java!");
07
08        System.out.println("s1 == s2 -> " + (s1 == s2));
09        System.out.println("s1 == s3 -> " + (s1 == s3));
10        System.out.println("s3 == s4 -> " + (s3 == s4));
11
12        s1 = s3;
13        System.out.println("s1 == s3 -> " + (s1 == s3));
14     }
15  }
```

- 03행: 문자열 리터럴을 사용해 String 타입의 s1 변수를 초기화한다.
- 05행: 새로운 문자열 객체를 생성해 String 타입의 s3 변수를 초기화한다.
- 08행: s1과 s2 문자열 객체가 동일한 객체를 가리키는지 조사한다.

```
s1 == s2 -> true
s1 == s3 -> false
s3 == s4 -> false
s1 == s3 -> true
```

3~4행에서 String 타입의 s1, s2 변수는 내용이 같은 리터럴이므로 동일한 객체이다. 5~6행에서 String 타입의 s3, s4 변수는 내용은 같지만, 생성자로 생성한 객체이기 때문에 다른 객체이다. 12행에서는 s3 값을 s1에 대입하는데, 이는 s3가 가리키는 문자열 객체의 참조 값을 s1에 대입하는 것이다. 따라서 s1과 s3가 동일한 String 객체를 가리킨다.

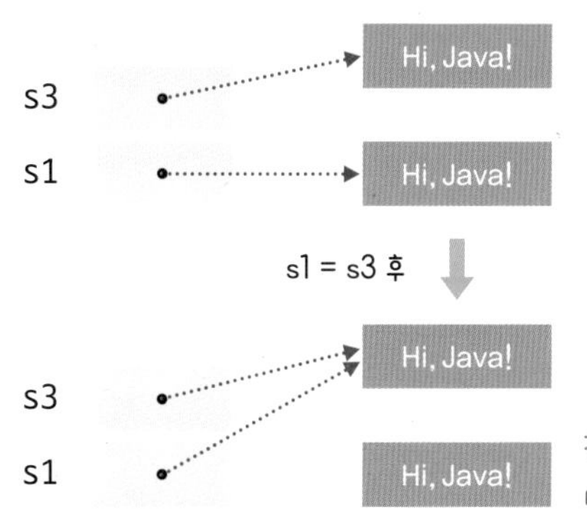

참조 변수가 없으므로 사용할 수 없는 객체가 된다. 따라서 후에 가비지 컬렉터로 자동 수거된다.

문자열 객체의 내용을 비교할 때는 ==, !=, 〉, 〉= 등 비교 연산자는 사용할 수 없다. 대신에 [표 5-1]과 같은 메서드를 사용해야 한다.

표 5-1 String 클래스에서 제공하는 문자열 비교 메서드

메서드	설명
int compareTo(String s)	문자열을 사전 순으로 비교해 정숫값을 반환한다.
int compareToIgnoreCase(String s)	대·소문자를 무시하고, 문자열을 사전 순으로 비교한다.
boolean equals(String s)	주어진 문자열 s와 현재 문자열을 비교한 후 true/false를 반환한다.
boolean equalsIgnoreCase(String s)	주어진 문자열 s와 현재 문자열을 대·소문자 구분 없이 비교한 후 true/false를 반환한다.

다음은 이 중 equals()와 compareTo() 메서드를 사용한 예이다.

```
// 문자열 s1과 s2가 가리키는 내용이 같으면 true, 다르면 false를 반환
boolean result = s1.equals(s2);

// 문자열 s1과 s2가 가리키는 내용이 같으면 0, 다르면 0이 아닌 정수를 반환
int result = s1.compareTo(s2);
```

s1은 원본 문자열, s2는 비교 문자열이다.

다음은 다양한 문자열의 내용을 비교하는 예제이다.

예제 5-2 **문자열 내용 비교** sec01/String2Demo.java

```
01  public class String2Demo {
02     public static void main(String[] args) {
03        String s1 = "Hi, Java!";
04        String s2 = new String("Hi, Java!");
05        String s3 = "Hi, Code!";
06        String s4 = "Hi, java!";
07
08        System.out.println(s1.equals(s2));
09        System.out.println(s1.equals(s3));
10        System.out.println(s1.equals(s4));
11        System.out.println(s1.equalsIgnoreCase(s4));
12
13        System.out.println(s1.compareTo(s3));
14        System.out.println(s1.compareToIgnoreCase(s4));
```

s1과 s3는 'Java'의 'J'와 'Code'의 'C'부터 다르기 때문에 7(='J'-'C')을 출력한다.

```
15          System.out.println(s3.compareTo(s4));
16          System.out.println("Hi, Java!".compareToIgnoreCase("hi, java!"));
17      }
18  }
```

'C'-'j' 값인 -39를 출력한다.

```
true
false
false
true
7
0
-39
0
```

3 문자열의 다양한 연산

문자열을 단순히 비교하는 연산 외에도 부분 문자열 추출, 문자열 결합, 문자열에 특정 내용의 포함 여부 등과 같은 다양한 문자열 연산이 필요하다. 이와 같은 연산을 위하여 자바는 [표 5-2]와 같은 다양한 메서드를 String 클래스를 통하여 제공한다.

표 5-2 String 클래스에서 제공하는 유용한 메서드

메서드	설명
char charAt(int index)	index가 지정한 문자를 반환
String concat(String s)	주어진 문자열 s를 현재 문자열 뒤에 연결
boolean contains(String s)	문자열 s를 포함하는지 조사
boolean endsWith(String s)	끝나는 문자열이 s인지 조사
int indexOf(String s)	문자열 s가 나타난 위치를 반환
boolean isBlank( )	길이가 0 혹은 공백 있으면 true 반환(자바 11부터)
boolean isEmpty( )	길이가 0이면 true 반환
int length( )	길이를 반환
String repeat(int c)	c번 반복한 문자열을 반환(자바 11부터)
boolean startsWith(String s)	시작하는 문자열이 s인지 조사
String substring(int index)	index부터 시작하는 문자열의 일부를 반환
String toLowerCase( )	모두 소문자로 변환
String toUpperCase( )	모두 대문자로 변환
String trim( )	앞뒤에 있는 공백을 제거한 후 반환

인덱스는 0부터 시작하므로 주어진 문자열에서 마지막 문자를 추출하려면 charAt() 메서드의 인수로 length()-1을 사용해야 한다. String 객체는 한 번 생성하면 변경할 수 없다. 따라서 concat(), substring(), toLowerCase(), toUpperCase(), trim() 메서드는 변경된 문자열을 포함하는 새로운 객체를 생성해서 반환한다.

다음은 [표 5-2]에 나타난 String 클래스가 제공하는 메서드를 사용하는 예제이다.

예제 5-3 **String 클래스의 메서드 이용** sec01/String3Demo.java

```
01 public class String3Demo {
02    public static void main(String[] args) {
03       String s1 = new String("Hi,");
04       String s2 = new String(" Java");
05
06       System.out.println("문자열 길이(s1) : " + s1.length());
07       System.out.println(s1.charAt(1));
08
09       s1 = s1.concat(s2);
10
11       System.out.println(s1.concat(s2) + "!");
12       System.out.println(s1.toLowerCase() + "!");
13       System.out.println(s1.substring(4, 8) + "!");
14
15       String s3 = "  ";
16       System.out.println(s3.isEmpty());
17       System.out.println(s3.isBlank());
18       String s4 = "";
19       System.out.println(s4.isEmpty());
20       System.out.println(s4.isBlank());
21
22       String s5 = "*-*";
23       System.out.println(s5.repeat(10));
24
25       System.out.println(s2.trim().indexOf("v"));
26    }
27 }
```

s1의 1번 인덱스, 즉 두 번째 문자를 반환한다.

isEmpty()와 isBlank()의 차이점을 보여준다.

```
문자열 길이(s1) : 3
i
Hi, Java Java!
hi, java!
Java!
false
true
true
true
*-**-**-**-**-**-**-**-**-**-*
2
```

9행의 concat() 메서드가 String 객체 s1을 어떻게 변화시키는지 살펴보자. 왼쪽 s1은 다음과 같이 오른쪽 s1과 s2가 가리키는 문자열을 합친 새로운 String 객체를 나타낸다. 따라서 왼쪽 s1은 합치기 전의 String 객체를 더 이상 가리키지 않는다.

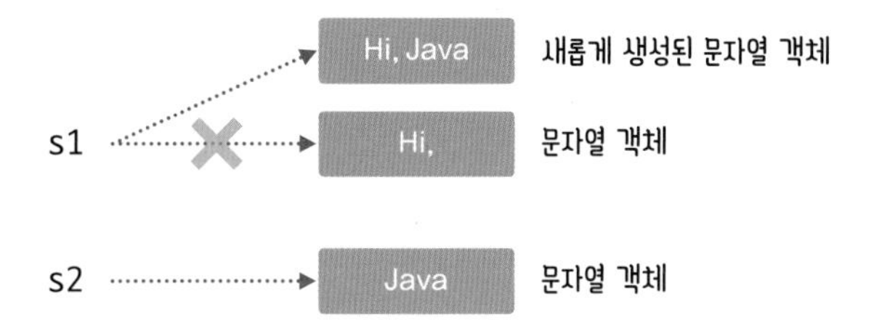

11~13행에서 사용한 + 연산자는 덧셈 연산자이지만, 문자열에서 사용할 때는 내부에서 concat() 메서드를 호출해 두 문자열을 결합한다. 문자열과 기초 타입의 데이터를 + 연산자로 결합하면 기초 타입을 문자열로 자동 변환한 후 결합한다.

다음은 + 연산자를 사용해 문자열과 정수를 결합하는 예제이다.

예제 5-4 **문자열 결합** sec01/String4Demo.java

```
01  public class String4Demo {
02     public static void main(String[] args) {
03        int i = 7;
04        System.out.println("Java " + i);
```

```
05        System.out.println("Java " + 7);
06        System.out.println(7 + 1 + "Java " + 7 + 1);
07    }
08 }
```

문자열과 정수가 결합되면 최종적으로 문자열이 된다.

```
Java 7
Java 7
8Java 71
```

6행에서 출력될 문자열을 어떻게 만드는지 살펴보면 다음과 같다.

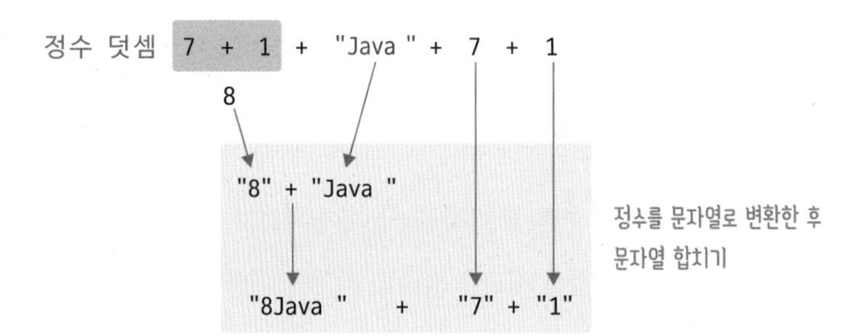

String 클래스에서는 다음과 같은 정적 메서드를 제공한다.

표 5-3 String 클래스에서 제공하는 유용한 정적 메서드

정적 메서드	설명
String format( )	주어진 포맷에 맞춘 문자열을 반환
String join( )	주어진 구분자와 연결한 문자열을 반환(자바 8부터)
String valueOf( )	각종 기초 타입이나 객체를 문자열로 반환

다음은 [표 5-3]에 나타난 String 클래스가 제공하는 정적 메서드를 사용하는 예제이다.

예제 5-5 **String 클래스의 정적 메서드 이용** sec01/String5Demo.java

```
01 public class String5Demo {
02    public static void main(String[] args) {
03       String version = String.format("%s %d", "JDK", 14);
04       System.out.println(version);
05
06       String fruits = String.join(", ",
07          "apple", "banana", "cherry", "durian");
```

문자열 'JDK'와 정수 14를 포맷 명시자 "%s %d"에 맞춘 문자열을 반환한다.

두 번째에서 마지막 인수의 문자열을 첫 번째 인수인 ", "로 연결한 문자열을 반환한다.

```
08          System.out.println(fruits);
09
10          String pi = String.valueOf(3.14);    실수 3.14를 문자열로 변환한다.
11          System.out.println(pi);
12      }
13  }
```

```
JDK 14
apple, banana, cherry, durian
3.14
```

3행의 format() 메서드의 첫 인수("%s %d")인 포맷 명시자의 사용은 [표 2-5]를 참조하라. 7행에 있는 다수의 문자열("apple", "banana", "cherry", "durian") 대신에 다음 절에 나오는 배열이나 11장의 컬렉션을 사용할 수 있다.

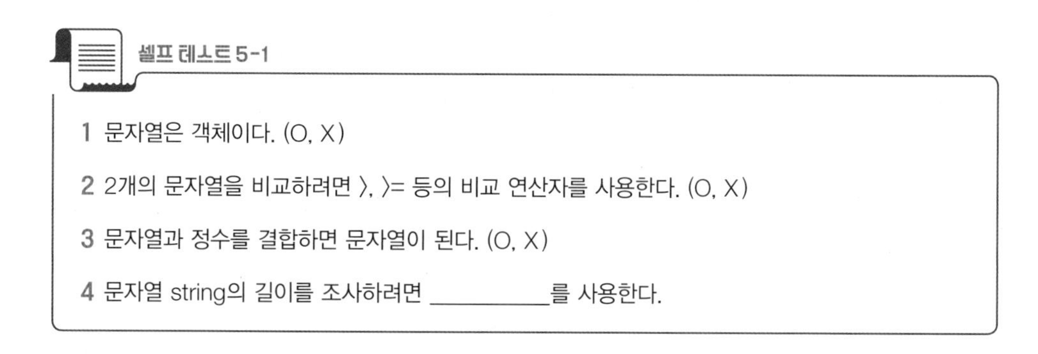

셀프 테스트 5-1

1 문자열은 객체이다. (O, X)

2 2개의 문자열을 비교하려면 〉, 〉= 등의 비교 연산자를 사용한다. (O, X)

3 문자열과 정수를 결합하면 문자열이 된다. (O, X)

4 문자열 string의 길이를 조사하려면 ___________를 사용한다.

02 배열 기초

1 배열의 개념

타입이 같은 많은 데이터를 다룰 때 모든 데이터에 변수를 각각 지정한다면 개수가 너무 많아 복잡해진다. 이럴 때 배열array이라는 데이터 구조를 이용하면 동일한 데이터 타입의 집합을 쉽게 처리할 수 있다.

예를 들어 5과목 점수를 일반 타입과 배열 타입으로 비교하면 다음과 같다. 배열을 사용하지 않는다면 5개의 변수가 필요하지만, 배열을 사용한다면 단 하나의 참조 변수면 충분하다. 배열은 타입이 동일한 여러 데이터의 연속된 기억 공간으로, 모든 데이터가 같은 배열 이름을 사용한다.

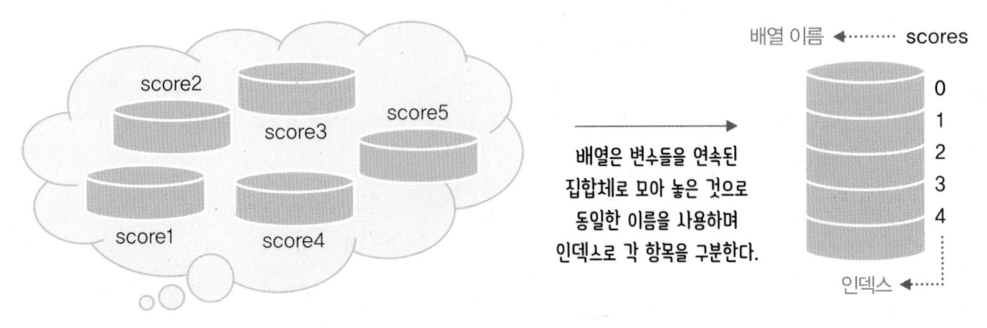

그림 5-1 배열의 개념

5과목의 평균 점수를 구한다고 가정해 보자. 배열을 사용하지 않는다면 비효율적이고 지루한 코드가 될 것이다. 하지만 배열을 사용하면 반복문으로 작성할 수 있어 더 세련되고 효율적인 코드가 될 것이다.

```
int score1 = 100;
int score2 = 90;
int score3 = 50;
int score4 = 95;
int score5 = 85;

int sum = score1;
sum += score2;
sum += score3;
sum += score4;
sum += score5;
double average = sum / 5.0;
```

(a) 배열을 사용하지 않을 때

```
int[] scores = { 100, 90, 50, 95, 85 };
int sum = 0;

for (int i = 0; i < 5; i++)
  sum += scores[i];
double average = sum / 5.0;
```

(b) 배열을 사용할 때

그림 5-2 배열의 필요성

2 배열의 선언과 생성

배열은 동일한 데이터 타입으로 구성된 컨테이너 객체이다. 이때, 데이터의 개수는 고정되어 있어야 한다. 배열을 사용하려면 배열을 참조할 변수를 선언하고, 배열 객체를 생성해야 한다. 예를 들어 정수 타입 배열을 참조할 scores 변수는 다음과 같이 선언한다.

```
int[] scores;        혹은     int scores[];
```

배열의 크기는 배열이 생성될 때 정해지며, length 필드에 저장한다. 배열을 참조할 변수를 선언할 때는 배열 크기를 지정할 수 없으므로 다음은 잘못된 것이다.

```
int scores[5];
```

scores는 배열을 참조할 변수에 불과하므로 배열 객체를 생성해야 한다. 배열 객체는 문자열처럼 new 연산자로 생성한다. 객체를 생성하지 않고 사용할 경우 멤버 변수라면 null이 되지만 지역 변수라면 오류가 발생한다. scores가 5개의 정수 타입 원소로 구성된 배열을 참조하는 방법을 알아보자. 다음과 같이 배열 객체를 생성해 scores 변수를 초기화할 수 있다.

그림 5-3 배열 변수의 초기화

문자열처럼 배열 변수도 다음과 같이 선언과 동시에 초기화할 수 있다.

```
int[] scores = new int[5];
```

배열 변수를 먼저 선언한 후 배열을 초기화할 때는 반드시 new 연산자로 객체를 생성해야 한다. 예를 들어 5개의 정수 타입 원소로 구성된 scores 배열은 방법 ❶~❸으로는 초기화할 수 있지만, ❹로는 초기화할 수 없다.

```
// 방법 ❶
int[] scores = { 100, 90, 50, 95, 85 };

// 방법 ❷
int[] scores = new int[] { 100, 90, 50, 95, 85 };
```

```
// 방법 ❸
int[] scores;
scores = new int[] { 100, 90, 50, 95, 85 };

// 방법 ❹
int[] scores;
scores = { 100, 90, 50, 95, 85 };
```

3 배열 원소의 접근과 배열의 크기

배열은 모든 데이터가 같은 배열 이름을 사용하므로 인덱스로 접근할 수 있다. 인덱스 값은 0부터 시작해 양의 정수만 가능하다. 따라서 마지막 인덱스는 배열 크기보다 하나 작은 정수가 된다. 개별 원소에 접근할 때는 다음과 같이 배열 이름 옆에 인덱스를 포함한 대괄호([ ])를 사용한다. 그러므로 scores가 가리키는 원소는 scores[0], scores[1] 등의 방식으로 접근할 수 있다.

```
배열이름[인덱스];
```

배열이 생성될 때 배열의 크기가 결정되며, length 필드를 보면 크기를 알 수 있다. 따라서 scores가 가리키는 배열의 크기는 scores.length에 있다.

다음은 키보드로 5개의 정수를 입력받아 배열 원소를 초기화하고 배열 원소의 5개 정숫값을 합한 후 평균값을 구하는 예제이다.

예제 5-6 배열에 정수를 입력하고 평균 계산 sec02/Array1Demo.java

```
01  import java.util.Scanner;
02
03  public class Array1Demo {
04     public static void main(String[] args) {
05        Scanner in = new Scanner(System.in);
06        int scores[] = new int[5];
07        int sum = 0;
08
09        for (int i = 0; i < scores.length; i++)
```

배열을 선언하고 동시에 5개의 원소를 가진 배열 객체를 생성한다.

scores 배열의 크기를 나타낸다.

```
10            scores[i] = in.nextInt();
11
12        for (int i = 0; i < scores.length; i++)
13            sum += scores[i];
14
15        System.out.println("평균 = " + sum / 5.0);
16    }
17 }
```

키보드에서 입력받은 정수를 배열에 대입한다.

배열에 저장된 정숫값을 모두 더한다.

```
88
77
66
65
50
평균 = 69.2
```

키보드로 입력한 값이다.

4 다차원 배열

5과목을 수강한 학생 3명의 데이터를 처리한다고 가정해 보자. 데이터는 15개의 원소로 구성된 1차원 배열로도 처리할 수 있지만, 수학의 행렬처럼 2차원 배열로 처리하는 것이 더 편하다. 5과목의 성적을 1차원 배열로 구성하고, 3개의 1차원 배열을 원소로 사용하는 2차원 배열로 구성할 수 있다.

2차원 배열을 선언하고 초기화하는 방법도 1차원 배열과 크게 다르지 않다. 예를 들어 학생 3명의 5과목 성적을 처리하는 정수 타입 2차원 배열인 scores를 선언하고 생성해 보자. 즉, 3행 × 5열인 scores 배열을 생성한다.

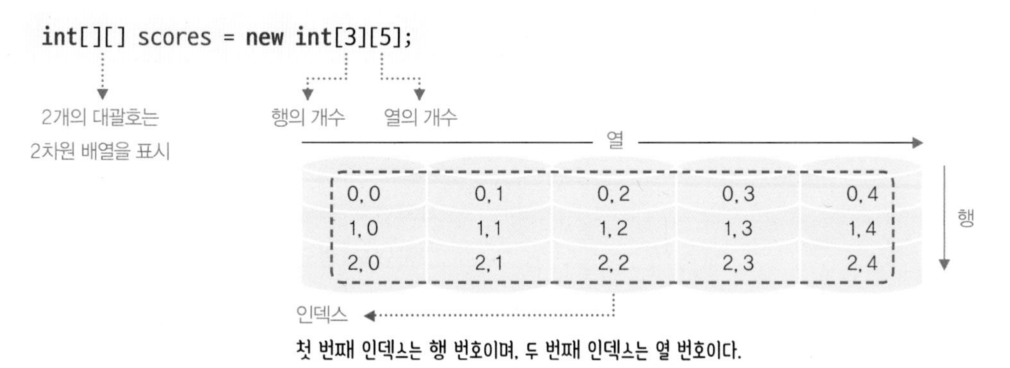

그림 5-4 2차원 배열

같은 방법으로 2차원 또는 3차원 배열을 배열화해서 3차원이나 4차원 같은 다차원 배열도 선언하고 생성할 수 있다. 2차원 배열의 초기화도 1차원 배열과 동일하게 중괄호를 사용한다. 예를 들어 2차원 배열 scores를 선언과 동시에 초기화하는 방법은 다음과 같다.

```
int[][] scores = {{100, 90, 50, 95, 85}, {70, 60, 82, 75, 40}, {90, 80, 70, 60, 50}};
```

첫 번째 행의 원소이다. / 두 번째 행의 원소이다. / 세 번째 행의 원소이다.

다음은 2차원 배열로 3년간 분기별 이자율에 대하여 연평균 이자율과 평균 이자율을 출력하는 예제이다.

예제 5-7 평균 이자율 계산 sec02/Array2Demo.java

```
01 public class Array2Demo {
02    public static void main(String[] args) {
03       double[][] interests = { { 3.2, 3.1, 3.2, 3.0 },
04             { 2.9, 2.8, 2.7, 2.6 }, { 2.7, 2.6, 2.5, 2.7 } };
05       double[] sum1 = { 0.0, 0.0, 0.0 };
06       double sum2 = 0.0;
07
08       for (int i = 0; i < interests.length; i++) {
09          for (int j = 0; j < interests[i].length; j++) {
10             sum1[i] += interests[i][j];
11          }
12
13          System.out.printf("%d차년도 평균 이자율 = %.2f%%\n", i + 1,
14                sum1[i] / 4);
15          sum2 += sum1[i];
16       }
17       System.out.printf("3년간 평균 이자율 = %.2f%%\n", sum2 / (3*4));
18    }
19 }
```

3년간 분기별 이자율을 나타내며, 3행 × 4열인 double 타입의 2차원 배열이다.

연간 평균 이자율을 구하는 double 타입의 1차원 배열로 3개의 원소로 구성된다.

i번째 행의 배열 크기이다.

%를 출력한다.

```
1차년도 평균 이자율 = 3.13%
2차년도 평균 이자율 = 2.75%
3차년도 평균 이자율 = 2.63%
3년간 평균 이자율 = 2.83%
```

5 동적 배열

앞서 다룬 배열은 동일한 데이터 타입의 집합을 쉽게 처리할 수 있게 하지만 배열 크기가 고정된 정적 배열이다. 그런데 처리할 데이터의 개수가 고정된 경우가 아니라면 정적 배열은 자원을 낭비하거나 프로그램을 수정하여 다시 컴파일해야 한다. 예를 들어 100개의 동일한 종류의 데이터를 처리하는 프로그램을 작성했는데 50개의 원소만 필요하다면 자원이 낭비되며, 150개의 원소가 필요하다면 배열의 크기를 조정해서 다시 컴파일해야 한다.

이런 경우 자바는 크기가 유동적인 배열을 지원하려고 ArrayList 클래스를 제공한다. ArrayList 클래스는 인덱스를 사용해 원소에 접근하기 때문에 배열과 비슷한데, 프로그램 실행 중에도 원소의 개수에 따라 자동으로 크기가 변경되므로 동적 배열이다. ArrayList 클래스 내용은 11장에서 다루는데, 그 이전에도 간혹 사용하므로 여기서 간단히 살펴보고 넘어가자.

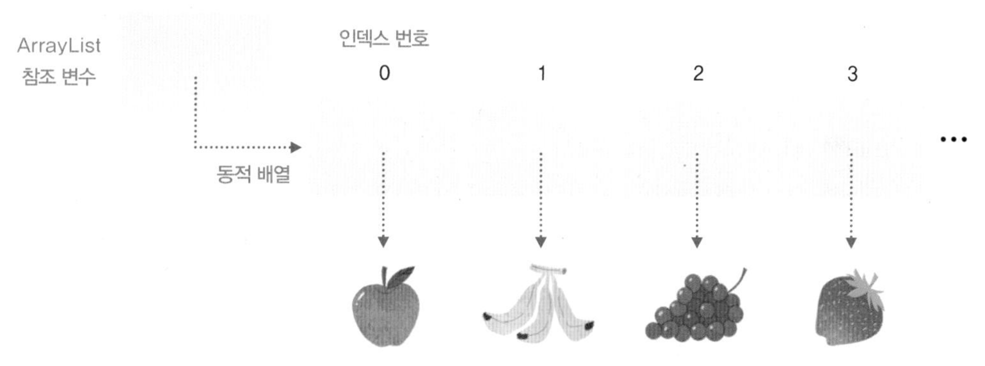

그림 5-5 동적 배열

ArrayList 클래스는 다음 방식으로 객체를 생성한다.

```
ArrayList<참조타입> 참조변수 = new ArrayList<>();
```

기초 타입의 동적 배열이라면 Integer, Long, Short, Float, Double, Charater, Boolean 등을 사용한다.

생성된 ArrayList 객체에서 원소를 추가하거나 제거하고, 읽거나 크기를 알아보는 방법은 다음과 같다.

참조변수.add(*데이터*)	데이터를 동적 배열에 원소로 추가
참조변수.remove(*인덱스번호*)	동적 배열에서 인덱스 번호의 원소를 제거
참조변수.get(*인덱스번호*)	동적 배열에서 인덱스 번호의 원소를 가져오기
참조변수.size()	동적 배열에 포함된 원소 개수

ArrayList 객체에 원소를 추가하면 0번 인덱스부터 차례대로 저장된다. ArrayList 객체의 특정 인덱스에 원소를 추가하거나 제거하면, 해당 인덱스부터 마지막 인덱스까지 자동으로 인덱스가 조정된다. 원소는 인덱스 순서에 따라 저장된다.

다음은 음수가 아닐 때까지 키보드로 입력된 정수 데이터를 동적 배열인 ArrayList에 추가한 후 평균을 구하는 예제이다.

예제 5-8 **ArrayList를 이용한 데이터의 평균** sec02/ArrayListDemo.java

```
01 import java.util.ArrayList;
02 import java.util.Scanner;
03
04 public class ArrayListDemo {
05    public static void main(String[] args) {
06       Scanner in = new Scanner(System.in);
07       ArrayList<Integer> scores = new ArrayList<>();
08       int data;
09       int sum = 0;
10
11       while ((data = in.nextInt()) >= 0)
12          scores.add(data);
13
14       for (int i = 0; i < scores.size(); i++)
15          sum += scores.get(i);
16
17       System.out.println("평균 = " + (double)sum / scores.size());
18    }
19 }
```

- 07행: Integer 타입의 ArrayList 객체를 생성한다.
- 11행: 키보드에서 입력된 값이 음수가 아닐 때까지 반복한다.
- 12행: 데이터를 동적 배열에 추가한다.
- 15행: 동적 배열의 i번째 원소를 가져온다.
- 17행: 동적 배열의 크기를 나타낸다.

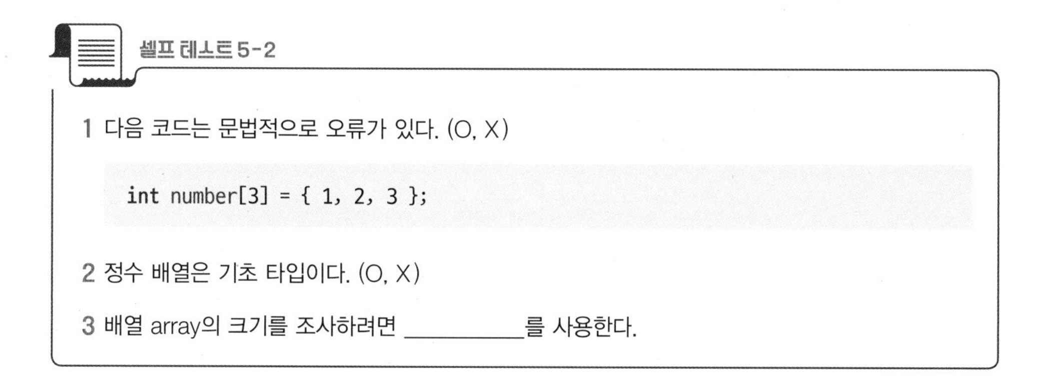

셀프 테스트 5-2

1 다음 코드는 문법적으로 오류가 있다. (O, X)

```
int number[3] = { 1, 2, 3 };
```

2 정수 배열은 기초 타입이다. (O, X)

3 배열 array의 크기를 조사하려면 __________를 사용한다.

03 배열 응용

1 배열을 위한 반복문

for~each 문은 자바 5부터 도입된 것으로 for 문을 개선한 방식이다. for~each 문은 주로 배열이나 나중에 소개할 컬렉션 원소를 처리하는 데 사용하며, 형식은 다음과 같다.

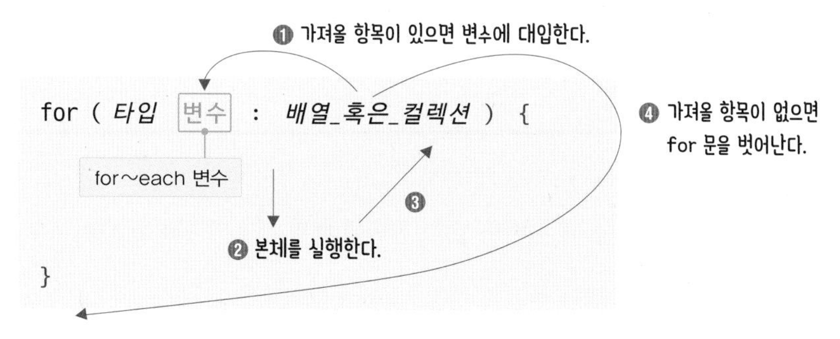

그림 5-6 for~each 문의 형식

for~each 문은 배열이나 컬렉션의 모든 원소를 처음부터 하나씩 for~each 문의 변수에 대입한 후 처리한다. 특정 원소를 나타내는 인덱스가 필요 없어 가독성이 좋고 프로그래밍 오류 가능성이 낮다. for~each 변수는 final로 지정하지 않더라도 final 타입이다. 따라서 for~each 변수는 반복할 때마다 새로운 지역 변수가 생성됨을 유의하라.

다음은 for 문과 for~each 문을 사용하는 예제로써 6행과 9행의 변수 x를 final로 수식해보면 두 종류의 반복문을 비교할 수 있다.

예제 5-9 **for~each 문을 이용한 배열 원소의 평균** sec03/ForEachDemo.java

```
01  public class ForEachDemo {
02     public static void main(String[] args) {
03        int[] one2five = {1, 2, 3, 4, 5};
04        int sum = 0;
05
06        for (int x = 0; x < one2five.length; x++)
07           one2five[x]++;
08
09        for (int x : one2five)
10           sum += x;
11
12        System.out.println("평균 = " + sum / 5.0);
13     }
14  }
```

final int x로 변경하면 x++에서 오류가 발생한다.

for 문은 특정 원소에 접근할 수 있지만 for~each 문은 할 수 없다.

final이 없어도 변수 x는 final int 타입이다.

```
평균 = 4.0
```

2 메서드의 인수로 배열 전달

배열도 메서드의 인수로 사용할 수 있다. 배열 참조 변수도 다른 변수처럼 복사본이 메서드의 매개변수로 전달된다. 배열 변수의 참조 값을 매개변수에 복사한다는 것이지 배열 객체를 매개변수로 복사한다는 의미가 아니다.

다음은 메서드의 인수로 배열을 사용할 때 메서드 호출 전후에 배열 원소의 변화를 보여 주는 예제이다.

예제 5-10 **메서드의 인수로 배열 전달** sec03/IncrementDemo.java

```
01 public class IncrementDemo {
02    public static void main(String[] args) {
03       int[] x = { 0 };           // 1개의 원소로 구성된 정수 배열이다.
04       System.out.println("호출 전의 x[0] = " + x[0]);
05
06       increment(x);
07       System.out.println("호출 후의 x[0] = " + x[0]);
08    }                              // 인수인 배열 변수 x를 매개변수 n에 복사한다.
09
10    public static void increment(int[] n) {
11       System.out.print("increment() 메서드 안에서 ");
12       System.out.print("n[0] = " + n[0] + " ---> ");
13       n[0]++;
14       System.out.println("n[0] = " + n[0]);
15    }
16 }
```

```
호출 전의 x[0] = 0
increment() 메서드 안에서 n[0] = 0 ---> n[0] = 1
호출 후의 x[0] = 1
```

배열 변수 x를 increment() 메서드의 매개변수로 전달하고 메서드에서 실행하는 과정을 살펴보면 다음과 같다.

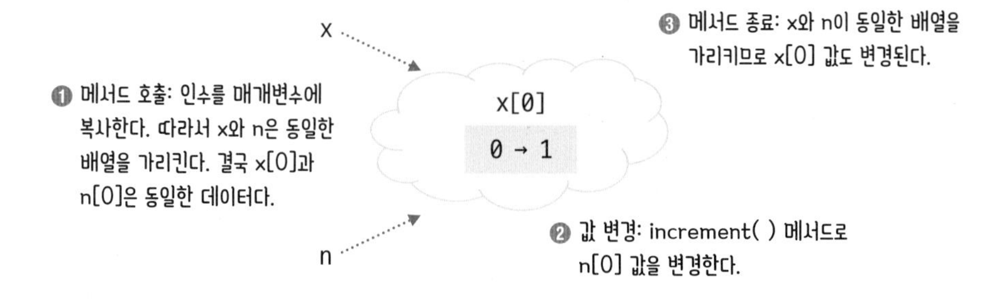

따라서 increment() 메서드의 매개변수 n은 지역 변수 x와 같은 배열을 가리키므로, increment() 메서드에서 배열 원소의 영향은 main() 메서드에서도 동일하게 반영된다.

3 메인 메서드의 매개변수 전달

메인 메서드는 애플리케이션이 실행될 때 JVM에 의하여 호출되는 애플리케이션의 시작점이며, 구조는 다음과 같다.

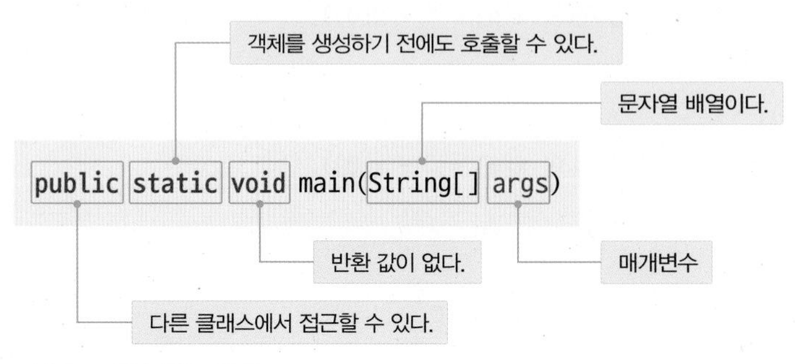

그림 5-7 메인 메서드의 구조

메인 메서드는 String[] 타입(즉, 문자열 배열 타입)의 매개변수 args를 사용해 외부에서 데이터를 받을 수 있다. Test.class를 인수와 함께 명령창에서 실행할 때 인수가 매개변수로 전달되는 모습은 다음과 같다.

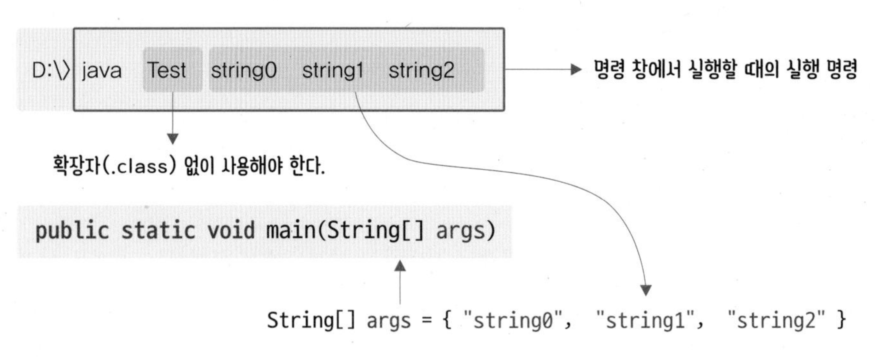

그림 5-8 메인 메서드와 매개변수 값

다음은 main() 메서드의 인수로 문자열과 정수 문자열(예를 들어 '안녕!'과 '3')을 제공할 때 문자열을 정숫값만큼 반복해서 출력하는 예제이다.

예제 5-11 **main() 메서드의 매개변수 활용** sec03/MainArgumentDemo.java

```
01 public class MainArgumentDemo {
02    public static void main(String[] args) {
03       if (args.length == 2) {          인수가 2개인지 확인한다.
04          int i = Integer.parseInt(args[1]);   두 번째 인수인 args[1]을 정수로 변환한다.
05          nPrintln(args[0], i);
06       } else                           첫 번째 인수인 args[0]을 i번 출력한다.
07          System.out.println("어이쿠!");   오류 메시지를 출력한다.
08    }
09
10    public static void nPrintln(String s, int n) {
11       for (int i = 0; i < n; i++)
12          System.out.println(s);
13    }
14 }
```

```
안녕!
안녕!
안녕!
```

이클립스에서 메인 메서드의 인수를 추가하려면 [Run]–[Run Configurations] 메뉴를 선택해 Run Configurations 창의 Arguments 탭에서 나타나는 Program Arguments 항목을 사용하면 된다.

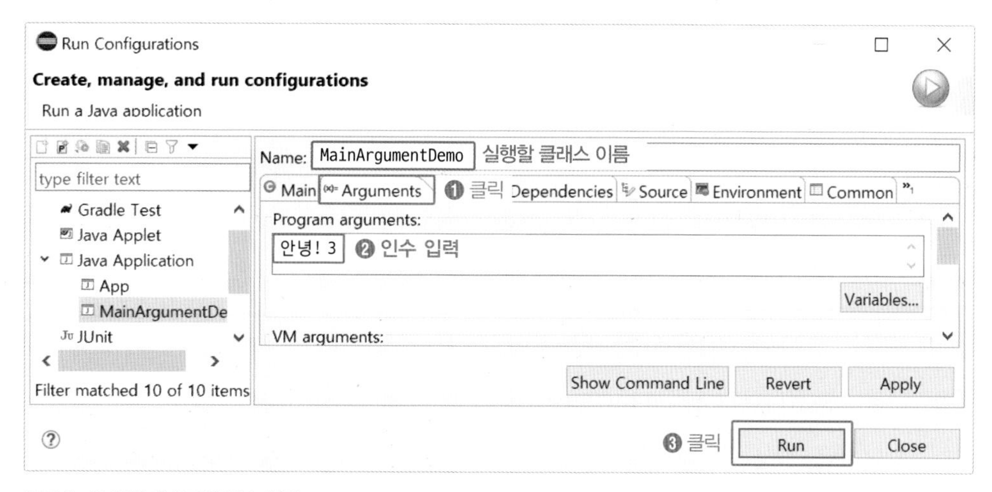

그림 5-9 메인 메서드의 인수 입력

인텔리J 아이디어에서 메인 메서드의 인수를 추가하려면 [Run]–[Edit Configurations] 메뉴를 선택해 Program Arguments 항목을 사용하면 된다.

4 가변 개수 매개변수

자바 5부터는 메서드에도 데이터 타입이 같은 가변 개수variable length의 인수를 전달할 수 있다. 이는 메서드로 전달할 인수의 개수를 정확히 알 수 없을 때 유용하다. 메서드에서 가변 개수 매개변수를 나타내려면 데이터 타입 뒤에 3개의 마침표(...)를 붙이면 된다.

가변 개수 매개변수는 1개만 사용할 수 있다. 만약 2개 이상의 매개변수가 필요하다면 가변 개수 매개변수는 마지막에 위치해야 한다. 자바는 가변 개수 매개변수를 배열처럼 취급한다. 가변 개수 매개변수를 가진 메서드를 호출하면 자바는 내부적으로 배열을 생성한 후 인수를 배열에 전달해 처리한다.

예제 5-12 **가변 길이 인수 활용** sec03/VarArgsDemo.java

```
01 public class VarArgsDemo {
02    public static void main(String[] args) {
03       printSum(1, 2, 3, 4, 5);
04       printSum(10, 20, 30);
05       System.out.println(String.format("My score is %.1f", 99.8));
06       System.out.println(String.join(", ", "one", "two", "three"));
07    }
08
09    public static void printSum(int... v) {
10       int sum = 0;
11       for (int i : v)
12          sum += i;
13       System.out.println(sum);
14    }
15 }
```

가변 개수 매개변수를 사용하는 메서드이다.

```
15
60
My score is 99.8
one, two, three
```

5 객체의 배열

객체도 배열의 원소로 사용할 수 있다. 객체 배열은 객체를 참조하는 주소를 원소로 구성하므로, 거의 모든 개발자가 편의상 객체 배열이라고 부르지만 사실은 객체 참조 변수의 배열이다.

객체 배열도 기초 타입 배열과 같은 방법으로 선언하거나 초기화한다. 다음은 Ball 클래스의 객체로 구성된 배열을 선언하고 초기화하는 예이다.

```
Ball[] balls = new Ball[5];
```

그런데 이 실행문은 5개의 Ball 객체를 생성하는 것이 아니라 5개의 Ball 객체를 참조할 변수를 준비한 것이다. 이 변수들은 배열의 원소이며 아직 Ball 객체와 연결되지 않았기 때문에 null 값을 가진다. 따라서 생성자를 호출해 Ball 객체를 생성한 후 Ball 객체의 주소를 배열의 각 원소에 대입해야 한다.

balls 변수는 원소가 5개인 Ball 객체 배열을 가리킨다. 다음과 같이 반복문을 수행하면 balls[0]과 balls[1]만 Ball 객체를 가리킨다.

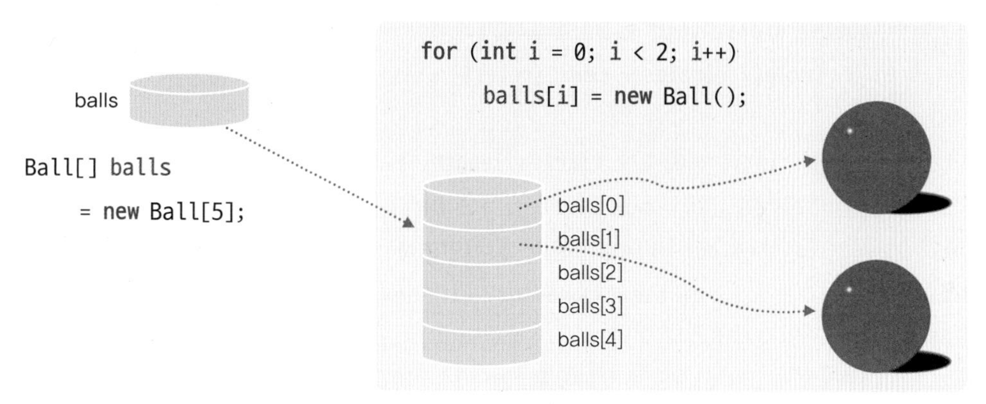

그림 5-10 객체로 구성된 배열

다음은 Circle 객체로 구성한 배열에서 모든 배열 원소의 반지름과 넓이를 출력하는 예제이다.

예제 5-13 **Circle 객체의 배열과 출력** sec03/CircleArrayDemo.java

```
01 class Circle {
02    double radius;
03
04    public Circle(double radius) {
05       this.radius = radius;
06    }
07
08    public double getRadius() {
09       return radius;
10    }
11
12    double findArea() {
13       return 3.14 * radius * radius;
14    }
15 }
16
17 public class CircleArrayDemo {
18    public static void main(String[] args) {
19       Circle[] circles = new Circle[5];
20
21       for (int i = 0; i < circles.length; i++) {
22          circles[i] = new Circle(i + 1.0);
23          System.out.printf("원의 넓이(반지름 : %.1f) = %.2f\n",
24                circles[i].radius, circles[i].findArea());
25       }
26    }
27 }
```

- 5개의 Circle 객체를 가진 배열 변수를 선언한다. (19행)
- Circle 객체 배열의 크기이다. (21행)
- Circle 객체를 생성해서 배열의 각 원소에 대입한다. (22행)
- i번째 객체 배열의 radius 필드 값과 findArea( ) 메서드 값이다. (24행)

```
원의 넓이(반지름 : 1.0) = 3.14
원의 넓이(반지름 : 2.0) = 12.56
원의 넓이(반지름 : 3.0) = 28.26
원의 넓이(반지름 : 4.0) = 50.24
원의 넓이(반지름 : 5.0) = 78.50
```

6 매개변수로 객체 전달

객체를 메서드의 인수로 전달한다는 것은 실제로는 객체의 참조 변수를 메서드의 인수로 전달하는 것이다. 따라서 배열을 인수로 전달할 때처럼 객체를 매개변수에 복사하지 않고 객체의 주소를 복사해서 전달한다.

다음은 [예제 5-13]에서 정의한 Circle객체와 기초 타입 데이터를 인수로 전달할 때 어떻게 다른지를 보여 주는 예제이다.

예제 5-14 **객체 인수와 기초 타입 인수** sec03/ObjectArgumentDemo.java

```
01 public class ObjectArgumentDemo {
02    public static void main(String[] args) {
03       Circle c1 = new Circle(10.0);
04       Circle c2 = new Circle(10.0);
05
06       zero(c1);
07       System.out.println("원(c1)의 반지름 : " + c1.radius);
08
09       zero(c2.radius);
10       System.out.println("원(c2)의 반지름 : " + c2.radius);
11    }
12
13    public static void zero(Circle c) {
14       c.radius = 0.0;
15    }
16
17    public static void zero(double r) {
18       r = 0.0;
19    }
20 }
```

객체를 인수로 전달하면 객체의 주소 값을 매개변수에 복사한다.

기초 타입을 매개변수로 전달하면 기초 타입 값을 복사한다.

```
원(c1)의 반지름 : 0.0
원(c2)의 반지름 : 10.0
```

실행 결과에서 볼 수 있듯이 객체를 전달할 때와 기초 타입 데이터를 전달할 때의 결과는 다르다. 다음은 zero( ) 메서드에 객체를 인수로 전달하는 과정이다.

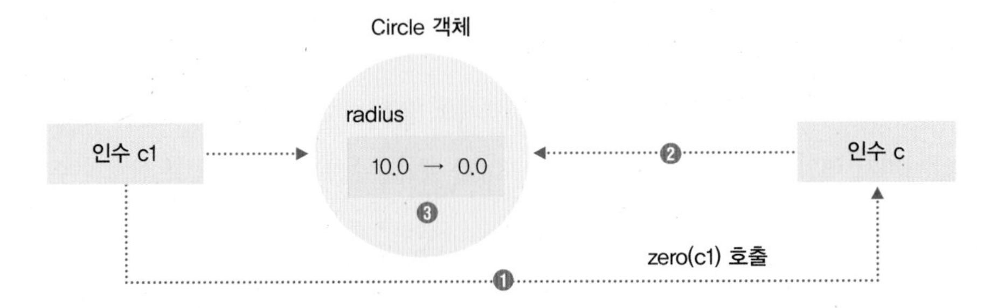

❶ 인수 c1이 매개변수 c에 복사된다.

❷ c1과 c는 동일한 Circle 객체를 가리킨다.

❸ zero( ) 메서드에서 c.radius에 0.0을 대입한다.

따라서 c1.radius도 c.radius와 동일하게 0.0을 가진다.

다음은 zero( ) 메서드에 double 데이터를 인수로 전달하는 과정이다.

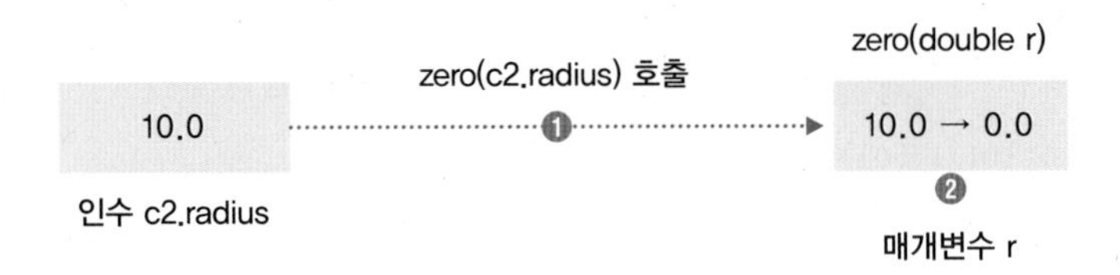

❶ 인수 c2.radius가 매개변수 r에 복사된다.

❷ zero( ) 메서드에서 r에 0.0이 대입된다.

따라서 c2.radius는 r과 별개이므로 여전히 10.0이다.

셀프 테스트 5-3

1 for~each 문에서는 특정 원소에 접근할 수 있다. (O, X)

2 메서드의 인수로 배열을 전달하면 메서드 호출 전후의 배열 원소 값은 다를 수 있다. (O, X)

3 show( ) 메서드를 다음과 같이 호출하려고 한다. 이 메서드의 매개변수 타입을 나타내시오.

```
show("hi", "hello", "안녕");
show("good", "morning", "좋은", "아침");
```

04 열거 타입

1 필요성

제한된 수의 일이나 사건 등을 숫자로 표현하면 간단하게 프로그래밍할 수 있다. 예를 들어, 성별을 표시하려고 정수 0과 1을 각각 남성과 여성으로 의미를 부여한다면 다음과 같이 프로그래밍할 수 있다.

```
int gender = 1;
if (gender == 0)
    System.out.println("만 19세가 되면 병역 신체검사를 받아야 한다.");
```

이 같은 경우 다음과 같은 문제점이 있다.

- 각 숫자에 대하여 부여된 의미를 개발자가 알아야 한다. 그런데 일이나 사건에 대한 경우의 수가 많다면 개발자 관점에서 불편하다.
- 부여되지 않은 의미 없는 숫자를 사용하더라도 컴파일러는 알 수 없다.
- 변수를 출력하면 부여한 의미가 아니라 숫자 자체를 출력한다.

다음은 부여되지 않은 숫자, 즉 범위를 벗어난 숫자를 사용해도 컴파일러가 오류를 알려주지 않는 예이다.

```
int gender = 3;        // 오류를 발생하진 않지만 3은 성별로써 의미가 없음
```

제한된 사건에 대하여 숫자 대신에 다음과 같이 상수를 정의해서 부여하는 방법도 있다.

```
final int MALE = 0;
final int FEMALE = 1;
int gender = FEMALE;
if (gender == MALE)
    System.out.println("만 19세가 되면 병역 신체검사를 받아야 한다.");
```

그러나 숫자에 부여된 의미를 개발자가 알 수 있지만, 이 방법도 여전히 나머지 문제를 해결하지 못한다. 또한, MALE, FEMALE이란 상수 대신에 0, 1을 사용할 수도 있다. 만약 SOUTH

와 NORTH를 각각 0과 1이란 상수로 정의했다면 MALE과 SOUTH, FEMALE과 NORTH를 구분할 수 없다. 이와 같은 문제점을 해결하기 위하여 자바 5부터 열거 타입enumeration type을 제공한다.

다음은 이와 같은 제한된 수의 일이나 사건에 대하여 상수를 부여했을 때 발생하는 문제점을 보여주는 예제이다.

예제 5-15 **제한된 사건에 대한 상수 활용** sec04/ConstantDemo.java

```
01  public class ConstantDemo {
02      public static void main(String[] args) {
03          final int MALE = 0;
04          final int FEMALE = 1;
05          final int SOUTH = 1;
06          int gender = FEMALE;
07          if (gender == MALE)
08              System.out.println(MALE + "은(는) 병역 의무가 있다.");
09          else
10              System.out.println(FEMALE + "은(는) 병역 의무가 없다.");
11
12          if (gender == SOUTH)
13              System.out.println(SOUTH + "은(는) 누구?");
14          gender = 5;
15      }
16  }
```

gender에 MALE 혹은 FEMALE이 아닌 다른 값으로 비교하거나 대입해도 컴파일러는 오류를 파악하지 못한다.

```
1은(는) 병역 의무가 없다.
1은(는) 누구?
```

남성 혹은 여성을 의미하는 단어가 아니라 숫자가 출력된다.

2 열거 타입과 응용

열거 타입은 서로 연관된 사건들을 모아 상수로 정의한 java.lang.Enum 클래스의 자식 클래스이며, 대표할 수 있는 이름을 가진다. 열거 타입은 선택할 수 있는 값이 일정한 범위로 제한될 경우 주로 사용되며, 다음과 같이 정의한다.

```
enum 열거타입이름 { 상수목록 }
```

예를 들어 남성과 여성을 위한 Gender라는 열거 타입은 다음과 같이 정의할 수 있다.

```
enum Gender { MALE, FEMALE }
```

- enum: 열거 타입을 정의하기 위한 키워드
- Gender: 열거 타입 이름
- MALE, FEMALE: 상수 목록

열거 타입의 상수 목록은 실제로는 열거 타입의 인스턴스로서 객체이다. 열거 타입의 값을 비교할 때는 객체를 비교하는 것이므로 equals( ) 메서드를 사용해야 하지만 기초 타입처럼 == 혹은 !=을 사용해도 된다. 또한, 열거 타입의 상수를 출력하면 값 대신에 상수의 이름이 출력된다. 다음은 [예제 5-15]에 열거 타입을 적용한 예제이다.

예제 5-16 열거 타입 활용 1 sec04/one/EnumDemo.java

```
01 public class EnumDemo {
02    public static void main(String[] args) {
03       Gender gender = Gender.FEMALE;
04       if (gender == Gender.MALE)
05          System.out.println(Gender.MALE + "는 병역 의무가 있다.");
06       else
07          System.out.println(Gender.FEMALE + "는 병역 의무가 없다.");
08
09 //    if (gender == Direction.SOUTH)
10 //       System.out.println(Direction.SOUTH + "는 누구?");
11 //    gender = 5;
12    }
13 }
14
15 enum Gender { MALE, FEMALE }
16 enum Direction { EAST, WEST, SOUTH, NORTH }
```

다른 열거 타입 상수 목록과 비교할 수 없어 오류를 발생한다.

```
FEMALE은 병역 의무가 없다.
```

열거 타입 상수 이름이 출력된다.

그러나 위 예제의 실행 결과를 살펴보면 만족스럽지 못하다. FEMALE 대신에 여성으로 출력되는 것이 바람직하다. 이와 같은 문제점은 열거 타입도 클래스임을 기억하면 쉽게 해결할 수 있다. 궁극적으로 제한된 수의 일이나 사건을 처리할 때 열거 타입을 이용하면 코드가 단순해지고 가독성이 좋아지며 타입 안정성이 보장된다.

일종의 클래스 타입인 열거 타입도 생성자, 필드 및 메서드를 가질 수 있다. 열거 타입 상수는 생성자에 의한 인스턴스이다. 이때 열거 타입 상수를 나머지 열거 타입의 구성 요소와 구분하기 위하여 다음과 같이 열거 타입 상수 뒤에 반드시 세미콜론을 추가해야 한다.

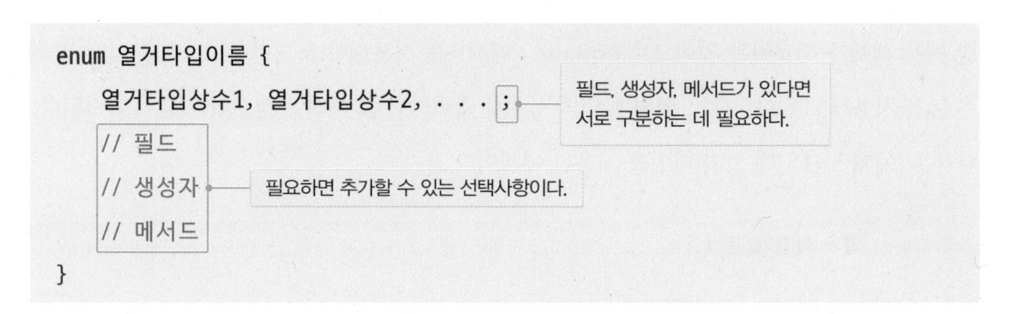

```
enum 열거타입이름 {
    열거타입상수1, 열거타입상수2, . . . ;
   // 필드
   // 생성자
   // 메서드
}
```


그리고 외부에서 열거 타입의 인스턴스를 만들 필요가 없으므로 열거 타입 생성자를 공개하지 않아야 한다. 따라서 열거 타입 생성자는 private이며 생략할 수 있다. 열거 타입에 포함된 필드는 변경할 필요도 없고 외부에서 직접 접근할 필요도 없으므로 강제하진 않지만, 일반적으로 final private이다. 열거 타입의 인스턴스인 열거 타입 상수를 생성하려면 [예제 5-17]의 17행과 같이 new 연산자 없이 생성자 이름 대신에 상수 이름을 사용한다. 열거 타입에서 사용할 수 있는 주요 메서드로 name(), ordinal(), 정적 메서드인 valueOf() 및 values() 등이 있다. name()은 enum 객체를 문자열로 반환하고, ordinal()은 몇 번째 열거 타입 상수인지를 나타내며, valueOf()는 인수로 주어진 문자열에 대응하는 열거 타입 상수를 반환하며, values()는 모든 열거 타입 상수를 선언한 순서대로 정렬한 배열을 반환한다.

다음은 열거 타입에 필드, 메서드, 생성자를 추가하여 상수 이름 대신에 다른 이름으로 출력하는 예제이다.

예제 5-17 **열거 타입 활용 2** sec04/two/EnumDemo.java

```
01 public class EnumDemo {
02    public static void main(String[] args) {
03       Gender gender = Gender.FEMALE;
04       if (gender == Gender.MALE)
05          System.out.println(Gender.MALE + "은 병역 의무가 있다.");
06       else
07          System.out.println(Gender.FEMALE + "은 병역 의무가 없다.");
08
09       for(Gender g : Gender.values())
10          System.out.println(g.name());
11
12       System.out.println(Gender.valueOf("MALE"));
13    }
14 }
15
16 enum Gender {
17    MALE("남성"), FEMALE("여성");
18
19    private String s;
20
21    Gender(String s) {
22       this.s = s;
23    }
24
25    public String toString() {
26       return s;
27    }
28 }
```

문자열로 변경되야 하므로 Gender.MALE.toString( )과 동일하다.

MALE("남성"), FEMALE("여성")을 차례대로 반환한다.

열거 타입 상수 이름을 반환한다.

문자열 "MALE"에 대응하는 열거 타입 상수 반환한다.

new Gender("남성")이라고 하지 않는다.

객체를 문자열로 반환하는 메서드이다.

```
여성은 병역 의무가 없다.
MALE
FEMALE
남성
```

열거 타입 상수 이름 대신에 다른 문자열로 출력할 수 있다.

열거 타입 상수를 println( )메서드로 출력하면 toString( ) 메서드에 의해 문자열로 변환된 후 출력되기 때문에 "남성"이 출력된다.

다음은 switch 문의 변수로 열거 타입을 사용하는 예제이다.

예제 5-18 **열거 타입 활용 3** sec04/SwitchDemo.java

```
01  public class SwitchDemo {
02     public static void main(String[] args) {
03        Gender gender = Gender.여성;
04
05        String s = switch(gender) {
06           case 남성 -> "은 병역 의무가 있다.";
07           case 여성 -> "은 병역 의무가 없다.";
08        };
09        System.out.println(gender + s);
10     }
11  }
12
13  enum Gender {
14     남성, 여성
15  }
```

Gender 타입의 모든 값에 대하여 case 라벨이 있으므로 default 라벨은 필요 없다.

```
여성은 병역 의무가 없다.
```

셀프 테스트 5-4

1 열거 타입의 상수는 열거 타입의 인스턴스이다. (O, X)

2 열거 타입의 상수는 객체이므로 비교하려면 equals( ) 혹은 compareTo( )와 같은 메서드를 사용해야 한다. (O, X)

3 열거 타입의 생성자를 public으로 지정하면 외부에서 열거 타입 객체를 생성할 수 있다. (O, X)

4 열거 타입을 선언하기 위한 키워드는 ___________이다.

도전 과제

※성적 관리 프로그램을 문자열 연산, 배열 연산, for~each 문, 열거 타입을 적용하여 작성해보자.

01 – 학생 수와 점수를 입력하면 각 학생의 성적을 출력하는 프로그램을 작성해 보자.

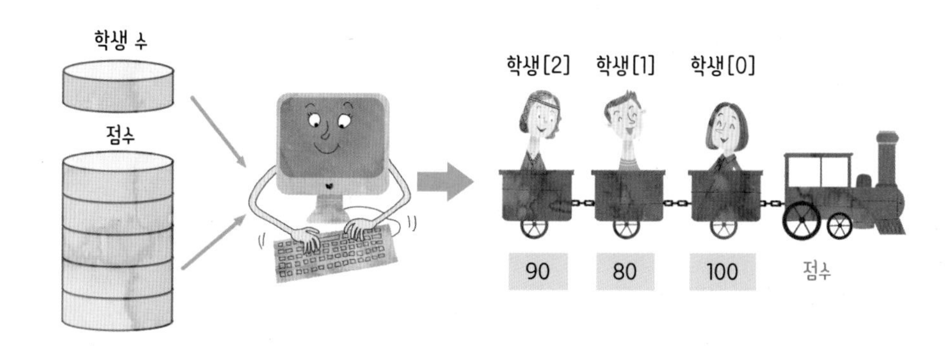

① 학생 수와 점수를 위한 배열 변수를 선언한다. 그리고 Scanner 클래스도 선언해서 키보드로 데이터를 받을 준비를 한다.

```
int numOfStudents = 0;
int[] scores;
Scanner in = new Scanner(System.in);
```

② 키보드로 학생 수를 입력받고 입력된 학생 수에 해당하는 크기의 scores 배열을 생성한다.

```
numOfStudents = in.nextInt();
scores = ____________________;
```

③ for 문을 이용해 학생 수만큼 키보드로 성적을 입력받은 후 출력하도록 한다. 그리고 프로그램을 실행한 후 결과를 확인한다.

```
System.out.println(numOfStudents + "명의 학생 성적을 입력하세요.");
for (int i = 0; i < ___________________; i++)
   // 키보드 값을 배열에 대입하는 코드

System.out.println(numOfStudents + "명의 학생 성적은 다음과 같습니다.");
for (int i = 0; i < ___________________; i++)
   // 배열 원소를 출력하는 코드
```

```
학생 수? 3
3명의 학생 성적을 입력하세요.
100
90
80
3명의 학생 성적은 다음과 같습니다.
100 90 80
```

02 – 01의 프로그램을 for 문과 if~else 문을 사용해 학생들의 등급을 출력하는 프로그램으로 확장해 보자. 그리고 이번에는 for~each 문도 사용해 보자.

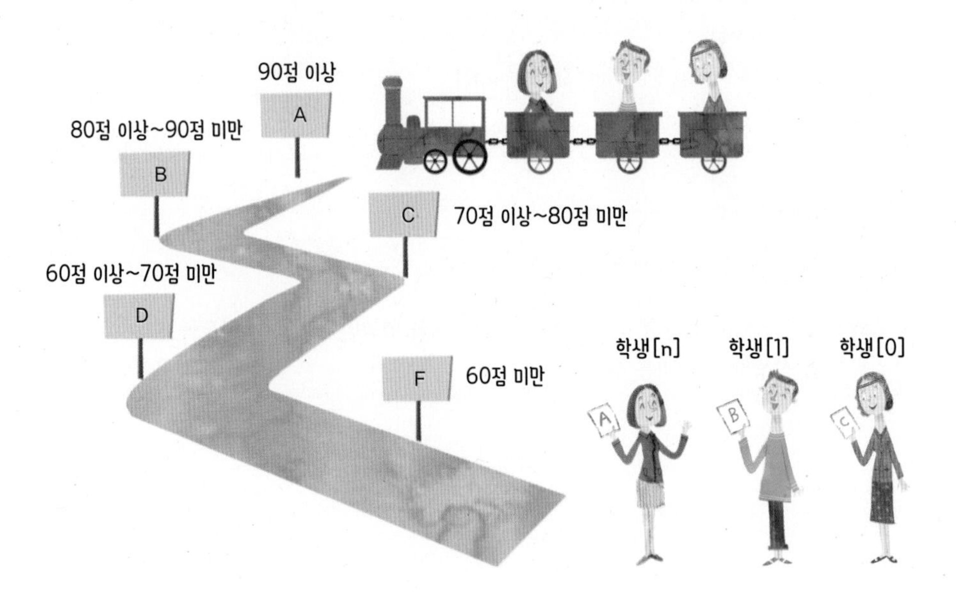

① 01 코드에서 for~each 문으로 사용할 수 있는 곳은 바꿔 본다.

② 01에서 작성한 프로그램에서 메인 메서드의 마지막에 다음과 같은 for 문을 추가한다.

```
for (int i = 0; ____________________; i++) {
}
```

③ if~else 문을 사용해 scores 배열의 각 원소에 대하여 점수 구간별로 등급을 출력하는 코드를 추가한다. 그리고 프로그램을 실행한 후 결과를 확인한다.

```
if (____________________)
   System.out.println((i + 1) + "번 학생의 등급은 A입니다.");
else if
   …
```

```
학생 수? 3
3명의 학생 성적을 입력하세요.
80
100
70
3명의 학생 성적은 다음과 같습니다.
80 100 70
1번 학생의 등급은 B입니다.
2번 학생의 등급은 A입니다.
3번 학생의 등급은 C입니다.
```

03 – 02의 프로그램에서 등급에 대한 내용을 열거 타입을 사용하여 수정해보자.

① 02 코드에서 다음과 같은 내용을 열거 타입으로 추가한다.

```
A는 최우수
B는 우수
C는 보통
D는 미흡
E는 탈락
```

② 02 코드에서 학생의 성적에 대한 등급을 화면에 나타낼 때 A 혹은 B와 같은 등급 대신에 '최우수', '우수' 등으로 나타나도록 수정하라. 그리고 프로그램을 실행한 후 다음 결과처럼 나타나는지 확인한다.

```
학생 수? 3
3명의 학생 성적을 입력하세요.
80
100
70
3명의 학생 성적은 다음과 같습니다.
80 100 70
1번 학생의 등급은 우수입니다.
2번 학생의 등급은 최우수입니다.
3번 학생의 등급은 보통입니다.
```

01 – 배열에 대한 코드이다. 문법적으로 틀린 것은?

① int[ ] array = { 1, 2, 3 };

② int array[3] = { 1, 2, 3 };

③ int[ ] array; array = new int[ ]{ 1, 2, 3 };

④ int array[ ];

02 – 다음 중 문법적으로 틀린 것은?

① String s1 = new String("1");

② String s1 = "1";

③ String s1 = "1", s2 = "1";

④ String s1 = '1';

03 – String 타입의 변수 s에 포함된 문자 개수를 알려면?

① s.size

② s.size( )

③ s.length

④ s.length( )

04 – 홀수 및 짝수를 위한 열거 타입 OddEven으로 적절한 것은?

① class OddEven { ODD, EVEN }

② enum OddEven { ODD, EVEN }

③ enum class OddEven { ODD, EVEN }

④ enum OddEven { ODD = 1, EVEN = 2 }

05 – 다음 코드의 실행 결과는?

```
String s1 = new String("안녕");
String s2 = new String("안녕");

System.out.println(s1 == s2);
```

06 – 다음 코드의 실행 결과는?

```
System.out.println(new String("자바 프로그래밍 기초").substring(2, 9).trim());
```

07 – 다음 코드의 실행 결과는?

```
int[][] array = { { 1, 2 }, { 1 }, { 3, 4, 5} };
for (int[] i : array)
   System.out.print(i.length);
```

08 – 원소로 1.0, 2.0, 3.0을 가지는 double 타입 배열 d를 생성하는 실행문을 작성하라.

09 – 다음 코드의 실행 결과는?

```
boolean b = 1 == 2;
System.out.println("java " + b + '1');
```

10 – 다음 코드에서 오류를 찾아라.

```
public enum Size {
   SMALL("S"), MEDIUM("M"), LARGE("L")

   String abb;

   public Size(String abb) {
       this.abb = abb;
   }
}
```

11 – 다음 코드에서 오류를 찾아라.

```
public class ArrayTest{
   public static void printArray(int[] n) {
      for(int i= 0; i< n.length(); i++)
        System.out.print(n[i] + " ");
   }
   public static void main(String[] args) {
      printArray(int[] { 1, 2, 3, 4});
   }
}
```

프로그래밍 문제

01 – 문자열과 문자를 매개변수 값으로 가지는 다음 메서드가 있다. 문자열 s에 포함된 문자 c의 개수를 반환하도록 이 메서드를 구현하라.

> + String 클래스가 제공하는 charAt( ) 메서드를 이용한다.

```
static int countChar(String s, char c)
```

02 – 다음 코드를 실행하면 9, 5, 14를 출력한다. 여기서 sumExceptFirst( ) 메서드를 하나로 완성하라.

> + 자바는 가변 길이 변수를 배열처럼 취급한다.

```
public static void main(String[] args) {
   System.out.println(sumExceptFirst(1, 2, 3, 4));
   int arr[] = { 2, 3 };
   System.out.println(sumExceptFirst(1, arr));
   System.out.println(sumExceptFirst(1, 2, 3, 4, 5));
}
```

03 – 다음은 main( ) 메서드와 실행 결과이다. 이를 위한 열거 타입을 작성하라.

```
public static void main(String[] args) {
   for (Direction d : Direction.values())
      System.out.print(d + " ");
}
```

```
동 서 남 북
```

04 – 다음과 같이 키보드에서 URL을 입력받은 후 'com'으로 끝나는지, 'java'를 포함하는지 조사하는 프로그램을 작성하라. 'bye'를 입력하면 프로그램은 종료된다.

```
URL을 입력하세요 : www.java.com
www.java.com은 'com'으로 끝납니다.
www.java.com은 'java'를 포함합니다.
URL을 입력하세요 : bye
```

05 – 0~99 사이의 정수를 키보드에서 10개 입력받아 10단위 간격의 히스토그램을 출력하는 프로그램을 작성하라. 입력된 수가 음수이면 무시하라. 예를 들어 위쪽처럼 10개의 정수가 입력되었을 때는 아래쪽처럼 히스토그램을 출력한다.

```
숫지를 10개 입력하세요.
52
37
79
95
14
17
33
-1
30
50

 0 ~  9 :
10 ~ 19 : **
20 ~ 29 :
30 ~ 39 : ***
40 ~ 49 :
50 ~ 59 : **
60 ~ 69 :
70 ~ 79 : *
80 ~ 89 :
90 ~ 99 : *
```

06 – 주어진 배열의 원소를 역순으로 변환한 배열을 반환하는 다음 메서드를 작성하라.

```
public static int[] reverse(int[] org)
```

07 – 2개의 1차원 배열에서 내용이 같은지를 조사하는 메서드를 정의하고, 다음 배열을 사용해 테스트하라.

```
int[] a = { 3, 2, 4, 1, 5 };
int[] b = { 3, 2, 4, 1 };
int[] c = { 3, 2, 4, 1, 5 };
int[] d = { 2, 7, 1, 8, 2 };
```

08 – 영문 대문자로 요일('SUNDAY', 'MONDAY' 등)을 나타내는 열거 타입을 정의하고 다음과 같은 실행 결과가 나타나는 테스트 프로그램을 작성하라.

① switch 문으로 월요일에 대하여 '싫다', 금요일에 대하여 '좋다', 토요일과 일요일에 대하여 '최고', 나머지 요일에 대하여 '그저 그렇다'라고 출력하는 메서드를 정의한다.

② 키보드로부터 대소문자 구분없는 영문 요일을 입력하면 '월요일은 싫다.' 등과 같이 출력되는 메인 프로그램을 작성한다.

```
monday ———— 키보드로부터 입력한 문자열이다.
월요일은 싫다.
```

09 – 다음과 같은 지뢰찾기 게임 프로그램을 작성하라. 실행 결과는 '5 10 0.3'을 명령행 인수로 사용한 예이다.

- 프로그램은 3개의 명령행 인수(m, n, p)를 받아들이고, m × n 크기의 배열을 생성해 지뢰를 숨긴다.
- 숨긴 지뢰가 있는 원소는 *로 표시하고, 없는 원소는 –로 표시한다. 원소에 지뢰가 있을 확률은 세 번째 명령행 인수인 p이다.
- 지뢰 숨김 여부를 나타내는 2차원 배열을 출력하고, 지뢰를 숨기지 않은 원소를 – 대신에 이웃한 지뢰 개수로 채운 2차원 배열도 함께 출력한다.
- 이웃한 지뢰는 상하좌우 및 대각선 원소에 숨긴 지뢰를 의미한다.
- 지뢰 숨긴 지역을 30%로 설정하려면, 난수 발생 정적 함수 Math.random() 값이 0.3보다 적은 원소에 지뢰를 숨긴다.

```
- - - * - * * - - *
- - * * - * * * - *
- - * - - * - * - -
* * - - * - * - - *
- - * * * - - * * -

0 1 3 * 4 * * 3 3 *
0 2 * * 5 * * * 4 *
2 4 * 4 4 * 6 * 4 2
* * 4 5 * 4 * 4 4 *
2 3 * * * 3 2 * * 2
```

Chapter 06

상속

현실 세계의 상속과 마찬가지로 객체 지향 프로그래밍에서도 상속 개념이 존재한다. 상속은 이미 있는 클래스나 인터페이스에 포함된 멤버를 새로운 클래스 또는 인터페이스에 물려주는 기법이다. 이 장에서는 상속의 개념과 필요성, 상속과 관련된 메서드 오버라이딩, 타입 변환과 다형성 등을 살펴본다. 특히, 접근 범위와 밀접한 관련이 있는 패키지와 모듈에 관해서도 소개한다.

상속의 개념과 필요성

Eagle, Tiger, Goldfish 클래스에 '눈', '주둥이' 필드와 '먹다', '잠자다' 메서드가 공통으로 필요하다고 가정하자. [그림 6-1]의 (a) 경우라면 클래스마다 중복된 내용을 두어야 하고, 이와 같은 필드나 메서드를 수정할 때는 3개 클래스 모두에서 해야 한다. 이는 중복된 코드를 발생시키고, 유지 보수하기 어렵게 만든다. 중복되는 코드를 클래스마다 두기보다는 한곳으로 통합해서 별도의 클래스로 두면 좋다. 즉, 공통된 부분을 통합해 (b)와 같이 별도의 Animal 클래스로 만들고, 이 클래스를 상속해 개별 클래스를 만든다면 코드도 간결하고 관리도 편할 것이다. 이처럼 Animal 클래스의 멤버를 Eagle, Tiger, Goldfish 클래스가 물려받는 특징을 상속이라고 한다.

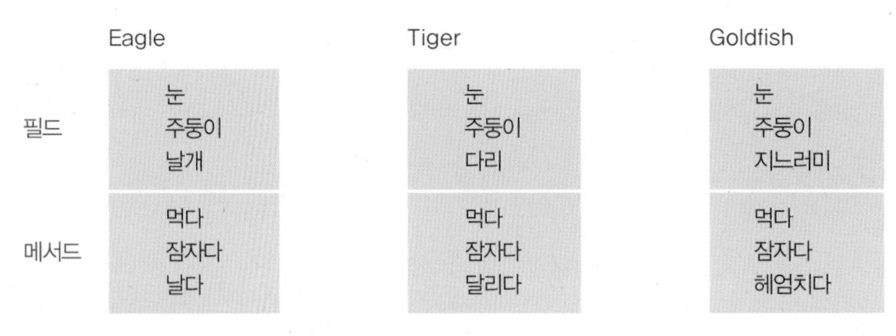

(a) 상속을 적용하기 전

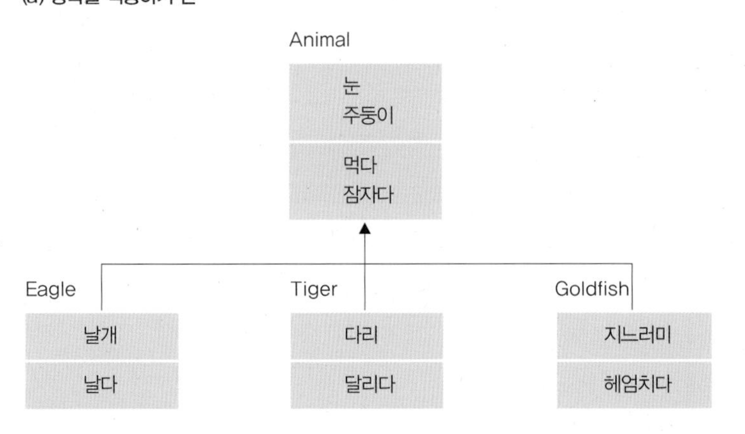

(b) 상속을 적용한 후

그림 6-1 상속의 개념

여기서 Animal 클래스를 부모 클래스라고 하고, Eagle, Tiger, Goldfish 클래스를 자식 클래스라고 한다. 부모 클래스를 슈퍼클래스 또는 기본 클래스라고도 하며, 자식 클래스는 서브클래스, 파생 클래스 또는 확장 클래스라고도 한다.

자식 클래스는 부모 클래스에서 물려받은 멤버를 그대로 사용하거나 변경할 수 있고, [그림 6-2]와 같이 새로운 멤버도 추가할 수 있다. 따라서 자식 클래스는 대체로 부모 클래스보다 속성이나 동작이 더 많다.

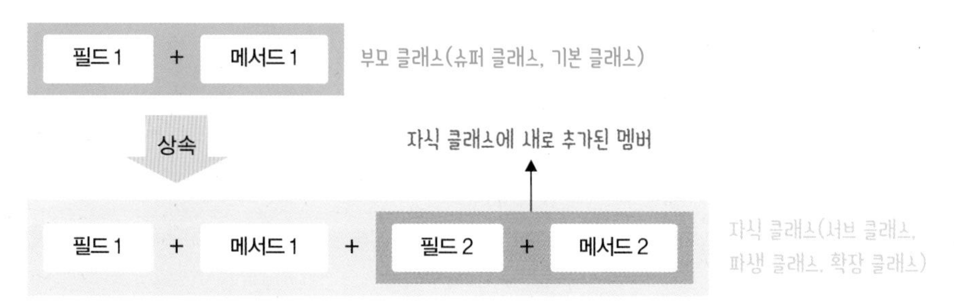

그림 6-2 상속과 클래스 멤버

02 클래스 상속

1 부모 · 자식 클래스의 관계

상속에서 자식 클래스와 부모 클래스는 is-a 관계가 성립한다. 즉, '독수리는 동물이다'처럼 is-a 관계가 성립하면 상속 관계도 성립한다. 상속을 검증하려면 is-a 관계를 따지면 된다. 다음 예처럼 has-a 관계라면 상속 관계는 성립하지 않는다.

표 6-1 is-a와 has-a 관계의 예

is-a(상속 관계)	has-a(소유 관계)
• 원은 도형이다. • 사과는 과일이다. • Tandem은 Bike다.	• 자동차는 엔진이 있다. • 스마트폰은 카메라가 있다. • 컴퓨터는 마우스가 있다.

has-a 관계이면 상속이 아니라 다른 클래스에 포함된 클래스가 된다. 예를 들어 '자동차는 엔진이 있다'는 has-a 관계가 성립하므로 Car와 Engine 클래스의 관계는 다음과 같다.

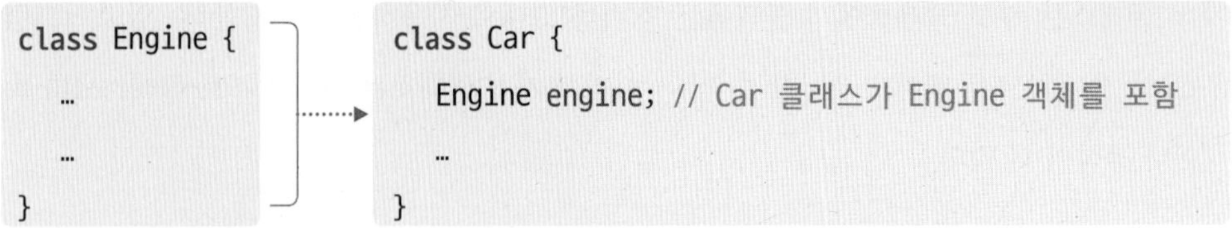

```
class Engine {
   …
   …
}
```

```
class Car {
   Engine engine; // Car 클래스가 Engine 객체를 포함
   …
}
```

그림 6-3 has-a 관계의 클래스 표현

2 상속의 선언

자식 클래스는 부모 클래스로부터 확장된다는 의미로 extends 키워드를 사용해 상속 관계를 선언한다.

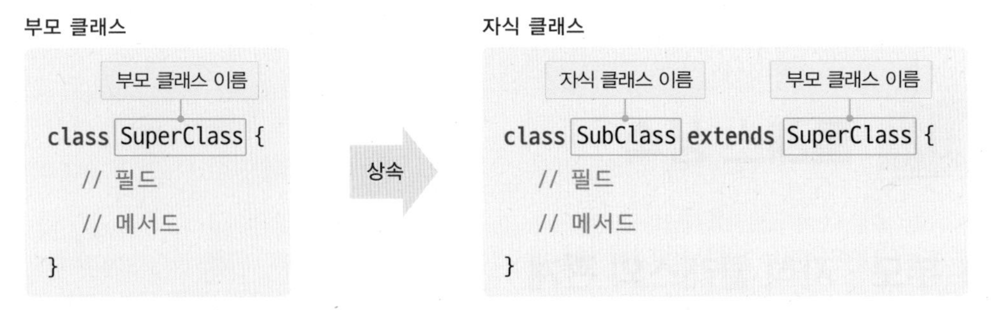

그림 6-4 상속 선언 방법

둘 이상의 부모 클래스에서 상속받는 다중 상속multiple inheritance은 여러 기능을 쉽게 물려받아 자식 클래스를 작성할 수 있다. 하지만 클래스 간의 관계가 복잡하고 서로 다른 클래스에서 상속받은 멤버 이름이 같을 때는 이를 구별해야 하므로 자바는 다중 상속을 지원하지 않는다. 따라서 extends 뒤에는 다음과 같이 둘 이상의 부모 클래스가 올 수 없다. 이처럼 자바는 단일 상속만 허용하는데, 7장에서 다루는 인터페이스를 통하여 다중 상속의 효과를 얻고 있다.

```
class SubClass extends SuperClass1, SuperClass2 {
}
```

3 현실 세계와 상속 적용

현실 세계에는 객체 지향 방식의 상속을 적용할 수 있는 예가 매우 많다. 일반적으로 부모 클래스가 자식 클래스보다 좀 더 추상적이다.

표 6-2 객체 지향의 상속을 적용할 수 있는 현실 세계의 예

부모 클래스	자식 클래스
Animal	Eagle, Tiger, Goldfish
Bike	MountainBike, RoadBike, TandemBike
Circle	Ball, Cone, Cylinder
Drinks	Beer, Coke, Juice, Wine
Employee	RegularEmployee, TemporaryEmployee, ContractEmployee

현실 세계의 동물을 상속에 적용해 보자. 부모 클래스인 Animal 클래스는 자식 클래스의 공통된 속성이나 동작을 포함한다. 자식 클래스인 Eagle, Tiger, Goldfish 클래스는 각각 고유한 속성과 고유한 동작을 포함한다. 자식 클래스는 부모 클래스로부터 eye, mouth, eat(), sleep()를 물려받는다. 따라서 Eagle 클래스는 자신의 고유 멤버인 wing과 fly() 외에도 Animal 클래스로부터 물려받은 eye, mouth, eat(), sleep()를 사용할 수 있다.

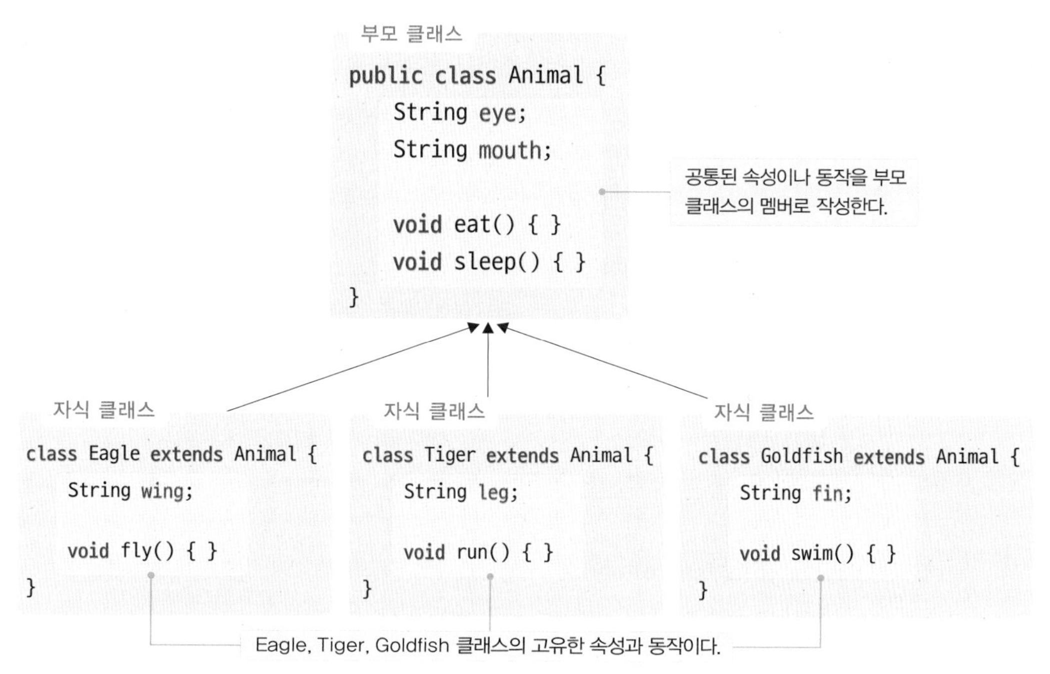

그림 6-5 Animal 클래스와 자식 클래스

이번에는 Circle 클래스를 상속해 Ball이라는 자식 클래스를 작성해 보자. 원을 사용해 공을 만들 수 있듯이, Ball 클래스는 Circle 클래스를 사용해 생성할 수 있다. 부모 클래스가 될 Circle 클래스는 다음과 같이 선언될 수 있다.

예제 6-1 **Circle 클래스** sec02/Circle.java

```
01 public class Circle {
02    private void secret() {
03       System.out.println("비밀이다.");
04    }
05
06    protected void findRadius() {
07       System.out.println("반지름이 10.0센티이다.");
08    }
09
10    public void findArea() {
11       System.out.println("넓이는 (π*반지름*반지름)이다.");
12    }
13 }
```

클래스 내부에서만 접근을 허용한다.

부모와 자식 클래스만 접근을 허용한다. protected는 이후에 다루므로 여기서는 간단히 이해하고 넘어가자.

자식 클래스는 부모 클래스의 멤버를 물려받으면서 고유 멤버도 추가할 수 있다. 다음은 Ball 클래스에 color 필드, findVolume() 메서드 등을 추가한 예제이다.

예제 6-2 **Circle 클래스의 자식 Ball 클래스** sec02/Ball.java

```
01 public class Ball extends Circle {
02    private String color;
03
04    public Ball(String color) {
05       this.color = color;
06    }
07
08    public void findColor() {
09       System.out.println(color + " 공이다.");
10    }
11
12    public void findVolume() {
13       System.out.println("부피는 4/3*(π*반지름*반지름*반지름)이다.");
14    }
15 }
```

Ball 클래스에 추가한 필드이다.

Ball 클래스에 추가한 생성자이다.

Ball 클래스에 추가한 메서드이다.

부모 클래스의 private 멤버를 제외한 모든 멤버는 자식 클래스에 상속된다. 생성자는 클래스 멤버가 아니기 때문에 상속되지 않는다. 궁극적으로 Ball 클래스는 [그림 6-6]의 (b)와 같이 자신의 고유 멤버와 Circle 클래스에서 상속받은 멤버를 사용할 수 있다.

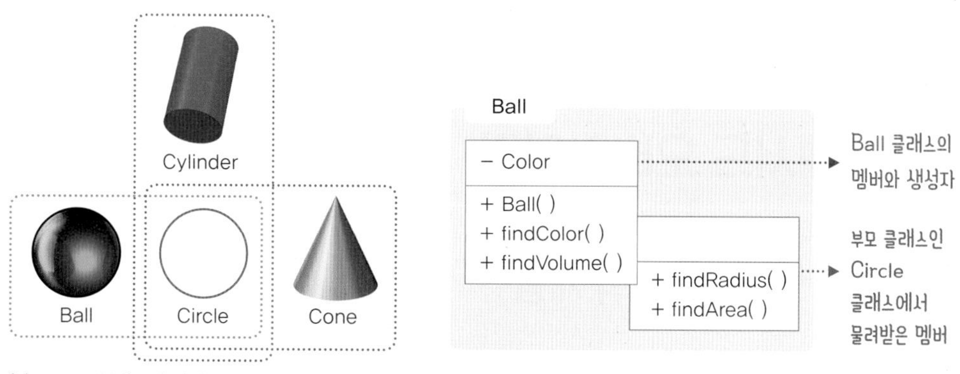

(a) Circle 클래스와 자식 클래스의 크기

(b) 자식 클래스인 Ball의 멤버

그림 6-6 자식 클래스의 멤버 개수

예제 6-3 **Circle 및 Ball을 테스트하기 위한 InheritanceDemo 클래스** sec02/InheritanceDemo.java

```
01 public class InheritanceDemo {
02    public static void main(String[] args) {
03       Circle c1 = new Circle();
04       Ball c2 = new Ball("빨간색");
05
06       System.out.println("원 :");
07       c1.findRadius();
08       c1.findArea();
09
10       System.out.println("\n공 :");
11       c2.findRadius();
12       c2.findColor();
13       c2.findArea();
14       c2.findVolume();
15    }
16 }
```

```
원 :
반지름이 10.0센티이다.
넓이는 (π*반지름*반지름)이다.

공 :
반지름이 10.0센티이다.
빨간색 공이다.
넓이는 (π*반지름*반지름)이다.
부피는 4/3*(π*반지름*반지름*반지름)이다.
```

상속된 메서드 호출에 의한 잘못된 결과이다.

그런데 [예제 6-3]의 실행 결과를 보면 Ball 객체의 넓이가 π × 반지름 × 반지름으로 잘못된 내용이다. 이는 Ball 객체의 면적으로 Circle 클래스에서 상속받은 findArea() 메서드를 그대로 사용했기 때문이다. 이처럼 부모 클래스에서 상속받은 메서드가 자식 클래스에 적합하지 않을 때는 자식 클래스에서 수정할 수 있다.

03 메서드 오버라이딩

1 메서드 오버라이딩의 개념

부모 클래스의 메서드가 자식 클래스에도 적합하다면 그대로 사용할 수 있다. 하지만 적합하지 않다면 자식 클래스는 물려받은 메서드를 자신에게 맞도록 수정할 수 있는데, 이를 메서드 오버라이딩 method overriding 이라고 한다.

예를 들어 하나의 부모 클래스와 3개의 자식 클래스가 있는데, 모든 자식 클래스가 넓이를 구하는 findArea() 메서드를 요구한다고 하자. 그런데 자식 클래스의 넓이를 구하는 방식이 부모 클래스와 다르다면 자식 클래스는 findArea() 메서드를 각자 자신에게 맞게 수정해야 한다.

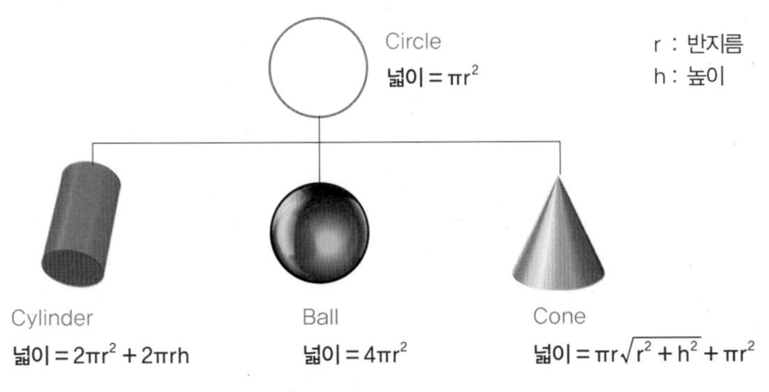

그림 6-7 메서드 오버라이딩의 개념

자식 클래스가 부모 클래스의 메서드를 오버라이딩할 때는 다음 규칙을 따른다.

- 부모 클래스의 메서드와 동일한 시그너처를 사용한다.
- 부모 클래스의 메서드보다 접근 범위를 더 좁게 수정할 수 없다.
- 추가적인 예외(Exception)가 발생할 수 있음을 나타낼 수 없다.

부모 클래스에 있는 다음 메서드를 자식 클래스가 오버라이딩할 수 없다.

- **private 메서드** : 부모 클래스 전용이므로 자식 클래스에 상속되지 않는다.
- **정적 메서드** : 클래스 소속이므로 자식 클래스가 오버라이딩할 수 없다.
- **final 메서드** : final 메서드는 더 이상 수정될 수 없으므로 자식 클래스가 오버라이딩할 수 없다.

2 메서드 오버라이딩의 활용

앞에서 살펴본 Circle, Ball 클래스와 테스트 프로그램인 InheritanceDemo 클래스로 다시 돌아가 보자. Ball 클래스에서 넓이를 구하는 findArea( ) 메서드는 부모 클래스인 Circle로부터 물려받은 것이다. 그런데 Circle 클래스에서는 맞는 메서드이지만 자식 클래스인 Ball에는 맞지 않다. 다음은 자식인 Ball 클래스가 부모 클래스의 findArea( ) 메서드를 오버라이딩하는 예제이다.

예제 6-4 **findArea() 메서드를 오버라이딩한 Ball 클래스** sec03/Ball.java

```
01 public class Ball extends Circle {
02    private String color;
03
04    public Ball(String color) {
05       this.color = color;
06    }
07
08    public void findColor() {
09       System.out.println(color + " 공이다.");
10    }
11
12    public void findArea() {
13       System.out.println("넓이는 4*(π*반지름*반지름)이다.");
14    }
15
16    public void findVolume() {
17       System.out.println("부피는 4/3*(π*반지름*반지름*반지름)이다.");
18    }
19 }
```

Circle 클래스에서 물려받은 findArea( )가 Ball 클래스에는 적합하지 않다. 따라서 자신에게 적합한 메서드로 오버라이딩한다.

다음은 오버라이딩한 Ball 클래스를 이용하여 [예제 6-3]의 InheritanceDemo 클래스를 실행한 결과이다.

```
원 :
반지름이 10.0센티이다.
넓이는 (π*반지름*반지름)이다.

공 :
반지름이 10.0센티이다.
빨간색 공이다.
넓이는 4*(π*반지름*반지름)이다.      오버라이딩한 메서드의 결과로 올바른 값이다.
부피는 4/3*(π*반지름*반지름*반지름)이다.
```

오버라이딩된 메서드 앞에서 다음과 같은 @Override 어노테이션annotation이 있는 코드를 쉽게 볼 수 있다.

```
@Override      어노테이션이다.
void findArea() {
  // 부모 클래스에서 상속받은 메서드를 수정한 코드      오버라이딩한 메서드이다.
}
```

여기서 @Override는 뒤에 선언된 메서드가 부모 클래스의 메서드를 오버라이딩한 메서드라는 것을 명시한다. @Override는 오버라이딩 규칙에 어긋나면 컴파일 오류를 발생시키기 때문에 개발자가 흔히 범하는 실수를 사전에 방지할 수 있다. 예를 들어 메서드 이름을 findArea() 대신에 getArea()로 잘못 작성하면 @로 시작하는 어노테이션 사용 여부에 따라 컴파일러는 다음과 같이 다르게 취급한다.

```
class Ball extends Circle {
  …
  @Override
  void getArea() {      @Override 어노테이션이 있으므로 오버라이딩할 getArea()
  }                     메서드가 부모 클래스에 없어 컴파일 오류를 발생시킨다.
}
```

```
class Ball extends Circle {
  …
  void getArea() {
  }
}
```

@Override 어노테이션이 없으므로 Ball 클래스에 추가한 메서드로 잘못 취급한다.

자바 5 이후에 도입된 어노테이션은 일종의 메타데이터로 컴파일러가 문법 오류를 미리 점검하게 하거나 실행 시간 도중에 특정 기능을 수행하도록 정보를 제공한다. 오버라이딩과 관련된 어노테이션 외에도 클래스, 메서드, 필드 등에 선언하는 @Depricated와 @SuppressWarning 등 많은 어노테이션이 있다. @Depricated는 지정한 클래스, 메서드, 필드 등이 폐기 중이라는 것을 의미하며, @SuppressWarning은 컴파일러 경고를 무시하려고 사용한다.

3 부모 클래스의 멤버 접근

자식 클래스가 메서드를 오버라이딩하면 자식 객체는 부모 클래스의 오버라이딩된 메서드를 숨긴다. 그러나 필요에 따라서는 그 숨겨진 메서드를 호출해야 할 때가 있는데, 이때 super 키워드를 사용한다. super는 현재 객체에서 부모 클래스의 참조를 의미하므로 자식 객체는 super 키워드를 사용해 부모 객체의 메서드나 필드에 직접 접근할 수 있다.

다음은 super 키워드를 살펴보기 위하여 Ball 클래스를 수정한 코드와 테스트 프로그램인 InheritanceDemo 클래스를 실행한 예제이다.

예제 6-5 **super를 적용한 Circle 및 Ball 클래스** sec03/spr/Ball.java

```
01 public class Ball extends Circle {
02    private String color;
03
04    public Ball(String color) {
05       this.color = color;
06    }
07
08    public void findColor() {
09       System.out.println(color + " 공이다.");
10    }
```

```
11
12    public void findArea() {
13       findRadius();
14
15       super.findArea();
16
17       // super.secret();
18
19       System.out.println("넓이는 4*(π*반지름*반지름)이다.");
20    }
21
22    public void findVolume() {
23       System.out.println("부피는 4/3*(π*반지름*반지름*반지름)이다.");
24    }
25 }
```

부모 클래스의 findRadius( )를 물려받았으므로 super 없이 호출할 수 있다.

부모 클래스의 findArea( ) 메서드를 호출한다.

부모 클래스의 secret( ) 메서드가 private이므로 호출할 수 없다.

```
원 :
반지름이 10.0센티이다.
넓이는 (π*반지름*반지름)이다.

공 :
반지름이 10.0센티이다.
빨간색 공이다.
반지름이 10.0센티이다.
넓이는 (π*반지름*반지름)이다.
넓이는 4*(π*반지름*반지름)이다.
부피는 4/3*(π*반지름*반지름*반지름)이다.
```

findRadius( )의 결과이다.

super.findArea( )의 결과이다.

Ball 클래스의 19행 결과이다.

4 메서드 오버라이딩과 메서드 오버로딩

메서드 오버라이딩과 메서드 오버로딩은 상당히 유사하면서도 큰 차이가 있다. 메서드 오버라이딩은 상속과 관련이 있지만 메서드 오버로딩은 상속과는 무관하다. 메서드 오버라이딩은 부모 클래스에서 이미 정의된 메서드를 자식 클래스가 다시 정의하는 것으로 부모 클래스와 자식 클래스의 메서드가 동일한 시그너처를 사용한다. 반면 메서드 오버로딩은 동일한 클래스에 이름은 같지만 시그너처가 하나라도 다른 여러 개의 메서드를 중복해서 정의하는 것이다.

예를 들어, 메서드 오버라이딩은 [그림 6-8]의 (a)와 같이 동일한 부분에 같은 각도로 화살을 쏴 이전에 쏜 화살이 과녁을 통과해 나중에 쏜 화살만 보이는 것이고, 메서드 오버로딩은 (b)와 같이 화살들이 동일한 부분에 다양한 각도로 꽂혀 다른 부분에 쏜 화살들처럼 보이는 것이다.

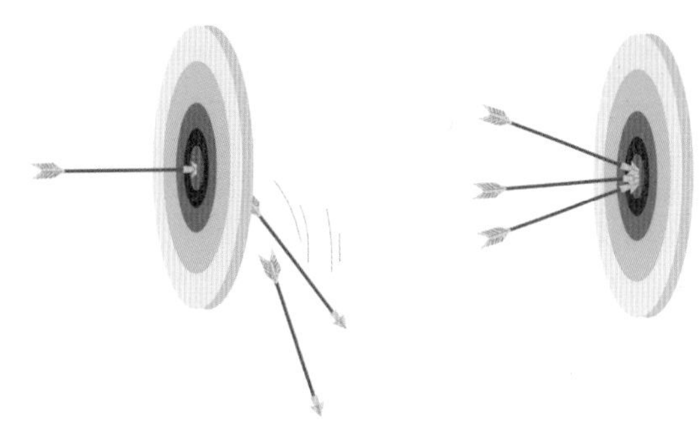

(a) 메서드 오버라이딩 (b) 메서드 오버로딩

그림 6-8 메서드 오버라이딩과 메서드 오버로딩

표 6-3 메서드 오버라이딩과 메서드 오버로딩의 비교

비교 요소	메서드 오버라이딩	메서드 오버로딩
메서드 이름	동일하다.	동일하다.
매개변수	동일하다.	다르다.
반환 타입	동일하다.	관계없다.
상속 관계	필요하다.	필요 없다.
예외와 접근 범위	제약이 있다.	제약이 없다.
바인딩	호출할 메서드를 실행 중 결정하는 동적 바인딩이다.	호출할 메서드를 컴파일할 때 결정하는 정적 바인딩이다.

셀프 테스트 6-1

1 상속을 설명한 것이다. 틀린 것은?

① Car 클래스를 상속해 SportsCar 클래스를 생성할 수 있다.

② 상속은 코드 재사용성을 높인다.

③ 상속은 has-a 관계이다.

④ 자바는 다중 상속을 허용하지 않는다.

2 부모 클래스의 메서드 중에서 자식 클래스가 오버라이딩할 수 있는 것은?

① private void foo( ) { }

② void foo( ) { }

③ final void foo( ) { }

④ static void foo( ) { }

3 __________은 자식 클래스가 필요에 따라 상속된 메서드를 다시 정의하는 것이다.

4 __________는 부모 클래스의 멤버를 자식 클래스에서 명시적으로 참조하려고 사용한다.

04 패키지

1 패키지의 의미

큰 프로젝트에서는 수천수만 개의 클래스 파일이 필요한데, 관련 있는 클래스 파일끼리 묶지 않으면 유지 보수하기가 어렵다. 자바는 패키지package를 이용해 많은 클래스 파일을 포장해서 효율적으로 관리한다. 여기서는 상속에 따른 접근 제어를 이해하기 위하여 패지키의 기본적인 의미를 살펴보며, 프로그램을 개발할 때 자주 사용되는 기본 패키지는 8장에서 다룬다.

패키지는 파일 시스템의 폴더를 이용해 클래스 파일을 묶어서 관리하며, 다음 장점을 제공한다.

- 클래스 이름의 유일성을 보장한다. 패키지마다 별도의 이름 공간Namespace이 생기기 때문이다. 여러 개발자가 동일한 클래스 이름을 사용하더라도 다른 패키지에 작성한 후 통합한다면 클래스 파일이 중복되지 않는다.
- 클래스를 패키지 단위로도 제어할 수 있기 때문에 좀 더 세밀하게 접근을 제어할 수 있다.

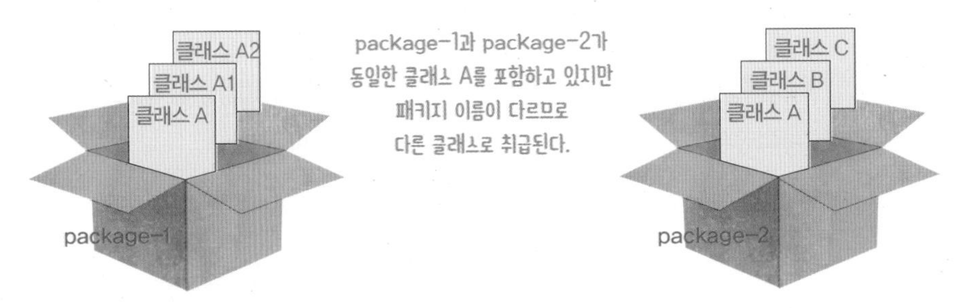

그림 6-9 별도의 이름 공간을 제공하는 패키지

자바가 제공하는 패키지는 매우 많은데, 그중 java.lang 패키지는 import 문을 선언하지 않아도 자동으로 임포트되는 자바의 기본 클래스를 모아 둔 것이다. 또 java.awt 패키지는 그래픽 프로그래밍에 관련된 클래스를 모아 둔 것이며, java.io 패키지는 입출력과 관련된 클래스를 모아 둔 것이다.

2 패키지 선언

주석문을 제외하고 패키지는 반드시 첫 행에 선언해야 한다. 패키지 이름은 모두 소문자로 명명하는 것이 관례이며, 대개 회사의 도메인 이름을 역순으로 사용한다. 예를 들어 회사 도메인이 hankuk.com이고 프로젝트 이름이 people이라면 패키지는 다음과 같이 선언한다.

```
package com.hankuk.people;
```

- package: 패키지를 선언하는 키워드이다.
- com.hankuk.people: 패키지 이름이다. 주로 도메인 이름을 역순으로 사용한다.

패키지 선언을 포함하는 자바 소스 코드를 컴파일하면 패키지 이름(패키지 경로)에 대응하는 폴더를 생성한다. 예를 들어 C:\Temp 폴더에 Yona.java를 일반 편집기로 작성해 보자.

예제 6-6 **패키지와 클래스** C:\Temp\Yona.java

```
01 package com.hankuk.people;
02
03 public class Yona {
04    public static void main(String[] args) {
05       System.out.println("안녕, 연아!");
06    }
07 }
```

패키지 이름은 반드시 첫 행에 위치해야 한다.

단순히 컴파일할 때는 패키지 폴더를 생성하지 않는다. 명령 창에서 다음과 같이 javac 명령어 뒤에 -d 옵션을 추가해야 한다. 이는 현재 폴더, 즉 C:\Temp를 기준으로 패키지를 생성하고 패키지 폴더에 Yona.java를 컴파일한 결과를 저장하라는 의미이다. 따라서 성공적으로 컴파일하면 [그림 6-10]과 같이 C:\Temp\com\hankuk\people 폴더에 Yona.class 파일을 생성한다.

```
C:\Temp> javac -d . Yona.java
```

- javac: 컴파일 명령어이다.
- -d: 패키지 폴더를 생성하는 옵션이다.
- .: 현재 폴더를 의미한다.

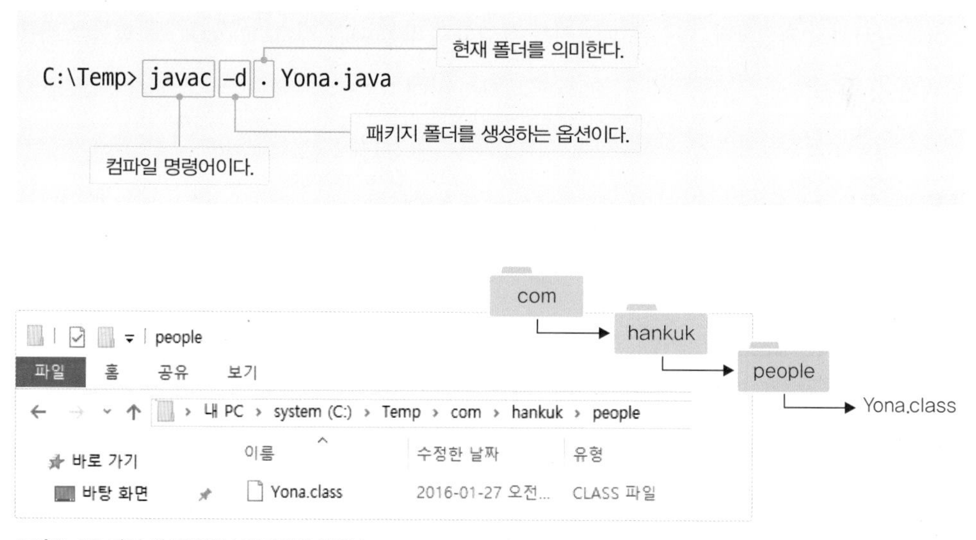

그림 6-10 파일 탐색기에서 패키지와 클래스

컴파일된 Yona.class는 패키지에 포함되므로 바이트 코드가 있는 폴더에서는 실행되지 않고, 패키지가 시작하는 폴더에서 실행될 수 있다. 즉, C:\Temp\com\hankuk\people 폴더가 아닌 C:\Temp 폴더에서 실행될 수 있다. 이는 자바가 패키지 이름도 클래스 일부로 취급하기 때문이다. 따라서 자바 명령어로 클래스 파일을 실행할 때는 클래스의 소속 패키지와 함께 확장자가 없는 클래스 이름을 사용해야 한다.

그림 6-11 명령 창에서 패키지에 포함된 클래스 실행

이제 이클립스에서 패키지를 어떻게 관리하는지 살펴보자. 패키지를 선언하면 패키지를 먼저 생성한 후 해당 패키지에 클래스를 생성하며, 패키지를 선언하지 않을 경우엔 bin 폴더에 클래스가 바로 생성된다. 그러나 bin 폴더에서 클래스 파일을 관리하는 것보다는 패키지 단위로 묶어서 관리하는 습관을 가지는 것이 더 좋다.

이클립스의 작업 폴더가 D:\workspace, 프로젝트 이름이 chap06, 자바 소스 파일 이름이 Yona.java라고 가정한다. 다음은 패키지를 선언하지 않을 때와 패키지(sec04)를 선언할 때를 살펴본 것이다.

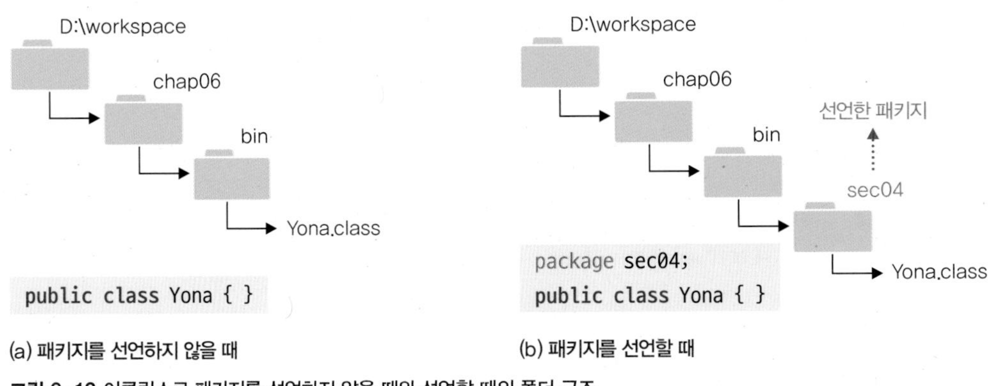

그림 6-12 이클립스로 패키지를 선언하지 않을 때와 선언할 때의 폴더 구조

참고

인텔리J 아이디어의 패키지 구조

이클립스와 유사한 구조의 폴더를 사용한다. 자바 파일을 생성하면 out₩production 폴더 아래에 대응하는 모듈, 패키지, 클래스를 생성한다.

3 패키지의 사용

다른 패키지에 있는 공개된 클래스를 사용하려면 패키지 경로를 컴파일러에 알려 주어야 한다. 패키지 이름과 클래스 이름을 함께 사용하면 다른 패키지에 있는 클래스에 접근할 수 있다. 예를 들어 com.usa.people 패키지에 공개된 Lincoln이라는 클래스가 있고 Lincoln 클래스를 com.hankuk.people 패키지에서 사용한다면 [그림 6-13]과 같이 Lincoln 클래스 앞에 패키지 경로를 나타내야 한다.

com.hankuk.people 패키지

```
public class ShowWorldPeople {
    public static void main(String[] args) {
        com.usa.people.Lincoln greatman
            = new com.usa.people.Lincoln();
    }
}
```

패키지 이름을 접두어로 사용해
다른 패키지에 있는 클래스를 이용한다.

com.usa.people 패키지

```
public class Lincoln { }
```

그림 6-13 패키지의 사용 예

그러나 패키지 경로를 클래스 앞에 붙이면 전체 코드가 지저분해지고 가독성이 떨어진다. 자바는 사용하려는 패키지 경로를 미리 컴파일러에 알려 줄 수 있도록 다음과 같이 import 문을 사용한다. import 문은 소스 파일에서 package 문과 첫 번째 클래스 선언부 사이에 위치한다.

```
import 패키지이름.클래스;

또는

import 패키지이름.*;
```

별표(*)는 패키지 경로에 있는 모든 클래스를 의미한다. 그러나 별표는 패키지 아래의 다른 패키지 경로까지는 포함하지 않는다. 예를 들어 com.hankuk.*는 com.hankuk.people.*를 포함하지 않는다. com.hankuk 패키지에 포함된 클래스와 com.hankuk.people 패키지에 포함된 클래스가 둘 다 필요할 때는 2개의 import 문을 모두 선언해야 한다.

```
import com.hankuk.*;         // com.hankuk 패키지에 포함된 모든 클래스이다.
import com.hankuk.people.*; // com.hankuk.people 패키지에 포함된 모든 클래스이다.
```

[그림 6-13]에서 살펴본 ShowWorldPeople 소스 파일을 import 문을 사용해 수정하면 다음과 같다.

```
package com.hankuk.people;

import com.usa.people.Lincoln;   // 컴파일러에 Lincoln 클래스의 경로를 알려 준다.

public class ShowWorldPeople {
   public static void main(String[] args) {
      Lincoln greatman = new Lincoln();
   }
}
```

import 문으로 경로를 알려 주었으므로 com.usa.people 이라는 경로 정보는 필요 없다.

정적 import 문은 패키지 단위로 임포트하지 않고 패키지 경로와 정적 멤버를 함께 임포트한다. 다음은 java.util 패키지에 포함된 Arrays와 Calendar 클래스의 정적 메서드 sort()와 getInstance()에 대하여 정적 import 문과 비정적 import 문을 사용할 때를 비교한 예제이다.

예제 6-7 **정적 import 문과 비정적 import 문의 차이** sec04/StaticImportDemo.java

```
01 import static java.util.Arrays.sort;   // 정적 import 문이다.
02
03 import java.util.Calendar;   // import 문이다.
04
05 public class StaticImportDemo {
06    public static void main(String[] args) {
07       int[] data = { 3, 5, 1, 7 };
08
```

```
09        sort(data);
10        System.out.println(Calendar.JANUARY);
11        Calendar.getInstance();
12    }
13 }
```

정적 import 문이 있다면 클래스 이름 없이 멤버를 사용한다.

import 문일 때는 클래스 이름과 함께 필드를 사용한다.

import 문일 때는 클래스 이름과 함께 메서드를 사용한다.

05 자식 클래스와 부모 생성자

생성자는 클래스 멤버가 아니므로 자식 클래스에 상속되지는 않는다. 하지만 부모에게서 물려받은 멤버가 있다면 자식 클래스는 이를 초기화하기 위해 부모 클래스의 생성자가 필요하다. 자식 클래스의 인스턴스를 생성한다는 것은 명시적이든 묵시적이든 부모 생성자도 호출하는 것이다. 예를 들어 다음과 같이 ColoredBox 객체 b를 생성하려면 ColoredBox 클래스의 생성자뿐만 아니라 부모인 Box 클래스의 생성자도 호출해야 한다.

```
class Box {
  public Box() {
    …
  }
}

class ColoredBox extends Box {
  public ColoredBox() {
    …
  }
}

public class BoxDemo {
  public static void main(String[] args) {
    ColoredBox b = new ColoredBox();
  }
}
```

❶ 자식 클래스의 생성자를 호출한다.

❷ 부모 클래스의 생성자를 호출한다.

❸ 부모 클래스의 생성자를 마치고, 자식 클래스의 생성자로 돌아온다.

❹ 자식 클래스의 생성자를 마친다.

자식 생성자를 호출하면 부모 생성자도 자동으로 호출된다. 이는 자식 생성자의 첫 행에 부모 생성자를 호출하는 코드가 있기 때문이다. 자식 생성자의 첫 행에 부모 생성자를 호출하는 코드가 없다면 컴파일러는 다음과 같이 디폴트 부모 생성자인 super( ) 메서드를 추가한다.

```
class Box {
  public Box() {
    …
  }
}

class ColoredBox extends Box {
  public ColoredBox() {
  }
}
```

super( )에 의해 부모 생성자 Box( )를 호출한다.

없다면 컴파일러가 super(); 코드를 추가한다.

자식 생성자는 부모 생성자와 밀접한 연관이 있으므로 자식 생성자를 정의할 때 유의해야 한다. 자식 생성자를 정의할 때 발생하기 쉬운 경우를 살펴보자. 다음은 부모 클래스가 디폴트 생성자를 선언하지 않아 오류가 발생하는 경우이다.

```
class Box {
  public Box(String s) {
    …
  }
}

class ColoredBox extends Box {

    // 생성자가 없음

}
```

생성자가 있으므로 컴파일러는 디폴트 생성자 Box()를 추가하지 않는다.

생성자가 없으므로 컴파일러가 디폴트 생성자 ColoredBox()를 추가한다. ColoredBox()는 먼저 부모 생성자 super()를 호출한다. 그런데 부모 클래스에는 Box(String)은 있지만 Box() 생성자는 없어 오류가 발생한다.

다음은 부모 클래스에 매개변수가 있는 생성자가 없어 오류가 발생하는 경우이다. 여기서 super(s)는 매개변수 s가 있는 부모 생성자를 의미한다.

```
class Box {
    // 생성자가 없음        생성자가 없으므로 컴파일러가 디폴트 생성자 Box()를 추가한다.
}

class ColoredBox extends Box {
  public ColoredBox(String s) {
    super(s);          부모 클래스에 Box(String) 생성자가 없어 오류가 발생한다.
  }
}
```

다음은 부모 생성자 super()를 생성자 내부의 첫 행에 위치하지 않아 오류가 발생하는 경우이다.

```
class Ball extends Circle {
  public Ball(String s) {
    System.out.println("어이쿠!");     super(s) 생성자 호출이 맨 먼저
    super(s);                          나타나야 한다.
  }
}
```

다음은 부모 클래스와 자식 클래스 사이의 생성자 관계를 보여 주는 예제이다.

예제 6-8 **부모와 자식 클래스 사이의 생성자 관계** sec05/AnimalDemo.java

```
01 class Animal {
02   public Animal(String s) {
03     System.out.println("동물 : " + s);     생성자가 있으므로 디폴트 생성자
04   }                                        가 추가되지 않는다.
05 }
06
07 class Mammal extends Animal {
08   public Mammal() {
09     // super();     부모 클래스의 디폴트 생성자가 없으므로 오류가 발생한다.
10     super("원숭이");
11     System.out.println("포유류 : 원숭이");
12   }
13
```

```
14      public Mammal(String s) {
15         super(s);
16         System.out.println("포유류 : " + s);
17      }
18   }
19
20   public class AnimalDemo {
21      public static void main(String[] args) {
22         Mammal ape = new Mammal();
23         Mammal lion = new Mammal("사자");
24      }
25   }
```

```
동물 : 원숭이
포유류 : 원숭이
동물 : 사자
포유류 : 사자
```

06 상속과 접근 제어

캡슐화는 클래스 멤버를 숨기는 것이다. 그러나 클래스 멤버를 모두 숨기면 다른 객체가 사용할 수 없으므로 공개할 필요가 있다. 자바는 클래스와 클래스 멤버를 다른 객체에 공개하는 범위를 명시하려고 private, protected, public이라는 접근 지정자 access modifier를 제공한다.

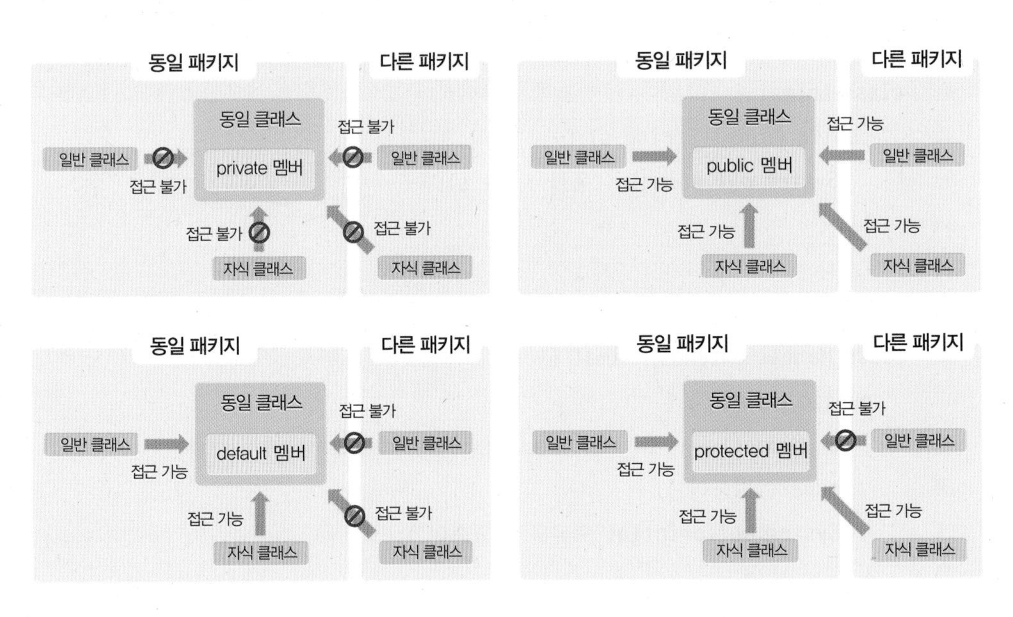

표 6-4 접근 지정자의 접근 범위

접근 지정자	동일 클래스	동일 패키지	자식 클래스	다른 패키지
public	○	○	○	○
protected	○	○	○	×
없음	○	○	×	×
private	○	×	×	×

다른 클래스에 공개하려면 public, 자식 클래스에만 공개하려면 protected, 공개하지 않으려면 private으로 지정한다. 접근 지정자로 지정하지 않을 때는 해당 패키지에서만 공개되는데, 이를 디폴트 접근 지정이라고 한다.

접근 지정자를 사용하려면 다음 사항에 주의해야 한다.

- private 멤버는 자식 클래스에 상속되지 않는다.
- 클래스 멤버는 어떤 접근 지정자로도 지정할 수 있지만, 클래스는 protected와 private으로 지정할 수 없다.
- 메서드를 오버라이딩할 때 부모 클래스의 메서드보다 더 좁은 접근 지정을 할 수 없다.

[예제 6-9]~[예제 6-13]은 접근 지정자의 역할을 알아보기 위하여 [그림 6-14]와 같이 2개의 패키지와 5개의 클래스를 이용하는 예제이다.

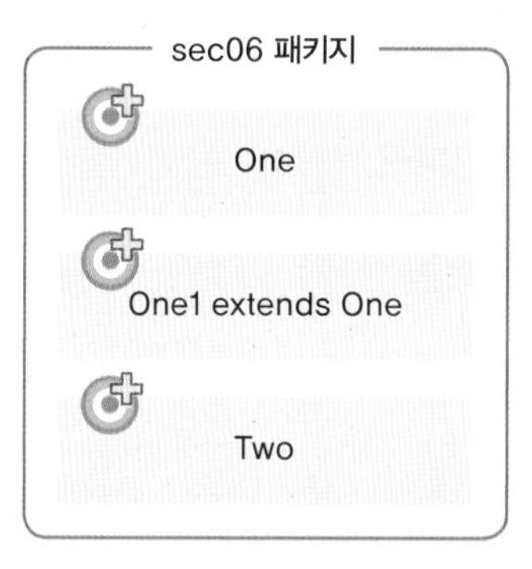

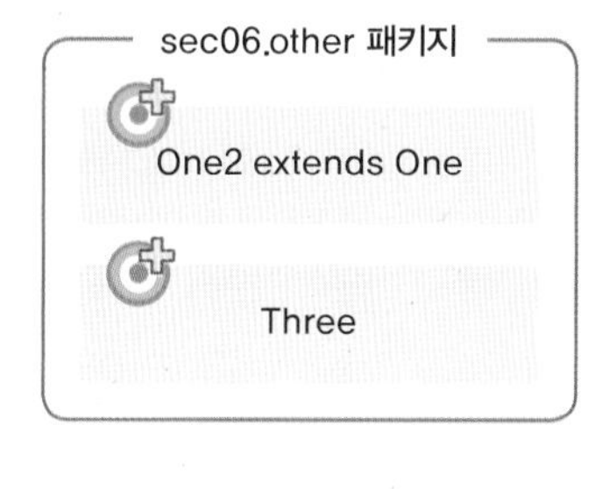

그림 6-14 접근 생성자를 테스트하는 패키지와 클래스

예제 6-9 **각종 접근 지정자를 사용하는 클래스** sec06/One.java

```
01  package sec06;
02
03  public class One {
```

```
04      private int secret = 1;
05      int roommate = 2;
06      protected int child = 3;
07      public int anybody = 4;
08
09      public void show() {
10      }
11  }
```

모두 다른 접근 지정자로 명시된 변수이다.

예제 6-10 One 클래스와 같은 패키지에 있는 자식 클래스 sec06/One1.java

```
01  package sec06;
02
03  public class One1 extends One {
04      void print() {
05          // System.out.println(secret);
06          System.out.println(roommate);
07          System.out.println(child);
08          System.out.println(anybody);
09      }
10
11      // void show() {
12      // }
13  }
```

- 같은 패키지에 있는 자식 객체라도 부모 클래스의 private 멤버에는 접근할 수 없다.
- 같은 패키지에 있는 자식 객체는 부모 클래스의 private 외의 멤버에 접근할 수 있다.
- 오버라이딩할 때 접근 범위가 좁아지면 오류가 발생한다.

예제 6-11 One 클래스와 같은 패키지에 있는 클래스 sec06/Two.java

```
01  package sec06;
02
03  public class Two {
04      void print() {
05          One o = new One();
06          // System.out.println(o.secret);
07          System.out.println(o.roommate);
08          System.out.println(o.child);
09          System.out.println(o.anybody);
```

- 같은 패키지에 있더라도 다른 객체의 private 멤버에 접근할 수 없다.
- 같은 패키지에 있다면 다른 객체의 private 외의 멤버에 접근할 수 있다. 그러나 자신의 멤버가 아니기 때문에 객체를 생성해야 한다.

```
10      }
11  }
```

예제 6-12 One 클래스와 다른 패키지에 있는 자식 클래스 sec06/other/One2.java

```
01  package sec06.other;
02
03  import sec06.One;
04
05  public class One2 extends One {
06      void print() {
07          // System.out.println(secret);
08          // System.out.println(roommate);
09          System.out.println(child);
10          System.out.println(anybody);
11      }
12  }
```

다른 패키지에 있는 public 클래스를 임포트한다. public 클래스가 아니면 임포트할 수 없다.

자식 클래스라도 부모와 다른 패키지에 있다면 private과 default 멤버에 접근할 수 없다.

예제 6-13 One 클래스와 다른 패키지에 있는 클래스 sec06/other/Three.java

```
01  package sec06.other;
02
03  import sec06.One;
04
05  public class Three {
06      void print() {
07          One o = new One();
08          // System.out.println(o.secret);
09          // System.out.println(o.roomate);
10          // System.out.println(o.child);
11          System.out.println(o.anybody);
12      }
13  }
```

다른 패키지에 있는 클래스라면 public 멤버만 접근할 수 있다.

셀프 테스트 6-2

1 자식 클래스는 부모 클래스의 __________ 멤버와 __________ 멤버를 상속받는다.

2 다른 패키지에 있는 __________ 멤버는 상속 관계가 없어도 접근할 수 있다.

3 __________ 문은 다른 패키지에 있는 공개된 클래스의 패키지 경로를 컴파일러에게 알려준다.

07 final 클래스와 메서드

final 키워드는 클래스, 필드, 메서드를 선언할 때 지정할 수 있다. 4장에 서술했듯이 필드를 선언할 때 final로 지정하면 설정된 초깃값을 더 이상 수정할 수 없다. 여기서는 클래스와 메서드를 final로 지정할 때를 살펴본다.

1 final 클래스

final 클래스는 더 이상 상속할 수 없는 종단 클래스를 의미한다. final 클래스의 목적은 자식 클래스를 정의해 비공개 정보에 접근하거나 시스템을 파괴하는 경우를 방지하는 것이다. 자바 표준 API가 제공하는 String 클래스는 대표적인 final 클래스로 다음과 같이 자식 클래스를 선언한다면 오류가 발생한다.

```
class ChildString extends String {…}
```

String은 final 클래스이므로 부모 클래스가 될 수 없다.

다음은 final 클래스를 상속할 수 없다는 것을 보여 주는 예제이다.

예제 6-14 종단 클래스의 활용 sec07/FinalClassDemo.java

```
01  class Good {
02  }
03
04  class Better extends Good {
05  }
06
07  final class Best extends Better {
```

```
08 }
09 //class NumberOne extends Best {}
10
11 public class FinalClassDemo {
12    public static void main(String[] args) {
13       // new NumberOne();
14       new Best();
15    }
16 }
```

Best 클래스는 final로 지정되어 있어 더 이상 자식 클래스로 확장할 수 없다. 따라서 NumberOne 클래스를 선언할 수 없다.

2 final 메서드

final 메서드는 더 이상 오버라이딩할 수 없는 종단 메서드이다. 따라서 부모 클래스에서 정의한 final 메서드를 자식 클래스는 수정 없이 그대로 사용해야 한다. final 클래스는 클래스 내부의 모든 메서드를 오버라이딩할 수 없다. 특정 메서드만 오버라이딩하지 않도록 하려면 final 메서드로 선언한다.

체스 게임은 흰색 선수가 먼저 시작하는 것이 관례이므로 시작 순서를 바꾸지 않아야 한다. 다음은 체스의 시작 선수를 정하는 메서드를 final로 지정해서 게임의 순서를 고정한 예제이다.

예제 6-15 **종단 메서드의 활용** sec07/FinalMethodDemo.java

```
01 class Chess {
02    enum ChessPlayer {
03       WHITE, BLACK
04    }
05
06    final ChessPlayer getFirstPlayer() {
07       return ChessPlayer.WHITE;
08    }
09 }
10
11 class WorldChess extends Chess {
12    // ChessPlayer getFirstPlayer() {}
13 }
14
```

final 메서드이다.

getFirstPlayer( )는 final 메서드이기 때문에 오버라이딩하면 오류가 발생한다.

```
15  public class FinalMethodDemo {
16     public static void main(String[] args) {
17        WorldChess w = new WorldChess();
18        w.getFirstPlayer();
19     }
20  }
```

08 타입 변환과 다형성

1 객체의 타입 변환

다형성은 대입하는 객체의 타입에 따라서 메서드를 다르게 동작하도록 구현하는 것이다. 다형성은 타입과 밀접한 관계가 있으므로 먼저 타입 변환을 알아야 한다. 참조 타입인 객체도 기초 타입처럼 타입을 변환할 수 있다. 모든 객체를 타입 변환할 수 있는 것이 아니라 상속 관계일 때만 가능하며, 자동 타입 변환과 강제 타입 변환이 있다.

다음과 같은 부모 클래스 Person과 자식 클래스 Student를 기준으로 타입 변환을 살펴보자.

예제 6-16 **객체 타입 변환을 하는 Person 클래스** sec08/Person.java

```
01  public class Person {
02     String name = "사람";
03
04     void whoami() {
05        System.out.println("나는 사람이다.");
06     }
07  }
```

예제 6-17 **객체 타입 변환을 하는 Student 클래스** sec08/Student.java

```
01  public class Student extends Person {
02     int number = 7;
03
```

```
04     void work() {
05        System.out.println("나는 공부한다.");
06     }
07  }
```

2 자동 타입 변환

'학생은 사람이다'가 성립하듯이 다음과 같이 자식 클래스를 부모 클래스로 타입을 변환할 수 있다. 학생에 사람의 속성과 동작이 모두 포함되어 있듯이 자식 클래스도 부모 클래스의 모든 멤버를 포함하고 있기 때문이다. 이처럼 타입 변환 연산자 없이 자식 클래스를 부모 클래스로 변환하는 것을 자동 타입 변환이라고 한다.

```
Student s = new Student();
Person p = s;          // 자동으로 타입 변환을 한다.
```

자동 타입 변환은 부모 타입 변수로 자식 객체에 접근할 수 있게 한다. 자식 객체를 부모 타입으로 사용한다는 것은 자식 객체를 부모 타입 입장에서 본다는 의미이다. 따라서 부모 타입 변수로는 부모 타입에 있는 자식 멤버에 접근할 수 있고, 자식 타입에만 있는 자식 멤버에는 접근할 수 없다.

다음은 자동 타입 변환으로 접근 범위의 변화를 나타내는 예제이다.

예제 6-18 **객체의 자동 타입 변환** sec08/UpcastDemo.java

```
01  public class UpcastDemo {
02     public static void main(String[] args) {
03        Person p;
04        Student s = new Student();
05
06        p = s;
07
08        // p.number = 1;
09        // p.work();
10
```

- `p = s;`: 자동으로 타입 변환되며 p = (Person)s와 동일하다.
- `p.number = 1;`, `p.work();`: number와 work()는 부모 타입에 없는 멤버이므로 부모 타입 변수에서 볼 수 없다.

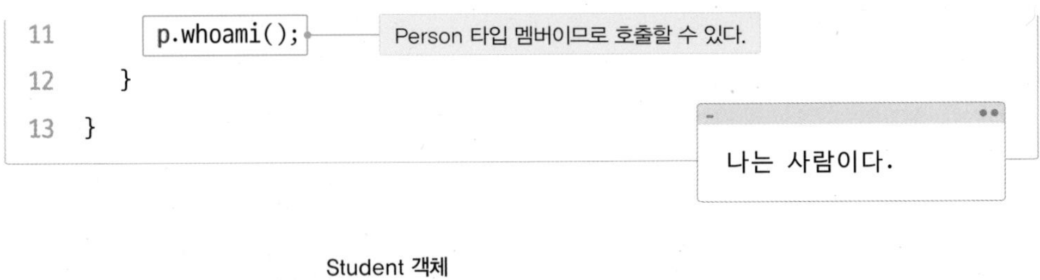

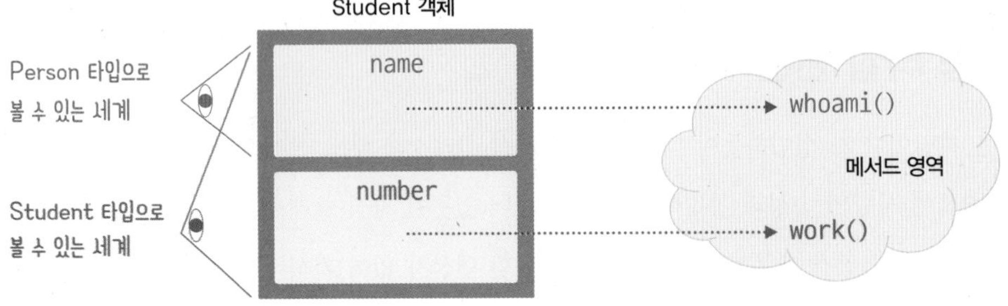

3 강제 타입 변환

'사람은 학생이다'가 성립하지 않듯이, 부모 타입의 객체를 자식 타입으로 변환할 수 없다. 사람에게는 없는 속성이나 동작이 학생에게는 있을 수 있기 때문이다. 따라서 부모 객체를 자식 클래스로 강제로 타입을 변환하면 오류가 발생한다.

```
Person  p = new Person();
Student s = (Student) p;      // 강제로 타입 변환을 하면 오류가 발생한다.
```

그러나 다음과 같이 자식 객체이지만 부모 타입 변수가 참조하고 있다면 자식 타입으로 변환할 수 있다. 부모 타입 변수는 자식 객체를 부모 타입으로 여과해서 볼 뿐이지 실제로는 자식 객체의 모든 멤버를 가지고 있기 때문이다.

```
Student s1 = new Student();
Person  p  = s1;
Student s2 = (Student) p;     // 강제로 타입 변환을 할 수 있다.
```

부모 타입 변수이지만 자식 객체를 가리킨다.

4 타입 변환된 객체의 구별

타입을 변환하면 변수가 가리키는 객체의 실제 타입이 무엇인지 구별하기가 어렵다. 변수가 참조하는 객체의 실제 타입을 식별하도록 자바는 instanceof 연산자를 제공한다.

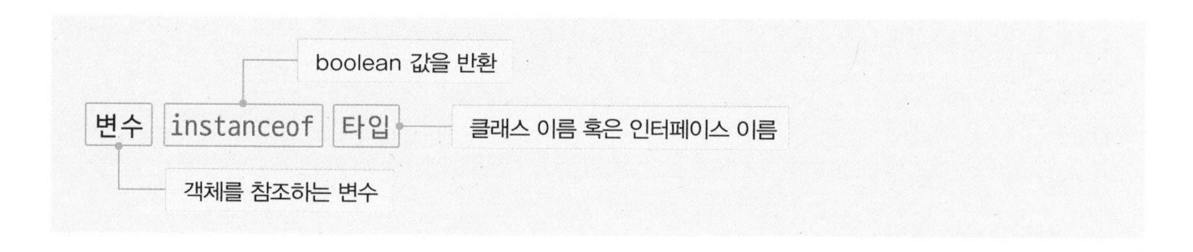

instanceof 연산자는 변수가 해당 타입이나 자식 타입이라면 true를 반환하고, 그렇지 않다면 false를 반환한다. 그러나 변수가 해당 타입과 관련이 없다면 오류를 발생한다.

다음은 instanceof 연산자를 사용해 객체의 타입을 조사하는 예제이다.

예제 6-19 **instanceof 연산자의 활용** sec08/InstanceofDemo.java

```
01 public class InstanceofDemo {
02    public static void main(String[] args) {
03       Student s = new Student();
04       Person p = new Person();
05
06       System.out.println(s instanceof Person);
07
08       System.out.println(s instanceof Student);
09
10       System.out.println(p instanceof Student);
11
12       // System.out.println(s instanceof String);
13
14       downcast(s);
15    }
16
17    static void downcast(Person p) {
18       if (p instanceof Student) {
19          Student s = (Student) p;
20          System.out.println("ok, 하향 타입 변환");
21       }
22    }
23 }
```

- 06행: s가 Person의 자식 타입이므로 true이다.
- 08행: s가 Student 타입이므로 true이다.
- 10행: p가 Student 타입도 아니고 Student 자식 타입도 아니므로 false이다.
- 12행: s가 String 타입과 관계없으므로 오류가 발생한다.
- 17행: 인수로 Person 타입 혹은 Person 자식 타입을 받을 수 있다.
- 19행: p의 실제 타입이 Student 타입이므로 강제 타입 변환할 수 있다.

```
true
true
false
ok, 하향 타입 변환
```

5 타입 변환을 이용한 다형성

다형성은 하나의 참조 변수에 여러 객체를 대입해서 다양한 동작을 수행하도록 한다. 따라서 다형성으로 다양한 객체에 동일한 명령어를 적용해, 객체의 종류에 따라서 다양한 동작을 얻을 수 있다.

[예제 6-19]의 downcast() 메서드는 Person 타입뿐만 아니라 Person 타입의 자식 객체도 인수로 받아들일 수 있다.


```
static void downcast(Person p) {
}
```

그런데 다음과 같이 downcast() 메서드를 선언하면 Student 타입의 인자만 받을 수 있다.


```
static void downcast(Student t) {
}
```

[예제 6-19]의 downcast() 메서드와 같은 코드는 자식 객체를 인수로 받아 자식 객체의 타입에 따라 다양하게 처리할 수 있으므로 코드가 간결해지고 이해하기도 쉽다.

자식 객체를 부모 타입 변수에 대입하면 부모 클래스에 선언된 멤버만 볼 수 있다. 그런데 부모 클래스에 선언된 메서드를 자식 클래스가 오버라이딩했다면, 부모 타입 변수에 부모 객체의 메서드는 보이지 않고 자식 객체의 메서드가 보인다. 이는 JVM이 실행 단계에서 객체의 실제 타입을 보고 오버라이딩한 메서드를 호출하기 때문이다. 이와 같이 변수와 실제 메서드를 실행 도중에 연결하는 것을 동적 바인딩dynamic binding이라고 한다.

그러나 부모 클래스의 필드와 정적 메서드는 오버라이딩될 수 없으므로 동적 바인딩과는 관련이 없다. 자식 객체를 부모 타입 변수에 대입하더라도 부모 타입 변수는 부모 클래스의 필드와 정적 메서드를 볼 수 있을 뿐이다. 다음 예제에서 오버라이딩 여부에 따라 부모 타입 변수에 보이는 멤버를 살펴보자.

예제 6-20 **오버라이딩 여부에 따른 타입 변환의 영향** sec08/OverTypeDemo.java

```
01  class Vehicle {
02     String name = "탈 것";
03
04     void whoami() {
05        System.out.println("나는 탈 것이다.");
06     }
07
08     static void move() {
09        System.out.println("이동하다.");
10     }
11  }
12
13  class Car extends Vehicle {
14     String name = "자동차";
15
16     void whoami() {
17        System.out.println("나는 자동차이다.");
18     }
19
20     static void move() {
21        System.out.println("달리다.");
22     }
23  }
24
25  public class OverTypeDemo {
26     public static void main(String[] args) {
```

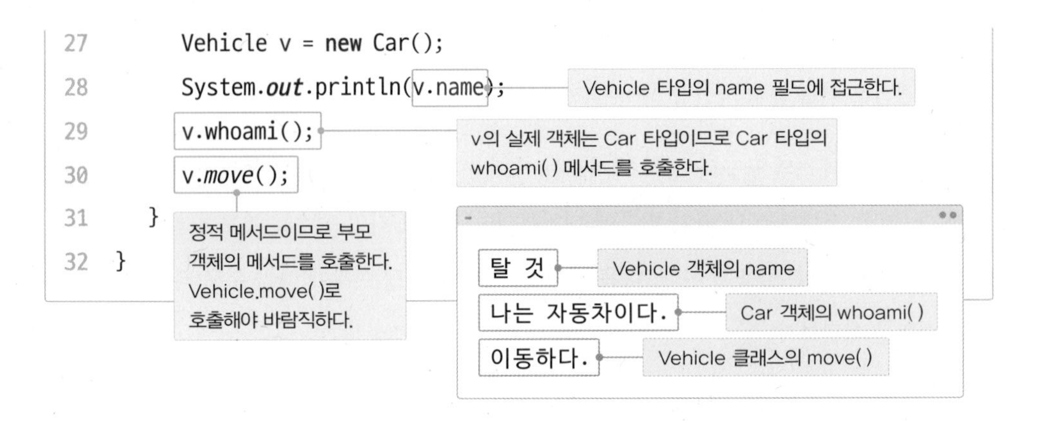

실행 결과처럼 자식 객체를 부모 타입 변수로 보더라도 자식 객체의 whoami() 메서드가 보인다. 즉, 다음과 같이 Car 객체를 Vehicle 타입 변수에 대입한 후 whoami() 메서드를 호출하면, 둘 중 파란색 whoami() 메서드를 호출한다. 그러나 부모 참조 변수에 의한 move()와 name의 접근은 부모의 move()와 name이 보인다. 이는 정적 메서드와 필드이기 때문이다.

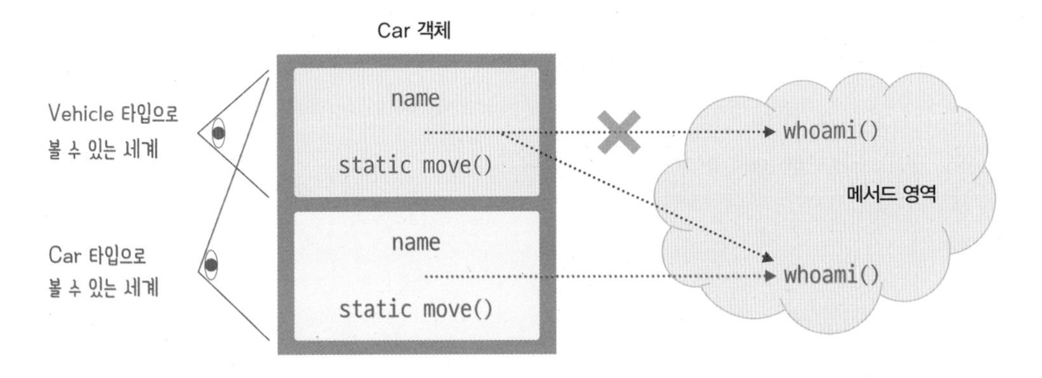

다음은 다형성을 이용해 다양한 자식 객체를 동일한 명령어로 처리할 수 있는 것을 보여 주는 예제이다.

예제 6-21 **타입 변환과 다형성** sec08/PolymorDemo.java

```
01 class SportsCar extends Car {
02    void whoami() {
03       System.out.println("나는 스포츠 자동차이다.");
04    }
05 }
06
07 public class PolymorDemo {
```

```
08    public static void main(String[] args) {
09      Vehicle[] vehicles = new Vehicle[2];
10      vehicles[0] = new Car();
11      vehicles[1] = new SportsCar();
12
13      for (Vehicle v : vehicles)
14        v.whoami();
15    }
16  }
```

v가 vehicles[0]이라면 Car 클래스의 whoami( )를 호출하고, vehicles[1]이라면 SportsCar 클래스의 whoami( )를 호출한다.

```
나는 자동차이다.
나는 스포츠 자동차이다.
```

Car 객체의 whoami( )

SportsCar 객체의 whoami( )

셀프 테스트 6-3

1 자식 클래스의 생성자를 호출할 때 항상 대응하는 부모 클래스의 생성자도 호출된다. (O, X)

2 다음 코드는 문법적으로 오류가 없다. (O, X)

```
class Car {
  public Car(String model) {
    System.out.println(model);
  }
}

public class SportsCar extends Car {
  public SportsCar() {
    System.out.println("Sports Car!");
  }
}
```

3 String 클래스는 __________ 클래스로 자식 클래스를 정의하면 오류가 발생한다.

4 __________는 변수가 참조하는 실제 객체의 타입을 식별하는 연산자이다.

09 모듈화

자바 9부터 도입된 모듈은 자바 언어의 중요하고 강력한 변화이다. 여기서 모듈의 필요성과 모듈의 사용법 및 자바 모듈의 장점을 살펴보자.

1 필요성

큰 규모의 문제를 해결할 경우 작은 단위로 나누는 것이 일반적인 해결 방법이다. 소프트웨어의 경우도 대규모 프로그램을 작성할 때 소규모의 코드로 나누어 개발하는 것이 효과적이다. 소규모의 독립된 코드가 상호 작용 및 협력하여 복잡한 문제를 해결하는데 수월할 뿐만 아니라 코드 재사용성도 높일 수 있기 때문이다.

자바 8까지는 프로젝트를 클래스와 패키지 단위로 구성함으로써 나름 조직적으로 관리할 수 있었다. 이는 클래스의 캡슐화 기능을 통하여 세부 구현을 숨겨 다른 클래스에 대한 영향을 줄일 수 있고, 패키지를 통하여 자바 타입의 충돌 방지와 세밀한 접근 제어가 가능했기 때문이다.

그런데 한편으로는 점차 프로젝트의 규모가 복잡해지고 다른 한편으로는 자원이 제한적인 작은 장치에 수행할 소프트웨어의 필요성도 많아지고 있다. 이 같은 상황에서 현재의 자바로는 다음과 같은 이유로 소프트웨어를 효과적으로 개발하기 어렵다.

- **패키지의 캡슐화 기능 부족** : 클래스에 포함된 멤버는 다양한 방법으로 캡슐화할 수 있지만, 패키지에 포함된 클래스는 패키지 외부로 공개 여부만 결정할 수 있는 public 지정자만 사용할 수 있다. 따라서 패키지의 클래스를 공개하면 다른 모든 패키지에게 공개되며, 공개하지 않으면 패키지 내부에서만 접근할 수 있다. 이는 일부 패키지에게만 공개하고 싶은 패키지라도 모든 패키지에게 완전히 공개해야 한다는 의미이다. 그렇지 않으면 공개하고자 하는 패키지와 합쳐 하나의 대규모 패키지로 통합할 수밖에 없다.
- **누락된 클래스의 탐지 어려움** : 프로그램을 작성하다 보면 흔히 JAR^{Java ARchive} 파일을 사용한다. JAR 파일은 클래스 혹은 패키지와 관련 파일을 하나로 압축한 단순한 파일로써 자바 소프트웨어 배포 단위이다. 클래스는 다른 패키지의 클래스를 임포트할 수 있으므로 프로젝트의 규모가 커지면 JAR 파일 내의 클래스나 패키지들끼리 상호 관계가 매우 복잡할 수 있다. 그런데 JAR 파일이나 패키지는 외부 의존성에 대한 정보가 없다. 그러나 자바는 클래스 로더를 통한 동적 클래스 로딩을 지원하기 때문에 프로그램을 실행하기 전에 필요한 클래스의 누락 여부를 일일이 확인하기 어렵다.
- **단일 구성 런타임 플랫폼의 비효율성** : 자바 8에 포함된 런타임 파일인 rt.jar는 2만 개가 넘는 클래스 파일을 포함하고 있다. 자바의 장점 중의 하나인 하위 호환성을 유지하려면 런타임 파일의 크기는 점점 더 거대해진

다. 애플리케이션에서 필요하지 않더라도 rt.jar 파일은 단일 구성이므로 모든 클래스를 포함해야 한다. 더구나 제한된 자원을 가진 소형기기에는 거대한 런타임 파일을 탑재하기 어렵다.

[그림 6-15]는 패키지의 캡슐화 기능이 부족함을 보여 준다. 라이브러리 A는 utils와 developer이란 2개의 패키지로 구성되어 있다. developer 패키지는 공개하되 내부 개발자에게만 공개할 의도로 개발된 패키지라고 가정하자. developer 패키지의 Secret 클래스가 public이기 때문에 당연히 다른 패키지인 utils에 있는 Open 클래스에서 임포트하여 사용할 수 있다. 그런데 programmer 패키지의 App 클래스에서 보듯이 외부 개발자도 Secret 클래스에 접근할 수 있다.

```java
package programmer;
import utils.*;
import developer.*;

public class App {
    public static void main( ... ) {
        new Open().yahoo();
        new Secret().hush();
    }
}
```

library A

```java
package utils;
import developer.*;

public class Open {
    public void yahoo( ) {
        new Secret().hush();
    }
}
```

```java
package developer;

public class Secret {
    public void hush( ) {
    }
}
```

그림 6-15 패키지의 캡슐화 기능 부족

따라서 위와 같은 문제점을 해결하기 위하여 자바 9에서 도입한 것이 여러 패키지를 포함하는 모듈module이다. 모듈은 JAR 파일과 달리 다른 모듈과의 의존성 정보와 패키지의 공개 여부에 대한 정보를 포함한다. 또한, 특별한 경우를 제외하고 고유한 모듈 이름을 가진다. 자바는 모듈을 통해 패키지의 캡슐화 기능을 개선하고 누락 클래스를 실행 전에 탐지할 수 있고, 배포할 런타임의 크기를 줄일 수 있다.

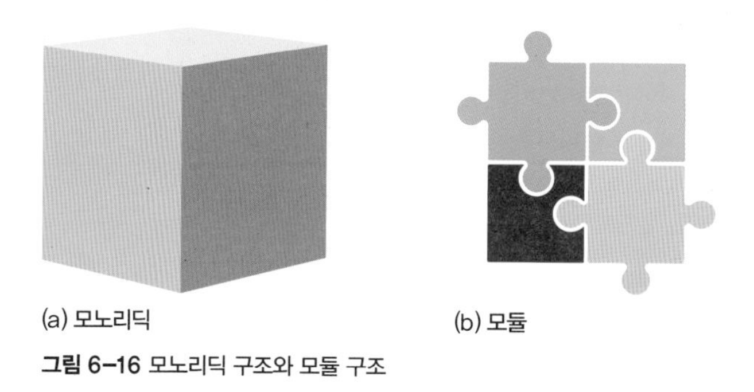

(a) 모노리딕 (b) 모듈

그림 6-16 모노리딕 구조와 모듈 구조

모듈 환경이 도입된 후부터 모든 패키지는 모듈에 소속되어야 한다. 그런데 모듈이 도입되기 전에 개발된 기존 코드나 혹은 지금까지 모듈 없이 작성한 패키지에 오류가 발생하지 않는다. 이는 하위 호환성을 유지하기 위하여 자바는 내부적으로 모듈을 자동 생성하기 때문이다.

2 자바 런타임의 기본 모듈

모듈을 도입한 자바 9부터 자바 플랫폼 자체도 직소Jigsaw 프로젝트라는 이름으로 기능에 따라 재구성하여 모듈화되어 있으며, 다음 모듈은 그중 일부를 나타낸다.

- **java.base 모듈** : 자바 플랫폼의 기본 기능을 담당하는 API를 포함하며 임포트할 필요 없이 자바 코드에서 활용할 수 있는 모듈이다. java.lang, java.io, java.util 등과 같은 패키지를 포함하고 있다.
- **java.desktop 모듈** : java.awt나 javax.swing 패키지와 같은 자바 데스크탑 API를 제공하는 모듈이다.
- **java.compiler 모듈** : javax.annotation.processing, javax.tools 등과 같은 패키지를 포함하며 언어 모델, 어노테이션 처리, 자바 컴파일러 API를 제공하는 모듈이다.
- **java.se 모듈** : JDK SE를 구성하는 전체 모듈을 모아놓은 모듈이다. 이 모듈은 전체 플랫폼을 모두 포함한다. 따라서 플랫폼 모듈화의 장점을 없애므로 사용하지 않는 것이 좋다.

자바 플랫폼에 포함된 모듈을 확인하거나 주어진 모듈이 공개하는 패키지를 살펴보려면 다음과 같은 java 명령을 사용하면 된다.

```
java --list-modules
java --describe-modules 모듈_이름
```

(혹은 줄여서 -d)

```
C:\>java --list-modules
java.base@11.0.2
java.compiler@11.0.2
java.datatransfer@11.0.2
java.desktop@11.0.2
java.instrument@11a.0.2
java.logging@11.0.2
java.management@11.0.2
java.management.rmi@11.0.2
java.naming@11.0.2
```

(a) 자바 플랫폼 모듈 리스트 일부

```
C:\>java -d java.base
java.base@11.0.2
exports java.io
exports java.lang
exports java.lang.annotation
exports java.lang.invoke
exports java.lang.module
exports java.lang.ref
exports java.lang.reflect
exports java.math
```

(b) java.base 모듈 내역 일부

그림 6-17 자바 모듈 확인하기

자바 플랫폼 모듈에서 java로 시작하는 모듈은 Java SE 명세를 구현한 표준 모듈을 의미하며, jdk로 시작하는 모듈은 JDK 명세를 구현한 모듈로서 자바 개발자에게 필요한 API와 도구를 포함한다.

3 모듈 작성과 응용

모듈은 밀접한 관계가 있는 패키지, 리소스, 모듈 기술자module descriptor 파일을 함께 묶어 놓은 것이다. 모듈 기술자는 module-info.java라는 파일 이름을 사용하며 일반적으로 패키지 최상단 수준의 폴더에 위치한다. 모듈 기술자의 구성은 다음과 같다.

```
module 모듈_이름 {
    requires 필요한_모듈;      // 모듈 단위로 구성한다.
    exports 공개할_패키지;     // 패키지 단위로 공개한다.
}
```

여기서 모듈 이름은 유효한 자바 식별자이어야 한다. 패키지 이름과 같아도 상관없지만, 중복을 피하고자 패키지 명명 규칙과 같이 도메인 방식 이름의 역순을 권장한다. 일반적으로 모듈 이름과 모듈 경로는 같지만 달라도 상관없다. 모듈 기술자 내부에 사용되는 지시자로 requires와 exports 외에도 uses, provides 등이 있다.

모듈 기술자를 살펴보면 모듈 단위로 구성하지만, 패키지 단위로 공개한다. 따라서 public 클래스를 포함하는 패키지를 모듈 기술자를 통하여 공개하지 않으면 모듈 내부에서만 참조할 수 있다.

[그림 6-15]에 모듈 기능을 추가하면 [그림 6-18]과 같다. 2개의 패키지를 포함하고 있는 module2는 utils 패키지만 공개한다. 따라서 developer 패키지의 Secret 클래스는 public 이지만 동일 모듈 내에서만 접근할 수 있고 다른 모듈인 module1에서는 사용할 수 없다. 따라서 programmer 패키지에서 developer 패키지의 Secret 클래스에 직접 접근할 수 없다.

module1

```
package programmer;
import utils.*;
// import developer.*;

public class App {
    public static void main( ... ) {
        new Open().yahoo();
        // new Secret().hush();
    }
}
```

module-info.java

```
requires module2;
```

module2

```
package utils;
import developer.*;

public class Open {
    public void yahoo( ) {
        new Secret().hush();
    }
}
```

```
package developer;

public class Secret {
    public void hush( ) {
    }
}
```

module-info.java

```
export utils;
```

그림 6-18 모듈의 캡슐화 기능

이클립스를 사용하여 [그림 6-18]의 내용을 작성해 보자. [File] → [New] → [Java Project]로 'module1'이란 프로젝트를 생성하면 [New module-info.java] 창이 나타난다. 모듈 이름을 그대로 둔 채 [Create] 버튼을 클릭하면 자동적으로 module-info.java라는 모듈 기술자 파일이 생성된다. 동일한 방법으로 'module2' 라는 프로젝트를 생성하면 이클립스의 패키지 탐색기에 [그림 6-19]의 (a)와 같이 'module1'과 'module2'가 나타난다. 이클립스는 모듈을 별도로 생성하는 것이 아니라 프로젝트에 모듈 기술자를 추가하여 모듈로 사용한다. 프로젝트 module1의 src 폴더에 마우스 오른쪽 버튼을 눌러 [New] → [Package]를 선택한 후 programmer란 패키지를 생성한다. 동일한 방법으로 프로젝트 module2의 src 폴더 아래에 utils와 developer이란 패키지를 생성한다. 그리고 각 패키지 아래에 대응하는 클래스를 생성하고 클래스와 모듈 지시자의 내용을 [그림 6-18]과 같이 입력하고 저장한 후 패키지 탐색기를 보면 [그림 6-19]의 (b)와 같다.

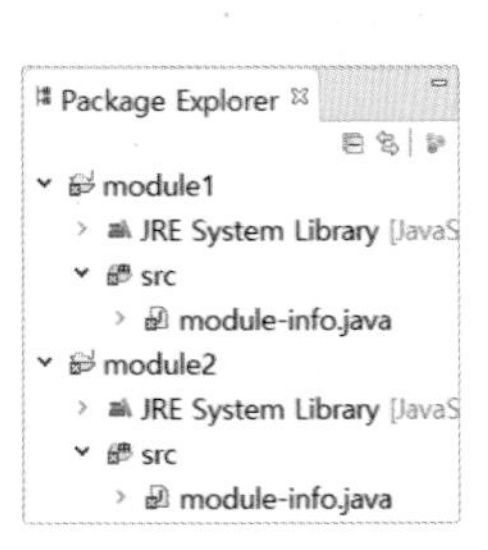

(a) 프로젝트와 모듈 생성자 생성

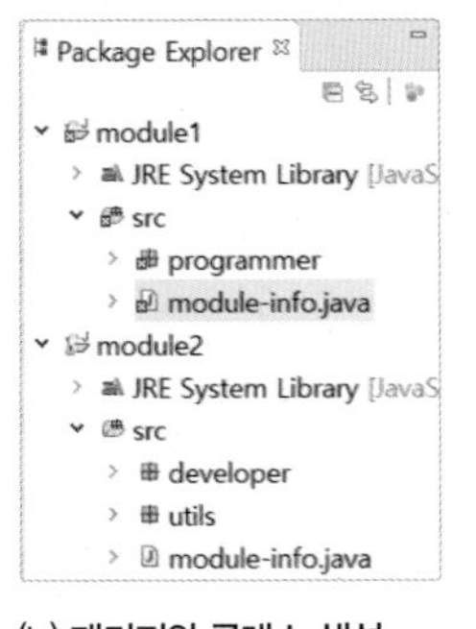

(b) 패키지와 클래스 생성

그림 6-19 모듈 생성과 모듈 기술자 파일

그러나 모듈 경로를 추가하지 않았기 때문에 module1에 오류 표시가 나타난다. 이제 프로젝트 module1에 마우스 오른쪽 버튼을 눌러 [Build Path] → [Configure Build Path...]를 선택한다. module1를 위한 프로퍼티 창이 나타나면 [그림 6-20]과 같이 클릭한다.

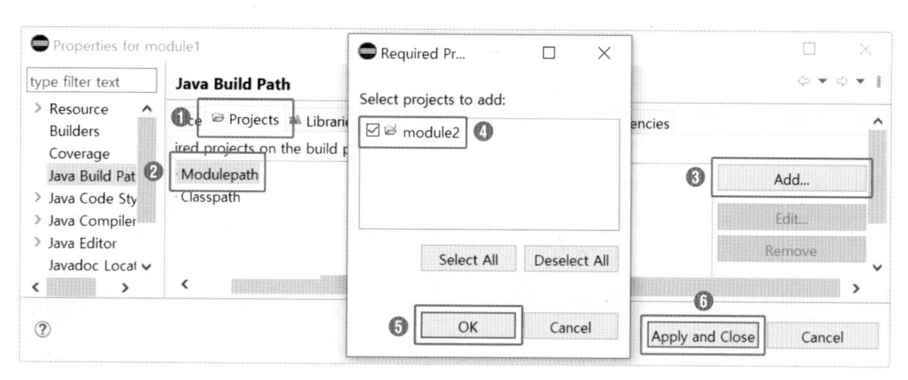

그림 6-20 모듈 경로 추가

이제 App.java에서 오류가 발생하는 developer 패키지 관련 코드에 주석 처리하면 된다. 만약 Secret 클래스의 hush() 메서드에 문자열을 출력하는 코드를 추가하면 App 클래스의 실행 결과로 나타난다.

참고

인텔리J 아이디어의 경우 프로젝트를 선택한 후 마우스 오른쪽 버튼을 눌러 [New] → [Module]을 선택한다. 새로운 창이 나타나면 [Next]를 클릭한 후 모듈 이름에 module1 을 입력하여 모듈을 생성한다. 동일한 방법으로 module2도 생성한다. module1 아래의 src 폴더에 마우스 오른쪽 버튼을 눌러 [New] → [Package]를 선택하고 패키지 이름으로 programmer를 입력하여 패키지를 생성하고, 그리고 src 폴더에 마우스 오른쪽 버튼을 눌러 [New] → [module-info.java]를 선택하여 모듈 기술자를 생성한다. 동일한 방법으로 module2 아래에 utils와 developer 패키지와 모듈 기술자를 생성한다. 각 패키지 아래에 대응하는 클래스를 생성한다. module1이 module2에 종속되어 있으므로 이를 위하여 메인 메뉴에서 [File] → [Project Structure...]를 선택한다. 프로젝트 구성(Project Structure) 창이 나타나면 그림과 같이 수행한 후 [OK] 버튼을 클릭하면 된다.

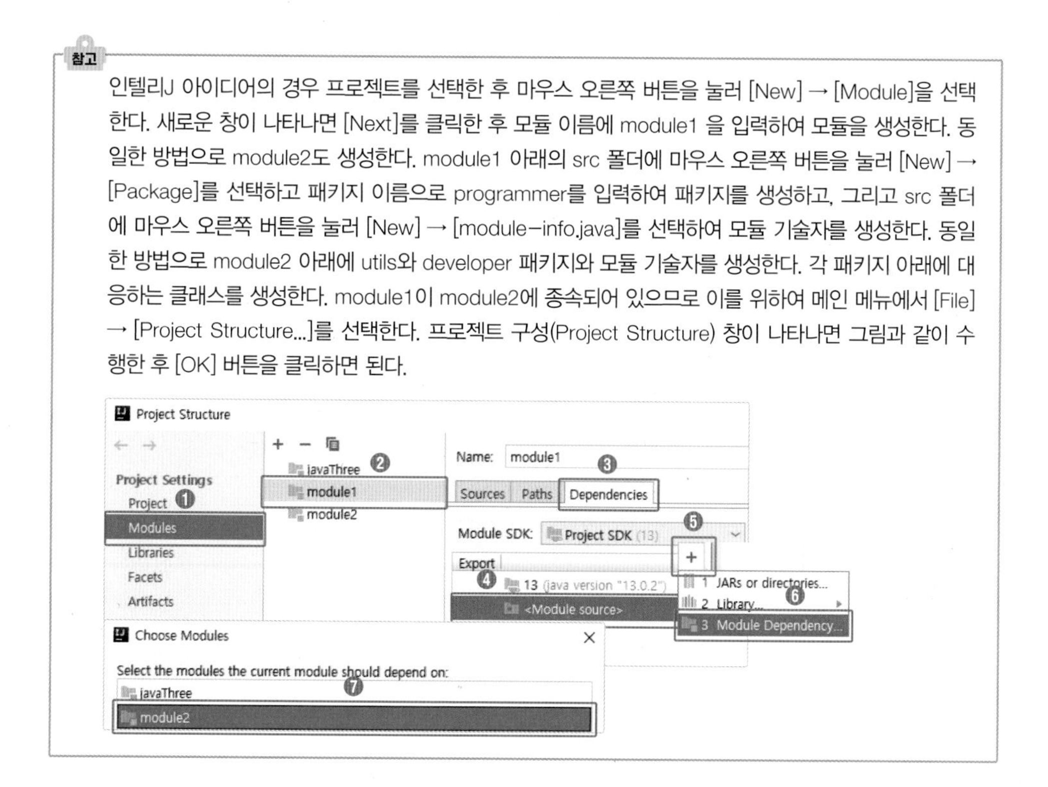

※다음과 같은 멤버를 가진 상속 관계의 클래스를 3개 작성하고 테스트함으로써 타입 변환에 대한 영향과 동적 바인딩의 개념을 이해해 보자.

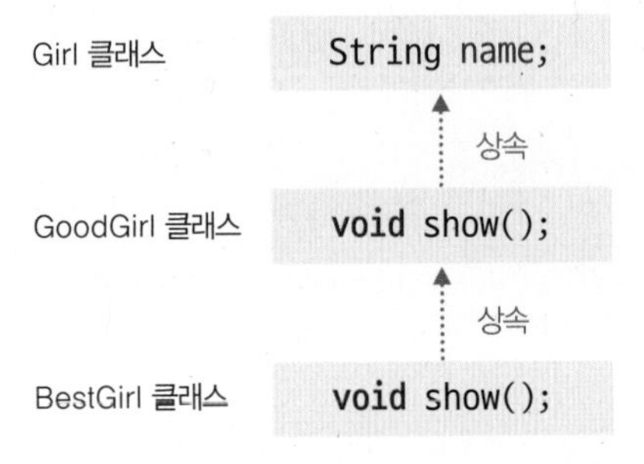

01 – 그림과 같은 멤버를 가진 상속 관계의 클래스 3개를 명시적인 생성자 없이 작성해 보자.

① 상속 관계를 가진 3개의 클래스를 작성한다. GoodGirl 클래스와 BestGirl 클래스의 show() 메서드는 각각 '그녀는 자바를 잘 안다.', '그녀는 자바를 무지하게 잘 안다.'를 출력하는 실행문만 포함한다.

② 다음과 같이 GirlTest 클래스를 작성한다.

```
01  public class GirlTest {
02     public static void main(String[] args) {
03        Girl g1 = new Girl();
04        Girl g2 = new GoodGirl();
05        GoodGirl gg = new BestGirl();
06
07        // g2.show();
08        gg.show()
09     }
10  }
```

③ 메인 메서드의 7행 주석을 제거한 후 실행하면 오류가 발생하는데 원인을 살펴본다.

④ 다시 주석 처리한 후 실행하고 다음 결과와 비교한다.

```
그녀는 자바를 무지하게 잘 안다.
```

02 – Girl 클래스와 자식 클래스에 다음 그림을 참고해서 Girl 클래스에만 생성자, private 필드, show() 메서드를 추가한 후 실행해 보자.

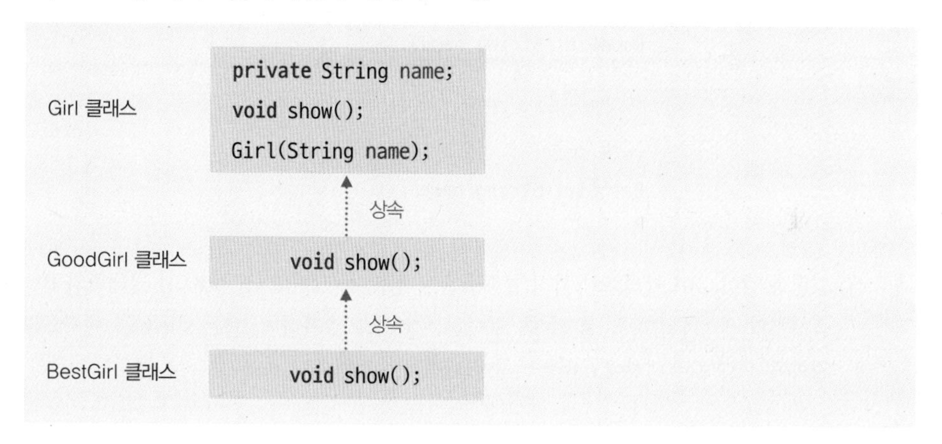

① 그림과 같이 Girl 클래스와 자식 클래스를 수정 또는 추가한다. Girl 클래스의 show() 메서드는 단순히 '그녀는 자바 초보자이다.'를 출력하는 실행문만 포함한다.

② 그런데 Girl 클래스에 오류가 발생한다. Girl 클래스에 디폴트 생성자를 추가하면 오류가 사라지는지 살펴본다.

③ GirlTest 클래스의 7행 주석을 제거한 후 실행하고 다음 결과와 비교한다.

```
그녀는 자바를 잘 안다.
그녀는 자바를 무지하게 잘 안다.
```

03 – 다음을 참고해 Girl 클래스의 필드에 대한 접근 범위를 변경하고 자식 클래스에도 생성자를 추가해 보자.

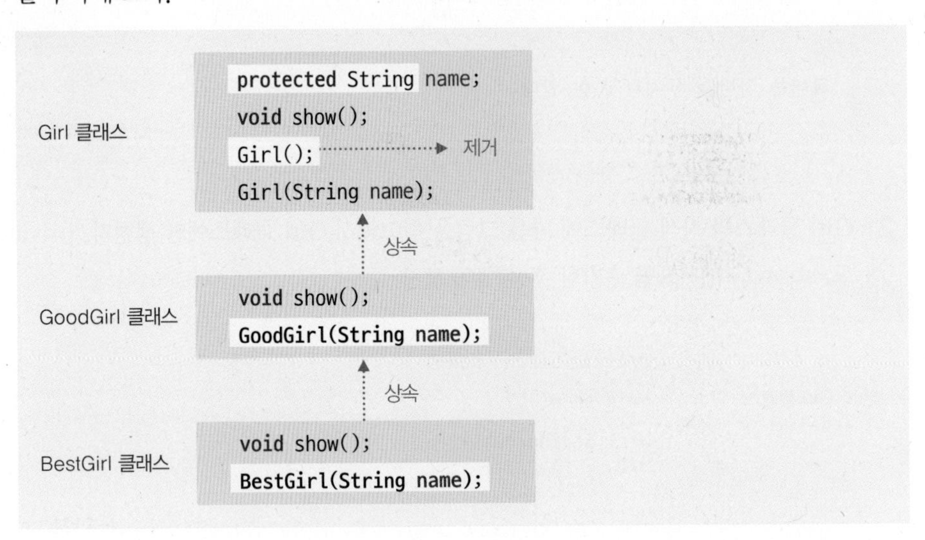

① 그림과 같이 Girl 클래스와 자식 클래스를 수정한다. 그리고 GoodGirl 클래스와 BestGirl 클래스의 생성자는 다음 실행문을 포함하는 본체로 추가하며, 모든 show( ) 메서드의 실행 결과에서 '그녀는' 대신에 name이 출력되도록 수정한다.

```
super(name);
```

② GirlTest.java 코드의 메인 메서드 본체를 다음과 같이 수정하고 실행한다.

```
Girl[] girls = {new Girl("갑순이"), new GoodGirl("콩쥐"), new BestGirl("황진이")};

for (Girl g : girls)
   g.show();
```

```
갑순이는 자바 초보자이다.
콩쥐는 자바를 잘 안다.
황진이는 자바를 무지하게 잘 안다.
```

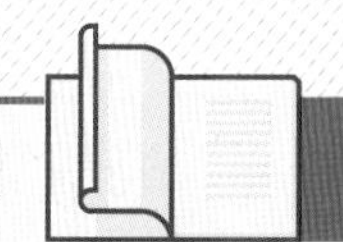

01 - 상속을 설명한 것이다. 틀린 것은?

① 모든 클래스의 최상위 클래스는 Object이다.

② 부모 객체를 자식 클래스 타입의 변수에 대입할 수 있다.

③ 부모 클래스의 private 메서드를 자식 클래스가 오버라이딩할 수 없다.

④ 부모 클래스를 상속하려면 extends 키워드가 필요하다.

02 - 다음 코드가 있다. 밑줄 그은 곳에 적절하지 않은 코드는?

```
class Car {
   public String name;
   protected String color;
   private int model;
}

class SportsCar extends Car {
   boolean turbo;
}

public class CarTest {
   public static void main(String[] args) {
      SportsCar s = new SportsCar();
      ______________________________
   }
}
```

① s.name = "ferrari";

② s.color = "red";

③ s.model = 105;

④ s.turbo = true;

03 – 다음 코드의 실행 결과는? 오류가 발생하면 오류라고 답하고, 그 원인을 이야기하라.

```
class Apple { }
class Fox { }
public class Test {
   public static void main(String[] args) {
      Apple a = new Apple();
      System.out.println(a instanceof Fox);
   }
}
```

04 – 접근 제어를 설명한 것이다. 옳은 것은?

① private 〈 package 〈 protected 〈 public

② private 〈 protected 〈 package 〈 public

③ package 〈 private 〈 protected 〈 public

④ package 〈 protected 〈 private 〈 public

05 – 다음 코드에서 오류가 발생한다. 그 이유는?

```
class Fruit {
   String color;

   public Fruit(String color) {
      this.color = color;
   }
}

public class Apple extends Fruit {
   double weight;

   public Apple(double weight) {
      this.weight = weight;
   }
}
```

06 – 다음과 같은 부모 클래스와 자식 클래스가 있다. 질문에 답하라.

```
class Person {
   void name() { }
   protected void number() { }
   void weight() { }
   static void show() { }
   private void secret() { }
}

class Student extends Person {
   public void name() { }
   void number() { }
   static void weight() { }
   static void show() { }
   private void secret() { }
}
```

① Student 클래스의 메서드 중 오류가 발생하는 메서드를 나열하고 원인을 적는다.

② Person 클래스의 메서드 중 Student 클래스가 오버라이딩한 메서드를 나열한다.

07 – 자바 모듈화에 관련된 내용이다. 틀린 것은?

① 모듈화는 안정적인 실행 환경을 제공한다.

② 모듈을 통해 캡슐화 기능을 강화한다.

③ 모듈은 패키지에 소속되지 않은 클래스도 포함할 수 있다.

④ 모듈이 도입된 후 소규모 장치를 위한 자바 실행 환경도 가능하다.

프로그래밍 문제

01 – 다음 표와 실행 결과를 참고해 Circle 및 자식인 ColoredCircle 클래스를 작성하라. 그리고 Circle과 ColoredCircle 객체의 show() 메서드를 호출하는 테스트 프로그램도 작성하라.

클래스	Circle	ColoredCircle
필드	int radius	String color
메서드	void show()	void show()
생성자	Circle(int radius)	ColoredCircle(int radius, String color)

```
반지름이 5인 원이다.
반지름이 10인 빨간색 원이다.
```

02 – 다음 표와 실행 결과를 참고해서 답하라. show() 메서드는 객체의 정보를 문자열로 반환한다.

	Person	Student	ForeignStudent
필드	이름, 나이	학번	국적
메서드	접근자와 생성자, show()		
생성자	모든 필드를 초기화하는 생성자		

① Person, Person의 자식 Student, Student의 자식 ForeignStudent를 클래스로 작성한다.

② Person 타입 배열이 Person, Student, ForeignStudent 타입의 객체를 1개씩 포함하며, Person 타입 배열 원소를 for~each 문을 사용해 각 원소의 정보를 다음과 같이 출력하도록 테스트 프로그램을 작성하라.

```
사람[이름 : 길동이, 나이 : 22]
학생[이름 : 황진이, 나이 : 23, 학번 : 100]
외국학생[이름 : Amy, 나이 : 30, 학번 : 200, 국적 : U.S.A]
```

03 – 다음 표를 참고해 MovablePoint, MovablePoint의 부모 클래스인 Point를 작성하라. Point 클래스의 toString( ) 메서드는 좌표를 나타내는 문자열이며, MovablePoint 클래스의 toString( ) 메서드는 좌표와 이동 속도를 나타내는 문자열을 반환한다.

	Point	MovablePoint
필드	private int x, y	private int xSpeed, ySpeed
메서드	접근자와 생성자, toString( )	접근자와 생성자, toString( )
생성자	Point(int x, int y)	MovablePoint(int x, int y, int xSpeed, int ySpeed)

04 – 메서드는 자식 클래스가 오버라이딩할 수 있지만, 필드는 자식 클래스가 오버라이딩할 수 없다. 다음 표를 참고해 Parent와 Parent의 자식인 Child를 클래스로 작성하고, 이를 아래에 있는 OvershadowTest 프로그램으로 테스트하라.

	Parent	Child
필드	String name = “영조”	String name = “사도세자”
메서드	void print( )	void print( )

```
public class OvershadowTest {
   public static void main(String[] args) {
      Parent p = new Child();
      System.out.println(p.name);
      p.print();
   }
}
```

```
영조
나는 사도세자이다.
```

05 - 다음 표를 참고해 Phone, Phone의 자식 클래스 Telephone, Telephone의 자식 클래스 Smartphone을 작성하고, 테스트 프로그램도 작성하라.

	Phone	Telephone	Smartphone
필드	protected String owner	private String when	private String game
메서드	void talk( )	void autoAnswering( )	void playGame( )

① 각 클래스에 모든 필드를 초기화하는 생성자를 추가한다.

② 각 클래스의 메서드를 구현한다. talk( )는 owner가 통화 중, autoAnswering( )은 owner가 부재 중이니 when에 전화 요망, playGame( )은 owner가 게임 중이라는 메시지를 출력한다.

③ Phone, Telephone, Smartphone 객체로 Phone 타입 배열 변수에 대입한다. 그리고 반복문과 조건문으로 실제 타입을 조사한 후 Phone 타입이면 talk( ), Telephone 타입이면 autoAnswering( ), Smartphone 타입이면 playGame( )을 호출한다.

```
public class PhoneTest {
   public static void main(String[] args) {
      Phone[] phones = { new Phone("황진이"), new Telephone("길동이", "내일"), new
                        Smartphone("민국이", "갤러그") };
      // 코드 추가
   }
}
```

```
황진이가 통화 중이다.
길동이가 없다. 내일 전화 줄래.
민국이가 갤러그 게임을 하는 중이다.
```

06 - 운송 수단과 운송 수단의 하나인 자동차를 다음과 같이 모델링하려고 한다. 각 클래스의 show() 메서드는 필드 값을 출력한다. 두 클래스를 작성하고 아래 테스트 프로그램 OverrideTest를 실행해서 오버라이딩된 메서드와 다형성 관계를 살펴보자.

	Vehicle	Car

필드	String color; // 자동차 색상
	int speed; // 자동차 속도
		int displacement; // 자동차 배기량
		int gears; // 자동차 기어 단수

메서드	void show()	void show()
생성자	public Vehicle(String, int)	public Car(String, int, int, int)

```
public class OverrideTest {
   public static void main(String[] args) {
      Car c = new Car("파랑", 200, 1000, 5);
      c.show();

      System.out.println();
      Vehicle v = c;
      v.show();
   }
}
```

Chapter 07

인터페이스와 특수 클래스

자식 클래스에게 메서드에 대한 가이드라인을 제공하거나 혹은 클래스에 대한 통합 규칙이 미리 정해져 있다면 개발자는 클래스를 일관성 있게 작성할 수 있어 통합과 유지 보수가 쉽다. 또한 객체 지향 프로그래밍에서 어떤 객체가 특정 클래스 내부에서만 사용될 때도 있는데, 이때 별도의 클래스를 작성한다면 코드를 관리하기 복잡하다. 이를 위해 자바는 추상 클래스, 인터페이스, 중첩 클래스 및 중첩 인터페이스라는 방법을 제공한다. 이 장에서는 인터페이스와 중첩 클래스와 같은 특수한 클래스에 관련된 개념과 응용 등에 대하여 살펴본다.

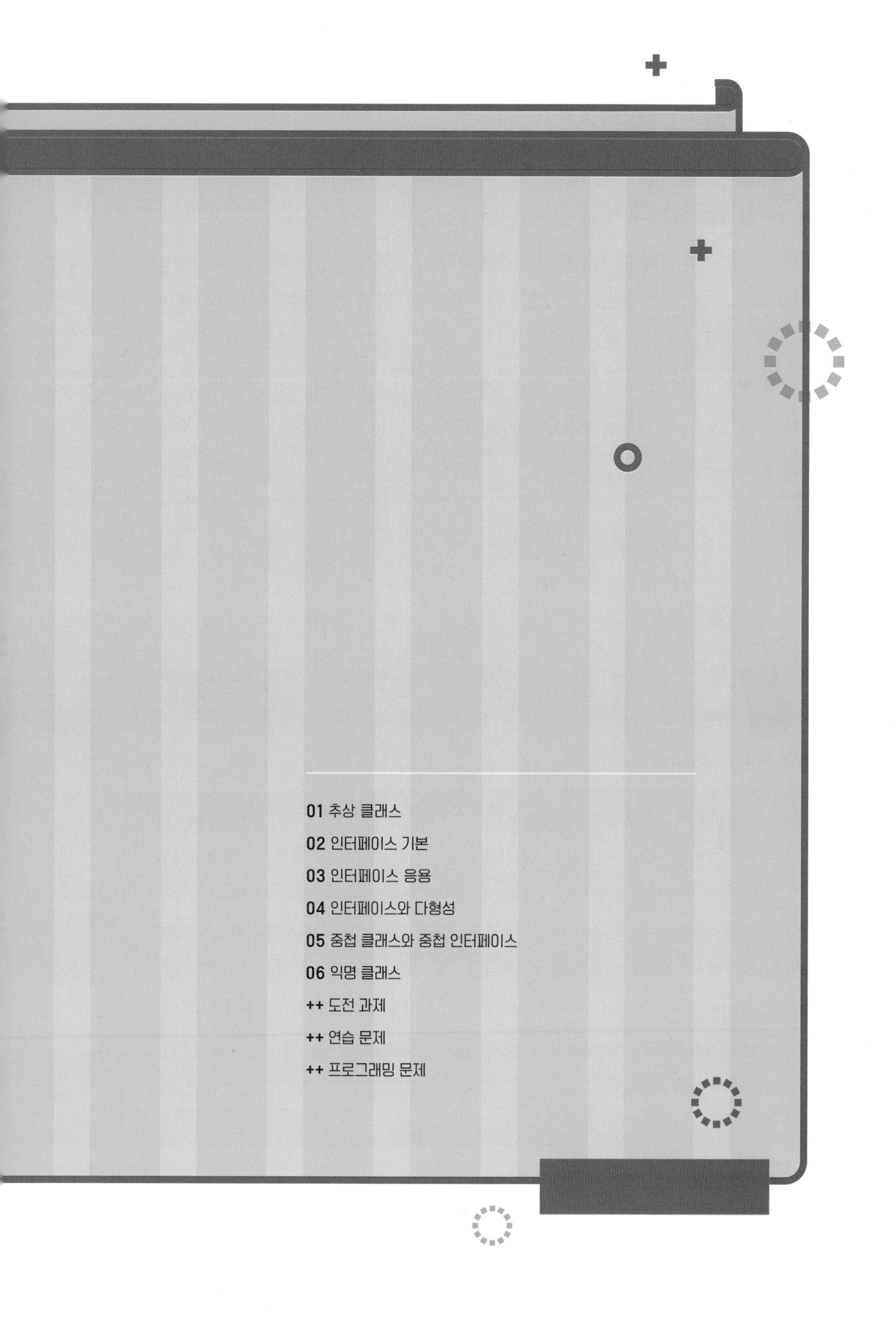

01 추상 클래스

1 추상 클래스의 개념

자바는 일종의 미완성 클래스인 추상 클래스abstract class를 지원한다. 일반 클래스는 new 연산자를 사용해 인스턴스를 생성할 수 있지만, 추상 클래스는 인스턴스를 생성할 수 없고 오직 상속을 통한 자식 클래스를 구현한 후에 인스턴스를 생성할 수 있다. 추상 클래스는 단독으로 사용될 수 없지만, 새로운 클래스를 작성하는 데 밑바탕이 될 수 있다.

다음과 같이 도형, 원, 사각형, 원기둥을 모델링해 Shape, Circle, Rectangle, Cylinder 클래스로 작성한다고 하자.

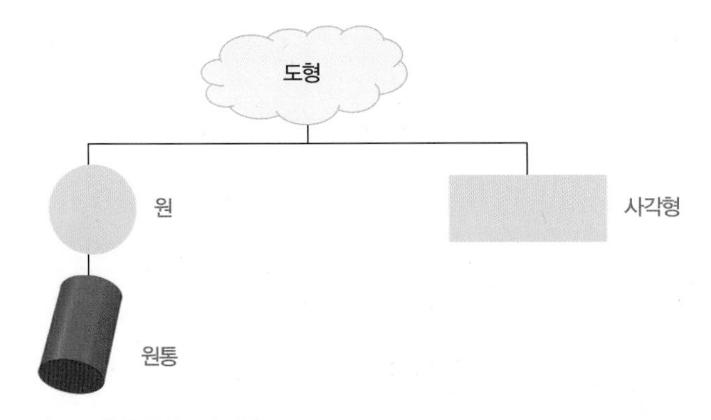

그림 7-1 추상 클래스의 개념

원기둥은 원의 특별한 형태이므로 원의 특성과 동작을 가진다. 원기둥을 모델링한 Cylinder 클래스는 원을 모델링한 Circle 클래스를 상속해 정의할 수 있다. 원과 사각형은 도형의 일종이므로 도형의 특성과 동작을 가진다. 따라서 Circle 클래스와 Rectangle 클래스는 Shape 클래스를 상속해 정의할 수 있다. 자식 클래스가 모두 그리기라는 동작이 필요하다고 하자. 그런데 원, 사각형, 원기둥과 달리 도형 자체는 구체적인 모양이 없어 그린다는 동작은 다소 추상적이다. 즉, Shape 클래스의 draw() 메서드를 어떻게 구현해야 할지 알 수 없어 본체를 완전하게 작성할 수 없다. 그러나 Shape 클래스는 메서드 이름과 매개변수 정보를 제시할 수 있다. 이와 같이 메서드 본체를 완성하지 못한 메서드를 추상 메서드abstract method라고 한다. 추상 메서드는 무엇을 할지는 선언하지만, 어떻게 할지는 구현할 수 없다. 추상 메서드를 포함하는 클래스는 인스턴스를 생성할 수 없으므로 추상 클래스이다. 추상 클래스는 보통 하나 이상의 추상 메서드를 포함하는데, 포함하지 않을 수도 있다.

추상 클래스는 주로 상속 계층에서 자식 멤버(필드, 메서드)의 이름을 통일하는 데 사용된다. 추상 클래스는 구현 클래스를 만드는 부모 클래스로만 사용될 뿐 new 연산자로는 인스턴스를 생성하지 못한다.

```
추상클래스 s = new 추상클래스();    // 추상 클래스는 인스턴스를 생성하지 못한다.
```

2 추상 클래스의 선언

추상 클래스도 필드와 메서드를 포함할 수 있다. 심지어 생성자도 포함할 수 있는데 자식 클래스가 부모 생성자 super()를 호출할 수 있기 때문이다. 추상 클래스는 다음과 같이 abstract 키워드로 선언하고 구현 클래스처럼 public으로 지정할 수 있다.

```
abstract class 클래스이름 {
    // 필드
    // 생성자
    // 메서드
}
```

abstract: 추상 클래스라는 것을 나타낸다.
메서드: 일반적으로 하나 이상의 추상 메서드를 포함한다.

추상 메서드도 abstract 키워드를 붙여 선언하는데, 실체가 없기 때문에 본체 없이 세미콜론으로 끝난다. public이나 protected로 지정할 수 있다.

```
abstract 반환타입 메서드이름();
```

abstract: 추상 메서드라는 것을 나타낸다.
; : 항상 세미콜론으로 끝나야 한다.
() 뒤: 중괄호로 감싸는 메서드 본체가 없다.

3 추상 클래스의 활용

원주율을 표시하는 필드, findArea() 메서드와 draw() 메서드로 구성된 Shape 클래스를 작성해 보자. 도형은 넓이가 없으므로 findArea() 메서드는 0.0을 반환하고, 그릴 수 없으므로 draw() 메서드는 본체 없는 추상 메서드로 선언할 수 있다.

예제 7-1 **추상 메서드를 포함하는 추상 클래스** sec01/Shape.java

```
01 abstract class Shape {
02    double pi = 3.14;              추상 클래스도 멤버 필드를 포함할 수 있다.
03
04    abstract void draw();          추상 메서드는 본체가 없다.
05
06    public double findArea() {
07       return 0.0;                 추상 클래스도 구현 메서드를 포함할 수 있다.
08    }
09 }
```

Circle 클래스는 Shape의 자식으로 작성할 수 있는데, 이때는 Shape 클래스의 추상 메서드인 draw() 메서드를 구현해야 한다. Rectangle 클래스도 Circle 클래스와 비슷하게 작성할 수 있으므로 Rectangle 클래스에 대한 내용은 생략한다.

예제 7-2 **추상 클래스의 자식 클래스 1** sec01/Circle.java

```
01 class Circle extends Shape {
02    int radius;
03
04    public Circle(int radius) {
05       this.radius = radius;
06    }
07
08    public void draw() {                        부모 클래스에서 추상 메서드로
09       System.out.println("원을 그리다.");      선언했으므로 자식 클래스에서
10    }                                           반드시 구현해야 한다.
11
12    public double findArea() {
13       return pi * radius * radius;             부모 클래스의 메서드를
14    }                                           오버라이딩한다.
15 }
          (pi) 부모 클래스인 Shape에서 물려받은 변수이다.
```

Shape 클래스의 생성자로 Shape 객체를 생성하면 오류가 발생한다. 따라서 Circle 클래스와 Rectangle 클래스를 사용해 객체를 생성해야 한다.

예제 7-3 추상 클래스 테스트 sec01/AbstractClassDemo.java

```
01 public class AbstractClassDemo {
02    public static void main(String[] args) {
03       // Shape s = new Shape();
04
05       Circle c = new Circle(3);
06       c.draw();
07       System.out.printf("원의 넓이는 %.1f\n", c.findArea());
08
09       Rectangle r = new Rectangle(3, 4);
10       r.draw();
11       System.out.printf("사각형의 넓이는 %.1f\n", r.findArea());
12    }
13 }
```

Shape 클래스는 추상 클래스이므로 생성자를 사용해 객체를 생성할 수 없다.

```
원을 그리다.
원의 넓이는 28.3
사각형을 그리다.
사각형의 넓이는 12.0
```

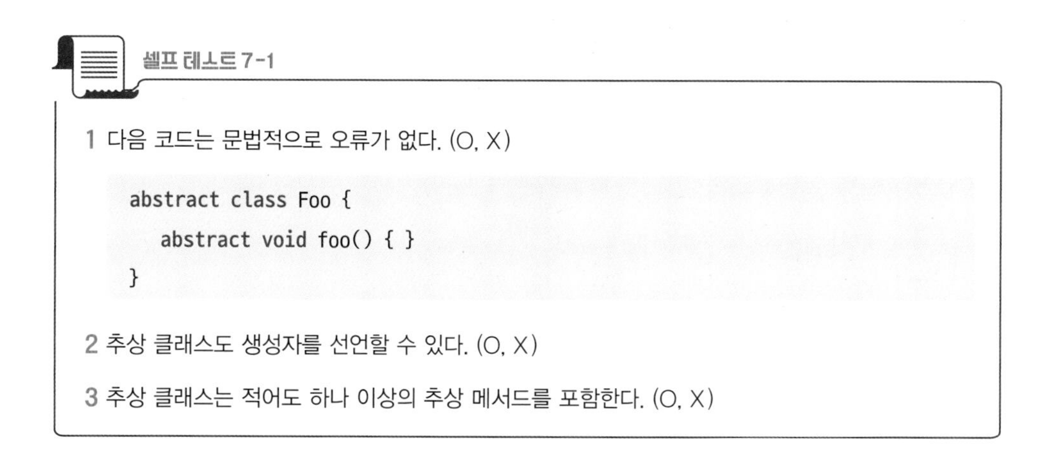

셀프 테스트 7-1

1 다음 코드는 문법적으로 오류가 없다. (O, X)

```
abstract class Foo {
   abstract void foo() { }
}
```

2 추상 클래스도 생성자를 선언할 수 있다. (O, X)

3 추상 클래스는 적어도 하나 이상의 추상 메서드를 포함한다. (O, X)

02 인터페이스 기본

1 인터페이스의 개념

제품을 나누어 개발한 후 하나로 합칠 때 미리 규격을 정하지 않으면 나중에 문제가 발생할 수 있다. 이때 필요한 것이 인터페이스interface로 사전에 정한 약속이나 규격을 의미한다. 인터페이스 덕분에 전자제품의 종류에 관계없이 동일한 전기 콘센트를 사용할 수 있는 것이다.

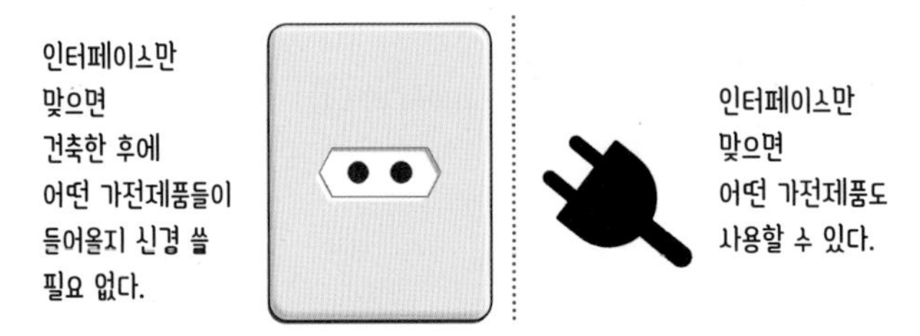

그림 7-2 현실 세계의 인터페이스

다수의 개발자가 소프트웨어를 개발하려면 각 클래스를 통합할 약속이 필요한데, 자바는 이 약속을 인터페이스로 정의한다. 인터페이스는 클래스 간에 상호작용하는 규격으로, 사용 방법이 같은 클래스를 만드는 기술이다. 예를 들어 다음과 같이 왼쪽 객체는 오른쪽에 있는 네 가지 객체의 모양이나 색상에 관계없이 빨간색 실선 부분만 서로 맞으면 통합할 수 있다. 여기서 빨간색 실선 부분이 인터페이스에 해당한다.

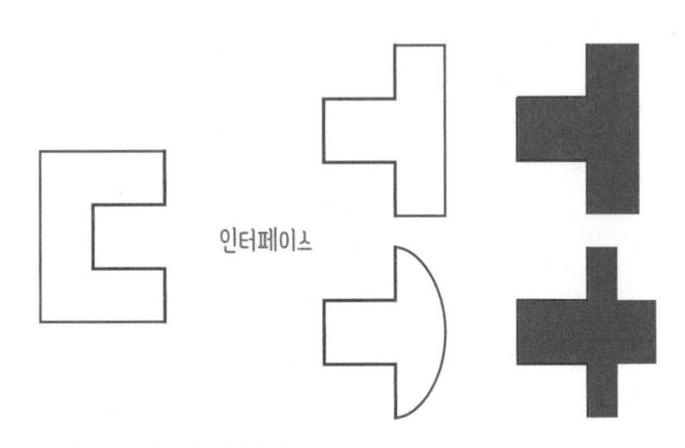

그림 7-3 자바의 인터페이스

인터페이스를 이용하면 다음 장점을 얻을 수 있다.

- 인터페이스만 준수하면 통합에 신경 쓰지 않고 다양한 형태로 새로운 클래스를 개발할 수 있다.
- 클래스의 다중 상속을 지원하지 않지만, 인터페이스로 다중 상속 효과를 간접적으로 얻을 수 있다.

인터페이스와 추상 클래스는 추상화라는 동일한 목적을 가지지만, 다른 점도 많다. 일부 메서드를 추상화한 추상 클래스와 달리 인터페이스는 모든 멤버를 추상화하므로 추상 클래스의 극단적인 예라고 할 수 있다. 인터페이스와 추상 클래스를 사용할 때는 다음 특징을 고려해야 한다.

표 7-1 인터페이스와 추상 클래스의 차이

분류	인터페이스	추상 클래스
구현 메서드	포함 불가(단, 디폴트 메서드와 정적 메서드는 예외)	포함 가능
인스턴스 변수	포함 불가능	포함 가능
다중 상속	가능	불가능
디폴트 메서드	선언 가능	선언 불가능
생성자와 main( )	선언 불가능	선언 가능
상속에서의 부모	인터페이스	인터페이스, 추상 클래스
접근 범위	모든 멤버를 공개	추상 메서드를 최소한 자식에게 공개

추상 클래스에서 추상 메서드는 반드시 자식 클래스에 상속해야 하므로 public이나 protected로 지정되어야 하지만, 나머지 멤버는 어떤 접근 지정자로도 지정할 수 있다.

2 인터페이스의 구성 요소

인터페이스는 무엇을 할지 명시하지만, 어떻게 구현할지는 명시하지 않는다. 자바가 기본적으로 제공하는 인터페이스는 다양하다. java.lang 패키지의 CharSequence, Comparable, Runnable, java.util 패키지의 Collection, Comparator, List 등이 대표적인 인터페이스이다. 예를 들어, 객체의 크기를 비교하는 Comparable 인터페이스는 다음과 같이 정의되어 있다.

```
public interface Comparable {
    int compareTo(Object other);
}
```

객체 other보다 크면 양수, 같으면 0,
작으면 음수를 반환한다.

인터페이스는 클래스와 문법이 유사하지만 인스턴스 변수를 선언할 수 없고, 객체도 생성할 수 없기 때문에 생성자가 없다. 인터페이스의 멤버로는 추상 메서드와 상수만 가능하다. 단, 자바 8부터는 디폴트 메서드와 정적 메서드, 자바 9부터는 비공개 메서드도 인터페이스의 멤버가 될 수 있다.

인터페이스는 interface 키워드로 정의하며 구조는 다음과 같다. 모든 멤버가 선택 사항으로 하나 이상을 포함할 수 있다.

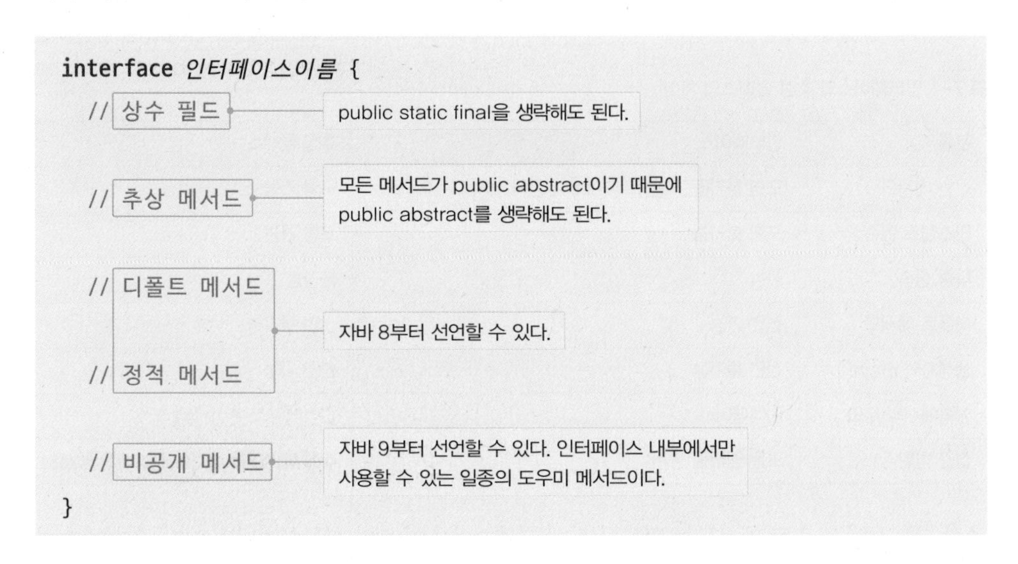

인터페이스 멤버에 명시된 public, static, final, abstract 키워드는 생략할 수 있다. 생략한 키워드는 컴파일 과정에서 자동으로 추가된다. 인터페이스 파일 확장자도 java이며, 컴파일하면 확장자가 class인 파일을 생성한다.

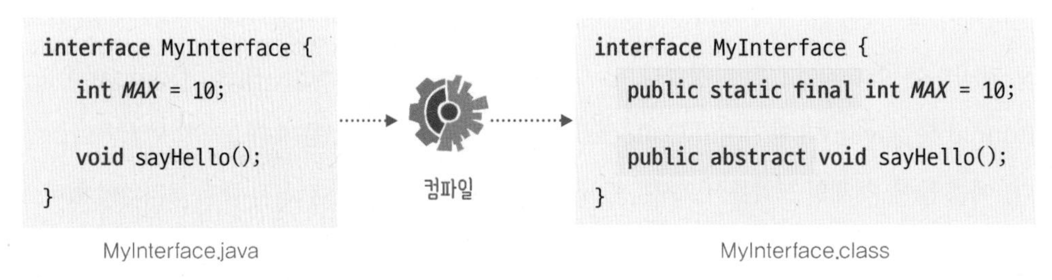

그림 7-4 인터페이스 파일의 컴파일

인터페이스는 완전히 추상화된 것으로 인스턴스를 생성할 수 없다. 인터페이스를 사용하려면 궁극적으로 인터페이스를 구현한 클래스를 작성해야 한다.

자바 8부터 하위 호환성을 유지하면서 기존 인터페이스에 새로운 기능을 추가할 수 있도록 디폴트 메서드default method를 지원한다. 디폴트 메서드를 이용하면 기존에 사용하던 인터페이스의 구현 클래스에 영향을 주지 않고도 인터페이스를 변경할 수 있다.

예를 들어 어떤 인터페이스를 구현한 클래스가 이미 사용되고 있는 상태에서 그 인터페이스를 수정해야 한다고 가정해 보자. 다음과 같이 method1() 메서드로 구성된 인터페이스 A에 새로운 추상 메서드인 method2()를 추가하면 기존에 구현한 클래스는 method2() 메서드를 구현하지 않아 모두 오류가 발생한다. 이런 문제점을 디폴트 메서드가 해결한다.

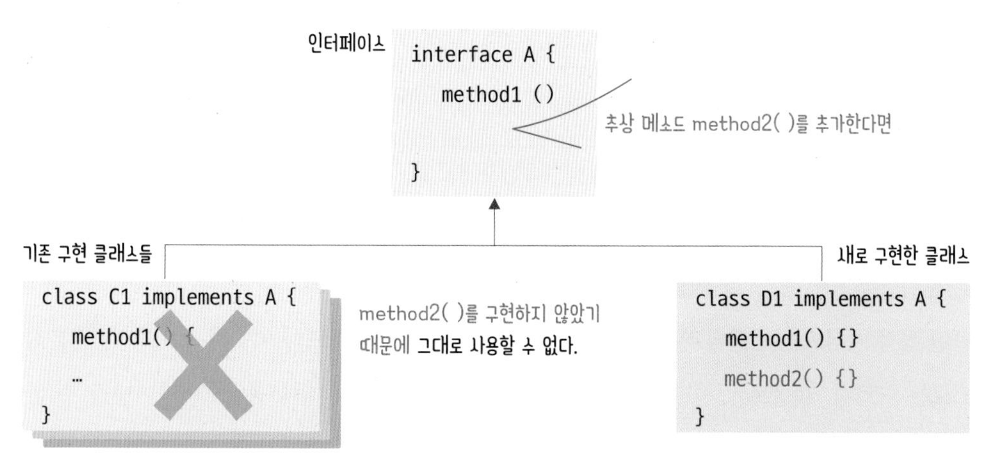

그림 7-5 인터페이스 수정이 기존 구현 클래스에 미치는 영향

디폴트 메서드는 인터페이스의 멤버이지만 구현 메서드로 다음과 같이 반환 타입 앞에 default라고 명시해야 한다.

```
default 반환 타입 디폴트 메서드 이름( ) {
        // 본체를 구성하는 코드이다.
}
```

인터페이스 A에 디폴트 메서드를 추가하더라도 기존 구현 클래스는 디폴트 메서드를 상속받으므로 오류 없이 그대로 사용할 수 있다.

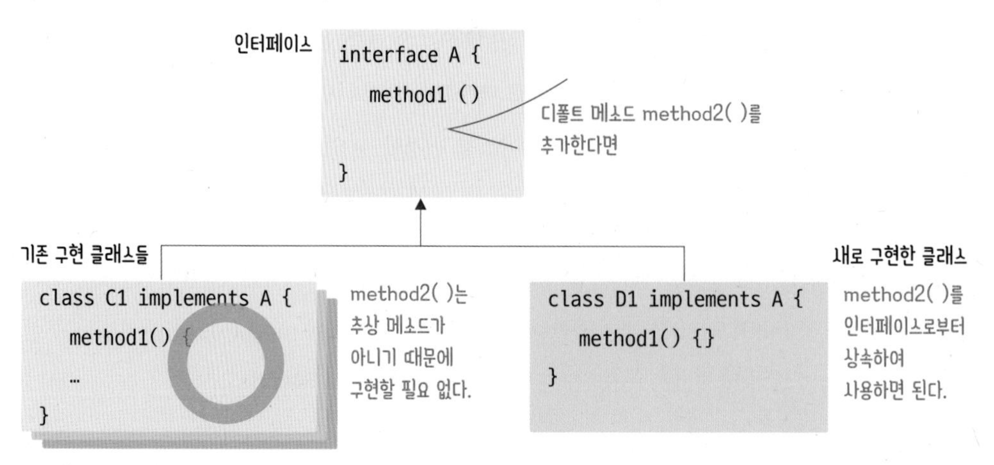

그림 7-6 인터페이스의 디폴트 메서드가 기존 구현 클래스의 영향 제거

> **참고**
> 인터페이스나 추상 클래스를 구현한 클래스를 문맥상 추론할 수 있으면 그냥 구현 클래스라고 부르며, 또한 인터페이스나 추상 클래스 이름이 A라면 그 구현 클래스를 A 구현 클래스라고 부른다. 그리고 구현 클래스로 생성한 객체를 그냥 구현 객체라고 부른다.

반면 정적 메서드는 구현된 본체를 가진다는 점에서 디폴트 메서드와 비슷해 보이지만, 근본적으로는 다르다. 디폴트 메서드는 오버라이딩될 수 있지만, 정적 메서드는 오버라이딩될 수 없다. 디폴트 메서드는 인스턴스 메서드이므로 객체를 생성한 후 호출하지만, 정적 메서드는 인터페이스로 직접 호출한다.

3 인터페이스의 상속

인터페이스도 extends 키워드를 사용해 자식 인터페이스를 정의할 수 있다. 그리고 인터페이스로 자식 클래스를 정의하려면 추상 메서드를 구현해야 하므로, implements 키워드를 사용한다.

```
// 인터페이스를 상속하려면 extends 키워드를 사용한다.
interface 자식인터페이스 extends 부모인터페이스 {
}

// 인터페이스를 구현하려면 implements 키워드를 사용한다.
class 자식클래스 implements 부모인터페이스 {
}
```

인터페이스가 클래스의 자식이 될 수 없는 것을 제외한 모든 상속 관계가 클래스와 인터페이스 사이에 가능하다.

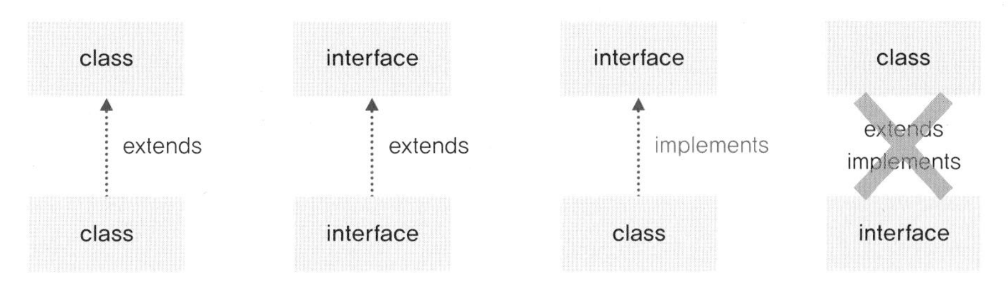

그림 7-7 클래스와 인터페이스의 관계

다수의 인터페이스를 상속해 새로운 자식 인터페이스나 구현 클래스를 작성할 수 있다.

```
// 상속할 인터페이스가 여러 개라면 쉼표(,)로 연결한다.
interface 자식인터페이스 extends 부모인터페이스1, 부모인터페이스2 {
}
class 자식클래스 implements 부모인터페이스1, 부모인터페이스2 {
}
```

심지어 다수의 인터페이스와 하나의 클래스를 상속해 구현 클래스를 작성할 수도 있다. 반면 자바는 둘 이상의 클래스를 상속한 자식 클래스를 작성할 수는 없다.

```
// 인터페이스는 다중 상속할 수 있다.
class 자식클래스 extends 부모클래스 implements 부모인터페이스1, 부모인터페이스2 {
}

// 클래스는 다중 상속할 수 없다.
class 자식클래스 extends 부모클래스1, 부모클래스2 {
}
```

다음과 같이 다수의 인터페이스를 상속해 자식 인터페이스도 작성할 수 있고, 인터페이스와 클래스를 상속해 자식 클래스도 작성할 수 있다.

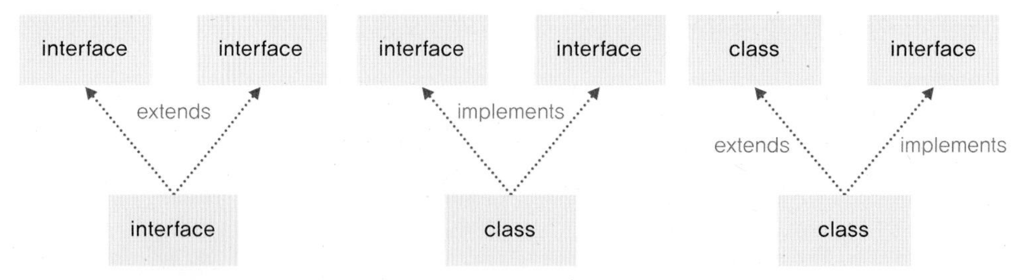

그림 7-8 인터페이스를 이용한 다중 상속 효과

셀프 테스트 7-2

1 인터페이스에 포함된 디폴트 메서드는 구현 메서드이다. (O, X)

2 인터페이스 파일을 컴파일하면 클래스 파일처럼 class 확장자를 가진다. (O, X)

3 인터페이스 InterfaceA의 구현 클래스 ClassA를 정의할 때 다음 밑줄에 적합한 키워드는?

```
class ClassA __________ InterfaceA {
   // 구현 코드
}
```

4 인터페이스는 __________, __________ 및 __________라는 구현 메서드를 포함할 수 있다.

5 __________는 클래스 간에 상호작용을 할 수 있는 규격으로 사용 방법이 같은 클래스를 만드는 기술이다.

03 인터페이스 응용

1 인터페이스와 상수

상수를 인터페이스에 정의하면 여러 종류의 클래스에서 사용할 수 있어 편리하다. 예를 들어 동전과 관련된 상수를 인터페이스에 정의한 후 사용해 보자.

예제 7-4 **상수를 정의한 인터페이스** sec03/Coin1Demo.java

```
01  interface Coin {
02     int PENNY = 1, NICKEL = 5, DIME = 10, QUARTER = 25;
03  }
04
05  public class Coin1Demo {
06     public static void main(String[] args) {
07        System.out.println("Dime은 " + Coin.DIME + "센트입니다.");
08     }
09  }
```

int만 표시되어 있지만, public static final int이다. 인터페이스의 모든 필드는 public static final이기 때문이다.

인터페이스에 정의된 상수 DIME을 의미한다.

```
Dime은 10센트입니다.
```

다음은 테스트 프로그램을 Coin 인터페이스의 구현 클래스로 사용하는 예제이다.

예제 7-5 **구현 클래스로 테스트** sec03/Coin2Demo.java

```
01  public class Coin2Demo implements Coin {
02     public static void main(String[] args) {
03
04        System.out.println("Dime은 " + DIME + "센트입니다.");
05
06     }
07  }
```

Coin 인터페이스를 구현한다. Coin 인터페이스가 추상 메서드를 포함하지 않으므로 추가할 코드가 없다.

Coin 인터페이스의 구현 클래스이므로 직접 상수를 사용할 수 있다.

2 인터페이스의 상속과 구현 클래스

다음은 전자제품에 포함되어야 하는 제어부가 요구하는 조건이다. 이 제어부를 인터페이스로 작성한 후 TV, 컴퓨터, 노트북이라는 전자제품의 공통된 규격으로 사용해 보자.

❶ 모든 전자제품에는 전원을 온·오프하는 기능이 있으며, 수리 및 공장 초기화를 할 수 있다.

❷ 전자제품 객체는 turnOn() 메서드, turnOff() 메서드로만 전원을 조절할 수 있어야 한다.

❸ 수리 및 공장 초기화 기능을 미리 구현해 놓아서 필요할 때 사용할 수 있어야 한다.

❹ 수리 기능은 자식 클래스에서 오버라이딩할 수도 있다.

요구 조건에 따라 수리 및 공장 초기화 기능을 구현해야 하므로 디폴트 메서드나 정적 메서드로 작성한다. 그런데 수리 기능은 자식 클래스가 오버라이딩할 수 있으므로 디폴트 메서드로 작성하면 된다.

예제 7-6 **전자제품 제어부 인터페이스** sec03/Controllable.java

```
01 public interface Controllable {
02    default void repair() {
03       show("장비를 수리한다.");          // 디폴트 메서드이다.
04    }
05
06    static void reset() {
07       System.out.println("장비를 초기화한다.");   // 정적 메서드이다.
08    }
09
10    private void show(String s) {
11       System.out.println(s);             // 자바 9부터 가능하며, 주로 도우미 메서드로 사용된다.
12    }
13
14    void turnOn();
15    void turnOff();                      // 추상 메서드이다.
16 }
```

다음은 [예제 7-6]의 인터페이스를 상속해 RemoteControllable이라는 새로운 인터페이스를 작성하는 예제이다.

예제 7-7 **Controllable 자식 인터페이스** sec03/RemoteControllable.java

```
01 public interface RemoteControllable extends Controllable {   // 인터페이스도 상속받을 때는 extends 키워드를 사용한다.
02    void remoteOn();
03                                       // RemoteControllable 인터페이스에 새로 추가한 메서드이다.
04    void remoteOff();
05 }
```

RemoteControllable 인터페이스는 remoteOn() 메서드, remoteOff() 메서드 외에 부모 인터페이스인 Controllable의 turnOn() 메서드, turnOff() 메서드도 사용할 수 있다.

TV 클래스를 다음과 같이 Controllable 구현 클래스로 작성하면 TV 클래스에서 Controllable 인터페이스의 turnOn() 메서드, turnOff() 메서드를 사용할 수 있다.

예제 7-8 **Controllable 구현 클래스인 TV** sec03/TV.java

```
01  public class TV implements Controllable {
02
03     @Override
04     public void turnOn() {
05        System.out.println("TV를 켠다.");
06     }
07
08     @Override
09     public void turnOff() {
10        System.out.println("TV를 끈다.");
11     }
12  }
```

Controllable 인터페이스에 정의된 모든 추상 메서드를 구현해야 한다.

반드시 public이어야 한다. 자식은 부모보다 접근 범위가 좁으면 안 되기 때문이다. 부모인 인터페이스의 메서드는 모두 public이다.

모든 전자제품에 관련된 클래스를 Controllable 구현 클래스로 작성한다면 개발자가 전자제품과 관련된 객체를 일관된 방법으로 사용할 수 있기 때문에 코드는 단순해질 것이다. 예를 들어 전자제품의 종류와 관계없이 전원을 켜려면 turnOn() 메서드를 호출한다. 그런데 인터페이스 없이 전자제품에 관련된 클래스를 작성한다면 개발자마다 전원 켜기 메소드를 turnOn(), PowerOn(), On() 등 각자 다르게 구현할 수 있어 코드가 복잡해질 수 있다.

TV와 Computer 둘 다 Controllable 구현 클래스일 때 다음 예제에서 인터페이스의 효과를 확인해 보자. Computer 클래스는 앞서 TV 클래스를 구현한 [예제 7-8]과 같은 방법으로 작성하면 된다.

예제 7-9 **Controllable 인터페이스의 테스트** sec03/ControllableDemo.java

```
01  public class ControllableDemo {
02     public static void main(String[] args) {
03        TV tv = new TV();
04        Computer com = new Computer();
05
```

```
06        tv.turnOn();
07        tv.turnOff();
08        tv.repair();
09        com.turnOn();
10        com.turnOff();
11        com.repair();
12        Controllable.reset();
13        // tv.reset();
14        // com.reset();
15    }
16 }
```

Controllable 인터페이스로 TV 객체와 Computer 객체를 동작하는 방법이 같다.

정적 메서드는 인터페이스로 직접 호출해야 한다.

```
TV를 켠다.
TV를 끈다.
장비를 수리한다.
컴퓨터를 켠다.
컴퓨터를 끈다.
장비를 수리한다.
장비를 초기화한다.
```

다음은 Computer 클래스와 Portable 인터페이스를 부모로 사용해 Notebook 클래스를 구현하는 예제이다.

예제 7-10 **클래스와 인터페이스의 자식 클래스** sec03/Notebook.java

```
01 interface Portable {
02    void inMyBag();
03 }
04
05 public class Notebook extends Computer implements Portable {
06    public void inMyBag() {
07       System.out.println("노트북은 가방에 있다.");
08    }
09
10    public void turnOn() {
11       System.out.println("노트북을 켠다.");
12    }
13
14    public void turnOff() {
15       System.out.println("노트북을 끈다.");
16    }
```

Portable 인터페이스의 메서드를 구현한다.

Computer 클래스의 메서드를 오버라이딩한다.

```
17
18     public static void main(String[] args) {
19       Notebook n = new Notebook();    // 자신의 생성자를 호출해도 괜찮다. 단, 생성자 내부에서 호출할 때는 this()를 사용해야 한다.
20
21       n.turnOn();
22       n.turnOff();
23       n.inMyBag();
24     }
25 }
```

```
노트북을 켠다.
노트북을 끈다.
노트북은 가방에 있다.
```

04 인터페이스와 다형성

1 인터페이스 타입

인터페이스도 클래스처럼 하나의 타입이므로 변수를 인터페이스 타입으로 선언할 수 있다. 인터페이스의 구현 클래스는 그 인터페이스의 자식 타입이다. 따라서 인터페이스의 구현 객체는 인터페이스 타입이므로 인터페이스 타입 변수에 대입할 수 있다. 구현 객체를 다음과 같이 인터페이스 타입 변수에 대입하면 자동으로 인터페이스 타입으로 변환된다.

```
인터페이스타입 변수 = 구현객체;    // 구현 객체는 인터페이스 타입이므로 자동 변환된다.
```

상속에서 사용한 다형성을 인터페이스에도 응용할 수 있다. 즉, 인터페이스 타입에 다양한 인터페이스 구현 객체를 대입하면 구현 객체의 종류에 따라 다르게 실행할 수 있다.

인터페이스 타입 변수로는 인터페이스 멤버만 볼 수 있고 구현 클래스에 추가된 멤버는 볼 수 없다. 구현 클래스에 추가된 멤버에 접근하려면 다음과 같이 강제로 타입을 변환해야 한다. 단, 인터페이스 타입 변수가 구현 객체를 참조할 때만 강제로 타입을 변환할 수 있다.

타입 변환 연산자이다.

구현클래스타입 변수 = (구현클래스타입) 인터페이스타입변수;

인터페이스 구현 객체를 참조하는 변수이다.

2 타입 변환과 다형성

[예제 7-9]와 같이 비슷한 코드가 반복되면 지저분하고 가독성이 떨어진다. 다형성을 이용하면 다음과 같이 코드가 단순하고 가독성 있게 작성할 수 있다.

예제 7-11 **인터페이스와 다형성 1** sec04/ControllableDemo.java

```
01  import sec03.Computer;
02  import sec03.Controllable;
03  import sec03.TV;
04
05  public class ControllableDemo {
06     public static void main(String[] args) {
07        Controllable[] controllable = { new TV(), new Computer() };
08
09        for (Controllable c : controllable) {
10           c.turnOn();
11           c.turnOff();
12           c.repair();
13        }
14        Controllable.reset();
15     }
16  }
```

인터페이스 타입의 배열 변수에 구현 객체 배열을 대입한다.

인터페이스 타입 변수를 사용해 구현 객체의 메서드를 호출한다.

다음은 구현 객체를 인터페이스 타입의 인수로 대입한 예제이다.

예제 7-12 **인터페이스와 다형성 2** sec04/AnimalDemo.java

```java
01 interface Animal {
02    void sound();
03 }
04
05 class Dog implements Animal {
06    public void sound() {
07       System.out.println("멍멍~~");
08    }
09 }
10
11 class Cuckoo implements Animal {
12    public void sound() {
13       System.out.println("뻐꾹~~");
14    }
15 }
16
17 public class AnimalDemo {
18    public static void main(String[] args) {
19       Dog d = new Dog();
20       Cuckoo c = new Cuckoo();
21
22       makeSound(d);
23       makeSound(c);
24    }
25
26    static void makeSound(Animal a) {
27       a.sound();
28    }
29 }
```

Animal 구현 클래스이다.

Dog Cuckoo

Dog 객체나 Cuckoo 객체를 Animal 타입에 대입한다.

a 객체의 타입을 실행 도중에 결정한다. a 객체가 Dog 타입이면 '멍멍~~', Cuckoo 타입이면 '뻐꾹~~'을 출력한다.

```
멍멍~~
뻐꾹~~
```

다음은 인터페이스 타입 변수에 대입된 구현 객체를 강제로 타입을 변환해서 구현 객체의 메서드를 호출하는 예제이다.

예제 7-13 인터페이스와 다형성 3 sec04/MovableDemo.java

```
01  interface Movable {
02     void move(int x);
03  }
04
05  class Car implements Movable {
06     private int pos = 0;
07
08     public void move(int x) {
09        pos += x;
10     }
11
12     public void show() {
13        System.out.println(pos + "m 이동했습니다.");
14     }
15  }
16
17  public class MovableDemo {
18     public static void main(String[] args) {
19        Movable m = new Car();
20
21        m.move(5);
22        // m.show();
23
24        Car c = (Car) m;
25        c.move(10);
26        c.show();
27     }
28  }
```

- 08~10행: Movable 인터페이스의 추상 메서드인 move( )의 구현체이다.
- 22행: Movable 타입에는 show( ) 메서드가 없기 때문에 호출할 수 없다.
- 24행: m이 참조하는 실제 객체가 Car 타입이므로 강제 타입 변환할 수 있다.
- 26행: Car 타입에는 show( ) 메서드가 있어 호출할 수 있다.

```
15m 이동했습니다.
```

[예제 7-13]에서 강제 타입 변환을 그림으로 나타내면 다음과 같다.

```
interface Movable {
   void move();
}

class Car implements Movable {
   public void move() { … }
   public void show() { … }
}
```

MovableDemo.java

```
Movable m = new Car();
m.move();

// m.show();
Car c = (Car) m; // 강제 타입 변환

c.move();
c.show()
```

Movable 타입에는 move() 메서드만 있고 show() 메서드는 없다.

Car 타입에는 move(), show() 메서드 둘 다 있다.

셀프 테스트 7-3

1 Shape 인터페이스를 이용하는 다음 코드는 문법 오류를 발생한다. (O, X)

```
Shape s = new Shape();
```

2 인터페이스 파일은 public으로 지정된 상수와 추상 메서드만 포함할 수 있으므로 다음 코드는 오류가 발생한다. (O, X)

```
public interface MathInterface {
   double PI = 3.14;
}
```

3 SmartPhone은 Phone 인터페이스의 구현 클래스이다. 다음 코드는 문법적으로 오류가 없다. (O, X)

```
Phone p = new SmartPhone();
```

05 중첩 클래스와 중첩 인터페이스

1 중첩 클래스와 중첩 인터페이스의 개념과 종류

클래스 CL1이나 인터페이스 IF1은 독립적으로 사용되지 않고, 클래스 CL2와 밀접한 관련을

맺을 때가 있다. 자바는 클래스 CL1이나 인터페이스 IF1을 클래스 CL2 안에 정의할 수 있도록 허용한다. 여기서 클래스 CL1을 중첩 클래스nested class라고 하며, 인터페이스 IF1을 중첩 인터페이스nested interface라고 한다. 그리고 클래스 CL2를 외부 클래스outer class라고 한다.

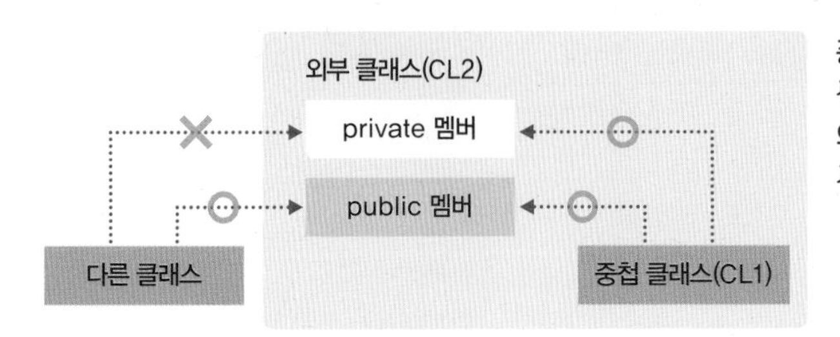

그림 7-9 중첩 클래스와 외부 클래스

중첩 클래스나 중첩 인터페이스는 외부로부터 스스로를 감추며, 외부 클래스와 강한 관계를 가실 수 있다. 또 중첩 클래스는 외부 클래스의 private 멤버를 비롯해 모든 멤버에 자유롭게 접근할 수 있고, 중첩 인터페이스를 사용하면 외부 클래스와 긴밀한 관계를 가지는 구현 클래스를 생성할 수 있다. 따라서 중첩 클래스나 중첩 인터페이스를 사용하면 서로 밀접하게 관련된 코드가 함께 있어 프로그램을 유지 보수하기가 쉽다. 또 중첩 클래스를 사용하면 외부 클래스의 모든 멤버를 직접 사용할 수 있기 때문에 일반적으로 프로그램이 간단해진다. 그러나 중첩 클래스가 복잡할 경우 가독성이 오히려 떨어질 수 있다.

중첩 클래스는 멤버 클래스member class와 지역 클래스local class로 구분할 수 있다. 멤버 클래스는 외부 클래스의 멤버 필드처럼 접근 지정자뿐만 아니라 static으로도 명시할 수 있다. 그리고 멤버 클래스는 static 키워드 지정 여부에 따라 다시 정적 멤버 클래스와 인스턴스 멤버 클래스로 나눈다. 인스턴스 멤버 클래스는 내부 클래스inner class라고도 불린다. 지역 클래스는 지역 변수처럼 메서드 내부에서만 사용하므로 abstract나 final로만 지정할 수 있다.

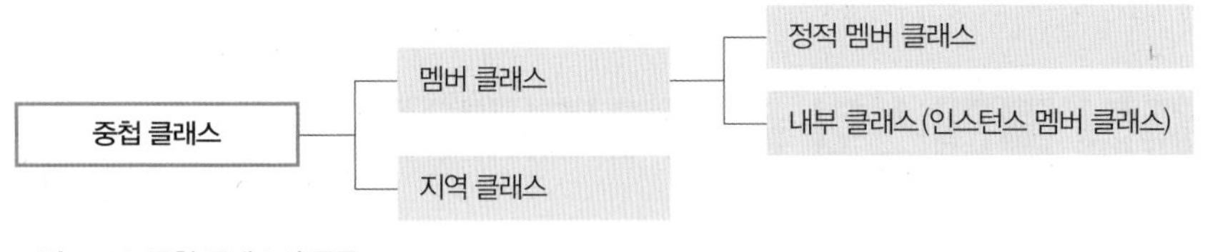

그림 7-10 중첩 클래스의 종류

2 중첩 클래스와 중첩 인터페이스 사용

중첩 클래스나 중첩 인터페이스는 다음 구조로 선언한다.

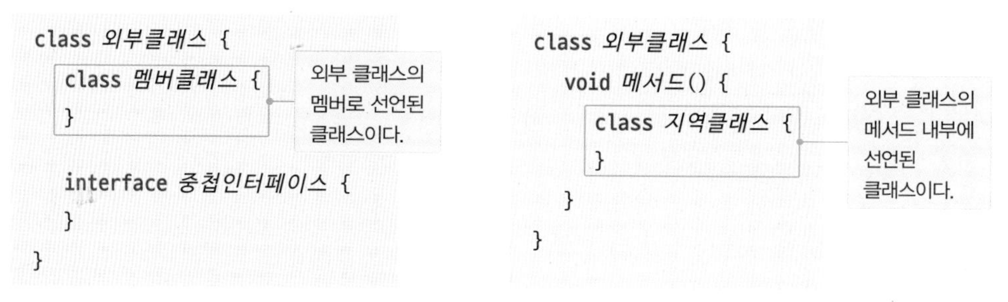

그림 7-11 중첩 클래스와 중첩 인터페이스 구조

중첩 클래스와 중첩 인터페이스도 컴파일하면 별도의 바이트 코드 파일을 생성한다. 바이트 코드 파일 이름은 외부 클래스 이름, 달러 기호($), 숫자, 중첩 클래스 이름과 연결되어 만들어진다.

```
외부클래스$멤버클래스.class
외부클래스$중첩인터페이스.class
외부클래스$1지역클래스.class
```

다른 메서드에 이름이 동일한 지역 클래스가 있다면 $2 등을 사용한다.

중첩 클래스에서의 this는 중첩 클래스의 객체 자신을 참조하는 것이지 외부 클래스의 객체를 의미하는 것은 아니다. 중첩 클래스에서 외부 클래스의 객체를 참조하려면 다음과 같이 this 앞에 외부 클래스 이름을 명시해야 한다.

```
외부클래스.this
```

정적 멤버 클래스는 외부 클래스보다 먼저 생성되며 내부 클래스는 정적 멤버를 포함할 수 없다. 멤버 클래스는 다음 문법을 사용해 객체를 생성한다.

```
외부클래스.내부클래스 변수 = 외부클래스의객체변수.new 내부클래스생성자();
외부클래스.정적멤버클래스 변수 = new 외부클래스.정적멤버클래스생성자();
```

다음은 중첩 클래스를 정의하고 사용하는 방법을 보여 주는 예제이다.

예제 7-14 중첩 클래스의 사용 sec05/MemberClassDemo.java

```
01 public class MemberClassDemo {        // 외부 클래스이다.
02    private String secret = "비공개";
03    String s = "외부";
04
05    class MemberClass {                 // 내부 클래스이다.
06       String s = "내부";
07
08       public void show1() {
09          System.out.println("내부 클래스");
10          System.out.println(secret);   // 외부 클래스의 private 멤버도 접근할 수 있다.
11
12          System.out.println(s);        // 내부 클래스의 멤버 s를 의미한다.
13
14          System.out.println(MemberClassDemo.this.s);   // 3행의 멤버 s를 의미한다.
15       }
16
17       // static String ss = "정적 멤버 필드";   // 내부 클래스 내부에 정적 변수나
18       // static void show2() {}                // 메서드를 포함할 수 없다.
19    }
20
21    public static void main(String[] args) {
22       MemberClassDemo m = new MemberClassDemo();
23       MemberClassDemo.MemberClass m1 = m.new MemberClass();   // 내부 클래스를 생성한다.
24
25       System.out.println(m1.s);
26       m1.show1();
27    }
28 }
```

MemberClassDemo 클래스의 멤버인 MemberClass를 의미한다.

```
내부
내부 클래스
비공개
내부
외부
```

지역 클래스는 메서드 내부에서만 사용되므로 접근 지정자나 static을 명시할 수 없다. 그리고 지역 클래스는 지역 변수를 final로만 참조할 수 있는데, 이는 메서드가 종료되어 지역 변수가 소

멸되더라도 지역 클래스가 소멸된 지역 변수를 변경하지 못하도록 하기 위해서다. 게다가 자바 8부터는 지역 클래스가 참조하는 지역 변수는 final로 명시하지 않더라도 final로 간주한다.

다음은 지역 클래스와 지역 변수 간의 관계를 보여 주는 예제이다.

예제 7-15 **지역 클래스의 사용** sec05/LocalClassDemo.java

```
01  public class LocalClassDemo {
02     private String s1 = "외부";
03
04     void method() {
05        int x = 1;
06        class LocalClass {              // 지역 클래스이다.
07           String s2 = "내부";
08           String s3 = s1;              // 외부 클래스의 private 멤버도 접근할 수 있다.
09
10           public void show() {
11              System.out.println("지역 클래스");
12              // x = 2;                 // x는 method() 내부에 선언된 지역 변수이다.
13           }                            // 지역 변수는 사실상 final이므로 수정할 수 없다.
14        }
15
16        LocalClass lc = new LocalClass();
17        System.out.println(lc.s2);
18        lc.show();
19     }
20
21     public static void main(String[] args) {
22        LocalClassDemo lcd = new LocalClassDemo();
23        lcd.method();
24     }
25  }
```

```
내부
지역 클래스
```

중첩 인터페이스는 클래스의 멤버로 선언된 인터페이스로 나중에 그래픽 프로그래밍에서 이벤트를 처리할 때 자주 활용된다.

다음은 하나의 중첩 인터페이스로만 구성된 클래스에서 중첩 인터페이스를 사용하는 방법을 보여 주는 예제이다.

예제 7-16 **중첩 인터페이스의 사용** sec05/InnerInterfaceDemo.java

```
01  class Icon {
02     interface Touchable {
03        void touch();
04     }
05  }
06
07  public class InnerInterfaceDemo implements Icon.Touchable {
08     public void touch() {
09        System.out.println("아이콘을 터치한다.");
10     }
11
12     public static void main(String[] args) {
13        Icon.Touchable btn = new InnerInterfaceDemo();
14        btn.touch();
15     }
16  }
```

중첩 인터페이스이다.

Icon 클래스의 멤버 Touchable 인터페이스를 의미한다.

```
아이콘을 터치한다.
```

06 익명 클래스

1 익명 클래스의 개념

한 번만 사용하는 클래스라면 굳이 이름을 붙일 필요가 없는데, 이렇게 이름이 없는 클래스를 익명 클래스 anonymous class 라고 한다. 익명 클래스는 중첩 클래스의 특수한 형태로 코드가 단순해지기 때문에 이벤트 처리나 스레드 등에서 자주 활용한다.

예를 들어 프로그램 내에서 한 번만 사용하는 다음과 같은 OnlyOnce 클래스가 있다고 가정하자.

```
class OnlyOnce [ extends | implements ] Parent {
   // Parent가 클래스라면 오버라이딩한 메서드
   // Parent가 인터페이스라면 구현한 메서드
}

Parent p = new OnlyOnce();
```

한 번만 사용한다면 클래스 이름을 굳이 OnlyOnce라 하지 않고 NoMore라 해도 상관없으며, 심지어 클래스의 이름이 없어도 된다. 필요한 것은 오직 OnlyOnce 클래스의 본체뿐이다. 그런데 클래스 이름을 없애면 객체를 생성할 수 없는데, 생성자는 클래스 이름을 사용하기 때문이다. 자바는 이런 문제점을 해결하려고 다음과 같이 생성자의 이름을 부모 클래스 이름으로 대신하고 본체를 구현하는 익명 클래스를 지원한다.

```
Parent p = new Parent() {
   // Parent가 클래스라면 오버라이딩한 메서드
   // Parent가 인터페이스라면 구현한 메서드
};
```

익명 클래스 본체로서 OnlyOnce 클래스의 본체와 동일하다.

하나의 실행문이므로 세미콜론(;)으로 끝난다.

이렇듯 익명 클래스는 앞에 있는 OnlyOnce 클래스 선언과 객체 생성 실행문을 하나로 합친 것이라고 할 수 있다. 익명 클래스는 단독으로 정의할 수 없고, 클래스를 상속하거나 인터페이스를 구현해서 작성한다.

2 익명 클래스의 활용

다음은 익명 클래스의 개념을 살펴보기 위하여 부모로 사용할 클래스이다.

예제 7-17 **익명 클래스의 부모로 사용할 클래스** sec06/Bird.java

```
01 public class Bird {
02    public void move() {
03       System.out.println("새가 움직인다~~~.");
04    }
05 }
```

```
06
07  // public interface Bird {
08  //   void move();
09  // }
```

Bird 클래스를 Bird 인터페이스로 바꾸더라도 [예제 7-18]~[예제 7-21]까지 결과는 모두 유사하다. 다음은 Bird 클래스의 자식 클래스를 Eagle이라는 이름의 중첩 클래스로 정의해서 사용하는 예제이다.

예제 7-18 기명 멤버 클래스 sec06/MemberDemo.java

```
01  public class MemberDemo {
02     class Eagle extends Bird {
03        public void move() {
04           System.out.println("독수리가 난다~~~.");
05        }
06
07        public void sound() {
08           System.out.println("휘익~~~.");
09        }
10     }
11
12     Eagle e = new Eagle();
13
14     public static void main(String[] args) {
15        MemberDemo m = new MemberDemo();
16        m.e.move();
17        m.e.sound();
18     }
19  }
```

멤버 클래스이다.

Bird 클래스의 move( )를 오버라이딩한 메서드이다.

Eagle 클래스에 추가한 메서드이다.

MemberDemo 클래스의 멤버 필드이다.

MemberDemo 클래스의 객체인 m의 멤버 필드 e 객체의 move( )와 sound( ) 메서드를 호출한다.

```
독수리가 난다~~~.
휘익~~~.
```

16~17행의 m.e.move()와 m.e.sound()에서 m.e는 MemberDemo 클래스의 m객체 멤버 필드인 e를 의미한다. 따라서 m.e.move()와 m.e.sound()는 객체인 멤버 필드 e의 move()와 sound() 메서드의 호출을 의미한다. [예제 7-19]는 Bird 클래스의 자식 클래스를 익명 클래스로 정의해서 Bird 타입의 객체로 사용하는 예제이다.

예제 7-19 **익명 멤버 클래스** sec06/Anonymous1Demo.java

```
01 public class Anonymous1Demo {
02    Bird e = new Bird() {
03       public void move() {
04          System.out.println("독수리가 난다~~~.");
05       }
06
07       void sound() {
08          System.out.println("휘익~~~.");
09       }
10    };
11
12    public static void main(String[] args) {
13       Anonymous1Demo a = new Anonymous1Demo();
14       a.e.move();
15       // a.e.sound();
16    }
17 }
```

Anonymous1Demo 클래스의 멤버 필드이다.

Bird 클래스의 move() 메서드를 오버라이딩한다.

Bird 타입에 없는 메서드이므로 Bird 타입의 객체로는 접근할 수 없다.

다형성으로 오버라이딩한 메서드를 호출한다.

a.e 객체가 Bird 타입이므로 sound() 메서드를 호출할 수 없다.

```
독수리가 난다~~~.
```

[예제 7-20]은 Bird 타입의 자식 클래스를 Eagle이라는 이름의 지역 클래스로 정의해서 사용하는 예제이다.

예제 7-20 **기명 지역 클래스** sec06/LocalDemo.java

```
01 public class LocalDemo {
02    public static void main(String[] args) {
03       class Eagle extends Bird {
04          public void move() {
05             System.out.println("독수리가 난다~~~.");
06          }
07       }
08
09       Bird e = new Eagle();
10       e.move();
```

지역 클래스이다.

Bird 클래스의 move()를 오버라이딩한 메서드이다.

main() 메서드의 지역 변수이다.

```
11      }
12  }
```

```
독수리가 난다~~~.
```

다음은 [예제 7-20]에 있는 Bird 클래스의 자식인 Eagle이라는 지역 클래스를 익명 클래스로 바꾼 예제이다.

예제 7-21 **익명 지역 클래스** sec06/Anonymous2Demo.java

```
01  public class Anonymous2Demo {
02     public static void main(String[] args) {
03        Bird b = new Bird() {
04           public void move() {
05              System.out.println("독수리가 난다~~~.");
06           }
07        };
08        b.move();
09     }
10  }
```

지역 변수이다.

Bird 클래스의 move( ) 메서드를 오버라이딩한다.

```
독수리가 난다~~~.
```

여기서 3~8행의 Bird 타입 변수 b를 더는 참조하지 않는다면 다음과 같이 변수 b 없이 사용할 수 있다.

```
new Bird() {
   public void move() {
      System.out.println("독수리가 난다~~~.");
   }
}.move();
```

셀프 테스트 7-4

1 다음 중 틀린 것은?

① 멤버 클래스는 public으로 지정할 수 있다.

② 지역 클래스는 final로 지정할 수 있다.

③ 외부 클래스의 지역 변수를 지역 클래스에서 수정할 수 있다.

④ 중첩 클래스를 컴파일하면 별도의 바이트 코드를 생성한다.

2 표준 자바가 제공하는 인터페이스와 관련이 없는 것은?

① Showable ② Comparable

③ Comparator ④ Runnable

3 익명 객체도 익명 클래스에서 정의한 모든 메서드를 호출할 수 있다. (O, X)

4 다음 코드는 문법적으로 올바른 실행문이다. (O, X)

```
new String().length();
```

5 __________는 외부 클래스의 멤버로 선언된 중첩 클래스를 의미한다.

※Countable 인터페이스로 두 가지 종류의 구현 클래스를 작성해 테스트하고, Countable을 추상 클래스로 변경해 유사하게 테스트해 보면서 추상 클래스와 인터페이스, 다형성 개념을 다져 보자.

01 – count() 추상 메서드를 가진 Countable 인터페이스를 Bird 클래스와 Tree 클래스로 각각 구현해 보자.

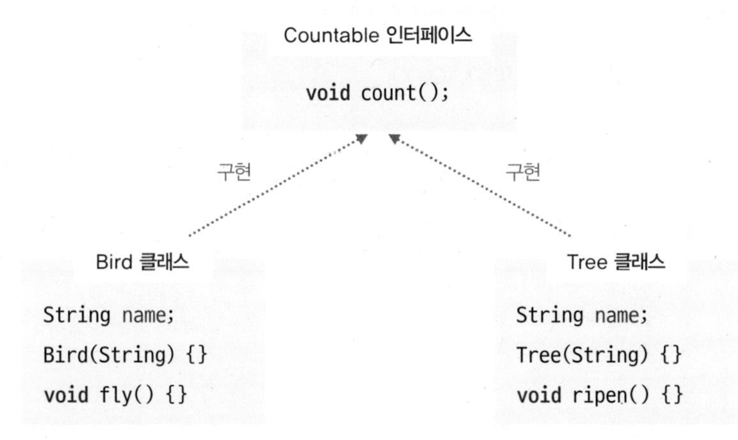

① Countable 인터페이스를 작성한다.

② 그림과 같이 Bird와 Tree 클래스를 Countable 인터페이스의 구현 클래스로 작성한다.

```
class Bird implements Countable {
   String name;

   public Bird(String name) {
      // name을 초기화하는 코드
   }

   // count()와 fly() 메서드를 위한 코드
}

class Tree implements Countable {
   // Bird 클래스와 유사하다.
}
```

③ 다음 테스트 프로그램으로 인터페이스와 2개의 구현 클래스를 테스트한다.

```
public class CountableTest {
   public static void main(String[] args) {
      Countable[] m = { new Bird("뻐꾸기"), new Bird("독수리"),
                        new Tree("사과나무"), new Tree("밤나무") };

      for (Countable e : m)
         e.count();
   }
}
```

```
뻐꾸기가 2마리 있다.
독수리가 2마리 있다.
사과나무가 5그루 있다.
밤나무가 5그루 있다.
```

02 – 타입에 따라 다른 메서드를 호출하는 다형성을 테스트하는 코드를 테스트 프로그램에 추가해 보자. 즉, for 문 내부에서 Countable 배열의 원소가 Bird 타입이면 fly() 메서드를 호출하고, Tree 타입이면 ripen() 메서드를 호출한다.

```
public class CountableTest {
   public static void main(String[] args) {
      Countable[] m = { new Bird("뻐꾸기"), new Bird("독수리"),
                        new Tree("사과나무"), new Tree("밤나무") };

      for (Countable e : m)
         e.count();

      for (int i = 0; i < m.length; i++) {
         // 타입에 따라 fly() 또는 ripen() 메서드를 호출하는 코드
      }
   }
}
```

```
뻐꾸기가 2마리 있다.
독수리가 2마리 있다.
사과나무가 5그루 있다.
밤나무가 5그루 있다.
2마리 뻐꾸기가 날아간다.
2마리 독수리가 날아간다.
사과나무에 열매가 잘 익었다.
밤나무에 열매가 잘 익었다.
```

03 – 다음 그림과 같이 Countable 인터페이스를 추상 클래스로 바꾸고 소유자 필드도 추가해 보자.

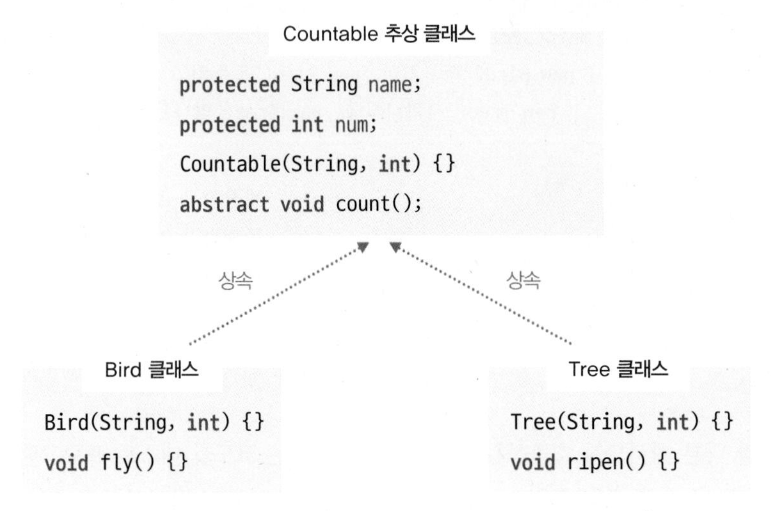

① Countable 인터페이스를 추상 클래스로 수정하되, 그림과 같이 name과 num 필드, 생성자를 추가한다.

② Countable 추상 클래스를 상속해 Bird와 Tree 클래스를 작성한다. 그리고 Bird와 Tree 클래스에 오류가 발생하면 수정한다.

③ Bird와 Tree 클래스의 count() 메서드, fly() 메서드에 num 정보를 포함한다. 그리고 CountableTest 프로그램도 num 정보에 맞게 수정한 후 다음 실행 결과가 나타나도록 완성한다.

```
뻐꾸기가 5마리 있다.
독수리가 2마리 있다.
사과나무가 10그루 있다.
밤나무가 7그루 있다.
5마리 뻐꾸기가 날아간다.
2마리 독수리가 날아간다.
10그루 사과나무에 열매가 잘 익었다.
7그루 밤나무에 열매가 잘 익었다.
```

연습 문제

01 – 인터페이스를 설명한 것이다. 틀린 것은?

① 인터페이스는 인스턴스 변수를 포함할 수 없다.

② 인터페이스는 생성자를 포함할 수 없다.

③ 인터페이스는 상수를 포함할 수 없다.

④ 인터페이스의 모든 멤버는 public으로 공개된다.

02 – 다음은 중첩 클래스를 설명한 것이다. 틀린 것은?

① 인스턴스 멤버 클래스는 외부 클래스의 객체를 생성한 후에 사용해야 한다.

② 인스턴스 멤버 클래스는 private이나 protected로 지정할 수 없다.

③ 지역 클래스는 메서드 내부에 선언된 클래스를 의미한다.

④ 자바 8부터는 지역 클래스가 참조하는 지역 변수는 final로 간주한다.

03 – 다음 중 올바른 코드는?

①
```
class Klass {
   void foo();
}
```

②
```
abstract class Klass {
   abstract void foo();
}
```

③
```
class Klass {
   abstract void foo();
}
```

④
```
abstract class Klass {
   abstract void foo() { }
}
```

04 – Radio, Speaker, Earphone 클래스, 그리고 Playable 및 Portable 인터페이스가 있다. 다음 중 잘못된 것은?

① public class Radio extends Speaker implements Playable

② public class Radio extends Speaker implements Playable, Portable

③ public class Radio extends Speaker implements Playable, Portable

④ public class Radio extends Speaker, Earphone

05 – 자바 9부터 private 메서드를 인터페이스에 포함할 수 있다. (O, X)

06 – 추상 클래스의 모든 메서드는 abstract로 선언해야 한다. (O, X)

07 – 다음 인터페이스는 문법적으로 오류가 발생한다. (O, X)

```
interface RightOrWrong { }
```

08 – 다음은 인터페이스와 구현 클래스를 정의한 코드이다. 빈칸에 적절한 내용은?

```
interface Edible {
   void isDelicious();
}

class Beverage _________________ {
   public void isDelicious() {
      System.out.println("sure!");
   }
}
```

09 – Printable는 인터페이스이다. 다음 코드에서 잘못된 행을 모두 찾아라.

```
01  interface Printable {
02     String toner;
03     abstract void print();
04  }
05
06  public class PrintableTest extends Printable {
07     public static void main(String[] args) {
08        new Printable();
09        new PrintableTest();
10     }
11
12     void print() { }
13  }
```

10 – 다음 클래스를 이용해 show() 메서드를 호출할 때 2행의 value 값을 출력하고자 한다. 8행의 밑줄에 들어갈 적절한 내용은?

```
01 public class WhatIsThis {
02     int value = 1;
03
04     class Really {
05         int value = 2;
06
07         void show() {
08             System.out.println(____________________);
09         }
10     }
11 }
```

11 – 다음 코드를 컴파일하면 어떤 파일을 생성하는지 파일 이름을 모두 나열하라.

```
public class InnerDemo {
    class MemberClass {
    }

    interface MemberInterface {
    }

    public static void main(String[] args) {
        class LocalClass {
        }
    }

    static void foo() {
        class LocalClass {
        }
    }
}
```

프로그래밍 문제

01 – 추상 클래스도 생성자를 가질 수 있다. 다음 표와 같이 추상 클래스와 구현 클래스를 작성한 후 아래 테스트 프로그램을 실행하라. 단, 추상 클래스와 구현 클래스의 생성자는 모든 필드를 초기화한다.

추상 클래스 Abstract		구현 클래스 Concrete	
필드	int i	필드	int j
추상 메서드	void show( )	구현 메서드	void show( )

```
public class AbstractTest {
   public static void main(String[] args) {
      Concrete c = new Concrete(100, 50);
      c.show();
   }
}
```

```
i = 100, j = 50
```

02 – 다음과 같이 2개의 인터페이스가 있다. 이 2개의 인터페이스를 모두 사용하는 클래스가 자주 발생한다. 하나의 인터페이스로 통합된 Delicious 인터페이스를 작성하라.

```
interface Edible {
   void eat();
}

interface Sweetable {
   void sweet();
}
```

03 – 가격 순서대로 정렬할 수 있는 Book 클래스와 다음 실행 결과가 나타나도록 테스트 프로그램을 작성하라. Book 클래스에는 int 타입의 price 필드가 있으며, 생성자와 필요한 메서드를 포함한다. 또 테스트 프로그램은 3개의 Book 객체로 구성된 Book 배열을 사용해 가격 순서대로 정렬한 후 출력한다.

+배열 books를 정렬하려면 Arrays.sort(books)를 호출하면 된다.

```
정렬 전
Book [price=15000]
Book [price=50000]
Book [price=20000]
정렬 후
Book [price=15000]
Book [price=20000]
Book [price=50000]
```

04 - Talkable 인터페이스는 talk() 메서드 하나만 포함한다. Korean 클래스와 American 클래스는 Talkable 구현 클래스이다. 다음 테스트 프로그램과 실행 결과를 참고해 Talkable 인터페이스와 Korean 클래스, American 클래스를 구현하고, 테스트 프로그램도 완성하라.

```
public class TalkableTest {
   static void speak( … ) {
      …
   }

   public static void main(String[] args) {
      speak(new Korean());
      speak(new American());
   }
}
```

```
안녕하세요!
Hello!
```

05 - 다음 표와 같은 멤버를 가진 Controller 추상 클래스가 있다. TV와 Radio 클래스는 Controller의 자식 클래스이다. Controller, TV, Radio 클래스를 작성하라. 그리고 ControllerTest 프로그램으로 테스트하라.

필드	boolean power
메서드	void show( )
추상 메서드	String getName( )

```
public class ControllerTest {
   public static void main(String[] args) {
      Controller[] c = { new TV(false), new Radio(true) };

   for (Controller controller : c)
      controller.show();
   }
}
```

```
TV가 꺼졌습니다.
라디오가 켜졌습니다.
```

06 - 다음과 같이 Human 인터페이스와 Human 구현 클래스인 Worker가 있다.

```
interface Human {
   void eat();
}

class Worker implements Human {
   public void eat() {
      System.out.println("빵을 먹습니다.");
   }
}
```

다음과 같이 HumanTest라는 테스트 프로그램을 실행하고자 한다. 이 테스트 프로그램은 Worker 클래스뿐만 아니라 Human 인터페이스를 구현한 Student 클래스를 사용한다. 두 클래스는 모두 print()와 echo() 메서드를 포함한다. 여기서 Worker 클래스는 다른 프로젝트에 이용되고 있으므로 수정할 수 없으며 echo() 메서드는 구현 객체를 생성하지 않고서 호출됨을 유의하라. HumanTest 프로그램의 실행을 위하여 Human 인터페이스를 수정하고, Student 클래스를 정의하라.

```
public class HumanTest {
   public static void main(String[] args) {
      Human.echo();

      Student s = new Student(20);
      s.print();
      s.eat();

      Human p = new Worker();
      p.print();
      p.eat();
   }
}
```

```
야호!!!
20세의 학생입니다.
도시락을 먹습니다.
인간입니다.
빵을 먹습니다.
```

07 – Flyable 인터페이스와 테스트 프로그램을 실행한 결과가 다음과 같다. Flyable 인터페이스를 지역 클래스로 이용하는 테스트 프로그램을 완성하라.

```
interface Flyable {
   void speed();
   void height();
}

public class FlyableTest {
   public static void main(String[] args) {
      Flyable f = ________________;  // 한 행 이상의 코드 필요
      f.speed();
      f.height();
   }
}
```

```
속도
높이
```

08 – 다음과 같은 Echoer 클래스와 테스트 프로그램, 실행 결과가 있다. 테스트 프로그램은 Echoer 클래스를 이용해 키보드로 입력한 메시지를 화면에 출력한다. 테스트 프로그램을 완성하라.

```
abstract class Echoer {
   void start() {
      System.out.println("시작합니다.");
   }

   abstract void echo();

   void stop() {
      System.out.println("종료합니다.");
   }
}

public class EchoerTest {
```

```
    public static void main(String[] args) {
        Scanner in = new Scanner(System.in);
        Echoer e = _________________;  // 한 행 이상의 코드 필요
        e.start();
        e.echo();
        e.stop();
    }
}
```

```
시작합니다.
좋은 아침!
좋은 아침!
잘 가세요.
잘 가세요.
끝
끝
종료합니다.
```

09 – 다음과 같은 테스트 프로그램과 실행 결과가 있다. 호텔의 객실 예약과 예약 현황을 나타낼 수 있도록 Hotel 클래스를 작성하라. 호텔에는 10개의 객실이 있으며, 객실 번호는 1~10번까지이다. 객실 번호와 이름으로 객실을 예약하는 add() 메서드, 현재 예약된 객실 번호와 고객 이름을 보여 주는 show() 메서드가 필요하다.

+ 호텔에는 다수의 객실이 있지만, 객실은 호텔 내부에서만 사용한다. 따라서 객실을 위한 Room 클래스는 Hotel 클래스의 중첩 클래스로 작성하면 편리하다

```
public class HotelTest {
    public static void main(String[] args) {
        Hotel hotel = new Hotel();
        hotel.add(5, "호돌이");
        hotel.add(7, "길동이");
        hotel.show();
    }
}
```

```
5번 방을 호돌이가 예약했습니다.
7번 방을 길동이가 예약했습니다.
```

Chapter 08

기본 패키지

프로그램을 개발할 때 대부분은 하나의 클래스나 인터페이스로는 충분하지 않다. 이때 필요한 모든 클래스나 인터페이스를 개발자가 일일이 개발해야 한다면 끔찍할 것이다. 자바는 개발자가 편리하게 프로그래밍할 수 있도록 자주 사용되는 클래스나 인터페이스를 한곳에 묶어 기본 패키지로 제공한다. 이미 6장에서 패키지에 대해서 살펴보았지만 여기서는 패키지에 대하여 좀 더 자세히 살펴본 후 오라클이 제공하는 기본 모듈인 java.base를 구성하는 일부 패키지를 학습한다.

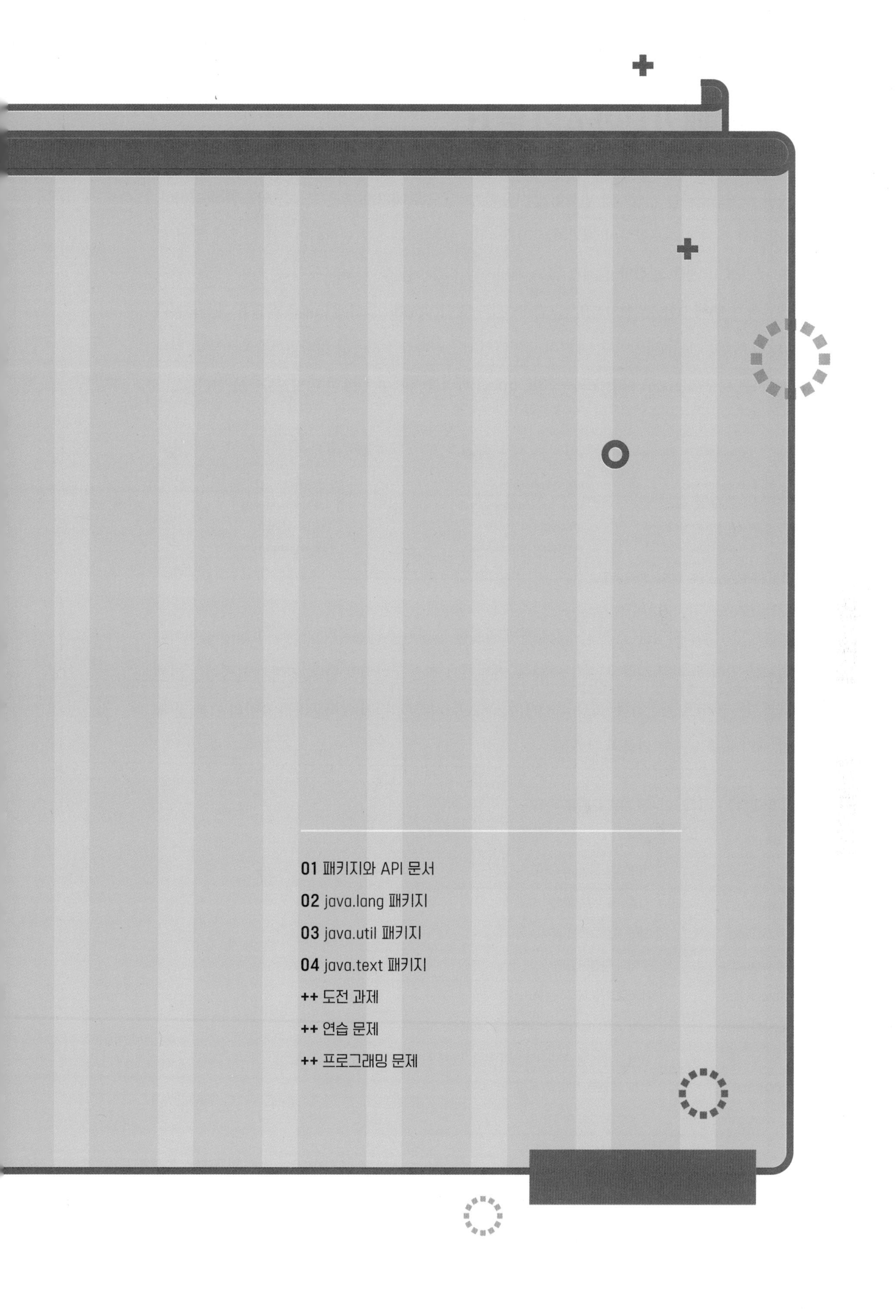

01 패키지와 API 문서

자바 라이브러리는 개발자가 편리하게 사용할 수 있도록 패키지 혹은 모듈을 압축한 파일이다. 6장에서 이미 살펴보았듯이 패키지는 상호 관련 있는 클래스와 인터페이스를 한곳에 묶어 놓은 것이며, 모듈은 밀접한 관계가 있는 패키지와 리소스를 묶어 놓은 것이다. 자바 프로그램을 개발하기 위해 JDK를 설치하면 [그림 8-1]과 같이 jmods 폴더에 jmod 파일을 제공하는데 jmod 파일은 모듈 파일이다. 패키지 덩어리인 rt.jar 파일을 사용한 자바 8까지와는 달리 자바 9부터는 다수의 jmod 파일을 사용하며, jmod 파일을 통하여 필요한 패키지를 제공한다.

« system (C:) › Program Files › Java › jdk-14 › jmods   jmods 검색

java.base.jmod   jdk.compiler.jmod   jdk.jshell.jmod
java.compiler.jmod   jdk.crypto.cryptoki.jmod   jdk.jsobject.jmod
java.datatransfer.jmod   jdk.crypto.ec.jmod   jdk.jstatd.jmod
java.desktop.jmod   jdk.crypto.mscapi.jmod   jdk.localedata.jmod

그림 8-1 Java SE 14의 jmods 폴더

모듈이나 rt.jar 파일을 통하여 개발자에게 필요한 패키지를 제공하지 않는다면 화면 출력이나 키보드 입력 등 자주 사용하는 기능조차도 개발자가 직접 구현해야 한다. 자바가 제공하는 기본 패키지는 java로 시작하며, 확장 패키지는 javax로 시작한다. 자주 사용하는 자바의 기본 및 확장 패키지 중 일부는 다음과 같다.

표 8-1 자주 사용되는 자바의 기본 및 확장 패키지

패키지	설명
java.awt	그래픽을 처리하는 API
java.io	입출력을 스트림하는 API
java.lang	자바 프로그램의 필수 API
java.math	수학과 관련된 API
java.net	네트워크를 처리하는 API
java.text	날짜, 시간, 문자열 등 지역화를 처리하는 API
java.time	날짜 및 시간을 처리하는 API(자바 8부터 지원)
java.util	날짜, 리스트, 벡터 등 유틸리티 API
javax.swing	스윙 컴포넌트 API

이클립스에서 자바 프로그램을 컴파일하고 실행하려면 자바가 제공하는 다양한 패키지가 필요하므로 [그림 8-2]처럼 모듈 단위로 구성된 파일과 연결해서 사용한다.

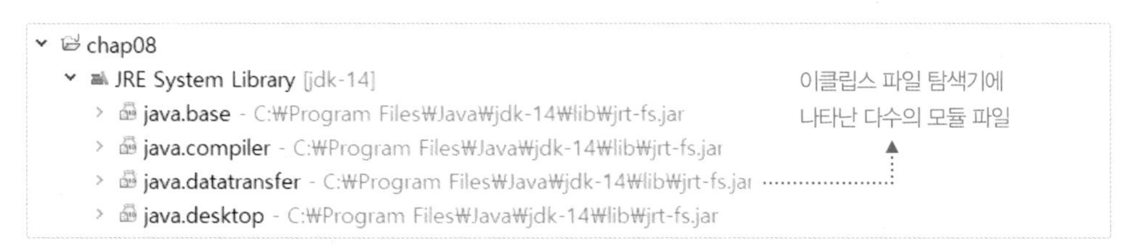

그림 8-2 이클립스에 나타난 자바 기본 패키지

자바는 이런 패키지를 개발자가 사용할 수 있도록 API 형태로 제공한다. 자바는 API를 이용해 네트워킹, 보안, XML 생성, 데이터베이스 접근 등 사용 방법이나 규칙 등을 제공한다. 개발자는 이 API를 이용해 쉽고 빠르게 자바가 제공하는 패키지를 개발 프로그램에 적용할 수 있다. 예를 들어 자바는 실행 결과를 화면에 출력하거나 키보드로 데이터를 입력하는 등 빈번하게 사용하는 기능을 미리 패키지로 구현하고, 이를 개발자에게 API로 알려 준다. 사용자는 API로부터 필요한 패키지를 임포트import하면 모니터와 키보드를 쉽게 조작하는 프로그램을 작성할 수 있다.

JDK에 포함된 라이브러리는 매우 방대하기 때문에 개발자가 모두 기억할 수는 없다. 따라서 패키지를 올바르게 사용하려면 개발자는 API 문서를 자주 참조해야 한다. 오라클은 라이브러리를 쉽게 찾을 수 있도록 HTML 페이지 형식으로 API 문서를 제공한다. Java SE 14 API 문서는 https://docs.oracle.com/en/java/javase/14/docs/api/에서 웹 형식으로 볼 수 있다. [그림 8-3]은 Java SE와 JDK가 어떤 모듈을 포함하고 있는지 나타내며, ❶에서 궁금한 클래스 이름을 입력하면 자세한 도움말을 얻을 수 있고 ❷를 클릭하면 java.base 모듈에 대한 자세한 내역을 볼 수 있다.

그림 8-3 Java SE와 JDK에 대한 스펙을 나타낸 API 문서

이와 같은 API 문서의 상단에 여러 가지 메뉴가 있는데 선택된 메뉴는 주황색으로 표시된다. 선택한 메뉴는 주황색으로 표시된 OVERVIEW 메뉴(❸)이다. 선택된 메뉴를 구성하는 모듈을 나타내는 MODULE 메뉴(❹)는 비활성화되지만, 나머지 메뉴(❺)는 활성화되어 있어 클릭하면 해당하는 내용을 볼 수 있다.

02 java.lang 패키지

java.lang 패키지는 자바 프로그램에서 가장 기본이 되는 클래스와 인터페이스를 담고 있는데, import 문 없이 사용한다. 지금까지 사용한 System.out.println() 메서드도 java.lang 패키지에 포함된 클래스의 메서드이므로 import 문 없이 사용했다. java.lang 패키지에 포함된 주요 클래스를 살펴보면 다음과 같다.

표 8-2 Java.lang 패키지에 포함된 주요 클래스

클래스	설명
Class	실행 중에 클래스 정보를 제공한다.
Math	각종 수학 함수를 제공한다.
Object	최상위 클래스로 기본적인 메서드를 제공한다.
String, StringBuffer, StringBuilder	문자열을 처리하는 메서드를 제공한다.
System	시스템 정보나 입출력을 처리하는 메서드를 제공한다.
Thread	스레드를 처리하는 메서드를 제공한다.
포장 클래스	기초 타입 데이터를 객체로 처리하는 메서드를 제공한다.

java.lang 패키지의 주요 클래스 중 String은 이미 5장에서 알아보았고, Thread 클래스는 14장에서 살펴볼 것이다. 여기서는 String과 Thread를 제외한 나머지 클래스를 살펴보자.

1 Object 클래스

자바에서 모든 클래스의 조상은 java.lang 패키지에 있는 Object 클래스이다. 따라서 어떤 클래스든 Object를 직간접적으로 확장한 클래스가 된다. 명시적인 부모 클래스가 없다면 Object 클래스를 직접 상속하는 클래스이므로 다음 두 코드의 의미는 같다.

```java
public class SomeClass { … }
public class SomeClass extends Object { … }
```

Object 클래스는 모든 자바 객체에 적용할 수 있는 메서드로만 정의한 클래스이다. 모든 클래스에 물려주는 Object 클래스의 메서드는 다음과 같다.

표 8-3 Object 클래스가 제공하는 주요 메서드

메서드	설명
public String toString( )	객체의 문자 정보를 반환한다.
public boolean equals(Object o)	현재 객체와 동일한지 여부를 반환한다.
public int hashCode( )	객체의 해시코드를 반환한다.
protected Object clone( )	객체의 사본을 생성한다.
protected void finalize( )	가비지 컬렉터가 객체를 수거할 때 호출한다.
public final Class〈?〉 getClass( )	객체 정보를 반환한다.

Object 클래스에는 [표 8-3]에 있는 메서드 외에도 final로 지정된 wait( ), notify( ), notifyAll( ) 메서드가 있는데, 이는 14장에서 알아본다. 여기서는 자주 사용하는 toString( ), equals( ), hashCode( ) 메서드를 살펴보자.

Object 클래스가 제공하는 toString( )과 equals( ) 메서드는 대다수 클래스에서는 거의 도움이 되지 않는다. toString( ) 메서드는 객체에서 '클래스 이름@16진수 해시코드'로 구성된 문자열을 반환하며, equals( ) 메서드는 두 객체 내용이 아니라 두 객체의 동일 여부를 조사하는 비교 연산자 ==과 같기 때문이다. 따라서 대다수 클래스는 Object 클래스가 제공하는 toString( )과 equals( ) 메서드를 오버라이딩해서 사용한다. hashCode( ) 메서드는 생성자를 통하여 새로운 인스턴스가 메모리로부터 생성될 때 그 인스턴스의 주솟값을 기준으로 만들어지는 일련번호를 반환한다.

그런데 String은 equals( ), toString( ) 및 hashCode( ) 메서드를 이미 오버라이딩한 클래스이다. 따라서 String 클래스의 equals( )는 두 String 객체가 가진 문자열이 같은지 아닌지에 따라 true 혹은 false를 반환하고, toString( )은 String 객체의 문자열을 반환하며, 그리고 hashCode( )는 같은 문자열 값에 대하여 같은 정숫값을 반환한다.

다음은 Object 클래스가 제공하는 toString()과 equals() 메서드를 자식 클래스가 오버라이딩할 필요가 있다는 것을 보여 주려고 Mouse와 Keyboard 클래스를 사용하는 예제이다. Mouse 클래스는 Object 클래스에서 물려받은 메서드를 그대로 사용하지만, Keyboard 클래스는 오버라이딩해서 사용한다.

예제 8-1 **Object 메서드의 오버라이딩** sec02/Keyboard.java

```
01 class Mouse {
02    String name;
03
04    public Mouse(String name) {
05       this.name = name;
06    }
07 }
08
09 class Keyboard {
10    String name;
11
12    public Keyboard(String name) {
13       this.name = name;
14    }
15
16    public boolean equals(Object obj) {
17       if (obj instanceof Keyboard) {
18          Keyboard k = (Keyboard) obj;
19          if (name.equals(k.name))
20             return true;
21       }
22       return false;
23    }
24
25    public String toString() {
26       return "키보드입니다.";
27    }
28 }
```

- Object 클래스에서 물려받은 메서드를 그대로 사용하는 클래스이다.
- Object 클래스에서 물려받은 메서드를 오버라이딩해서 사용하는 클래스이다.
- Object 클래스의 equals( ) 메서드를 오버라이딩한다.
- String 클래스의 equals( ) 메서드는 문자열 내용이 동일한지 비교하도록 이미 오버라이딩되어 있다.
- Object 클래스의 toString( ) 메서드를 오버라이딩한다.

다음은 Object 클래스가 물려준 toString()과 equals() 메서드를 자식 클래스에서 오버라이딩했는지 여부에 따라 어떤 차이가 있는지 보여 주는 예제이다.

예제 8-2 **Object 메서드의 오버라이딩 테스트** sec02/ObjectMethodDemo.java

```
01  public class ObjectMethodDemo {
02     public static void main(String[] args) {
03        Mouse m1 = new Mouse("Logitech");
04        Mouse m2 = new Mouse("Logitech");
05        Mouse m3 = m1;
06        Keyboard k1 = new Keyboard("Microsoft");
07        Keyboard k2 = new Keyboard("Microsoft");
08
09        System.out.println(m1.toString());
10        System.out.println(m1);
11
12        System.out.println(k1.toString());
13        System.out.println(k1);
14
15        System.out.println(m1.equals(m2));
16        System.out.println(m1.equals(m3));
17        System.out.println(k1.equals(k2));
18     }
19  }
```

객체 자체를 출력하면 객체의 toString() 메서드의 결과를 출력한다. 즉, m1.toString()과 동일하다.

Mouse 클래스는 Object 클래스에서 상속받은 equals() 메서드를 사용한다. 따라서 내용이 동일하더라도 다른 객체이기 때문에 false를 반환한다.

```
sec02.Mouse@15db9742
sec02.Mouse@15db9742
키보드입니다.
키보드입니다.
false
true
true
```

Object 클래스에서 물려받은 toString() 메서드의 결과이다.

오버라이딩한 toString() 메서드의 결과이다.

2 Class 클래스

Class 클래스는 실행 중인 자바 프로그램 내부에 포함된 클래스와 인터페이스 정보를 제공하려고 forName(), getName(), getSimpleName() 등 다양한 메서드를 제공한다. Class 클래스는 public 생성자가 없다. 대신에 어떤 객체라도 생성하면 JVM이 대응하는 Class 객체를 자동으로 생성한다. 실행 도중 객체 정보를 얻으려면 getClass() 메서드의 결과인 Class 객체를 사용할 수 있다. 예를 들어 주어진 obj 객체에서 Class 객체는 다음과 같이 얻을 수 있다.

```
Class cls = obj.getClass();
```

- obj: 임의의 객체이다.
- getClass(): object 클래스에서 상속받은 메서드로 Class 객체를 반환한다.

다음은 Class 클래스를 사용해 주어진 객체 정보를 얻는 예제이다.

예제 8-3 Class 클래스의 사용 　sec02/ClassDemo.java

```
01 public class ClassDemo {
02    public static void main(String[] args) {
03       Keyboard k = new Keyboard("Logitech");
04
05       Class c = k.getClass();
06       System.out.println(c.getName());
07       System.out.println(c.getSimpleName());
08       System.out.println(c.getTypeName());
09       System.out.println(c.getPackage().getName());
10    }
11 }
```

- 05행: Keyboard 객체 k의 Class 객체를 가져온다.
- 06~09행: Class 객체를 이용해 해당 객체의 각종 정보를 얻는다.

```
sec02.Keyboard
Keyboard
sec02.Keyboard
sec02
```

3 Math 클래스

Math 클래스는 지수와 로그 등 기본 산술 연산을 수행하는 정적 메서드를 제공한다. 또 자연 로그natural logarithms의 밑base 수인 E와 원주율 값인 PI를 상수로 제공한다. Math 클래스에 포함된 모든 메서드가 static이기 때문에 객체를 생성하지 않고도 필요한 메서드를 호출할 수 있다.

Math 클래스가 제공하는 주요 메서드 중 double 타입의 메서드는 다음과 같다. 모든 메서드는 대다수 기초 타입으로 오버로딩되어 있다.

표 8-4 Math 클래스가 제공하는 주요 double 타입의 메서드

메서드	반환 값
static double abs(double a)	실수 a의 절댓값
static double cos(double a)	실수 a의 cosine 값
static double exp(double a)	e^a 값
static double log(double a)	실수 a에 대한 자연 로그 값
static double log10(double a)	실수 a에 대한 10의 로그 값
static double max(double a, double b)	실수 a와 b 중 큰 값
static double min(double a, double b)	실수 a와 b 중 작은 값
static double pow(double a, double b)	a^b 값
static double random( )	0.0 이상 1.0 미만의 난수
static double sin(double a)	실수 a의 sine 값
static double sqrt(double a)	실수 a의 제곱근 값
static double tan(double a)	실수 a의 tangent 값

다음은 Math 클래스가 제공하는 pow( ), random( ), sin( ), min( ) 메서드와 PI 상수를 사용하는 예제이다.

예제 8-4 **Math 클래스의 활용** sec02/MathDemo.java

```
01  public class MathDemo {
02     public static void main(String[] args) {
03        System.out.println("Math.pow(2, 8) : " + Math.pow(2, 8));
04
05        System.out.println("Math.random() : " + Math.random());
06
07        System.out.println("Math.sin(Math.PI) : " + Math.sin(Math.PI));
08
09        System.out.println("Math.min(10, 20) : " + Math.min(10, 20));
10     }
11  }
```

Math 클래스에 있는 상수 중 하나인 원주율이다.

```
Math.pow(2, 8) : 256.0
Math.random() : 0.27418513672415135
Math.sin(Math.PI) : 1.2246467991473532E-16
Math.min(10, 20) : 10
```

4 StringBuffer 및 StringBuilder 클래스

String 클래스는 상수 문자열이기 때문에 String 객체에 포함된 문자열을 수정할 수 없다. 만약 String 객체의 문자열을 수정하면 내부적으로는 수정된 문자열을 포함하는 새로운 String 객체가 생성된다. 따라서 문자열 내용을 자주 변경한다면 String 클래스를 사용하는 것은 좋지 않다.

자바는 변경될 수 있는 문자열을 다룰 수 있도록 StringBuilder와 StringBuffer 클래스를 제공한다. 다중 스레드 환경에서 StringBuffer 클래스가 안전하다는 점을 제외하면 StringBuffer 클래스는 StringBuilder 클래스와 거의 유사하다. 따라서 다중 스레드 환경이 아니라면 StringBuilder 클래스를 사용하는 것이 효율적이다.

StringBuilder 객체는 내부에 문자열을 저장하는 버퍼가 있으며, 그 버퍼의 크기는 변할 수 있다. 매개변수 없는 디폴트 생성자를 사용해 StringBuilder 객체를 생성하면 16개의 문자를 저장할 수 있는 버퍼를 생성한다. 객체를 생성한 후 문자열 내용을 변경하면 버퍼의 크기를 자동으로 조정한다. StringBuilder 클래스가 제공하는 주요 메서드를 살펴보면 다음과 같다.

표 8-5 StringBuilder 클래스가 제공하는 주요 메서드

메서드	설명
StringBuilder append(String s)	문자열 s를 버퍼에 덧붙인다.
int capacity( )	현재 버퍼의 크기를 반환한다.
StringBuilder delete(int start, int end)	문자열의 일부분을 버퍼에서 제거한다.
StringBuilder insert(int offset, String s)	문자열 s를 버퍼의 offset 위치에 삽입한다.
StringBuilder replace(int start, int end, String s)	문자열의 일부분을 문자열 s로 대체한다.
StringBuilder reverse( )	버퍼에 있는 문자열을 반대 순서로 변경한다.

append( ) 메서드의 매개변수와 insert( ) 메서드의 두 번째 매개변수는 문자열뿐만 아니라 숫자, boolean, 문자 배열, 심지어 Object 객체까지 가능할 정도로 다양하게 오버로딩되어 있다. 또 대다수 메서드의 반환 타입이 StringBuilder이기 때문에 메서드를 연속 호출(4장 참고)할 수 있다.

다음은 String과 StringBuilder 클래스의 근본적인 차이를 보여 주는 예제이다.

예제 8-5 String과 StringBuilder의 차이 sec02/StringBuilderDemo.java

```
01 public class StringBuilderDemo {
02    public static void main(String[] args) {
03       String s = new String("hi");
04       System.out.println(s.hashCode());
05       s = s + "!";
06       System.out.println(s.hashCode());
07
08       StringBuilder sb = new StringBuilder("hi");
09       System.out.println(sb.hashCode());
10       sb = sb.append("!");
11       System.out.println(sb.hashCode());
12
13       System.out.println(sb.replace(0, 2, "Good bye").insert(0, "Java, "));
14    }
15 }
```

s = new String(s + "!");과 같은 코드이다. 즉, 새로운 String 객체를 생성해야 한다.

replace( ) 메서드가 StringBuilder 타입을 반환하므로 연속으로 호출할 수 있다.

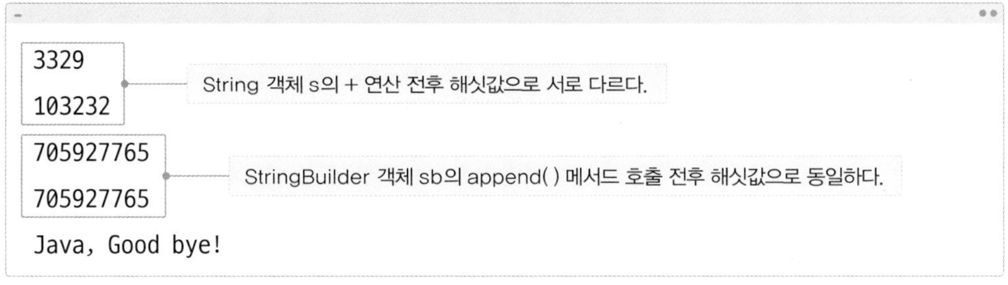

Object 클래스의 hashCode( ) 메서드는 객체의 메모리 주소를 사용하여 계산한 해싯값을 반환한다. 해싯값은 객체를 식별하는 정숫값으로 두 객체의 해싯값이 다르면 서로 다른 객체임을 의미한다. 10행에 있는 append( ) 메서드에서 = 연산의 좌우에 있는 StringBuilder의 해싯값은 서로 같다. 그러나 5행에 있는 + 연산 전후의 String 객체의 해싯값은 서로 다르다. 따라서 5행의 = 부호 오른쪽의 s(+ 연산 전)와 왼쪽의 s(+ 연산 후)는 서로 다른 객체를 가리킨다. + 연산 후의 String 객체는 "!" 문자열을 추가하여 새롭게 생성한 객체이다. 즉, String 클래스와 달리 StringBuilder 클래스는 Object 클래스로부터 상속받은 equals( ), toString( ), hashCode( ) 메서드를 오버라이딩하지 않고 그대로 사용함을 알 수 있다.

5 System 클래스

System 클래스는 표준 입출력을 비롯한 실행 시스템과 관련된 필드와 메서드를 제공한다. System.out.println()도 System 클래스가 제공하는 메서드이다. System 클래스가 제공하는 필드와 메서드는 모두 static으로 지정되어 있다. System 클래스의 세 가지 필드는 시스템 콘솔과 관련되며, 다음과 같다.

표 8-6 System 클래스의 세 가지 필드

필드	설명
static InputStream in	표준 입력 스트림이다.
static PrintStream out	표준 출력 스트림이다.
static PrintStream err	표준 오류 출력 스트림이다.

System 클래스가 제공하는 주요 메서드는 다음과 같다.

표 8-7 System 클래스가 제공하는 주요 메서드

메서드	설명
static void arraycopy(Object src, int srcPos, Object dest, int destPos, int length)	주어진 위치에서 주어진 길이만큼 배열 src를 배열 dest로 복사한다.
static long currentTimeMillis( )	현재 시각을 밀리초 단위로 반환한다.
static void exit( )	현재 실행 중인 JVM을 종료한다.
static void gc( )	가비지 컬렉터의 실행을 요청한다.
static String getenv(String name)	지정된 환경 변수 값을 반환한다.
static String getProperty(String key)	주어진 key 값에 해당하는 시스템 특성을 반환한다.
static long nanoTime( )	현재 시각을 나노초 단위로 반환한다.

다음은 System 클래스가 제공하는 메서드를 사용하는 예제이다.

예제 8-6 **System 클래스의 메서드 활용** sec02/SystemDemo.java

```
01 public class SystemDemo {
02    public static void main(String[] args) {
03       int[] src = new int[] { 1, 2, 3, 4, 5, 6 };
04       int[] dst = { 100, 200, 300, 400, 500, 600, 700 };
05
```

```
06        System.arraycopy(src, 2, dst, 3, 4);
07        for (int i = 0; i < dst.length; i++) {
08            System.out.print(dst[i] + " ");
09        }
10        System.out.println();
11
12        System.out.println(System.currentTimeMillis());
13        System.out.println(System.getenv("JAVA_HOME"));
14        System.out.println(System.getProperty("os.name"));
15        System.out.println(System.nanoTime());
16    }
17 }
```

배열 src의 2~5번 원소 4개를 배열 dst의 3~6번 원소에 복사한다. 배열은 0번부터 시작한다.

```
100 200 300 3 4 5 6
1457507710788
C:₩Program Files₩Java₩jdk-14.0.1
Windows 10
113787788160112
```

자바에서는 운영체제로부터 할당받은 메모리를 JVM이 관리한다. JVM은 메모리가 부족하거나 혹은 주기적으로 가비지 컬렉터를 사용해 가비지를 수거한다. 가비지를 수거하는 순서는 객체의 생성 순서와는 무관하다. 또 프로그램에서 가비지 컬렉터를 직접 호출할 수도 없다. 이는 가비지가 생길 때마다 가비지 컬렉터를 호출한다면 시스템 성능이 떨어지기 때문이다. 그러나 System.gc() 메서드를 이용해 개발자는 JVM에 가능하면 빨리 가비지 컬렉터를 실행하도록 요청할 수는 있다.

다음은 가비지 컬렉터가 가비지를 수거하는 과정을 살펴보려고 고의로 가비지를 생성해서 System.gc() 메서드를 호출하는 예제이다.

예제 8-7 **가비지 컬렉터의 실행 요청** sec02/GarbageDemo.java

```
01  class Garbage {
02     public int no;
03
04     public Garbage(int no) {
05        this.no = no;
06        System.out.printf("Garbage(%d) 생성\n", no);
07     }
08
09     protected void finalize() {
10        System.out.printf("Garbage(%d) 수거\n", no);
11     }
12  }
13
14  public class GarbageDemo {
15     public static void main(String[] args) {
16        for (int i = 0; i < 3; i++)
17           new Garbage(i);
18
19        System.gc();
20     }
21  }
```

가비지를 수거하기 전에 가비지 컬렉터가 호출하는 Object 클래스의 메서드이다. 가비지 수거 과정을 출력하려고 오버라이딩한 코드이다.

생성된 객체를 참조 변수에 대입하지 않았기 때문에 바로 가비지가 된다.

JVM에 빨리 가비지 컬렉터를 실행하라고 요청한다.

```
Garbage(0) 생성
Garbage(1) 생성
Garbage(2) 생성
Garbage(0) 수거
Garbage(2) 수거
Garbage(1) 수거
```

가비지의 생성 순서와 수거 순서는 무관하다.

6 포장 클래스

객체 지향 언어는 캡슐화, 상속, 다형성 등 특징이 많다. 그러나 기초 타입을 사용하면 객체 지향 언어의 특징을 이용할 수 없다. 대부분의 기본 패키지가 제공하는 클래스의 메서드는 참조 타입을 매개변수로 사용하기 때문이다.

자바는 기초 타입을 포장해 클래스화한 포장 클래스wrapper class를 제공해서 기초 타입 데이터도 기본 패키지에 포함된 모든 클래스에 활용할 수 있게 한다.

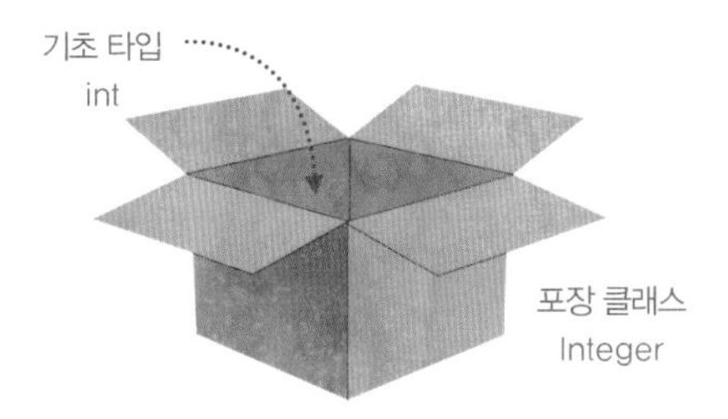

그림 8-4 기초 타입과 포장 클래스의 개념

모든 기초 타입에 대응하는 포장 클래스가 있으며, 각 포장 클래스의 생성자는 다음 표와 같다. int와 char 타입에 대응하는 포장 클래스는 각각 Integer와 Character이며, 나머지 포장 클래스 이름은 기초 타입의 첫 영문자를 대문자로 바꾼 것이다.

표 8-8 포장 클래스의 생성자

포장 클래스	생성자
Byte	Byte(byte value), Byte(String s)
Short	Short(short value), Short(String s)
Integer	Integer(int value), Integer(String s)
Long	Long(long value), Long(String s)
Float	Float(double value), Float(float value), Float(String s)
Double	Double(double value), Double(String s)
Character	Character(char value)
Boolean	Boolean(boolean value), Boolean(String s)

포장 클래스 중 수치 포장 클래스가 주로 사용되는데, 계층구조는 다음과 같다.

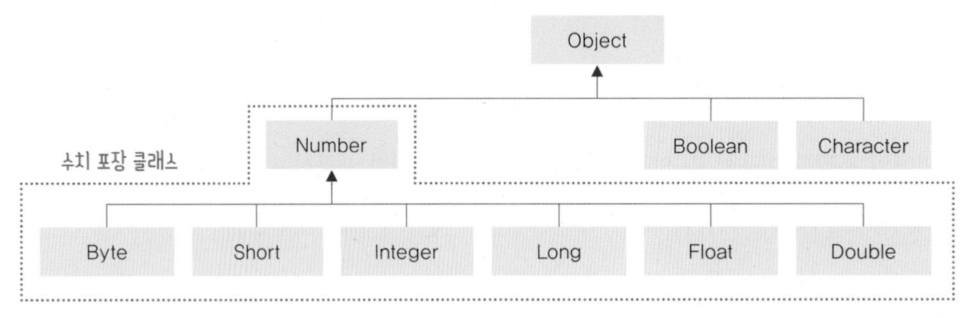

그림 8-5 포장 클래스의 계층구조

수치 포장 클래스는 최대 절댓값과 최소 절댓값을 나타내는 MAX_VALUE와 MIN_VALUE 상수를 포함해서 많은 유용한 메서드를 제공한다. 대다수 클래스의 메서드가 거의 유사하다. Integer 클래스가 제공하는 주요 메서드는 다음과 같다.

표 8-9 Integer 클래스가 제공하는 주요 메서드

메서드	설명
int intValue( )	int 타입으로 반환한다.
double doubleValue( )	double 타입으로 반환한다.
float floatValue( )	float 타입으로 반환한다.
static int parseInt(String s)	문자열을 int 타입으로 반환한다.
static String toBinaryString(int i)	int 타입을 2진수 문자열로 반환한다.
static String toHexString(int i)	int 타입을 16진수 문자열로 반환한다.
String toString(int i)	int 타입을 10진수 문자열로 반환한다.
static Integer valueOf(String s)	문자열을 Integer 객체로 반환한다.
static Integer valueOf(String s, int radix)	radix 진수의 문자열을 Integer 객체로 반환한다.

기초 타입 데이터를 포장해 객체화하는 것을 박싱boxing이라고 하며, 반대 과정을 언박싱unboxing이라고 한다.

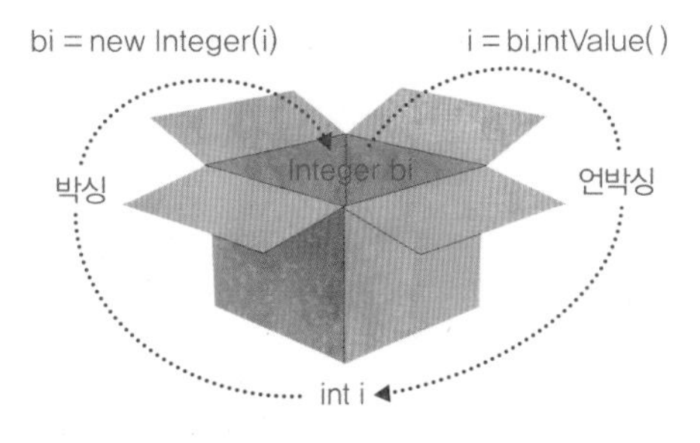

그림 8-6 박싱과 언박싱

박싱을 수행하려면 포장 클래스의 생성자나 valueOf() 메서드를 사용한다.

```
Integer bi = new Integer(10);          // 박싱
Integer bi = Integer.valueOf(10);      // 박싱
```

언박싱을 수행하려면 포장 클래스의 intValue(), doubleValue() 같은 Value() 메서드를 호출한다.

```
Integer bi = new Integer(10);
int i = bi.intValue();                 // 언박싱
double d = bi.doubleValue();           // 언박싱
```

기초 타입 데이터를 포장 클래스 객체에 대입하면 자동으로 포장 클래스 타입으로 변환되는데, 이를 자동 박싱auto boxing이라고 한다. 또 포장 객체를 기초 타입 변수에 대입하거나 기초 타입 데이터와 연산할 때 포장 객체가 자동으로 기초 타입으로 변환되는데, 이를 자동 언박싱auto unboxing이라고 한다.

```
Integer bi = 10;        // 자동 박싱
int i1 = bi;            // 자동 언박싱
int i2 = bi + 20;       // 자동 언박싱
```

다음은 기초 타입 데이터와 포장 클래스 타입 사이의 타입 변환을 보여 주는 예제이다.

예제 8-8 **포장 객체의 타입 변환** sec02/WrapperDemo.java

```
01 public class WrapperDemo {
02    public static void main(String[] args) {
03       Integer bi1 = new Integer(10);       Integer 타입 객체를 생성한다.
04
05       int i1 = bi1.intValue();             Integer 타입을 int 타입으로 변환한다.
06
07       double d = bi1.doubleValue();        Integer 타입을 double 타입으로 변환한다.
08
09       Integer bi2 = 20;                    자동 박싱이다.
10
11       int i2 = bi2 + 20;                   자동 언박싱이다.
```

```
12
13        String s1 = Double.toString(3.14);
14
15        Double pi = Double.parseDouble("3.14");
16
17        Integer bi3 = Integer.valueOf("11", 16);
18
19        System.out.println(bi3);
20    }
21 }
```

double 타입 데이터를 String 타입으로 변환한다.

String 타입을 double 타입으로 변환한다.

16진수 숫자 문자열을 10진수 Integer 타입으로 변환한다.

```
17
```

16진수의 11은 10진수의 17이다.

셀프 테스트 8-1

1 패키지 설명이다. 잘못된 것은?

① java.lang 패키지는 자바 프로그램의 필수적인 API이다.

② java.text 패키지는 String 같은 텍스트를 처리하는 API이다.

③ java.util 패키지는 날짜, 리스트 등 유틸리티를 위한 API이다.

④ javax.swing 패키지는 자바의 기본 패키지가 아니다.

2 StringBuilder 클래스는 String 클래스와 유사하지만, 다중 스레드 환경에서도 안전하다. (O, X)

3 개발자는 필요할 때 코드에서 직접 가비지 컬렉터를 호출할 수 있다. (O, X)

4 char 타입의 포장 클래스는 Char 클래스이다. (O, X)

5 int 타입 변수와 Integer 타입 변수를 더하면 Integer 타입이 __________으로 바뀌는데, 이를 __________라고 한다.

03 java.util 패키지

이 패키지는 날짜, 시간, 리스트, 벡터, 해시 테이블, 컬렉션 등 다양한 유틸리티 클래스와 인터페이스를 제공한다. 컬렉션은 11장에서 살펴보기로 하고, 여기서는 다음 다섯 가지 클래스를 소개한다.

표 8-10 java.util 패키지가 제공하는 주요 클래스

클래스	설명
Arrays	배열을 비교, 복사, 정렬 등 조작할 때 사용한다.
Calendar	날짜와 시간 정보가 필요할 때 사용한다.
Date	밀리초 단위의 현재 시각이 필요할 때 사용한다.
StringTokenizer	특정 문자로 구분된 문자열을 뽑아낼 때 사용한다.
Random	난수가 필요할 때 사용한다.

1 Arrays 클래스

Arrays 클래스는 배열의 복사, 정렬, 탐색 등 배열 조작에 필요한 메서드를 제공한다. Arrays 클래스가 제공하는 메서드는 모두 static이며, 다음은 그 일부를 나타낸다.

표 8-11 Arrays 클래스가 제공하는 주요 정적 메서드

메서드	설명
List asList(배열)	배열을 리스트로 변환한다.
int binarySearch(배열, 키)	배열에서 키 값이 있는 인덱스를 반환한다.
배열 copyOf(배열, 길이)	원본 배열을 길이만큼 복사한다.
배열 copyOfRange(배열, 시작, 끝)	원본 배열을 지정한 영역만큼 복사한다.
boolean equals(배열, 배열)	두 배열의 동일 여부를 비교한다.
void fill(배열, 값)	배열을 지정된 값으로 저장한다.
void fill(배열, 시작, 끝, 값)	배열의 지정된 영역에 지정된 값을 저장한다.
void sort(배열)	배열을 오름차순으로 정렬한다.

다음은 Arrays 클래스가 제공하는 정적 메서드를 사용해서 배열을 조작하는 예제이다.

예제 8-9 **Arrays 클래스의 활용** sec03/ArraysDemo.java

```
01 import java.util.Arrays;
02
03 public class ArraysDemo {
04    public static void main(String[] args) {
05       char[] a1 = { 'J', 'a', 'v', 'a' };
06       char[] a2 = Arrays.copyOf(a1, a1.length);
07       System.out.println(a2);
```

- 01행: java.lang 패키지가 아니므로 import 문을 사용해야 한다.
- 06행: 배열을 복사한다.

```
08
09        String[] sa = { "케이크", "애플", "도넛", "바나나" };
10        print(sa);
11
12        Arrays.sort(sa);          // 배열의 원소를 정렬한다.
13        print(sa);
14                                  // 배열을 이진 탐색한다.
15        System.out.println(Arrays.binarySearch(sa, "애플"));
16
17        Arrays.fill(sa, 2, 4, "기타");   // 배열의 인덱스 2번에서 4-1번까지 원소를 '기타' 문자열로 채운다.
18        print(sa);
19    }
20
21    static void print(Object[] oa) {
22        for (Object o : oa)
23            System.out.print(o + " ");
24        System.out.println();
25    }
26 }
```

```
Java
케이크 애플 도넛 바나나
도넛 바나나 애플 케이크
2
도넛 바나나 기타 기타
```

2 Date와 Calendar 클래스

Date 클래스는 현재 날짜와 시각 정보를 제공한다. Date 클래스는 Calendar 클래스와 유사하지만 국제화에 맞지 않으며, 대부분의 메서드는 현재 폐기deprecated 중이다. 따라서 주로 하위 호환성이나 간단한 날짜 정보를 원할 때만 사용한다.

Calendar 클래스는 달력 정보를 제공하는 클래스로 지역이나 문화에 따라 달력을 표시하는 방식이 다르기 때문에 추상 클래스로 되어 있다. 그러나 표준 달력을 사용한다면 Calendar 클래스의 정적 메서드인 getInstance() 메서드로 현재 시각을 나타내는 Calendar 객체를 얻을 수 있다.

```
Calendar now = Calendar.getInstance();
```

Calendar 클래스가 제공하는 [표 8-12]의 int 타입의 상수 필드와 [표 8-13]의 주요 메서드를 이용하면 원하는 달력 정보를 얻거나 조작할 수 있다.

표 8-12 Calendar 클래스가 제공하는 정수 타입 상수의 일부

필드 이름	의미
AM, AM_PM, PM	오전 및 오후
DATE	날짜
JANUARY, FEBRUARY, ...	1월, 2월 등
SUNDAY, MONDAY, ...	일요일, 월요일 등
MINUTE	분
HOUR	시간(0~11)
HOUR_OF_DAY	시간(0~23)
MONTH	월(0~11)
DAY_OF_MONTH	한 달 내에서의 날짜
WEEK_OF_YEAR	일 년 내에서의 몇 주차
YEAR	연도

여기서 MONTH는 0~11 사이의 정수이다. 1월이면 0이기 때문에 실제 달을 표시하려면 1을 더해야 한다.

Calendar 클래스가 제공하는 메서드의 일부는 다음과 같으며, set( ) 메서드를 이용해 달력 정보는 수정할 수 있다.

표 8-13 Calendar 클래스가 제공하는 주요 메서드

메서드	설명
boolean after(Object when)	주어진 시간보다 뒤쪽이면 true를 반환한다.
boolean before(Object when)	주어진 시간보다 앞쪽이면 true를 반환한다.
void clear(int field)	지정된 필드를 미정의 상태로 변경한다.
int compareTo(Calendar anotherCalendar)	2개의 Calendar 객체를 비교한다.
int get(int fields)	주어진 필드 값을 반환한다.
int getFirstDayOfWeek( )	첫 날이 무슨 요일인지 반환한다.
Date getTime( )	Calendar 객체를 Date 객체로 변환한다.
void set(int field, int value)	주어진 필드를 주어진 값으로 변경한다.
void set(int year, int month, int date)	연, 월, 일 값을 변경한다.
void setTime(Date date)	Date 객체로 Calendar 객체를 설정한다.

[예제 8-10]은 Date와 Calendar 클래스를 사용해 현재 날짜와 시각 등을 출력하는 예제이다. 여기서 java.sql 패키지에도 동일한 이름의 Date 클래스가 존재하기 때문에 java.util 패키지의 Date 클래스를 임포트해야 함을 유의하라.

예제 8-10 **Date와 Calendar 클래스의 활용** sec03/CalendarDemo.java

```
01 import java.util.Calendar;
02 import java.util.Date;
03
04 public class CalendarDemo {
05    public static void main(String[] args) {
06       Date now = new Date();
07       System.out.println(now);
08
09       Calendar c = Calendar.getInstance();
10       System.out.println(c);
11
12       System.out.println(c.get(Calendar.YEAR));
13       System.out.println(c.get(Calendar.MONTH) + 1);
14
15       System.out.println(c.get(Calendar.DAY_OF_MONTH));
16       System.out.println(c.get(Calendar.DAY_OF_WEEK));
17       System.out.println(c.get(Calendar.WEEK_OF_YEAR));
18       System.out.println(c.get(Calendar.WEEK_OF_MONTH));
19
20       System.out.println(c.get(Calendar.HOUR));
21       System.out.println(c.get(Calendar.HOUR_OF_DAY));
22       System.out.println(c.get(Calendar.MINUTE));
23    }
24 }
```

java.sql.Date;가 아님을 주의하라.

현재 시각의 Calendar 객체를 가져온다.

MONTH가 0~11을 나타내므로 1을 더해야 한다.

12단위의 현재 시간이다.

24단위의 현재 시간이다.

```
Wed Jun 07 17:54:32 KST 2017
java.util.GregorianCalendar[time=1...
2017
6
7
4
23
2
5
17
54
```

3 StringTokenizer 클래스

StringTokenizer 클래스는 문자열을 토큰token으로 분리하는 데 사용한다. 토큰은 분리한 문자열을 의미하며, 공백이나 줄 바꿈 등 구분자delimiter를 사용해 문자열을 분리한다. StringTokenizer 객체를 생성하는 주요 생성자는 다음과 같다.

표 8-14 StringTokenizer 클래스의 주요 생성자

생성자	설명
StringTokenizer(String s)	주어진 문자열을 기본 구분자로 파싱한 StringTokenizer 객체를 생성한다.
StringTokenizer(String s, String delim)	주어진 문자열을 delim 구분자로 파싱한 StringTokenizer 객체를 생성한다.

기본 구분자는 공백, 탭tab, 줄 바꿈, 복귀carriage return, 용지 먹임form feed 문자를 의미한다.

그리고 StringTokenizer 객체가 생성되면 다음과 같은 메서드를 이용해 토큰을 빼내거나 남아 있는 토큰의 개수를 알 수 있다.

표 8-15 StringTokenizer 클래스가 제공하는 주요 메서드

메서드	설명
int countTokens()	남아 있는 토큰의 개수를 반환한다.
boolean hasMoreTokens()	남아 있는 토큰이 있는지 여부를 반환한다.
String nextToken()	다음 토큰을 꺼내 온다.

다음은 StringTokenizer 클래스를 사용해 문자열에 포함된 단어의 개수와 각 단어를 출력하는 예제이다.

예제 8-11 StringTokenizer 클래스의 활용 sec03/StringTokenizerDemo.java

```
01 import java.util.StringTokenizer;
02
03 public class StringTokenizerDemo {
04    public static void main(String[] args) {
05       String s = "of the people, by the people, for the people";
06
07       StringTokenizer st = new StringTokenizer(s, " ,");
08
09       System.out.println(st.countTokens());
10
11       while (st.hasMoreTokens()) {
12          System.out.print("[" + st.nextToken() + "] ");
13       }
14    }
15 }
```

공백과 콤마를 구분자로 파싱한 StringTokenizer 객체를 생성한다.

토큰의 개수를 출력한다.

토큰이 남아 있을 때까지 다음 토큰을 꺼내어 출력한다.

```
9
[of] [the] [people] [by] [the] [people] [for] [the] [people]
```

4 Random 클래스

Random 클래스는 변형된 선형 혼합식linear congruential formula 알고리즘과 48비트 시드seed를 사용해 난수를 반환한다. 따라서 동일한 시드를 사용해 생성된 Random 객체는 동일한 난수를 발생한다. Random 객체를 생성하는 주요 생성자는 다음과 같다.

표 8-16 Random 클래스의 주요 생성자

생성자	설명
Random( )	Random 객체를 생성한다.
Random(long seed)	주어진 시드를 사용하는 Random 객체를 생성한다.

그리고 Random 객체가 생성되면 다음과 같은 메서드를 이용해 난수를 발생시킬 수 있다.

표 8-17 Random 클래스가 제공하는 주요 메서드

메서드	설명
boolean nextBoolean( )	논리 타입 난수를 발생시킨다.
double nextDouble( )	0.0 이상 1.0 미만의 double 타입 난수를 발생시킨다.
float nextFloat( )	0.0 이상 1.0 미만의 float 타입 난수를 발생시킨다.
double nextGaussian( )	평균, 표준편차가 0.0 및 1.0인 정규분포 난수를 발생시킨다.
int nextInt( )	int 타입의 난수를 발생시킨다.
int nextInt(int n)	0~(n-1) 사이의 int 타입 난수를 발생시킨다.
long nextLong( )	long 타입의 난수를 발생시킨다.
void setSeed(long seed)	시드 값을 설정한다.

다음은 0과 100 사이의 int 타입 난수 5개를 발생시키는 예제이다.

예제 8-12 **Random 클래스의 활용** sec03/RandomDemo.java

```
01  import java.util.Random;
02
03  public class RandomDemo {
04     public static void main(String[] args) {
05        Random r = new Random();
06
07        for (int i = 0; i < 5; i++)
08           System.out.print(r.nextInt(100) + " ");
09     }
10  }
```

0~99 사이의 int 타입 난수를 발생시킨다.

```
16 94 53 50 31
```

셀프 테스트 8-2

1 Arrays 클래스 설명 중 잘못된 것은?

① java.lang 패키지에 포함된 클래스이다.
② 포함된 메서드는 모두 정적 메서드이다.
③ 배열을 복사하는 데 사용한다.
④ 배열을 정렬 및 탐색하는 데 사용한다.

2 다음은 Calendar 객체를 생성하는 올바른 코드이다. (O, X)

```
Calendar now = new Calendar();
```

3 Calendar 클래스가 제공하는 상수 필드 MONTH는 0~11 사이의 정수이다. (O, X)

04 java.text 패키지

데이터를 일정한 형식이나 현지화된 형식으로 나타내야 할 때가 많다. 예를 들어 지역이나 국가에 따라 가격이나 날짜 같은 정보는 다르게 표현하기도 한다. 이때 데이터를 일일이 형식에 맞추어 처리하려면 번거로울 뿐만 아니라 코드도 지저분해진다.

자바는 일반적인 데이터는 물론 지역에 민감한 데이터, 즉 현지화가 필요한 데이터를 효율적으로 처리할 수 있는 다양한 클래스를 java.text 패키지로 제공한다. 이 패키지는 자바 프로그램의 국제화를 지원하는 클래스와 인터페이스를 포함한다. 이 패키지에 포함된 대부분의 클래스는 java.util.Locale 클래스에 의존해서 현지화를 한다. 특히 이 패키지의 Format 클래스는 지역에 민감한 데이터를 현장에 맞게 문자열로 표현하고 포맷할 수 있도록 지원한다. Format 클래스는 추상 클래스이며 [그림 8-7]과 같이 타입에 따라 현지화할 수 있는 다양한 자식 클래스가 있다. 여기서 숫자를 처리하는 DecimalFormat, 날짜를 처리하는 SimpleDateFormat, 문자열을 처리하는 MessageFormat 클래스를 살펴보자.

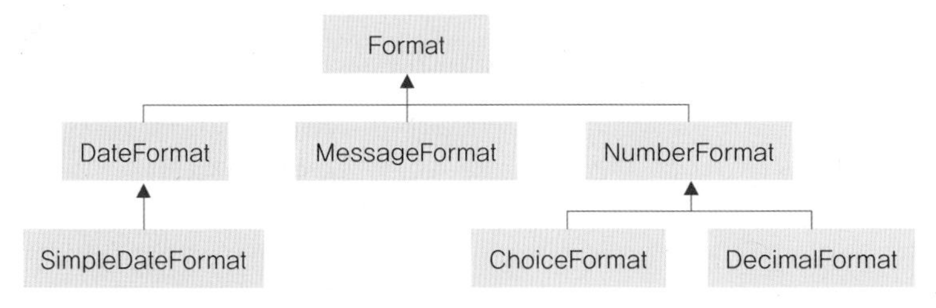

그림 8-7 Format 클래스의 계층구조

1 SimpleDateFormat 클래스

SimpleDateFormat 클래스는 날짜 정보를 현지화하는 클래스로 날짜를 텍스트로 포맷하거나 텍스트를 날짜 형식으로 분석하는데, 자주 사용되는 생성자는 다음과 같다.

```
SimpleDateFormat()
SimpleDateFormat(String pattern)
SimpleDateFormat(String pattern, Locale locale)
```

예를 들어 Date 클래스의 내용을 그대로 출력하면 요일, 월, 일, 시간, 타임존, 연도 순서로 나타난다. 그러나 지역이나 문화에 따라서는 다른 형식으로 출력할 필요가 있다. 이때 SimpleDateFormat 클래스가 제공하는 [표 8-18]의 패턴을 사용하면 개발자가 원하는 대로 Date 클래스의 내용을 포맷할 수 있다.

표 8-18 SimpleDateFormat 클래스에서 사용할 수 있는 패턴 기호

패턴 기호	설명	패턴 기호	설명
y	연	h	시(1~12)
M	월	H	시(0~23)
w	월 구분 없는 주	k	시(1~24)
W	주	K	시(0~11)
d	일	m	분
D	월 구분 없는 일	s	초
E	요일	S	밀리초
a	오전과 오후	z	타임존

원하는 포맷의 날짜 패턴을 가진 문자열을 만들기 위하여 패턴 기호를 자릿수에 맞게 반복할 수 있다. 예를 들어 yyyy는 네 자릿수의 연도를 의미하며, MM과 dd는 각각 두 자릿수의 월일을 의미한다. 패턴을 정했으면 다음과 같이 SimpleDateFormat 클래스의 생성자를 사용해 객체를 생성한 후 format() 메서드를 호출해서 패턴을 적용한 문자열을 얻을 수 있다.

```
SimpleDateFormat f = new SimpleDateFormat("패턴");
String s = f.format(new Date());
```

반대로 날짜 문자열을 인수로 사용해 SimpleDateFormat 클래스의 parse() 메서드를 호출하면 Date 객체를 가져올 수 있다.

```
SimpleDateFormat f = new SimpleDateFormat("패턴");
Date d = f.parse("날짜 문자열");
```

다음은 SimpleDateFormat 클래스를 사용해 날짜 및 시간 정보를 포맷하는 예제이다.

예제 8-13 **SimpleDateFormat 클래스의 활용** sec04/SimpleDateFormatDemo.java

```
01 import java.text.*;
02 import java.util.*;
03
04 public class SimpleDateFormatDemo {
05    public static void main(String[] args) {
06       Date d = new Date();
07
08       SimpleDateFormat sdf1 =
09          new SimpleDateFormat("E yyyy.MM.dd 'at' hh:mm:ss a z");
10       System.out.println(sdf1.format(d));
11
12       SimpleDateFormat sdf2 = new SimpleDateFormat("yyyy-MM-dd");
13
14       try {
15          d = sdf2.parse("2023-02-28");
16       } catch (ParseException e) {
17       }
18
19       System.out.println(sdf1.format(d));
20
21       Calendar calendar = Calendar.getInstance();
22       SimpleDateFormat sdf3 =
23          new SimpleDateFormat("E yyyy.MM.dd", Locale.US);
24       System.out.println(sdf3.format(calendar.getTime()));
25
26       SimpleDateFormat sdf4 =
27          new SimpleDateFormat("E yyyy.MM.dd", Locale.KOREA);
28       System.out.println(sdf4.format(calendar.getTime()));
```

Date 객체를 날짜 포맷에 맞춘 문자열로 반환한다.

문자열을 날짜로 파싱할 때 예외가 발생할 수 있으므로 예외 처리(9장에서 학습)가 필요하다.

```
29     }
30  }
```

```
일 2017.06.07 at 05:59:36 오후 KST
화 2023.02.28 at 12:00:00 오전 KST
Sun 2020.03.22
일 2020.03.22.
```

2 MessageFormat 클래스

문자열은 매우 빈번하게 사용하는 타입으로 특정한 포맷에 맞추어 처리할 때가 많다. 그러나 + 연산자 등을 사용해 문자열을 처리하면 가독성도 떨어지고 성능에도 문제가 발생한다. 자바는 문자열을 특정 포맷에 맞추어 깔끔하게 처리할 수 있도록 MessageFormat 클래스를 제공한다. MessageFormat을 이용하려면 MessageFormat 생성자로 객체를 생성한 후 인스턴스 format() 메서드를 호출하거나 혹은 MessageFormat 클래스의 정적 메서드 format()을 사용하면 된다.

```
MessageFormat(String pattern)
MessageFormat(String pattern, Locale locale)
static String format(String pattern, Object... arguments)
```

MessageFormat 클래스의 format() 메서드 인수는 패턴 메시지와 대응하는 값으로 구성된다. 패턴 메시지는 대응하는 값에 맞추어 인덱스 번호와 중괄호를 사용하며, 인덱스 번호는 0부터 시작한다. 또 format() 메서드에 패턴과 값을 나열해도 되지만, 패턴과 배열로 나타내도 된다. 다음은 '3 * 4 = 12'라는 문자열을 생성하려고 메시지 패턴과 대응하는 값 3, 4, 3 * 4를 사용할 때 format() 메서드에 필요한 인수이다.

```
MessageFormat.format("{0} * {1} = {2}", 3, 4, 3 * 4);
```

여기서 format() 메서드의 값을 Object 타입의 배열로 나타내면 다음과 같다.

```
MessageFormat.format("{0} * {1} = {2}", new Object[]{ 3, 4, 3 * 4 });
```

다음은 MessageFormat 클래스를 사용해 문자열을 포맷하는 예제이다.

예제 8-14 MessageFormat 클래스의 활용 sec04/MessageFormatDemo.java

```
01 import java.text.MessageFormat;
02
03 public class MessageFormatDemo {
04    public static void main(String[] args) {
05       String java = "Java";
06       int version = 8;
07
08       String s = MessageFormat.format("language : {1}\nversion : {0}",
09             version, java);
10
11       System.out.println(s);
12
13       Object[] data = { java, version };
14
15       MessageFormat f = new MessageFormat("language : {0}\nversion : {1}");
16
17       System.out.println(f.format(data));
18    }
19 }
```

패턴 메시지이다.

패턴 메시지의 {1}에 대응된 값이다.

패턴 메시지의 {0}에 대응된 값이다.

```
language : Java
version : 8
language : Java
version : 8
```

3 DecimalFormat 클래스

DecimalFormat 클래스는 10진수를 포맷하는 NumberFormat 클래스의 자식 클래스이다. 이 클래스는 정수, 실수, 과학적 표기, 퍼센트 표시, 화폐 표시 등을 포함한 다양한 종류의 수를 지원한다. 또 선행 제로leading zero, 후행 제로trailing zero, 접두어, 접미어 등을 추가하거나 편집할 수 있을 뿐만 아니라 쉼표 등 구분자로 숫자를 그룹핑할 수도 있다. DecimalFormat 클래스가 지원하는 패턴 기호와 예는 다음과 같다.

표 8-19 DecimalFormat 클래스에서 사용할 수 있는 패턴 기호

패턴 기호	설명	사용 예	1234567.890의 반환 값
#	10진수	#	12345678
0	선행 제로 10진수	000000000.00	01234567.89
.	소수점	#.000	1234567.890
,	구분자	#,###.##	1,234,567.89
+ 또는 -	양수 또는 음수	-#.0	-1234567.9
E	지수	#.##E00	1.23E06
;	패턴 구분	+#.#;-#.#	+1234567.9
%	백분율	#.00%	123456789.00%

패턴을 정했으면 DecimalFormat 클래스의 생성자를 사용해 객체를 생성한 후 format() 메서드를 호출해서 패턴을 적용한 숫자 문자열을 얻을 수 있다.

```
DecimalFormat f = new DecimalFormat("패턴");
String s = f.format(숫자);
```

다음은 DecimalFormat 클래스를 사용해 10진수를 다양한 방식으로 포맷하는 예제이다.

예제 8-15 **DecimalFormat 클래스의 활용** sec04/DecimalFormatDemo.java

```
01  import java.text.DecimalFormat;
02
03  public class DecimalFormatDemo {
04     public static void main(String[] args) {
05        DecimalFormat f1 = new DecimalFormat("#");
06        DecimalFormat f2 = new DecimalFormat("000000000.00");
07        DecimalFormat f3 = new DecimalFormat("#.000");
08        DecimalFormat f4 = new DecimalFormat("#,###.##");
09        DecimalFormat f5 = new DecimalFormat("-#.#");
10        DecimalFormat f6 = new DecimalFormat("#.##E00");
11        DecimalFormat f7 = new DecimalFormat("+#.#;-#.#");
12        DecimalFormat f8 = new DecimalFormat("#.00%");
13
14        System.out.println(f1.format(1234567.890));
15        System.out.println(f2.format(1234567.890));
```

```
16          System.out.println(f3.format(1234567.890));
17          System.out.println(f4.format(1234567.890));
18          System.out.println(f5.format(1234567.890));
19          System.out.println(f6.format(1234567.890));
20          System.out.println(f7.format(1234567.890));
21          System.out.println(f7.format(-1234567.890));
22          System.out.println(f8.format(1234567.890));
23      }
24  }
```

```
1234568
001234567.89
1234567.890
1,234,567.89
-1234567.9
1.23E06
+1234567.9
-1234567.9
123456789.00%
```

셀프 테스트 8-3

1 DecimalFormat 클래스를 사용해 천 단위 숫자마다 콤마(,)를 추가하고, 소수점 두 자리까지만 문자열로 생성하려고 한다. 필요한 포맷은?

2 MessageFormat.format("이름: {1}, 학번: {0}", 100, "홍길동")에서 {1}은 무엇을 말하는가?

3 __________ 클래스는 날짜 정보를 현지화하는 클래스로 날짜를 텍스트로 포맷하거나 텍스트를 날짜로 파싱하는 기능을 한다.

도전 과제

※ 자동차를 모델링해서 Car 클래스를 작성하고, 동일한 모델의 Car 객체 2개에 대하여 동일 여부를 테스트한다. 또 날짜, 자동차, 운전자 정보 등을 포함하는 문자열을 포맷에 맞추거나 토큰을 뽑는 코드를 작성해 보자. 이것으로 Object 클래스가 제공하는 메서드의 오버라이딩 필요성을 알아보고, Format 클래스와 StringTokenizer 클래스를 학습하자.

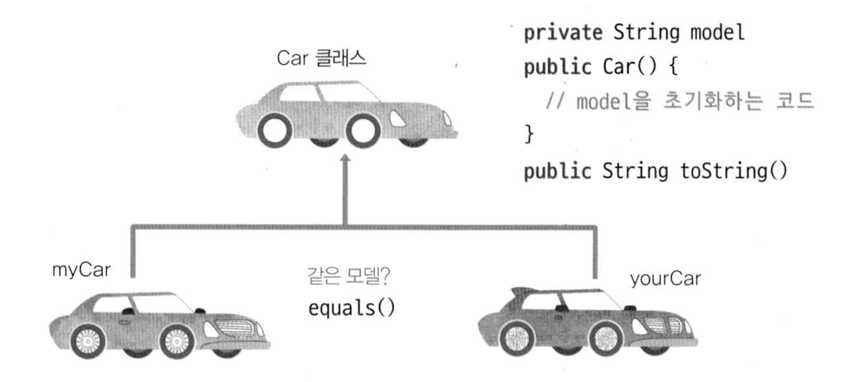

01 – 그림과 같은 멤버와 생성자를 가진 Car 클래스를 작성한 후 2개의 동일 모델인 Car 객체를 생성해 동일한지 테스트해 보자. 단, 아직 equals() 메서드는 오버라이딩하지 않는다.

① Car 클래스를 생성한다.

② Car 객체를 2개 생성한 후 Object 클래스에서 상속받은 equals() 메서드를 사용해 두 객체를 비교하는 테스트 프로그램을 다음과 같이 작성한다.

```
public class CarTest {
  public static void main(String[] args) {
    Car myCar = new Car("그랜저");
    Car yourCar = new Car("그랜저");
    // Car 객체 2개를 비교하는 코드
}
```

③ 테스트 프로그램을 실행한 후 다음 결과와 비교하고, 왜 이런 결과가 나타나는지 알아본다.

```
내 자동차는 [그랜저], 너 자동차는 [그랜저]로 모델이 다르다.
```

02 – 자동차 모델에 따라 동일한지 여부를 출력하도록 Car 클래스를 수정해 보자. 그리고 01의 테스트 프로그램에서 MessageFormat 클래스로 오늘 날짜, 자동차 모델, 운전자를 출력하는 코드를 추가해 보자.

① 같은 모델이면 동일한 자동차로 출력할 수 있도록 Car 클래스에 equals() 메서드를 오버라이딩한다.

② SimpleDateFormat과 MessageFormat을 이용해 다음과 같은 실행 결과가 나타나도록 테스트 프로그램을 작성한다.

```
자동차 모델이 둘 다 [그랜저]로 동일하다.
날짜: 06-07-2017, 자동차 모델=[그랜저], 운전자(홍길동)
```

03 – 02의 실행 결과에서 두 번째 문자열을 다음과 같이 토큰으로 분할해서 출력하도록 코드를 수정해 보자.

```
자동차 모델이 둘 다 [그랜저]로 동일하다.
날짜: 06-07-2017, 자동차 모델=[그랜저], 운전자(홍길동)
```

⬇

```
날짜:
06-07-2017
자동차
모델
그랜저
운전자
홍길동
```

① 필요한 구분자를 사용해 StringTokenizer 객체를 생성한다.

② 02의 두 번째 문자열에서 토큰을 추출해 출력할 수 있도록 while 문과 StringTokenizer 클래스의 메서드를 호출하는 실행문을 추가한다. 그리고 실행 결과를 비교한다.

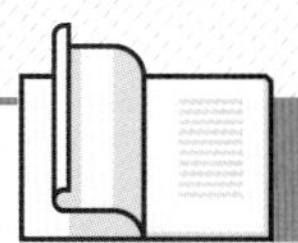

01 – 다음 중 오류가 있는 코드는?

① double d = new Double(3.14);　② int i = Integer.parseInt("100");

③ Calendar c = new Calendar( );　④ Date d = new Date( );

02 – Test 클래스를 chap08.utils 패키지에 포함시켜 사용하려고 한다. Test 클래스의 첫 번째 코드로 적절한 것은?

① import chap08.utils.Test;　② import chap08.utils;

③ package chap08.utils.Test;　④ package chap08.utils;

03 – 다음 중 잘못된 코드는?

① Integer i = new Integer(10);

② Integer i = Integer.valueOf(10);

③ Integer i = Integer.valueOf("10");

④ Integer i = Integer.parseInteger("10");

04 – 자바가 제공하는 포장 클래스와 관계가 먼 것은?

① Byte　② Short

③ Int　④ Long

05 – Class 클래스의 내용이다. 가장 옳은 것은?

① Class.forName( ) 메서드로 Class 객체를 얻을 수 있다.

② java.util 패키지를 임포트해야 한다.

③ getClass( ) 메서드로 클래스를 얻지 못할 수도 있으므로 예외 처리해야 한다.

④ 클래스와 인터페이스의 메타데이터를 관리한다.

06 – 패키지 선언문은 자바 소스 코드의 import 문과 클래스 블록 사이에 있어야 한다. (O, X)

07 – 패키지는 상호 관련된 클래스와 인터페이스를 하나의 폴더로 묶어 놓은 것이다. (O, X)

08 – 다음 코드를 보고 답하라.

```
Double d1 = 100.0;
Double d2 = 100.0;
System.out.println(d1 == d2);
```

① 이 코드의 실행 결과는 무엇이며, 그 이유는?

② 두 실수의 값을 비교하려면 코드를 어떻게 수정해야 하는가?

09 – 다음 코드의 실행 결과는?

```
import java.text.DecimalFormat;

public class DecimalFormatTest {
   public static void main(String[] args) {
      double d = 123456.789;
      DecimalFormat df = new DecimalFormat("#");
      System.out.println(df.format(d));
   }
}
```

10 – 주사위 게임 프로그램을 작성하려고 한다. 정수 1부터 6까지 난수를 10개 생성하기 위해 다음 밑줄 그은 부분에 필요한 코드는?

```
int x;
___________________________;                    // ①

for (int i = 0; i < 10; i++) {
   x = ___________________________;             // ②
   System.out.print(x + " ");
}
```

01 – 반지름이 같은 Circle 객체를 모두 동일한 종류로 취급하는 Circle 클래스를 작성하고 다음 프로그램으로 검증하라.

```
public class CircleTest {
   public static void main(String[] args) {
      Circle c1 = new Circle(3);
      Circle c2 = new Circle(3);

      if (c1.equals(c2))
         System.out.println("c1과 c2는 같다.");
      else
         System.out.println("c1과 c2는 다르다.");
   }
}
```

02 – 다음 프로그램과 실행 결과에 적합한 Student 클래스를 작성하라.

```
public class StudentTest {
   public static void main(String[] args) {
      System.out.println(new Student("김삿갓"));
      System.out.println(new Student("홍길동"));
   }
}
```

```
학생[김삿갓]
학생[홍길동]
```

03 - Calendar 클래스를 사용해 연월일을 비롯한 날짜 정보를 출력하려고 한다. 다음 프로그램을 완성하라.

```
public class CalendarTest {
    public static void main(String[] args) {
        String[] weekName = { "일", "월", "화", "수", "목", "금", "토" };
        String[] noonName = { "오전", "오후" };
        Calendar c = Calendar.getInstance();

        // 코드 추가

        System.out.println(year + "년 " + month + "월 " + day + "일 ");
        System.out.println(week + "요일 " + noon);
        System.out.print(hour + "시 " + minute + "분 " + second + "초 ");
    }
}
```

```
2017년 6월 15일
목요일 오후
3시 33분 40초
```

04 – 주사위 게임용 Dice 클래스를 작성하라.

+ 주사위를 굴리면 1~6 사이의 정수만 임의로 반환하므로 Math 클래스의 random( ) 메서드를 사용해 숫자를 임의로 반환하면 된다.

```
public class DiceTest {
   public static void main(String[] args) {
      System.out.println(new Dice().roll());
   }
}
```

```
4
```

05 – String, StringBuilder, StringBuffer 클래스는 모두 문자열을 처리하는 클래스이다. 다음 프로그램처럼 세 가지 타입에 모두 가능한 show( ) 메서드를 작성하라.

+ 자바 API를 참조해 String, StringBuilder, StringBuffer의 부모 타입을 찾는다.

```
public static void main(String[] args) {
   show(new String("멘붕"));
   show(new StringBuilder("meltdown"));
   show(new StringBuffer("!@#"));
   show(new Date()) // 오류 발생
}
```

```
멘붕
meltdown
!@#
```

06 – 오늘 날짜를 다음 실행 결과처럼 다양한 방식으로 출력하는 프로그램을 작성하라.

```
2017.06.15 오후 15:35:40
오늘은 6월의 15번째 날
오늘은 2017년의 166번째 날
```

07 – 실행 결과를 보고 다음 프로그램을 완성하라.

```
public class MessageFormatTest {
   public static void main(String[] args) {
      Object[][] data = { { "세종대왕", 1, "조선" }, { "오바마", 2, "미국" },
                                                  { "징기스칸", 3, "몽고" } };
      // MessageFormat 클래스를 이용하는 코드
   }
}
```

```
이름 : 세종대왕          번호 : 1          국적 : 조선
이름 : 오바마            번호 : 2          국적 : 미국
이름 : 징기스칸          번호 : 3          국적 : 몽고
```

08 - 다음 실행 결과처럼 주어진 영어 속담을 단어로 분리해 배열에 저장하고, 단어의 개수를 출력하며, 정렬한 후 모든 단어를 출력하는 프로그램을 작성하라.

+ 정렬한 토큰을 저장하는 배열의 크기를 토큰의 개수만큼 생성해야 한다.

```
입력 : Empty vessels make the most sound.
단어 개수 : 6
정렬된 토큰 : Empty, make, most, sound., the, vessels,
```

Chapter 09

예외 처리와 제네릭 프로그래밍

프로그래밍이 항상 순탄하지만은 않다. 컴파일 오류는 없지만, 뜻하지 않는 오류로 잘못된 결과가 나타나거나 프로그램이 비정상적으로 종료될 수도 있다. 또 프로그래밍 과정에서 타입은 다르지만 내용은 동일한 형태의 메서드나 클래스도 자주 만날 수 있다. 이 장에서는 이런 예외적인 상황이나 유사한 상황을 처리할 수 있도록 자바가 제공하는 수단인 예외 처리 방법, 다양한 타입에서 동작하는 제네릭 프로그래밍을 알아본다.

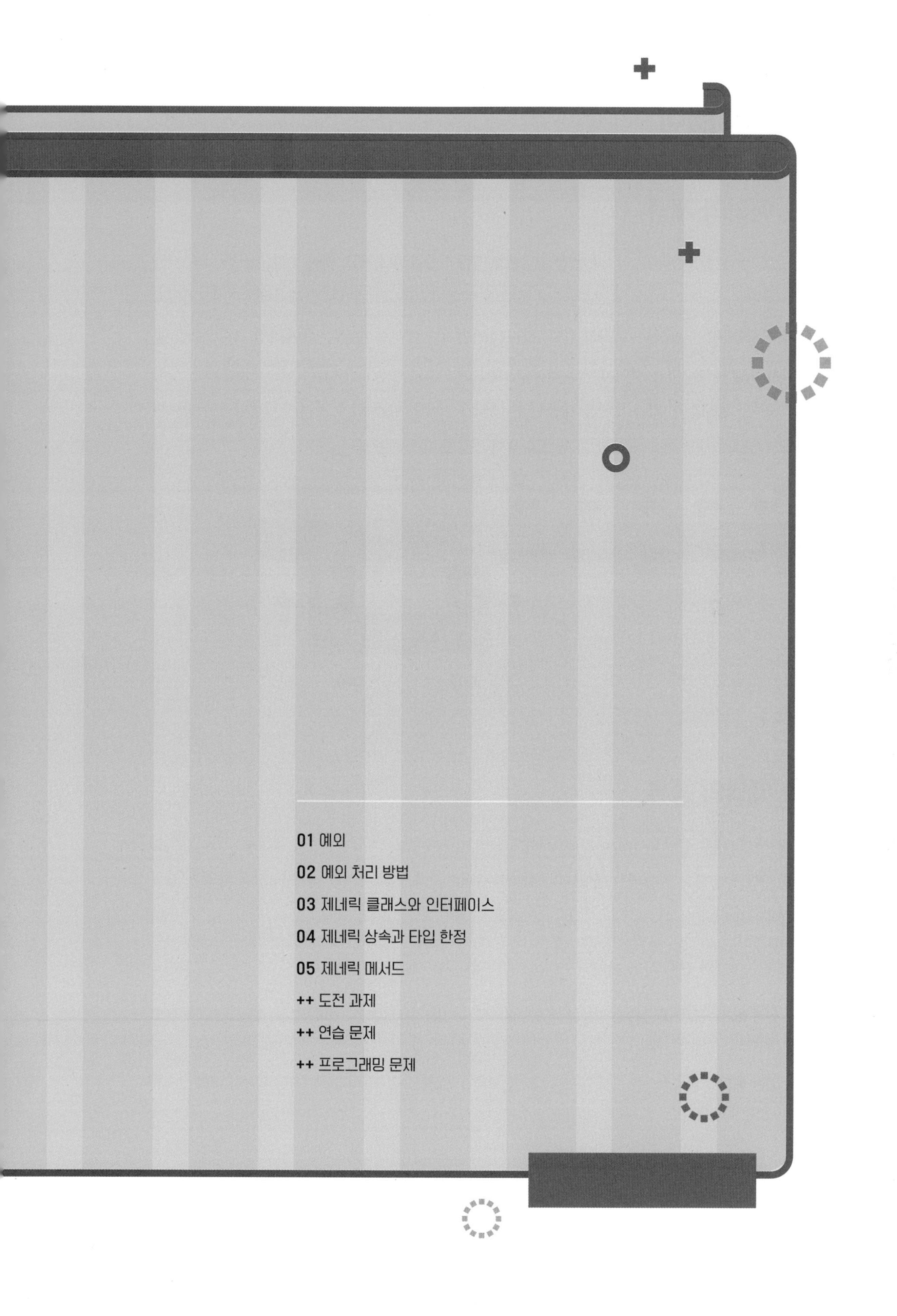

01 예외

1 예외의 개념

프로그램을 실행하다가 오류가 발생하면 프로그램이 종료된다. 하드웨어 고장이나 JVM의 자원 부족 같은 심각한 문제는 프로그램으로 해결할 수 없다. 이처럼 개발자가 해결할 수 없는 치명적인 상황을 자바는 오류error라고 한다. 하지만 가볍거나 예상할 수 있는 문제라면 프로그램을 종료하지 않고 해결하는 것이 좋다. 개발자가 해결할 수 있는 이런 문제를 자바는 예외exception라고 하며, 처리할 수 있는 수단을 제공한다. 예외가 발생할 때는 이를 처리해 비정상적인 종료를 막고, 프로그램을 계속 진행할 수 있도록 우회 경로를 제공하면 좋다.

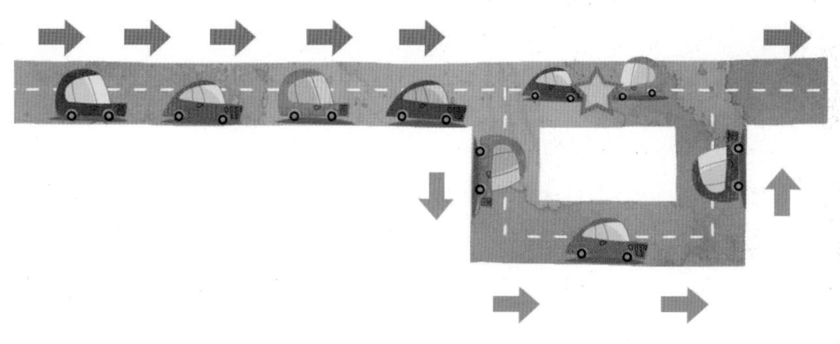

그림 9-1 예외의 개념

2 예외의 종류

예외는 다음과 같이 java.lang 패키지에 있는 Throwable 클래스의 자식 객체로, 프로그램 실행 중에 발생하는 일종의 이벤트이다. Throwable 클래스에는 [그림 9-2]와 같은 다양한 자식 클래스가 있다.

예외는 다음과 같이 실행 예외runtime exception와 일반 예외로 구분한다.

- **실행 예외** : 개발자의 실수로 발생할 수 있으며, 예외 처리를 하지 않아도 컴파일할 수 있는 비검사형 예외unchecked exception이다.
- **일반 예외** : 예외 처리를 하지 않으면 컴파일 오류가 발생하므로 꼭 처리해야 하는 검사형 예외checked exception이다.

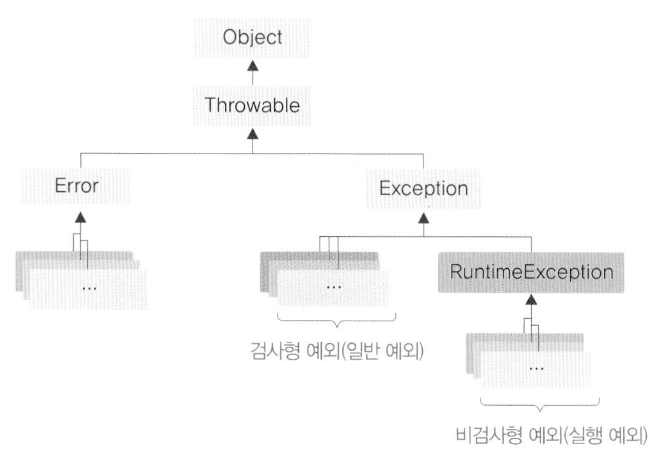

그림 9-2 예외 클래스의 구조

이처럼 예외를 구분하는 이유는 프로그램의 성능 때문이다. 모든 상황에서 예외 처리를 한다면 과부하가 걸릴 수 있기 때문에 일반 예외만 컴파일러가 확인한다. 실행 예외는 코드에서 처리하든지 JVM에 맡기든지 개발자가 선택해야 한다.

실행 예외

프로그램 실행 도중에 예외가 발생하면 JVM은 해당하는 실행 예외 객체를 생성한다. 실행 예외는 컴파일러가 예외 처리 여부를 확인하지 않기 때문에 개발자가 예외 처리 코드의 추가 여부를 결정해야 한다. 따라서 개발자라면 자주 발생하는 다음과 같은 실행 예외 정도는 미리 알고 있어야 한다.

표 9-1 대표적인 실행 예외

실행 예외	발생 이유
ArithmeticException	0으로 나누기와 같은 부적절한 산술 연산을 수행할 때 발생한다.
IllegalArgumentException	메서드에 부적절한 인수를 전달할 때 발생한다.
IndexOutOfBoundsException	배열, 벡터 등에서 범위를 벗어난 인덱스를 사용할 때 발생한다.
NoSuchElementException	요구한 원소가 없을 때 발생한다.
NullPointerException	null 값을 가진 참조 변수에 접근할 때 발생한다.
NumberFormatException	숫자로 바꿀 수 없는 문자열을 숫자로 변환하려 할 때 발생한다.

[예제 9-1]은 토큰을 더 이상 가져올 수 없는 상황에서 계속 토큰을 요구할 경우 발생하는 예외를 보여 준다.

예제 9-1 **실행 예외 1** sec01/UnChecked1Demo.java

```
01  import java.util.StringTokenizer;
02
03  public class UnChecked1Demo {
04     public static void main(String[] args) {
05        String s = "Time is money";
06        StringTokenizer st = new StringTokenizer(s);
07
08        while (st.hasMoreTokens()) {
09           System.out.print(st.nextToken() + "+");
10        }
11        System.out.print(st .nextToken());
12     }
13  }
```

더 이상 가져올 토큰이 없어 예외를 발생시킨다.

```
Time+is+money+Exception in thread "main" java.util.NoSuchElementException
   at java.util.StringTokenizer.nextToken(StringTokenizer.java:349)
   at sec01.UnChecked1Demo.main(UnChecked1Demo.java:13)
```

다음은 범위를 벗어난 인덱스를 사용해 배열에 접근할 때 발생하는 예외를 보여주는 예제이다.

예제 9-2 **실행 예외 2** sec01/UnChecked2Demo.java

```
01  public class UnChecked2Demo {
02     public static void main(String[] args) {
03        int[] array = { 0, 1, 2 };
04
05        System.out.println(array[3]);
06     }
07  }
```

범위를 벗어난 인덱스를 사용해 예외를 발생시킨다.

```
Exception in thread "main" java.lang.ArrayIndexOutOfBoundsException: 3
   at sec01.UnChecked2Demo.main(UnChecked2Demo.java:7)
```

일반 예외

컴파일러는 일반 예외가 발생할 가능성이 있는 프로그램을 발견하면 컴파일 오류를 발생시킨다. 따라서 개발자는 이런 프로그램에서는 예외 처리 코드를 반드시 추가해야 한다. 대표적인 일반 예외의 예는 다음과 같다.

표 9-2 대표적인 일반 예외

일반 예외	발생 이유
ClassNotFoundException	존재하지 않는 클래스를 사용하려고 할 때 발생한다.
InterruptedException	인터럽트되었을 때 발생한다.
NoSuchFieldException	클래스가 명시한 필드를 포함하지 않을 때 발생한다.
NoSuchMethodException	클래스가 명시한 메서드를 포함하지 않을 때 발생한다.
IOException	데이터 읽기 같은 입출력 문제가 있을 때 발생한다.

다음은 인터럽트가 발생할 수 있는 실행문을 포함하므로 예외 처리를 해야 하는데, 예외 처리를 하지 않아 컴파일 오류가 발생하는 예제이다.

예제 9-3 **검사형 예외** sec01/CheckedDemo.java

```
01  public class CheckedDemo {
02    public static void main(String[] args) {
03      Thread.sleep(100);
04    }
05  }
```

일반 예외가 발생할 수 있는 코드임에도 예외 처리를 하지 않아 컴파일 오류가 발생한다.

02 예외 처리 방법

예외를 처리하는 방법은 예외가 발생한 시점에서 발생한 예외 객체를 잡아 바로 처리하거나 예외를 발생시킨 실행문의 상위 코드 블록으로 예외 객체를 떠넘기는 것이다.

1 예외 잡아 처리하기

예외가 발생한 시점에 예외 객체를 잡아 바로 처리할 때는 다음 try~catch 문을 사용한다.

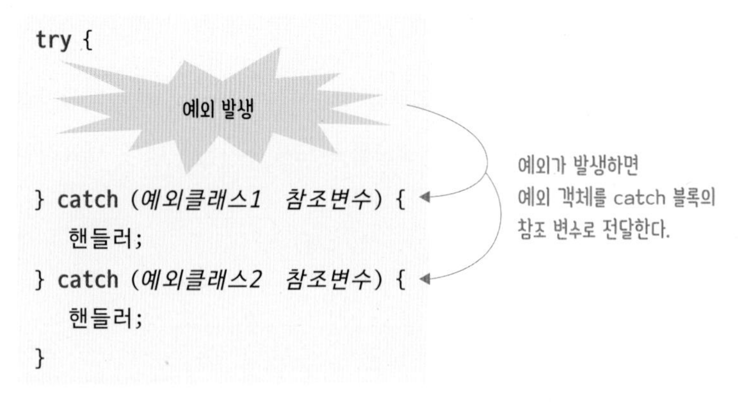

그림 9-3 예외 잡기

try 블록에 예외가 발생할 가능성이 있는 실행문을 포함시키고, catch 블록에서는 try 블록에서 발생한 예외 객체를 가로채 처리한 후 프로그램을 계속 진행한다. 이때 catch 블록에 포함된 예외 처리 코드를 핸들러handler라고 한다.

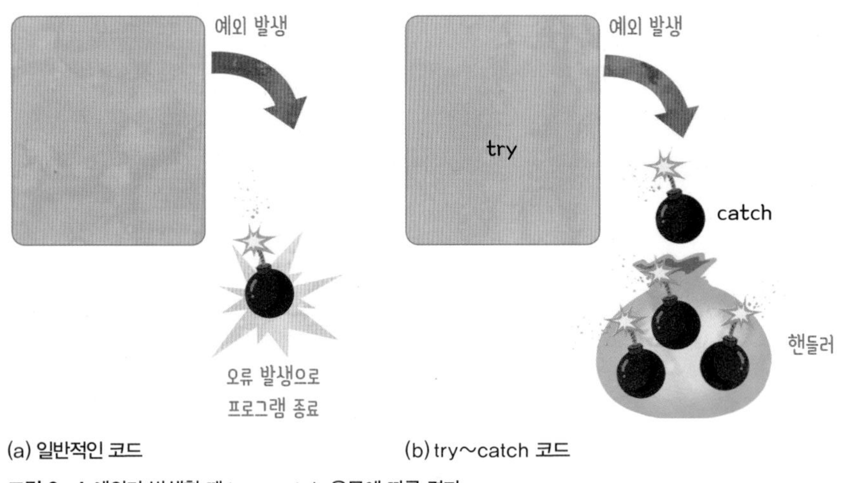

(a) 일반적인 코드 (b) try~catch 코드

그림 9-4 예외가 발생할 때 try~catch 유무에 따른 결과

예외는 여러 개 발생할 수 있으므로 try~catch 코드는 하나의 try 블록과 다수의 catch 블록으로 구성될 수 있다. 발생한 예외에 대응하는 catch 블록을 수행한 후 try~catch 코드를 벗어난다. 이때 여러 개의 예외를 | 연산자로 묶어서 하나의 catch 블록으로 처리할 수 있다. 또한, 예외 발생 여부와 관계없이 무조건 수행할 실행문이 있다면 try~catch 코드에 finally 블록을 추가한다.

```
try {
  예외가 발생할 수 있는 실행문;
} catch (예외 클래스1 | 예외 클래스2 변수) {
  핸들러;
} catch (예외 클래스3 변수) {
  핸들러;
} finally {
  예외 발생 여부와 관계없이 수행할 실행문;
}
```

다수의 예외를 한꺼번에 잡으려면 | 연산자로 연결하면 된다.

여러 개의 catch 블록이 있을 수 있다.

없어도 상관없다. 있다면 예외 발생 여부와 관계없이 실행된다.

예외가 발생하면 try 블록에서 넘어온 예외 객체를 catch 블록에서 처리하며 try 블록의 나머지 실행문을 실행하지 않는다. 예외와 관련된 정보는 Throwable 클래스에 있는 다음 인스턴스 메서드에서 얻을 수 있다.

표 9-3 Throwable 클래스의 주요 메서드

메서드	설명
public String getMessage( )	Throwable 객체의 자세한 메시지를 반환한다.
public String toString( )	Throwable 객체의 간단한 메시지를 반환한다.
public void printStackTrace( )	Throwable 객체와 추적 정보를 화면에 출력한다.

다음은 try~catch 문을 사용해 예외를 잡아 처리하는 예제이다.

예제 9-4 **예외 잡아 처리하기 1** sec02/TryCatch1Demo.java

```
01  public class TryCatch1Demo {
02    public static void main(String[] args) {
03      int[] array = { 0, 1, 2 };
04      try {
05        System.out.println("마지막 원소 => " + array[3]);
06        System.out.println("첫 번째 원소 => " + array[0]);
07      } catch (ArrayIndexOutOfBoundsException e) {
08        System.out.println("원소가 존재하지 않습니다.");
09      }
10      System.out.println("어이쿠!!!");
11    }
12  }
```

array는 3개의 원소만 있으므로 array[3]은 없다. 따라서 예외가 발생한다.

이전 실행문에서 예외가 발생했으므로 이 실행문은 실행하지 않는다.

```
원소가 존재하지 않습니다.
어이쿠!!!
```

다음은 인수를 받아 나눗셈을 수행하는 과정에서 발생하는 다양한 예외를 처리하려고 다수의 catch 블록과 finally 블록을 포함하는 예제이다. [그림 5-9]에서 설명한 인수를 입력하는 방법을 이용해 다양한 인수를 입력하면서 실행해 보자.

예제 9-5 **예외 잡아 처리하기 2** sec02/TryCatch2Demo.java

```java
01 public class TryCatch2Demo {
02   public static void main(String[] args) {
03     int dividend = 10;
04     try {
05       int divisor = Integer.parseInt(args[0]);
06       System.out.println(dividend / divisor);
07     } catch (ArrayIndexOutOfBoundsException e) {
08       System.out.println("원소가 존재하지 않습니다.");
09     } catch (NumberFormatException e) {
10       System.out.println("숫자가 아닙니다.");
11     } catch (ArithmeticException e) {
12       System.out.println("0으로 나눌 수 없습니다.");
13     } finally {
14       System.out.println("항상 실행됩니다.");
15     }
16     System.out.println("종료.");
17   }
18 }
```

배열의 범위를 벗어난 인덱스를 사용할 때 발생한다. 여기서는 main( ) 메서드의 인수가 없을 때 발생한다.

main( ) 메서드의 인수를 숫자로 바꿀 수 없을 때 발생한다.

main( ) 메서드의 인수가 0일 때 나눌 수 없으므로 발생한다.

예외 발생과 관계없이 항상 실행한다. finally 블록은 선택 사양이다.

- 인수가 없을 때

```
원소가 존재하지 않습니다.
항상 실행됩니다.
종료.
```

- 정수 아닌 인수가 주어질 때

```
숫자가 아닙니다.
항상 실행됩니다.
종료.
```

- 인수가 '0'일 때

```
0으로 나눌 수 없습니다.
항상 실행됩니다.
종료.
```

- 인수가 '2'일 때

```
5
항상 실행됩니다.
종료.
```

마지막 실행 결과는 예외가 발생하지 않으므로 6행과 finally 블록을 수행한 후 try~catch 문을 벗어난다. 나머지 경우는 5행 또는 6행에서 각각 ArrayIndexOutOfBoundsException, NumberFormatException, ArithmeticException 예외가 발생하며, 해당 예외를 처리한 후 finally 블록을 실행하고는 try~catch 문을 벗어난다.

다중 catch 블록일 때 try 블록에서 예외가 발생하면 발생한 예외를 catch 블록의 순서대로 비교한다. 그런데 앞에 있는 catch 블록의 예외 객체가 나중 catch 블록 예외 객체의 부모라면, 앞에 있는 catch 블록이 먼저 가로채기 때문에 나중 catch 블록은 쓸모가 없으므로 컴파일러는 오류를 발생시킨다. 따라서 구체적인 예외를 먼저 처리해야 한다.

다음은 Exception 객체를 처리하는 catch 블록을 ArrayIndexOutOfBoundsException 객체를 처리하는 catch 블록보다 앞에 둘 때 컴파일 오류가 발생하는 것을 보여 주는 예제이다.

예제 9-6 **예외 잡아 처리하기 3** sec02/TryCatch3Demo.java

```
01  public class TryCatch3Demo {
02    public static void main(String[] args) {
03      int[] array = { 0, 1, 2 };
04      try {
05        int x = array[3];
06      } catch (Exception e) {
07        System.out.println("어이쿠!!!");
08      } catch (ArrayIndexOutOfBoundsException e) {
09        System.out.println("원소가 존재하지 않습니다.");
10      }
11      System.out.println("종료");
12    }
13  }
```

Exception 객체를 처리하는 catch 블록에서 모든 예외를 처리하므로 이 catch 블록은 도달할 수 없다. 따라서 컴파일 오류가 발생한다.

try 블록에서 파일 등 자원resources을 사용한다면 try 블록을 실행한 후 자원을 닫아야 한다. 자원을 사용한 후에도 닫지 않는다면 수도꼭지를 잠그지 않은 채 외출하는 것처럼 JVM의 중요한 자원을 낭비하게 된다. 그러나 자원을 관리하는 코드를 추가하면 가독성도 떨어지고, 개발자도 번거롭다. 자바 7부터는 예외 발생 여부와 상관없이 사용한 자원은 자동으로 닫히도록 다음과 같이 try 블록의 변형인 try~with~resources 문을 제공한다. 단, 자원은 AutoCloseable 인터페이스를 구현한 객체라야 한다. 그런데 대부분의 입출력 스트림, 소켓과 같은 네트워크 자원은 AutoCloseable 구현 객체이다. 자바 7의 경우는 자원이 try 블록 안에서 선언된 경우만 가능하지만 자바 9부터는 선언 위치와 무관하다.

자원은 try 뒤의 괄호 안에 넣으면 되고, 나머지 사용 방식은 다른 예외 처리 방식과 같다.

```
try (자원) {
} catch ( … ) {
}
```

다음은 AutoCloseable 구현 객체인 자원을 자동으로 닫아주는 try~with~resource 문을 사용하는 예제이다.

예제 9-7 **try~with~resource문 사용** sec02/TryCatch4Demo.java

```
01 public class TryCatch4Demo {
02    public static void main(String[] args) {
03       Reso reso = new Reso();
04
05       try(reso) {
06          reso.show();
07       } catch (Exception e) {
08          System.out.println("예외 처리");
09       }
10    }
11 }
12
13 class Reso implements AutoCloseable {
14    void show() {
```

자바 7 혹은 8이라면 3~5행을 다음과 같이 수정해야 한다.
try(Reso reso = new Reso()) {

```
15        System.out.println("자원 사용");
16     }
17
18     public void close() throws Exception {
19        System.out.println("자원 닫기");
20     }
21  }
```

AutoCloseable 인터페이스에서 요구하는 구현 메서드이다.

```
자원 사용
자원 닫기
```

close( )하지 않았는데도 이와 같은 메시지가 출력된다. 이는 자원이 AutoCloseable 구현 객체이며 try~with~resource 문을 사용했기 때문이다.

2 예외 떠넘기기

메서드에서 발생한 예외를 내부에서 처리하기가 부담스러울 때는 throws 키워드를 사용해 예외를 상위 코드 블록으로 양도할 수 있다. throws 절은 예외를 처리하지 않고 발생한 예외 객체를 다른 곳으로 떠넘긴다. 즉, 현재 메서드에서 예외를 처리하지 않고 현재 메서드를 호출한 곳으로 발생한 예외 객체를 대신 처리해 달라고 떠넘기는 것이다. 떠넘긴 예외 객체를 적절한 예외 핸들러가 예외를 처리할 때까지 메서드 호출의 역순으로 전달한다. 메인 메서드까지 떠넘겨도 적절한 예외 핸들러를 찾지 못하면 JVM은 그 프로그램을 종료시킨다.

그림 9-5 메서드 호출과 예외 떠넘기기

특히 검사형 예외를 일으킬 수 있는 메서드는 해당 실행문에서 예외 처리를 하지 않았다면 메서드 선언부에서 throws 절을 이용해 해당 예외 객체를 상위 단계로 떠넘겨야 한다. 예를 들어 write( ) 메서드를 다음과 같이 예외 떠넘기기로 선언할 수 있다.

```
public void write(String filename)
      throws IOEception, ReflectiveOperationException {
   // 파일 쓰기와 관련된 실행문 …
}
```

- throws: 예외를 호출한 메서드로 떠넘기는 키워드이다.
- IOEception, ReflectiveOperationException: 예외를 1개 이상 떠넘길 수 있다.

참고 throws 절이 있는 메서드를 오버라이딩할 때는 메서드에서 선언한 예외보다 더 광범위한 검사형 예외를 던질 수 없다. 또 부모 클래스의 메서드에 예외를 떠넘기는 throws 절이 없다면 자식 클래스가 메서드를 오버라이딩할 때 어떤 예외도 떠넘길 수가 없다.

다음은 호출된 메서드가 호출한 메인 메서드에 예외 처리를 떠넘기는 것을 보여 주는 예제이다. 실행 결과는 키보드로 "a"라는 비숫자 문자열을 데이터로 입력한 것이다.

예제 9-8 **예외 떠넘기기** sec02/ThrowsDemo.java

```
01  import java.util.Scanner;
02
03  public class ThrowsDemo {
04     public static void main(String[] args) {
05        Scanner in = new Scanner(System.in);
06        try {
07           square(in.nextLine());
08        } catch (NumberFormatException e) {
09           System.out.println("정수가 아닙니다.");
10        }
11     }
12
13     private static void square(String s) throws NumberFormatException {
14        int n = Integer.parseInt(s);
15        System.out.println(n * n);
16     }
17  }
```

- 06~10행: square( ) 메서드에서 예외가 발생하면 스스로 처리하지 않고 여기서 처리한다.
- 13행 throws NumberFormatException: 호출한 메서드에서 예외를 처리하도록 떠넘긴다.
- 14행 Integer.parseInt(s): s가 숫자 문자열이 아니면 NumberFormatException 예외가 발생한다.

```
a   입력 값으로 정수 문자열이 아니다.
정수가 아닙니다.
```

여기서 square()의 본체(14~15행)는 NumberFormatException 예외가 발생할 수 있음에도 불구하고 try~catch 문으로 처리하지 않고 상위 메서드에게 떠넘기기 위하여 throws 문(13행)을 사용한다. 상위 메서드인 main()이 square()를 호출하는 곳에서 예외 처리를 하고 있음을 보여준다(6~10행).

자바 API 문서를 보면, 많은 메서드가 예외를 떠넘긴다. 예를 들어 Thread 클래스가 제공하는 sleep() 메서드는 다음과 같이 자신을 호출한 메서드에 InterruptedException 예외를 떠넘긴다. 따라서 Thread 클래스가 제공하는 sleep()을 호출하는 메서드는 InterruptedException 예외를 처리하는 코드를 가져야 한다.

```
public static void sleep(long millis, int nanos) throws InterruptedException
```

셀프 테스트 9-1

1 다음 중 종류가 다른 예외는?

① InterruptedException ② ArithmeticException
③ IllegalArgumentException ④ NumberFormatException

2 예외를 상위 코드 블록으로 떠넘기려고 한다. 가장 관련이 있는 키워드는?

① try ② throw ③ throws ④ finally

3 try 블록은 예외가 발생할 가능성이 있는 실행문을 포함한다. (O, X)

4 개발자가 해결할 수 있는 오류를 자바에서는 __________라고 한다.

5 NoSuchFieldException은 반드시 예외를 처리해야 하는 __________이다.

03 제네릭 클래스와 인터페이스

1 제네릭의 개념과 필요성

자바는 객체를 담아 편하게 관리할 수 있도록 컬렉션collection이라는 자료구조를 제공한다. 초기에는 어떤 객체를 담아야 할지 몰라서 모든 종류를 담을 수 있는 Object 타입의 컬렉션을 사용했다. Object 타입의 그릇을 사용한다는 것은, 동일한 컵 하나에 보리차도 담고 맥주도 담을 수 있으며 둘을 섞어서 담을 수도 있는 것처럼 어떤 객체도 담을 수 있다는 의미이다. 하지만 직접 마셔 보아야 컵에 든 내용물을 확인할 수 있기에 아이가 맥주를 잘못 마시는 상황이 발생할 수 있다. 이처럼 Object 타입의 컬렉션은 실행하기 전에는 클래스에 어떤 객체를 담았는지 알 수 없고 자칫 엉뚱하게 사용될 수도 있다.

그림 9-6 모든 종류의 음료수를 담을 수 있는 컵

다음은 음료수 클래스, 맥주 및 보리차 클래스, 어떤 음료수든 담을 수 있는 컵 클래스를 보여주는 예제들이다.

예제 9-9 **Beverage 클래스** sec03/Beverage.java

```
01  public class Beverage { }
```

예제 9-10 **Beer 클래스** sec03/Beer.java

```
01  public class Beer extends Beverage {
02  }
```

예제 9-11 **Boricha 클래스** sec03/Boricha.java

```
01 public class Boricha extends Beverage {
02 }
```

예제 9-12 **무엇이든 담을 수 있는 Cup 클래스** sec03/object/Cup.java

```
01 package sec03.object;
02
03 public class Cup {
04    private Object beverage;
05
06    public Object getBeverage() {
07       return beverage;
08    }
09
10    public void setBeverage(Object beverage) {
11       this.beverage = beverage;
12    }
13 }
```

- Cup 클래스가 두 종류이기 때문에 별도의 패키지를 사용해 서로 구분한다. (01행)
- 모든 종류의 객체를 Cup 객체에 담을 수 있도록 Object 타입을 사용한다. (04행)

여기서 4행과 10행에서 Object 대신에 Beverage라고 변경하면 모든 Beverage 객체를 담을 수 있는 Cup 클래스가 된다.

다음은 어떤 종류든 채울 수 있는 Cup 객체에 Boricha와 Beer 객체를 담고 꺼내는 동작을 보여주는 예제이다.

예제 9-13 **제네릭이 아닌 Cup 클래스의 테스트** sec03/GenericClass1Demo.java

```
01 import sec03.object.Cup;
02
03 public class GenericClass1Demo {
04    public static void main(String[] args) {
05       Cup c = new Cup();
06
07       c.setBeverage(new Beer());
08       Beer b1 = (Beer) c.getBeverage();
```

- 무엇이든지 담을 수 있는 Cup 클래스를 임포트한다. (01행)
- Cup 객체에 어떤 객체라도 담을 수 있으므로 Beer, Boricha 객체도 담을 수 있다. (05·07행)
- getBeverage( ) 메서드는 Object 타입을 반환하므로 Beer 타입으로 변환해야 한다. (08행)

```
09
10        c.setBeverage(new Boricha());
11        b1 = (Beer) c.getBeverage();
12    }
13 }
```

Cup에 있는 Boricha 객체를 Beer 타입으로 변환하므로 실행 오류가 발생한다.

```
Exception in thread "main" java.lang.ClassCastException: class sec03.
Boricha cannot be cast to class sec03.Beer (sec03.Boricha and sec03.
Beer are in unnamed module of loader 'app') at sec03.GenericClass1Demo.
main(GenericClass1Demo.java:11)
```

이처럼 Object 타입의 Cup 클래스를 사용하면 어떤 객체를 대입해도 컴파일 오류가 발생하지 않지만, 읽기 전에 타입 변환이 필요하므로 성능에 영향을 미친다. 또 Cup 객체에 담긴 음료수의 종류를 모른다면 잘못된 타입으로 변환할 수 있기 때문에 오류가 발생하기도 쉽다.

자바 5부터는 제네릭 타입generic type을 지원한다. 제네릭 타입은 하나의 코드를 다양한 타입의 객체에 재사용하는 객체 지향 기법으로 클래스, 인터페이스, 메서드를 정의할 때 타입을 변수로 사용한다. 제네릭 타입은 컵에 태그를 붙여 명시된 음료수만 담도록 허용하는 것과 같다.

그림 9-7 태그에 명시된 음료수만 담을 수 있는 컵

제네릭 타입은 Object 타입을 사용하는 것과 비교할 때 다음 장점이 있다.

- 컴파일할 때 타입을 점검하기 때문에 실행 도중 발생할 오류를 미리 방지할 수 있다.
- 불필요한 타입 변환이 없어 프로그램 성능이 향상된다.

2 제네릭 클래스와 인터페이스의 사용

제네릭 클래스와 인터페이스는 타입을 변수로 사용하는 클래스와 인터페이스이다. 제네릭 클래스는 다음과 같이 〈〉 내부에 타입 매개변수type parameter를 표시한다. 제네릭 인터페이스도 제네릭 클래스의 사용 방법과 동일하다. 타입 매개변수는 객체를 생성할 때 구체적인 타입으로 대체한다.

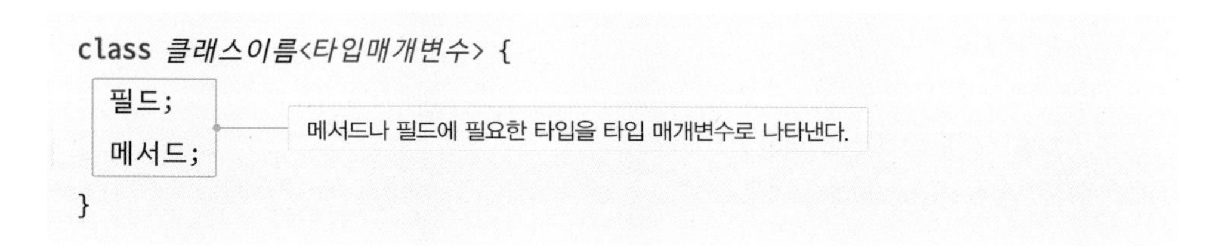

제네릭 클래스의 타입 매개변수는 필드나 메서드의 타입을 나타낸다. 타입 매개변수 이름은 일반적으로 대문자를 사용하는데, 대표적인 예는 [표 9-4]와 같다. 일반 타입은 주로 T를 사용하고, 2개 이상 필요하면 S, U 등을 사용한다.

표 9-4 대표적인 제네릭 타입 매개변수

타입 매개변수	설명
E	원소(Element)
K	키(Key)
N	숫자(Number)
T	타입(Type)
V	값(Value)

제네릭 클래스의 생성자는 다음 방식으로 호출할 수 있다.

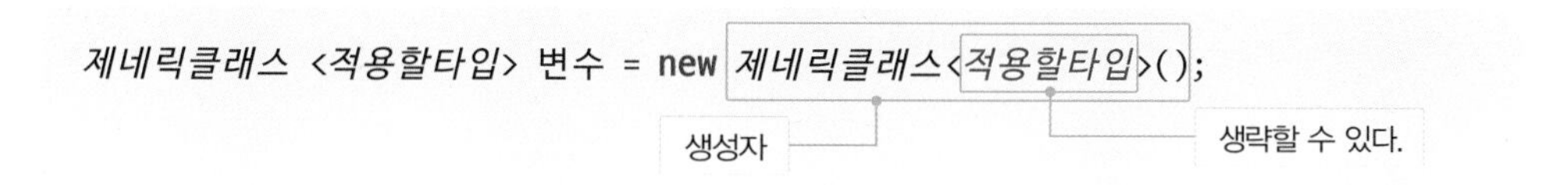

적용할 타입에는 기초 타입을 사용할 수 없고 참조 타입만 사용할 수 있다. 제네릭 클래스의 생성자 부분에 있는 적용할 타입은 컴파일러가 문맥에서 타입을 추론할 수 있어 생략할 수 있는데 적용할 타입이 생략된 〈〉를 다이아몬드 연산자라고 한다.

Object 타입을 이용한 [예제 9-12]를 제네릭 클래스로 변경해 보자. 다음과 같이 클래스 이름 옆에 〈T〉를 사용하고, Object 타입 대신 T를 사용하면 된다.

예제 9-14 **제네릭 Cup 클래스** sec03/generic/Cup.java

```
01  package sec03.generic;
02                                     타입 매개변수를 명시한다.
03  public class Cup<T> {
04     private T beverage;
05
06     public T getBeverage() {
07        return beverage;
08     }
09
10     public void setBeverage(T beverage) {
11        this.beverage = beverage;
12     }
13  }
```

제네릭 클래스의 타입 매개변수 T 대신 Beer 또는 Boricha 타입을 적용하면 다음과 같다.

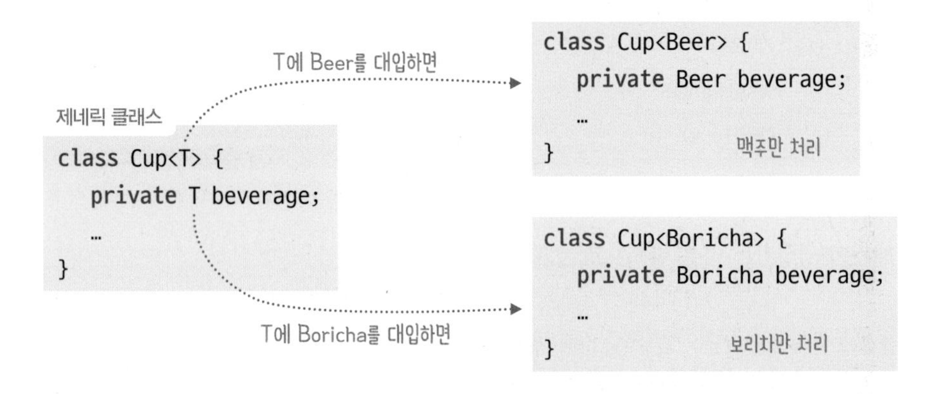

다음은 [예제 9-13]을 제네릭 클래스로 변경한 것으로, 제네릭 타입의 Cup 객체에 Boricha와 Beer 객체를 담고 꺼내는 동작을 보여주는 예제이다.

예제 9-15 **제네릭 Cup 클래스의 테스트** sec03/GenericClass2Demo.java

```
01 import sec03.generic.Cup;                       제네릭 타입의 Cup 클래스를 임포트한다.
02
03 public class GenericClass2Demo {
04   public static void main(String[] args) {
05     Cup<Beer> c = new Cup<Beer>();              Beer 타입의 Cup 객체를 생성한다.
06
07     c.setBeverage(new Beer());                  Beer 객체가 반환되므로 타입
08     Beer b1 = c.getBeverage();                  변환이 필요 없다.
09                                                 Beer 타입의 Cup 객체에
10 //  c.setBeverage(new Boricha());               Boricha 객체를 담을 수 없다.
11     b1 = c.getBeverage();                       따라서 컴파일 오류가 발생한다.
12   }
13 }
```

자바 5부터 제네릭 타입을 도입했기 때문에 이전 버전과 호환성을 유지하려고 Raw 타입을 지원한다. 제네릭 클래스를 Raw 타입으로 사용하면 타입 매개변수를 쓰지 않기 때문에 Object 타입을 적용한다. 따라서 Raw 타입은 어떤 타입에든 적용할 수 있지만, 구체적인 타입은 알지 못하므로 사용하기 전에 타입을 먼저 변환해야 한다. 이는 제네릭 타입의 장점을 가리므로 가급적 사용하지 않는 것이 좋다.

다음은 [예제 9-14]에서 정의한 제네릭 타입의 Cup 클래스를 Raw 타입으로 사용한 예제이다.

예제 9-16 **Raw 타입 제네릭 Cup 클래스의 테스트** sec03/GenericClass3Demo.java

```
01 import sec03.generic.Cup;
02
03 public class GenericClass3Demo {
04   public static void main(String[] args) {
05     Cup c = new Cup();                          Cup 클래스는 구체적인 타입이 없으므로
06                                                 Raw 타입의 제네릭 클래스이다.
07     c.setBeverage(new Beer());                  Raw 타입의 Cup 객체이므로 어떤 타입의
08                                                 객체든 추가할 수 있다.
09 //  Beer beer = c.getBeverage();                어떤 타입이 반환되는지 알 수 없으므로
                                                   타입 변환이 필요하다.
```

```
10        Beer beer = (Beer) c.getBeverage();
11    }
12 }
```

제네릭 클래스는 타입 매개변수를 2개 이상 가질 수 있으며, 쉼표(,)로 구분해서 나열한다. 예를 들어 키와 값을 저장하는 제네릭 클래스에는 다음과 같이 2개의 타입이 필요하다.

예제 9-17 **다중 타입 매개변수 제네릭 클래스** sec03/Entry.java

```
01 public class Entry<K, V> {
02    private K key;
03    private V value;          // 변수 key와 value의 타입은 각각 K와 V이다.
04
05    public Entry(K key, V value) {
06       this.key = key;
07       this.value = value;
08    }
09
10    public K getKey() {
11    return key;
12    }
13
14    public V getValue() {
15       return value;
16    }
17 }
```

다음은 Entry 클래스를 사용해 객체를 생성하고 객체의 내용을 출력하는 예제이다.

예제 9-18 **다중 타입 매개변수 제네릭 클래스의 테스트** sec03/EntryDemo.java

```
01 public class EntryDemo {
02    public static void main(String[] args) {        // <String, Integer>와 동일하다.
03       Entry<String, Integer> e1 = new Entry<>("김선달", 20);
04       Entry<String, String> e2 = new Entry<>("기타", "등등");
05                                                     // <String, String>과 동일하다.
```

```
06        // Entry<int, String> e3 = new Entry<>(30, "아무개");
07                      타입 매개변수로 기초 타입을 사용할 수 없다.
08        System.out.println(e1.getKey() + " " + e1.getValue());
09        System.out.println(e2.getKey() + " " + e2.getValue());
10     }
11  }
```

```
김선달 20
기타 등등
```

04 제네릭 상속 및 타입 한정

자식 객체를 부모 타입 변수에 대입할 수 있다. 제네릭도 예외가 아니다. ArrayList는 제네릭 클래스다. ArrayList의 추가될 원소를 Beverage라고 하면 Beverage를 타입 매개변수로 ArrayList 객체를 생성하여 Beer와 Boricha 객체를 대입하려면 다음과 같다.

```
ArrayList<Beverage> list = new ArrayList<>();
list.add(new Beer());                        // OK
list.add(new Boricha());                     // OK
```

그러나 Beverage와 Beer의 관계와는 달리 ArrayList〈Beverage〉 타입과 ArrayList〈Beer〉의 경우는 상속 관계가 없다. 다음 예제를 살펴보자.

예제 9-19 **제네릭 클래스의 상속 관계** sec04/GenericInheritanceDemo.java

```
01  import java.util.ArrayList;
02
03  public class GenericInheritanceDemo {
04     public static void main(String[] args) {
05        ArrayList<Beverage> list1 = new ArrayList<>();
06        list1.add(new Beer());
07        beverageTest(list1);    ArrayList<Beverage> 타입의 객체이기 때문에
                                  정상적으로 실행된다.
08
09        ArrayList<Beer> list2 = new ArrayList<>();
10        list2.add(new Beer());
```

```
11  //     beverageTest(list2);
12      }
13
14      static public void beverageTest(ArrayList<Beverage> list) { }
15  }
```

ArrayList〈Beer〉는 ArrayList〈Beverage〉의 자식 타입이 아니다. 따라서 컴파일 오류가 발생한다.

ArrayList〈Beer〉 객체는 다음 그림에서 보여주듯이 ArrayList〈Beverage〉의 자식 타입이 아니므로 beverageTest( )의 인수가 될 수 없다. 그러나 Collection, List, ArrayList는 순서대로 상속 관계이므로 Collection〈Beverage〉는 List〈Beverage〉의 부모 타입이며, List〈Beverage〉는 ArrayList〈Beverage〉의 부모 타입이다.

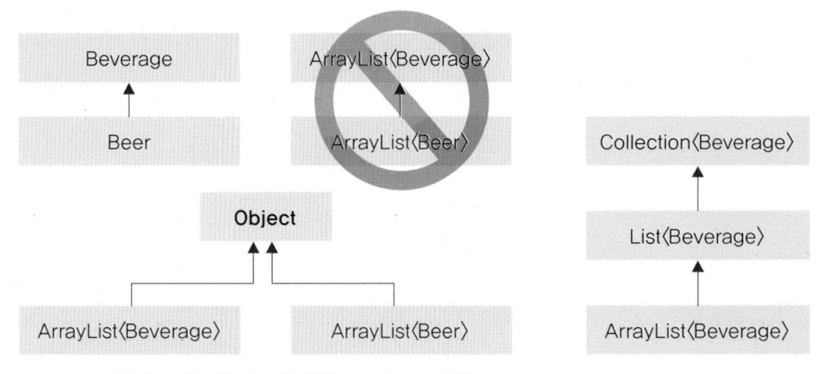

그림 9-8 제네릭 클래스의 상속 관계(참조: 자바 튜토리얼)

타입 매개변수의 범위를 특정 타입으로 제한할 수도 있다. 이때는 extends 키워드로 타입 매개변수의 경계를 정한다. 특정 클래스의 자식 타입이나 인터페이스의 구현 타입으로 타입 매개변수를 제한하는 방법은 다음과 같다.

```
<T extends 특정클래스> 반환타입 메서드이름(…) { … }
<T extends 인터페이스> 반환타입 메서드이름(…) { … }
```

부모가 인터페이스라도 extends를 사용한다.

예를 들어 [예제 9-14]처럼 정의한 제네릭 Cup 클래스라면 Cup〈String〉 클래스로도 사용할 수 있다. 따라서 음료수만을 위한 제네릭 Cup 클래스로만 사용하려면 다음 코드의 11행과 같이 타입 매개변수를 Beverage의 자식 타입으로 제한해야 한다.

예제 9-20 Object 한정된 타입 매개변수 sec04/bound/BoundedTypeDemo.java

```
01  import sec04.*;
02
03  public class BoundedTypeDemo {
04     public static void main(String[] args) {
05        Cup<Beer> c1 = new Cup<>();
06        Cup<Boricha> c2 = new Cup<>();
07  //    Cup<String> c3 = new Cup<>();
08     }
09  }
10
11  class Cup <T extends Beverage> {
12     private T beverage;
13
14     public T getBeverage() {
15        return beverage;
16     }
17
18     public void setBeverage(T beverage) {
19        this.beverage = beverage;
20     }
21  }
```

String은 Beverage의 자식 타입이 아니므로 Cup〈String〉 타입을 사용하면 컴파일 오류가 발생한다.

타입 매개변수 T를 Beverage 자식 타입으로 한정한다.

05 제네릭 메서드

제네릭 클래스가 타입 매개변수를 사용하는 클래스인 것처럼 제네릭 메서드도 타입 매개변수를 사용하는 메서드이다. Cup〈T〉 클래스에서 사용한 getBeverage() 또는 setBeverage()도 제네릭 메서드이다. 제네릭 메서드는 제네릭 클래스뿐만 아니라 일반 클래스의 멤버도 될 수 있다. 일반 클래스에서 제네릭 메서드를 정의할 때는 타입 매개변수를 반환 타입 앞에 둔다.

```
<타입매개변수> 반환타입 메서드이름(…) {
  …
}
```

2개 이상의 타입 매개변수도 가능하다.

제네릭 메서드의 타입 매개변수는 메서드의 반환 타입이나 매개변수의 타입으로 사용할 수 있다. 제네릭 메서드를 호출할 때는 컴파일러가 매개변수 값의 타입을 보고 구체적인 타입을 추정할 수 있어 생략해도 된다.

다음은 배열 원소의 타입에 상관없이 모든 원소를 출력할 수 있는 제네릭 메서드를 가진 클래스와 테스트 프로그램이다.

예제 9-21 **제네릭 메서드의 테스트** sec05/GenMethod1Demo.java

```
01 public class GenMethod1Demo {
02   static class Utils {
03     public static <T> void showArray(T[] a) {
04       for (T t : a)
05         System.out.printf("%s ", t);
06       System.out.println();
07     }
08
09     public static <T> T getLast(T[] a) {
10       return a[a.length - 1];
11     }
12   }
13
14   public static void main(String[] args) {
15     Integer[] ia = { 1, 2, 3, 4, 5 };
16     Character[] ca = { 'H', 'E', 'L', 'L', 'O' };
17
18     Utils.showArray(ia);
19     Utils.<Character>showArray(ca);
20
21     System.out.println(Utils.getLast(ia));
22   }
23 }
```

- 타입 매개변수이다.
- 매개변수의 타입이다.
- 반환 타입이다.
- 제네릭 메서드의 구체적 타입을 생략해도 된다.
- 호출할 때 구체적인 타입을 명시해도 된다.

```
1 2 3 4 5
H E L L O
5
```

제네릭 클래스처럼 제네릭 메서드의 매개변수에도 특정 타입 객체만 전달되도록 범위를 제한할 수 있다. 다음은 앞의 showArray() 메서드가 숫자만 취급할 수 있게 Number 클래스의 하위 타입인 객체 배열만 출력하도록 제한하는 예제이다.

예제 9-22 **제한된 타입의 제네릭 메서드 1** sec05/GenMethod2Demo.java

```
01  public class GenMethod2Demo {
02    static class Utils {
03      public static <T extends Number> void showArray(T[] a) {
04        for (T t : a)
05          System.out.printf("%s ", t);
06        System.out.println();
07      }
08    }
09
10    public static void main(String[] args) {
11      Integer[] ia = { 1, 2, 3, 4, 5 };
12      Double[] da = { 1.0, 2.0, 3.0, 4.0, 5.0 };
13      Character[] ca = { 'H', 'E', 'L', 'L', 'O' };
14
15      Utils.showArray(ia);
16      Utils.showArray(da);
17      // Utils.<Character>showArray(ca);
18    }
19  }
```

Number 클래스의 자식 타입으로 제한한다.

Number 클래스의 자식 타입이 아니기 때문에 컴파일 오류가 발생한다.

```
1 2 3 4 5
1.0 2.0 3.0 4.0 5.0
```

또 다른 예로 제한된 타입의 제네릭 메서드를 테스트하는 Comparable 구현 클래스와 테스트 프로그램을 살펴보자. 임의의 객체 배열에서 특정 원소보다 값이 큰 원소의 개수를 출력하는 제네릭 메서드를 사용한다.

예제 9-23 **제한된 타입의 제네릭 메서드 2** sec05/GenMethod3Demo.java

```
01 class Ticket implements Comparable {
02   int no;
03
04   public Ticket(int no) {
05     this.no = no;
06   }
07
08   public int compareTo(Object o) {
09     Ticket t = (Ticket) o;
10     return no < t.no ? -1 : (no > t.no ? 1 : 0);
11   }
12 }
13
14 public class GenMethod3Demo {
15   public static <T extends Comparable> int countGT(T[] a, T elem) {
16     int count = 0;
17     for (T e : a)
18       if (e.compareTo(elem) > 0)
19         ++count;
20     return count;
21   }
22
23   public static void main(String[] args) {
24     Ticket[] a = { new Ticket(5), new Ticket(3), new Ticket(10),
25                    new Ticket(7), new Ticket(4) };
26
27     System.out.println(countGT(a, a[4]));
28   }
29 }
```

Raw 타입이다. 이클립스에서 코드를 보면 경고 메시지가 나타난다.

Comparable 타입의 자식 객체로 제한한다.

5번째 원소의 no인 4보다 큰 원소의 개수를 출력한다.

```
3
```

이클립스나 인텔리J 아이디어에서 위 코드를 살펴보면 몇 군데 경고 표시가 있다. 경고 표시가 있는 행으로 마우스를 가져가면 Raw 타입을 사용한다는 메시지가 나타난다. 이는

Comparable 인터페이스에 대한 자바 API에서 보면 다음과 같이 제네릭 타입이지만 1행에서 Raw 타입으로 사용하기 때문이다.

```
public interface Comparable<T> {
  int comparable(T o)
}
```

따라서 [예제 9-23]에서 다음과 같이 Comparable 인터페이스와 관련이 있는 부분에 구체적인 타입을 명시하면 경고 메시지는 사라진다.

```
01  class Ticket implements Comparable<Ticket>  {
08  public int compareTo(Ticket t)  {
15  public static <T extends Comparable<Ticket>> int countGT(T[ ] a, T elem) {
18  if (e.compareTo((Ticket)elem) > 0)
```

자바는 제네릭 메서드에 와일드 카드라는 물음표(?)를 제공하며, 와일드 카드는 미지의 타입unknown type을 의미한다. [예제 9-19]의 11행에 있는 beverageTest( ) 메서드 인수로 ArrayList〈Beverage〉 객체뿐만 아니라 ArrayList〈Beer〉 객체도 받아들이려면 14행을 다음과 같이 수정하면 된다.

```
static public void beverageTest(ArrayList<?> list) { }
```

이는 ArrayList〈?〉가 ArrayList〈Beverage〉와 ArrayList〈Beer〉의 부모 타입이 되기 때문이다. 그러나 와일드 카드는 미지의 타입이기 때문에 ArrayList〈?〉는 ArrayList〈String〉, ArrayList〈Integer〉 등의 부모 타입도 될 수 있다. 그런데 와일드 카드도 타입을 제한할 수 있으며 다음과 같은 부모 타입 제한과 자식 타입 제한이 있다.

```
부모 타입 제한 : <? extends 부모클래스>
자식 타입 제한 : <? super 자식클래스>
```

[예제 9-19]에서 beverageTest( )의 인수로 Beverage 혹은 그 자식 타입으로 한정한 객체만을 원소로 가진 ArrayList를 사용하려면 다음과 같이 수정하면 된다.

```
static public void beverageTest(ArrayList<? extends Beverage> list) { }
```

셀프 테스트 9-2

1 제네릭 메서드는 일반 클래스의 멤버가 될 수 있다. (O, X)

2 Raw 타입의 제네릭 클래스는 모든 타입의 객체에 적용할 수 있고, 읽을 때 강제 타입 변환도 필요 없다. (O, X)

3 제네릭 클래스에 기초 타입을 적용할 수 없다. (O, X)

4 제네릭 메서드에 사용한 타입 매개변수를 Comparable 타입의 자식 객체로 제한하려고 한다. 적절한 제네릭 타입을 표현하시오.

도전 과제

※ 최고 성적을 찾아내는 메서드를 제네릭 메서드로 작성해 보고, 명령행 인자로 주어진 학생의 성적을 찾아내는 프로그램을 작성해서 제네릭 프로그래밍과 예외 처리를 도전해 보자.

01 – 영어 성적을 나타내는 배열이 있다. 최고 점수를 가진 학생의 이름과 점수를 출력하는 프로그램을 작성해 보자.

① 다음과 같은 영어 성적을 관리하는 EnglishScore 클래스를 작성한다.

```
public class EnglishScore {
   String name;
   int score;

   // 생성자

   public String toString() {
      // 이름과 점수로 구성된 문자열을 반환하는 코드
   }
}
```

② EnglishScore 객체로 구성된 배열에서 최고 점수를 구하려면 EnglishScore 클래스가 Comparable〈EnglishScore〉 구현 클래스이어야 한다. 따라서 ①에서 작성한 EnglishScore 클래스를 다음과 같이 Comparable 구현 클래스로 완성한다.

```
public class EnglishScore implements Comparable<EnglishScore> {
   // ①에서 작성한 멤버와 생성자

   public int compareTo(EnglishScore e) {
      // 2개의 EnglishScore 객체를 비교하는 코드
   }
}
```

③ 다음 코드를 참고해 EnglishScore 배열에서 점수가 최고인 학생의 이름, 점수를 구하는 메서드와 이를 활용하는 테스트 프로그램을 완성한다.

```
static EnglishScore findBest(EnglishScore[] a) {
   EnglishScore best = a[0];
   // 점수가 최고인 학생의 이름과 영어 점수를 반환하는 코드
}

public static void main(String[] args) {
   EnglishScore[] ea = { new EnglishScore("김삿갓", 77),
         new EnglishScore("장영실", 88), new EnglishScore("홍길동", 99) };

   System.out.println("영어 최고 점수 : " + findBest(ea));
}
```

④ 테스트 프로그램을 실행해 다음 결과가 나타나는지 확인한다.

```
영어 최고 점수 : 홍길동, 99
```

02 – 제네릭 메서드를 사용해 영어뿐만 아니라 수학에서도 최고 점수의 학생 이름과 점수를 출력하는 프로그램을 작성해 보자.

① 01의 ①과 ②를 참고해 수학 성적을 관리하는 MathScore 클래스를 작성한다.

② 01의 ③에서 작성한 findBest() 메서드는 EnglishScore 배열에서만 최고 점수를 반환한다. 다음 코드를 참고해 이 메서드를 제네릭 메서드로 작성한다. 제네릭 타입 T는 Comparable 구현 클래스이어야 EnglishScore뿐만 아니라 MathScore 객체도 비교할 수 있다.

```
static ____________________________ findBest(________ a) {
   T best = a[0];
   // 점수가 최고인 학생의 이름과 영어 및 수학 점수를 반환하는 코드
}
```

③ 영어뿐만 아니라 수학에서도 최고 점수의 학생 이름과 점수를 출력하려고 테스트 프로그램을 다음과 같이 수정한다.

```
public static void main(String[] args) {
    EnglishScore[] ea = { new EnglishScore("김삿갓", 77),
            new EnglishScore("장영실", 88), new EnglishScore("홍길동", 99) };
    MathScore[] ma = { new MathScore("김삿갓", 80),
            new MathScore("장영실", 98), new MathScore("홍길동", 70) };

    System.out.println("영어 최고 점수 : " + findBest(ea));
    System.out.println("수학 최고 점수 : " + findBest(ma));
}
```

④ 테스트 프로그램을 실행해 다음 결과가 나타나는지 확인한다.

```
영어 최고 점수 : 홍길동, 99
수학 최고 점수 : 장영실, 98
```

03 – 명령행 인자로 이름을 주면 그 학생의 점수를 찾아 출력하도록 테스트 프로그램에 추가해 보자. 단, 모든 학생은 이름이 3개의 문자로 구성되어 있다고 가정한다.

① 학생 이름을 가지고 학생 성적을 찾아 출력하는 제네릭 메서드를 추가한다. EnglishScore나 MathScore 객체에 대한 toString()은 이름과 성적으로 구성된 문자열을 반환한다. 따라서 EnglishScore나 MathScore 객체에서 toString()과 substring() 메서드를 호출하면 이름을 추출할 수 있다.

```
static <T> T findScore(T[] a, String name) {
    // 주어진 name을 포함하는 배열 a의 원소를 반환하는 코드
}
```

② 메인 메서드에 findScore() 메서드를 호출해 명령행 인자로 학생 성적을 출력하는 코드를 추가한다. 명령행 인자가 없거나 명령행 인자에 의한 학생이 없을 때를 대비해서 예외 처리 코드도 추가한다.

```
public static void main(String[] args) {
   EnglishScore[] ea = ...;
   MathScore[] ma = ...;
   String name = null;

   System.out.println("영어 최고 점수 : " + findBest(ea));
   System.out.println("수학 최고 점수 : " + findBest(ma));

   // args에 이름이 없을 때 예외 처리 코드

   System.out.println("영어       점수 : " + findScore(ea, name));
   System.out.println("수학       점수 : " + findScore(ma, name));
}
```

③ 테스트 프로그램을 실행해 다음 결과가 나타나는지 확인한다.

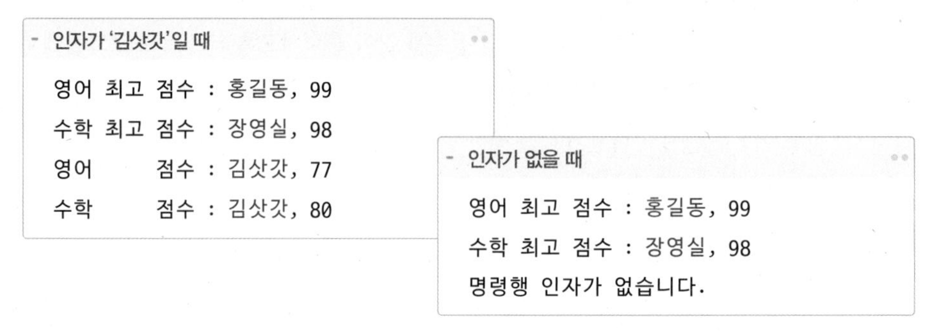

01 – 예외를 설명한 내용으로 잘못된 것은?

① throws는 메서드 내부에서 발생한 예외를 상위 메서드로 떠넘길 때 사용한다.

② RuntimeException의 자식 예외는 검사형 예외이다.

③ 발생한 예외를 처리할 코드가 없다면 JVM은 프로그램을 종료시킨다.

④ 예외 처리 코드에서 finally 블록을 생략할 수 있다.

02 – 다음 코드에서 잘못된 부분을 수정하라.

```
try {
   // 예외 발생 가능성이 있는 코드
} catch (Exception e) {
} catch (NumberFormatException e) {
}
```

03 – List<Number>는 List<Integer>의 부모 클래스이다. (O, X)

04 – 다음 메서드는 임의 타입 배열의 a번째 원소와 b번째 원소를 맞바꾸는 메서드이다. 밑줄 친 부분에 적합한 코드는?

```
public <T> void swap(    ①    array, int a, int b) {
   __________②__________ ;
   array[a] = array[b];
   array[b] = temp;
}
```

05 – 제네릭 클래스의 타입으로 와일드 카드인 ?를 사용할 수 있다. (O, X)

06 - 제네릭을 설명한 내용 중 틀린 것은?

① 제네릭 타입은 타입 매개변수를 가지는 클래스와 인터페이스를 의미한다.

② 컴파일할 때 타입을 결정하므로 안전하다.

③ 강제 타입 변환을 제거한다.

④ 제네릭 메서드는 동적 다형성을 이용하는 메서드이다.

07 - String 클래스는 java.lang 패키지에 있다. 다음 코드의 실행 결과는?

```
try {
   Class klass = Class.forName("java.io.String");
} catch (ClassNotFoundException e) {
   System.out.println("클래스를 찾을 수 없다.");
} finally {
   System.out.println("어이쿠!");
}
```

08 - 다음 코드의 실행 결과는?

```
try {
   System.out.println("안녕!");
   return;
} finally {
   System.out.println("언제나 희망이 있다.");
}
```

09 – 다음 코드는 잘못된 부분이 있다. 그 이유는?

```
ArrayList<int> list = new ArrayList<>();
```

10 – 임의 객체로 구성된 배열에서 마지막 원소를 반환하는 제네릭 메서드를 다음과 같이 작성할 수 있다. 밑줄 그은 부분에 적절한 내용은?

```
public static ______①______ getLast(______②______) {
   return a[a.length - 1];
}
```

프로그래밍 문제

01 - 다음과 같은 테스트 프로그램과 실행 결과가 있다. 실행 결과가 나타나도록 MyDate 클래스를 작성하고, 테스트 프로그램의 오류도 수정하라.

```
public class NullPointerExceptionTest {
   public static void main(String[] args) {
      MyDate d = null;

      System.out.printf("%d년 %d월 %d일\n", d.year, d.month, d.day);
   }
}
```

```
2035년 12월 25일
```

02 - 다음 프로그램을 실행하면 casting() 메서드가 예외를 발생시킨다. 예외의 원인을 조사하라. 그리고 casting() 메서드에서 발생한 예외를 메인 메서드가 처리하도록 프로그램을 수정하라.

```
class Shape {}

class Rectangle extends Shape {}

class Circle extends Shape {}

public class CastExceptionTest {
   public static void main(String[] args) {
      Rectangle r = new Rectangle();
      casting(r);
   }

   static void casting(Shape s) {
      Circle c = (Circle) s;
   }
}
```

03 – 다음 프로그램과 실행 결과를 보고 showTokens( ) 메서드를 완성하라.

```
public class TokenPrintTest {
   public static void main(String[] args) {
      String s = "of the people, by the people, for the people";
      try {
         showTokens(s, ", ");
      } catch (NoSuchElementException e) {
         System.out.println("끝");
      }
   }
   // while(true) {}을 사용하는 showTokens() 메서드 추가
}
```

```
of
the
people
by
the
people
for
the
people
끝
```

04 – 다음 프로그램과 실행 결과를 참고해 Pair 클래스를 작성하라. Pair 클래스는 2개의 필드와 2개의 메서드를 가진다. 2개의 필드는 숫자를 나타내는 어떤 타입도 될 수 있고, 2개의 메서드는 first( )와 second( )로 각각 첫 번째 필드 값, 두 번째 필드 값을 반환한다.

```java
public class PairTest {
   public static void main(String[] args) {
      Pair<Integer> p1 = new Pair<>(10, 20);
      Pair<Double> p2 = new Pair<>(10.0, 20.0);

      System.out.println(p1.first());
      System.out.println(p2.second());
   }
}
```

```
10
20.0
```

05 – 다음은 모든 동물의 소리를 출력하는 제네릭 메서드를 테스트하는 프로그램이다. 2개의 동물(Dog와 Cuckoo) 클래스를 정의하고, 제네릭 메서드 printSound()를 완성하라.

```java
interface Animal {
   void sound();
}

// Dog 클래스와 Cuckoo 클래스

public class AnimalSoundTest {
   // printSound() 메서드

   public static void main(String[] args) {
      List<Animal> lists = new ArrayList<>();
      lists.add(new Dog());
      lists.add(new Cuckoo());
      printSound(lists);

      List<Dog> dogs = new ArrayList<>();
      dogs.add(new Dog());
      printSound(dogs);
   }
}
```

```
멍멍~~
뻐꾹뻐꾹~~
멍멍~~
```

06 – Max 클래스는 제네릭 클래스로 인수가 숫자라면 큰 수를 반환하고 숫자가 아니라면 긴 문자열을 반환하는 max( ) 메서드를 포함한다. 다음 프로그램과 실행 결과를 참고해 제네릭 클래스 Max를 작성하라. 단, max( )의 인수는 숫자 혹은 문자열이라고 가정한다.

+ 객체를 비교할 때 >와 같은 비교 연산자는 사용할 수 없다. Number 객체에서 정숫값이나 실숫값을 얻으려면 intValue( )나 doubleValue( ) 메서드를 호출한다.

```
public class MaxTest {
   public static void main(String[] args) {
      Max<Number> n = new Max<>();
      System.out.println(n.max(10.0, 8.0));
      System.out.println(n.max(5, 8.0));

      Max<String> s = new Max<>();
      System.out.println(s.max("Hello", "Hi"));
      System.out.println(s.max("Good", "morning"));
   }
}
```

```
10.0
8.0
Hello
morning
```

07 – Box라는 제네릭 클래스는 어떤 객체라도 보관할 수 있고 끄집어낼 수 있다. 다음 프로그램과 실행 결과를 참고해 Box 클래스를 작성하라.

```
public class BoxTest {
   public static void main(String[] args) {
      Box<Integer> i = new Box<>();
      i.set(new Integer(100));
      System.out.println(i.get());

      Box<String> s = new Box<>();
      s.set("만능이네!");
      System.out.println(s.get());
   }
}
```

```
100
만능이네!
```

Chapter 10

람다식과 함수형 인터페이스

이 장에서는 객체 지향 프로그램에서 다소 고급에 해당하는 내용인
람다식에 대하여 학습한다. 정렬 메서드의 구현 방식을 통하여 람다식의
필요성을 살펴본 후 람다식의 의미와 문법, 메서드 참조에 대하여 학습한다.
그리고 람다식에 필수적인 하나의 추상 메서드만 있는 함수형 인터페이스를
소개한 후 자바 8부터 도입한 다섯 가지 유형의 함수형 인터페이스와
추후 자주 사용되는 Comparator 인터페이스를 살펴본다.

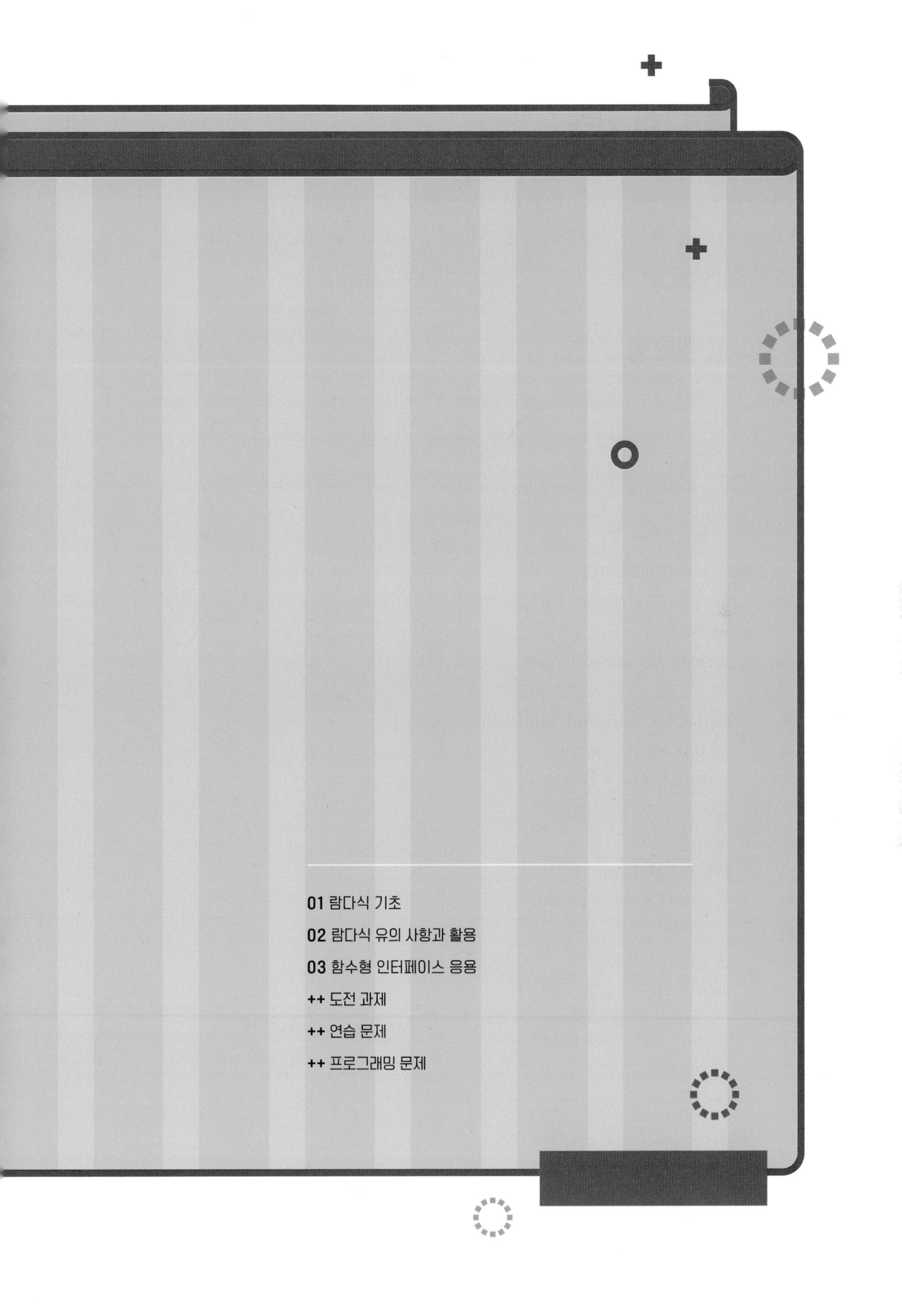

01 람다식 기초

자바 8부터는 함수형 프로그래밍 기법인 람다식을 지원한다. 함수형 인터페이스인 Comparable 및 Comparator를 사용한 인터페이스 구현 클래스를 람다식으로 나타냄으로써 람다식이 프로그램을 얼마나 간결하고 이해하기 쉽게 만드는지 직접 체험해 보자.

1 람다식 필요성

객체가 도형이라면 면적이나 둘레 순서대로 정렬할 수 있지만, 어느 방식으로 비교할지 정해야 한다. 만약 비교 기준이 없다면 다수의 객체를 순서대로 정렬할 수 없다. 예를 들어, 다음과 같이 Rectangle 클래스를 정의하면 사각형 객체끼리 비교할 수 없어 정렬할 수 없다.

예제 10-1 **정렬할 수 없는 클래스** sec01/etc/ComparableDemo.java

```
01 import java.util.Arrays;
02
03 class Rectangle {
04    private int width, height;
05
06    public Rectangle(int width, int height) {
07       this.width = width;
08       this.height = height;
09    }
10
11    public int findArea() {
12       return width * height;
13    }
14
15    public String toString() {
16       return String.format("사각형[폭=%d, 높이=%d]", width, height);
17    }
18 }
19
20 public class ComparableDemo {
```

```
21      public static void main(String[] args) {
22         Rectangle[] rectangles = {new Rectangle(3, 5),
23               new Rectangle(2, 10), new Rectangle(5, 5)};
24
25         Arrays.sort(rectangles);
26
27         for (Rectangle r : rectangles)
28            System.out.println(r);
29      }
30   }
```

Arrays 클래스의 정적 메서드 sort( )를 사용하여 Rectangle 객체 배열을 정렬한다.

정렬한 Rectangle 객체 배열의 문자 정보를 출력한다.

```
Exception in thread "main" java.lang.ClassCastException: sec01.Rectangle …
  …
  at sec01.etc.ComparableDemo.main(ComparableDemo.java:25)
```

이 코드를 실행하면 25행의 정렬 메서드에서 오류가 발생한다. 이는 Rectangle 객체끼리 비교할 수 없기 때문이다. 이와 같은 Rectangle 객체의 배열을 정렬하려면 [그림 10-1]과 같은 방식으로 정렬 메서드를 구현해야 한다.

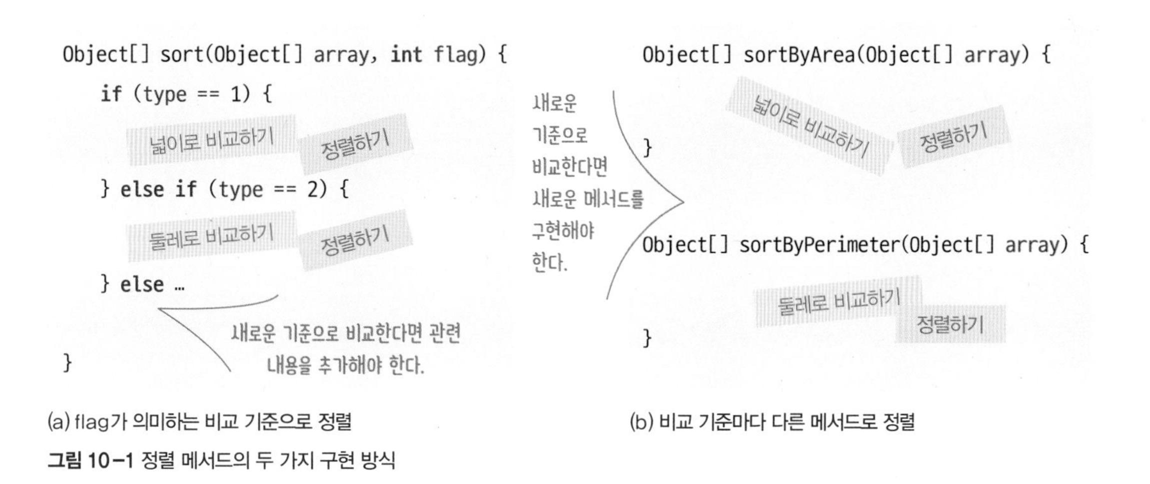

(a) flag가 의미하는 비교 기준으로 정렬

(b) 비교 기준마다 다른 메서드로 정렬

그림 10-1 정렬 메서드의 두 가지 구현 방식

그런데 이 두 방식은 모두 복잡하고 가독성이 떨어진다. 게다가 Rectangle 클래스에 색상, 사각형 번호와 같은 다른 속성도 있다면 이들 기준으로도 정렬할 수 있어야 한다. 이 경우 정렬 메서드를 수정하거나 새로운 메서드를 추가해야 한다.

객체마다 어떤 방식으로 정렬할지 알 수 없으므로 [그림 10-1]과 같은 방식으로는 정렬 메서드를 미리 작성할 수 없다. 그러나 객체를 비교할 수 있는 인터페이스가 정의되어 있고 모든 객체가 이 인터페이스를 따른다면 미리 정렬 메서드를 구현할 수 있다. 이를 위해 자바는 객체를 비교하기 위한 약속으로 Comparable 인터페이스를 제공한다.

Comparable 인터페이스는 객체를 비교하는 약속된 메서드를 가진다. 표준 자바가 제공하는 Comparable 인터페이스는 다음과 같다.

```
public interface Comparable <T> {
   int compareTo(T o);
}
```

java.util 패키지의 Arrays 클래스는 sort()라는 정적 메서드를 제공하며, 배열에 포함된 원소를 정렬한다. sort() 메서드의 인수는 모든 숫자 기초 타입에 오버로딩되어 있다. 배열의 원소가 객체라면 그 원소가 Comparable 인터페이스의 구현 객체여야 한다. 이는 Comparable 인터페이스가 객체를 비교하는 약속이기 때문이다.

```
static void Arrays.sort(Object[] a);
```

배열 원소가 Comparable 타입이어야 한다.

다음은 Rectangle 객체들을 넓이 순서대로 정렬할 수 있도록 [예제 10-1]의 Rectangle 클래스를 Comparable의 구현 클래스로 수정한 예제이다.

예제 10-2 **정렬할 수 있는 클래스** sec01/ComparableDemo.java

```
01 import java.util.Arrays;
02
03 class Rectangle implements Comparable<Rectangle> {
04    private int width, height;
05
06    public Rectangle(int width, int height) {
07       this.width = width;
08       this.height = height;
09    }
10
```

Rectangle 클래스는 Comparable 구현 클래스이다. 따라서 compareTo( ) 메서드를 구현해야 한다.

```
11    public int findArea() {
12       return width * height;
13    }
14
15    public String toString() {
16       return String.format("사각형[가로=%d, 세로=%d]", width, height);
17    }
18
19    public int compareTo(Rectangle o) {
20       return findArea() - o.findArea();
21    }
22 }
23
24 public class ComparableDemo {
25    public static void main(String[] args) {
26       Rectangle[] rectangles = { new Rectangle(3, 5),
27          new Rectangle(2, 10), new Rectangle(5, 5) };
28
29       Arrays.sort(rectangles);
30
31       for (Rectangle r : rectangles)
32          System.out.println(r);
33    }
34 }
```

Comparable 인터페이스의 추상 메서드를 구현한 것이다.

다른 Rectangle 객체와 비교하여 작으면 음수, 같으면 0, 그 외면 음수를 반환한다.

```
사각형[넓이=3, 높이=5]
사각형[넓이=2, 높이=10]
사각형[넓이=5, 높이=5]
```

그런데 객체를 정렬하기 위하여 모든 클래스에 Comparable 인터페이스를 구현해야 한다면 다음과 같은 문제점이 발생한다.

- 객체끼리 비교할 기준이 여러 가지라면 각 비교 기준마다 Comparable 구현 클래스를 따로 정의해야 한다.
- 비교 기준을 포함할 클래스가 최종 클래스final class라면 Comparable 구현 클래스를 정의할 수 없다.

이를 해결하려면 객체끼리 비교할 기준을 객체에 포함하지 말고 별도의 인수로 제공하면 된다. 즉, 다음 그림과 같이 sort() 메서드에 별도의 인수로 객체를 비교할 정보를 제공하면 된다.

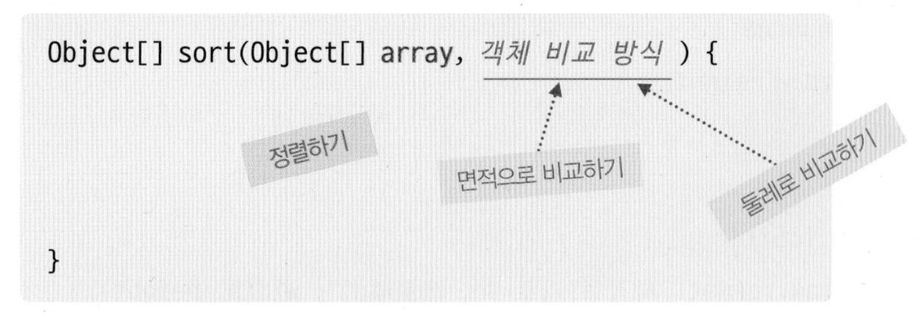

그림 10-2 정렬 메서드의 인수와 코드 블록

자바는 객체에 비교 기준을 포함하지 않고 별도로 제공할 수 있도록 다음과 같은 Comparator 인터페이스를 제공한다. 또한, Arrays 클래스의 정적 메서드 sort()와 같은 정렬 메서드가 Comparator 구현 객체를 인수로 사용할 수 있도록 다음처럼 오버라이딩 해놓았다.

```
public interface Comparator<T> {
  int compare(T o1, T o2);
}

static void Arrays.sort(T[] a, Comparator<? super T> c);
```

예를 들어 문자열을 길이 순서대로 정렬해 보자. String 클래스는 Comparable 구현 클래스로, 사전 순서대로 정렬하는 최종 클래스이다. 따라서 String 클래스로 새로운 Comparable 인터페이스를 구현할 수 없다. 따라서 문자열을 사전 순서가 아닌 다른 방식으로 정렬하려면 Comparator 인터페이스를 매개변수로 사용하는 sort() 메서드를 사용해야 한다.

다음은 문자열을 사전 순서가 아닌 다른 방식으로 정렬하기 위해 Comparator 인터페이스로 비교 기준을 제공하는 예제이다.

예제 10-3 Comparator 인터페이스의 활용 sec01/ComparatorDemo.java

```
01  import java.util.*;
02
03  public class ComparatorDemo {
04     public static void main(String[] args) {
05        String[] strings = { "로마에 가면 로마법을 따르라.",
06                  "시간은 금이다.", "펜은 칼보다 강하다." };
07
```

```
08        Arrays.sort(strings, new Comparator<String>() {
09           public int compare(String first, String second) {
10              return first.length() - second.length();
11           }
12        });
13
14        for (String s : strings)
15           System.out.println(s);
16     }
17  }
```

Comparator 인터페이스의 익명 구현 객체로서 문자열의 길이를 비교한다.

```
시간은 금이다.
펜은 칼보다 강하다.
로마에 가면 로마법을 따르라.
```

문자열을 길이 순서대로 정렬하는 [예제 10-3]의 코드 중에서 8~12행을 다시 살펴보자. Arrays.sort( ) 메서드의 두 번째 인수로 필요한 것은 두 문자열의 길이를 비교하는 색칠된 부분이다. 두 번째 인수의 나머지 부분은 문자열의 길이를 비교하는데 의미가 없다. 따라서 인터페이스 구현 객체가 아니라 동작을 나타내는 코드 혹은 메서드면 충분하다.

그런데 객체 지향 언어에서 코드 블록이나 메서드는 독립적인 실체가 아니라 객체라는 실체에 포함된 멤버에 불과하다. 따라서 정렬 기준에 관련된 코드 블록을 정렬 메서드의 인수로 전달할 수 없으므로 [예제 10-3]의 8~12행처럼 익명 구현 객체를 사용한 것이다. 람다식은 이와 같은 익명 구현 객체 대신에 동작을 나타내는 코드만 추출하여 표현하는 방식이다.

2 람다식 의미와 문법

자바 8부터 도입한 함수형 프로그래밍functional programming 기법 중 하나인 람다식lambda expression은 미국 수학자이자 논리학자인 알론조 처치Alronzo Church가 함수를 분명하고 간결한 방법으로 설명하기 위해 고안한 것으로, 나중에 실행할 목적으로 다른 곳에 전달할 수 있는 코드이다.

자바의 람다식은 메서드를 포함하는 익명 구현 객체를 전달할 수 있는 코드로서 다음과 같은 특징을 가진다.

- 메서드와 달리 이름이 없다.
- 메서드와 달리 특정 클래스에 종속되지 않지만, 매개변수, 반환 타입, 본체를 가지며, 심지어 예외도 처리할 수 있다.
- 메서드의 인수로 전달될 수도 있고 변수에 대입될 수 있다.
- 익명 구현 객체와 달리 메서드의 핵심 부분만 포함한다.

다음은 [예제 10-3]에 람다식을 적용한 것으로, 더욱 간결하고 이해하기 쉬운 코드로 바뀐 것을 알 수 있다.

예제 10-4 **람다식을 이용한 문자열 길이 순서 정렬** sec01/Lambda1Demo.java

```
01 import java.util.Arrays;
02
03 public class Lambda1Demo {
04    public static void main(String[] args) {
05       String[] strings = { "로마에 가면 로마법을 따르라.",
06                "시간은 금이다.", "펜은 칼보다 강하다." };
07
08       Arrays.sort(strings, (first, second) -> first.length() - second.length());
09
10       for (String s : strings)
11          System.out.println(s);
12    }
13 }
```

람다식으로 두 문자열 길이를 뺄셈해 비교한다.

람다식은 하나의 메서드만 정의할 수 있기 때문에 모든 인터페이스의 구현 객체를 람다식으로 표현할 수 없다. 단지 1개의 추상 메서드로 구성된 인터페이스 구현 객체만 람다식으로 표현할 수 있는데, 이 인터페이스를 함수형 인터페이스functional interface라고 한다. 람다식은 함수형 인터페이스의 구현 객체를 다음과 같은 연산식 형태로 표현한 것이다.

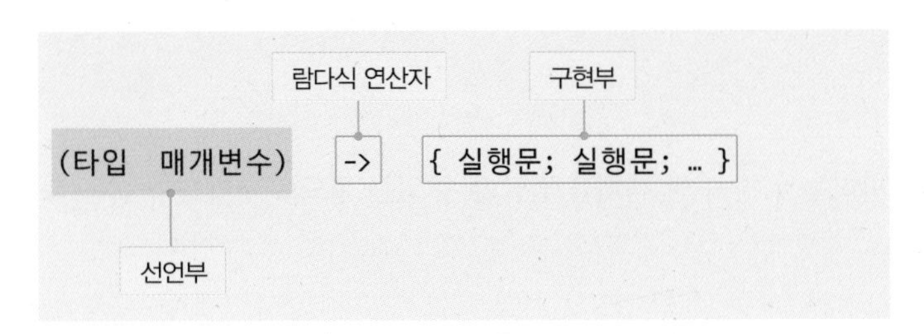

이처럼 람다식은 선언부, 구현부, 람다식 연산자로 구성되며, 반환 타입은 문맥에서 추론할 수 있으므로 표현되지 않는다. 람다식은 다음과 같이 간략하게 표현할 수 있다.

- 선언부의 타입은 추론할 수 있으므로 타입을 생략해도 된다.
- 매개변수가 하나 있다면 괄호를 생략할 수 있다.
- 실행문이 하나 있다면 중괄호와 세미콜론을 생략할 수 있다. 단, 실행문이 하나의 return 문이면 return 키워드도 생략해야 한다.

따라서 다음 예제와 같이 동일한 코드 블록을 다양한 람다식으로 표현할 수 있다.

예제 10-5 **다양한 방식의 람다식 표현** sec01/Lambda2Demo.java

```
01 interface Negative { int neg(int x); }
02 interface Printable { void print(); }
03
04 public class Lambda2Demo {
05    public static void main(String[] args) {
06       Negative n;
07       Printable p;
08
09       n = (int x) -> { return -x; };
10       n = (x) -> { return -x; };
11       n = x -> { return -x; };
12       n = (int x) -> -x;
13       n = (x) -> -x;
14       n = x -> -x;
15
16       p = () -> { System.out.println("안녕!"); };
17       p = () -> System.out.println("안녕!");
18
19       p.print();
20    }
21 }
```

함수형 인터페이스이다. (01~02행)

모두 같은 의미의 람다식이다. (09~14행)

같은 의미의 람다식이다. 매개변수가 없으므로 선언부의 괄호를 사용해야 한다. (16~17행)

```
안녕!
```

3 메서드 참조

메서드 참조method reference는 전달할 동작을 수행하는 메서드가 이미 정의된 경우에 표현할 수 있는 람다식의 축약형이다. 메서드 참조는 람다식에 아직 남아 있는 불필요한 정보까지 없애기 때문에 람다식에 비해 더욱 간결하고 가독성이 좋다. 예를 들어, 다음과 같은 람다식을 살펴보자.

```
s -> Integer.parseInt(s)
```

여기서 parseInt()는 이미 정의된 메서드이므로 인수 s에 대한 정보는 추론할 수 있다. 따라서 추론할 수 있는 정보를 제거하면 다음과 같은 메서드 참조 방식으로 표현할 수 있다.

```
Integer::parseInt
```

메서드 참조 연산자이다.

표 10-1 메서드 참조의 종류와 표현 방식

종류	표현 방식
정적 메서드 참조	클래스이름::정적메서드
인스턴스 메서드 참조	객체이름::인스턴스메서드(혹은 클래스이름::인스턴스메서드)
생성자 참조	클래스이름::new 혹은 배열타입이름::new

여기서 인스턴스 메서드 참조는 두 가지로 나타내는데, '(a, b) -> a.인스턴스메서드(b)'와 같은 람다식일 경우 '클래스이름::인스턴스메서드' 방식으로 나타낸다. 다음은 정적 메서드 참조와 인스턴스 메서드 참조에 대한 예제이다.

예제 10-6 **메서드 참조** sec01/MethodRefDemo.java

```
01 interface Mathematical {  double calculate(double d);  }
02 interface Pickable {  char pick(String s, int i);  }
03 interface Computable {  int compute(int x, int y);  }
04
05 class Utils {
06    int add(int a, int b) {  return a + b;  }
07 }
```

모두 함수형 인터페이스이다.

인스턴스 메서드 참조 예를 들기 위하여 인스턴스 메서드를 포함한 클래스를 정의한 것이다.

```
08
09  public class MethodRefDemo {
10     public static void main(String[] args) {
11        Mathematical m;
12        Pickable p;
13        Computable c;
14
15        // m = d -> Math.abs(d);
16        m = Math::abs;                     정적 메서드 참조이다.
17        System.out.println(m.calculate(-50.3));
18
19        // p = (a, b) -> a.charAt(b);
20        p = String::charAt;                인스턴스 메서드 참조 1이다.
21        System.out.println(p.pick("안녕, 인스턴스 메서드 참조!", 4));
22
23        Utils utils = new Utils();
24        // c = (a, b) -> utils.add(a, b);
25        c = utils::add;                    인스턴스 메서드 참조 2이다.
26        System.out.println(c.compute(20, 30));
27     }
28  }
```

메서드 참조 중에서도 [표 10-1]에서 보는 바와 같이 생성자에 적용되는 생성자 참조도 있다. 생성자 참조는 메서드 이름 대신에 new를 사용한다는 점을 제외하면 메서드 참조와 같다. 다음은 생성자 참조를 보여주는 예제이다.

예제 10-7 **생성자 참조** sec01/ConstructorRefDemo.java

```
01  interface NewObject<T> {  T getObject(T o);  }      모두 함수형
02  interface NewArray<T> {  T[] getArray(int size);  }  인터페이스이다.
03
04  public class ConstructorRefDemo {
05     public static void main(String[] args) {
06        NewObject<String> s;
07        NewArray<Integer> i;
```

```
08
09          // s = x -> new String(x);
10          s = String::new;          ← 생성자 참조이다.
11          String str = s.getObject("사과");
12
13          // i = x -> new Integer[x];
14          i = Integer[]::new;       ← 배열 생성자 참조이다.
15          Integer[] array = i.getArray(2);
16          array[0] = 10;
17          array[1] = 20;
18      }
19  }
```

9행은 매개변수 x를 사용하여 String 객체를 생성하는 람다식이다. x의 실제 값은 11행에서 사용되기 때문에 9행의 x는 추론될 수 있는 정보이다. 또한, 13행은 매개변수 x 크기만큼의 Integer 배열을 생성하는 람다식으로 x도 추론될 수 있는 정보이다.

셀프 테스트 10-1

1 다음 코드는 문법적으로 올바른 람다식이다. (O, X)

```
() -> "Hi"
```

2 모든 인터페이스의 구현 객체는 람다식으로 표현될 수 있다. (O, X)

3 다음 중 틀린 것은?

① 람다식은 자바 8부터 도입한 기법이다.
② 람다식은 객체 지향 프로그래밍의 특징 중 하나이다.
③ 람다식은 나중에 실행할 목적으로 다른 곳에 전달할 수 있는 코드 블록이다.
④ 람다식은 일종의 익명 구현 객체이다.

4 다음 람다식에 대응하는 메서드 참조는?

```
(s, i) -> s.substring(i)
```

02 람다식 유의 사항과 활용

람다식은 내부적으로 함수형 인터페이스를 구현한 익명 지역 객체처럼 생성된다. 따라서 지역 클래스처럼 람다식도 자신을 포함하는 클래스의 멤버에 자유롭게 접근할 수 있지만, 다음 사항을 유의해야 한다.

- 람다식 외부에서 선언된 변수와 동일한 이름의 변수를 람다식에서 선언할 수 없다.
- 람다식에 사용된 지역변수는 final이다.
- 람다식의 this 키워드는 람다식을 실행한 외부 객체를 의미한다.

다음은 람다식을 사용할 때 유의해야 할 사항을 포함하는 예제이다.

예제 10-8 **람다식 유의 사항** sec02/UseThisDemo.java

```
01  interface UseThis {  void use();  }
02
03  public class UseThisDemo {
04     public void lambda() {
05        String hi = "Hi!";
06
07        UseThis u1 = new UseThis() {
08           public void use() {
09              System.out.println(this);
10              // hi = "Lambda.";
11           }
12        };
13        u1.use();
14
15        UseThis u2 = () -> {
16           System.out.println(this);
17              // hi = "Lambda.";
18        };
19        u2.use();
20     }
21
```

- 7행: 익명 지역 객체이다.
- 9행: 지역 객체의 this는 지역 객체 자신을 참조한다. 따라서 this는 UseThis의 자식인 익명 객체다.
- 10행: 지역 객체에서 사용되는 외부 지역변수는 실질적으로 final이다. 따라서 변경될 수 없다.
- 15행: 람다식이다.
- 16행: 람다식의 this는 람다식을 사용하는 UseThisDemo 객체를 의미한다.
- 17행: 람다식에서 사용되는 외부 지역변수도 실질적으로 final이다. 따라서 변경될 수 없다.

```
22     public String toString() {  return "UseThisDemo";  }
23
24     public static void main(String[] args) {
25         int one = 1;
26
27         new UseThisDemo().lambda();
28
29         // Comparator<String> c = (one, two) -> one.length() - two.length();
30     }
31 }
```

람다식의 선언부에 외부에서 선언된 동일한 이름의 변수를 선언할 수 없다.

```
sec02.UseThisDemo$1@5b464ce8
UseThisDemo
```

실행 결과는 9행과 16행에 의한 것이다. 익명 지역 객체에서 사용된 9행의 결과는 익명 지역 객체를 나타내지만 람다식에서 사용된 16행의 결과는 외부 객체를 나타낸다.

다수의 자동차를 가지고 다음과 같은 문제를 해결하기 위하여 람다식을 활용해 보자.

① 디젤 자동차만 모두 찾아보자.

② 10년보다 오래된 자동차만 모두 찾아보자.

③ 10년보다 오래된 디젤 자동차만 모두 찾아보자.

④ 디젤 자동차를 출력하되 모델과 연식만 나타나도록 출력하자.

⑤ 10년보다 오래된 자동차를 출력하되 모델, 연식, 주행거리만 나타나도록 출력하자.

위 문제의 ①~③을 해결하려면 요구 조건에 맞는 자동차를 모두 찾으면 된다. 그런데 요구 조건이 서로 달라 하나의 메서드로 구현하기 어렵다. 따라서 인터페이스를 사용하면 편리하다. 인터페이스에 포함될 추상 메서드는 자동차가 요구 조건에 적합한지 아닌지를 반환하면 되므로 매개변수는 자동차이고 반환 타입이 boolean이다. 따라서 다음과 같은 인터페이스를 정의할 수 있다.

예제 10-9 **Car 객체를 점검하기 위한 인터페이스** sec02/CarPredicate.java

```
01 public interface CarPredicate {
02     boolean test(Car car);
03 }
```

또한 ④와 ⑤에 대해서도 CarPredicate와 유사한 방법으로 매개변수가 자동차이고 반환 타입이 void인 추상 메서드를 가진 다음과 같은 인터페이스를 사용할 수 있다.

예제 10-10 **Car 객체를 출력하기 위한 인터페이스** sec02/CarConsumer.java

```
01  public interface CarConsumer {
02     void accept(Car car);
03  }
```

다음은 자동차를 나타낸 클래스이다. Car 클래스 내부에 List〈Car〉 타입으로 10개의 Car 객체를 미리 포함해 두자. 여기서 List 타입은 ArrayList와 유사한 것으로 알고 일단 넘어가고 11장에서 학습하자.

예제 10-11 **람다식에 활용할 Car 클래스** sec02/Car.java

```
01  import java.util.*;
02
03  public class Car {
04     private String model; private boolean gasoline;
05     private int age; private int mileage;
06
07     public Car(String model, boolean gasoline, int age, int mileage) {
08        this.model = model; this.gasoline = gasoline;
09        this.age = age; this.mileage = mileage;
10     }
11
12     public String getModel() {  return model;  }
13
14     public boolean isGasoline() {  return gasoline;  }
15
16     public int getAge() {  return age;  }
17
18     public int getMileage() {  return mileage;  }
19
20     public String toString() {
21        return String.format("Car(%s, %s, %d, %d)", model, gasoline, age, mileage);
```

```
22     }
                                10대의 Car 객체를 테스트 프로그램에서 사용하기 위하여 미리 선언한 것이다.
23
24     public static final List<Car> cars = Arrays.asList(
25         new Car("소나타", true, 18, 210000), new Car("코란도", false, 15, 200000),
26         new Car("그랜저", true, 12, 150000), new Car("싼타페", false, 10, 220000),
27         new Car("아반테", true, 10, 70000), new Car("에쿠스", true, 6, 100000),
28         new Car("그랜저", true, 5, 80000), new Car("소나타", true, 2, 35000),
29         new Car("쏘렌토", false, 1, 10000), new Car("아반테", true, 1, 7000));
30 }
```

이제 Car 클래스, CarPredicate 인터페이스를 사용하여 ①~③을 해결하기 위한 메서드를 정의하자. 이 메서드는 요구 조건에 부합하는 모든 Car 객체를 반환해야 한다. 따라서 이 메서드의 매개변수는 점검할 10대의 Car 객체(24행의 Car.cars)와 요구 조건(CarPredicate)이며, 반환 타입은 List〈Car〉 타입으로 다음 그림과 같다.

따라서 다음과 같은 메서드 형식을 사용할 수 있다.

```
List<Car> findCars(List<Car> all, CarPredicate p)
```

또한 ④와 ⑤를 해결하기 위한 메서드를 살펴보자. 이 메서드의 매개변수는 10대의 Car 객체(24행의 Car.cars)와 출력할 형식에 대한 정보(CarConsumer)이며 반환할 내용은 없다. 따라서 다음과 같은 메서드 형식을 사용할 수 있다.

```
void printCars(List<Car> all, CarConsumer c)
```

다음은 주어진 자동차 문제를 람다식으로 해결하는 예제이다.

예제 10-12 Car 클래스와 람다식 sec02/CarDemo.java

```
01 import java.util.*;
02
03 public class CarDemo {
04    public static void main(String[] args) {
05       List<Car> dieselCars = findCars(Car.cars, c -> !c.isGasoline());
06       System.out.println("디젤 자동차 = " + dieselCars);
07
08       List<Car> oldCars = findCars(Car.cars, c -> c.getAge() > 10);
09       System.out.println("오래된 자동차 = " + oldCars);
10
11       List<Car> oldDieselCars =
12          findCars(Car.cars, c -> c.getAge() > 10 && !c.isGasoline());
13       System.out.println("오래된 디젤 자동차 = " + oldDieselCars);
14
15       System.out.print("디젤 자동차 = ");
16       printCars(dieselCars, c -> System.out.printf("%s(%d)",
17          c.getModel(), c.getAge()));
18       System.out.print("\n오래된 자동차 = ");
19       printCars(oldCars, c -> System.out.printf("%s(%d, %d)",
20          c.getModel(), c.getAge(), c.getMileage()));
21    }
22
23    public static List<Car> findCars(List<Car> all, CarPredicate cp) {
24       List<Car> result = new ArrayList<>();
25
26       for (Car car : all) {
27          if (cp.test(car))
28             result.add(car);
29       }
30       return result;
31    }
32
33    public static void printCars(List<Car> all, CarConsumer cc) {
34       for (Car car : all) {
```

- 5행: 가솔린 자동차가 아니면 true를 반환하는 람다식이다.
- 8행: 10년보다 오래된 자동차이면 true를 반환하는 람다식이다.
- 16~17행: 자동차를 모델과 연식만 출력하도록 하는 람다식이다.
- 24행: 요구 조건에 맞는 Car 객체를 모으기 위한 ArrayList<Car> 객체를 생성한다.
- 27행: test() 메서드의 구현 내용은 5, 8, 12행에 람다식으로 제공한다.

```
35            cc.accept(car);
36        }
37    }
38 }
```

accept( ) 메서드의 구현 내용은 16~17, 19~20행에 람다식으로 제공한다.

```
디젤 자동차 = [Car(코란도, false, 15, 200000), Car(싼타페, false, 10, 220000), Car(쏘렌토, false, 1, 10000)]
오래된 자동차 = [Car(소나타, true, 18, 210000), Car(코란도, false, 15, 200000), Car(그랜저, true, 12, 150000)]
오래된 디젤 자동차 = [Car(코란도, false, 15, 200000)]
디젤 자동차 = 코란도(15) 싼타페(10) 쏘렌토(1)
오래된 자동차 = 소나타(18, 210000) 코란도(15, 200000) 그랜저(12, 150000)
```

findCars() 메서드를 살펴보자. 24행에서 반환할 List 객체를 생성한다. 첫 번째 인수로 주어진 자동차에 대하여 27행에서 test()의 결과가 참이면 반환할 List 객체에 추가한다. 만약 5행에 의하여 findCars()가 호출되었다면 열 대 중에서 디젤 자동차만 반환할 List 객체에 추가된다. 전체 자동차에 대하여 점검이 끝나면 반환할 List 객체는 디젤 자동차만 원소로 포함한다.

함수형 인터페이스 응용

자바가 제공하는 함수형 인터페이스는 Comparable, Comparator, Runnable 등 매우 많다. 여기서는 자바 8에서 도입된 java.util.function 패키지를 통하여 제공되는 함수형 인터페이스와 자주 사용되는 Comparator 인터페이스에 대하여 살펴본다.

1 다섯 가지 유형의 함수형 인터페이스

앞 절에서 살펴본 자동차 예제와 같은 문제를 해결하려고 개발자가 일일이 함수형 인터페이스를 정의하는 것은 번거롭다. 이에 자바 8부터 java.util.function 패키지를 통하여 개발자에게 유용한 함수형 인터페이스를 제공하고, 또한 이를 사용하는 많은 유용한 클래스도 제공한다.

java.util.function 패키지에 포함된 함수형 인터페이스는 다음 그림과 같이 매개변수 타입과 반환 타입에 따라 다섯 가지 유형으로 구분된다.

표 10-2 함수형 인터페이스의 종류

종류	매개 값	반환 값	메서드	의미
Predicate	있음	boolean	test( )	매개 값을 조사하여 논릿값으로 보낸다.
Consumer	있음	void	accept( )	매개 값을 소비한다.
Supplier	없음	있음	get( )	반환 값을 공급한다.
Function	있음	있음	apply( )	매개 값을 반환 값으로 매핑한다.
Operator	있음	있음	apply( )	매개 값을 연산하여 반환 값으로 보낸다.

대부분의 java.util.function 함수형 인터페이스는 주어진 추상 메서드 외에 디폴트 메서드나 정적 메서드도 포함하고 있다. 대표적인 디폴트 메서드나 정적 메서드는 다음과 같다.

- 디폴트 메서드 andThen( )과 compose( )는 두 개의 함수형 인터페이스를 각각 순방향과 역방향으로 연결한다.
- 디폴트 메서드 and( ), or( ), negate( )는 Predicate 유형에 사용되며 각각 논리 연산자 &&, ||, !에 대응된다.
- 정적 메서드 isEqual( )은 동등 비교를 수행한다.
- 정적 메서드 maxBy( ), minBy( )는 매개 값으로 제공되는 Comparator를 이용하여 최댓값 및 최솟값을 반환한다.

위와 같은 다섯 가지 유형의 함수형 인터페이스는 다양한 변종이 있으며, 예를 들면 다음과 같다.

- 두 가지 매개변수가 필요할 경우 Bi를 덧붙인 변종. 예를 들면, BiConsumer, BiFunction 등
- Operator의 경우는 매개변수의 개수에 따라 Unary 혹은 Binary를 덧붙인 변종. 예를 들면, UnaryOperator, IntBinaryOperator 등
- 매개 변수 타입이나 반환 타입이 객체가 아닌 int, double, long, boolean일 경우엔 기초 타입에 특화된 변종. 예를 들면, IntConsumer, IntUnaryOperator, BooleanSupplier, IntToDoubleFunction 등
- 객체와 기초 타입 데이터가 혼합되어 있어 객체를 Obj로 덧붙인 변종. 예를 들면, ObjIntConsumer, ObjDoubleConsumer 등

2 Predicate 인터페이스 유형

매개 값을 가지며 논릿값을 반환하는 test()라는 추상 메서드를 가진 함수형 인터페이스로 자동차 예제에서 사용한 CarPredicate를 일반화한 인터페이스다. Predicate 외에 Bi, Double, Int, Long을 접두어로 붙인 변종이 있다. 모든 Predicate 유형은 test() 메서드 외에 공통적으로 디폴트 메서드인 and(), or(), negate()를 포함한다. Predicate 함수형 인터페이스는 isEqual()이라는 정적 메서드도 포함하고 있다.

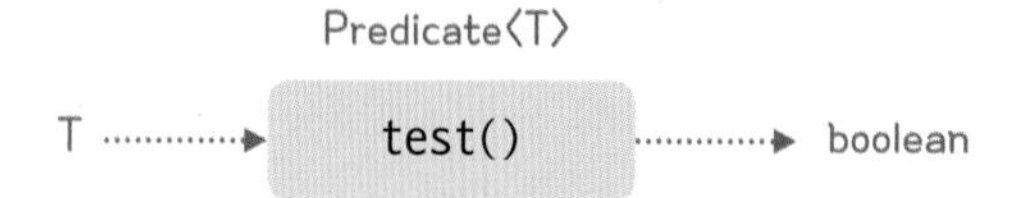

Predicate 유형은 다음과 같이 정의되며, BiPredicate 혹은 IntPredicate과 같은 변종은 매개변수의 개수 혹은 매개변수 타입만 다를 뿐이지 사용 방법은 같다.

```
Predicate<T> p = t -> { T 타입 t 객체를 조사하여 논릿값으로 반환하는 실행문; };
```

예제 10-13 **Predicate 인터페이스 응용** sec03/PredicateDemo.java

```
01  import java.util.function.*;
02
03  public class PredicateDemo {
04     public static void main(String[] args) {
05        IntPredicate even = x -> x % 2 == 0;
06        System.out.println(even.test(3) ? "짝수" : "홀수");
07
08        IntPredicate one = x -> x == 1;
09        IntPredicate oneOrEven = one.or(even);
10        System.out.println(oneOrEven.test(1) ?
11           "1 혹은 짝수" : "1이 아닌 홀수");
12
13        Predicate<String> p = Predicate.isEqual("Java Lambda");
14        System.out.println(p.test("Java Lambda"));
15        System.out.println(p.test("JavaFX"));
16
```

2의 배수 여부에 따라 true/false를 반환하는 람다식으로 IntPredicate 타입 변수 even의 test( ) 메서드를 구현한다.

2개의 IntPredicate 타입 변수를 IntPredicate의 디폴트 메서드 or( )로 연결한다.

Predicate의 정적 메서드 isEqual( )로 Predicate 타입 변수 p에 대입한다.

```
17        BiPredicate<Integer, Integer> bp = (x, y) -> x > y;
18        System.out.println(bp.test(2, 3));
19    }
20 }
```

2개의 매개변수를 사용하는 BiPredicate 타입 변수 bp를 정의한다.

```
홀수
1 혹은 짝수
true
false
false
```

[예제 10-12]의 23행에서도 CarPredicate 인터페이스를 별도로 정의할 필요 없이 다음과 같이 Predicate〈Car〉를 사용하면 정상적으로 동작한다.

```
public static List<Car> findCars(List<Car> all, Predicate<Car> cp) {
```

3 Consumer 인터페이스 유형

주어진 매개 값을 소비만 하고 반환할 값이 없는 accept()라는 추상 메서드를 가진 함수형 인터페이스이다. Consumer 외에도 Bi, Double, Int, Long, ObjDouble, ObjInt, ObjLong를 접두어로 붙인 변종이 있다. Consumer 유형의 인터페이스는 디폴트 메서드 andThen()을 포함한다.

Consummer〈T〉

T ············▸ accept() ············▸ void

Consumer 유형은 다음과 같이 정의되며, BiConsumer 혹은 IntConsumer와 같은 변종은 매개변수의 개수 혹은 매개변수 타입만 다를 뿐이지 사용 방법은 같다.

```
Consumer<T> c = t -> { T 타입 t 객체를 사용한 후 void를 반환하는 실행문; };
```

예제 10-14 Consumer 인터페이스 응용 sec03/ConsumerDemo.java

```
01 import java.util.function.*;
02
03 public class ConsumerDemo {
04    public static void main(String[] args) {
05       Consumer<String> c1 = x -> System.out.println(x.toLowerCase());
06       c1.accept("Java Functional Interface");
07
08       BiConsumer<String, String> c2 =
09          (x, y) -> System.out.println(x + " : " + y);
10       c2.accept("Java", "Lambda");
11
12       ObjIntConsumer<String> c3 = (s, x) -> {
13          int a = Integer.parseInt(s) + x;
14          System.out.println(a);
15       };
16       c3.accept("100", 50);
17
18       IntConsumer c4 =
19          x -> System.out.printf("%d * %d = %d\n", x, x, x * x);
20       IntConsumer c5 =
21          c4.andThen(x -> System.out.printf("%d + 10 = %d", x, x + 10));
22       c5.accept(10);
23    }
24 }
```

x를 받아 소문자로 변환하여 출력할 뿐 반환 값은 없다.

객체와 int 타입을 위한 Consumer 인터페이스이다.

ObjIntConsumer에서 Obj에 해당하는 타입을 〈 〉에 나타낸다.

c4와 andThen( ) 메서드에 나타난 람다식과 연결한다.

```
java functional interface
Java : Lambda
150
10 * 10 = 100
10 + 10 = 20
```

[예제 10-12]의 33행에서도 CarConsumer 인터페이스를 별도로 정의할 필요 없이 다음과 같이 Consumer〈Car〉를 사용하면 정상적으로 동작한다.

```
public static void printCars(List<Car> all, Consumer<Car> cc) {
```

4 Supplier 인터페이스 유형

매개 값은 없지만 무언가를 반환하는 get() 혹은 getAs???()라는 추상 메서드를 가진 함수형 인터페이스이다. 여기서 ???는 Boolean, Double, Int 등을 나타낸다. 예를 들면, 논릿값을 반환하는 추상 메서드는 getAsBoolean()이다. Supplier 이외에도 Double, Int 등을 접두어로 붙인 변종이 있다. Supplier 유형은 디폴트 메서드나 정적 메서드가 없다.

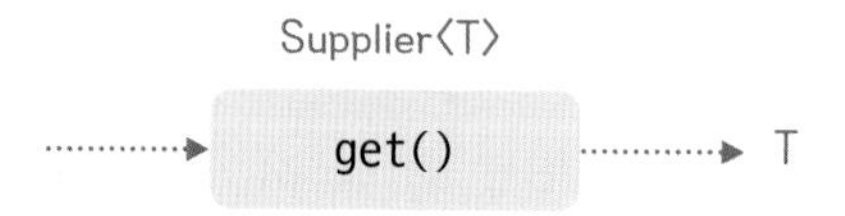

Supplier 유형은 다음과 같이 정의되며, DoubleSupplier 혹은 IntSupplier와 같은 변종은 매개변수의 타입만 다를 뿐이지 사용 방법은 같다.

```
Supplier<T> s = ( ) -> { T 타입 t 객체를 반환하는 실행문; };
```

예제 10-15 **Supplier 인터페이스 응용** sec03/SupplierDemo.java

```
01  import java.util.*; import java.text.*; import java.util.function.*;
02
03  public class SupplierDemo {
04     public static void main(String[] args) {
05        Supplier<String> s1 = () -> "apple";
06        System.out.println(s1.get());
07
08        int[] x = { 0 };
09        IntSupplier s2 = () -> x[0]++;
10        for (int i = 0; i < 3; i++)
11           System.out.println(s2.getAsInt());
12
13        DoubleSupplier s3 = () -> Math.random() * 10;
14        System.out.println(s3.getAsDouble());
15
16        SimpleDateFormat format =
17           new SimpleDateFormat("MM월 dd일(E요일) a hh:mm:ss");
```

- apple이라는 문자열을 공급하는 Supplier 객체이다.
- 공급할 때마다 0부터 1씩 증가하는 정수를 공급하는 Supplier 객체이다.
- 난수를 공급하는 Supplier 객체이다.

```
18        Supplier<String> s4 = () -> format.format(new Date());
19        System.out.println(s4.get());
20    }
21 }
```

현재 날짜 요일 시간을 공급하는 Supplier 객체이다.

```
apple
0
1
2
9.39749695524083
02월 05일(수요일) 오후 02:58:19
```

8행에서 변수 x를 int 타입으로 선언하고 9행에서 x++로 변경하면 오류가 발생한다. 이는 람다식에 사용되는 변수는 사실상 final이기 때문이다. 배열로 선언하면 x는 final이지만 원소는 변경할 수 있으므로 9행처럼 x[0]++를 사용할 수 있다.

5 Function 인터페이스 유형

매개 값을 타입 변환하거나 매핑하여 반환하는 apply() 혹은 applyAs???()라는 추상 메서드를 가진 함수형 인터페이스이다. 여기서 ???는 Double, Int, Long 중 하나이다. Function 이외에도 Bi, Double, IntToDouble, ToDoubleBi 등을 접두어로 붙인 변종이 있다. 대부분의 Function 유형들은 하나의 추상 메서드로만 구성되어 있지만, 일부는 순방향으로 연결하는 andThen()과 역방향으로 연결하는 compose() 디폴트 메서드, identity()라는 정적 메서드도 포함한다.

Function<T, R>

T ············▶ apply() ············▶ R

Function 유형은 다음과 같이 정의되며, BiFunction 혹은 IntToDoubleFunction과 같은 변종은 매개변수의 타입만 다를 뿐이지 사용 방법은 같다.

```
Function<T, R> f = t -> { T 타입 t 객체를 사용하여 R 타입 객체를 반환하는 실행문; };
```

예제 10-16 **Function 인터페이스 응용 1** sec03/Function1Demo.java

```
01  import java.util.function.*;
02
03  public class Function1Demo {
04     public static void main(String[] args) {
05        Function<Integer, Integer> add2 = x -> x + 2;
06        Function<Integer, Integer> mul2 = x -> x * 2;
07
08        System.out.println(add2.apply(3));
09        System.out.println(mul2.apply(3));
10
11        System.out.println(add2.andThen(mul2).apply(3));
12        System.out.println(add2.compose(mul2).apply(3));
13
14        IntToDoubleFunction half = x -> x / 2.0;
15        System.out.println(half.applyAsDouble(5));
16
17        ToDoubleBiFunction<String, Integer> circleArea = (s, i)
18           -> Double.parseDouble(s) * i * i;
19        double area = circleArea.applyAsDouble("3.14", 5);
20        System.out.println(area);
21     }
22  }
```

Integer 값을 받아 2를 더한 후 Integer 타입으로 반환하는 Function 객체이다.

Function 객체 add2와 mul2를 차례대로 수행한다.

Function 객체 add2와 mul2를 역순으로 수행한다.

int 값을 받아 2로 나눈 후 double 값으로 반환하는 IntToDoubleFunction 객체이다.

String 값과 Integer 값을 받아 Double 값으로 반환하는 ToDoubleBiFunction 객체이다.

```
5
6
10
8
2.5
78.5
```

5~6행의 Function〈Integer, Integer〉는 Integer 타입의 매개 값을 받아 동일한 타입을 반환한다. 이와 같은 경우 Function 유형의 인터페이스 대신에 다음 절에 나오는 Operator 유형의 인터페이스를 사용해도 무방하다. 다음은 Function 인터페이스를 사용하여 [예제 10-11]의 Car 클래스를 다양하게 응용한 예제이다.

예제 10-17 Function 인터페이스 응용 2 sec03/Function2Demo.java

```
01 import java.util.*; import java.util.function.*;
02
03 public class Function2Demo {
04    public static void main(String[] args) {
05       Function<Car, String> f1 = c -> c.getModel();
06       ToIntFunction<Car> f2 = c -> c.getAge();
07
08       for (Car car : Car.cars)
09          System.out.print("(" + f1.apply(car) + ", "
10                               + f2.applyAsInt(car) + ") ");
11       System.out.println();
12
13       double averageAge = average(Car.cars, c -> c.getAge());
14       double averageMileage = average(Car.cars, c -> c.getMileage());
15
16       System.out.println("평균 연식 = " + averageAge);
17       System.out.println("평균 주행거리 = " + averageMileage);
18    }
19
20    static public double average(List<Car> cars, ToIntFunction<Car> f) {
21       double sum = 0.0;
22
23       for (Car car : cars)
24          sum += f.applyAsInt(car);
25
26       return sum / cars.size();
27    }
28 }
```

Car 객체에서 String 타입의 모델 이름만 반환하는 Function 객체이다.

Car 객체에서 int 타입의 연식만 반환하는 ToIntFunction 객체이다.

Car 객체를 사용하여 int 타입의 연식을 반환하는 람다식이다. 따라서 20행의 ToIntFunction<Car> 타입에 맞는 람다식이다.

Car 객체를 사용하여 int 타입을 반환하는 인터페이스 타입이다.

```
(소나타, 18) (코란도, 15) (그랜저, 12) (싼타페, 10) (아반테, 10) (에쿠스, 6) (그랜저, 5) (소나타, 2) (쏘렌토, 1) (아반테, 1)
평균 연식 = 8.0
평균 주행거리 = 108200.0
```

6 Operator 인터페이스 유형

Function 인터페이스의 특수한 경우로 매개변수와 반환 타입이 같으며, apply() 혹은 applyAs???()라는 추상 메서드를 가진 함수형 인터페이스이다. 여기서 ???는 Double, Int, Long 중 하나이다. Operator라는 인터페이스는 없고 Binary, Unary, Double, Int, Long을 접두어로 붙인 변종만 있다. 일부 인터페이스는 디폴트 메서드로 andThen() 및 compose(), 혹은 정적 메서드로 identity() 등도 포함한다.

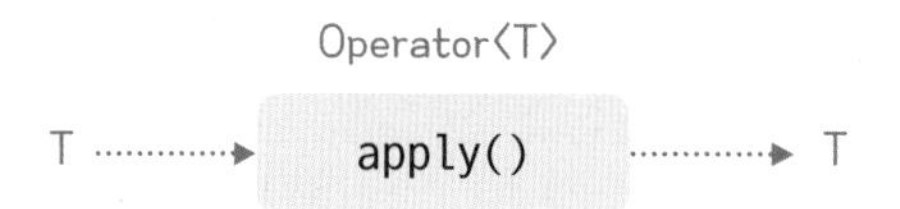

BinaryOperator 인터페이스는 다음과 같이 정의되며, UnaryOperator, IntBinaryOperator, IntUnaryOperator와 같은 변종은 매개변수의 개수나 타입만 다를 뿐이지 사용 방법은 동일하다.

```
BinaryOperator<T> o = (x, y) -> { T 타입 x와 y 객체를 사용하여 T 타입을 반환하는 실행문; };
```

예제 10-18 **Operator 인터페이스 응용 1** sec03/Operator1Demo.java

```
01 import java.util.*; import java.util.function.*;
02
03 public class Operator1Demo {
04    public static void main(String[] args) {
05       IntUnaryOperator add2 = x -> x + 2;
06       System.out.println(add2.applyAsInt(3));
07
08       UnaryOperator<Integer> add2again = x -> x + 2;
09       System.out.println(add2again.apply(3));
10
11       IntUnaryOperator mul2 = x -> x * 2;
12       IntUnaryOperator add2mul2 = add2.andThen(mul2);
13       System.out.printf("(3 + 2) * 2 = ");
14       System.out.println(add2mul2.applyAsInt(3));
15
```

int 타입을 위한 Operator 인터페이스로 applyAsInt()라는 추상 메서드를 가진다.

Integer 타입을 위한 Operator 인터페이스로 apply()라는 추상 메서드를 가진다.

```
16        IntBinaryOperator add = (x, y) -> x + y;
17        System.out.println(add.applyAsInt(1, 2));
18
19        List<Integer> list = new ArrayList<>();
20        list.add(5);
21        list.add(6);
22        list.add(7);
23        list.replaceAll(e -> e + 10);    UnaryOperator〈Integer〉 타입의 람다식이다.
24        System.out.println(list);
25     }
26  }
```

```
5
5
(3 + 2) * 2 = 10
3
[15, 16, 17]
```

5행과 11행의 IntUnaryOperator는 [예제 10-16]의 5~6행에 있는 Function〈Integer, Integer〉로도 나타낼 수 있다. 19~22행은 동적 배열 ArrayList에 원소를 추가하는 것이며, 23행은 java.util.ArrayList 클래스가 제공하는 다음 메서드를 사용한다.

```
void replaceAll(UnaryOperator<E> operator)
```

예제 10-19 **Operator 인터페이스 응용 2** sec03/Operator2Demo.java

```
01  import java.util.*; import java.util.function.*;
02
03  public class Operator2Demo {
04     public static void main(String[] args) {
05        Comparator<Integer> comparator = (a, b) -> a - b;
06
07        BinaryOperator<Integer> o1 = BinaryOperator.maxBy(comparator);
08        System.out.println(o1.apply(10, 5));
09        System.out.println(o1.apply(20, 25));
10
11        BinaryOperator<Integer> o2 = BinaryOperator.minBy(comparator);
```

```
12        System.out.println(o2.apply(10, 5));
13        System.out.println(o2.apply(20, 25));
14
15        List<Car> newCars = remodeling(Car.cars, c -> new Car("뉴" +
16        c.getModel(), c.isGasoline(), c.getAge(), c.getMileage()));
17        System.out.println(newCars);
18     }
19
20     static public List<Car> remodeling(List<Car> cars,
21           UnaryOperator<Car> o) {
22        ArrayList<Car> result = new ArrayList<>();
23        for (Car car : Car.cars)
24           result.add(o.apply(car));
25        return result;
26     }
27  }
```

UnaryOperator〈Car〉 객체의 apply( ) 메서드를 구현한 람다식이다. Car 객체를 새로운 Car 객체로 생성한다. Car 객체를 Car 객체로 변경하므로 UnaryOperator〈Car〉 타입이다.

Car 객체를 받아 새로운 Car 객체로 반환하는 인터페이스 타입이다.

```
10
25
5
20
[Car(뉴소나타, true, 18, 210000), Car(뉴코란도, false, 15, 200000), Car(뉴그랜저, true, 12, 150000), Car(뉴싼타페, false, 10, 220000), Car(뉴아반테, true, 10, 70000), Car(뉴에쿠스, true, 6, 100000), Car(뉴그랜저, true, 5, 80000), Car(뉴소나타, true, 2, 35000), Car(뉴쏘렌토, false, 1, 10000), Car(뉴아반테, true, 1, 7000)]
```

7 Comparator 인터페이스

앞서 살펴보았듯이 Comparator는 객체에 순서를 정하기 위하여 사용되는 함수형 인터페이스이다. 그런데 이 인터페이스는 compare()라는 추상 메서드 외에도 [표 10-3]및 [표 10-4]와 같은 유용한 정적 메서드와 디폴트 메서드를 제공하며, 메서드의 반환 타입은 모두 Comparator〈T〉 타입이며, 매개변수 타입은 복잡한 제네릭 타입으로 편의상 생략한다. 메서드의 자세한 내역은 자바 API를 참조하라.

표 10-3 Comparator 인터페이스가 제공하는 주요 정적 메서드

정적 메서드	의미
comparing( )	Comparable 타입의 정렬 키로 비교하는 Comparator를 반환한다.
naturalOrder( )	Comparable 객체에 자연 순서로 비교하는 Comparator를 반환한다.
nullsFirst( )	null을 객체보다 작은 값으로 취급하는 Comparator를 반환한다.
nullsLast( )	null을 객체보다 큰 값으로 취급하는 Comparator를 반환한다.
reverseOrder( )	자연 반대 순서로 비교하는 Comparator를 반환한다.

표 10-4 Comparator 인터페이스가 제공하는 주요 디폴트 메서드

디폴트 메서드	의미
reversed( )	현재 Comparator의 역순으로 비교하는 Comparator를 반환한다.
thenComparing( )	다중 키를 사용하여 정렬하려고 새로운 Comparator를 반환한다.

Comparator 인터페이스는 comparingInt( ), comparingDouble( ), comparingLong( ), thenComparingInt( ), thenComparingDouble( ), thenComparingLong( ) 정적 메서드도 지원하는데, 기초 타입에 특화된 것을 제외하면 comparing( )이나 thenComparing( ) 메서드와 유사하다.

예를 들어, Comparator 인터페이스가 제공하는 정적 메서드를 사용하면 [예제 10-4]의 8행은 다음과 같다.

```
Arrays.sort(strings, Comparator.comparingInt(String::length));
```

[예제 10-20]과 [예제 10-21]은 [표10-3]과 [표 10-4]의 다양한 메서드를 응용하는 예제이다.

예제 10-20 **Comparator 인터페이스 응용 1** sec03/Comparator1Demo.java

```
01  import java.util.*;
02
03  public class Comparator1Demo {
04     public static void main(String[] args) {
05        List<Car> list = Car.cars.subList(0, 3);
06        Car[] cars = list.toArray(new Car[3]);
07
08        Comparator<Car> modelComparator
```

0~2번째 원소를 포함하는 리스트를 나타내며, subList( ) 메서드에 대한 자세한 내용은 11장을 참조하라.

```
09                 = Comparator.comparing(Car::getModel);
10
11         System.out.println(Arrays.toString(cars));
12         Arrays.sort(cars, modelComparator);
13         System.out.println(Arrays.toString(cars));
14
15         Arrays.sort(cars, modelComparator.reversed());
16         System.out.println(Arrays.toString(cars));
17
18         Arrays.sort(cars, Comparator.comparingInt(Car::getMileage));
19         System.out.println(Arrays.toString(cars));
20
21         Arrays.sort(cars, Comparator.comparing(Car::getMileage,
22                             (a, b) -> b - a));
23         System.out.println(Arrays.toString(cars));
24     }
25 }
```

Car 클래스의 model 필드로 비교하는 Comparator를 생성한다.

Car 클래스의 model 필드의 역순으로 비교하는 Comparator를 생성한다.

Car 클래스의 mileage 필드인 정숫값으로 비교하는 Comparator를 생성한다.

Car 클래스에서 추출한 mileage 필드를 사용하여 람다식으로 비교하는 Comparator를 생성한다.

```
[Car(소나타, true, 18, 210000), Car(코란도, false, 15, 200000), Car(그랜저, true, 12, 150000)]
[Car(그랜저, true, 12, 150000), Car(소나타, true, 18, 210000), Car(코란도, false, 15, 200000)]
[Car(코란도, false, 15, 200000), Car(소나타, true, 18, 210000), Car(그랜저, true, 12, 150000)]
[Car(그랜저, true, 12, 150000), Car(코란도, false, 15, 200000), Car(소나타, true, 18, 210000)]
[Car(소나타, true, 18, 210000), Car(코란도, false, 15, 200000), Car(그랜저, true, 12, 150000)]
```

5행은 실행 결과를 짧게 하려고 첫 3개의 원소로 구성된 부분 리스트 객체를 생성하고, 6행은 Arrays.sort()를 사용하기 위하여 List 타입을 배열 타입으로 변환한다.

예제 10-21 Comparator 인터페이스 응용 2 sec03/Comparator2Demo.java

```
01  import java.util.*;
02
03  public class Comparator2Demo {
04     public static void main(String[] args) {
05        List<Car> list = Car.cars.subList(0, 3);
06        Car[] cars = list.toArray(new Car[4]);
07
08        Comparator<Car> modelComparator
09           = Comparator.comparing(Car::getModel);
10
11        System.out.println(Arrays.toString(cars));
12        Comparator<Car> modelComparatorNullsFirst
13           = Comparator.nullsFirst(modelComparator);
14        Arrays.sort(cars, modelComparatorNullsFirst);
15        System.out.println(Arrays.toString(cars));
16
17        list.set(2, new Car("코란도", false, 10, 220000));
18        cars = all.toArray(new Car[3]);
19        System.out.println(Arrays.toString(cars));
20        Comparator<Car> modelNAgeComparator
21           = modelComparator.thenComparing(Car::getAge);
22        Arrays.sort(cars, modelNAgeComparator);
23        System.out.println(Arrays.toString(cars));
24     }
25  }
```

Car.cars에서 3개(0~2번째)의 원소만을 사용하여 배열을 생성한다. 배열의 크기는 4이므로 마지막 원소는 null이 포함된다.

null을 가장 작은 값으로 취급하는 Comparator를 생성한다.

마지막 원소를 수정한 후 크기가 3인 배열로 생성한다.

Car 클래스의 model 필드, age 필드 순서대로 비교하는 Comparator를 생성한다.

```
[Car(소나타, true, 18, 210000), Car(코란도, false, 15, 200000), Car(그랜저, true,
12, 150000), null]
[null, Car(그랜저, true, 12, 150000), Car(소나타, true, 18, 210000), Car(코란도,
false, 15, 200000)]
[Car(소나타, true, 18, 210000), Car(코란도, false, 15, 200000), Car(코란도, false,
10, 220000)]
```

```
[Car(소나타, true, 18, 210000), Car(코란도, false, 10, 220000), Car(코란도, false,
15, 200000)]
```

셀프 테스트 10-2

1 Predicate 함수형 인터페이스는 매개 값을 받아 boolean 타입을 반환하는 추상 메서드를 가진다. (O, X)

2 ObjLongConsumer 함수형 인터페이스는 객체를 매개 값으로 받아 Long 타입의 값을 반환한다. (O, X)

3 다음 람다식에 대응하는 자바 표준 함수형 인터페이스는 무엇인가?

```
(int a, int b) -> a + b
```

4 다음 중 존재하지 않는 표준 자바 함수형 인터페이스는?

① IntUnaryOperator<String>

② Supplier<String>

③ BiConsumer<String, String>

④ IntConsumer

※ 주어진 다수의 도형에서 특정 도형을 찾아내는 프로그램을 다음과 같이 세 가지 방식, 즉 다수의 메서드, 모든 경우를 매개변수로 추가한 메서드, 람다식을 이용한 메서드로 작성한 후 각 방식을 비교해 보자.

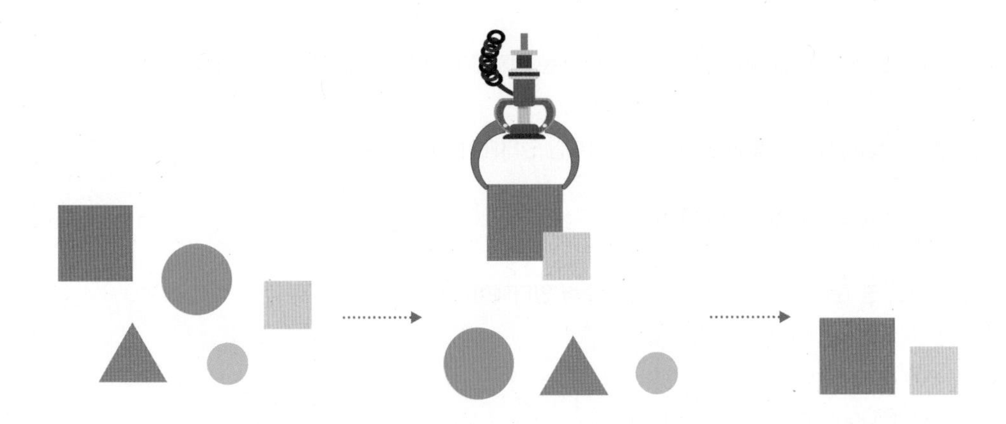

01 – 다음 과정에 따라 Shape 클래스와 테스트 프로그램을 완성하자.

① Shape 클래스는 다음과 같은 필드, 모든 필드를 초기화하는 생성자, 모든 필드에 대한 getter 메서드를 가진다. 그리고 '도형타입(색깔, 면적)'을 반환하는 toString() 메서드도 있다.

```
private String type;              // 도형의 종류
private String color;             // 도형의 색깔
private Double area;              // 도형의 면적
```

② 테스트 프로그램에서 사용할 정적 ArrayList〈Shape〉 타입의 shapes를 Shape 클래스에 다음과 같이 정의한다.

```
삼각형, 빨간색, 10.5
사각형, 파란색, 11.2
원, 파란색, 16.5
원, 빨간색, 5.3
원, 노란색, 8.1
사각형, 파란색, 20.7
삼각형, 파란색, 3.4
사각형, 빨간색, 12.6
```

③ 특정 도형을 찾기 위하여 다음과 같은 두 메서드를 구현한 ShapeTest 클래스를 작성한다.

```
static List<Shape> findShapesByType(List<Shape> shapes, String type)
static List<Shape> findShapesByColorNArea(List<Shape> shapes, String color,
double area)
```

④ 다음과 같은 2가지 실행 결과(사각형, 면적이 12.0이하인 빨간색 도형)가 나타나도록 main() 메서드를 작성한다.

```
사각형 : [사각형(파란색, 11.2), 사각형(파란색, 20.7), 사각형(빨간색, 12.6)]
빨간 도형(면적<=12.0) : [삼각형(빨간색, 10.5), 원(빨간색, 5.3)]
```

02 - 01과 동일한 실행 결과가 나타나도록 모든 경우에 사용할 수 있는 통합된 메서드를 작성해 보자.

① 01의 ③에서 작성한 findShapesByType()과 findShapesByColorNArea()의 모든 매개 변수를 가진 다음 메서드를 작성한다.

```
static List<Shape> findShapes(List<Shape> shapes, String type, String color,
Double area)
```

② 01의 실행 결과와 동일하도록 main() 메서드를 작성한다.

03 - 01과 02는 다수의 유사한 메서드 사용, 필요 없는 매개 변수 사용 등으로 가독성이 떨어지며 코드도 지저분하다. 또한, 다른 특징의 도형을 찾는다면 새로운 메서드를 추가하거나 혹은 더 많은 매개변수를 포함하는 메서드로 수정해야 한다. 이와 같은 문제점을 제거하기 위하여 함수형 인터페이스와 람다식으로 작성해 보자.

① 다음과 같은 함수형 인터페이스 타입을 사용하는 메서드를 구현한다.

```
static List<Shape> findShapes(List<Shape> shapes, Predicate<Shape> p)
```

② 01의 실행 결과와 동일하도록 main() 메서드를 작성한다.

연습 문제

01 – 다음 중에서 람다식으로 적합하지 않은 것은?

① () –> {}

② a –> "apple"

③ i –> return "hi " + i

④ (a, b) –> a + b

02 – 다음 중 함수형 인터페이스는?

①
```
interface Computable {
   void add() { }
}
```

②
```
interface Computable {
   void add();
}
```

③
```
interface Computable {
   void add() { }
}
```

④
```
interface Computable {
   void add();
   void sub();
}
```

03 – 다음과 같은 람다식에 적용할 수 있는 가장 적절한 함수형 인터페이스는? 여기서 m은 임의 클래스의 객체이며 getNumber()는 int 타입의 번호를 반환하는 메서드이다.

```
m -> m.getNumber()
```

① ToIntFunction

② IntFunction

③ BinaryOperator

④ Consumer

04 – 클래스 Box는 정숫값을 반환하는 getHeight()라는 메서드를 포함한다고 가정할 때 다음 코드가 문법적으로 적절하다. (O, X)

```
Predicate<Box> p = (Box b) -> b.getHeight();
```

05 – 다음과 같은 함수형 인터페이스가 있다.

```
interface Foo {
   int foo();
}
```

아래 실행문을 테스트 프로그램에 포함하면 문법적으로 오류가 발생한다. (O, X)

```
Foo f = () -> System.out.println("어이쿠!");
```

06 – 다음에 나타난 AA는 함수형 인터페이스이다. (O, X)

```
public interface A {
   void a(String s);
}

public interface AA extends A {
   int aa(String s);
}
```

07 – 다음과 같은 람다식을 메서드 참조 방식으로 표현하라.

```
() -> Math.random()
```

08 – 다음에 있는 람다식을 메서드 참조로 작성하라.

```
Function<String, Integer> score = s -> Integer.parseInt(s);
```

09 - 다음 코드는 컴파일 오류가 발생한다. 그 이유는 무엇인가?

```
int n = 1;
Function<Integer, String> conv =
   from -> String.valueOf(from + n);
n = 3;
String s = conv.apply(2);
```

10 - 다음 코드의 실행 결과는 무엇인가?

```
Function<Integer, Integer> f = x -> x + 2;
Function<Integer, Integer> g = x -> x * 2;
Function<Integer, Integer> h = f.compose(g);
System.out.println(h.apply(3));
```

프로그래밍 문제

01 – 다음은 문자열 배열에 포함된 원소를 Arrays.sort() 메서드로 정렬하는 테스트 프로그램의 실행 결과이다. 테스트 프로그램은 정렬할 때 문자열의 대소문자를 구분하지 않는다. 람다식을 이용한 테스트 프로그램과 메서드 참조를 이용한 테스트 프로그램을 각각 작성하라.

```
정렬 전 : K o r e a n
정렬 후 : a e K n o r
```

02 – 다음과 같은 테스트 프로그램의 일부와 실행 결과가 있다. Wordable 타입의 배열 원소를 람다식으로 구성한 테스트 프로그램을 작성하라.

```
interface Wordable {
   void word();
}

public class WordableTest {
   public static void main(String[] args) {
      Wordable[] m = {
         // 필요한 코드
      }

      // 반복문
   }
}
```

```
가위
나비
다리
마차
```

03 – 다음은 주어진 숫자에 따라 1이면 숫자와 'apple', 2 이상이면 숫자와 'apples'를 나타내는 실행 결과이다. 함수형 인터페이스 Consumer를 이용한 테스트 프로그램을 작성하라.

```
3 apples.
1 apple.
```

04 - 주어진 정수에 대하여 길이를 반환하는 프로그램을 두 가지 방식인 ToIntFunction과 UnaryOperator 인터페이스를 사용하여 작성하되, 테스트 과정도 포함하라.

```
ToIntFunction :
length(10) = 2
length(100) = 3
length(1000) = 4

UnaryOperator :
length(10) = 2
length(100) = 3
length(1000) = 4
```

05 - 다음과 같은 startsWith() 메서드를 포함하는 FirstString 클래스가 있다. 메서드 참조와 함수형 인터페이스 Operator를 이용하여 문장의 첫 문자를 String 타입으로 반환하는 프로그램을 작성하라. 단, 테스트할 문자열 s는 모두 알파벳으로 구성된다고 가정한다.

```
class FirstString {
   String startsWith(String s) {
      return Character.toString(s.charAt(0));
   }
}
```

06 - 다음과 같은 Animal 및 Dog 클래스, 테스트 프로그램의 일부가 있다. 테스트 프로그램 AnimalTest를 완성하라.

```
class Animal {
   public void sound() {
      System.out.println("ㅁㅁㄲㄲ ...");
   }
}

class Dog extends Animal {
```

```
    public void sound() {
        System.out.println("멍멍");
    }
}

    public class AnimalTest {
        // soundAnimal(Supplier<Animal> s) 메서드

        public static void main(String[] args) {
            // soundAnimal() 메서드 호출
    }
}
```

```
ㅁㅁㄲㄲ ...
멍멍
```

07 – 람다식을 사용하여 사람의 신장과 체중의 평균을 구하는 프로그램을 다음을 참조하여 작성하라.

① Person 클래스는 이름, 신장, 체중을 나타내는 필드가 있고 getter 메서드를 가진다.

② Person 클래스는 다음과 같은 5명의 Person 객체를 포함하는 ArrayList〈Person〉 타입 persons가 있다.

```
황진이, 160, 45
이순신, 180, 80
김삿갓, 175, 65
홍길동, 170, 68
배장화, 155, 48
```

③ 테스트 프로그램 PersonTest 클래스에 신장이나 체중에 대하여 평균을 반환하는 정적 메서드 average()를 작성하라. 단, average() 메서드의 매개변수를 Function 유형의 타입으로 사용한다.

④ 테스트 프로그램 PersonTest 클래스의 main() 메서드를 다음과 같은 실행 결과가 나타나도록 작성하라.

```
평균 신장 : 168.0
평균 체중 : 61.2
```

Chapter 11

컬렉션 프레임워크

유사한 객체의 모임이라면 배열을 사용할 수 있지만, 비선형적이거나 객체의 개수가 유동적일 때는 배열이 매우 불편하다. 자바는 배열의 한계를 극복하면서 일반적인 자료구조(data structure)도 쉽게 이용할 수 있도록 다양한 클래스와 인터페이스를 정의한 컬렉션 프레임워크(Collection Framework)를 제공한다. 이 장에서는 컬렉션 프레임워크의 필요성, 컬렉션 프레임워크에 포함된 각종 클래스와 인터페이스를 살펴본다.

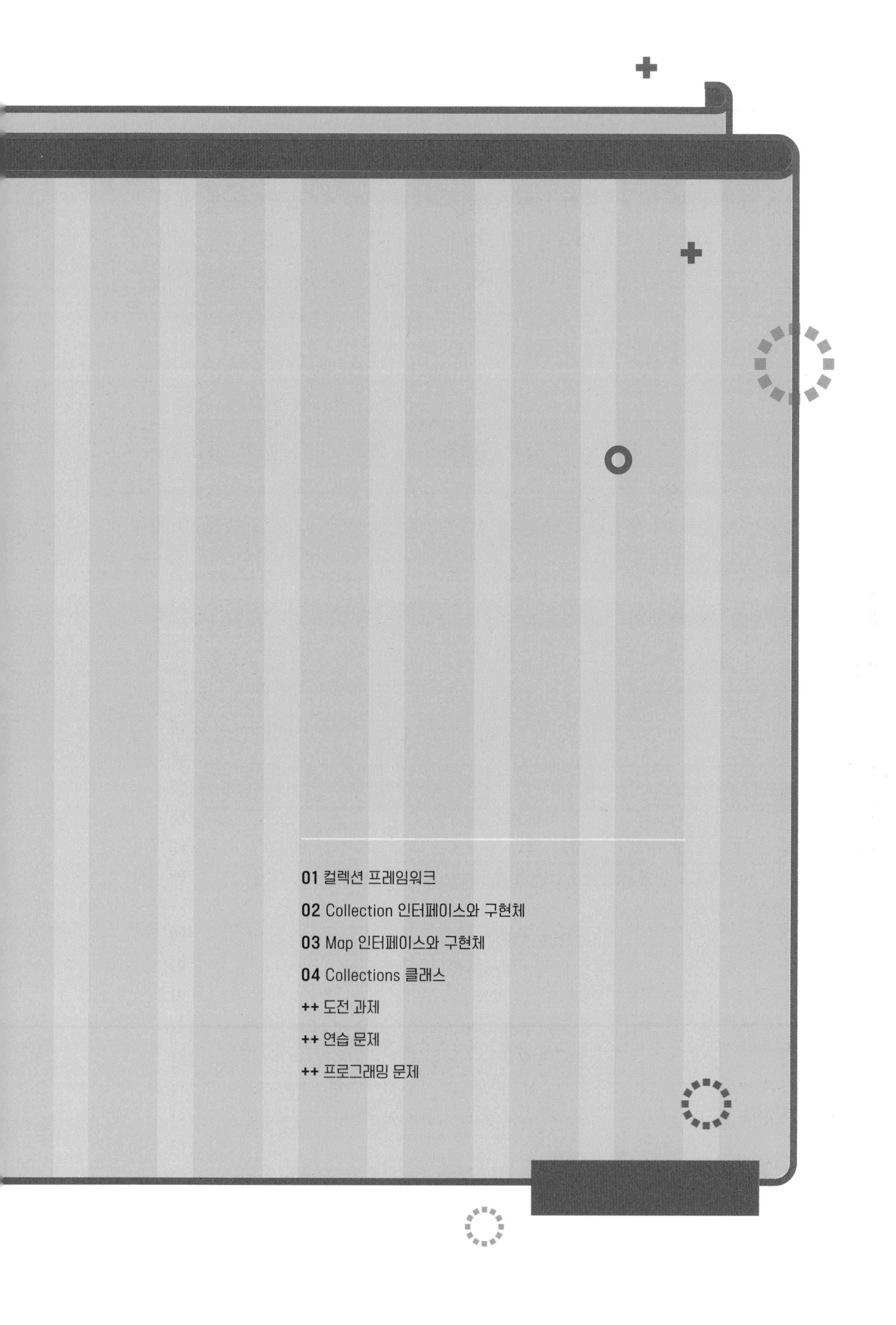

01 컬렉션 프레임워크 소개

프로그래밍 과정에서 유사한 객체를 여러 개 저장하고 조작해야 할 때가 종종 있다. 유사한 객체는 배열을 사용해서 다룰 수 있다. 하지만 배열은 크기가 고정되어 있어 미리 크기를 알아야 하며, 데이터를 추가하거나 삭제하기도 쉽지 않다. 예를 들어 6개의 원소로 구성된 배열에서 원소 1과 원소 2 사이에 새로운 원소를 추가해야 한다면, 원소 2부터 마지막 원소까지 모두 한 칸씩 옮겨야 하므로 매우 번거롭고 성능 면에서도 바람직하지 않다.

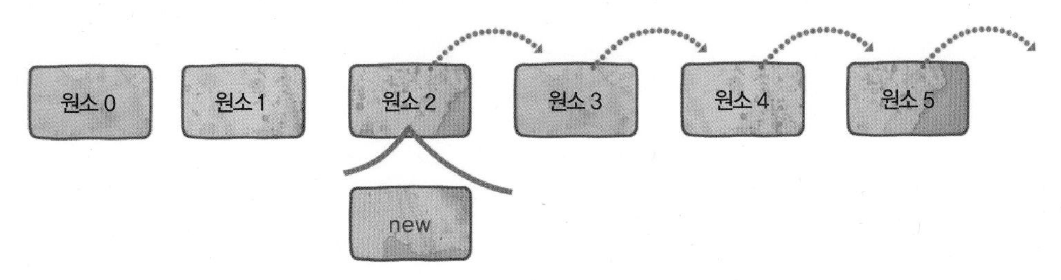

그림 11-1 배열에서 원소 추가

배열 대신 연결 리스트를 사용하면 원소 1과 원소 2 사이의 연결 고리를 자르고 원소 1과 새로운 원소, 새로운 원소와 원소 2를 연결하므로 배열보다 쉽게 원소를 추가할 수 있다. 뿐만 아니라 다른 다양한 기능도 연결 리스트를 사용하면 배열보다 효과적일 경우가 많다.

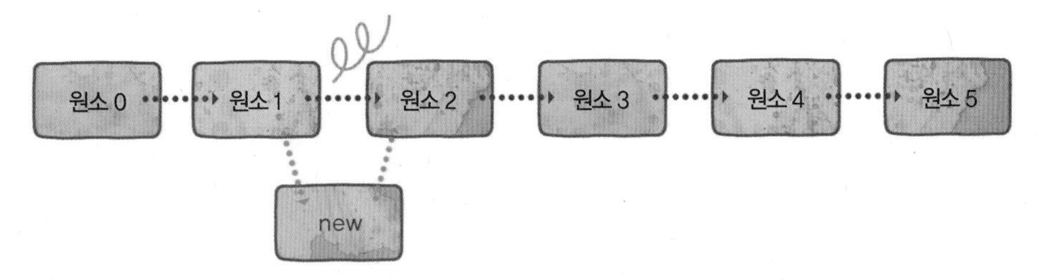

그림 11-2 연결 리스트에서 원소 추가

자바에서는 리스트, 연결 리스트, 스택, 큐, 트리 등과 같은 유사한 객체의 집단을 개발자가 효율적으로 관리할 수 있도록 컬렉션 프레임워크를 제공한다. 여기서 컬렉션은 데이터를 한곳에 모아 편리하게 저장 및 관리하는 가변 크기의 객체 컨테이너를 의미한다. 그리고 컬렉션 프레임워크는 객체를 한곳에 모아 효율적으로 관리하고 편리하게 사용할 수 있도록 제공하는 환경을 의미한다.

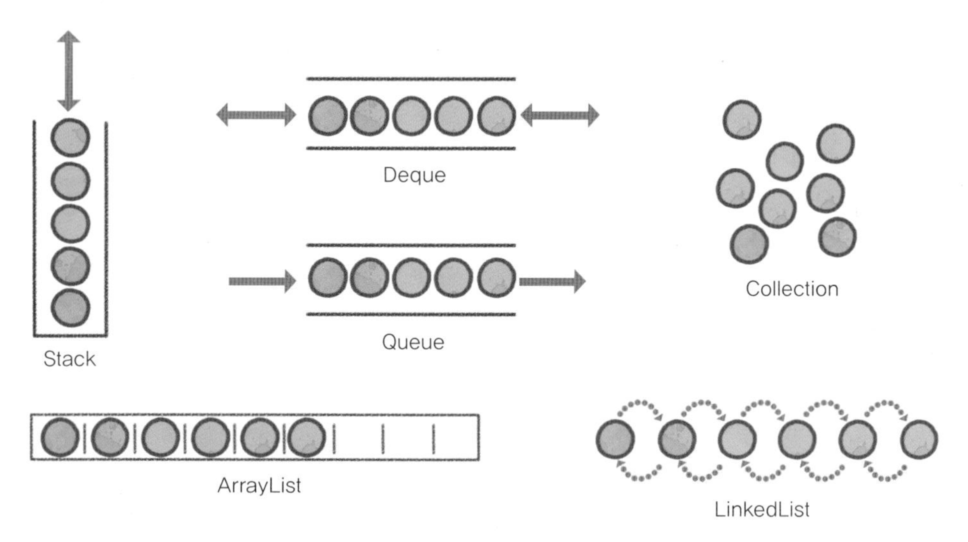

그림 11-3 유사한 객체의 집단을 효율적으로 관리할 수 있는 자료구조

컬렉션 프레임워크는 [그림 11-4]와 같은 인터페이스와 클래스로 구성되며, 이외에도 Iterator 및 Enumeration 인터페이스 등도 포함된다. 컬렉션 프레임워크 인터페이스는 컬렉션에서 수행할 수 있는 각종 연산을 제네릭 타입으로 정의해 유사한 클래스에 일관성 있게 접근하게 한다. 컬렉션 프레임워크 클래스는 컬렉션 프레임워크 인터페이스를 구현한 클래스이다.

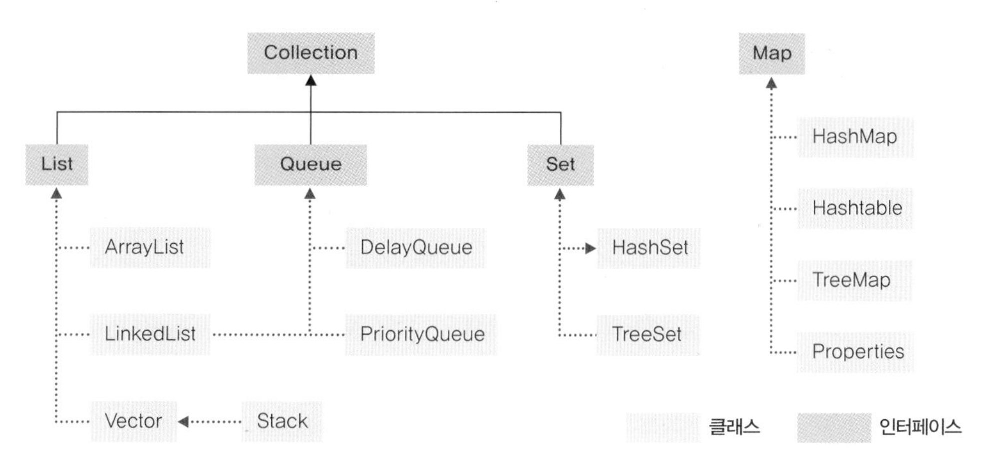

그림 11-4 컬렉션 프레임워크의 계층구조

셀프 테스트 11-1

1 컬렉션 프레임워크를 설명한 내용으로 잘못된 것은?
① java.util 패키지를 이용해 제공한다.
② 고정 크기의 객체 컨테이너 역할을 수행한다.
③ 객체를 한곳에 모아 효율적으로 관리하는 환경이다.
④ 인터페이스와 클래스로 나누어서 제공한다.

2 Collection 인터페이스와 관계가 없는 것은?
① List ② Queue
③ Set ④ Map

02 Collection 인터페이스와 구현체

1 Collection 인터페이스

Collection 인터페이스는 데이터를 한곳에 모아 편리하게 관리하는 최상위 인터페이스로 자식 인터페이스인 List, Queue, Set이 있다. Collection 인터페이스는 java.util 패키지에 포함되며 이 인터페이스들의 특징과 구현 클래스는 [표 11-1]과 같으며, Collection 인터페이스에서 컬렉션을 처리하는 주요 메서드는 [표 11-2]와 같다.

표 11-1 Collection 인터페이스와 구현 클래스

인터페이스		특징	구현 클래스
Collection	List	객체의 순서가 있고, 중복될 수 있다.	ArrayList, Stack, Vector, LinkedList
	Queue	입력한 순서대로 저장되며, 객체가 중복될 수 있다.	DelayQueue, PriorityQueue, LinkedList
	Set	순서가 없으며, 객체가 중복될 수 없다.	HashSet, TreeSet, EnumSet
Map		키-값이 쌍으로 저장되며, 키는 중복될 수 없다.	HashMap, Hashtable, TreeMap, Properties

표 11-2 Collection 인터페이스가 제공하는 주요 메서드

메서드	설명
boolean add(E e)	객체를 맨 끝에 추가한다.
void clear( )	모든 원소를 제거한다.
boolean contains(Object o)	객체의 포함 여부를 조사한다.
boolean isEmpty( )	컬렉션이 비어 있는지 조사한다.
Iterator〈E〉 iterator( )	Iterator를 반환한다.
boolean remove(Object o)	원소를 제거하고, 제거 여부를 반환한다.
int size( )	컬렉션의 크기를 반환한다.
T[ ] toArray(T[ ] a)	리스트를 배열로 반환한다.

이외에도 Collection 인터페이스는 유용한 디폴트 메서드를 제공하는데 다음은 그 일부이다.

```
default void forEach(Consumer<? super T> action)
default boolean removeIf(Predicate<? super E> filter)
default <T> T[] toArray(IntFunction<T[]> generator)
```

Collection 객체의 모든 원소에 대하여 forEach( )는 action을 수행하며, removeIf( )는 filter에 맞는 원소를 제거한 후 제거 여부 반환한다. 그리고 toArray( )는 자바 11에서 도입된 메서드로 generator에 의하여 생성된 스트림의 모든 요소를 배열로 반환한다.

2 컬렉션의 반복 처리

Collection 인터페이스는 iterator( ) 메서드를 통하여 반복자iterator를 제공한다. 반복자를 이용하면 컬렉션에 포함된 원소를 순차적으로 순회할 수 있는데, 어떤 컬렉션의 구현 클래스인지는 중요하지 않다. 자료구조를 몰라도 Collection 타입이면 반복자를 사용해서 컬렉션 원소를 순회할 수 있다. 그러나 키-값 구조의 Map 컬렉션은 반복자를 제공하지 않는다.

표 11-3 Iterator 인터페이스가 제공하는 주요 메서드

메서드	설명
boolean hasNext( )	다음 원소의 존재 여부를 반환한다.
E next( )	다음 원소를 반환한다.
default void remove( )	마지막에 순회한 컬렉션의 원소를 삭제한다.

반복자는 움직이는 커서처럼 원소와 원소 사이를 가리킨다. hasNext() 메서드는 반복자 다음 위치에 원소가 있는지 조사하며, next() 메서드는 다음 위치의 원소를 가져오고 반복자의 위치를 다음 위치로 이동한다. 또 반복자는 되돌리기 rewind 기능이 없으므로 순회한 원소를 다시 순회하려면 새로운 반복자를 생성해야 한다.

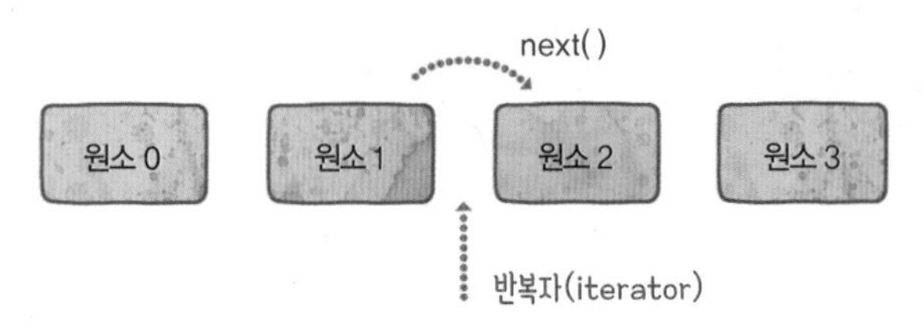

그림 11-5 반복자의 이동

예를 들어 Collection<String> 객체 collection이 있다면 다음과 같이 반복자를 사용해 모든 원소를 순회할 수 있다.

```
Iterator<String> iterator = collection.iterator();
while (iterator.hasNext()) {
  String s = iterator.next();
  // 원소를 처리
}
```

또 Collection 객체는 직접 for~each 문을 사용해 모든 원소를 순회할 수도 있다.

```
for (String s : collection) {
  // 원소를 처리한다.
}
```

for~each 문은 간접적으로 next() 메서드를 호출한다.

다음은 String 타입의 원소로 구성된 컬렉션을 생성한 후 반복자를 사용해 컬렉션의 모든 원소를 순회하는 예제이다.

예제 11-1 **반복자를 사용한 List 컬렉션 순회** sec02/IteratorDemo.java

```
01  import java.util.*;
02
03  public class IteratorDemo {
04    public static void main(String[] args) {
05      Collection<String> list = Arrays.asList("다람쥐", "개구리","나비");
06
07      Iterator<String> iterator = list.iterator();
08      while (iterator.hasNext())
09        System.out.print(iterator.next() + "-");
10      System.out.println();
11
12      while (iterator.hasNext())
13        System.out.print(iterator.next() + "+");
14      System.out.println();
15
16      iterator = list.iterator();
17      while (iterator.hasNext())
18        System.out.print(iterator.next() + "=");
19    }
20  }
```

Collection에서 Iterator 객체를 가져와서 List 컬렉션의 모든 원소를 출력한다.

이미 사용한 반복자이므로 컬렉션의 원소를 다시 순회할 수 없다.

Iterator 객체를 다시 가져와서 컬렉션의 모든 원소를 출력한다.

```
다람쥐-개구리-나비-

다람쥐=개구리=나비=
```

이미 사용한 반복자에 의한 순회이므로 아무런 내용도 출력하지 않는다.

3 List 컬렉션

List 컬렉션은 순서가 있는 객체를 중복 여부와 상관없이 저장하는 리스트 자료구조를 지원한다. 리스트 자료구조는 배열과 매우 유사하지만 크기가 가변적이다. 원소의 순서가 있으므로 원소를 저장하거나 읽어올 때 인덱스를 사용한다. 따라서 원소를 순차적으로 저장할 수 있을 뿐만 아니라 원하는 위치에 저장하거나 읽어 올 수도 있다.

대표적인 List 컬렉션으로는 ArrayList, LinkedList, Stack, Vector 등이 있다. List 인터페이스의 구현 클래스이므로 List 인터페이스가 제공하는 메서드를 사용할 수 있다.

표 11-4 List 인터페이스가 제공하는 주요 메서드

메서드	설명
void add(int index, E element)	객체를 인덱스 위치에 추가한다.
E get(int index)	인덱스에 있는 객체를 반환한다.
int indexOf(Object o)	명시한 객체가 있는 첫 번째 인덱스를 반환한다.
E remove(int index)	인덱스에 있는 객체를 제거한다.
E set(int index, E element)	인덱스에 있는 객체와 주어진 객체를 교체한다.
List<E> subList(int from, int to)	범위에 해당하는 객체를 리스트로 반환한다.

to는 포함되지 않고 to–1까지를 의미한다.

이외에도 List 인터페이스는 유용한 디폴트 및 정적 메서드를 제공하는데 다음은 그 일부이다.

```
static <E> List<E> of(E... elements)
default void replaceAll(UnaryOperator<E> operator)
default void sort(Comparator<? super E> c)
```

of()는 자바 9에서 도입된 List 팩토리로서 간단하게 List 타입의 객체를 생성할 수 있다. 생성된 객체는 수정할 수 없는 불변 리스트immutable list이고 원소로 null을 사용할 수 없다. replaceAll()은 operator에 따라 리스트 원소를 수정한다. sort()는 Comparator 인터페이스 타입의 c 기준으로 리스트 원소를 정렬한다.

List 타입과 배열 사이에는 다음 메서드를 사용하여 상호 변환할 수 있다.

```
public static <T> List<T> asList(T... a) // java.util.Arrays 클래스의 정적 메서드
<T> T[] toArray(T[] a)                   // java.util.List 클래스의 메서드
```

여기서 asList() 메서드에 의하여 반환되는 List 객체는 크기가 고정된 배열을 List 타입으로 변환했기 때문에 원소를 추가하거나 제거할 수 없다.

다음은 배열과 List 타입과의 상호 변환 및 List가 제공하는 디폴트 메서드를 응용한 예제이다.

예제 11-2 **List 인터페이스 활용** sec02/ListDemo.java

```
01 import java.util.*;
02
03 public class ListDemo {
04    public static void main(String[] args) {
05       String[] animals1 = { "사슴", "호랑이", "바다표범", "곰" };
06
07       List<String> animals2 = Arrays.asList(animals1);
08       animals2.set(1, "앵무새");
09       // animals2.add("늑대");
10
11       for (String s : animals2)
12          System.out.print(s + " ");
13       System.out.println();
14
15       animals2.sort((x, y) -> x.length() - y.length());
16       String[] animals3 = animals2.toArray(new String[0]);
17       for (int i = 0; i < animals3.length; i++)
18          System.out.print(animals3[i] + " ");
19       System.out.println();
20
21       List<String> cars = List.of("그랜저", "소나타", "아반테", "제네시스");
22       // car.set(1, "싼타페");
23       cars.forEach(s -> System.out.print(s + " "));
24
25       // List<Object> objects = List.of("a", null);
26    }
27 }
```

- 07행 Arrays.asList(animals1): java.util 패키지의 Arrays 클래스가 제공하는 정적 메서드로, 배열을 List 타입으로 반환한다.
- 09행: 배열을 List 타입으로 변경했으므로 크기를 변경할 수 없어 실행 오류가 발생한다.
- 16행: List 타입의 객체를 배열로 변환한다.
- 22행: 불변 리스트이므로 원소의 내용을 변경할 수 없다.
- 23행: List 타입 객체 s의 각 원소를 하나씩 출력한다.
- 25행: of( ) 메서드에 의한 List 타입은 null을 원소로 가질 수 없다.

```
사슴 앵무새 바다표범 곰
곰 사슴 앵무새 바다표범
그랜저 소나타 아반테 제네시스
```

ArrayList는 이미 5장에서 살펴봤듯이 동적 배열로 주로 사용된다. ArrayList 클래스는 List 인터페이스의 구현 클래스로, 원소의 추가 및 제거 등을 인덱스로 관리한다. Vector 클래스도 동일한 기능을 제공하지만, ArrayList와 달리 동기화된 메서드로 구현해서 스레드에 안전하다. 동기화를 지원하면 데이터의 일관성은 보장되지만 성능은 떨어질 수 있으므로, 데이터의 일관성이 크게 문제 되지 않는다면 ArrayList 타입이 더 적합하다. List 타입은 ArrayList() 생성자로 사용하여 ArrayList 타입으로 변환할 수 있다.

```
ArrayList(Collection<? extends E> c)
```

다음은 ArrayList에서 사용할 수 있는 각종 메서드를 활용한 예제이다.

예제 11-3 ArrayList 클래스 활용 sec02/ArrayListDemo.java

```
01  import java.util.*;
02
03  public class ArrayListDemo {
04     public static void main(String[] args) {
05        List<String> list = List.of("그랜저", "소나타", "아반테", "제네시스",
06                                    "소울");
07
08        System.out.println(list.indexOf("소나타"));
09        System.out.println(list.contains("싼타페"));
10
11        List<String> cars1 = new ArrayList<>(list);
12        cars1.add("싼타페");
13        List<String> cars2 = new ArrayList<>(list);
14        cars2.remove("제네시스");
15        System.out.println(cars1.containsAll(cars2));
16
17        cars1.removeIf(c -> c.startsWith("소"));
18        cars1.replaceAll(s -> "뉴" + s);
19        cars1.forEach(s -> System.out.print(s + " "));
20        System.out.println();
21
22        cars1.clear();
```

'소'로 시작하는 모든 원소를 제거한다.

ArrayList 객체 cars1의 모든 원소에 대하여 '뉴'를 접두어로 붙여 반환한다.

```
23        System.out.println(cars1.isEmpty());
24    }
25 }
```

```
1
false
true
뉴그랜저 뉴아반테 뉴제네시스 뉴싼타페
true
```

Stack 클래스는 후입선출 LIFO Last In First Out 방식으로 객체를 관리하며, [표 11-5]에 있는 5개의 메서드를 추가한 Vector의 자식 클래스이다. 대부분의 인덱스가 0부터 시작하지만 Stack 클래스는 1부터 시작한다.

그림 11-6 스택 자료구조

표 11-5 Stack 클래스에 추가한 메서드

메서드	설명
boolean empty()	스택이 비어 있는지 조사한다.
E peek()	스택의 최상위 원소를 제거하지 않고 엿본다.
E pop()	스택의 최상위 원소를 반환하며, 스택에서 제거한다.
E push(E item)	스택의 최상위에 원소를 추가한다.
int search(Object o)	주어진 원소의 인덱스 값(1부터 시작)을 반환한다.

다음은 스택에서 문자열 추가, 삭제, 엿보기를 수행하고 각 원소를 출력하는 예제이다.

예제 11-4 **Stack 클래스의 활용** sec02/StackDemo.java

```
01 import java.util.Stack;
02
03 public class StackDemo {
04   public static void main(String[] args) {
05     Stack<String> s1 = new Stack<>();        문자열 스택을 생성한다.
06
07     s1.push("사과");
08     s1.push("바나나");                      스택에 원소를 추가한다.
09     s1.push("체리");
```

```
10
11          System.out.println(s1.peek());
12
13          System.out.println(s1.pop());
14          System.out.println(s1.pop());
15          System.out.println(s1.pop());
16
17          Stack<Integer> s2 = new Stack<>();
18
19          s2.add(10);
20          s2.add(20);
21          s2.add(1, 100);
22
23          for (int value : s2)
24             System.out.print(value + " ");
25          System.out.println();
26
27          while (!s2.empty())
28             System.out.print(s2.pop() + " ");
29       }
30    }
```

스택의 최상위 원소를 제거하지 않고 엿보기만 한다.

스택의 최상위 원소를 하나씩 빼낸다.

정수 스택을 생성한다.

스택도 벡터처럼 add( ) 메서드를 사용할 수 있다. 그러나 add( ) 메서드는 List 인터페이스가 제공하므로 인덱스가 0부터 시작한다.

빈 스택이 될 때까지 마지막 원소부터 하나씩 반환한다.

```
체리
체리
바나나
사과
10 100 20
20 100 10
```

LinkedList 클래스는 ArrayList와 달리 이웃한 원소를 이중으로 연결한다. ArrayList에 원소를 추가 또는 제거하면 인덱스를 조정해야 한다. 반면에 LinkedList 클래스는 원소를 삽입하거나 추가할 때 전후 원소의 참조 값만 수정하면 되므로 효율적이다. 그러나 LinkedList는 이중 연결 구조로 메모리 부담이 크다는 단점이 있다. LinkedList 클래스를 ArrayList 클래스와 비교하면 [표 11-6]과 같다.

그림 11-7 이중 연결 리스트 자료구조

표 11-6 ArrayList와 LinkedList의 비교

구분	ArrayList 클래스	LinkedList 클래스
구현	가변 크기 배열	이중 연결 리스트
초기 용량	10	0
get( ) 연산	빠름	느림
add( ), remove( ) 연산	느림	빠름
메모리 부담	적음	많음
Iterator	순방향	순방향, 역방향

다음은 ArrayList와 LinkedList의 앞부분에 원소를 추가할 때 성능을 비교하는 예제이다. 실행 결과를 보면, LinkedList가 ArrayList보다 훨씬 더 빠르다.

예제 11-5 **LinkedList와 ArrayList 클래스의 성능 비교** sec02/PerformanceDemo.java

```java
01  import java.util.*;
02
03  public class PerformanceDemo {
04    public static void main(String[] args) {
05      ArrayList<Integer> al = new ArrayList<Integer>();
06      LinkedList<Integer> ll = new LinkedList<Integer>();
07
08      long start = System.nanoTime();
09      for (int i = 0; i < 100000; i++)
10        al.add(0, i);
11      long end = System.nanoTime();
12      long duration = end - start;
13      System.out.println("ArrayList로 처리한 시간 : " + duration);
14
15      start = System.nanoTime();
16      for (int i = 0; i < 100000; i++)
17        ll.addFirst(i);
18      end = System.nanoTime();
19      duration = end - start;
20      System.out.println("LinkedList로 처리한 시간 : " + duration);
21    }
22  }
```

10만 개의 원소를 ArrayList의 첫 번째 원소로 추가하는 데 소요되는 시간을 측정한다.

10만 개의 원소를 LinkedList의 첫 번째 원소로 추가하는 데 소요되는 시간을 측정한다.

```
ArrayList로 처리한 시간 : 979047448
LinkedList로 처리한 시간 : 2805415
```

셀프 테스트 11-2

1 다음 중 클래스가 아닌 것은?
① List ② ArrayList ③ Vector ④ LinkedList

2 ArrayList와 Vector는 동일한 내부 구조를 가진다. 그러나 Vector는 ________에 안전하다.

3 ________는 메모리 부담은 크지만 컬렉션의 중앙에 원소 삽입 또는 추가에 적합하다.

4 Queue 컬렉션

큐queue는 은행의 대기 행렬처럼 입구와 출구가 따로 있어 먼저 들어간 원소가 먼저 나오는 선입선출FIFO, First In First Out 방식을 지원한다. 큐의 입구와 출구를 각각 후단tail과 전단head이라고 하며, 후단에서 원소를 추가하고 전단에서 원소를 제거한다. 그러나 큐의 중간에 원소를 추가하거나 중간에 있는 원소를 제거할 수는 없다.

그림 11-8 큐 자료구조

대표적인 Queue 컬렉션은 ArrayDeque, DelayQueue, LinkedList 등이 있고, Queue 인터페이스의 구현 클래스이다. Queue 인터페이스는 기본 연산 외에 삽입, 삭제, 검색을 할 수 있는 추가 메서드를 제공한다. 이 메서드의 유형은 각각 두 가지이다. 하나는 연산이 실패하면 예외를 던지고, 다른 하나는 null 또는 false 값을 반환한다.

표 11-7 Queue 인터페이스에 추가된 메서드

기능	예외를 던짐	null 또는 false를 반환
삽입	boolean add(E e)	boolean offer(E e)
삭제	E remove()	E poll()
검색	E element()	E peek()

큐에 원소를 추가할 때 Collection 인터페이스의 add() 메서드를 사용할 수도 있지만, Queue 인터페이스가 지원하는 offer() 메서드를 사용하는 것이 바람직하다. add() 메서드는 삽입한 원소가 큐 크기를 초과한다면 예외가 발생하지만, offer() 메서드는 false를 반환한다. 큐에 원소가 없을 때 remove() 또는 element() 메서드를 호출하면 예외가 발생하지만, poll()이나 peek() 메서드를 호출하면 단순히 null 값만 반환한다. 따라서 큐를 사용할 때는 offer(), poll(), peek() 메서드를 사용하는 것이 좋다.

다음은 Queue 컬렉션에서 사용할 수 있는 두 가지 종류의 메서드인 add(), remove(), element()와 offer(), poll(), peek()의 차이를 살펴보는 예제이다.

예제 11-6 Queue 인터페이스의 활용 sec02/QueueDemo.java

```
01 import java.util.*;
02
03 public class QueueDemo {
04   public static void main(String[] args) {
05     Queue<String> q = new LinkedList<>();
06
07     // q.remove();
08
09     System.out.println(q.poll());
10     q.offer("사과");
11     System.out.println("바나나를 추가했나요? " + q.offer("바나나"));
12
13     try {
14       q.add("체리");
15     } catch (IllegalStateException e) {
16     }
17     System.out.println("헤드 엿보기 : " + q.peek());
```

- 05행: LinkedList는 Queue의 구현 클래스이므로 생성된 객체를 Queue 타입 변수에 대입할 수 있다.
- 07행: 주석을 제거하면 예외가 발생한다. 큐에 원소가 없는데 remove() 메서드를 호출하기 때문이다.
- 09행: remove() 메서드와 달리 큐에 원소가 없으면 예외를 발생시키지 않고 null을 반환한다.
- 13~16행: add() 메서드로 큐에 원소를 삽입할 때 예외가 발생할 수 있다.

```java
18
19        String head = null;
20        try {
21            head = q.remove();
22            System.out.println(head + " 제거하기");
23            System.out.println("새로운 헤드 : " + q.element());
24        } catch (NoSuchElementException e) {
25        }
26
27        head = q.poll();
28        System.out.println(head + " 제거하기");
29        System.out.println("새로운 헤드 : " + q.peek());
30
31        System.out.println("체리를 포함하고 있나요? " + q.contains("체리"));
32        System.out.println("사과를 포함하고 있나요? " + q.contains("사과"));
33    }
34 }
```

remove()와 element() 메서드를 호출할 때도 예외가 발생할 수 있다.

```
null
바나나를 추가했나요? true
헤드 엿보기 : 사과
사과 제거하기
새로운 헤드 : 바나나
바나나 제거하기
새로운 헤드 : 체리
체리를 포함하고 있나요? true
사과를 포함하고 있나요? false
```

5 Set 컬렉션

Set은 동일한 원소를 중복해서 포함하지 않는 수학의 집합과 개념이 같다. Set 컬렉션은 순서가 없으며, 중복되지 않는 원소를 저장하는 자료구조를 지원한다. Set 컬렉션은 [그림 11-9]처럼 같은 종류의 구슬을 주머니에 넣을 수 없고, 또한 구슬을 넣을 때와 뺄 때의 순서가 다를 수 있다.

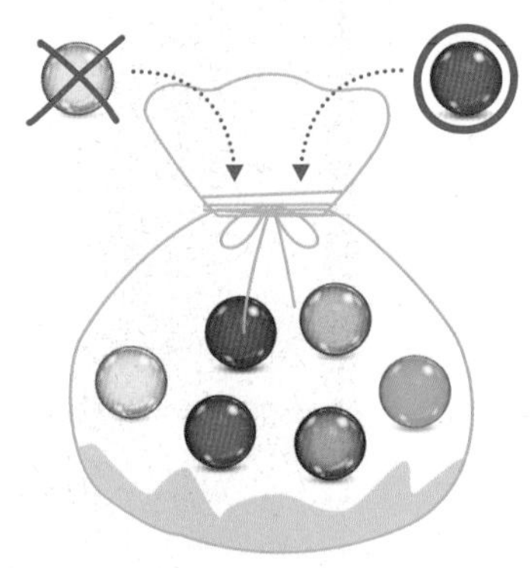

그림 11-9 집합 자료구조

Set에서 같은 객체란 두 객체의 hashCode() 값이 같고 equals()의 반환 값이 true인 객체를 의미한다.

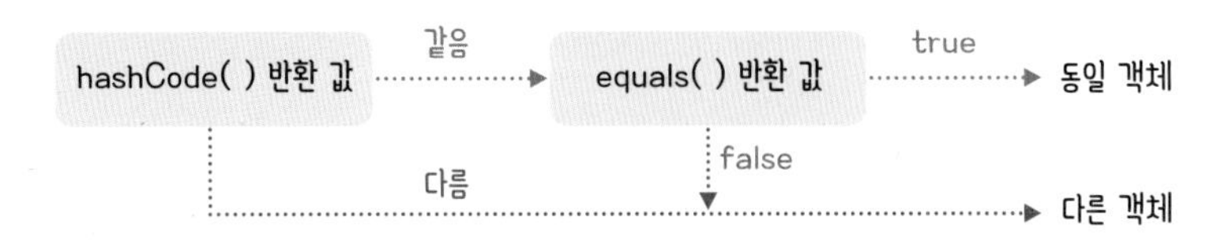

Set 인터페이스는 Collection 인터페이스가 제공하는 메서드 외에 Set 팩토리 메서드(자바 9부터) 등을 제공하며, 생성된 객체는 수정할 수 없는 Set이다.

```
static <E> Set<E> of(E... elements)
```

대표적인 Set 컬렉션은 HashSet, TreeSet이 있다. 이 컬렉션은 중복된 원소를 저장하지 않으며 저장 순서를 유지하지 않는다. HashSet은 내부적으로 해싱hashing을 이용한 Set 구현체로 null도 원소로 추가할 수 있다. TreeSet 클래스는 이진탐색트리 형태를 이용한 Set 구현체로 오름차순으로 원소를 저장한다. HashSet은 해시 테이블을 이용하기 때문에 탐색 속도가 빠르지만, 반면에 TreeSet 클래스는 이진탐색트리를 이용하기 때문에 데이터 정렬이 가능하다.

다음은 HashSet에 String 객체에 대한 추가·삭제·검색을 보여 주는 예제로, HashSet에 List 원소를 추가한다.

예제 11-7 **HashSet 클래스의 활용** sec02/HashSet1Demo.java

```
01 import java.util.*;
02 
03 public class HashSet1Demo {
04   public static void main(String[] args) {
05      String[] fruits = { "사과", "바나나", "포도", "수박" };
06      Set<String> h1 = new HashSet<>();
07      Set<String> h2 = new HashSet<>();
08 
09      for (String s : fruits)
10         h1.add(s);          HashSet에 원소를 추가한다.
11 
12      System.out.println("1단계 : " + h1);
```

```
13        h1.add("바나나");
14        h1.remove("포도");
15        h1.add(null);
16
17        System.out.println("2단계 : " + h1);
18        System.out.println(h1.size());
19        System.out.println(h1.contains("수박"));
20
21        List<String> list = Arrays.asList(fruits);
22        h2.addAll(list);
23        System.out.println("3단계 : " + h2);
24        h2.clear();
25        System.out.println(h2.isEmpty());
26    }
27 }
```

HashSet에 원소를 추가 및 삭제한다. 심지어 null도 추가할 수 있다. 동일한 원소는 추가하려고 해도 추가되지는 않는다.

HashSet에 특정 원소의 포함 여부를 반환한다.

List의 모든 원소를 HashSet의 원소로 추가한다.

```
1단계 : [포도, 수박, 사과, 바나나]
2단계 : [null, 수박, 사과, 바나나]
4
true
3단계 : [포도, 수박, 사과, 바나나]
true
```

원소가 입력된 순서와 다르다.

'바나나'를 한 번 더 추가했지만 하나밖에 없다. '포도'를 삭제하고 null을 추가한 결과이다.

13행에서 '바나나'라는 동일한 문자열을 가진 String 객체를 HashSet에 추가하려고 시도하지만 실행 결과의 2단계를 보면 '바나나'가 1개밖에 없다. HashSet은 동일한 문자열의 String 객체를 같은 객체로 취급한다. 이는 String 클래스가 hashCode()와 equals() 메서드를 이미 오버라이딩했기 때문이다.

이번에는 String 객체가 아닌 다른 객체를 사용해 HashSet 클래스가 동일한 원소로 취급하는지 살펴보자. 다음은 Fruit 클래스를 정의해 HashSet의 원소로 사용함으로써 HashSet이 원소의 동일 여부에 대하여 살펴보는 예제이다.

예제 11-8 **HashSet 클래스의 동일 원소 여부** sec02/HashSet2Demo.java

```java
01  import java.util.*;
02
03  public class HashSet2Demo {
04     public static void main(String[] args) {
05        Set<Fruit> fruits = new HashSet<>();
06        fruits.add(new Fruit("사과"));
07        fruits.add(new Fruit("사과"));
08        System.out.println(fruits.size());
09        System.out.println(fruits);
10     }
11  }
12
13  class Fruit {
14     String name;
15
16     public Fruit(String name) {
17        this.name = name;
18     }
19
20     public boolean equals(Object o) {
21        if (o instanceof Fruit)
22           return ((Fruit) o).name.equals(name);
23        return false;
24     }
25
26     public int hashCode() {
27        return name != null ? name.hashCode() : 0;
28     }
29
30     public String toString() {
31        return String.format("Fruit(%s)", name);
32     }
33  }
```

동일한 내용의 다른 객체를 HashSet에 추가한다.

두 메서드 중 하나라도 주석 처리하면 6~7행의 두 객체가 다른 객체로 취급된다.

- 오버라이딩하지 않을 때 실행 결과

```
2
[Fruit(사과), Fruit(사과)]
```

- 오버라이딩할 때 실행 결과

```
1
[Fruit(사과)]
```

다음은 TreeSet 클래스와 HashSet 클래스를 비교하고 TreeSet 클래스를 활용하는 예제이다.

예제 11-9 **TreeSet과 HashSet 클래스의 활용** sec02/TreeSetDemo.java

```
01  import java.util.*;
02
03  public class TreeSetDemo {
04    public static void main(String[] args) {
05      Set<String> set = Set.of("포도", "수박", "사과", "키위", "망고");
06      HashSet<String> hashset = new HashSet<>(set);
07      System.out.println(hashset);
08      TreeSet<String> treeset = new TreeSet<>(set);
09      System.out.println(treeset);
10
11      System.out.println(treeset.first());
12      System.out.println(treeset.last());
13      System.out.println(treeset.lower("사과"));   // '사과'보다 앞에 있는 원소
14      System.out.println(treeset.higher("사과"));  // '사과'보다 뒤에 있는 원소
15    }
16  }
```

```
[포도, 망고, 수박, 사과, 키위]
[망고, 사과, 수박, 키위, 포도]   // TreeSet의 원소는 정렬되어 있다.
망고
포도
망고
수박
```

셀프 테스트 11-3

1 Queue 인터페이스가 제공하는 메서드와 거리가 먼 것은?

① add( ) ② offer( ) ③ peek( ) ④ pop( )

2 다음 중 종류가 다른 클래스는?

① HashSet ② TreeSet ③ LinkedHashSet ④ HashMap

3 Set 컬렉션은 인덱스를 사용하지 않는다. (O, X)

03 Map 인터페이스와 구현체

1 Map 인터페이스

Map은 사전처럼 키와 값, 이렇게 쌍으로 구성된 객체를 저장하는 자료구조이다. 맵이 사용하는 키와 값도 모두 객체이다. 키는 중복되지 않고 하나의 값에만 매핑되어 있으므로 키가 있다면 대응하는 값을 얻을 수 있다.

키	값
사과	
바나나	
포도	
체리	

그림 11-10 맵 자료구조

이와 같은 맵 구조는 키-값을 하나의 쌍으로 묶어 관리해야 하므로 Collection 인터페이스에 맞지 않는다. 따라서 자바는 별도의 인터페이스인 Map을 제공하여 이런 컬렉션을 관리한다. 대표적인 Map 컬렉션의 구현 클래스로 HashMap, Hashtable 등이 있다. Map 객체에 같은 키로 중복 저장되지 않도록 하려면 Set 객체처럼 키로 사용할 클래스에 대한 hashCode( )와 equals( ) 메서드를 오버로딩해야 한다.

Map 인터페이스도 java.util 패키지에 포함되어 있으며, 주요 메서드는 다음 표와 같다.

표 11-8 Map 인터페이스가 제공하는 주요 메서드

메서드	설명
void clear( )	모든 키값을 제거한다.
boolean containsKey(Object key)	키의 존재 여부를 조사한다.
boolean containsValue(Object value)	값의 존재 여부를 조사한다.
Set〈Map.Entry〈K, V〉〉 entrySet( )	모든 키-값을 Set 타입으로 반환한다.
V get(Object key)	키에 해당하는 값을 반환한다.
boolean isEmpty( )	맵이 비어 있는지 여부를 조사한다.
Set〈K〉 keySet( )	모든 키를 Set 타입으로 반환한다.
V put(K key, V value)	주어진 키-값을 저장하고 값을 반환한다.
V remove(Object key)	키에 대응하는 원소를 삭제하고 값을 반환한다.
int size( )	맵의 크기를 반환한다.
Collection〈V〉 values( )	모든 값을 Collection 타입으로 반환한다.

여기서 Map.Entry〈K, V〉는 키-값의 쌍을 의미하는 인터페이스로 다음 메서드를 제공한다.

표 11-9 Map.Entry〈K, V〉 인터페이스가 제공하는 주요 메서드

메서드	설명
K getKey( )	해당하는 키를 반환한다.
V getValue( )	해당하는 값을 반환한다.
V setValue( )	값을 교체한다.

Map 인터페이스도 유용한 디폴트 메서드와 정적 메서드를 제공하는데 다음은 그 일부이다.

```
default void forEach(BiConsumer action)
default void replaceAll(BiFunction function)
static <K, V> Map<K,V> of(K k1, V v1)
```

매개변수가 제네릭 타입이지만 편의상 간단히 표현한다.

맵의 모든 키와 값에 대하여 forEach( )는 주어진 action을 수행하며, replaceAll( )은 function에 따라 값을 수정한다. 그리고 of( )는 자바 9에서 도입된 정적 메서드로 맵 팩토리 map factory이다. of( )는 10개 이하의 키와 쌍을 가진 작은 맵을 생성할 때 유용하도록 오버로딩되어 있고, 생성된 맵은 수정할 수 없는 맵 immutable map이다.

다음은 Map 인터페이스의 팩토리 메서드로 생성한 객체에서 모든 키를 Set으로 가져오는 등의 작업을 수행하는 예제이다.

예제 11-10 **Map 클래스의 활용** sec03/MapDemo.java

```
01  import java.util.Map;
02
03  public class MapDemo {
04     public static void main(String[] args) {
05        Map<String, Integer> fruits =
06           Map.of("사과", 5, "바나나", 3, "포도", 10, "딸기", 1);
07        System.out.println(fruits.size() + "종류의 과일이 있습니다.");
08        System.out.println(fruits);
09
10        for (String key : fruits.keySet())
11           System.out.println(key + "가 " + fruits.get(key) + "개 있습니다.");
12
13        String key = "바나나";
14        if (fruits.containsKey(key))
15           System.out.println(key + "가 " + fruits.get(key) + "개 있습니다.");
16
17        fruits.forEach((k, n) -> System.out.print(k + "(" + n + ") "));
18
19        // fruits.put("키위", 2);
20        // fruits.remove("사과");
21        // fruits.clear();
22     }
23  }
```

Map.of( )에 의하여 생성된 객체는 불변이다. 따라서 원소의 추가, 삭제 등은 실행 오류를 발생시킨다.

```
4종류의 과일이 있습니다.
{바나나=3, 사과=5, 포도=10, 딸기=1}
바나나가 3개 있습니다.
사과가 5개 있습니다.
포도가 10개 있습니다.
딸기가 1개 있습니다.
바나나가 3개 있습니다.
바나나(3) 사과(5) 포도(10) 딸기(1)
```

Map 객체의 원소는 입력된 순서와 관계없다. 따라서 실행할 때마다 순서가 다를 수 있다.

2 HashMap과 Hashtable

HashMap과 Hashtable은 입력 순서와 상관없이 키-값 객체로 구성된 Map 구현체이다. HashMap과 Hashtable은 내부 구조가 거의 같지만, 두 가지 면에서 다르다. Hashtable은 HashMap과 달리 동기화된 메서드로 구현되어 스레드에 안전하며, HashMap에서는 키와 값으로 null을 사용할 수 있지만 Hashtable에서는 사용할 수 없다. 일반적으로 동기화가 필요 없다면 굳이 Hashtable을 사용하지 않아도 된다.

다음은 HashMap 객체에 원소를 추가 혹은 삭제하거나 모든 키를 Set으로 가져오는 등의 작업을 수행하는 예제이다.

예제 11-11 **HashMap 클래스의 활용 1** sec03/HashMap1Demo.java

```
01 import java.util.*;
02
03 public class HashMap1Demo {
04   public static void main(String[] args) {
05     Map<String, Integer> map =
06       Map.of("사과", 5, "바나나", 3, "포도", 10, "딸기", 1);
07
08     Map<String, Integer> fruits = new HashMap<>(map);
09     fruits.put("귤", 2);
10     System.out.println("현재 " + fruits.size() + "종류의 과일이 있습니다.");
11     fruits.remove("바나나");
12     System.out.println("바나나를 없앤 후 " +
13                        fruits.size() + "종류의 과일이 있습니다.");
14
15     fruits.put("망고", 2);
16     System.out.println("망고를 추가한 후 현재 " + fruits + "가 있습니다.");
17
18     fruits.clear();
19     System.out.println("모두 없앤 후 " + fruits.size() +
20                        "종류의 과일이 있습니다.");
21   }
22 }
```

HashMap 객체에 원소를 추가, 삭제, 수정할 수 있다.

```
현재 5종류의 과일이 있습니다.
바나나를 없앤 후 4종류의 과일이 있습니다.
망고를 추가한 후 현재 {사과=5, 포도=10, 귤=2, 망고=2, 딸기=1}가 있습니다.
모두 없앤 후 0종류의 과일이 있습니다.
```

다음은 [예제 11-8]의 Fruit 클래스를 사용해 내용이 같은 2개의 Fruit 객체를 HashMap에 추가한 후 HashMap의 원소를 조사하고, HashMap에 null을 키로 사용할 수 있는지 점검하는 예제이다.

예제 11-12 HashMap 클래스의 활용 2 sec03/HashMap2Demo.java

```java
01  import java.util.*;
02
03  public class HashMap2Demo {
04    public static void main(String[] args) {
05      Map<Fruit, Integer> map = new HashMap<>();
06      map.put(new Fruit("사과"), 5);
07      map.put(new Fruit("사과"), 2);
08      map.put(null, 3);
09      System.out.println(map.size());
10      System.out.println(map);
11    }
12  }
```

동일한 내용의 다른 객체를 HashMap에 추가한다. (06~07행)

null을 키로 사용해 HashMap에 원소를 추가한다. (08행)

Fruit 클래스의 equals()와 hashCode()를 오버라이딩하지 않을 경우

```
3
{null=3, Fruit[사과]=5, Fruit[사과]=2}
```

HashMap에서 null도 키로 사용할 수 있다.

동일한 키-값이라도 다른 원소로 취급한다.

Fruit 클래스의 equals()와 hashCode()를 오버라이딩할 경우

```
2
{null=3, Fruit[사과]=2}
```

04 Collections 클래스

java.util 패키지에는 컬렉션을 다루는 다양한 정적 메서드를 제공하는 Collections 클래스가 있다. 이 클래스가 제공하는 메서드는 모두 정적 메서드이며, 이를 이용하면 컬렉션 원소 정렬, 원소 돌리기 및 섞기, 원소 탐색 등과 같은 문제를 쉽게 해결할 수 있다.

1 정렬하기

Collections 클래스는 컬렉션 원소를 정렬하려고 다음과 같은 sort()와 reverse() 메서드를 제공한다. 컬렉션 원소를 정렬하려면 원소끼리 비교할 수 있어야 하므로 원소가 Comparable 구현 객체이거나 정렬 메서드에 Comparator 타입의 정보를 제공해야 한다. 따라서 Collections 클래스는 Comparator를 반환하는 메서드도 제공한다.

```
static void reverse(List list)
static void sort(List list)
static void sort(List list, Comparator c)

static Comparator reverseOrder()
static Comparator reverseOrder(Comparator c)
```

매개변수가 제네릭 타입이지만 편의상 간단히 표현한다.

다음은 컬렉션 원소가 String 객체일 때 자모 순서대로 혹은 반대 순서대로 정렬하는 예제이다.

예제 11-13 **Collections 클래스를 활용한 정렬** sec04/SortDemo.java

```
01  import java.util.*;
02
03  public class SortDemo {
04     public static void main(String[] args) {
05        String[] fruits = { "포도", "수박", "사과", "키위", "망고" };
06        List<String> list = Arrays.asList(fruits);
07
```

배열을 List 타입으로 변환한다.
List 컬렉션의 원소가 String 타입이다.

```
08          Collections.sort(list, Collections.reverseOrder());
09          System.out.println(list);
10
11          Collections.reverse(list);
12          System.out.println(list);
13      }
14  }
```

Collections 클래스의 정적 메소드 reverse( )와 reverseOrder( )로 List 컬렉션 원소를 역방향으로 정렬한다.

```
[포도, 키위, 수박, 사과, 망고]
[망고, 사과, 수박, 키위, 포도]
```

참고

수치 포장 클래스, String 클래스, Date 클래스 등은 모두 Comparable 인터페이스의 구현 클래스이다. 따라서 Collections 클래스가 제공하는 정렬 메서드로 컬렉션 원소를 정렬할 때는 별도로 비교할 기준을 제시하지 않아도 된다.

2 돌리기 및 섞기

돌리기는 명시된 거리만큼 원소를 돌려 나열하며 섞기는 정렬과 반대되는 동작으로 원소를 무작위로 나열한다. Collections 클래스가 제공하는 돌리기와 섞기 메서드는 다음과 같다.

```
static void rotate(List<?> list, int distance)
static void shuffle(List<?> list)
static void shuffle(List<?> list, Random r)
```

다음은 알파벳 A부터 G로 구성된 리스트를 Collections 클래스가 제공하는 메서드를 이용해서 돌리기와 섞는 예제이다.

예제 11-14 **Collections 클래스를 활용한 섞기** sec04/ShuffleDemo.java

```
01  import java.util.*;
02
03  public class ShuffleDemo {
04    public static void main(String[] args) {
05      List<Character> list = new ArrayList<>();
06
07      for (char c = 'A'; c <= 'G'; c++)
08        list.add(c);
```

문자 A부터 G까지 List 컬렉션에 저장한다.

```
09
10        System.out.println("최초 리스트 :\t" + list);
11        Collections.rotate(list, 3);
12        System.out.println("돌린 리스트 :\t" + list);
13        Collections.shuffle(list);
14        System.out.println("섞은 리스트 :\t" + list);
15     }
16  }
```

List 컬렉션의 원소를 무작위로 섞는다.

```
최초 리스트 : [A, B, C, D, E, F, G]
돌린 리스트 : [E, F, G, A, B, C, D]
섞은 리스트 : [G, A, B, E, D, C, F]
```

3 탐색하기

탐색은 조건을 만족하는 원소를 찾는 것이다. 리스트를 정렬했다면 Collections 클래스가 제공하는 이진 탐색을 위한 정적 메서드인 binarySearch()를 사용해 원하는 원소를 찾을 수 있다. 탐색 결과는 원소가 위치한 인덱스 값이다. 그러나 정렬하지 않은 리스트를 탐색하면 결과는 명확하지 않으며, 탐색한 원소가 둘 이상이면 어느 원소를 찾아야 하는지도 불확실하다.

매개변수는 제네릭 타입이지만 편의상 간단히 표현한다.

```
static <T> int binarySearch(List<T> list, T key)
static <T> int binarySearch(List<T> list, T key, Comparator<T> c)
```

다음은 Collections 클래스가 제공하는 메서드를 이용해 문자열로 구성된 리스트를 정렬한 후 이진 탐색하는 예제이다.

예제 11-15 **Collections 클래스를 활용한 이진 탐색 1** sec04/SearchDemo.java

```
01  import java.util.*;
02
03  public class SearchDemo {
04    public static void main(String[] args) {
05      String[] s = { "황금을", "돌", "같이", "보라" };
06      List<String> list = Arrays.asList(s);
07
08      Collections.sort(list);   // binarySearch() 메서드를 사용하기 전에 정렬해야 한다.
09      System.out.println(list);
10      int i = Collections.binarySearch(list, "돌");   // List 컬렉션에서 '돌' 문자열인 원소의 인덱스를 찾는다.
11      System.out.println(i);
12    }
13  }
```

```
[같이, 돌, 보라, 황금을]
1
```

4 기타

Collections 클래스는 일상적으로 발생하는 데이터 조작, 빈도수, 최댓값 및 최솟값 구하기 등을 쉽게 수행할 수 있도록 다음 메서드를 제공한다.

표 11-10 Collections 클래스의 기타 메서드

메서드	설명
addAll()	명시된 원소들을 컬렉션에 삽입한다.
copy()	리스트를 다른 리스트로 복사한다.
disjoint()	2개의 컬렉션에서 공통된 원소가 없으면 true, 있으면 false를 반환한다.
fill()	리스트의 모든 원소를 특정 값으로 덮어쓴다.
frequency()	컬렉션에 주어진 원소의 빈도수를 반환한다.
max()	리스트에서 최댓값을 반환한다.
min()	리스트에서 최솟값을 반환한다.
nCopies()	매개변수 값으로 주어진 객체를 주어진 횟수만큼 복사해 List 객체를 반환한다.
reverse()	리스트의 원소들을 역순으로 정렬한다.
swap()	리스트에서 주어진 위치에 있는 두 원소를 교체한다.

다음은 문자열로 구성된 List 객체 내용을 자모 순서대로 빈도수와 함께 나열하는 예제이다.

예제 11-16 **Collections 클래스를 활용한 이진 탐색 2** sec04/EtcDemo.java

```java
01 import java.util.*;
02
03 public class EtcDemo {
04   public static void main(String[] args) {
05     List<String> list1
06       = List.of("사과", "포도", "수박", "사과", "키위", "포도", "망고", "사과");
07
08     HashSet<String> set = new HashSet<>(list1);
09
10     List<String> list2 = new ArrayList<>(set);
11     Collections.sort(list2);
12
13     for (String fruit : list2) {
14       System.out.printf("%s : %d\n", fruit,
15           Collections.frequency(list1, fruit));
16     }
17   }
18 }
```

- 08행: 중복 원소를 제거하기 위하여 HashSet 타입으로 변환한다.
- 10~11행: List 타입으로 변환한 후 자모 순서대로 정렬한다.
- 13~16행: 모든 과일에 대하여 빈도수와 함께 출력한다.

```
망고 : 1
사과 : 3
수박 : 1
키위 : 1
포도 : 2
```

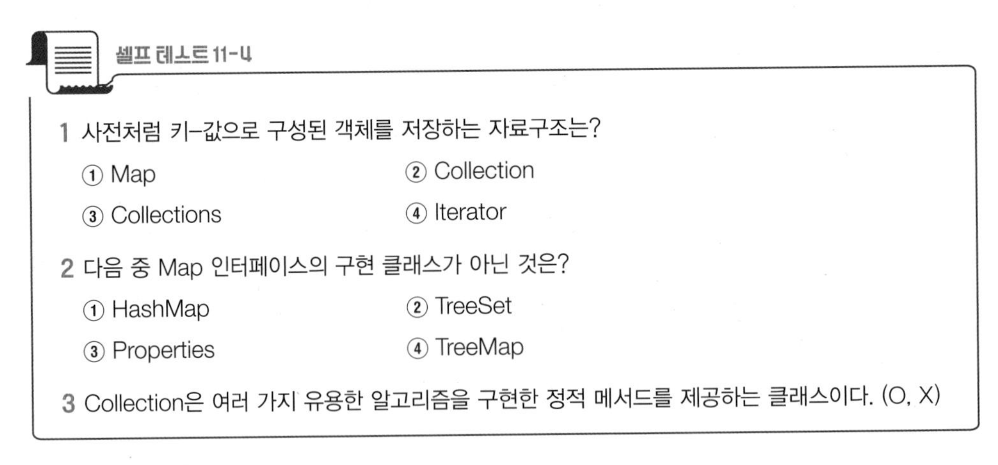

셀프 테스트 11-4

1 사전처럼 키-값으로 구성된 객체를 저장하는 자료구조는?

① Map ② Collection
③ Collections ④ Iterator

2 다음 중 Map 인터페이스의 구현 클래스가 아닌 것은?

① HashMap ② TreeSet
③ Properties ④ TreeMap

3 Collection은 여러 가지 유용한 알고리즘을 구현한 정적 메서드를 제공하는 클래스이다. (O, X)

※ List 컬렉션을 이용하여 다수 국가의 수도를 추가 및 삭제하고 정렬해보자. 그리고 Map 컬렉션을 이용해 영한사전을 구현하고 사전 내용을 다양하게 추출·출력해봄으로써 컬렉션에 대하여 도전해 보자.

맵

key	value
head	대가빠리
teacher	쌤
cat	꼬네이
aunt	아지매
noodle	국시
child	얼라

01 – String 타입을 원소로 사용하는 ArrayList 클래스를 생성하고 테스트하는 프로그램을 작성해 보자.

① 다음 코드를 참조해 String 타입의 ArrayList 객체를 생성한다.

```
List<__________________> capitals = new __________________;
```

② capitals 객체에 5개 이상의 '서울'과 같은 수도 이름을 추가한 후 for~each 문으로 출력한다.

③ capitals 객체에 하나의 수도 이름을 추가한 후 반복자로 출력한다.

④ capitals 객체에 포함된 수도 이름 중에서 3개 이상의 문자열로 구성된 원소를 모두 제거한 후 for~Each 문으로 출력한다.

⑤ 테스트 프로그램을 실행하여 다음 실행 결과처럼 출력하는지 살펴본다.

```
서울 워싱턴 베이징 파리 마드리드
서울 워싱턴 베이징 파리 마드리드 런던
서울 파리 런던
```

02 – HashMap 클래스로 영어 단어를 키, 한글 단어를 값으로 사용한 사전 객체를 생성하고 이를 테스트하는 프로그램을 작성해 보자.

① 다음 코드를 참고해 영어 단어와 한글 단어를 등록할 HashMap 타입의 사전 객체를 생성한다.

```
Map<________________> dic = new HashMap<>();
```

② 사전 객체에 5개 이상의 영어 단어와 한글 단어를 키와 값으로 등록한다.

③ 사전 객체의 키 반복자를 사용해 키와 값을 출력한다. 이때 사전 객체의 모든 키와 값을 출력하려고 for~each 문을 사용한다.

```
for (________________ : ________________)
   System.out.printf("%s=%s  ", key, dic.get(key));
```

④ 테스트 프로그램을 실행해 다음 결과가 나타나는지 확인한다.

```
head=대가빠리  teacher=쌤  cat=꼬네이  aunt=아지매  noodle=국시  child=얼라
```

03 – 영한사전을 모델링한 Map 객체에서 한글 단어를 추출한 후 단어를 섞고 출력하는 실행문을 작성하여 02의 테스트 프로그램 마지막에 추가해 보자. 또 Map 인터페이스도 Collection 인터페이스처럼 기본 메서드로 forEach()를 제공한다. 가능하다면 모든 반복문을 forEach() 메서드로 바꾼다.

① 다음 코드를 참조해 02의 테스트 프로그램에 있는 for~each 문을 forEach() 메서드로 변경한다.

+ 사전은 Map 객체이므로 2개의 매개변수가 있다. 따라서 forEach() 메서드는 2개의 인수를 출력하는 람다식이 필요하다.

② 사전 객체에서 값인 한글 단어를 추출한다.

+Map 객체에서 값을 추출하려면 Map 인터페이스의 values( ) 메서드를 호출한다.

```
Collection<__________________> collection1 = __________________;
```

③ 다음 코드를 참고해 Collections 클래스의 정적 메서드 shuffle( )을 이용해 한글 단어를 섞은 후 출력한다.

+shuffle( ) 메서드는 List 타입의 인자를 사용한다.

```
List<String> list = _______________; // Collection 타입을 List 타입으로 변환
_______________;                      // List 객체의 원소 섞기
list.forEach(x -> System.out.print(x + "  "));
```

④ 테스트 프로그램을 실행해 다음 결과가 나타나는지 확인한다.

```
head=대가빠리  teacher=쌤  cat=꼬네이  aunt=아지매  noodle=국시  child=얼라
국시  대가빠리  얼라  아지매  꼬네이  쌤
```

연습 문제

01 – 자바의 컬렉션 프레임워크를 설명한 내용으로 틀린 것은?

① ArrayList는 List 인터페이스의 구현 클래스이다.

② Vector는 List 인터페이스의 구현 클래스이다.

③ HashMap 클래스는 Collection 인터페이스의 구현 클래스이다.

④ LinkedList는 Queue 인터페이스의 구현 클래스이다.

02 – 다음 중 키와 값으로 구성된 객체를 저장하는 자료구조로 적합한 것은?

① Vector

② HashSet

③ TreeSet

④ Hashtable

03 – 다음 중 올바른 것은?

① Set은 중복된 원소를 가질 수 있다.

② Map은 중복된 키를 가질 수 있다.

③ HashSet과 Hashtable은 다른 인터페이스의 구현 클래스이다.

④ Vector는 ArrayList와 동일한 구조이지만 스레드에 안전하지 않다.

04 – 다음 코드를 실행하면 예외가 발생한다. 그 이유는?

```
public class List1Test {
  public static void main(String[] args) {
    String[] s = { "사과", "바나나" };
    List<String> list = Arrays.asList(s);

    list.add("컵케익");
    list.forEach(v -> System.out.print(v + " "));
  }
}
```

05 – String 타입의 키와 정숫값이 있는 HashMap 객체를 생성하려고 한다. 다음 코드에서 밑줄 그은 부분에 적합한 내용은?

```
__________________ 변수 = new __________________;
```

06 – 다음 코드에서 ① 부분을 forEach( ) 메서드로 나타내라.

```
Stack<Integer> si = new Stack<>();
si.add(10);
si.add(20);
si.add(1, 100);

for (int value : si)
   System.out.print(value + " ");        ①
```

07 – 다음 코드와 실행 결과를 참조하여 밑줄 친 부분에 답하라.

```
List<String> presidents = List.of("이승만", "박정희","전두환");
__________________ iterator = presidents.__________________;
while (iterator.__________________)
   System.out.println(iterator.__________________);
```

```
이승만
박정희
전두환
```

08 – 영한사전을 도전 과제와 다른 방식으로 만들려고 한다. 영어 단어용 키로 'eng', 한글 단어용 키로 'han'을 사용하며, 키에 대응하는 값을 추가한 후 영한사전을 출력하려고 한다. 다음은 2개의 단어를 포함하는 테스트 프로그램과 실행 결과이다. 밑줄 그은 부분에 적절한 코드를 채워 넣어라.

```
public class List2Test {
   public static void main(String[] args) {
      List <__________________> list = new ArrayList<>();    // ①
      HashMap<___________________> map;                     // ②

      map = new ___________________;                        // ③
      map.put("eng", "boy");
      map.put("han", "머스마");
      list.add(map);

      map = new ___________________;                        // ③
      map.put("eng", "girl");
      map.put("han", "가시나");
      list.add(map);

      list.forEach(
         m -> System.out.println(m.get("eng") + " = " + m.get("han")));
   }
}
```

```
boy = 머스마
girl = 가시나
```

프로그래밍 문제

01 – ArrayList를 이용해 '갈매기', '나비', '다람쥐', '라마'를 원소로 입력한 후 각 원소에서 문자열 크기가 2인 단어만 출력하는 프로그램을 작성하라.

02 – 다음 프로그램과 실행 결과를 참고해 Person 클래스와 테스트 프로그램을 작성하라.

- Person 클래스는 이름과 나이를 포함하며, 이름과 나이를 반환하도록 toString() 메서드를 오버라이딩한다.
- 객체를 중복 없이 저장하는 HashSet 컬렉션에 Person 객체를 추가한다. HashSet은 원소의 중복 여부를 hashCode()와 equals() 메서드를 이용해 판단한다.

```
Set<Person> set = new HashSet<>();
set.add(new Person("김열공", 20));  set.add(new Person("최고봉", 56));
set.add(new Person("우등생", 16));  set.add(new Person("나자바", 35));
```

```
나자바 : 35
김열공 : 20
최고봉 : 56
우등생 : 16
Person[나자바, 35] Person[김열공, 20] Person[최고봉, 56] Person[우등생, 16]
```

forEach() 문을 사용하여 이름과 나이를 출력한다.

반복자를 사용해 HashSet 컬렉션 원소를 출력한다.

03 – Hashtable을 이용해 4개의 이름과 점수를 저장하라. 그리고 키보드로 이름을 입력하면 대응하는 점수를 알려 주는 프로그램을 작성하라.

```
Map<String, Integer> map = new Hashtable<>();
map.put("김열공", 80);   map.put("최고봉", 90);
map.put("우등생", 95);   map.put("나자바", 88)
```

```
이름을 입력하세요 : 나자바
88
```

04 –HashSet과 TreeSet을 비교하려고 다음 내용을 차례대로 수행하는 프로그램을 작성하라.

- 아래 프로그램과 같이 String 타입의 객체로 구성된 HashSet을 생성하고, 동물 이름을 6개 추가시킨 후 HashSet의 원소를 출력한다.
- HashSet 객체를 TreeSet 타입으로 변환하고 TreeSet의 원소를 출력한다.
- TreeSet 클래스가 제공하는 first( ), last( ), lower( ) 등 메서드를 테스트하는 실행문을 추가한다.

```
public static void main(String[] args) {
   Set<String> a1 = new HashSet<>();
   a1.addAll(Arrays.asList("독수리", "나비", "염소", "고양이", "개미", "여우"));
   System.out.println("hashset" + a1);
    // 코드 추가
}
```

```
hashset[독수리, 고양이, 염소, 개미, 나비, 여우]
treeset[개미, 고양이, 나비, 독수리, 여우, 염소]
첫 번째 동물 : 개미
마지막 동물 : 염소
나비 앞에 있는 동물 : 고양이
```

05 – 키보드로 입력한 정숫값을 학생의 점수로 사용하며 ArrayList에 저장한다. 입력된 정숫값이 음수면 입력의 끝이다. 점수 중에서 최고 점수부터 최고 점수 −10점 이상은 A, 최고 점수 −10 미만부터 최고 점수 −20점 이상은 B처럼 등급을 배정한 후 출력하는 프로그램을 작성하라.

```
점수를 입력하세요 : 68
점수를 입력하세요 : 90
점수를 입력하세요 : 88
점수를 입력하세요 : -1
전체 학생은 3명이다.
학생들의 성적 : 68 90 88
0번 학생의 성적은 68점이며 등급은 C이다.
1번 학생의 성적은 90점이며 등급은 A이다.
2번 학생의 성적은 88점이며 등급은 A이다.
```

06 – HashMap의 원소는 키로 한글 동물 이름, 값으로 소문자 영어 동물 이름으로 구성되어 있는데, 다음 실행 결과가 나타나도록 Map 인터페이스의 replaceAll()를 사용하여 프로그램하라.

```
변경 전 : {호랑이=tiger, 표범=leopard, 사자=lion}
변경 후 : {호랑이=TIGER, 표범=LEOPARD, 사자=LION}
```

07 – 프로그램에 주어진 2개의 String 타입 배열을 이용해 프로그램의 주석대로 수행하는 프로그램을 작성하라.

```
public static void main(String[] args) {
   String[] s1 = { "a", "b", "a", "b", "c" };
   String[] s2 = { "c" };

   // 두 배열을 Collections의 addAll() 메서드를 이용해 HashSet 객체로 생성
   // 2개의 HashSet 객체를 출력
   // 2개의 HashSet 객체가 동일한지 비교한 값을 출력
   // s1에 의한 HashSet이 s2에 의한 HastSet 원소를 모두 포함하는지 출력
   // 2개의 HashSet 합집합과 교집합을 구해서 출력
}
```

```
set1 : [a, b, c]
set2 : [c]
set1과 set2는 같다 : false
set1은 set2의 모든 원소를 포함한다 : true
합집합 : [a, b, c]
교집합 : [c]
```

08 - 다음은 Collections 클래스의 메서드를 테스트하는 프로그램이다. 다음과 같이 실행 결과가 나타나도록 테스트 프로그램을 작성하라.

```
String[] s = { "독수리", "고양이", "강아지" };

__________________________;
System.out.println(list);

List<String> al1 = new ArrayList<>(list);
System.out.println("nCopies : " + al1);

__________________________;
System.out.println("'벌'을 채운 후 : " + al1);

__________________________;
System.out.println("리스트를 모두 추가한 후 : " + al1);

__________________________;
System.out.println("리스트를 섞은 후 : " + al1);

__________________________;
System.out.println("리스트를 역순으로 정렬한 후 : " + al1);

System.out.println("리스트에서 최소 : " + __________________________);
System.out.println("리스트에서 최대 : " + __________________________);
System.out.println("리스트에서 '벌'의 빈도 : " + __________________________);
```

```
[개미, 개미]
nCopies : [개미, 개미]
'벌'을 채운 후 : [벌, 벌]
리스트를 모두 추가한 후 : [벌, 벌, 독수리, 고양이, 강아지]
리스트를 섞은 후 : [강아지, 독수리, 고양이, 벌, 벌]
리스트를 역순으로 정렬한 후 : [벌, 벌, 고양이, 독수리, 강아지]
리스트에서 최소 : 강아지
리스트에서 최대 : 벌
리스트에서 '벌'의 빈도 : 2
```

Chapter 12
스트림

배열이나 컬렉션과 같은 데이터의 집단을 처리할 때 주로 반복문을 이용한다.
그러나 반복문을 사용할 경우 인덱스 등을 포함한
복잡한 구현 작업이 필요할 뿐만 아니라 다운로드 방식으로 처리하기 때문에
빅데이터를 처리하기도 어렵다. 자바 8에서는 이와 같은 문제를 해결할 수 있는
자바 스트림 방식을 도입했다. 이번 장에서는 스트림의 의미와
스트림 방식을 소개하고, 스트림의 종류와 생성 방법,
다양한 스트림 연산과 활용 등을 통하여 사용자가 원하는 형태의 결과를
집계하고 수집하는 내용을 학습한다.

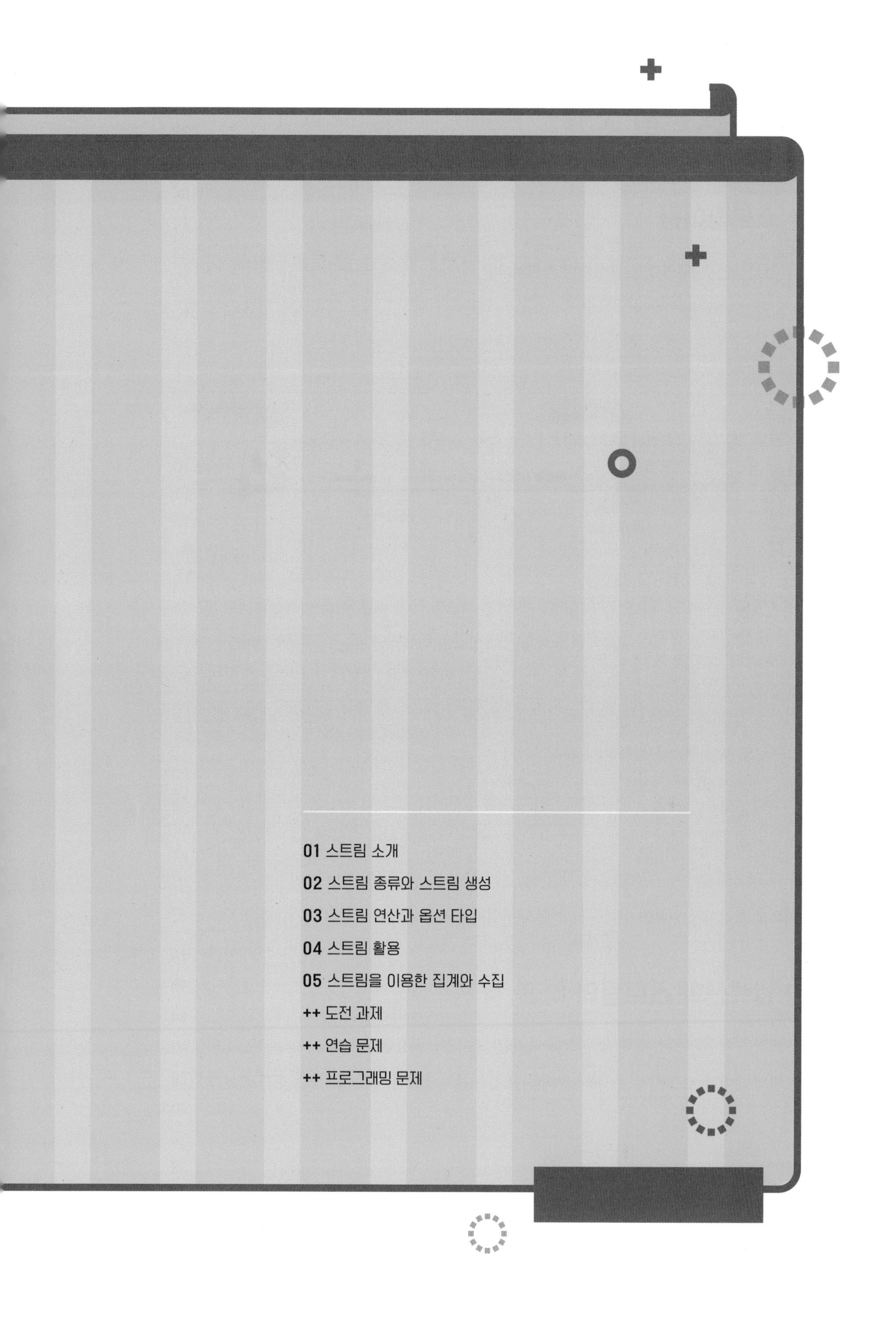

01 스트림 소개

1 스트림이란

스트림stream은 데이터 집합체를 반복적으로 처리하는 기능으로 자바 8부터 새롭게 추가된 기능이다. 스트림을 이용하면 다수의 스레드 코드를 구현하지 않아도 데이터를 병렬로 처리할 수 있다. 스트림은 스트림 데이터와 스트림 연산을 포함한다.

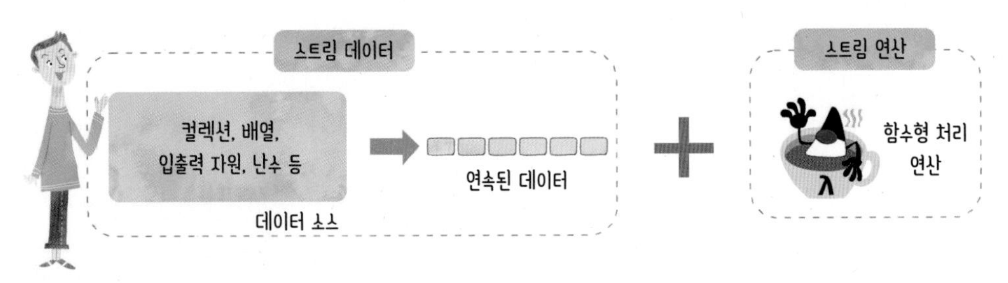

그림 12-1 스트림 데이터와 스트림 연산

스트림 데이터는 데이터 소스에서 추출한 연속적인 데이터이다. 스트림으로 사용할 수 있는 데이터 소스로는 컬렉션, 배열, 입출력 채널, 난수 등이 있으며, 피보나치 수열과 같은 연속된 데이터도 가능하다. 스트림은 데이터 소스의 순서를 그대로 유지하기 때문에 정렬된 배열이라면 스트림도 배열 원소를 정렬한 채로 사용한다.

스트림 연산은 매개변수 값이 람다식인 함수형 연산이다. 스트림 연산은 스트림 데이터에 대하여 필터링, 정렬, 매핑, 집계 등의 작업을 수행한다. 스트림 연산은 어떻게how 동작시킬지 구현하지 않고 무슨what 동작을 수행시킬까를 나열하여 데이터를 처리한다. 따라서 데이터를 반복적으로 처리하기 위하여 반복문을 어떻게 구현하고 사용할지 고민할 필요가 없다.

2 컬렉션과 스트림의 비교

스트림은 데이터 집합체의 각 원소를 처리한다는 면에서 컬렉션과 매우 유사하다. 컬렉션이 스트림의 데이터 소스로 주로 사용되지만, [표 12-1]처럼 많은 부분에서 스트림과 차이가 있다.

표 12-1 컬렉션과 스트림의 비교

구분	컬렉션	스트림
처리 방식	다운로드	스트리밍
저장 공간	필요	불필요
반복 방식	외부 반복	내부 반복
코드 구현	명령형	선언형
원본 데이터	변경	변경하지 않고 소비
연산 병렬화	어려움	쉬움

(a) 컬렉션 (b) 스트림

그림 12-2 컬렉션과 스트림의 데이터 처리 방식

컬렉션이 데이터의 공간적 집합체라면, 스트림은 데이터의 시간적 집합체이다. 컬렉션은 데이터 원소의 효율적인 관리와 접근에 맞게 설계되어 있지만, 스트림은 데이터 원소에서 수행할 함수형 연산에 맞게 설계되어 있다. 따라서 스트림은 원소에 직접 접근하거나 조작하는 수단을 제공하지 않는다. 컬렉션은 원소를 어떻게 반복해서 처리할지 개발자가 반복문이나 반복자iterator를 결정해야 하는 외부 반복 구조를 사용한다. 반면에 스트림은 람다식으로 무엇을 할지 제공하는 내부 반복 구조를 사용하므로 다음 원소를 가져오는 next() 메서드를 호출하거나 인덱스를 다룰 필요가 없다. 따라서 스트림을 사용하면 코드가 간단해지고 오류 발생 확률이 줄어든다. 또한, 데이터 처리가 복잡하다면 스트림 연산을 연결할 수 있는데, 스트림은 중간 단계의 연산 결과를 저장하지 않기 때문에 빅데이터뿐만 아니라 무한 데이터까지 처리할 수 있다.

다음은 컬렉션과 스트림이란 두 가지 방식을 사용해 0~29 사이의 난수 20개 중 10보다 큰 난수를 찾아 정렬한 후 출력하는 예제이다.

예제 12-1 **컬렉션과 스트림의 데이터 처리 비교** sec01/StreamDemo.java

```
01  import java.util.*;
02
03  public class StreamDemo {
04    public static void main(String[] args) {
05      List<Integer> list = new ArrayList<>();
06      Random r = new Random();
07
08      for (int i = 0; i < 10; i++)
09          list.add(r.nextInt(30));
10
11      // 컬렉션으로 처리(12행 ~ 18행)
12      List<Integer> gt10 = new ArrayList<>();
13      for (int i : list)
14        if (i > 10)
15          gt10.add(i);
16
17      Collections.sort(gt10);
18      System.out.println(gt10);
19
20      // 스트림으로 처리(21행 ~ 24행)
21      list.stream()
22        .filter(i -> i > 10)
23        .sorted()
24        .forEach(x -> System.out.print(x + " "));
25    }
26  }
```

- 08~09행: 0~29사이의 정수로 된 난수를 생성하여 list에 추가한다.
- 12행: 컬렉션에서 사용할 공간으로 10보다 큰 난수를 저장한다.
- 13~15행: 리스트의 원소 중에서 10보다 큰 원소만 gt10에 추가한다.
- 21행: 컬렉션에서 스트림을 생성한다.
- 22행: 10보다 큰 원소만 추출한다.
- 23행: 정렬한다.
- 24행: 원소를 하나씩 출력한다.

```
[11, 15, 17, 18, 20, 20, 20, 22, 22, 22, 24, 24, 28]
11 15 17 18 20 20 20 22 22 22 24 24 28
```

컬렉션을 사용하면 10보다 큰 난수를 저장할 리스트 객체와 같은 별도의 공간이 필요하고, 코드의 가독성도 좋지 않다. 그러나 스트림을 사용하면 코드가 간결해지고 쉽게 의미를 알 수 있다.

다음은 2절부터 모든 예제에서 공통으로 사용될 클래스이다. 따라서 예제가 정상적으로 실행되려면 각 패키지에 이 두 클래스가 있어야 한다. Nation 클래스 내부의 정적 리스트인 Nation.

nations는 8개 나라에 대한 국가명, 육지 국가 혹은 섬 국가, 인구(100만 단위), GDP 순위를 나타내며 예제의 데이터로 사용한다. Util 클래스의 두 가지 메서드는 예제 실행 결과를 화면에 한 행으로 나타내기 위한 메서드이다.

예제 12-2 **공통으로 사용될 예제 클래스** sec01/Nation.java

```
01  import java.util.List;
02
03  public class Nation {
04    private final String name; private final Type type;
05    private final double population; private final int gdpRank;
06
07    public Nation(String name, Type type, double population, int gdpRank) {
08       this.name = name; this.type = type;
09       this.population = population; this.gdpRank = gdpRank;
10    }
11
12    public String getName() { return name; }
13    public Type getType() { return type; }
14    public boolean isIsland() { return getType() != Type.LAND; }
15    public double getPopulation() { return population; }
16    public int getGdpRank() { return gdpRank; }
17    public enum Type { LAND, ISLAND }
18    public String toString() { return name; }
19
20    public static final List<Nation> nations = List.of(
21       new Nation("ROK", Type.LAND, 51.4, 11),
22       new Nation("New Zealand", Type.ISLAND, 4.5, 49),
23       new Nation("USA", Type.LAND, 318.9, 1),
24       new Nation("China", Type.LAND, 1355.7, 2),
25       new Nation("Philiphine", Type.ISLAND, 107.7, 36),
26       new Nation("United Kingdom", Type.ISLAND, 63.7, 5),
27       new Nation("Sri Lanka", Type.ISLAND, 21.9, 63),
28       new Nation("Morocco", Type.LAND, 33.0, 60)
29    );
30  }
```

Nation 객체의 정적 리스트로서 추후 데이터로 사용된다.

예제 12-3 공통으로 사용될 유틸리티 클래스 sec01/Util.java

```
01  public class Util {
02    public static <T> void print(T t) {
03      System.out.print(t + " ");
04    }
05
06    public static <T> void printWithParenthesis(T t) {
07      System.out.print("(" + t + ") ");
08    }
09  }
```

02 스트림 종류와 스트림 생성

1 스트림의 종류

자바 API를 보면 스트림은 java.base 모듈에 포함된 java.util.stream 패키지의 인터페이스이며, 다음 그림과 같이 BaseStream 인터페이스와 4개의 자식 인터페이스로 구성되어 있다.

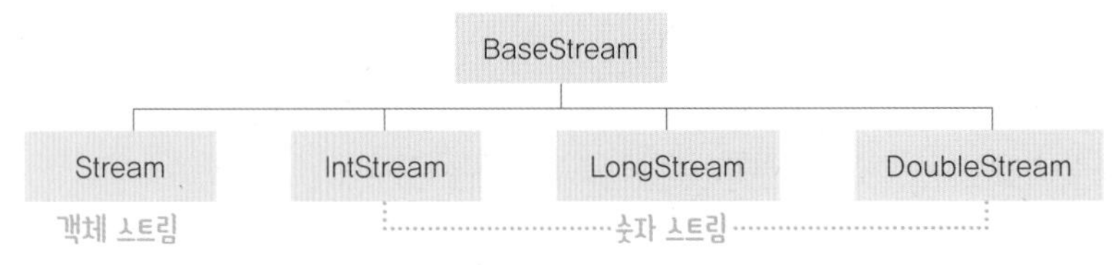

그림 12-3 스트림의 종류

BaseStream은 객체 원소를 처리하는 Stream 인터페이스, 숫자 타입(int, long, double)의 원소를 처리하는 IntStream, LongStream, DoubleStream의 부모 인터페이스이다. 숫자 스트림은 객체 스트림과 유사하지만, 다음과 같은 차이점이 있다.

- 숫자 스트림은 평균, 합계를 반환하는 average( ), sum( )이라는 메서드가 있다.
- 객체 스트림이 제공하는 최종 연산이 Optional 타입을 반환한다면 숫자 스트림은 OptionalInt, OptionalLong, OptionalDouble 타입을 반환한다.
- 숫자 스트림은 데이터 스트림의 기본 통계 요약 내용을 나타내는 summaryStatistics( ) 메서드를 제공한다.

IntStream은 int 타입 스트림이며, Stream<Integer>는 Integer 타입의 객체 스트림이다. IntStream을 Stream<Integer>로 대체할 수 있지만 박싱 및 언박싱과 같은 부담으로 인하여 성능이 떨어지며, average( ), sum( )과 같은 메서드를 사용할 수 없다.

2 스트림 생성

스트림은 주로 데이터 소스가 될 수 있는 컬렉션, 배열, 입출력 채널을 사용하여 생성할 수 있다. 이 외에도 Random 클래스가 제공하는 메서드나 스트림의 정적 메서드를 통해서도 생성할 수 있다.

컬렉션으로부터 스트림 생성

컬렉션으로부터 스트림 객체를 생성하려면 java.util.Collection 인터페이스가 제공하는 다음 두 가지의 디폴트 메서드를 사용하면 된다. 컬렉션 객체에서 이 메서드를 호출하면 Stream을 반환한다.

```
default Stream<E> stream()
default Stream<E> parallelStream()
```

예를 들어, [예제 12-1]의 21행에서 list.stream()은 List 컬렉션으로 생성한 스트림을 보여준다.

배열로부터 스트림 생성

배열로부터 스트림 객체를 생성하려면 java.util.Arrays 클래스가 제공하는 정적 메서드인 stream() 연산을 사용하거나 객체 스트림 및 숫자 스트림의 정적 메서드인 of() 메서드를 사용할 수 있다.

```
static IntStream stream(int[] array)
static <T> Stream<T> of(T... values)
static IntStream of(int... values)
```

- `static IntStream stream(int[] array)`: Arrays 클래스가 제공하는 메서드이다. long 및 double 타입의 경우는 int와 타입만 다를 뿐 사용 방법은 같다.
- `static <T> Stream<T> of(T... values)`: Stream 인터페이스가 제공하는 메서드이다.
- `static IntStream of(int... values)`: IntStream 인터페이스가 제공하는 메서드이다. long 및 double 타입의 경우는 int와 타입만 다를 뿐 사용 방법은 같다.

예제 12-4 **배열 데이터의 스트림 응용** sec02/Array2StreamDemo.java

```
01  import java.util.Arrays;
02  import java.util.stream.*;
03
04  public class Array2StreamDemo {
05     public static void main(String[] args) {
06        int[] ia = { 2, 3, 5, 7, 11, 13 };
07        IntStream is = Arrays.stream(ia);
08
09        String[] strings
10           = { "The", "pen", "is", "mighter", "than", "the", "sword" };
11        Stream<String> ss = Stream.of(strings);
12
13        double[] da = { 1.2, 3.14, 5.8, 0.2 };
14        DoubleStream ds = DoubleStream.of(da);
15     }
16  }
```

정수 배열을 사용하여 IntStream을 생성한다.

String 배열을 사용하여 Stream<String>을 생성한다.

실수 배열을 사용하여 DoubleStream을 생성한다.

기타 데이터로부터 스트림 생성

컬렉션이나 배열과 같은 데이터 소스가 아니더라도 다음과 같은 다양한 방법으로 스트림 객체를 생성할 수 있다.

- Random 클래스는 숫자 무한 스트림을 생성할 수 있도록 각각 ints( ), longs( ), doubles( ) 메서드를 오버로딩하여 제공한다.
- 숫자 스트림과 객체 스트림의 iterate( )와 generate( ) 연산은 무한 스트림을 생성하며, empty( ) 연산은 빈 스트림을 생성한다. iterate( )는 연속된 일련의 값을 만들며, generate( )는 비연속적인 값을 만든다.
- 정수 스트림(IntStream과 LongStream)은 숫자 범위로부터 스트림을 생성하는 range( ) 혹은 rangeClosed( )라는 메서드를 제공한다. range( ) 메서드는 rangeClosed( )와 달리 두 번째 매개 값이 숫자 범위에 포함되지 않는다.
- 입출력 파일이나 폴더로부터도 스트림을 생성할 수 있지만, 이는 13장에서 살펴본다.

예제 12-5 **기타 데이터의 스트림 응용** sec02/Etc2StreamDemo.java

```
01  import java.util.Random;
02  import java.util.stream.*;
03
04  public class Etc2StreamDemo {
05     public static void main(String[] args) {
06        IntStream is1 = IntStream.iterate(1, x -> x + 2);
07
08        IntStream is2 = new Random().ints(0, 10);
09
10        Stream<Double> ds = Stream.generate(Math::random);
11
12        IntStream is3 = IntStream.range(1, 5);
```

첫 원소가 1이며, 다음 원소부터는 람다식에 의하여 3, 5, 7 등이 생성된다.

0 ~ 10 사이의 정수인 난수를 생성한다.

Math의 random( ) 메서드로 Stream<Double>을 생성한다.

정수 1, 2, 3, 4를 생성한다. 두 번째 인수 5는 포함되지 않는다.

셀프 테스트 12-1

1 다음은 스트림에 대한 내용이다. 틀린 것은?

① 원소에 직접 접근하거나 조작하는 수단을 제공한다.
② 스트림은 빅데이터 처리에 적합하다.
③ 연산을 병렬화하기 쉽다.
④ 선언형으로 코드를 구현한다.

2 다음 중 Stream과 관련이 없는 것은?

① IntStream ② LongStream ③ DoubleStream ④ ObjectStream

3 IntStream.rangeClosed(1, 2)에 포함된 원소는 1과 2이다. (O, X)

03 스트림 연산과 옵션 타입

1 스트림 파이프라인

[예제 12-1]에서 사용된 스트림 연산을 자바 API에서 찾아보면 다음과 같이 filter( )와 sorted( ) 연산은 Stream 타입을 반환한다.

```
Stream<T> filter(Predicate<? super T> predicate)
Stream<T> sorted()
void forEach(Consumer<? super T> action)
```

반환 타입이 Stream이다.

스트림 연산의 결과가 Stream 타입이면 연속적으로 호출할 수 있다. 스트림 연산의 연속 호출은 여러 개의 스트림이 연결되어 스트림 파이프라인stream pipeline을 형성한다. 이는 스트림 소스의 복잡한 처리 과정을 스트림 연산으로 조립하여 파이프라인으로 구성할 수 있다는 의미이다. 다음 그림은 소스로부터 생성된 스트림, 필터링된 스트림, 정렬된 스트림이 연결된 스트림 파이프라인을 보여준다.

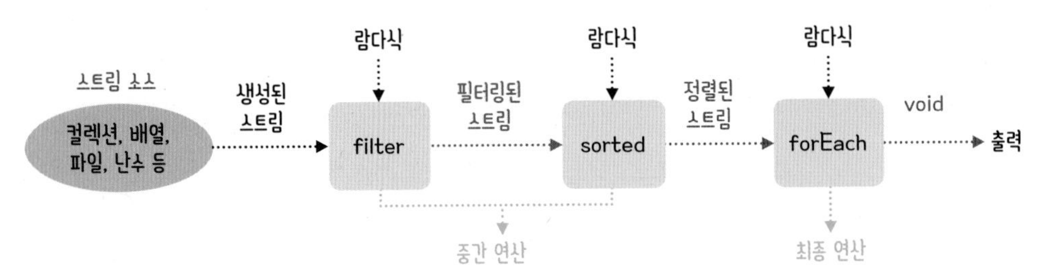

그림 12-4 스트림 파이프라인

여기서 filter()와 sorted()와 같은 스트림 연산을 중간 연산intermidate operations이라고 하며, forEach()와 같은 스트림 연산을 최종 연산terminal operations이라고 한다. 중간 연산의 결과는 Stream 타입이지만 최종 연산의 반환 타입은 Stream 타입이 아니다.

2 느긋한 연산과 조급한 연산

연산은 데이터 소스로부터 원소를 뽑아내는 방법에 따라 느긋한 연산lazy operation과 조급한 연산eager operation으로 나뉜다. 느긋한 연산은 조급한 연산이 데이터 소스에게 원소를 요구할 때까지 아무 연산도 수행하지 않고 기다리는 특징이 있다.

스트림의 최종 연산은 조급한 연산이지만 중간 연산은 느긋한 연산이다. 최종 연산이 호출되기 전까지 중간 연산은 아무런 작업을 수행하지 않는다. 최종 연산이 스트림 데이터를 요구하면 비로소 중간 연산은 입력 스트림으로부터 데이터를 뽑아 처리한 후 다음 스트림으로 넘긴다. 대부분의 중간 연산은 모든 원소를 처리한 후 한꺼번에 다음 스트림으로 보내지 않고 하나씩 보낸다. 궁극적으로 중간 연산으로 처리된 데이터가 최종 연산에서 마무리되어 결과를 산출한다. 스트림의 중간 연산이 느긋한 연산이기 때문에 다운로드 방식처럼 저장 공간이 따로 필요 없다. 따라서 스트림 연산은 빅데이터뿐만 아니라 무한 스트림에도 대응할 수 있다.

다음 두 예제는 1~5 사이의 정수로 구성된 IntStream에서 짝수만 제곱하는 코드이다. 이를 통하여 최종 연산의 여부에 따라 어떤 결과가 나타나는지 살펴보자.

예제 12-6 **스트림의 중간 연산 1** sec03/Laziness1Demo.java

```
01  import java.util.stream.IntStream;
02
03  public class Laziness1Demo {
04     public static void main(String[] args) {
05        IntStream is = IntStream.rangeClosed(1, 5);
06
07        is.filter(x -> {
08           System.out.println("filter : " + x);
09           return x % 2 == 0;
10        }).map(x -> {
11           System.out.println("map : " + x);
12           return x * x;
13        });
14     }
15  }
```

2의 배수만 빼내어 다음 스트림으로 전달한다.

전달받은 원소를 제곱한다.

5행은 스트림 생성, 7~9행은 필터링 연산, 그리고 10~12행은 매핑 연산을 수행한다. 그런데 위 코드를 실행하더라도 실행 결과가 없다. 이는 스트림 생성, 필터링, 매핑을 연결한 스트림 파이프라인이 중간 연산으로만 구성되어 있기 때문이다. 최종 연산이 없으므로 스트림 원소를 한 번도 요구하지 않는다. 만약 스트림 원소를 요구한다면 필터링 연산과 매핑 연산에 포함된 println() 메서드의 결과가 나타나야 한다. 따라서 느긋한 연산인 filter()와 map()은 어떤 연산도 수행하지 않고 최종 연산이 스트림 원소를 요구할 때까지 기다린다.

예제 12-7 **스트림의 중간 연산 2** sec03/Laziness2Demo.java

```
01  import java.util.stream.IntStream;
02
03  public class Laziness2Demo {
04     public static void main(String[] args) {
05        IntStream is = IntStream.rangeClosed(1, 5);
06
07        is.filter(x -> {
08              System.out.println("filter : " + x);
09              return x % 2 == 0;
10           }).map(x -> {
11              System.out.println("map : " + x);
12              return x * x;
13           }).forEach(x ->
14              System.out.println("forEach : " + x)
15           );
16     }
17  }
```

최종 연산으로 처리하기 위하여 스트림의 원소를 요구한다.

```
filter : 1
filter : 2
map : 2
forEach : 4
filter : 3
filter : 4
map : 4
forEach : 16
filter : 5
```

첫 원소인 1은 필터링만 하고 더 이상 처리하지 않고, 다음 원소인 짝수는 마지막 단계까지 처리한다.

다음 그림은 위 프로그램의 실행 결과를 단계적으로 나타낸다. 최종 연산이 포함되기 전까지는 소스 스트림으로부터 어떤 원소도 스트림 파이프라인으로 전달되지 않음을 보여준다.

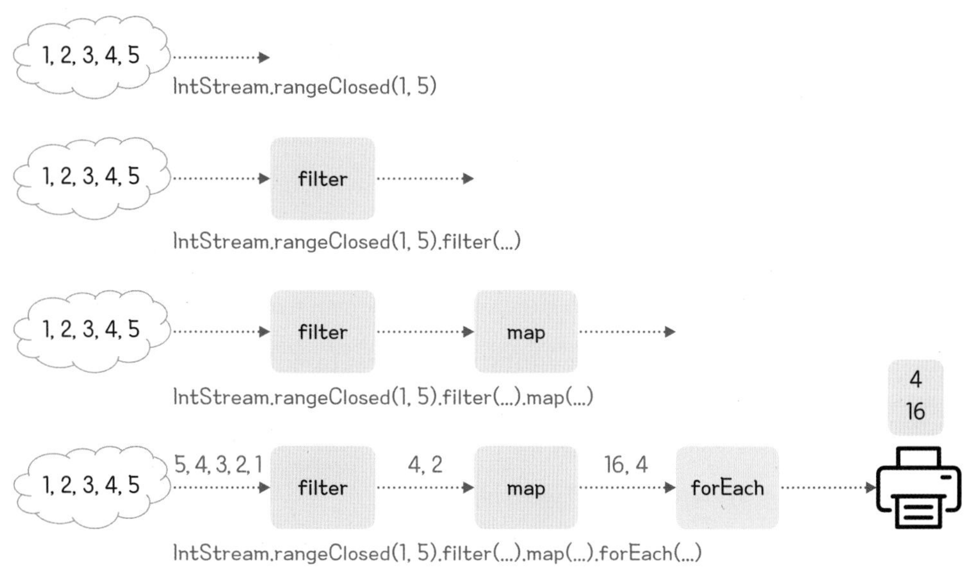

그림 12-5 중간 연산과 최종 연산

3 병렬 처리

빅데이터를 빠르게 처리하려면 멀티 코어 CPU 활용을 극대화할 수 있어야 한다. 자바 7까지의 Collection API 모델은 싱글 코어 CPU 중심으로 설계되어 있어서 컴퓨팅 성능을 효과적으로 활용하지 못할 뿐만 아니라 빅데이터를 처리하기에는 적합하지 않다. 자바 8의 스트림 모델은 멀티 코어 CPU를 제대로 활용하여 데이터 소스를 병렬로 처리할 수 있도록 병렬 스트림parallel stream도 지원한다.

병렬 스트림은 컬렉션 혹은 순차 스트림으로부터 각각 parallelStream() 혹은 parallel() 메서드를 호출함으로써 얻을 수 있다. 어떤 방법으로 병렬 스트림을 얻더라도 내부적으로 전체 스트림을 부분 스트림으로 분할한 후 각 스트림을 개별 스레드가 담당하게 함으로써 병렬로 처리한다. 따라서 병렬 스트림을 사용하면 스레드 개수, 동기화 문제 등을 고민할 필요 없이 데이터를 병렬로 처리할 수 있다.

다음 예제는 순차 스트림과 병렬 스트림을 사용하여 정수 합산에 필요한 시간을 측정하는 코드이다.

예제 12-8 **순차 스트림과 병렬 스트림** sec03/ParallelDemo.java

```
01  import java.util.stream.IntStream;
02
03  public class ParallelDemo {
04     public static void main(String[] args) {
05        long start, end, total;
06
07        IntStream sequantial = IntStream.rangeClosed(1, 100000000);
08        start = System.currentTimeMillis();
09        total = sequantial.sum();
10        end = System.currentTimeMillis();
11        System.out.println("순차 처리 : " + (end - start));
12
13        IntStream parallel = IntStream.rangeClosed(1, 100000000).parallel();
14        start = System.currentTimeMillis();
15        total = parallel.sum();
16        end = System.currentTimeMillis();
17        System.out.println("병렬 처리 : " + (end - start));
18     }
19  }
```

1부터 1억까지의 정수 순차 스트림을 생성한다.

1부터 1억까지의 정수 병렬 스트림을 생성한다.

```
순차 처리 : 38
병렬 처리 : 21
```

실행할 때마다 측정된 시간이 다소 다를 수 있지만, 병렬 스트림을 사용하면 일반적으로 더욱 짧은 시간이 소요된다. 그러나 병렬 스트림이 반드시 순차 스트림보다 더 나은 성능을 보이진 않는다. 스트림을 부분 스트림으로 분할하기 어렵거나 데이터 소스의 크기가 작거나 혹은 싱글 코어 CPU라면 오히려 성능이 나빠질 수 있다.

4 옵션 타입

모든 객체의 기본값인 null이 있어 편리한 점도 있지만, 개발자 대부분이 null과 관련된 오류를 경험할 만큼 null은 골칫거리이다. 다음 예를 살펴보자.

```
String s = null;
Date d = null;
```

이처럼 String 타입과 Date 타입은 상속 관계가 없는데도 불구하고 같은 값인 null을 초깃값으로 사용될 수 있다. 따라서 null은 모든 참조 변수의 값으로 대입될 수 있으므로 어떤 의미로 사용되었는지 알 수 없다.

함수형 언어는 부재 값도 가질 수 있는 옵션 타입을 제공하므로 null이 필요 없다. 자바도 오류의 근원인 null 문제를 줄이고자 자바 8부터 도입한 옵션 타입이 Optional이다. Optional은 java.util 패키지에 있는 클래스로서 부재 값을 포함한 데이터를 저장하는 컨테이너이다. Optional은 null을 사용하지 않고 부재 값을 모델링 하기 위하여 도입된 클래스이다. 자바 8에서 제공하는 옵션 타입은 객체를 위한 Optional 클래스, 숫자 타입에 특화된 OptionalInt, OptionalLong, OptionalDouble 클래스가 있다. 이 네 가지 옵션 타입은 타입만 다를 뿐 제공하는 기능은 거의 같다. Optional 클래스는 값의 존재 여부에 따라 다양하게 처리할 수 있는 기능을 제공한다. 즉, 값의 존재 여부 조사, 값의 존재 여부에 따라 처리 혹은 디폴트 값 지정과 같은 메서드를 제공한다.

다음은 Optional 클래스와 OptionalInt 클래스가 제공하는 일부 메서드이다. 단, 매개변수는 편의상 타입만 명시한다. OptionalLong 및 OptionalDouble 클래스가 제공하는 메서드는 OptionalInt 클래스와 유사하다. 이외에도 자바 9부터 ifPresentOrElse( ), stream( )과 같은 다양한 메소드도 제공한다.

표 12-2 Optional 및 OptionalInt 클래스가 제공하는 주요 연산(OptionalInt는 파란색)

메서드	의미
static Optional empty( )	빈 Optional 객체를 반환한다.
T get( ), int getAsInt( )	값을 반환하며, 없다면 예외를 던진다.
boolean isPresent( )	값의 존재 여부를 반환한다.
void ifPresent(Consumer)	값이 있을 때 Consumer에서 처리한다.
static Optional of(T) static OptionalInt of(int)	주어진 값을 가진 Optional 타입으로 변환한다.
static Optional ofNullable(T) static Optional ofNullable(int)	주어진 값을 가진 Optional을 반환한다. 만약 null이라면 빈 Optional을 반환한다.
T orElse(T), int orElse(int)	값이 없을 때 디폴트 값을 지정한다.

다음 두 예제는 Optional 타입 생성 전후의 값을 출력하거나 혹은 부재 값이 없을 때 Optional 클래스로 해결할 수 있는 다양한 방법을 보여주는 코드이다.

예제 12-9 Optional 타입의 활용 1 sec03/Optional1Demo.java

```java
01  import java.util.*;
02
03  public class Optional1Demo {
04     public static OptionalDouble divide(double x, double y) {
05        return y == 0 ? OptionalDouble.empty() : OptionalDouble.of(x / y);
06     }
07
08     public static void main(String[] args) {
09        OptionalInt i = OptionalInt.of(100);
10        OptionalDouble d = OptionalDouble.of(3.14);
11        Optional<String> s = Optional.of("apple");
12
13        System.out.println(i.getAsInt());
14        System.out.println(d.getAsDouble());
15        System.out.println(s.get());
16
17        System.out.println(i);
18        System.out.println(d);
19        System.out.println(s);
20
21        System.out.println(divide(1.0, 2.0));
22        System.out.println(divide(1.0, 0.0));
23     }
24  }
```

- 분모 값(0) 여부에 따라 다르게 처리하는 나눗셈 메서드이다. (04~06행)
- 정수, 실수, 객체를 위한 옵션 타입을 생성한다. (09~11행)
- 옵션 타입으로 포장하기 이전의 값을 출력한다. (13~15행)
- 옵션 타입으로 포장된 값을 출력한다. (17~19행)
- 1.0을 2.0 혹은 0.0으로 나눈 값을 옵션 타입으로 출력한다. (21~22행)

```
100
3.14
apple
OptionalInt[100]
OptionalDouble[3.14]
Optional[apple]
OptionalDouble[0.5]
OptionalDouble.empty
```

예제 12-10 **Optional 타입의 활용 2** sec03/Optional2Demo.java

```
01  import java.util.Optional;
02
03  public class Optional2Demo {
04     public static void main(String[] args) {
05        String s1 = "안녕!";  // or String s1 = null;
06        Optional<String> o = Optional.ofNullable(s1);
07
08        if(s1 != null)
09           Util.print(s1);
10        else
11           Util.print("없음");
12
13        if(o.isPresent())
14           Util.print(o.get());
15        else
16           Util.print("없음");
17
18        String s2 = o.orElse("없음");
19        Util.print(s2);
20
21        o.ifPresentOrElse(Util::print, () -> System.out.println("없음"));
22     }
23  }
```

문자열을 Optional 타입으로 변환한다. ofNullable( )는 of( )와 달리 null도 가질 수 있다.

Optional 타입을 사용하지 않는 경우 처리 방법

Optional 타입을 사용하는 경우 3가지 처리 방법

s1이 "안녕!"인 경우

```
안녕! 안녕! 안녕! 안녕!
```

s1이 null인 경우

```
없음 없음 없음 없음
```

셀프 테스트 12-2

1 스트림의 최종 연산이 느긋한 연산이다. (O, X)

2 스트림의 중간 연산의 반환 타입은 모두 Stream 타입이다. (O, X)

3 null 문제를 줄이고자 자바 8부터 도입한 옵션 타입이 __________이다.

4 OptionalInt 객체에 포함된 값을 얻으려면 __________ 메서드를 호출하면 된다.

04 스트림 활용

중간 연산은 데이터 소스와 스트림 파이프라인의 마지막 부분을 연결해주는 느긋한 연산이며, 최종 연산은 중간 연산으로 처리된 스트림 데이터를 마무리하는 조급한 연산이다. 중간 연산의 결과는 스트림 타입이지만 최종 연산은 스트림 타입이 아니다. 중간 연산으로 필터링, 매핑, 정렬 등이 있고, 최종 연산으로 매칭matching, 카운팅counting, 최댓값, 최솟값, 평균, 합계, 집계, 리듀싱reducing, 수집 등이 있다.

이와 같은 스트림 연산을 위하여 다음에 있는 대부분의 예제는 연속 호출을 사용하여 하나의 실행문으로 나타낼 수 있지만, 중간 스트림의 타입을 보여주기 위하여 일부러 다수의 분할된 스트림 연산으로 표현함을 유의하라.

1 필터링

필터링filtering은 입력된 스트림 원소 중에서 일부 원소를 걸러내는 중간 연산이다. 필터링을 위한 연산은 filter(), distinct(), limit(), skip()이 있다. filter() 연산은 매개 값으로 Predicate 타입을 사용하여 통과시킬 원소의 기준을 제시한다. distinct() 연산은 중복된 원소를 제거하며, 객체의 중복 여부는 hashCode()와 equals()의 결과로 결정한다. limt() 연산은 매개 값으로 주어진 개수만큼만 스트림 원소를 다음 스트림으로 넘긴다. skip() 연산은 주어진 개수만큼 스트림 원소를 건너뛴다.

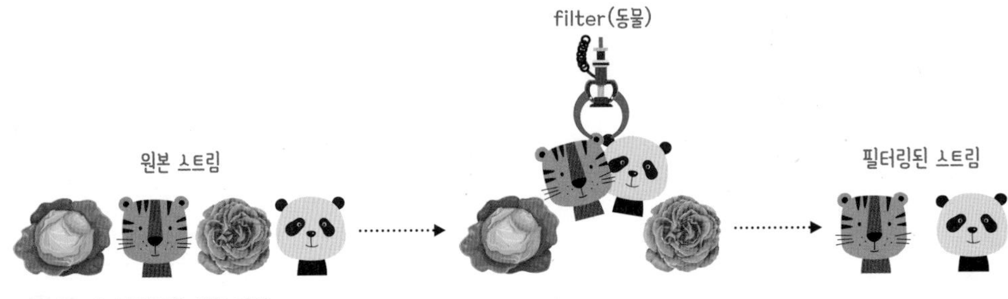

그림 12-6 필터링을 위한 연산

예제 12-11 **필터링 연산 1** sec04/FilterDemo.java

```
01  import java.util.stream.*;
02
```

```
03  public class FilterDemo {
04    public static void main(String[] args) {
05      System.out.print("문자열 스트림 : ");
06      Stream<String> s1 = Stream.of("a1", "b1", "b2", "c1", "c2", "c3");
07      Stream<String> s2 = s1.filter(s -> s.startsWith("c"));
08      Stream<String> s3 = s2.skip(1);
09      s3.forEach(Util::print);
10
11      System.out.print("\n정수 스트림 : ");
12      IntStream i1 = IntStream.of(1, 2, 1, 3, 3, 2, 4);
13      IntStream i2 = i1.filter(i -> i % 2 == 0);
14      IntStream i3 = i2.distinct();
15      i3.forEach(Util::print);
16
17      System.out.print("\n인구가 1억(100백만) 이상의 2개 나라 : ");
18      Stream<Nation> n1 = Nation.nations.stream();
19      Stream<Nation> n2 = n1.filter(p -> p.getPopulation() > 100.0);
20      Stream<Nation> n3 = n2.limit(2);
21      n3.forEach(Util::printWithParenthesis);
22    }
23  }
```

원본 스트림에서 c로 시작하는 문자열로 구성된 스트림을 생성하고, 그 스트림에서 첫 번째 원소를 제거한 스트림을 생성한다.

원본 스트림에서 짝수 스트림을 생성하고, 짝수 스트림에서 중복 원소를 제거한 스트림을 생성한다.

원본 스트림에서 인구 1억이 넘는 2개의 나라만 포함하는 스트림을 생성한다.

```
문자열 스트림 : c2 c3
정수 스트림 : 2 4
인구가 1억(100백만) 이상의 2개 나라 : (USA) (China)
```

6~9행, 12~15행, 18~21행은 메서드 연속 호출로 하나의 실행문으로 줄일 수 있다. 예를 들어, 6~9행을 하나의 실행문으로 줄이면 다음과 같다.

```
Stream.of("a1", "b1", "b2", "c1", "c2", "c3")
  .filter(s -> s.startsWith("c"))
  .skip(1).forEach(Util::print);
```

참고

distinct( ) 연산은 모든 원소를 한꺼번에 저장할 버퍼가 필요한 연산이다. 따라서 대규모 스트림이라면 많은 메모리 공간을 잠식할 수 있다. limit( ) 연산은 주어진 개수만큼의 원소만 처리하는 쇼트서킷(short circuit) 연산이다.

2 매핑

대표적인 매핑 연산으로 map( ), flatMap( ), mapToObj( ), mapToInt( ), asLongStream( ), asDoubleStream( ), boxed( ) 등이 있다. 매핑 연산은 입력 스트림을 다른 종류의 스트림으로 변경할 수 있다. 예를 들어, Stream〈String〉이란 입력 스트림에 mapToInt( ) 연산을 수행하면 IntStream으로 변경된다.

map( ) 연산은 매개 값으로 제공된 람다식을 이용하여 입력 스트림의 객체 원소를 다른 타입 혹은 다른 객체 원소로 매핑한다. flatMap( ) 연산은 그룹 원소를 낱개 원소로 펼치는 평면화 작업을 수행한다. mapToObj( ) 연산은 숫자 스트림을 객체 스트림으로 매핑한다. mapToInt( ) 연산은 객체 스트림이나 long 혹은 double 타입 스트림을 IntStream으로 매핑한다. asLongStream( )과 asDoubleStream( )은 IntStream을 각각 LongStream과 DoubleStream으로 매핑한다.

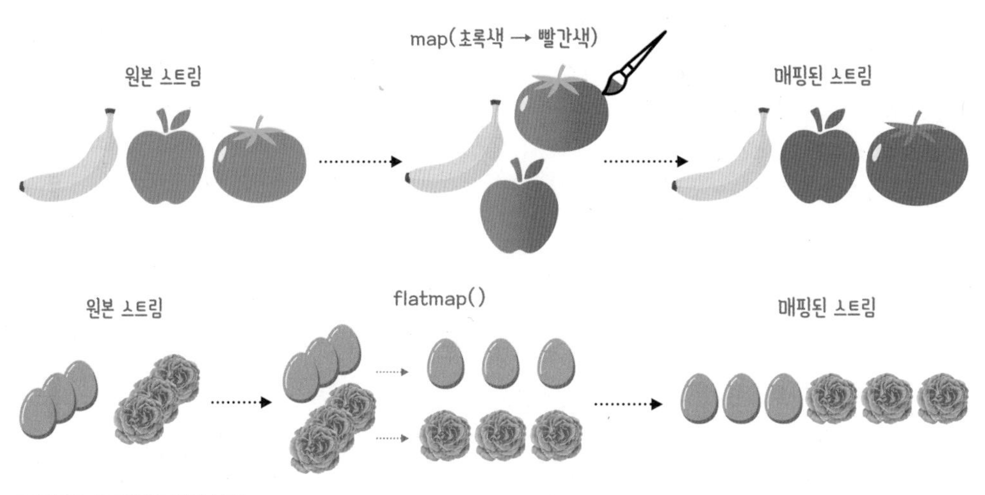

그림 12-7 매핑을 위한 연산

다음 두 예제는 map( ), mapToInt( ), mapToObj( ) 연산을 사용하여 스트림을 다른 형태의 스트림으로 변환하는 코드이다.

예제 12-12 **매핑 연산 1** sec04/Map1Demo.java

```
01  import java.util.stream.*;
02
03  public class Map1Demo {
04     public static void main(String[] args) {
05        Stream<String> s1 = Stream.of("a1", "b1", "b2", "c1", "c2");
06        Stream<String> s2 = s1.map(String::toUpperCase);
07        s2.forEach(Util::print);
08        System.out.println();
09
10        Stream<Integer> i1 = Stream.of(1, 2, 1, 3, 3, 2, 4);
11        Stream<Integer> i2 = i1.map(i -> i * 2);
12        i2.forEach(Util::print);
13        System.out.println();
14
15        Stream<String> s3 = Stream.of("a1", "a2", "a3");
16
17        Stream<String> s4 = s3.map(s -> s.substring(1));
18        IntStream i3 = s4.mapToInt(Integer::parseInt);
19        Stream<String> s5 = i3.mapToObj(i -> "b" + i);
20
21        s5.forEach(Util::print);
22     }
23  }
```

입력 스트림 원소를 대문자로 변환한 스트림을 생성한다.

입력 스트림 원소에 2를 곱한 스트림을 생성한다.

입력 스트림 원소의 부분 문자열로 스트림을 생성한다.

Stream<String>을 parseInt( ) 메서드를 이용하여 IntStream으로 변환한다.

문자열 'b'를 IntStream의 원소에 결합하여 Stream<String>을 생성한다.

```
A1 B1 B2 C1 C2
2 4 2 6 6 4 8
b1 b2 b3
```

17행은 입력 스트림의 각 원소에서 첫 번째 문자를 제외한 나머지 문자열을 추출하여 "1", "2", "3"이라는 원소로 구성된 Stream〈String〉을 생성한다. 18행은 입력 스트림 원소를 Integer 클래스의 parseInt( ) 메서드로 정수화하여 1, 2, 3이라는 원소로 구성된 IntStream으로 변환시킨다. 19행은 문자열 "b"와 숫자 스트림의 원소 1, 2, 3을 결합하여 "b1", "b2", "b3"로 구성된 Stream〈String〉을 생성한다.

예제 12-13 **매핑 연산 2** sec04/Map2Demo.java

```
01  import java.util.stream.*;
02
03  public class Map2Demo {
04     public static void main(String[] args) {
05        Stream<Nation> n1 = Nation.nations.stream();
06        Stream<String> s1 = n1.map(Nation::getName);
07        s1.limit(4).forEach(Util::printWithParenthesis);
08        System.out.println();
09
10        Stream<Nation> n2 = Nation.nations.stream();
11        IntStream is = n2.mapToInt(Nation::getGdpRank);
12        is.forEach(Util::print);
13     }
14  }
```

getName() 메서드를 이용하여 국가 이름으로 구성된 Stream<String>을 생성한다.

getGDPRank() 메서드를 이용하여 GDP 순위로 구성된 IntStream을 생성한다.

```
(ROK) (New Zealand) (USA) (China)
11 49 1 2 36 5 63 60
```

11행에서 mapToInt() 연산을 수행하지 않고 map() 연산을 수행하면 다음과 같이 Stream 〈Integer〉 타입의 스트림이 생성된다.

```
Stream<Integer> si = n2.map(Nation::getGDPRank);
```

다음 예제는 flatMap() 메서드를 사용하여 문장으로 구성된 문자열 스트림을 단어로 구성된 문자열 스트림으로 생성한다. 또한 문자열 리스트로 구성된 스트림에서 크기가 1보다 큰 문자열 리스트의 문자열로 구성된 스트림으로 매핑한다.

예제 12-14 **매핑 연산 3** sec04/Map3Demo.java

```
01  import java.util.*;
02  import java.util.stream.Stream;
03
04  public class Map3Demo {
```

```
05     public static void main(String[] args) {
06        List<String> list1 = List.of("안녕, 자바!", "잘 가, C++!");
07        Stream<String> s1 = list1.stream();
08        Stream<String> s2 = s1.flatMap(s -> Arrays.stream(s.split(" ")));
09        s2.forEach(Util::printWithParenthesis);
10        System.out.println();
11
12        List<String> list2 = List.of("좋은 아침");
13        List<String> list3 = List.of("안녕! 람다", "환영! 스트림");
14
15        Stream<List<String>> s3 = Stream.of(list1, list2, list3);
16
17        Stream<String> s4 = s3.flatMap(list -> {
18           if (list.size() > 1)
19              return list.stream();
20           else
21              return Stream.empty();
22        });
23        s4.forEach(Util::printWithParenthesis);
24     }
25  }
```

문장으로 구성된 스트림에서 단어를 뽑아 단어로 구성된 스트림을 생성한다.

3개의 문자열 리스트로 구성된 스트림인 Stream<List<String>>을 생성한다.

문자열 리스트를 원소로 받는다. 리스트의 크기가 1보다 크면 리스트를 스트림으로 출력하고, 1보다 크지 않으면 빈 스트림으로 출력한다.

```
(안녕,) (자바!) (잘) (가,) (C++!)
(안녕, 자바!) (잘 가, C++!) (안녕! 람다) (환영! 스트림)
```

list2의 크기는 1이므로 결과에 포함되지 않았다.

8행은 입력 스트림의 원소인 문장에서 단어를 뽑아 다음 그림과 같은 새로운 스트림을 구성한다. flatMap()은 split() 메서드를 사용하여 문장을 단어로 쪼갠 후 Array.stream() 메서드를 이용하여 단어로 구성된 스트림을 생성한다. 즉, split()은 "안녕, 자바!"와 "잘 가, C++!"라는 문장을 "안녕,"과 "자바!", 그리고 "잘", "가,", "C++!"라는 단어로 나눈다. 나누어진 단어로 Arrays.stream()은 단어로 된 스트림을 생성한다.

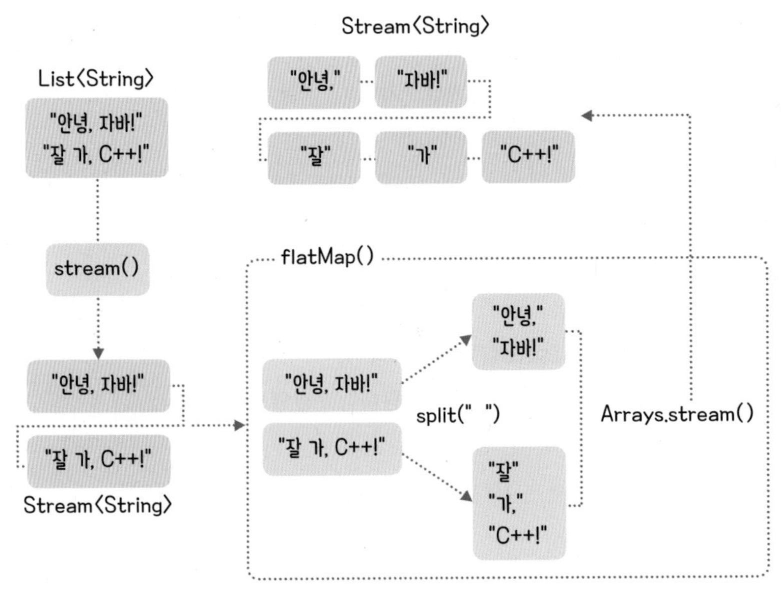

그림 12-8 단어로 이루어진 스트림 생성 과정

15행은 문자열 리스트로 구성된 객체 스트림으로 Stream<List<String>> 타입이다. 17행의 flatMap() 연산은 리스트의 크기가 1보다 큰 경우만 리스트를 스트림으로 생성한다.

3 정렬

정렬 연산은 입력된 스트림 원소 전체를 정렬하는 중간 연산으로 distinct() 연산과 마찬가지로 버퍼가 필요한 연산이다. 숫자 스트림과 문자열 스트림에 정렬 연산을 수행하려면 인수 없이 sorted() 연산을 사용하면 된다. 객체 스트림은 객체 원소가 Comparable 타입이라면 인수 없이 sorted() 연산을 사용할 수 있지만, Comparable 타입이 아니라면 sorted() 연산의 인수로 Comparator 타입의 람다식을 제공해야 한다.

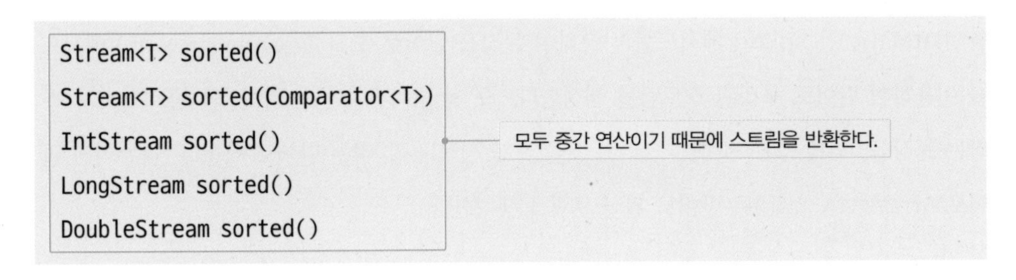

```
Stream<T> sorted()
Stream<T> sorted(Comparator<T>)
IntStream sorted()
LongStream sorted()
DoubleStream sorted()
```

다음은 정렬 연산을 사용하여 문자열 스트림을 정렬하거나, Nation 객체 스트림을 이름 순서 혹은 GDP 순위대로 정렬하는 예제이다.

예제 12-15 **정렬 연산** sec04/SortedDemo.java

```
01  import java.util.Comparator;
02  import java.util.stream.Stream;
03
04  public class SortedDemo {
05     public static void main(String[] args) {
06        Stream<String> s1 = Stream.of("d2", "a2", "b1", "b3", "c");
07        Stream<String> s2 = s1.sorted();
08        s2.forEach(Util::print);
09
10        System.out.println("\n국가 이름 순서 : ");
11        Stream<Nation> n1 = Nation.nations.stream();
12        Stream<Nation> n2 =
13           n1.sorted(Comparator.comparing(Nation::getName));
14        Stream<String> s3 = n2.map(x -> x.getName());
15        s3.forEach(Util::printWithParenthesis);
16
17        System.out.println("\n국가 GDP 순서 : ");
18        Stream<Nation> n3 = Nation.nations.stream();
19        Stream<Nation> n4 =
20           n3.sorted(Comparator.comparing(Nation::getGdpRank));
21        Stream<String> s4 = n4.map(Nation::getName);
22        s4.forEach(Util::printWithParenthesis);
23     }
24  }
```

Nation 클래스의 name 필드로 정렬한 스트림을 생성한다.

Nation 클래스 중 name 필드만 포함하는 스트림을 생성한다.

Nation 클래스의 gdpRank 필드로 정렬한 스트림을 생성한다.

```
a2 b1 b3 c d2
국가 이름 순서 :
(China) (Morocco) (New Zealand) (Philiphine) (ROK) (Sri Lanka) (USA) (United Kingdom)
국가 GDP 순서 :
(USA) (China) (United Kingdom) (ROK) (Philiphine) (New Zealand) (Morocco) (Sri Lanka)
```

11행 및 18행은 Nation 타입을 원소로 가진 스트림이다. 12~13행과 19~20행에서 Nation은 Comparable 구현 클래스가 아니므로 sorted() 연산의 인수로 Comparator 객체를 제공하고 있다. sorted() 연산에서 메서드 참조를 이용했지만 람다식으로 사용할 수 있다. 13행에 있는 sorted() 인수를 람다식으로 표현하면 다음과 같다.

```
(x, y) -> x.getName().compareTo(y.getName())
```

14행은 Stream〈Nation〉에서 Nation 객체를 받아 Nation 객체의 name 필드로 구성된 Stream〈String〉 타입의 스트림을 생성한다. 21행은 14행과 같게 작동하지만, map() 연산에 메서드 참조를 사용한 것이다.

4 매칭과 검색

특정 속성과 일치되는 스트림 원소의 존재 여부를 조사하거나 검색하는 데 사용되는 스트림의 최종 연산으로 다음과 같은 연산이 있다.

```
boolean allMatch(Predicate<? super T> predicate)
boolean anyMatch(Predicate<? super T> predicate)
boolean noneMatch(Predicate<? super T> predicate)
Optional<T> findAny()
Optional<T> findFirst()
```

다음 예제는 문자 스트림, 숫자 스트림, Nation.nations 리스트에 의한 스트림을 이용하여 위 다섯 가지의 매칭 및 검색 연산을 수행하는 코드이다.

예제 12-16 **매칭 및 검색 연산** sec04/MatchDemo.java

```
01  import java.util.*; import java.util.stream.*;
02
03  public class MatchDemo {
04    public static void main(String[] args) {
05      boolean b1 =
06        Stream.of("a1", "b2", "c3").anyMatch(s -> s.startsWith("c"));
07      System.out.println(b1);
08
```

스트림에 c로 시작하는 원소가 있는지 조사한다.

```
09        boolean b2 = IntStream.of(10, 20, 30).allMatch(p -> p % 3 == 0);
10        System.out.println(b2);
11
12        boolean b3 = IntStream.of(1, 2, 3).noneMatch(p -> p == 3);
13        System.out.println(b3);
14
15        if (Nation.nations.stream().allMatch(d -> d.getPopulation() > 100.0))
16           System.out.println("모든 국가의 인구가 1억이 넘는다.");
17        else
18           System.out.println("모든 국가의 인구가 1억이 넘지 않는다.");
19
20        Optional<Nation> nation = Nation.nations.stream().findFirst();
21        nation.ifPresentOrElse(Util::print, () -> System.out.print("없음."));
22        System.out.println();
23
24        nation = Nation.nations.stream().filter(Nation::isIsland).findAny();
25        nation.ifPresent(Util::print);
26     }
27  }
```

스트림의 모든 원소가 3의 배수인지 조사한다.

스트림에 3이라는 원소가 없는지 조사한다.

Nation.nations 리스트의 모든 국가의 인구가 1억 이상인지 조사한다.

Nation.nations 리스트에 하나의 원소도 없을 수도 있어서 Optional<Nation> 타입이다.

Nation.nations 리스트의 첫 원소가 있으면 그 원소를 출력하고 없으면 없음으로 출력한다.

```
true
false
false
모든 국가의 인구가 1억이 넘지 않는다.
ROK
New Zealand
```

5 루핑과 단순 집계

루핑looping은 전체 원소를 반복하는 연산으로 forEach()와 peek()가 있다. 두 연산은 모두 전체 원소에 대하여 매개 값인 Consumer가 명시한 작업을 수행하는 연산이다. 그러나 forEach()는 최종 연산이며, peek()는 중간 연산이다. 단순 집계reduction는 스트림을 사용하여 스트림 원소의 개수, 합계, 평균값, 최댓값, 최솟값 등과 같은 하나의 값을 도출하는 최종 연산이다. 단순 집계 연산으로 count(), sum(), average(), max(), min() 등이 있다. max()와 min() 연산의 경우 매개 값이 필요하다면 Comparator 타입을 사용한다. 또한 count()와 sum() 연산을 제외한 나머지 스트림 연산은 옵션 타입을 반환한다.

다음 예제는 정수 스트림과 Nation.nations 리스트에 의한 스트림으로 중간 연산인 peek()와 단순 집계 연산을 수행하는 코드이다.

예제 12-17 **루핑과 단순 집계** sec04/LoopAggregateDemo.java

```
01 import java.util.*;
02 import java.util.stream.*;
03
04 public class LoopAggregateDemo {
05    public static void main(String[] args) {
06       Stream<Nation> sn = Nation.nations.stream()
07          .peek(Util::printWithParenthesis);
08       System.out.println("어디 나타날까?");
09       Optional<Nation> on = sn
10          .max(Comparator.comparing(Nation::getPopulation));
11       System.out.println();
12       System.out.println(on.get());
13
14       System.out.println(IntStream.of(5, 1, 2, 3).min().getAsInt());
15
16       sn = Nation.nations.stream();
17       System.out.println(sn.count());
18    }
19 }
```

중간 연산으로 최종 연산이 연결될 때 실행된다.

정수 스트림의 min() 연산 결과이므로 OptionalInt 타입이다. 따라서 OptionalInt 타입에서 정숫값을 얻기 위하여 getAsInt()를 사용한다.

```
어디 나타날까?
(ROK) (New Zealand) (USA) (China) (Philiphine) (United Kingdom) (Sri Lanka) (Morocco)
China
1
8
```

7행의 출력 결과이다.

12행의 출력 결과이다.

14행의 출력 결과이다.

7행에 peek()가 8행의 System.out.println()보다 앞에 있는 실행문이다. 그러나 peek() 연산은 중간 연산이기 때문에 10행에 있는 최종 연산인 max()와 연결되어야만 실행된다. 따라서 실행 결과에서 보는 바와 같이 7행의 peek() 연산 결과보다 8행의 System.out.println() 연산 결과가 먼저 나타난다. 10행과 14행의 max()와 min() 연산의 결과는 옵션 타입임을 유의하라.

스트림을 이용한 집계와 수집

스트림 원소에 대하여 복잡한 연산 결과를 집계하거나 연산 결과를 List, Set 등과 같은 컬렉션에 수집하고자 하는 경우도 자주 있다. 여기서는 범용 집계를 위한 리듀싱reducing과 처리 결과를 수집하기 위한 컬렉터collector에 대하여 살펴본다.

1 리듀싱 연산

모든 스트림 원소에 대하여 원소 개수, 합계, 평균값 등과 같은 단순한 집계라면 자바 API가 제공하는 스트림 연산으로 충분하다. 그러나 스트림 원소를 조합하여 복잡하게 처리해야 한다면 기본 집계 연산으로 감당할 수 없다. 이를 위하여 Stream 인터페이스는 람다식을 사용하여 복합적인 집계 결과를 도출할 수 있도록 리듀싱reducing 기능을 제공한다. 리듀싱 연산은 스트림 원소를 단 하나의 값으로 축약시키는 연산이다. 예를 들어 주어진 숫자(1, 2, 3)를 리듀싱 연산으로 합산하는 과정은 다음과 같다.

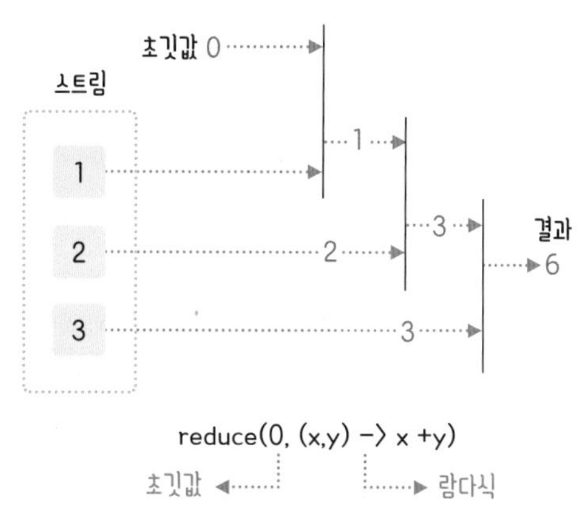

그림 12-9 숫자 1, 2, 3의 리듀싱 연산 과정

[표 12-3]은 Stream과 IntStream에 대한 리듀싱 연산이며, 편의상 매개변수는 타입만 명시한다. 초깃값이 없는 reduce( ) 연산은 결괏값이 없을 수도 있으므로 옵션 타입을 반환하지만, 초깃값이 있는 reduce( ) 연산은 객체 타입이나 숫자 타입을 반환한다.

표 12-3 Stream과 IntStream의 리듀싱 연산(IntStream은 파란색)

메서드	의미
Optional reduce(BinaryOperator) OptionalInt reduce(IntBinaryOperator)	2개 원소를 조합해서 1개 값으로 축약하는 과정을 반복하여 집계한 결과를 반환한다.
T reduce(T, BinaryOperator) int reduce(int, IntBinaryOperator)	첫 번째 인숫값을 초깃값으로 제공한다는 것을 제외하면 위 메서드와 같다.

다음 두 예제는 reduce( ) 연산을 적용하여 합계 및 곱셈 결괏값을 구하거나 혹은 Nation.nations 리스트에서 인구가 가장 많은 나라, GDP 상위 20위 이내의 나라의 인구 총합 및 다양한 통계 결과를 구하는 코드이다.

예제 12-18 **집계 연산 1** sec05/Reduce1Demo.java

```
01 import java.util.*;
02
03 public class Reduce1Demo {
04   public static void main(String[] args) {
05     List<Integer> numbers = List.of(3, 4, 5, 1, 2);
06
07     int sum1 = numbers.stream().reduce(0, (a, b) -> a + b);
08     int sum2 = numbers.stream().reduce(0, Integer::sum);
09     int mul1 = numbers.stream().reduce(1, (a, b) -> a * b);
10
11     System.out.println(sum1);
12     System.out.println(sum2);
13     System.out.println(mul1);
14
15     Optional<Integer> sum3 = numbers.stream().reduce(Integer::sum);
16     OptionalInt sum4 = numbers.stream()
17       .mapToInt(x -> x.intValue()).reduce(Integer::sum);
18     Optional<Integer> mul2 = numbers.stream().reduce((a, b) -> a * b);
19
```

초깃값이 있는 reduce( ) 연산으로 결괏값이 항상 존재한다.

초깃값이 없는 reduce( ) 연산으로 부재 값이 필요하므로 Optional 타입이다.

```
20        System.out.println(sum3.get());
21        System.out.println(sum4.getAsInt());
22        mul2.ifPresent(Util::print);
23    }
24  }
```

```
15
15
120
15
15
120
```

reduce( ) 연산의 Integer::sum 대신에 (x, y) -> x + y를 사용할 수 있다(8행, 15행, 17행). 그리고 숫자 리스트로부터 스트림을 생성하면 Stream<Integer> 타입이다(15행과 18행). mapToInt( ) 연산은 Stream을 IntStream으로 변환한다(16~17행).

예제 12-19 **집계 연산 2** sec05/Reduce2Demo.java

```
01  import java.util.DoubleSummaryStatistics;
02  import java.util.stream.*;
03
04  public class Reduce2Demo {
05    public static void main(String[] args) {
06      Stream<Nation> s1 = Nation.nations.stream();
07      s1.reduce((n1, n2) ->
08        n1.getPopulation() > n2.getPopulation() ? n1 : n2)
09      .ifPresent(System.out::println);
10
11      Stream<Nation> s2 = Nation.nations.stream();
12      double sumOfPopulation = s2.filter(n -> n.getGdpRank() <= 20)
13        .mapToDouble(n -> n.getPopulation())
14        .reduce(0.0, (p1, p2) -> p1 + p2);
15
16      System.out.println(
17        "리스트에서 GDP가 20위 이내의 나라의 인구 총합은 " +
18          sumOfPopulation + "백만명이다.");
19
```

스트림 원소에 있는 나라 중에서 인구가 가장 많은 나라로 좁히는 연산이다.

스트림 원소에 있는 나라 중에서 GDP가 20이하인 나라만 통과시키는 연산이다.

스트림 원소를 Nation 객체에서 population 필드로 매핑하는 연산이다.

스트림 원소인 population 필드 값을 모두 합하는 연산이다.

```
20        Stream<Nation> s3 = Nation.nations.stream();
21        DoubleStream ds = s3.mapToDouble(Nation::getPopulation);
22        DoubleSummaryStatistics dss = ds.summaryStatistics();
23        System.out.println(dss);
24    }
25 }
```

13행과 동일한 연산이다.

```
China
리스트에서 GDP가 20위 이내의 나라의 인구 총합은 1789.7백만명이다.
DoubleSummaryStatistics{count=8, sum=1956.800000, min=4.500000, average=244.600000, max=1355.700000}
```

7~8행의 reduce() 연산은 초깃값이 없으므로 연산 결과가 Optional〈Nation〉 타입이다. 따라서 9행에서 ifPresent() 메서드를 사용하여 연산 결과가 있으면 출력한다. 22행은 숫자 스트림이 제공하는 summaryStatistics() 메서드를 호출하여 기본 집계 결과를 도출한다.

2 컬렉터 연산

대부분의 최종 연산은 스트림을 반복적으로 줄여나가 궁극적으로 하나의 결괏값을 생성한다. 그러나 스트림 파이프라인의 실행 결과를 컬렉션에 수집하고자 하는 경우도 자주 있다. 예를 들어, Nation.nations 리스트에서 육지와 섬 기준으로 나라를 그룹화해서 각 그룹 중 GDP가 1위인 나라를 맵 객체로 수집할 수도 있다. 연산의 실행 결과를 컬렉션에 수집할 수 있도록 스트림은 다음과 같은 collect()라는 최종 연산을 제공한다.

```
<R, A> R collect<Collector<? super T, A, R> collector)
```

이 연산은 매개 값으로 java.util 패키지에 정의된 컬렉터collector 인터페이스 타입을 가지며, 반환 타입은 매개 값인 컬렉터에 의하여 결정된다. 컬렉터는 세 개의 타입 매개변수를 사용한다. T는 원소, A는 누적기accumulator, R은 결과result로서 원소가 저장될 컬렉션이다.

컬렉터는 원소를 어떤 컬렉션에 수집할 것인지 결정하며 다음과 같은 역할을 수행한다.

- 원소를 컬렉션이나 StringBuilder와 같은 컨테이너에 수집한다.
- 원소를 구분자와 같은 문자와 합칠 수 있다.
- 원소를 그룹핑하여 새로운 컬렉션을 구성한다.

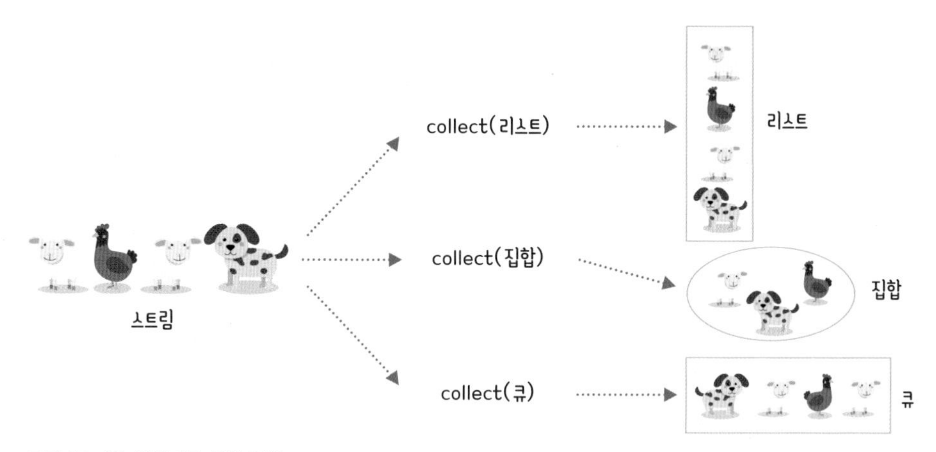

그림 12-10 컬렉터를 위한 연산

수집 및 요약

collect( ) 연산을 사용하려면 Collector 인터페이스 타입의 컬렉터를 구현해야 한다. 그런데 Collector 구현 클래스를 작성하는 것은 매우 번거롭다. 자바는 자주 사용되는 컬렉터를 Collectors 클래스의 정적 메서드로 개발자에게 제공하고 있다. [표 12-4]는 Collectors 클래스가 제공하는 정적 메서드의 일부이다. 반환 타입과 매개 변수 타입은 모두 복잡한 제네릭 타입이므로 편의상 생략하거나 간단하게 표현한다. 메서드의 자세한 내역은 자바 API를 참조하라.

표 12-4 Collectors 클래스가 제공하는 수집 및 요약을 위한 주요 정적 메서드

메서드	의미
Collector averagingInt(ToIntFunction)	정수 원소에 대한 평균을 도출한다.
Collector counting( )	원소 개수를 헤아린다.
Collector joining(CharSequence)	문자열 원소를 연결하여 하나의 문자열로 결합한다.
Collector mapping(Function, Collector)	원소를 매핑한 후 컬렉터로 수집한다.
Collector maxBy(Comparator)	원소의 최댓값을 구한다.
Collector minBy(Comparator)	원소의 최솟값을 구한다.
Collector summingInt(ToIntFunction)	원소의 숫자 필드의 합계, 평균 등을 요약한다.
Collector toList( )	원소를 List에 저장한다.
Collector toSet( )	원소를 Set에 저장한다.
Collector toCollection(Supplier)	원소를 Supplier가 제공한 컬렉션에 저장한다.
Collector toMap(Function, Function)	원소를 키-값으로 Map에 저장한다.

매개 값으로 위와 같은 메서드를 적용하여 스트림의 collect() 연산을 호출하면 원소에 대한 평균, 원소 개수, List, Set, Map 타입 등으로 수집할 수 있다.

다음 두 예제는 Nation.nations 리스트를 사용하여 인구 평균, 나라 개수와 같은 각종 통계 값을 구하거나 혹은 나라 이름을 각종 컬렉션 타입으로 수집하는 예제이다.

예제 12-20 **수집 연산 1** sec05/Collect1Demo.java

```
01  import java.util.*;
02  import java.util.stream.*;
03
04  public class Collect1Demo {
05     public static void main(String[] args) {
06        Stream<Nation> sn = Nation.nations.stream();
07        Double avg = sn
08           .collect(Collectors.averagingDouble(Nation::getPopulation));
09        System.out.println("인구 평균 : " + avg);
10
11        sn = Nation.nations.stream();
12        Long num = sn.collect(Collectors.counting());
13        System.out.println("나라 개수 : " + num);
14
15        sn = Nation.nations.stream();
16        String name1 = sn.limit(4)
17           .map(Nation::getName)
18           .collect(Collectors.joining("-"));
19        System.out.println("4개 나라(방법 1) : " + name1);
20
21        sn = Nation.nations.stream();
22        String name2 = sn.limit(4)
23           .collect(Collectors.mapping(Nation::getName,
24              Collectors.joining("+")));
25        System.out.println("4개 나라(방법 2) : " + name2);
26
27        sn = Nation.nations.stream();
28        Optional<Double> max = sn
```

스트림 원소에서 population 필드 값의 평균을 구한다.

스트림 원소의 개수를 구하여 수집한다.

스트림 원소에서 name 필드만을 사용하여 새로운 스트림을 생성한다.

스트림 원소를 하이픈으로 연결하여 문자열을 생성한다.

스트림 원소에서 name 필드만을 플러스 기호로 연결하여 문자열을 생성한다.

```
29          .map(Nation::getPopulation)
30          .collect(Collectors.maxBy(Double::compare));
31       System.out.println("최대 인구 나라의 인구 수 : " + max);
32
33       sn = Nation.nations.stream();
34       IntSummaryStatistics sta = sn
35          .collect(Collectors.summarizingInt(x -> x.getGdpRank()));
36       System.out.println(sta);
37    }
38 }
```

스트림 원소 중 최댓값을 구한다.

스트림 원소의 gdpRank 필드 값으로 통계치를 구한다.

```
인구 평균 : 244.6
나라 개수 : 8
4개 나라(방법 1) : ROK-New Zealand-USA-China
4개 나라(방법 2) : ROK+New Zealand+USA+China
최대 인구 나라의 인구 수 : Optional[1355.7]
IntSummaryStatistics{count=8, sum=227, min=1, average=28.375000, max=63}
```

예제 12-21 **수집 연산 2** sec05/Collect2Demo.java

```
01 import java.util.*;
02 import java.util.function.Predicate;
03 import java.util.stream.*;
04
05 public class Collect2Demo {
06    public static void main(String[] args) {
07       Stream<Nation> sn = Nation.nations.stream();
08       Stream<String> ss = sn
09          .map(Nation::getName)
10          .limit(3);
11       List<String> list = ss
12          .collect(Collectors.toList());
13       System.out.println(list);
14
15       sn = Nation.nations.stream();
```

스트림에 있는 모든 원소를 List 타입으로 수집한다. 스트림의 원소가 String 타입이므로 수집된 결과는 List<String>이다.

```
16        Set<String> set = sn
17           .map(Nation::getName)
18           .limit(3)
19           .collect(Collectors.toSet());
20        System.out.println(set);
21
22        sn = Nation.nations.stream();
23        Map<String, Double> map = sn
24           .filter(Nation::isIsland)
25           .collect(Collectors.toMap(Nation::getName,
26              Nation::getPopulation));
27        System.out.println(map);
28
29        Stream<Nation> sn = Nation.nations.stream();
30        Set<Nation> hashSet = sn
31           .filter(Predicate.not(Nation::isIsland))
32           .collect(Collectors.toCollection(HashSet<Nation>::new));
33
34        hashSet.forEach(x ->
35           Util.print("(" + x.getName() + ", " + x.getGdpRank() + ")"));
36     }
37  }
```

Map 타입에는 키-값이 필요하므로 toMap( ) 메서드의 인수가 2개이다.

Collectors.toCollection( )의 공급자를 생성하는 메서드 참조이다. 모든 원소를 HashSet<Nation> 객체에 수집한다.

HashSet<Nation> 타입을 그대로 출력하지 않고 나라 이름과 GDP 순위를 출력한다.

```
[ROK, New Zealand, USA]
[New Zealand, USA, ROK]
{New Zealand=4.5, Sri Lanka=21.9, United Kingdom=63.7, Philiphine=107.7}
(China, 2) (Morocco, 60) (ROK, 11) (USA, 1)
```

HashSet 타입이므로 순서가 다를 수 있다.

25~26행에서 collect( ) 연산은 Nation 클래스의 getName( )과 getPopulation( )을 각각 키-값으로 사용한 Map 객체를 반환한다. getName( )의 반환 타입은 String이며 getPopulation( )의 반환 타입은 double이다. double 타입은 박싱되어 Double 타입이 된다. 따라서 25~26행의 결과는 23행의 Map<String, Double>이다. 31행은 Predicate 인터페이스의 정적 메서드 not( )를 이용하여 육지 나라만 다음 스트림으로 넘긴다. 32행에서 toCollection( ) 메서드

의 매개 값은 메서드 참조를 사용한 것이지만 메서드 참조 대신에 다음과 같은 람다식을 사용할 수도 있다.

```
() -> new HashSet<Nation>()
```

그룹핑과 파티셔닝

스트림 원소를 그룹핑하여 새로운 컬렉션을 구성하는 작업은 흔히 발생한다. 예를 들면, 다음 그림과 같이 주어진 도형에서 색상별로 그룹핑할 수 있다.

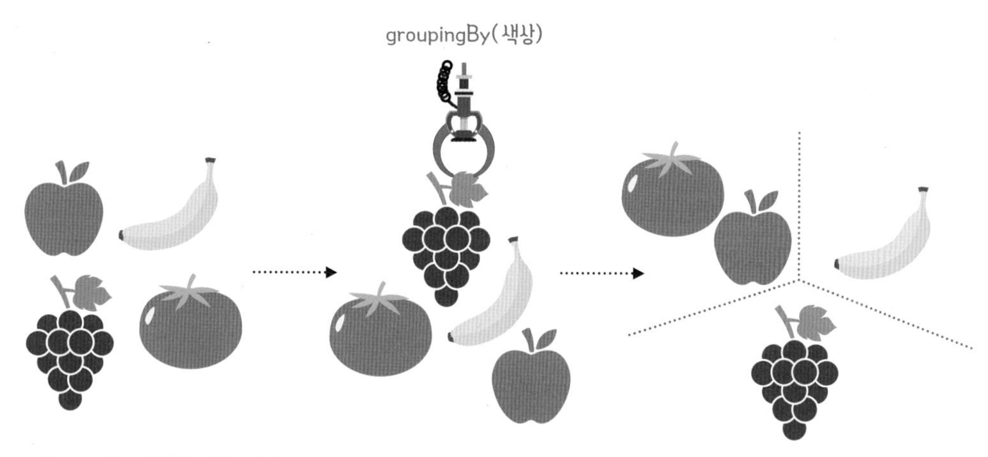

그림 12-11 그룹핑을 위한 연산

Collectors 클래스는 원소를 그룹핑하기 위한 groupingBy()라는 정적 메서드를 제공하고 있으며, 다음 두 가지를 자주 사용한다. 여기서 매개변수와 반환 타입이 복잡하므로 편의상 간단하게 표현하며, 자세한 내역은 자바 API를 참조하라.

```
Collector groupingBy(Function)
Collector groupingBy(Function, Collector)
```

이 메서드는 키-값의 쌍으로 이루어진 Map에 원소를 수집한다. Map의 키는 그룹핑하기 위해 사용되는 필드가 되며, Map의 값은 두 번째 매개 값인 컬렉터가 없다면 List 타입이다. 컬렉터가 있다면 컬렉터에 의하여 결정된다. 궁극적으로 최종 연산인 collect()는 groupingBy() 연산으로 수집된 Map 타입을 결과로 도출한다.

다음은 Nation.nations 리스트의 4개 나라를 선택하여 육지 혹은 섬나라로 그룹핑하는 예제이다.

예제 12-22 **그룹핑 연산** sec05/GroupingDemo.java

```java
01 import java.util.*;
02 import java.util.stream.*;
03
04 public class GroupingDemo {
05    public static void main(String[] args) {
06       Stream<Nation> sn = Nation.nations.stream().limit(4);
07       Map<Nation.Type, List<Nation>> m1 = sn
08          .collect(Collectors.groupingBy(Nation::getType));
09       System.out.println(m1);
10
11       sn = Nation.nations.stream().limit(4);
12       Map<Nation.Type, Long> m2 = sn
13          .collect(Collectors.groupingBy(Nation::getType,
14             Collectors.counting()));
15       System.out.println(m2);
16
17       sn = Nation.nations.stream().limit(4);
18       Map<Nation.Type, String> m3 = sn.collect(
19          Collectors.groupingBy(Nation::getType,
20             Collectors.mapping(Nation::getName,
21                Collectors.joining("#"))));
22       System.out.println(m3);
23    }
24 }
```

Nation.nations 리스트의 처음 4개 나라로 스트림을 생성한다.

스트림 원소를 type 필드로 그룹핑한다.

스트림 원소를 type 필드를 이용하여 그룹핑한 후 각 그룹의 원소 개수로 집계한다.

스트림 원소를 type 필드로 그룹핑한 후 나라 이름으로 매핑하여 각 그룹별로 #를 이용하여 결합한 문자열로 집계한다.

```
{ISLAND=[New Zealand], LAND=[ROK, USA, China]}
{ISLAND=1, LAND=3}
{ISLAND=New Zealand, LAND=ROK#USA#China}
```

7~8행의 collect( ) 연산의 실행 결과가 어떻게 Map〈Nation.Type, List〈Nation〉〉인지 살펴보자. groupingBy( )가 Nation.Type을 기준으로 그룹핑하므로 Nation.Type이 Map의 키가 된다. collector( ) 연산에 컬렉터를 지정하지 않았기 때문에 그룹핑한 결과는 Nation 타입의 리스트인 List〈Nation〉이 된다. 따라서 Map의 키-값이 Nation.Type과 List〈Nation〉이

므로 Map〈Nation.Type, List〈Nation〉〉 타입을 반환한다. 마찬가지로 12~14행과 18~21행도 Map의 키는 Nation.Type이며, Map의 값은 각각 counting()과 joining() 메서드의 결과이므로 Long과 String 타입이다. 따라서 두 번째와 세 번째 collect() 연산의 반환 타입은 각각 Map〈Nation.Type, Long〉과 Map〈Nation.Type, String〉이 된다. 7~9행의 결과가 18~22행에서 나라 이름으로 매핑한 결과와 유사한 것은 Nation 클래스의 toString()이 나라 이름만 출력하도록 오버라이딩했기 때문이다. 만약 Nation 클래스의 toString()을 나라 이름뿐만 아니라 인구수 등을 포함했다면 7~9행의 결과가 18~22행의 결과는 다르게 나타난다.

파티셔닝 partitioning은 키를 기준으로 원소를 나누는 그룹핑과 달리 다음 그림과 같이 원소를 조건에 따라 그룹핑한다.

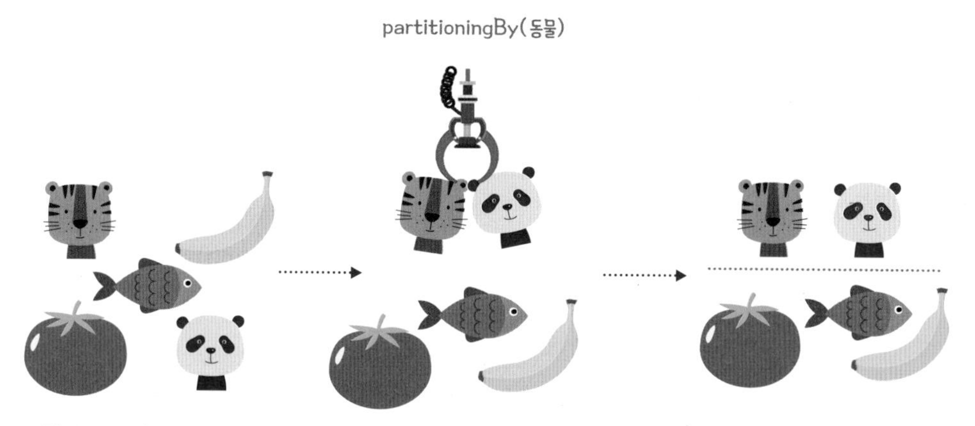

그림 12-12 파티셔닝을 위한 연산

파티셔닝도 그룹핑과 비슷하지만, 파티셔닝하기 위하여 Predicate 타입의 매개 값을 사용한다. Collectors 클래스는 파티셔닝을 위하여 다음과 같은 partitioningBy()라는 정적 메서드를 제공한다. 여기서 매개변수와 반환 타입이 복잡하므로 편의상 간단하게 표현하며, 자세한 내역은 자바 API를 참조하라.

```
Collector partitioningBy(Predicate)
Collector partitioningBy(Predicate, Collector)
```

이 메서드도 groupingBy() 메서드와 마찬가지로 키-값의 쌍으로 이루어진 Map에 원소를 수집한다. 그러나 Map의 키는 파티셔닝하기 위해 사용하는 조건이므로 항상 Boolean 타입이 되며, Map의 값에 대한 타입은 groupingBy() 메서드와 같은 방식으로 결정된다. 궁극적으로 최종 연산인 collect()는 partitioningBy() 연산에 의하여 수집된 Map 타입을 결과로 도출한다.

다음은 Nation.nations 리스트의 4개 나라를 선택하여 육지 나라 여부에 따라 파티셔닝하는 예제이다.

예제 12-23 **파티셔닝 연산** sec05/PartitioningDemo.java

```
01  import java.util.*;
02  import java.util.stream.*;
03
04  public class PartitioningDemo {
05     public static void main(String[] args) {
06        Stream<Nation> sn = Nation.nations.stream().limit(4);
07        Map<Boolean, List<Nation>> m1 = sn
08           .collect(Collectors.partitioningBy
09              (p -> p.getType() == Nation.Type.LAND));
10        System.out.println(m1);
11
12        sn = Nation.nations.stream().limit(4);
13        Map<Boolean, Long> m2 = sn
14           .collect(Collectors.partitioningBy(
15              p -> p.getType() == Nation.Type.LAND,
16              Collectors.counting()));
17        System.out.println(m2);
18
19        sn = Nation.nations.stream().limit(4);
20        Map<Boolean, String> m3 = sn
21           .collect(Collectors.partitioningBy(
22              p -> p.getType() == Nation.Type.LAND,
23              Collectors.mapping(Nation::getName,
24                 Collectors.joining("#"))));
25        System.out.println(m3);
26     }
27  }
```

스트림 원소를 type 필드로 파티셔닝한다.

스트림 원소를 type 필드로 파티셔닝한 후 각 파티션의 원소 개수로 집계한다.

스트림 원소를 type 필드로 파티셔닝한 후 나라 이름으로 매핑하여 각 파티션별로 #을 이용하여 결합한 문자열로 집계한다.

```
{false=[New Zealand], true=[ROK, USA, China]}
{false=1, true=3}
{false=New Zealand, true=ROK#USA#China}
```

[예제 12-22]와 [예제 12-23]을 비교하면 빨간색 부분만 다르다. 이는 파티셔닝하기 위하여 partitioningBy()를 호출하려면 조건이 필요하며 반환 타입 중 하나가 Boolean이 되기 때문이다.

셀프 테스트 12-3

1 다음 코드의 실행 결과는?

```
List<String> lists = List.of("사과", "배", "바나나", "딸기");
lists.stream().filter(s -> s.length() == 2).forEach(System.out::println);
```

2 다음 코드에서 밑줄 친 부분을 완성하라. 단, lists는 List<String> 타입이다.

```
______________________fruits = lists.stream()
.collect(Collectors.partitioningBy(s -> s.length() == 2));
```

3 다음 코드에서 밑줄 친 부분을 완성하라.

```
List<List<Integer>> listOflists = List.of(List.of(1, 2), List.of(3, 4, 5));
List<Integer> listOfIntegers = listOflists.stream()
    .______________________
    .collect(Collectors.toList());
```

도전 과제

※ List 컬렉션을 데이터 소스로 사용하여 스트림을 생성한 후 다양한 스트림 연산 작업을 수행해봄으로써 스트림을 정복해 보자.

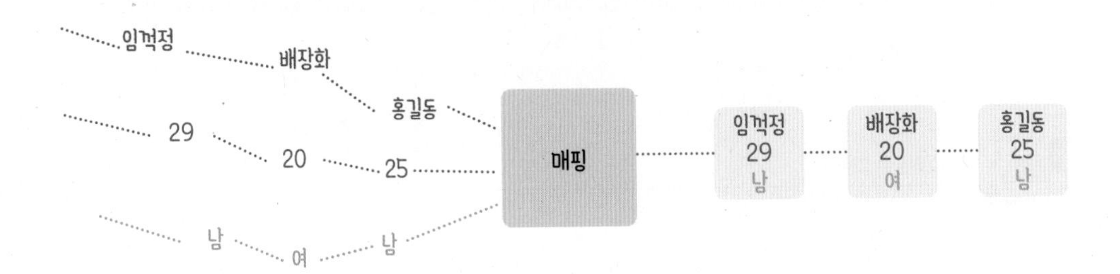

01 – String 타입의 이름을 원소로 사용하는 List 타입의 객체를 스트림으로 생성한 후 다양한 스트림 연산을 수행하는 테스트 프로그램을 작성해 보자.

① 다음 코드를 참조해 String 타입의 List 객체를 생성한다.

```
List<____________> names = List.of("홍길동", "배장화", "임꺽정", "연흥부", "김선달", "황진이");
```

② names 객체를 스트림으로 생성한다. 그리고 원소를 정렬하지 않은 상태에서 필터링만 이용하여 '이'씨보다 앞에 있는 모든 사람을 출력한다.

③ names 객체를 다시 스트림으로 생성한다. 이번에는 원소를 모두 정렬한 후 모든 원소를 출력한다.

④ names 객체를 다시 스트림으로 생성한다. 첫 번째 원소를 있는 그대로 출력하고, 그리고 Optional을 벗겨서도 출력한다.

⑤ names 객체를 다시 스트림으로 생성한다. 전체 원소 개수를 출력한다.

⑥ 테스트 프로그램을 실행하여 다음 실행 결과처럼 출력하는지 살펴본다.

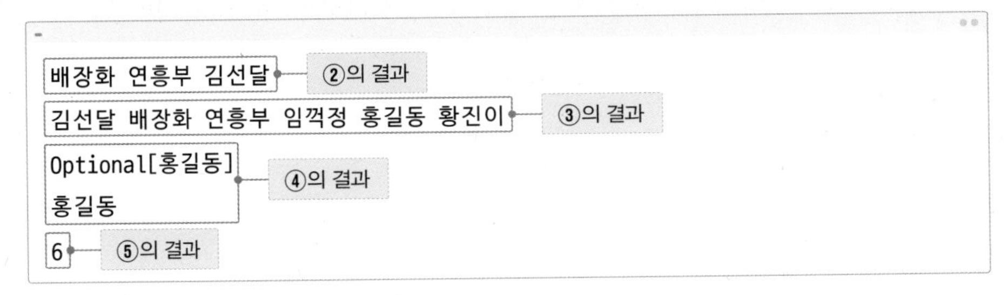

02 – 이름뿐만 아니라 열거 타입의 성별과 정수 타입의 나이에 관한 List 타입의 객체를 스트림으로 생성한다. 그리고 다양한 스트림 연산을 수행하는 테스트 프로그램으로 변경해 보자.

① 다음 코드와 같이 열거 타입 Gender를 정의한다.

```
enum Gender { 남, 여 }
```

② 테스트 프로그램의 names 변수를 선언한 다음 행에 아래와 같은 코드를 추가한다.

```
List<____________> ages = List.of(25, 20, 29, 28, 32, 18);
List<____________> genders = List.of(Gender.남, Gender.여, Gender.남,
Gender.남, Gender.남, Gender.여);
```

③ 다음과 같은 실행 결과가 나타나도록 테스트 프로그램의 마지막 행에 필요한 코드를 추가해 보자. 즉, ages 리스트에 대한 스트림을 생성한다. 스트림을 이용하여 reduce() 연산에 의한 합계를 출력한다. ages 리스트에 대한 스트림을 다시 생성한 후 최고 나이를 출력한다. 동일한 방법으로 평균 나이를 출력한다.

```
152
32
25.333333333333332
```

03 – 테스트 프로그램에 사용된 이름, 성별, 나이 모두를 포함하는 Member 클래스를 작성한다. 그리고 테스트 프로그램을 다음과 같이 수정하여 Member 객체로 구성된 스트림을 생성한 후 다양한 스트림 연산을 수행해 보자.

① 다음 코드를 참조하여 Member 클래스를 정의한다.

```
class Member {
    String name;
    Gender gender;
    int age;

    // 생성자와 getter() 메서드
    // toString() 메서드
```

② 테스트 프로그램에 정적 정수 필드를 정의한다.

③ 테스트 프로그램의 3가지 데이터 소스(01과 02에 의한 이름·성별·나이 리스트)를 이용하여 첫 번째 스트림(이름 리스트로 생성한 스트림)을 Member 객체로 구성된 스트림으로 매핑한다. 여기서 람다식 내부에서 사용되는 지역 변수는 사실상 final이다, 따라서 성별 리스트와 나이 리스트의 원소를 차례대로 가져오기 위하여 ②에서 정의한 정적 정수 필드를 사용하자.

④ 다음과 같은 실행 결과가 나타나도록 필요한 코드를 테스트 프로그램에 추가한다. 즉, Member 객체로 구성된 스트림을 출력한다. 그리고 Member 스트림을 다시 생성한 뒤 성별로 그룹핑하여 출력해 본다.

```
[Member 스트림 원소]
Member(홍길동, 남, 25) Member(배장화, 여, 20) Member(임꺽정, 남, 29) Member(연흥부, 남, 28) Member(김선달, 남, 32) Member(황진이, 여, 18)

[Member 스트림을 성별로 그룹핑]
{여=[Member(배장화, 여, 20), Member(황진이, 여, 18)], 남=[Member(홍길동, 남, 25), Member(임꺽정, 남, 29), Member(연흥부, 남, 28), Member(김선달, 남, 32)]}
```

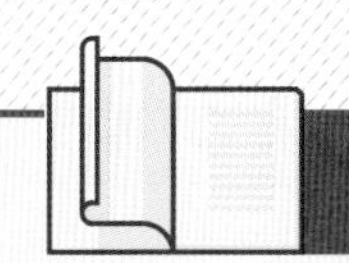

01 – 컬렉션과 스트림에 대한 내용이다. 다음 중 틀린 것은?

① 컬렉션은 명령형으로 코드를 구현한다.

② 스트림은 내부 반복을 사용한다.

③ 스트림은 원소 데이터를 변경할 수 있다.

④ 컬렉션은 다운로드 방식이다.

02 – 다음 중 자바가 제공하는 스트림과 관계없는 것은?

① BaseStream ② ObjectStream

③ IntStream ④ DoubleStream

03 – 다음 스트림에 대한 내용이다. 틀린 것은?

① 모든 스트림은 average()와 같은 연산을 사용할 수 있다.

② 모든 스트림에서 map() 연산을 사용할 수 있다.

③ Stream<Double>은 숫자 스트림이 아니다.

④ IntStream에 boxed() 연산을 수행하면 Stream<Integer> 타입이 된다.

04 – 정수 배열을 인수로 사용하여 Arrays.stream() 메서드를 호출하면 Stream<Integer> 타입을 반환한다. (O, X)

05 – 최종 연산을 포함하는 스트림 파이프라인이 형성되기 전에는 소스 스트림으로부터 어떤 데이터도 스트림 파이프라인으로 전달되지 않는다. (O, X)

06 – 다음과 같은 두 가지 실행문은 같은 의미이다. 변수 s1은 Stream<String> 타입이다. 밑줄 친 부분에 적절한 내용은?

①
```
Stream<String> s2 = s1.flatMap(s -> Arrays.stream(s.split(" ")));
```

②
```
______________________________ s2 = s1.map(s -> s.split(" "));
Stream<String> s3 = s2.flatMap(Arrays::stream);
```

07 - 다음 스트림의 원소를 나열하라.

```
IntStream.range(1, 5)
```

08 - 다음과 같이 점수 리스트가 있다. 점수가 너무 낮아 10점씩 상향 조정하여 결과를 출력하려고 한다. 이를 위하여 밑줄 친 부분에 적절한 내용은?

```
List<Integer> scores = List.of(45, 76, 38, 27, 50);
Stream<Integer> si = scores.stream();
si.________________.forEach(System.out::println);
```

09 - Stream 인터페이스의 count() 연산은 다음과 같은 연산으로 대신할 수 있다. 밑줄 친 부분에 적절한 내용은?

```
someStream.map(________________).reduce(________________);
```

10 - 다음 프로그램의 실행 결과는 무엇인가?

```
Stream.of("a1", "a2", "a3")
   .map(s -> s.substring(1))
   .mapToInt(Integer::parseInt)
   .max()
   .ifPresent(System.out::println);
```

11 – 피보나치 수열 10개를 출력하기 위한 다음 코드를 완성하라.

> + 피보나치 수열은 0, 1, 1, 2, 3, 5, 8, 13, 21, …과 같다. 이는 (0, 1), (1, 1), (1, 2), (2, 3), (3, 5), (5, 8), …처럼 집합 형태로 구성되며, 각 집합의 첫 원소만 출력하면 피보나치 수열이 된다. 이와 같은 집합 형태의 피보나치 수열을 생성하려면 iterate( ) 연산을 사용할 수 있다. iterate( ) 연산의 첫 번째 인수가 0과 1로 구성된 정수 배열인 new int[ ]{0, 1}이 된다. 그리고 두 번째 인수는 첫 번째 인수를 이용하여 new int[ ]{1, 1}, new int[ ]{1, 2}, new int[ ]{2, 3}, … 되도록 작성하면 된다.

```
Stream.iterate(__________________ , __________________)
   .limit(10)
   .map(p -> p[0])
   .forEach(System.out::println);
```

프로그래밍 문제

01 – 4개의 문자열('갈매기', '나비', '다람쥐', '라마')을 포함하는 리스트 객체를 스트림으로 생성한 후 문자열 크기가 2인 단어만 출력하는 프로그램을 작성하라.

02 – 6개의 수도('서울', '워싱턴', '베이징', '파리', '마드리드', '런던')를 포함하는 List 객체를 사용하여 다음을 수행하는 프로그램을 작성하라.

① 스트림을 생성한다.

② 스트림 원소를 정렬한다.

③ 첫 번째 원소를 찾아 출력한다.

03 – rangeClosed()와 매핑 연산을 사용하여 다음과 같은 실행 결과가 출력되는 프로그램을 작성하라.

```
A1 A2 A3 A4 A5 A6 A7 A8 A9 A10
```

04 – Nation.nations 리스트에서 육지에 있는 나라 이름을 콤마와 공백(", ")으로 연결하여 수집한 후 출력하는 프로그램을 작성하라.

05 – 다음과 같은 스트림이 있다. collect()를 사용하여 다음 세 가지 연산(원소에 대한 평균, 원소의 제곱 값에 대한 평균, 그리고 원소를 하이픈('–')으로 연결한 문자열로 수집) 결과를 출력하는 프로그램을 작성하라. 각 연산에 대하여 스트림을 다시 생성해야 함을 유의하라.

```
Stream<Integer> stream = Stream.of(1, 2, 3, 4, 5);
```

06 – 6개의 수도('서울', '워싱턴', '베이징', '파리', '마드리드', '런던')와 대응하는 인구 수(973.7, 63.2, 2115.0, 224.4, 326.5, 853.9)를 포함하는 2개의 리스트 객체를 사용하여 다음을 수행하는 프로그램을 작성하라.

① 수도 이름과 인구 수를 나타내는 Population 클래스를 작성하되 생성자와 모든 getter 메서드를 정의하고, 또한 toString() 메서드를 오버라이딩한다.

② 2개의 리스트로 Stream〈Population〉을 생성한다.

③ 다음 실행 결과와 같이 인구 수가 300.0을 초과하는 나라와 인구 수를 출력한다.

```
서울(973.7)
베이징(2115.0)
마드리드(326.5)
런던(853.9)
```

07 – 문자열 리스트('민국', '지우', '하준', '지우', '하준', '지우')가 있다. 다음 실행 결과와 같이 문자열과 빈도수로 구성된 Map 타입으로 수집한 후 출력하는 프로그램을 작성하라.

+ 단어별 빈도수로 그룹핑하려면 각 단어에 대하여 그룹핑하면서 단어 수를 카운팅하면 된다.

```
{하준=2, 민국=1, 지우=3}
```

08 – Nation.nations 리스트를 육지 나라 및 섬나라로 그룹핑하고, 각 그룹을 선진국 및 개도국 나라로 분류하여 다음 실행 결과처럼 출력하는 프로그램을 작성하라. 단, 선진국은 GDP 순위 12위까지로 가정한다.

+ groupingBy( ) 메서드의 인수로 groupingBy( )를 사용할 수 있다. 자바 API를 참조하라.

```
{LAND={선진국=[ROK, USA, China], 개도국=[Morocco]}, ISLAND={선진국=[United
Kingdom], 개도국=[New Zealand, Philiphine, Sri Lanka]}}
```

09 – 피타고라스 정리를 만족하는 3가지 정수로 구성된 집합을 생성하는 스트림을 생성하라. 다음 실행 결과는 5개의 집합을 나타낸 것이다.

+ 3가지 정수 중 2가지를 IntStream.range( ) 메서드로 제공할 수 있다. 제공되는 두 정수에 대하여 z (=Math.sqrt(x * x + y * y))가 z % 1 == 0을 만족하는 z를 찾으면 된다.

```
(3, 4, 5) (5, 12, 13) (6, 8, 10) (7, 24, 25) (8, 15, 17)
```

Chapter 13

입출력 처리

컴퓨터로 작업할 때는 대체로 외부에서 데이터를 입력하고 처리된 결과를 다시 외부로 내보내야 한다. 데이터를 화면으로 출력하거나 키보드로 입력하는 2장에서 학습한 기본적인 방법도 있지만 대부분의 경우 데이터는 파일이나 네트워크에서 입력할 수도 있고, 파일이나 네트워크로 출력할 수도 있다. 이 장에서는 화면 출력이나 키보드 입력뿐만 아니라 파일을 이용한 입력 및 출력도 살펴본다. 특히 자바는 데이터를 입출력 스트림으로 전송하므로 입출력 스트림 개념과 함께 File 클래스도 다룰 것이다.

01 입출력 스트림

1 스트림의 개념

스트림의 사전적 의미는 개울이다. 개울에 물이 흐르는 것처럼 무엇인가 연속된 흐름을 나타낼 때 스트림을 사용한다. 스트림은 연속된 데이터의 단방향 흐름을 추상화한 것이다. 예를 들어 논과 논을 파이프로 연결해서 물이 흐르도록 할 때, 파이프를 이용한 물의 흐름이 바로 스트림이다.

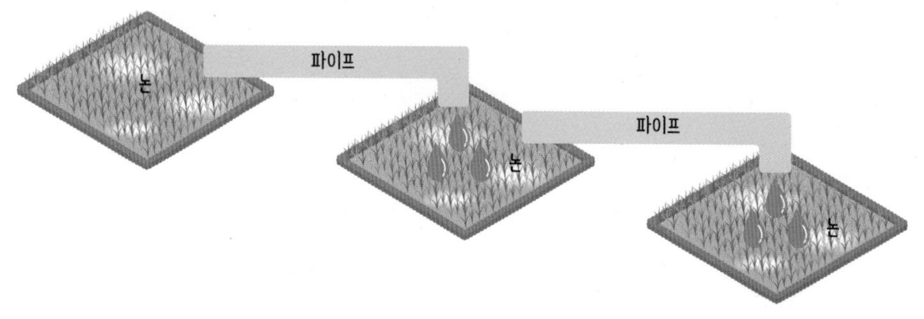

그림 13-1 현실 세계의 스트림

스트림은 데이터 소스와 상관없이 적용할 수 있어 매우 효과적이다. 키보드 및 모니터의 입출력뿐만 아니라 프로그램과 외부 장치나 파일 사이의 데이터 흐름도 스트림이다. [그림 13-1]에 비유하면 물은 데이터에 해당하고, 논은 데이터의 출발지나 도착지가 되는 프로그램이나 파일 등에 해당한다. 또 네트워크와 통신하는 데이터의 흐름을 나타내는 스트림도 있고, 12장에서 소개한 데이터 집합체의 각 원소를 순회하면서 람다식으로 처리할 수 있는 스트림도 있다. 지금까지 사용한 System.out이나 System.in도 스트림인데, 각각 표준 입력 스트림과 표준 출력 스트림이라고도 한다. 이 장에서 학습할 스트림은 [그림 13-2]와 같이 프로그램과 입출력 장치나 파일 사이의 데이터 흐름인 입력 스트림 또는 출력 스트림을 의미한다.

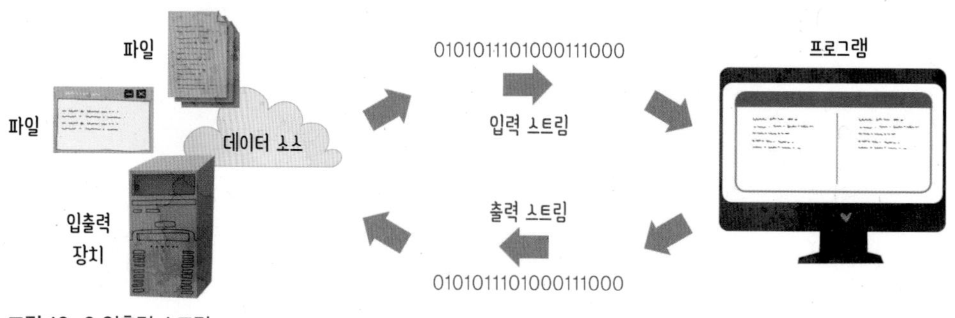

그림 13-2 입출력 스트림

2 입출력 스트림의 특징

스트림은 선입선출FIFO 구조라서 순차적으로 흘러가고 순차적으로 접근한다. 따라서 스트림에 포함된 데이터는 순서가 바뀌지 않는다. 임의 접근 파일 스트림을 제외한 모든 스트림은 단방향이라서 하나의 스트림으로 읽기와 쓰기를 동시에 수행할 수 없다. 따라서 필요하다면 입력 스트림과 출력 스트림을 각각 1개씩 생성해서 필요한 스트림을 열어 사용해야 한다.

입출력 스트림은 객체이며, 데이터 읽기 및 쓰기, 스트림 비우기, 스트림 열기 및 닫기, 스트림 내부의 바이트 개수 계산 등 유용한 메서드를 제공한다.

출력 스트림의 출력을 입력 스트림의 입력으로 연결해서 파이프라인을 구성할 수 있다. 스트림을 파이프라인으로 구성하면 스트림에 포함된 데이터를 다양한 방식으로 처리해 최종 스트림에 공급할 수 있다.

스트림은 지연될 수 있다. 프로그램에 연결한 출력 스트림에 데이터가 가득 차면 프로그램은 더 이상 출력할 수 없어 빈 공간이 생길 때까지 지연된다. 마찬가지로 데이터 소스에 연결한 입력 스트림도 가득 차면 프로그램이 데이터를 처리해서 빈 공간이 생길 때까지 스트림이 지연된다.

3 바이트 스트림과 문자 스트림

자바는 java.base 모듈에 포함된 java.io 패키지를 이용해 다양한 종류의 스트림 클래스를 제공하는데, 스트림은 크게 바이트 스트림byte stream과 문자 스트림character stream으로 구분할 수 있다.

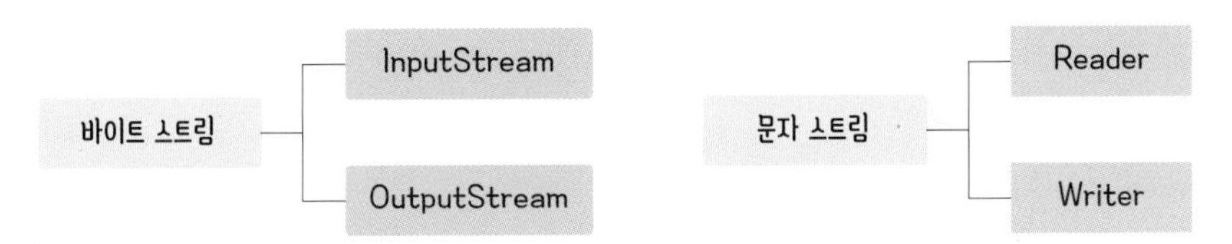

그림 13-3 입출력 스트림의 종류

바이트 스트림의 이름은 InputStream과 OutputStream으로 끝나지만, 문자 스트림의 이름은 Reader와 Writer로 끝난다. 바이트 스트림은 바이트 단위로 전송하고, 이진 데이터를 처리하기 때문에 바이너리 스트림binary stream이라고도 한다. 그리고 문자 스트림은 2바이트 단위로 전송한다.

4 입출력 스트림의 사용

스트림을 데이터의 출발지와 연결하거나 데이터의 목적지와 연결할 수도 있다. 스트림은 사용 전에 먼저 열어야open 하며, 사용을 마친 후에는 닫아야close 한다. 프로그램이 외부 데이터를 사용하려면 외부 데이터와 스트림을 연결해 스트림을 열어야 한다. 스트림은 한 번에 열 수 있는 개수가 제한되어 있고, 동일한 파일은 둘 이상의 스트림으로 열 수 없다. 스트림은 제한된 자원이므로 사용이 끝나면 반드시 닫아야 한다. 따라서 입출력 스트림을 사용하려면 기본적으로 다음 과정을 거쳐야 한다.

그림 13-4 입출력 스트림의 사용법

데이터를 처리할 때 특정 스트림이 제공하는 기능만 사용할 수 있다면 대개는 데이터를 효율적으로 처리하기가 어렵다. 그런데 다수의 스트림을 연결해 파이프라인으로 구성하면 연결된 스트림의 모든 기능을 사용할 수 있어 매우 효과적이다.

예를 들어 바이트 스트림으로 파이프라인을 구성해 보자. 이 과정은 문자 스트림에도 동일하게 적용할 수 있다. 바이트 스트림 생성자의 매개변수는 바이트 스트림의 최상위 클래스인 InputStream과 OutputStream 타입이다. 이는 어떤 바이트 스트림의 자식이라도 인수로 사용할 수 있다는 의미이다. 또 바이트 스트림 생성자의 반환 타입도 바이트 스트림이므로, 또다시 다른 바이트 스트림 생성자의 인수로 사용할 수 있다. 따라서 다수의 바이트 스트림을 다음과 같은 형태의 파이프라인으로 연결할 수 있다.

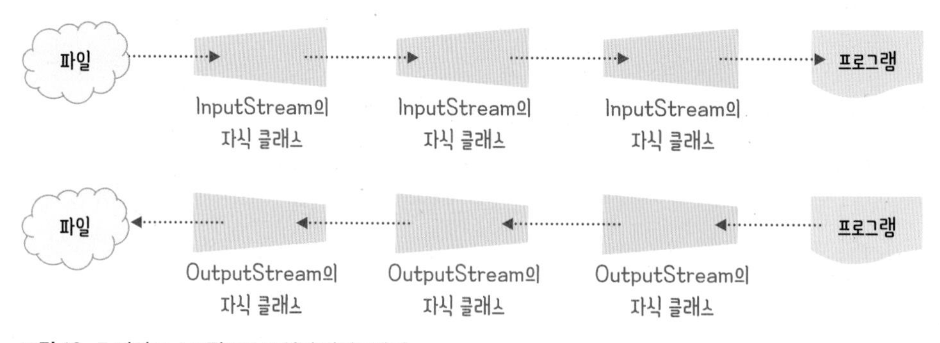

그림 13-5 바이트 스트림으로 구성된 파이프라인

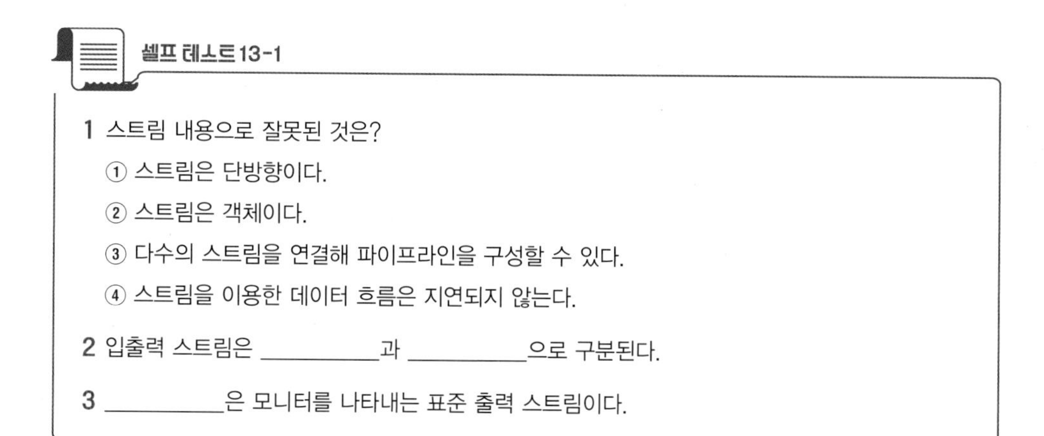

셀프 테스트 13-1

1 스트림 내용으로 잘못된 것은?

① 스트림은 단방향이다.

② 스트림은 객체이다.

③ 다수의 스트림을 연결해 파이프라인을 구성할 수 있다.

④ 스트림을 이용한 데이터 흐름은 지연되지 않는다.

2 입출력 스트림은 __________과 __________으로 구분된다.

3 __________은 모니터를 나타내는 표준 출력 스트림이다.

02 바이트 스트림

1 바이트 스트림의 개념과 종류

바이트 스트림은 바이트 단위의 이진 데이터를 다루므로 이미지나 동영상 파일을 처리할 때 유용하다. 바이트 스트림은 다음과 같이 입력을 위한 InputStream 클래스와 출력을 위한 OutputStream 클래스, 그리고 이들의 자식 클래스로 구성된다.

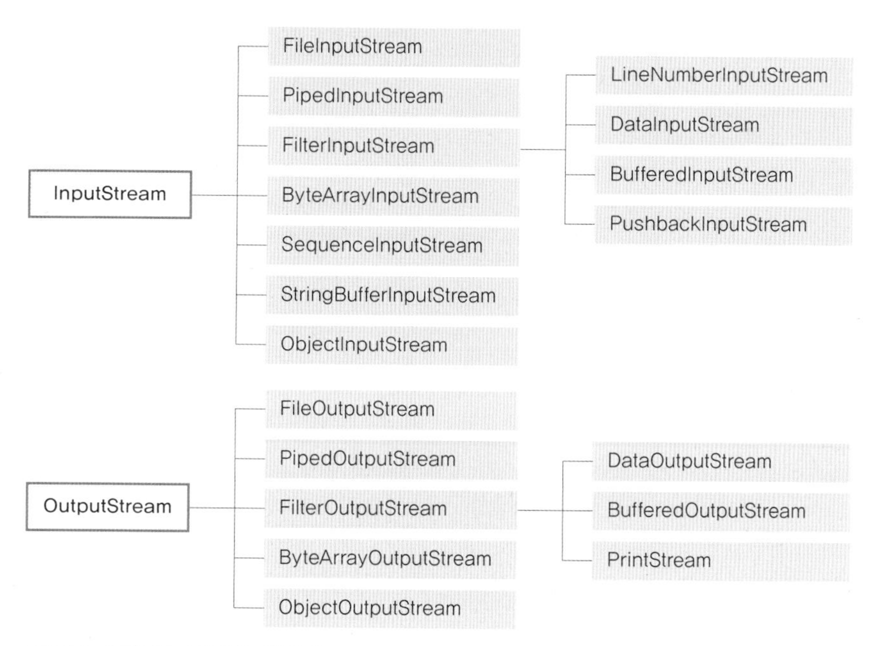

그림 13-6 바이트 스트림의 계층구조

InputStream과 OutputStream은 추상 클래스이기 때문에 객체를 생성할 수 없어 InputStream과 OutputStream의 자식인 구현 클래스를 사용해야 한다. FileInputStream과 FileOutputStream, DataInputStream과 DataOutputStream, BufferedInputStream과 BufferedOutputStream은 대표적인 바이트 스트림의 구현 클래스이다. FileInputStream과 FileOutputStream은 파일 입출력 클래스로, 이진 데이터를 파일에서 읽거나 파일에 저장할 때 사용한다. DataInputStream과 DataOutputStream은 int, double 등 기초 타입의 값을 이진 형태로 입출력할 때 사용한다. BufferedInputStream과 BufferedOutputStream은 데이터를 효율적으로 전송하려고 버퍼로 처리할 때 사용한다.

2 InputStream과 OutputStream

InputStream과 OutputStream은 모든 자식 바이트 스트림에서 공통으로 사용되는 다양한 메서드를 가진 바이트 스트림의 최상위 클래스이며, 각각 read()와 write()라는 추상 메서드를 포함한다. InputStream과 OutputStream 클래스가 제공하는 주요 메서드는 다음과 같다.

표 13-1 바이트 스트림 클래스가 제공하는 주요 메서드

클래스	메서드	설명
InputStream	int available()	읽을 수 있는 바이트의 개수를 반환한다.
	void close()	입력 스트림을 닫는다.
	abstract int read()	1바이트를 읽는다.
	int read(byte b[ ])	1바이트씩 읽어 b[ ]에 저장한 후 읽은 개수를 반환한다.
	int read(byte b[ ], int off, int len)	len만큼 읽어 b[ ]의 off 위치에 저장한 후 읽은 개수를 반환한다.
	long skip(long n)	입력 스트림을 n바이트만큼 건너뛴다.
OutputStream	void close()	출력 스트림을 닫는다.
	void flush()	출력하려고 버퍼의 내용을 비운다.
	abstract void write(int b)	b 값을 바이트로 변환해서 쓴다.
	void write(byte b[ ])	b[ ] 값을 쓴다.
	void write(byte b[ ], int off, int len)	b[ ] 값을 off 위치부터 len만큼 쓴다.

read() 메서드의 반환 값은 0~255의 ASCII 값이며, 더 이상 읽을 데이터가 없을 때는 −1을 반환한다. read() 메서드는 byte 타입을 반환하는 것이 아니라 int 타입을 반환한다. 따라서

read() 메서드로 읽은 값을 문자로 나타내려면 char 타입으로 변환해야 한다. 또 write() 메서드에서 인수가 배열일 때는 byte[ ]이지만, 배열이 아닐 때는 int 타입이라는 것에 주의한다.

대부분의 운영체제나 JVM은 표준 출력 장치를 효율적으로 관리하려고 버퍼를 사용한다. BufferedStream이 아니지만 System.out은 표준 출력이므로 버퍼를 사용한다. 따라서 표준 출력 장치인 System.out을 사용해 출력 작업을 수행할 때는 대부분의 경우 flush() 메서드를 호출해야 스트림을 닫기 전에 강제로 버퍼를 비울 수 있다.

다음은 표준 입출력 장치와 미리 연결되어 있는 InputStream, OutputStream을 사용하는 예제이다.

예제 13-1 **표준 입출력 장치의 활용** sec02/IOStreamDemo.java

```
01  import java.io.IOException;
02
03  public class IOStreamDemo {
04    public static void main(String[] args) throws IOException {
05      int b, len = 0;
06      int ba[] = new int[100];
07
08      System.out.println("--- 입력 스트림 ---");
09      while ((b = System.in.read()) != '\n') {
10        System.out.printf("%c(%d)", (char) b, b);
11        ba[len++] = b;
12      }
13
14      System.out.println("\n\n--- 출력 스트림 ---");
15      for (int i = 0; i < len; i++)
16        System.out.write(ba[i]);
17
18      System.out.flush();     // System.out.close();
19    }
20  }
```

- 09행: 줄 바꿈 문자가 나올 때까지 키보드로 입력한 데이터를 정수 변수에 대입한다.
- 10행 (char) b: int 타입을 char 타입으로 변환해야 한다.
- 15~16행: 한 바이트씩 입력된 데이터를 출력한다.
- 18행: 버퍼에 남아있는 데이터를 비워 표준 출력 장치로 전송한다. flush( ) 대신에 주석 처리된 close( )도 무방하다.

```
--- 입력 스트림 ---
hello
h(104)e(101)l(108)l(108)o(111)

--- 출력 스트림 ---
hello
```

키보드로 입력한 hello와 Enter이다.

InputStream의 read()와 OutputStream의 write()에 대한 자바 API를 살펴보면 다음과 같다.

```
public abstract int read() throws IOException
public void write(byte[] b) throws IOException
```

따라서 9행의 read()와 16행의 write()가 IOException을 유발할 수 있으므로 4행에 throws IOException을 추가한 것이다. 8행이나 14행의 println()은 PrintStream이 제공하는 메서드이므로 flush() 메서드를 호출할 필요가 없다. 그러나 16행의 write() 메서드는 OutputStream이 제공하는 메서드이므로 18행처럼 flush()나 close() 메서드를 호출해야 한다.

println()은 PrintStream 클래스가 제공하는 메서드이다. System.out이 OutputStream 객체라면 println() 메서드를 사용할 수 없다. 그러나 System.out 및 System.err은 OutputStream의 자식인 PrintStream 객체이다. PrintStream은 자동으로 flush() 메서드를 호출할 수 있다. 하지만 System.out이 PrintStream이 제공하지 않는 메서드를 호출할 때는 flush() 메서드를 호출할 필요가 있다.

3 FileInputStream 및 FileOutputStream

FileInputStream과 FileOutputStream 클래스는 시스템에 있는 파일을 읽거나 쓸 수 있는 기능을 제공한다. 다음과 같이 파일 경로 문자열이나 파일 객체를 생성자의 매개변수로 사용해 FileInputStream과 FileOutputStream 객체를 생성할 수 있다. 생성자로 스트림 객체를 생성할 때는 FileNotFoundException 예외 가능성이 있으므로 때문에 반드시 예외 처리를 해야 한다.

```
FileInputStream(String name)          파일 시스템의 경로를 나타내는 문자열이다.
FileInputStream(File file)
FileOutputStream(String name)
FileOutputStream(File file)
FileOutputStream(String name, boolean append)     true면 이어쓰고(append), false면 덮어쓴다(overwrite).
FileOutputStream(File file, boolean append)
```

다음은 FileInputStream과 FileOutputStream 클래스를 이용해 기존 파일을 새로운 파일로 복사하는 예제이다. 예제를 실행하기 전에 먼저 D:\ Temp 폴더에 org.txt 파일을 생성해두어야 한다. 실행한 후 파일 탐색기 뷰로 살펴보면, 실행 전에는 없던 dup.txt 파일이 생성되어 있다.

예제 13-2 **파일 복사** sec02/CopyFileDemo.java

```
01  import java.io.*;
02
03  public class CopyFileDemo {
04    public static void main(String[] args) {
05       String input = "D:\\Temp\\org.txt";
06       String output = "D:\\Temp\\dup.txt";
07
08       try (FileInputStream fis = new FileInputStream(input);
09            FileOutputStream fos = new FileOutputStream(output)) {
10          int c;
11
12          while ((c = fis.read()) != -1)
13             fos.write(c);
14       } catch (IOException e) {
15       }
16    }
17  }
```

- org.txt와 dup.txt 파일에 연결된 파일 입출력 스트림을 생성한다.
- read( ) 메서드를 호출해 한 바이트씩 읽고, write( ) 메서드를 호출해 한 바이트씩 쓴다.
- try~while~resource 문이다. 따라서 try( )의 괄호 안에 선언된 자원은 try~catch 문이 끝날 때 자동으로 close( ) 메서드를 호출한다.

4 BufferedInputStream 및 BufferedOutputStream

버퍼buffer는 스트림과 프로그램 간에 데이터를 효율적으로 전송하려고 사용하는 메모리이다. 프린터 등 출력 장치가 프로그램이 공급하는 데이터를 느리게 처리한다면 일부 데이터가 손실

되거나 프린터가 출력을 마칠 때까지 프로그램은 대기해야 할 것이다. 키보드 등 입력 장치도 프로그램이 데이터를 처리하는 속도보다 느리다면 입력 장치의 대기 시간은 길어진다. 따라서 입출력 장치와 프로그램 간 동작 속도가 크게 차이가 날 때 버퍼를 사용하면 매우 효율적이다.

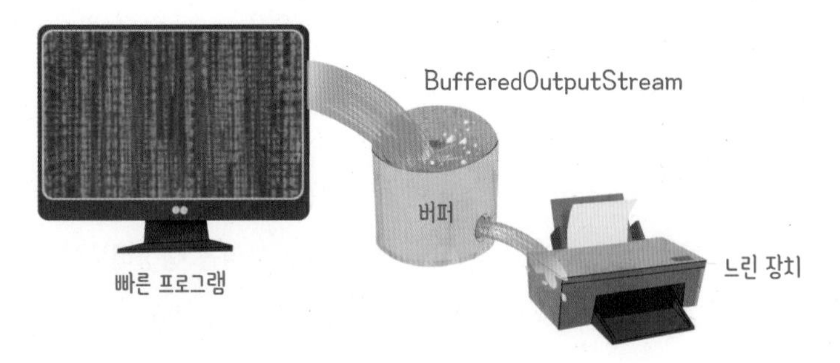

그림 13-7 현실 세계의 버퍼

BufferedInputStream 및 BufferedOutputStream 클래스는 다음과 같이 InputStream 및 OutputStream을 매개변수로 사용해 스트림 객체를 생성한다.

```
BufferedInputStream(InputStream in)
BufferedInputStream(InputStream in, int size)
BufferedOutputStream(OutputStream out)
BufferedOutputStream(OutputStream out, int size)   버퍼의 크기를 나타낸다.
```

다음은 버퍼의 유무에 따라 iexplorer.exe 파일을 복사하는 시간을 비교하는 예제이다.

예제 13-3 **버퍼 사용 유무에 따른 파일 복사** sec02/BufferedStreamDemo.java

```
01  import java.io.*;
02
03  public class BufferedStreamDemo {
04    public static void main(String[] args) {
05      long start, end, duration;
06      String org =
07        "C:\\Program Files (x86)\\Internet Explorer\\iexplore.exe";
08      String dst = "D:\\Temp\\iexplore1.exe";
09
10      start = System.nanoTime();
```

```
11          try (BufferedInputStream bis =
12                  new BufferedInputStream(new FileInputStream(org));
13                  BufferedOutputStream bos =
14                  new BufferedOutputStream(new FileOutputStream(dst));) {
15              while (bis.available() > 0) {
16                  int b = bis.read();
17                  bos.write(b);
18              }
19              bos.flush();
20          } catch (IOException e) {
21          }
22          end = System.nanoTime();
23          duration = end - start;
24          System.out.println("버퍼를 사용한 경우 : " + duration);
25
26          start = System.nanoTime();
27          try (FileInputStream fis = new FileInputStream(org);
28               FileOutputStream fos = new FileOutputStream(dst);) {
29              while (fis.available() > 0) {
30                  int b = fis.read();
31                  fos.write(b);
32              }
33              // fos.flush();
34          } catch (IOException e) {
35          }
36          end = System.nanoTime();
37          duration = end - start;
38          System.out.println("버퍼를 사용하지 않은 경우 : " + duration);
39      }
40  }
```

FileInputStream과 BufferedInputStream을 연결한 입력 스트림을 생성한다.

FileOutputStream과 BufferedOutputStream을 연결한 출력 스트림을 생성한다.

FileInputStream을 생성한다.

FileOutputStream을 생성한다.

```
버퍼를 사용한 경우 : 1369231621
버퍼를 사용하지 않은 경우 : 3691319106
```

버퍼를 가진 스트림이 버퍼가 없는 스트림보다 결과가 약 3배 더 빠르다.

5 DataInputStream 및 DataOutputStream

DataInputStream과 DataOutputStream 클래스는 각각 DataInput 및 DataOutput 인터페이스를 구현한 FilterInputStream 및 FilterOutputStream의 자식 클래스이다. DataInput 및 DataOutput 인터페이스는 각각 입력 스트림에서 기초 타입 데이터를 읽는 메서드와 출력 스트림에 기초 타입 데이터를 기록하는 메서드를 제공한다. DataInput 인터페이스는 readBoolean( ), readByte( ), readChar( ), readDouble( ), readFloat( ), readInt( ), readLong( ), readShort( ) 등 기초 타입을 위한 메서드와 readUTF( ) 등 문자를 읽을 수 있는 메서드를 제공한다. DataOutput 인터페이스도 DataInput 인터페이스가 정의한 모든 메서드에서 read를 write로 대체하는 메서드(예를 들어 writeBoolean( ), writeByte( ) 등)를 제공한다. 이외에도 DataOutput 인터페이스는 byte[ ]를 매개변수로 사용하는 write( ) 메서드, 다수의 char 타입을 위한 writeBytes( ) 메서드 등도 제공한다.

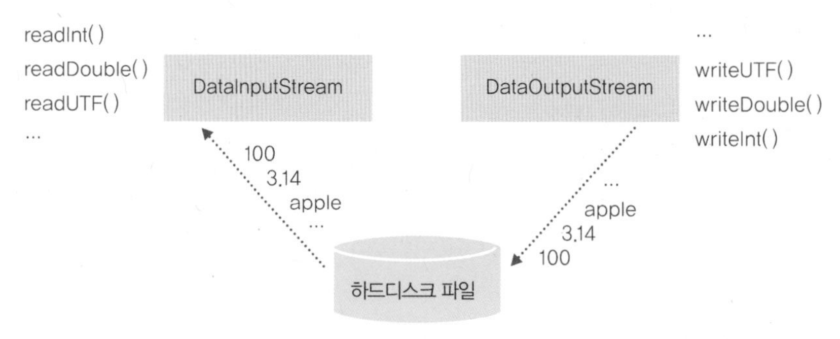

그림 13-8 데이터 입출력 스트림의 동작

DataInputStream 및 DataOutputStream은 직접 키보드에서 데이터를 입력받거나 화면에 데이터를 출력하기에는 부적합하다. 따라서 FileInputStream 및 FileOutputStream 등 다른 스트림과 연결해서 파이프라인을 구성해 사용한다.

다음은 DataInputStream과 DataOutputStream을 이용해 실수, 정수, 문자열을 data.dat 파일에 쓴 후 다시 data.dat 파일을 읽어 화면에 출력하는 예제이다. 만약 data.dat 파일을 열면 실수 및 정수가 그대로 저장되어 있으므로 알 수 없는 문자로 나타난다.

예제 13-4 **데이터 스트림을 이용한 파일 쓰기 및 읽기** sec02/DataStreamDemo.java

```java
01  import java.io.*;
02
03  public class DataStreamDemo {
04     public static void main(String[] args) {
05        try (DataOutputStream dos =
06              new DataOutputStream(new FileOutputStream("D:\\Temp\\data.dat"));
07              DataInputStream dis
08              = new DataInputStream(new FileInputStream("D:\\Temp\\data.dat"));) {
09
10           dos.writeDouble(1.0);
11           dos.writeInt(1);
12           dos.writeUTF("one");
13
14           dos.flush();
15
16           System.out.println(dis.readDouble());
17           System.out.println(dis.readInt());
18           System.out.println(dis.readUTF());
19        } catch (IOException e) {
20        }
21     }
22  }
```

DataOutputStream을 생성한다. data.dat 파일이 없으면 생성한다.

DataInputStream을 생성한다.

double 데이터, int 데이터, 문자열을 DataOutputStream에 쓴다.

double 데이터, int 데이터, 문자열을 DataInputStream에서 읽어서 화면에 출력한다.

```
1.0
1
one
```

[그림 13-9]는 DataOutputStream과 DataInputStream을 통해 프로그램과 data.dat 파일 사이에 데이터를 전송할 때 어떤 영향을 받는지 보여 준다.

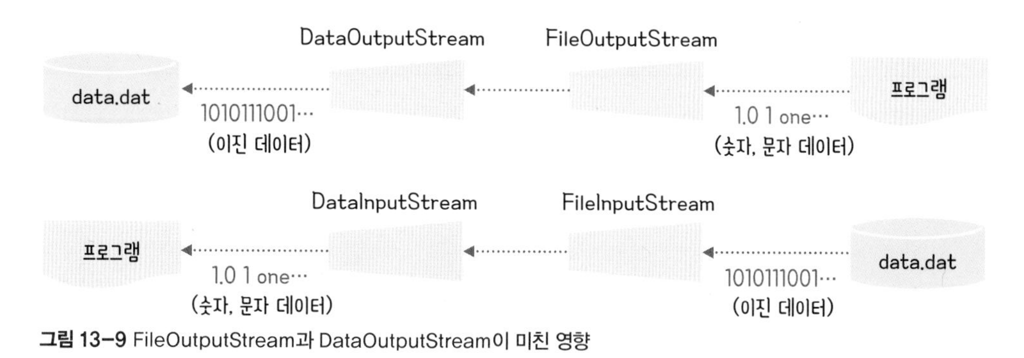

그림 13-9 FileOutputStream과 DataOutputStream이 미친 영향

6 PrintStream

PrintStream 클래스는 다양한 데이터 값을 편리하게 출력할 수 있는 기능을 추가한 OutputStream의 하위 클래스로 다음 두 가지 특징이 있다.

❶ IOException을 발생하지 않는다.

❷ 자동 플러시 기능을 제공해 flush( ) 메서드를 호출하지 않고도 버퍼를 비울 수 있다.

PrintStream은 다음과 같은 OutputStream도 인수로 받을 수 있는 생성자를 제공한다.

```
PrintStream(File file)
PrintStream(String filename)
PrintStream(OutputStream out)
PrintStream(OutputStream out, boolean autoFlush)   // 자동 플러시 기능을 선택할 수도 있다.
```

지금까지 사용한 System.out 객체의 println( ), print( ), printf( ) 메서드는 PrintStream으로 출력하는데, 각종 데이터 타입을 출력할 수 있도록 다양하게 오버로딩되어 있으며 자동으로 버퍼를 플러싱한다.

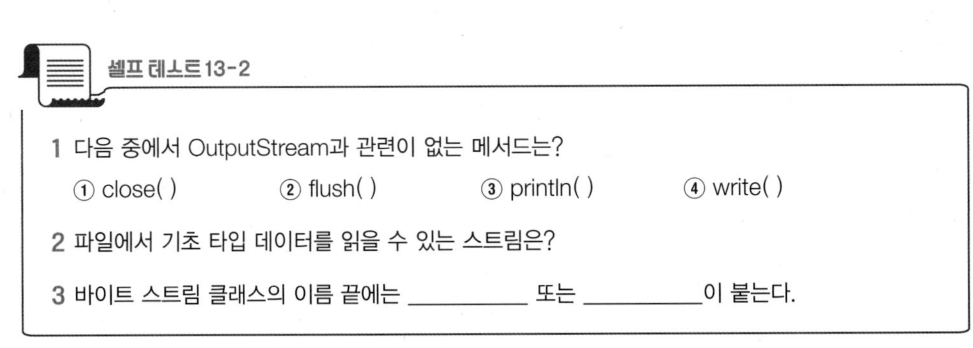

셀프 테스트 13-2

1 다음 중에서 OutputStream과 관련이 없는 메서드는?

① close( ) ② flush( ) ③ println( ) ④ write( )

2 파일에서 기초 타입 데이터를 읽을 수 있는 스트림은?

3 바이트 스트림 클래스의 이름 끝에는 ________ 또는 ________이 붙는다.

03 문자 스트림

1 문자 스트림의 개념과 종류

문자 스트림은 데이터를 2바이트 단위인 유니코드로 전송하거나 수신하는데, 이진 데이터로 된 이미지나 동영상 파일보다는 한글처럼 언어로 된 파일을 처리할 때 유용하다. 문자 스트림은 다음과 같이 입출력에 따라 Reader와 Writer 클래스, 자식 클래스로 구분된다.

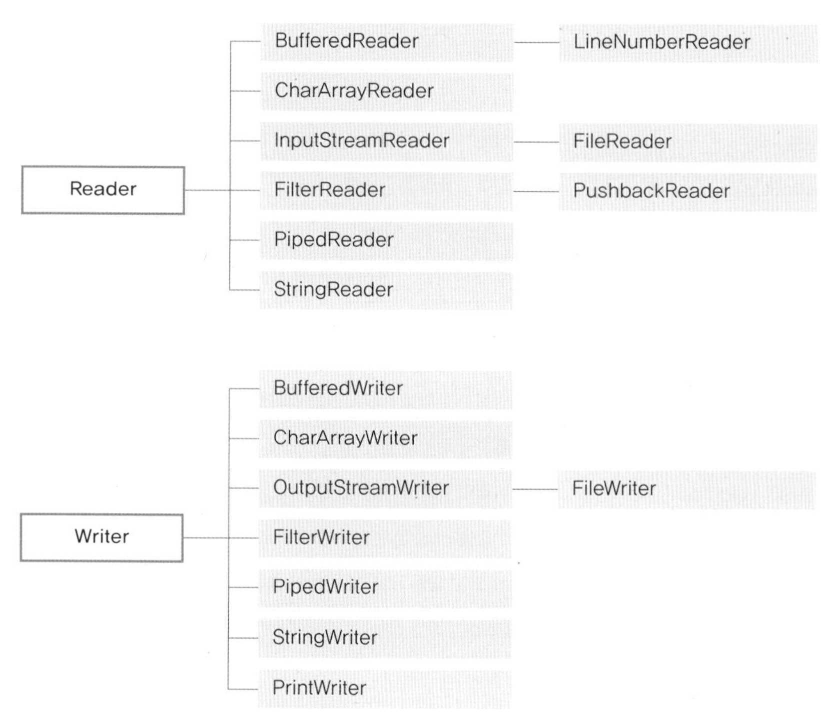

그림 13-10 문자 스트림의 계층구조

Reader와 Writer는 객체를 생성할 수 없는 추상 클래스이기 때문에 Reader와 Writer의 자식인 구현 클래스를 사용해야 한다. FileReader와 FileWriter, InputStreamReader와 OutputStreamWriter, BufferedReader와 BufferedWriter 등은 대표적인 문자 스트림이다. FileReader와 FileWriter는 파일 입출력 클래스로, 파일에서 문자 데이터를 읽거나 파일에 문자 데이터를 저장할 때 사용한다. InputStreamReader 및 OutputStreamWriter는 바이트 스트림과 문자 스트림을 연결하는 브리지 스트림으로 사용한다. BufferedReader와 BufferedWriter는 데이터를 효율적으로 전송하려고 버퍼로 처리할 때 사용한다.

2 Reader와 Writer

Reader와 Writer 클래스는 모든 자식 문자 스트림에서 공통으로 사용되는 다양한 메서드를 가진 문자 스트림의 최상위 클래스이다. 또 Reader와 Writer는 추상 메서드인 read()와 close(), write()와 flush() 및 close()를 각각 포함하는 추상 클래스이다. Reader 클래스는 InputStream, Writer 클래스는 OutputStream과 유사한 메서드를 제공하는데, 모두 2바이트씩 읽고 쓸 수 있는 메서드로 구성되어 있다.

Reader와 Writer 클래스가 제공하는 주요 메서드는 다음과 같다.

표 13-2 문자 스트림 클래스가 제공하는 주요 메서드

클래스	메서드	설명
Reader	abstract void close()	입력 스트림을 닫는다.
	int read()	1개의 문자를 읽는다.
	int read(char[ ] cbuf)	문자 단위로 읽어 cbuf[ ]에 저장한 후 읽은 개수를 반환한다.
	abstract int read(char cbuf[ ], int off, int len)	len만큼 읽어 cbuf[ ]의 off 위치에 저장한 후 읽은 개수를 반환한다.
	long skip(long n)	입력 스트림을 n 문자만큼 건너뛴다.
Writer	abstract void close()	출력 스트림을 닫는다.
	abstract void flush()	버퍼의 내용을 비운다.
	void write(int c)	c 값을 char로 변환해 출력 스트림에 쓴다.
	void write(char cbuf[ ])	cbuf[ ] 값을 char로 변환해 출력 스트림에 쓴다.
	abstract void write(char cbuf[ ], int off, int len)	cbuf[ ] 값을 char로 변환해 off 위치부터 len만큼 출력 스트림에 쓴다.
	void write(String str)	문자열 str을 출력 스트림에 쓴다.

read() 메서드의 반환 값은 0~65,535 범위의 유니코드 값으로 더 이상 읽을 수 없을 때는 -1을 반환한다. 따라서 문자로 나타내려면 char 타입으로 변환해야 한다.

3 FileReader와 FileWriter

FileReader와 FileWriter 클래스는 시스템에 있는 문자 파일을 읽거나 파일에 쓸 수 있는 기능을 제공한다. 생성자로 스트림 객체를 생성할 때는 FileNotFoundException 예외 가능성이 있으므로 반드시 예외 처리를 해야 한다.

```
FileReader(String name)      파일 시스템의 경로를 나타내는 문자열이다.
FileReader(File file)
FileWriter(String name)
FileWriter(File file)
FileWriter(String name, boolean append)      true면 이어쓰고(append),
                                             false면 덮어쓴다(overwrite).
FileWriter(File file, boolean append)
```

다음은 [예제 13-2]처럼 FileReader 및 FileWriter를 이용해 기존 파일을 읽어서 새로운 파일로 복사하는 예제이다.

예제 13-5 **파일 복사** sec03/CopyFileDemo.java

```java
01  import java.io.*;
02
03  public class CopyFileDemo {
04    public static void main(String[] args) {
05       String input = "D:\\Temp\\org.txt";
06       String output = "D:\\Temp\\dup.txt";
07
08       try (FileReader fr = new FileReader(input);
09             FileWriter fw = new FileWriter(output)) {
10          int c;
11
12          while ((c = fr.read()) != -1)
13             fw.write(c);
14       } catch (IOException e) {
15       }
16    }
17  }
```

org.txt와 dup.txt 파일을 사용하려고 FileReader와 FileWriter를 생성한다.

read( ) 메서드를 호출해 한 문자씩 읽고, write( ) 메서드를 호출해 한 문자씩 쓴다.

4 BufferedReader 및 BufferedWriter

문자 스트림에도 스트림의 효율을 높이려고 버퍼를 사용하는 BufferedReader 및 BufferedWriter라는 스트림이 있는데, 생성자는 다음과 같다.

```
BufferedReader(Reader in)
BufferedReader(Reader in, int size)
BufferedWriter(Writer out)
BufferedWriter(Writer out, int size)    버퍼의 크기를 나타낸다.
```

BufferedReader 클래스는 BufferedInputStream과 달리 다음 메서드도 제공한다.

표 13-3 BufferedReader 클래스에 추가된 주요 메서드

메서드	설명
Stream<String> lines( )	읽은 행을 스트림으로 반환한다.
String readLine( )	한 행을 읽어 문자열로 반환한다.

다음은 BufferedReader 클래스가 제공하는 lines( ) 메서드를 활용하는 예제이다.

예제 13-6 **BufferedReader를 이용한 스트림 활용** sec03/BufferedReaderDemo.java

```
01 import java.io.*;
02
03 public class BufferedReaderDemo {
04   public static void main(String[] args) {
05     try (BufferedReader br = new BufferedReader(
06           new FileReader("D:\\Temp\\org.txt"));) {
07
08       br.lines().forEach(s -> System.out.println(s));
09     } catch (IOException e) {
10     }
11   }
12 }
```

org.txt 파일을 사용하려고 BufferedReader 객체를 생성한다.

BufferedReader 객체에서 스트림을 생성해 모든 원소를 출력한다.

```
유유상종
시간은 금이다.
Birds of a feather flock together.
Time is money.
```

5 InputStreamReader 및 OutputStreamWriter

InputStreamReader와 OutputStreamWriter 클래스는 바이트 기반의 InputStream

과 OutputStream을 포장해 문자 기반의 Reader와 Writer로 변환하는 클래스이다. 즉, InputStream과 OutputStream을 Reader와 Writer로 연결하는 클래스이다.

그림 13-11 InputStreamReader와 OutputStreamWriter의 기능

InputStreamReader와 OutputStreamWriter는 바이트를 읽어 명시된 문자집합charset을 사용해 문자로 디코딩하거나 문자를 인코딩할 수 있다. 문자집합을 생성자에 명시하지 않으면 기본 문자집합을 사용한다.

```
InputStreamReader(InputStream in)
InputStreamReader(InputStream in, Charset cs)
OutputStreamWriter(OutputStream out)
OutputStreamWriter(OutputStream out, Charset cs)
```

FileInputStream으로 생성한 입력 스트림을 InputStreamReader를 사용해서 Reader로 변환해 보자. 그리고 Reader 스트림으로 한글 속담과 영문 속담 2개씩으로 구성된 org.txt 파일을 읽은 후 화면에 출력하는데, 이때 문자집합은 US-ASCII로 명시한다.

예제 13-7 **InputStreamReader의 활용** sec03/StreamReaderDemo.java

```
01  import java.io.*;
02
03  public class StreamReaderDemo {
04    public static void main(String[] args) {
05       String input = "D:\\Temp\\org.txt";
06
07       try (FileInputStream fi = new FileInputStream(input);
08            InputStreamReader in = new InputStreamReader(fi, "US-ASCII")) {
09          int c;
10
11          System.out.println(in.getEncoding());
```

org.txt 파일로 FileInputStream 객체를 생성하고, 그 객체를 사용해 문자 스트림으로 변환한다.

설정된 문자집합을 출력한다.

```
12          while ((c = in.read()) != -1)
13             System.out.print((char) c);
14       } catch (IOException e) {
15       }
16    }
17 }
```

문자 스트림에서 읽은 결과이기 때문에 char 타입으로 변환할 수 있다.

```
ASCII
????????
?????? ??????.
Birds of a feather flock together.
Time is money.
```

US-ASCII 타입으로 인코딩했기 때문에 한글 속담은 연속된 물음표(?)로 출력된다. 한글까지 출력하려면 MS949로 명시한다.

6 PrintWriter

PrintWriter 클래스는 PrintStream처럼 다양한 데이터 값을 출력할 수 있는 기능을 추가한 Writer의 자식 클래스이다. PrintStream과는 달리 OutputStream뿐만 아니라 Writer도 인수로 받을 수 있는 생성자를 제공한다.

```
PrintWriter(File file)
PrintWriter(String filename)
PrintWriter(OutputStream out)
PrintWriter(OutputStream out, boolean autoFlush)
PrintWriter(Writer out)
PrintWriter(Writer out, boolean autoFlush)
```

PrintWriter 클래스는 데이터를 출력 스트림에 쓰도록 한다는 점에서 PrintStream 클래스와 매우 유사하지만 약간의 차이가 있다. 그러나 자바 5부터 PrintStream도 문자 인코딩을 허용하면서 거의 차이가 없다. 특히, 두 클래스가 제공하는 print(), printf(), println() 메서드는 같으므로 표준 출력에서 사용할 때는 차이가 없다.

다음은 BufferedReader와 PrintWriter를 사용해 파일을 복사하는 예제이다.

예제 13-8 PrintWriter를 사용한 파일 복사 sec03/PrintWriterDemo.java

```
01  import java.io.*;
02
03  public class PrintWriterDemo {
04     public static void main(String[] args) {
05        try (BufferedReader br = new BufferedReader(
06              new FileReader("D:\\Temp\\org.txt"));
07              PrintWriter pr = new PrintWriter(
08                    new FileWriter("D:\\Temp\\dup.txt"));) {
09
10           br.lines().forEach(x -> pr.println(x));
11        } catch (IOException e) {
12        }
13     }
14  }
```

dup.txt 파일로 PrintWriter 객체를 생성한다.

BufferedReader 객체가 org.txt 파일을 읽어 스트림을 생성한다.

셀프 테스트 13-3

1 문자 입력 스트림의 최상위 클래스는?

① InputStream ② InputStreamReader
③ Reader ④ Scanner

2 바이트 스트림을 문자 스트림으로 변환할 수 있다. (O, X)

3 데이터를 효율적으로 전송하려고 버퍼로 처리하는 문자 스트림은?

04 파일 관리

입출력 스트림은 파일이나 장치에서 데이터를 전송하려고 사용하지만 입출력 스트림으로 파일을 생성하거나 삭제하거나 이름을 변경하는 등 관리 기능을 수행할 수 없다. 자바는 파일의 생성 및 삭제, 속성 변경 등과 같은 파일 관리를 위하여 IO(java.io) 기반의 File 클래스를 제공한다. 여전히 File 클래스를 많이 사용하지만, 자바 4부터 도입되고 자바 7에서 기능을 보완한 NIO(java.nio) 및 NIO2(java.nio2) 기반의 Path 인터페이스, Files 클래스 및 FileChannel도 매우 유용하다.

1 File 클래스

File 클래스는 파일이나 폴더의 경로를 추상화한 클래스로 java.io 패키지에 포함되어 있다. File 클래스는 다음과 같은 생성자와 메서드를 제공해 파일 유무, 삭제, 접근 권한 조사 등을 수행한다.

표 13-4 File 클래스 생성자

생성자	설명
File(File parent, String child)	parent 객체 폴더의 child라는 File 객체를 생성한다.
File(String pathname)	pathname에 해당하는 File 객체를 생성한다.
File(String parent, String child)	parent 폴더에 child라는 File 객체를 생성한다.
File(URI uri)	uri 경로에서 File 객체를 생성한다.

표 13-5 File 클래스의 주요 메서드

메서드	설명
boolean canExecute( )	실행 가능한 파일인지 여부를 반환한다.
boolean canRead( )	읽을 수 있는 파일인지 여부를 반환한다.
boolean canWrite( )	쓸 수 있는 파일인지 여부를 반환한다.
boolean createNewFile( )	파일을 새로 생성하면 true, 아니면 false를 반환한다.
boolean delete( )	파일을 삭제하면 true, 아니면 false를 반환한다.
boolean exists( )	파일의 존재 유무를 반환한다.
String getAbsolutePath( )	파일의 절대 경로를 반환한다.
String getName( )	파일의 이름을 반환한다.
String getPath( )	파일의 경로를 반환한다.
boolean isDirectory( )	폴더 존재 유무를 반환한다.
boolean isFile( )	파일 존재 유무를 반환한다.
long lastModified( )	파일의 마지막 수정 시간을 반환한다.
long length( )	파일의 크기를 반환한다.
String[ ] list( )	모든 자식 파일과 폴더를 문자열 배열로 반환한다.
File[ ] listFiles( )	모든 자식 파일과 폴더를 File 배열로 반환한다.
boolean mkdir( )	폴더를 생성하면 true, 아니면 false를 반환한다.
Path toPath( )	파일 경로에서 구성한 Path 객체를 반환한다.

다음은 File 클래스로 C:\Windows라는 폴더 아래에 있는 파일과 자식 폴더를 모두 출력하는 예제이다.

예제 13-9 **폴더의 정보 출력** sec04/FileDemo.java

```
01  import java.io.*;
02
03  public class FileDemo {
04    public static void main(String[] args) throws IOException {
05      File file = new File("C:\\Windows");
06      File[] fs = file.listFiles();
07
08      for (File f : fs)
09        if (f.isDirectory())
10          System.out.printf("dir : %s\n", f);
11        else
12          System.out.printf("file: %s(%d bytes)\n", f, f.length());
13    }
14  }
```

폴더(C:\Windows)에 포함된 모든 자식 파일과 폴더를 File 배열로 반환한다.

File 객체가 폴더이면 폴더 경로를 출력하고, 파일이면 파일 경로 및 이름과 크기를 출력한다.

```
dir : C:\Windows\addins
file: C:\Windows\AgSetup.logs(89152 bytes)
file: C:\Windows\AhnInst.log(123424 bytes)
dir : C:\Windows\appcompat
dir : C:\Windows\Application Data
...
```

2 Path 인터페이스와 Files 클래스

Path 인터페이스는 운영체제에 따라 일관성 없이 동작하는 File 클래스를 대체하는 것으로, 기존 File 객체도 File 클래스의 toPath() 메서드를 이용해 Path 타입으로 변환할 수 있다. Path 인터페이스의 구현 객체는 파일 시스템에서 경로를 나타낸다. Files 클래스는 파일 연산을 수행하는 정적 메서드로 구성된 클래스이다. Path 인터페이스와 Files 클래스는 java.nio.file 패키지에 포함되어 있다. Path 인터페이스의 대표적인 기능도 java.io.File 클래스와 마찬가지로 파일의 유무, 삭제, 접근 권한 조사 등이며, 주요 메서드는 다음과 같다.

표 13-6 Path 인터페이스가 제공하는 주요 메서드

메서드	설명
Path getFileName( )	객체가 가리키는 파일(폴더) 이름을 반환한다.
FileSystem getFileSystem( )	객체를 생성한 파일 시스템을 반환한다.
int getNameCount( )	객체가 가리키는 경로의 구성 요소 개수를 반환한다.
Path getParent( )	부모 경로를 반환하며, 없으면 null을 반환한다.
Path getRoot( )	루트를 반환하며, 없으면 null을 반환한다.
boolean isAbsolute( )	절대 경로 여부를 반환한다.
Path toAbsolutePath( )	절대 경로를 나타내는 객체를 반환한다.
URI toUri( )	객체가 가리키는 경로에서 URI를 반환한다.

Files 클래스도 파일의 속성을 조사하거나 파일 또는 폴더를 생성 및 삭제할 수 있도록 다음 정적 메서드를 제공한다. 메서드의 매개변수가 복잡하므로 편의상 생략한다. 자세한 메서드 내용은 자바 API를 참조하자.

표 13-7 Files 클래스가 제공하는 주요 메서드

메서드	설명
long copy( )	파일을 복사한 후 복사된 바이트 개수를 반환한다.
Path copy( )	파일을 복사한 후 복사된 경로를 반환한다.
Path createDirectory( )	폴더를 생성한다.
Path createFile( )	파일을 생성한다.
void delete( )	파일을 삭제한다.
boolean deleteIfExists( )	파일이 있으면 삭제한다.
boolean exists( )	파일의 존재 유무를 조사한다.
boolean isDirectory( )	폴더인지 조사한다.
boolean isExecutable( )	실행 가능한 파일인지 조사한다.
boolean isHidden( )	숨김 파일인지 조사한다.
boolean isReadable( )	읽기 가능한 파일인지 조사한다.
boolean isWritable( )	쓰기 가능한 파일인지 조사한다.
Path move( )	파일을 이동한다.
boolean notExists( )	파일(폴더)의 부재를 조사한다.
byte[ ] readAllBytes( )	파일의 모든 바이트를 읽어 배열로 반환한다.
List〈String〉 readAllLines( )	파일의 모든 행을 읽어 리스트로 반환한다.
long size( )	파일의 크기를 반환한다.
Path write( )	파일에 데이터를 쓴다.

다음은 Files 클래스를 사용해 기존 파일과 폴더의 속성을 조사하는 예제이다.

예제 13-10 **Files 클래스를 이용한 파일의 속성 조사** sec04/Files1Demo.java

```
01  import java.io.File;
02  import java.nio.file.Files;
03
04  public class Files1Demo {
05    public static void main(String[] args) throws Exception {
06       File f1 = new File("D:\\Temp\\org.txt");
07       File f2 = new File("D:\\Temp");
08
09       System.out.println("org.txt는 폴더? "
10                   + Files.isDirectory(f1.toPath()));
11
12       System.out.println("Temp는 폴더? "
13                          + Files.isDirectory(f2.toPath()));
14
15       System.out.println("org.txt는 읽을 수 있는 파일? "
16                          + Files.isReadable(f1.toPath()));
17
18       System.out.println("org.txt의 크기? " + Files.size(f1.toPath()));
19    }
20  }
```

Files 클래스의 메서드는 File 객체 대신에 Path 객체를 사용하기 때문에 File 객체를 Path 객체로 변환한다.

```
org.txt는 폴더? false
Temp는 폴더? true
org.txt는 읽을 수 있는 파일? true
org.txt의 크기? 86
```

다음은 Files 클래스를 사용해 새로운 파일을 생성하고, 그 파일에 데이터를 입력한 후 입력한 데이터를 출력하는 예제이다. 한 번 더 실행하면 파일 뒤에 데이터를 이어쓰기하므로 동일한 데이터가 반복해서 파일에 남아 있게 된다.

예제 13-11 **Files 클래스를 이용한 파일 생성** sec04/Files2Demo.java

```
01  import java.io.*;
02  import java.nio.charset.Charset;
03  import java.nio.file.*;
04  import java.util.List;
05
06  public class Files2Demo {
07     public static void main(String[] args) throws Exception {
08        Charset cs = Charset.defaultCharset();
09        Path p = new File("D:\\Temp\\new.txt").toPath();
10
11        if (Files.notExists(p))
12           Files.createFile(p);
13
14        byte[] data = "좋은 아침!\n잘 가세요!\n".getBytes();
15        Files.write(p, data, StandardOpenOption.APPEND);
16
17        try {
18           List<String> lines = Files.readAllLines(p, cs);
19
20           for (String line : lines)
21              System.out.println(line);
22        } catch (IOException e) {
23        }
24     }
25  }
```

파일이 없으면 파일을 생성한다.

문자열을 바이트의 배열로 변환한다.

파일 작업용 표준 옵션 중 하나로 data를 파일 끝에 추가한다.

기본 문자집합을 이용해 파일을 행 단위로 읽어 출력한다.

```
좋은 아침!
잘 가세요!
```

3 스트림 얻기

앞서 BufferedReader 클래스의 lines() 메서드를 이용하면 스트림을 생성할 수 있었다. 12장에 의하면 배열이나 입출력 채널도 스트림의 데이터 소스가 될 수 있다. 따라서 File 객체의 배열이라면 Stream〈File〉이라는 스트림을 생성할 수 있다. 또 다음과 같이 Files 클래스의 정적 메서드를 사용해 파일이나 폴더의 내용을 행 단위로 읽을 수 있는 스트림을 생성할 수 있다.

표 13-8 Files 클래스가 제공하는 스트림을 반환하는 정적 메서드

메서드	설명
Stream〈String〉 lines(Path path)	기본 문자집합을 이용해 파일의 모든 행을 스트림으로 반환한다.
Stream〈String〉 lines(Path path, Charset cs)	주어진 문자집합을 이용해 파일의 모든 행을 스트림으로 반환한다.
Stream〈Path〉 list(Path dir)	서브 폴더를 제외한 폴더에 들어 있는 모든 원소를 스트림으로 반환한다.
Stream〈Path〉 walk(Path start)	서브 폴더를 포함한 폴더에 들어 있는 모든 원소를 스트림으로 반환한다.

다음은 스트림을 이용해 C:\Windows 폴더 아래에 있는 파일의 개수(폴더는 제외)를 출력하는 예제이다.

예제 13-12 **Files 클래스로 스트림 사용 1** sec04/Stream1Demo.java

```
01  import java.io.*;
02  import java.util.Arrays;
03  import java.util.stream.Stream;
04
05  public class Stream1Demo {
06    public static void main(String[] args) throws IOException {
07      File file = new File("C:\\Windows");
08      File[] fs = file.listFiles();
09                                      File 객체의 배열을 스트림으로 변환한다.
10      Stream<File> stream = Arrays.stream(fs);
11      long count = stream.filter(x -> x.isDirectory() == false).count();
12                              스트림 원소인 File 객체가 폴더인지 조사한 후 파일 개수만 조사한다.
13      System.out.println("C:\\Windows에 있는 파일 개수 : " + count);
14    }
15  }
```

```
C:\Windows에 있는 파일 개수 : 37
```

D:\Temp\number.txt 파일에는 행마다 한 자릿수가 기록되어 있다. 다음은 이 파일에 있는 내용을 스트림으로 생성해 영문으로 변환하는 예제이다.

예제 13-13 **Files 클래스로 스트림 사용 2** sec04/Stream2Demo.java

```java
01 import java.io.File;
02 import java.nio.file.*;
03 import java.util.stream.Stream;
04
05 public class Stream2Demo {
06   public static void main(String[] args) throws Exception {
07     String[] number = { "zero", "one", "two", "three", "four", "five",
08                         "six", "seven", "eight", "nine" };
09     Path p = new File("D:\\Temp\\number.txt").toPath();
10                                              파일에서 Path 객체를 생성한다.
11     Stream<String> s = Files.lines(p);        Path 객체로 스트림을 생성한다.
12
13     s.forEach(x -> System.out.println(x));    스트림 원소를 출력한다.
14
15     s = Files.lines(p);   스트림은 한 번만 사용할 수 있다.
                             따라서 다시 스트림을 생성해야 한다.
16
17     s.map(x -> number[Integer.parseInt(x)])
18       .forEach(x -> System.out.print(x + " "));
19   }        스트림 원소 값에 대응하는 number 배열 값으로 출력한다.
20 }
```

```
2
0
1      D:\Temp\number.txt 파일의 내용을 출력한 것이다.
9
3
1
two zero one nine three one     숫자를 영어로 바꿔 한 행에 출력한 결과이다.
```

4 버퍼와 파일 채널

Buffer는 NIO 기반의 데이터 입출력을 위해 사용되는 메모리 배열이며, java.nio 패키지에 있는 추상 클래스이다. Buffer의 구현 클래스는 모두 특정 기초 타입을 지원하기 위한 것으로 ByteBuffer, CharBuffer, DoubleBuffer, FloatBuffer, IntBuffer, LongBuffer, ShortBuffer가 있으며, 다음과 같은 메서드를 사용할 수 있다.

표 13-9 Buffer 클래스의 주요 메서드

메서드	설명
Object array( )	배열로 반환한다.
int capacity( )	capacity 값을 반환한다.
Buffer clear( )	position ← 0, limit ← capacity (데이터는 그대로 둔다.)
Buffer flip( )	limit ← position, position ← 0
int limit( )	limit 값을 반환한다.
int position( )	position 값을 반환한다. 인덱스 값으로 0부터 시작한다.
Buffer rewind( )	position ← 0

여기서 position은 읽거나 쓰는 버퍼의 인덱스 값(0부터 시작)이며 버퍼에 한 바이트를 저장할 때마다 1씩 증가한다. limit은 읽거나 쓰기 위한 버퍼 위치의 한곗값이며, capacity는 버퍼의 크기를 의미한다. 버퍼는 allocate( ) 메서드로 생성하며, 버퍼에 전달할 데이터는 배열 타입이며 get( ) 및 put( ) 메서드로 전달한다.

다음은 버퍼의 position, limit, capacity 값을 조사하기 위한 예제이다.

예제 13-14 **Buffer의 기본 특성 값 조사** sec04/BufferDemo.java

```
01  import java.nio.ByteBuffer;
02
03  public class BufferDemo {
04    public static void main(String[] args) {
05      ByteBuffer buf = ByteBuffer.allocate(10);
06
07      System.out.println(buf);
08
09      buf.put("ab".getBytes());
10      System.out.println(buf);
11
12      buf.put("cde".getBytes());
13      System.out.println(buf);
```

- 05행: 10바이트 크기의 버퍼를 생성한다.
- 07행: 버퍼 정보를 출력한다.
- 09행: 버퍼에 'ab'라는 2바이트를 저장한다. getBytes( )는 String 타입을 byte[ ]로 변환한다.

```
14
15          buf.flip();            // limit를 position 값으로 설정하고, position을 0으로 설정한다.
16          System.out.println(buf);
17
18          System.out.println(new String(buf.array()));   // 버퍼의 내용을 배열로 바꾼 후 다시 문자열로 변환하여 출력한다.
19
20          buf.clear();           // position을 0으로 설정하고, limit를 capacity 값으로 설정한다.
21          System.out.println(buf);
22      }
23  }
```

```
java.nio.HeapByteBuffer[pos=0 lim=10 cap=10]
java.nio.HeapByteBuffer[pos=2 lim=10 cap=10]
java.nio.HeapByteBuffer[pos=5 lim=10 cap=10]
java.nio.HeapByteBuffer[pos=0 lim=5 cap=10]    // flip( )의 결과이다.
abcde
java.nio.HeapByteBuffer[pos=0 lim=10 cap=10]
```

5행은 버퍼의 초기 특성값인 position=0, limit=10, capacity=10을 가진다. 9행은 버퍼에 2바이트를 저장하므로 position=2가 된다. 12행은 3바이트를 더 저장하므로 position=5가 된다. 15행은 limit를 position 값으로 설정하고, position을 0으로 설정하므로 position=0, limit=5, capacity=10을 가진다. 20행은 초기 특성값인 position=0, limit=10, capacity=10으로 돌아간다.

FileChannel은 NIO 기반의 데이터 흐름을 위한 수단을 제공하려는 클래스이며, IO 기반의 스트림과는 달리 입출력 양방향을 지원하며, 기본적으로 버퍼를 이용한다. FileChannel은 java.nio.channels 패키지에 있는 추상 클래스로서 동기화 처리가 되어 있어 다중 스레드 환경에서도 안전하다. 일반적으로 소용량 파일을 처리할 땐 FileChannel이 빠르지만, 대용량 파일이라면 IO 기반의 파일 처리보다 복잡하고 성능이 떨어질 수 있다.

FileChannel은 IO기반의 FileInputStream이나 FileOutputStream의 getChannel( ) 메서드로 FileChannel 객체를 얻을 수 있지만, 다음과 같은 FileChannel 클래스의 open( ) 메서드도 사용할 수 있다.

```
static FileChannel open(Path path, OpenOption... options)
```

여기서 OpenOption의 값으로 java.nio.file 패키지에 있는 StandardOpenOption 열거 타입 상수인 READ, WRITE, CREATE 등을 사용할 수 있다.

FileChannel에서 데이터를 읽거나 쓰려면 다음과 같은 read() 및 write() 메서드를 사용하면 된다. 여기서 read()의 반환 값은 채널에서 읽어 버퍼에 저장한 바이트 개수이며, 더 읽을 바이트가 없다면 -1이다. write()의 반환 값은 버퍼에서 채널로 쓴 바이트 개수를 말한다.

```
abstract int read(ByteBuffer dst)
abstract int write(ByteBuffer src)
```

다음은 FileChannel 클래스를 이용하여 하나의 파일을 다른 파일로 복사하는 예제이다.

예제 13-15 FileChannel 클래스에 의한 파일 복사 sec04/Channel1Demo.java

```
01 import java.io.*;
02 import java.nio.ByteBuffer;
03 import java.nio.channels.FileChannel;
04 import java.nio.file.*;
05
06 public class Channel1Demo {
07   public static void main(String[] args) throws IOException {
08     FileInputStream fis = new FileInputStream("D:\\Temp\\org.txt");
09     Path path = Paths.get("D:\\Temp\\dup.txt");
10
11     FileChannel org = fis.getChannel();
12
13     FileChannel dup = FileChannel.open(path,
14       StandardOpenOption.WRITE,
15       StandardOpenOption.CREATE);
16
17     ByteBuffer buf = ByteBuffer.allocate(10);
18
```

- throws IOException: FileInputStream이나 FileChannel이 예외를 던지므로 예외를 처리해야 한다.
- Paths: 문자열이나 URI 정보를 Path 타입으로 반환하는 정적 메서드를 가진 클래스이다.
- fis.getChannel(): FileInputStream의 getChannel()로 FileChannel 객체를 연다.
- FileChannel.open(...): FileChannel의 정적 메서드 open()으로 FileChannel 객체를 연다.
- ByteBuffer.allocate(10): 10 바이트의 ByteBuffer를 생성한다.

```
19        while (org.read(buf) != -1) {
20           buf.flip();
21           dup.write(buf);
22           buf.clear();
23        }
24        org.close();
25        dup.close();
26     }
27  }
```

채널을 통하여 원본 파일에서 더 이상 읽을 바이트가 없을 때까지 복사 파일에 읽은 버퍼의 내용을 저장한다.

위 코드를 실행하면 D:\Temp 폴더에 dup.txt 파일이 복사된다. 20행은 버퍼에 flip()을 수행하여 dup.txt 파일에 저장할 버퍼의 구간을 설정한다. 21행은 버퍼 구간(position부터 limit−1)에 있는 내용을 dup.txt 파일에 저장한다. 따라서 만약 20행을 buf.flip().limit(2)와 같이 버퍼 구간을 수정한다면 복사 파일의 내용은 원본 파일과 달라진다. 22행은 버퍼의 특성을 초기화한다. 만약 22행을 제거하면 while 문은 무한 반복된다.

다음은 FileChannel 클래스로 양방향 입출력을 테스트하는 예제이다.

예제 13-16 **FileChannel 클래스에 의한 양방향 지원** sec04/Channel2Demo.java

```
01  import java.io.*;
02  import java.nio.ByteBuffer;
03  import java.nio.channels.FileChannel;
04  import java.nio.file.*;
05
06  public class Channel2Demo {
07     public static void main(String[] args) throws IOException {
08        Path p = Paths.get("D:\\Temp\\data.txt");
09
10        FileChannel fc = FileChannel.open(p,
11           StandardOpenOption.READ,
12           StandardOpenOption.CREATE,
13           StandardOpenOption.WRITE);
14
15        ByteBuffer buf = ByteBuffer.allocate(1024);
```

양방향 파일 채널을 연다. 따라서 data.txt 파일은 채널을 통하여 읽기 및 쓰기가 가능하다.

```
16          String s = "유유상종.\n Birds of a feather flock together.\n" +
17              "시간은 금이다.\n Time is money.";
18          buf.put(s.getBytes());
19
20          buf.flip();
21          int count = fc.write(buf);
22          System.out.println("D:\\Temp\\file.txt에 " + count + "바이트 기록");
23
24          buf.clear();
25          fc.read(buf);
26
27          System.out.println(new String(buf.array()));
28
29          fc.close();
30      }
31  }
```

버퍼에 있는 데이터를 채널을 통하여 파일에 저장한다.

버퍼를 초기화한 후 채널을 통하여 파일을 읽어 버퍼에 저장한다.

채널을 통하여 읽은 데이터를 확인하기 위하여 버퍼의 내용을 문자열로 변환한 후 출력한다.

```
D:\Temp\file.txt에 84바이트 기록
유유상종.
Birds of a feather flock together.
시간은 금이다.
Time is money.
```

셀프 테스트 13-4

1 File 클래스와 관련된 내용이다. 잘못된 것은?

① 파일과 폴더 경로 이름의 추상적 표현이다.

② 파일의 생성, 삭제, 이름 변경 등을 수행할 수 있다.

③ 파일 입출력 기능을 수행한다.

④ 폴더인지 파일인지 조사할 수 있다.

2 Files 클래스를 사용하려면 객체를 생성해야 한다. (O, X)

3 Files 클래스로 파일을 읽은 모든 내용을 List 타입으로 받을 수 있다. (O, X)

4 FileChannel은 양방향 입출력을 지원한다. (O, X)

도전 과제

※ 텍스트 파일을 읽어 행 단위로 출력하는 프로그램을 바이트 스트림, 문자 스트림, Files 클래스로 작성해 다양한 방식으로 입출력을 처리하는 방법을 살펴보자. 미리 영문 내용이 담긴 D:\Temp\file.txt 파일을 만들어 둔다.

01 – D:\Temp 폴더에 있는 텍스트 파일을 바이트 스트림으로 읽어 행 단위로 출력하는 코드를 작성해 보자.

① 파일이 없거나 파일에 접근할 때 발생할 수 있는 예외 처리를 포함하는 테스트 프로그램을 다음과 같이 작성한다.

```
import java.io.BufferedInputStream;
import java.io.FileInputStream;
import java.io.FileNotFoundException;
import java.io.IOException;

public class IOTest {
   public static void main(String[] args) {
      String fileName = "D:\\Temp\\file.txt";

      try {
         byte[] buf = new byte[100];

         // 코드 추가

         fis.close();
         bis.close();
      } catch (FileNotFoundException ex) {
         System.out.println(fileName + " 파일을 열 수 없습니다.");
      } catch (IOException ex) {
         System.out.println(fileName + " 파일을 읽을 수 없습니다.");
      }
   }
}
```

② FileInputStream과 BufferedInputStream 객체를 파이프라인으로 구성한 후 read( ) 메서드로 파일의 내용을 읽고 출력하는 코드를 추가한다.

③ 프로그램을 실행해 D:\Temp\file.txt 파일 내용을 출력해 본다.

02 - FileReader와 BufferedReader를 파이프라인으로 구성해 **01**에서 수행한 모든 작업을 코딩하고 실행해 보자. BufferedReader 클래스가 제공하는 readLine( ) 메서드를 호출하면 한 행씩 읽어 문자열로 반환한다.

03 - Files 클래스의 lines( ) 메서드와 File 클래스의 toPath( ) 메서드를 이용해 **01**에서 실행한 모든 작업을 수행해 보자. Files 클래스의 정적 메서드 lines( )를 호출하면 파일의 모든 행을 Stream〈String〉 타입으로 반환한다.

연습 문제

01 – 입출력과 관련된 내용이다. 틀린 것은?

① 스트림은 단방향이다.

② 개발자가 System.in, System.out 객체를 생성할 수 있다.

③ 입출력을 위한 자바 기본 패키지는 java.io이다.

④ JVM은 표준 출력 장치를 효율적으로 관리하려고 버퍼를 사용한다.

02 – 다음 중 자바 입출력 패키지에 포함된 클래스가 아닌 것은?

① String ② StringReader

③ Writer ④ File

03 – 다음 중 InputStreamReader 객체를 올바르게 생성하는 코드는?

① new InputStreamReader(System.in);

② new InputStreamReader(new FileReader("data"));

③ new InputStreamReader("data");

④ new InputStreamReader(new BufferedReader("data"));

04 – 다음 코드의 실행 결과는?

```
InputStream is = new FileInputStream("io.java");
System.out.print(is.available());
```

① true

② false

③ 파일에서 읽을 수 있는 바이트 개수

④ 파일에서 읽을 수 있는 문자 개수

05 – 다음 코드의 실행 결과는?

```
File file = new File("/java/system");
System.out.print(file.getName());
```

06 - 바이트 스트림을 문자 스트림으로 변환하는 클래스는?

① Console ② Scanner

③ InputStreamReader ④ DataInputStream

07 - System.out은 어느 스트림의 객체인가?

① FileOutputStream

② DataOutputStream

③ BufferedOutputStream

④ PrintStream

08 - 다음 java.io 패키지에 있는 클래스 중 추상 클래스로 된 것은?

A. InputStream B. PrintStream C. Reader D. FileInputStream E. FileWriter

① A

② C

③ A와 C

④ B와 D

09 - 다음 코드는 키보드로 입력한 숫자나 문자를 그대로 출력한다. 밑줄에 적절한 내용은? 단, 이 코드는 예외처리를 생략했다.

```
InputStream is = ____________________;
char c = (char) is.read();
System.out.println(c);
```

10 - 다음 코드를 실행하면 out.txt 파일이 생성된다. (O, X)

```
try {
   File f = new File("out.txt");
} catch (Exception e) { }
```

11 – 다음과 같은 코드가 있다. 밑줄 친 부분을 완성하라.

```
FileOutputStream fos = new FileOutputStream("D:\\test.txt");
FileChannel fc = fos.____________________;
```

12 – 다음과 같은 코드가 있다. flip( ) 실행 전후의 position, limit, capacity 값은 무엇인가?

```
ByteBuffer buf = ByteBuffer.allocate(100);
buf.put("Time is money.".getBytes());
buf.flip();
```

프로그래밍 문제

01 – D:\Temp\file.txt 파일의 유무를 출력하는 프로그램을 작성하라.

02 – BufferedReader 클래스의 readLine() 메서드를 사용해 키보드에서 행 단위로 읽은 후 화면에 출력하는 프로그램을 작성하라.

+ 키보드는 표준 입력 장치이므로 InputStream 타입의 System.in 객체를 사용한다. InputStream을 Reader 타입으로 변환하려면 InputStreamReader 클래스를 사용하면 된다.

03 – 5개의 double 타입 숫자로 구성된 배열을 사용해 다음 작업을 수행하는 프로그램을 작성하라.

- 배열의 모든 원소를 D:\Temp\double.txt 파일에 DataOutputStream을 사용해 저장한다.
- 저장된 숫자를 DataInputStream을 사용해 읽은 후 화면에 출력한다.

04 – 키보드로 입력한 이름의 자바 소스 파일을 찾아 맨 앞에 행 번호를 붙여서 출력하는 프로그램을 작성하라.

05 – OutputStream과 관련된 메서드를 이용해 0부터 9까지 연속된 숫자와 A부터 Z까지 알파벳 문자를 화면에 출력하는 프로그램을 작성하라.

+ 0의 ASCII 코드 값은 '48'이며, A의 ASCII 코드 값은 '65'이다. 화면은 표준 출력 장치이므로 System.out 객체를 OutputStream 타입의 변수에 대입해서 사용한다.

06 – 다음 문자열로 구성된 배열과 생성된 파일의 내용을 참고해 매 행마다 문자열의 첫 문자, 콜론, 문자열로 구성된 파일을 생성하는 프로그램을 작성하라. PrintStream의 printf()와 println() 메서드를 사용할 수 있다.

```
String[] animals = {"ant", "bat", "cat", "dog"};
```

생성된 파일의 내용

```
a : ant
b : bat
c : cat
d : dog
```

07 – 파일 이름을 나타내는 문자열과 특정 문자를 주면 파일 속에 포함된 특정 문자의 개수를 찾을 수 있는 CountLetter 클래스를 두 가지 방식(입출력 스트림 및 채널)으로 작성하라. 다음은 테스트 프로그램과 실행 결과이다.

```
Scanner in = new Scanner(System.in);

System.out.print("파일 이름을 입력하세요 : ");
String fileName = in.nextLine();
System.out.print("세고자 하는 문자를 입력하세요 : ");
char lookFor = in.nextLine().charAt(0);

int count = new CountLetter(lookFor, fileName).count();
System.out.format("%s 파일에 %c 문자가 %d개 \n", fileName, lookFor, count);
```

```
파일 이름을 입력하세요 : D:\\Temp\\words.txt
세고자 하는 문자를 입력하세요 : e
D:\\Temp\\words.txt 파일에 e 문자가 5개
```

08 – 주어진 단어를 문자 하나씩 추측해서 맞추는 행맨hangman 프로그램을 작성하라. 처음에는 단어에 포함된 문자의 개수만큼 빈칸이 나타나며, 사용자는 빈칸에 들어갈 문자를 하나씩 추측한다. 추측한 문자가 맞으면 빈칸 대신에 맞춘 문자를 출력한다. 프로그램에서 사용할 문자열은 10개의 단어로 구성된 D:\Temp\words.txt 파일에 있는 문자열 중 무작위로 선택한다. 여섯 번을 초과해서 잘못된 추측을 하면 게임이 종료된다. 다음은 최초 화면과 하나의 문자를 맞춘 실행 결과이다.

```
추측할 단어입니다 : -----
지금까지 추측한 내용입니다 :
추측한 문자를 입력하세요 : a
정확한 추측입니다 - 6번 더 추측할 수 있습니다.
추측할 단어입니다 : ---a-
지금까지 추측한 내용입니다 : a
추측한 문자를 입력하세요 :
```

Chapter 14

스레드

초기 컴퓨터 시스템은 한 번에 하나의 프로그램만 실행할 수 있기 때문에 하나의 프로그램이 전체 컴퓨팅 자원을 독점했었다. 컴퓨팅 자원을 하나의 작업만 수행하는 데 사용하는 것은 낭비이다. 최근 운영체제는 컴퓨팅 자원을 프로그램이 효율적으로 사용할 수 있도록 자원과 제어 흐름을 분리할 수 있는 스레드 기능을 지원한다. 이 장에서는 스레드의 개념, 스레드의 생성과 종료에 이르는 생명 주기, 스레드 동기화, 스레드 간 협업 등을 알아본다.

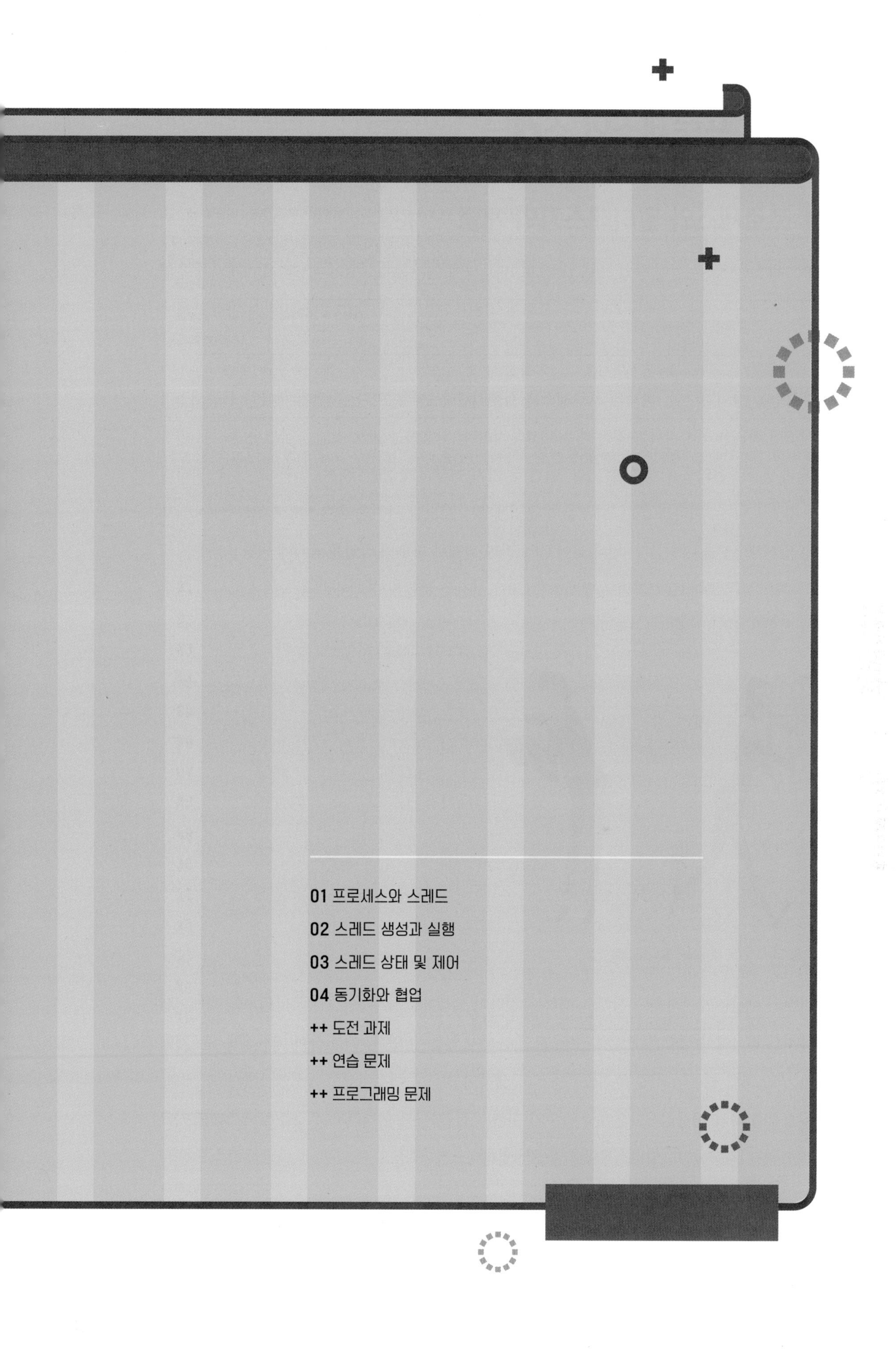

01 프로세스와 스레드

1 프로세스와 멀티태스킹의 개념

프로세스process는 실행 중인 프로그램으로, 디스크에 있는 프로그램이 메모리에 적재되어 운영체제의 제어를 받는 상태를 의미한다. 프로세스는 자신만의 자원을 가진다. 따라서 여러 프로세스를 동시에 실행하더라도 자신만의 메모리를 사용하기 때문에 서로 독립적이다.

메모장을 클릭한다면, 하나의 프로세스를 실행시킨다는 의미이다. 그런데 하나의 프로세스가 시스템 자원을 독차지하는 것은 매우 비효율적이다. 사용자는 문서 작업을 하면서 동시에 미디어 재생기로 음악을 감상할 수 있다. 이런 두 가지 이상의 작업을 동시에 처리하는 것을 멀티태스킹multi-tasking이라고 한다. 대부분의 운영체제는 시스템 자원을 효율적으로 사용할 수 있도록 멀티태스킹을 지원한다. 멀티 코어 CPU라면 실제로 다수의 작업을 동시에 병렬parallel 처리하지만, 싱글 코어 CPU라면 운영체제가 CPU 시간을 분할해서 교대로 각 작업에 할당해 다수의 작업을 병행concurrent 처리한다.

그림 14-1 현실 세계에서 멀티태스킹

다수의 애플리케이션을 동시에 실행하는 것만이 멀티태스킹은 아니다. 하나의 애플리케이션에서도 동시에 수행할 수 있는 다수의 코드 블록이 있을 수 있다. 예를 들어 메신저에서는 채팅을 위한 코드 블록과 파일을 전송하는 코드 블록이 서로 독립적이어서 동시에 실행될 수 있다. 이처럼 하나의 애플리케이션에서 다수의 실행 흐름을 동시에 처리하는 것을 멀티스레딩multi-threading이라고 하며, 멀티스레딩도 일종의 멀티태스킹이다.

2 스레드의 개념

스레드thread는 사전적인 의미로 한 가닥의 실이다. 작업을 실행하는 코드의 흐름이 바느질할 때의 실처럼 이어진 것과 같기 때문이다. 스레드는 하나의 실행 흐름으로 프로세스 내부에 존재한다. 하나의 프로세스는 하나 이상의 실행 흐름을 포함하기 때문에 프로세스는 적어도 하나의 스레드를 가진다. 스레드는 경량 프로세스lightweight process라고도 한다. 이는 스레드가 프로세스에 비해 실행 환경에 필요한 자원이 매우 적기 때문이다. 스레드는 메모리와 파일 등 모든 자원을 프로세스와 공유한다. 따라서 공유한 자원에서 문제가 발생하면 스레드 전체에 영향을 미친다. 예를 들어 한글 프로그램으로 2개의 창을 띄워 작업할 때 한 곳에 오류가 발생하면 다른 곳에도 영향을 미치는 것은 바로 이 때문이다.

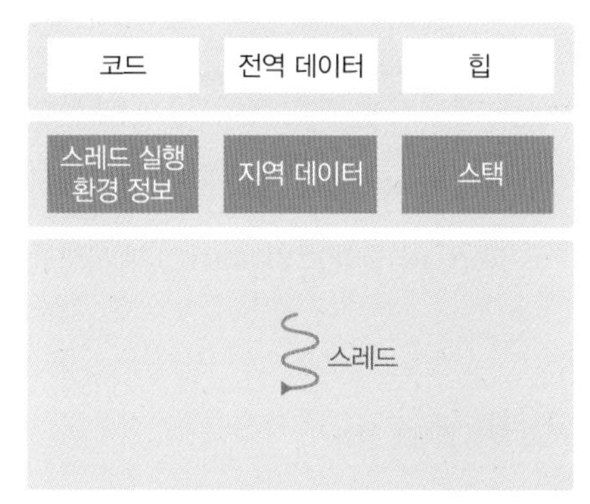

(a) 단일 스레드 프로세스 (b) 멀티스레드 프로세스

그림 14-2 스레드와 멀티스레딩의 개념

자바 애플리케이션의 실행 환경인 JVM은 하나의 프로세스로 실행된다. 자바 애플리케이션을 실행하려면 JVM이 필요하며, 하나의 JVM은 하나의 애플리케이션만 실행할 수 있다. 다음은 하나의 운영체제 위에서 각각 1개와 2개의 스레드로 구성된 2개의 애플리케이션을 실행하는 것을 보여 준다. 스레드를 관리하는 일은 모두 JVM이 담당한다.

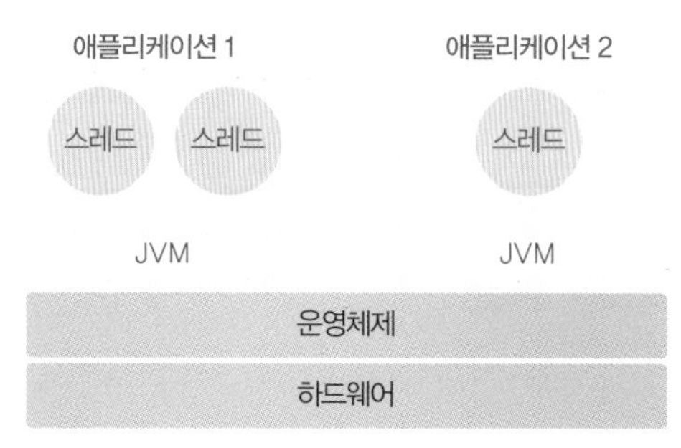

그림 14-3 JVM, 애플리케이션과 스레드

스레드 생성과 실행

1 스레드 생성 방법

모든 자바 애플리케이션은 적어도 메인 스레드main thread라는 하나의 스레드를 가진다. 하나의 애플리케이션을 다수의 스레드로 실행하려면 메인 스레드 외에 다른 스레드(이를 작업 스레드worker thread라고 함)를 별도로 생성해야 한다. 자바는 Thread 클래스를 이용해 스레드 객체를 생성해야 하지만, 스레드가 수행할 작업 코드는 다음 두 가지 방식으로 작성할 수 있다.

❶ Runnable 인터페이스의 구현

❷ Thread 클래스의 run() 메서드를 오버라이딩

Runnable 인터페이스와 Thread 클래스는 java.lang 패키지에 포함되어 있기 때문에 import 문이 필요 없다. 스레드가 실행할 코드가 마련되면 Thread 자식 객체를 생성하거나 Runnable 구현 객체로 Thread 객체를 생성한다. 그리고 Thread 클래스의 start() 메서드를 호출하면 스레드가 실행된다.

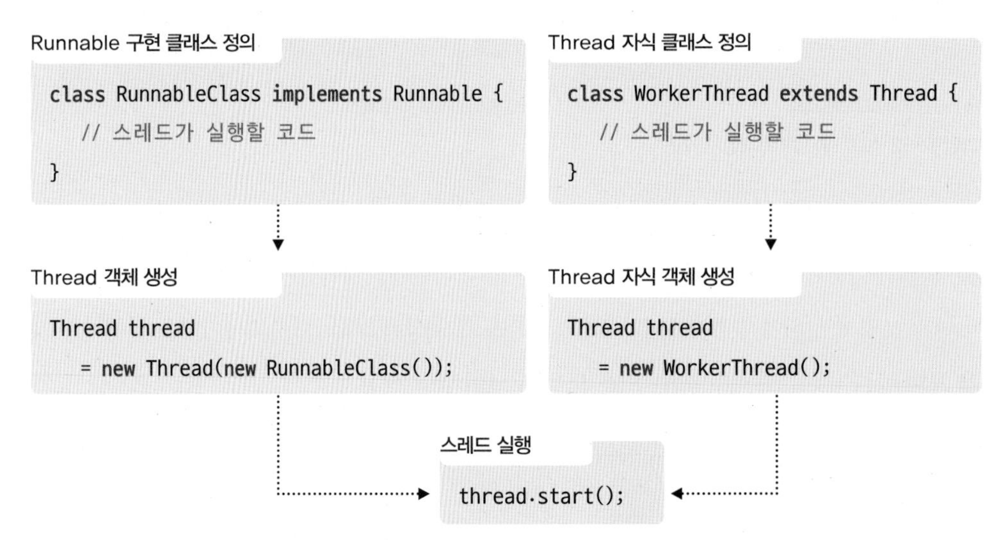

그림 14-4 스레드 객체 생성과 실행

자바가 이처럼 두 가지 방식을 제공하는 이유는 단일 상속이라는 한계를 극복하기 위함이다. 다른 클래스를 상속받아야 한다면 Thread 클래스까지 상속받아 스레드를 생성할 수 없다. 이 같은 경우 Runnable 인터페이스로 스레드가 수행할 작업 코드를 작성한 후 스레드를 생성하면

된다. Thread 클래스에서 제공하는 주요 생성자는 다음과 같다. 여기서 스레드 이름이 없는 생성자를 사용한다면 'Thread-숫자' 형식의 스레드 이름이 사용된다.

표 14-1 Thread 클래스가 제공하는 주요 생성자

생성자	설명
Thread( )	스레드 객체를 생성한다.
Thread(Runnable target)	Runnable 구현 객체를 사용해 스레드 객체를 생성한다.
Thread(Runnable target, String name)	Runnable 구현 객체를 사용해 스레드 이름이 name인 스레드 객체를 생성한다.

Thread 클래스가 제공하는 다음 메서드와 상수를 사용하면 스레드 기본 정보를 얻거나 설정할 수 있다.

표 14-2 Thread 클래스가 제공하는 메서드

메서드 및 상수	설명
static Thread currentThread( )	현재 실행 중인 스레드 객체의 참조 값을 반환한다.
String getName( )	스레드의 이름을 반환한다.
int getPriority( )	스레드의 우선순위 값을 반환한다.
boolean isInterrupted( )	스레드가 인터럽트를 당했는지 여부를 반환한다.
void setName( )	스레드의 이름을 설정한다.
void setPriority( )	스레드의 우선순위를 설정한다.

2 Runnable 구현 클래스에 스레드 실행 코드 추가

Runnable 인터페이스의 유일한 멤버는 run() 메서드이다. 따라서 Runnable 구현 클래스는 run() 메서드를 구현해야 한다. run() 메서드에 작업 스레드가 실행할 코드를 추가하면 된다.

```
class MyRunnable implements Runnable {
  public void run() {
    // 스레드가 실행할 코드
  }
}
```

Runnable 구현 클래스이다.

Runnable 구현 클래스는 스레드가 아니라 스레드가 실행할 코드만 포함하는 클래스이다. Runnable 구현 클래스로 생성한 객체를 Thread() 생성자의 인수로 사용해서 호출해야 비로소 작업 스레드의 객체가 생성된다. 그리고 start() 메서드를 호출해서 생성된 스레드 객체를 실행할 수 있다.

```
Thread thread = new Thread(new MyRunnable());
thread.start();
```

Runnable 구현 클래스인 MyRunnable 객체이다.

스레드를 실행한다.

그런데 MyRunnable 객체 대신에 다음과 같이 Runnable 인터페이스의 익명 구현 객체를 사용할 수 있다.

```
Thread thread = new Thread(new Runnable() {
   public void run() {
      // 스레드가 실행할 코드
   }
});
thread.start();
```

MyRunnable 객체와 동일하며 Runnable 인터페이스의 익명 구현 객체이다.

Thread 변수인 thread를 다른 곳에서 사용하지 않는다면 굳이 thread라는 변수를 둘 필요가 없다. 따라서 앞의 코드는 다음과 같이 간략하게 정리할 수 있다.

```
new Thread(new Runnable() {
   public void run() {
      // 스레드가 실행할 코드
   }
}).start();
```

Runnable 인터페이스의 익명 구현 객체

앞의 코드에서 Runnable 인터페이스의 익명 구현 객체는 복잡한 코드이지만, 함수형 인터페이스의 구현 객체이다. 이 부분은 다음과 같이 람다식으로 표현할 수 있다.

```
new Thread(() -> {
   // 스레드가 실행할 코드
}).start();
```

람다식

다음은 메인 스레드와 작업 스레드가 각각 '안녕.'과 '잘가.'를 다섯 번씩 출력하는 예제이다.

예제 14-1 **Runnable 구현 클래스를 이용한 스레드** sec02/Thread1Demo.java

```
01 public class Thread1Demo {
02   public static void main(String[] args) {
03     Thread t = new Thread(new MyRunnable());
04     t.start();
05
06     for (int i = 0; i < 5; i++) {
07       System.out.print("안녕. ");
08       try {
09         Thread.sleep(500);
10       } catch (InterruptedException e) {
11       }
12     }
13   }
14 }
15
16 class MyRunnable implements Runnable {
17   public void run() {
18     for (int i = 0; i < 5; i++) {
19       System.out.print("잘가. ");
20       try {
21         Thread.sleep(500);
22       } catch (InterruptedException e) {
23       }
24     }
25   }
26 }
```

Runnable 구현 클래스인 MyRunnable 객체이다.

스레드를 실행시켜 달라고 JVM에 요청한다.

0.5초 동안 중지한다.

Runnable 인터페이스의 구현 클래스를 정의한다.

스레드가 실행할 코드이다.

프로그램에서 직접 호출할 수 없고, JVM으로 호출하는 콜백 메서드(Callback Method)이다.

```
안녕. 잘가. 잘가. 안녕. 잘가. 안녕. 잘가. 안녕. 잘가. 안녕.
```

메인 스레드는 작업 스레드를 동작시킨 후 0.5초마다 각각 '안녕.' 메시지를 출력하고, 작업 스레드는 메인 스레드와 독립적으로 0.5초마다 '잘가.' 메시지를 출력한다.

다음은 각각 [예제 14-1]을 Runnable 인터페이스의 익명 구현 객체와 람다식으로 수정한 예제이다.

예제 14-2 **Runnable 익명 구현 객체를 이용한 스레드** sec02/Thread2Demo.java

```
01  public class Thread2Demo {
02      public static void main(String[] args) {
03          new Thread(new Runnable() {
04              public void run() {
05                  for (int i = 0; i < 5; i++) {
06                      System.out.print("잘가. ");
07                      try {
08                          Thread.sleep(500);
09                      } catch (InterruptedException e) {
10                      }
11                  }
12              }
13          }).start();
…   // 생략
23  }
```

Runnable 인터페이스의 익명 구현 객체이다.

예제 14-3 **람다식을 이용한 스레드** sec02/Thread3Demo.java

```
01  public class Thread3Demo {
02      public static void main(String[] args) {
03          Runnable task = () -> {
04              for (int i = 0; i < 5; i++) {
05                  System.out.print("잘가. ");
06                  try {
07                      Thread.sleep(500);
08                  } catch (InterruptedException e) {
09                  }
10              }
11          };
12          new Thread(task).start();
…   // 생략
22  }
```

람다식

3 Thread 자식 클래스에 스레드 실행 코드 추가

다음과 같이 Thread의 자식 클래스에 run( ) 메서드를 오버라이딩해서 작업 스레드가 실행할 코드를 추가시킬 수 있다.

```
class MyThread extends Thread {
  public void run() {
    // 스레드가 실행할 코드
  }
}
```

Thread의 자식 클래스이다.

Thread 클래스의 run( ) 메서드를 오버라이딩한다.

스레드를 위한 자식 클래스가 정의되면 다음과 같이 자식 객체를 생성한다. 그런 다음 Thread 클래스의 메서드인 start( )를 호출하면 작업 스레드가 실행될 수 있다.

```
Thread thread = new MyThread();
thread.start();
```

여기서 자식 스레드 객체를 한 번만 사용한다면 다음과 같이 간략하게 정리할 수 있다.

```
new Thread() {
  public void run() {
    // 스레드가 실행할 코드
  }
}.start();
```

다음은 [예제 14-1]과 동일한 작업을 수행하도록 Thread 클래스의 자식에 스레드가 실행할 작업을 추가한 예제이다.

예제 14-4 Thread 자식 클래스를 이용한 스레드 sec02/Thread4Demo.java

```java
class WorkerThread extends Thread {
  public void run() {
    for (int i = 0; i < 5; i++) {
      System.out.print("잘가. ");
      try {
        Thread.sleep(500);
      } catch (InterruptedException e) {
      }
    }
  }
}

public class Thread4Demo {
  public static void main(String[] args) {
    Thread t = new WorkerThread();
    t.start();

    for (int i = 0; i < 5; i++) {
      System.out.print("안녕. ");
      try {
        Thread.sleep(500);
      } catch (InterruptedException e) {
      }
    }
  }
}
```

Thread의 자식 클래스이다.

스레드가 실행할 코드이다.

다음은 [예제 14-4]에 있는 Thread의 자식 클래스를 익명 자식 객체로 변경한 예제이다.

예제 14-5 **Thread의 익명 자식 객체를 이용한 스레드** sec02/Thread5Demo.java

```
01  public class Thread5Demo {
02    public static void main(String[] args) {
03      new Thread() {
04        public void run() {
05          for (int i = 0; i < 5; i++) {
06            System.out.print("잘가. ");
07            try {
08              Thread.sleep(500);
09            } catch (InterruptedException e) {
10            }
11          }
12        }
13      }.start();
...   // [예제 14-4]의 18~25행과 동일
23  }
```

Thread 클래스의 익명 자식 객체이다.

4 스레드 풀을 이용한 스레드 실행

스레드의 개수가 많아지면 그에 따른 스레드 객체 생성과 스케줄링 등으로 CPU와 메모리에 많은 부하가 발생한다. 따라서 동시에 실행하는 스레드 개수를 제한할 필요가 있다. 스레드 풀 thread pool은 제한된 개수의 스레드를 JVM이 관리하도록 맡기는 방식으로, 개발자가 스레드를 생성할 필요가 없다. 실행할 작업을 스레드 풀로 전달하면 JVM이 스레드 풀의 유휴 스레드 idle thread 중 하나를 선택해서 스레드로 실행시킨다.

스레드 풀은 자바 5부터 Executor 및 ExecutorService 인터페이스와 Executors 클래스를 포함하는 java.util.concurrent 패키지를 이용해 지원한다. Executor는 ExecutorService의 부모 인터페이스이며 Executors는 Executor 및 ExecutorService 인터페이스의 팩토리 및 유틸리티 클래스이다. 스레드 풀에 해당하는 ExecutorService 구현 객체는 팩토리 클래스인 Executors의 다음 두 가지 정적 메서드로 생성할 수 있다.

```
static ExecutorService newCachedThreadPool()
static ExecutorService newFixedThreadPool(int nThreads)
```

이 두 메서드는 스레드 개수보다 작업 개수가 많으면 새 스레드를 생성시키지만, 스레드 풀에 생성할 코어 스레드 개수와 최대 스레드 개수의 차이가 있다.

생성된 작업을 JVM에게 처리해달라고 요청하려면 Executor 인터페이스의 execute() 혹은 ExecutorService 인터페이스의 submit()를 호출하면 된다. 스레드 풀을 종료시키려면 ExecutorService가 제공하는 shutdown() 혹은 shutdownNow()를 사용할 수 있다. shutdown()은 현재 처리 중인 작업과 남아있는 모든 작업을 처리한 후 스레드 풀을 종료시키며, shutdownNow()는 현재 처리 중인 작업을 중지시키고 스레드 풀을 종료시킨다.

다음은 [예제 14-1]과 동일한 작업을 수행하도록 스레드 풀을 사용한 예제이다.

예제 14-6 스레드 풀의 활용 sec02/ThreadPoolDemo.java

```
01 import java.util.concurrent.*;
02 
03 public class Thre adPoolDemo {
04    public static void main(String[] args) {
05       Runnable task = () -> {
06          for (int i = 0; i < 5; i++) {
07             System.out.print("잘가. ");
08             try {
09                Thread.sleep(500);
10             } catch (InterruptedException e) {
11             }
12          }
13       };
14       ExecutorService exec = Executors.newCachedThreadPool();
15       exec.execute(task);
16 
17       for (int i = 0; i < 5; i++) {
18          System.out.print("안녕. ");
19          try {
20             Thread.sleep(500);
21          } catch (InterruptedException e) { }
22       }
```

스레드 풀에 있는 스레드를 사용해 실행한다.

```
23          exec.shutdown();
24      }
25  }
```

호출하지 않으면 종료되지 않는다.

셀프 테스트 14-1

1 Runnable 인터페이스와 관련된 내용이다. 틀린 것은?
   ① Runnable 인터페이스의 구현 객체는 스레드이다.
   ② Runnable 인터페이스는 함수형 인터페이스이다.
   ③ Runnable 인터페이스를 구현하려면 run( ) 메서드를 작성해야 한다.
   ④ Runnable 인터페이스의 구현 객체는 람다식으로 작성할 수 있다.

2 프로세스는 자신만의 자원을 갖지만, 스레드는 다른 스레드와 자원을 공유한다. (O, X)

3 __________는 하나의 애플리케이션에서 다수의 실행 흐름을 동시에 처리하는 것을 의미한다.

4 Thread의 자식 클래스로 작업 스레드를 정의하려면 __________ 메서드를 오버라이딩해야 한다.

스레드 상태 및 제어

1 스레드의 생명 주기

JVM은 스레드의 개수, 스레드의 상태, 우선순위 등 스레드와 관련된 모든 정보를 관리하며, 스레드 스케줄링을 수행한다. 스레드 객체를 생성한 후 스레드를 실행하려면 start( ) 메서드를 호출해야 한다. start( ) 메서드는 JVM에 해당 스레드를 스케줄링해 달라고 요청하는 메서드이다. 따라서 start( ) 메서드를 호출하면 스레드는 실행 대기 상태가 된다. JVM은 실행 대기 상태의 스레드 중에서 하나를 실행 상태로 만들어 run( ) 메서드를 실행한다. 실행 상태의 메서드는 실행 도중에 다시 실행 대기 상태로 돌아갈 수 있고, 실행을 종료할 수도 있다. 경우에 따라서는 실행 상태에서 여러 원인으로 일시 중지해야 할 수도 있다. 모든 스레드는 객체를 생성해서 실행하고 종료하는 생명 주기life cycle를 가진다.

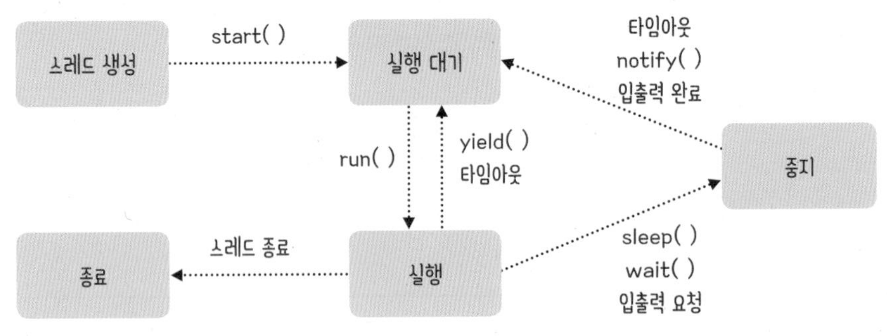

그림 14-5 스레드의 생명 주기

이런 스레드의 상태를 확인하려면 Thread 클래스가 제공하는 getState( ) 메서드를 사용한다. 이 메서드는 스레드 상태에 따라 다음 상수를 반환한다.

표 14-3 스레드의 상태와 상수

상태	상수	설명
객체 생성	NEW	객체를 생성한 후 아직 시작하지 않은 상태
실행 대기	RUNNABLE	실행 준비가 된 상태
중지	BLOCKED	입출력 등 락(Lock)이 풀릴 때까지 기다리는 상태
	WAITING	다른 스레드가 통지할 때까지 기다리는 상태
	TIME_WAITING	주어진 시간 동안 기다리는 상태
종료	TERMINATED	실행을 마친 상태

스레드 생명 주기의 대부분은 운영체제와 JVM이 통제한다. 그러나 Thread 클래스가 제공하는 다음 메서드를 이용하면 미디어 재생기로 동영상을 보다가 중지하거나 종료하는 등 스레드 상태를 제어할 수 있다.

표 14-4 Thread 클래스가 제공하는 상태 제어 메서드

메서드	설명
void interrupt( )	실행 중인 스레드에 인터럽트를 걸어 중지시킨다.
void join( )	주어진 시간이 지나거나 대응하는 스레드가 종료될 때까지 대기시킨다.
void resume( )	중지 상태의 스레드를 실행 대기 상태로 전환시킨다.
static void sleep( )	주어진 시간 동안 중지한다.
void start( )	스레드를 실행 대기시킨다.
void stop( )	스레드를 종료한다.
void suspend( )	스레드를 중지한다.
static void yield( )	우선순위가 동일한 스레드에 실행을 양보한다.

여기서 resume(), stop(), suspend() 메서드는 현재 폐기 중인 메서드로 동기화 등을 이용하는 방식으로 사용하도록 권고한다. 이외에 wait(), notify(), notifyAll() 등 Object 클래스가 제공하는 메서드로 스레드의 상태를 부분적으로 제어할 수 있다.

2 스레드의 종료

스레드는 run() 메서드를 마치면 스스로 종료 상태로 전환한다. 그러나 스레드의 실행 코드가 있는 run() 메서드를 무한히 실행할 수도 있고, 스레드의 실행을 강제로 종료시켜야 할 수도 있다. 예를 들어 음악을 끝까지 듣지 않고 사용자가 중단할 수도 있다. stop() 메서드를 사용할 수 있지만 호출 즉시 스레드를 종료하므로 사용 중인 자원을 불안전한 상태로 남겨 둔다. 따라서 자바 2부터는 stop() 메서드를 가급적 사용하지 않도록 권고한다. 스레드를 안전하게 종료하려면 반복문의 조건이나 interrupt() 메서드를 사용하는 것이 좋다.

다음은 1밀리초(ms)마다 메시지를 계속 출력하는 작업 스레드의 실행을 메인 스레드가 3밀리초 후에 안전하게 종료하는 예제이다.

예제 14-7 **조건을 이용한 스레드 종료** sec03/StopDemo.java

```
01 class StopThread extends Thread {
02    public boolean stop;
03 
04    public void run() {
05       while (!stop) {
06          System.out.println("실행 중...");
07          try {
08             Thread.sleep(1);
09          } catch (InterruptedException e) {
10          }
11       }
12       System.out.println("정상 종료");
13    }
14 }
15 
16 public class StopDemo {
17    public static void main(String[] args) {
```

stop 플래그가 false일 동안 1ms마다 계속 실행한다.

```
18        StopThread t = new StopThread();
19        t.start();
20
21        try {
22           Thread.sleep(3);
23        } catch (InterruptedException e) {
24        }
25        t.stop = true;
26     }
27  }
```

메인 스레드가 3ms 동안 실행을 중지한다.

stop 플래그를 true로 설정한다.

```
실행 중...
실행 중...
실행 중...
정상 종료
```

다음은 [예제 14-7]에서 사용한 반복문의 조건 대신에 interrupt() 메서드를 이용해 스레드를 종료하도록 수정한 예제이다.

예제 14-8 인터럽트를 이용한 스레드 종료 1 sec03/Interrupt1Demo.java

```
01  public class Interrupt1Demo {
02     public static void main(String[] args) {
03        Runnable task = () -> {
04           try {
05              while (true) {
06                 System.out.println("실행 중...");
07                 Thread.sleep(1);
08              }
09           } catch (InterruptedException e) {
10              // 인터럽트 처리 코드
11           }
12           System.out.println("정상 종료");
13        };
14
15        Thread t = new Thread(task);
16        t.start();
17
```

1ms마다 계속 메시지를 출력하며, 인터럽트가 발생하면 무한 반복문을 종료하는 람다식이다.

Runnable 객체를 사용해 스레드 객체를 생성한다.

작업 스레드를 실행 대기 상태로 만든다.

```
18        try {
19           Thread.sleep(3);
20        } catch (InterruptedException e) {
21        }
22        t.interrupt();
23     }
24  }
```

메인 스레드가 3ms 동안 실행을 중지한다.

메인 스레드가 인터럽트를 요청한다.

이 예제의 실행 흐름을 살펴보면 오른쪽과 같다. 여기서 검은색 부분은 메인 스레드의 실행 흐름이며, 빨간색 부분은 작업 스레드의 실행 흐름을 나타낸다.

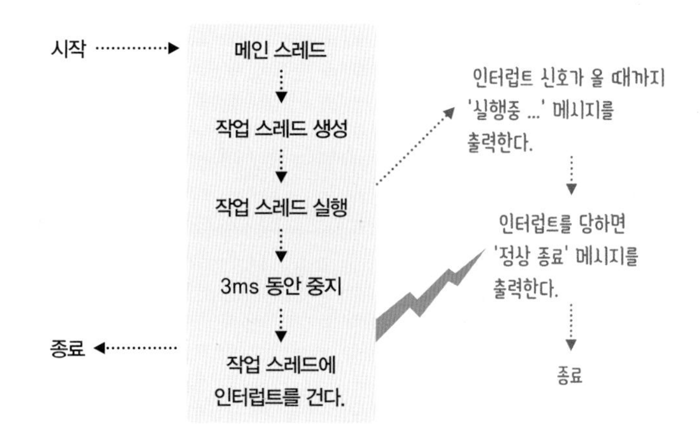

작업 스레드의 실행 코드가 try~catch 문을 사용할 수 없다면 InterruptedException 예외를 받을 수 없다. 이때 작업 스레드는 Thread 클래스가 제공하는 정적 메서드인 isInterrupted()로 인터럽트 여부를 점검할 수 있다.

예제 14-9 **인터럽트를 이용한 스레드 종료 2** sec03/Interrupt2Demo.java

```
01  public class Interrupt2Demo {
02     public static void main(String[] args) {
03        Runnable task = () -> {
04           while (!Thread.currentThread().isInterrupted()) {
05              System.out.println("실행 중...");
06           }
07           System.out.println("정상 종료");
08        };
09
10        Thread t = new Thread(task);
11        t.start();
12
```

현재 실행 중인 스레드에 인터럽트 요청이 없을 동안 반복문을 계속 수행한다.

```
13         try {
14            Thread.sleep(3);
15         } catch (InterruptedException e) {
16         }
17         t.interrupt();
18      }
19   }
```

3 join( ) 메서드

다른 스레드가 종료된 후에 스레드가 실행되어야 한다면 join() 메서드를 사용할 수 있다. join()은 다른 스레드가 종료될 때까지 기다리게 하는 메서드이다. 만약 one이라는 스레드가 있고 two라는 스레드에서 one.join()을 호출한다면 스레드 two는 one이 종료될 때까지 기다려야 한다는 의미이다.

[예제 14-10]은 작업 스레드가 1부터 100까지의 총합을 구하고 메인 스레드가 총합을 이용하는 예제이다.

예제 14-10 누적 합을 구하는 스레드 테스트 sec03/JoinDemo.java

```
01   class JoinThread extends Thread {
02      int total;
03
04      public void run() {
05         for (int i = 1; i <= 100; i++)
06            total += i;
07      }
08   }
09
10   public class JoinDemo {
11      public static void main(String[] args) {
12         JoinThread t = new JoinThread();
13         t.start();
14
```

```
15        // try {
16        //     t.join();
17        //     System.out.println("스레드 t가 끝날 때까지 대기...");
18        // } catch (InterruptedException e) {
19        // }
20        System.out.println("총합 : " + t.total);
21    }
22 }
```

t.join(); — 스레드 t가 종료될 때까지 메인 스레드는 기다린다.

- 주석이 있을 때

```
총합 : 0
```

- 주석을 제거했을 때

```
스레드 t가 끝날 때까지 대기...
총합 : 5050
```

실행 결과에서 보듯이 주석이 있을 때는 1~100의 총합이 아니라 total의 초깃값인 0을 출력한다. 이는 JoinThread의 실행을 종료하기 전에 메인 스레드의 20행을 실행했기 때문이다. 따라서 총합을 출력하려면 JoinThread 실행을 종료한 후 메인 스레드의 20행을 실행할 수 있도록 주석을 제거해야 한다.

4 스레드 우선순위

다수의 스레드를 포함하는 애플리케이션을 실행하면 각 스레드가 빠르게 전환하면서 CPU를 점유하기 때문에 모든 스레드를 동시에 실행하는 것처럼 보인다. 이런 멀티태스킹에서 스레드 개수가 CPU의 코어 개수보다 많다면 스레드에 CPU 타임슬롯time slot을 어떤 방식으로 배정할지 결정해야 한다. 이를 스레드 스케줄링thread scheduling이라고 한다. 자바는 우선순위 방식과 순환할당round-robin 방식을 사용한다. 우선순위 방식은 우선순위가 높은 스레드가 CPU 자원을 더 자주 사용할 수 있도록 하는 것이고, 순환할당 방식은 각 스레드가 차례대로 번갈아 가면서 CPU 자원을 사용하는 것이다.

우선순위는 낮은 순위부터 1~10이란 정수를 부여하며, 기본 우선순위 값으로 모든 스레드에 5를 부여한다. Thread 클래스는 다음 우선순위 상수를 제공해 가독성을 높인다.

표 14-5 Thread 클래스가 제공하는 우선순위 상수

우선순위 상수	설명
MAX_PRIORITY	최고 우선순위인 10을 나타내는 상수
NORM_PRIORITY	중간 우선순위인 5를 나타내는 상수
MIN_PRIORITY	최저 우선순위인 1을 나타내는 상수

다음은 이름이 '느긋한'과 '급한'인 2개의 스레드에 각각 1과 10의 우선순위를 부여하고, 0.5초마다 스레드 이름을 출력하는 과정을 다섯 번 반복하는 예제이다.

예제 14-11 **우선순위가 다른 2개의 스레드** sec03/PriorityDemo.java

```
01 class Counter extends Thread {
02   private int count = 0;
03
04   public Counter(String name) {
05     setName(name);
06   }
07
08   public void run() {
09     while (count++ < 5) {
10       System.out.print(getName() + " -> ");
11       try {
12         sleep(500);
13       } catch (InterruptedException e) {
14       }
15     }
16   }
17 }
18
19 public class PriorityDemo {
20   public static void main(String[] args) {
21     Counter c1 = new Counter("느긋한");
22     c1.setPriority(Thread.MIN_PRIORITY);
23     Counter c2 = new Counter("급한");
```

Thread 클래스에서 상속받은 메서드이다. 스레드 이름을 설정한다.

0.5초마다 한 번씩 실행 중인 스레드 이름을 출력한다.

```
24         c2.setPriority(Thread.MAX_PRIORITY);
25         c1.start();
26         c2.start();
27     }
28 }
```

```
급한 -> 느긋한 -> 급한 -> 느긋한 -> 급한 -> 느긋한 -> 느긋한 -> 급한 -> 급한 ->
느긋한 ->
```

우선순위가 가장 높은 스레드가 늦게 start( ) 메서드를 호출했음에도 전반적으로 먼저 실행하고 있다는 것을 알 수 있다. 그러나 프로그램을 실행하다 보면 매번 다른 결과가 나타난다. 이는 스레드 스케줄러가 호스트 운영체제에 종속적이며, JVM에 따라 다르게 동작할 수 있기 때문이다.

5 데몬 스레드

일반적으로 스레드는 독립적으로 수행되기 때문에 메인 스레드를 종료해도 작업 스레드는 계속 실행된다. 그런데 어떤 스레드는 다른 스레드의 보조 작업을 수행하기 때문에 주된 스레드를 종료하면 더 이상 존재할 이유가 없다. 이처럼 다른 스레드가 종료되면 자동으로 종료되어야 하는 스레드를 데몬 스레드daemon thread라고 하는데, 우선순위가 가장 낮다. Thread 클래스는 데몬 스레드와 관련된 다음 메서드를 제공한다.

표 14-6 Thread 클래스가 제공하는 데몬 스레드 관련 메서드

메서드	설명
void setDaemon(boolean status)	데몬 스레드 여부를 설정한다. start( ) 메서드를 호출하기 전에 사용해야 한다.
boolean isDaemon( )	데몬 스레드 여부를 반환한다.

1초마다 스레드 이름 출력을 세 번 반복하는 작업 스레드와 1초 후에 작업을 종료하는 메인 스레드가 있을 때, 다음 예제에서 보듯이 작업 스레드의 데몬 설정 여부에 따라 결과는 달라진다.

예제 14-12 **데몬 설정 여부에 따른 스레드** sec03/DaemonDemo.java

```
01  public class DaemonDemo {
02    public static void main(String[] args) {
03      Runnable task = () -> {
04        for (int i = 0; i < 3; i++) {
05          try {
06            Thread.sleep(1000);
07          } catch (InterruptedException e) {
08          }
09          System.out.println(Thread.currentThread().getName());
10        }
11      };
12
13      Thread t1 = new Thread(task, "작업 스레드");
14      // t1.setDaemon(true);
15      t1.start();
16
17      try {
18        Thread.sleep(1000);
19      } catch (InterruptedException e) {
20      }
21      System.out.println("메인 스레드가 끝났습니다.");
22    }
23  }
```

1초마다 현재 실행 중인 스레드 이름을 출력하며, 세 번 반복한다.

Thread 클래스가 제공하는 정적 메서드로 현재 실행 중인 스레드 객체를 반환한다.

Thread 클래스가 제공하는 메서드로 스레드 이름을 반환한다.

데몬 스레드로 설정한다.

메인 스레드가 1초 동안 멈춘다.

- 주석이 있을 때

```
메인 스레드가 끝났습니다.
작업 스레드
작업 스레드
작업 스레드
```

- 주석을 제거했을 때

```
메인 스레드가 끝났습니다.
작업 스레드
```

14행을 주석 처리하면 메인 스레드를 종료해도 작업 스레드는 계속 실행되기 때문에 세 번의 메시지를 모두 출력한다. 반면에 주석을 제거해 작업 스레드를 데몬 스레드로 설정하면 메인 스레드가 종료될 때 작업 스레드도 종료된다. 따라서 작업 스레드는 메시지를 한 번만 출력한다.

04 동기화와 협업

1 스레드 동기화

여러 개의 스레드가 하나의 자원을 공유할 때는 동기화 문제가 발생한다. 예를 들어 부부가 하나의 TV를 시청한다고 하자. 남편과 아내가 다른 채널을 고집할 때 발생하는 문제가 일종의 동기화 문제이다.

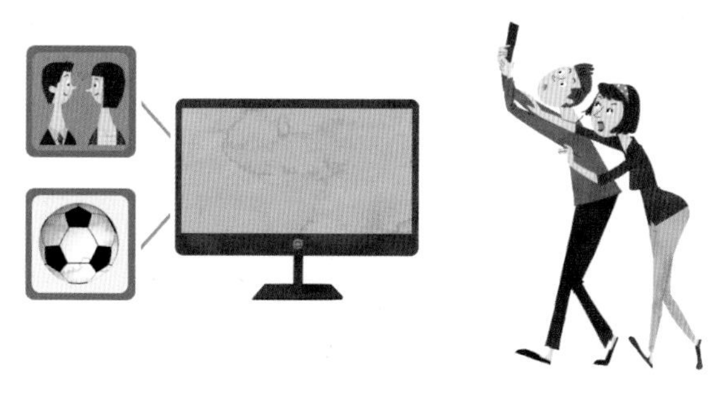

그림 14-6 실세계의 동기화 문제

다중 스레드 프로그래밍 환경에서도 임계영역critical section이 있다면 이와 같은 동기화 문제가 발생한다. 임계영역은 다수의 스레드가 공유 자원을 참조하는 코드 영역을 의미한다. 예를 들어 다음 코드를 살펴보자.

```
public class CriticalSection implements Runnable {
  private int share;

  public void setShare(int share) {
    this.share = share;
  }
  …
}
```

하나의 스레드가 CriticalSection 객체를 사용할 때는 아무런 문제가 없다. 하지만 2개 이상의 스레드가 setShare() 메서드를 호출해서 공유 자원인 share를 사용한다면 예상치 못한 결과가 나타날 수 있다. 이 문제의 해결책이 바로 스레드 동기화synchronization이다. 동기화는 다수의 스레드가 공유 자원을 충돌 없이 사용할 수 있도록 공유 자원에 배타적이고 독점적으로 접근할 수 있는 방법이다.

자바는 임계영역을 동기화하려고 synchronized 키워드를 제공한다. 스레드가 synchronized로 지정된 동기화 블록에 진입하면 락lock을 걸고, 그 블록을 벗어날 때 락을 푼다. 동기화 블록에 진입한 스레드가 코드를 실행할 동안 다른 스레드는 동기화 블록 앞에서 락이 풀릴 때까지 대기해야 한다. 그러므로 스레드 동기화는 하나의 스레드가 동기화 블록을 실행하면 그 스레드가 동기화 블록을 벗어날 때까지는 동기화 블록을 사용하려는 모든 스레드를 중지시킨다.

임계영역을 동기화시키는 방법은 두 가지다. 메서드에 synchronized 키워드를 지정하거나 코드의 일부에 지정한다. 메서드 전체가 아니라 일부 영역만 임계영역이라면 동기화 블록을 사용하는 것이 좋다.

```
public synchronized void 메서드( ) {
    // 임계영역 코드
}
```

(a) 동기화 메서드

```
synchronized (공유객체) {
    // 임계영역 코드
}
```

(b) 동기화 블록

그림 14-7 임계영역의 동기화

스레드의 동기화를 살펴보기 위해 세 사람이 공동으로 소유하는 일인승 자동차를 다음과 같이 클래스로 작성해 보자.

예제 14-13 **공동 소유의 자동차 클래스** sec04/SharedCar.java

```
01  import java.util.Random;
02
03  public class SharedCar {
04    public synchronized void drive(String name, String where) {
05      System.out.println(name + "님이 자동차에 탔습니다.");
06      Random r = new Random();
07      for (int i = 0; i < r.nextInt(3) + 1; i++)
08        System.out.println(name + "님이 자동차를 운전합니다.");
09      System.out.println(name + "님이 " + where + "에 도착했습니다.");
10    }
11  }
```

이 키워드의 존재 여부에 따라 동기화 또는 동기화하지 않은 drive( ) 메서드가 된다.

운전 시간을 다르게 하려고 난수를 사용한다.

다음은 [예제 14-13]에서 drive() 메서드의 동기화 여부에 따라 세 사람이 각자 운행할 때 어떻게 동작하는지 살펴보는 예제이다.

예제 14-14 **공동 소유의 자동차 클래스 테스트** sec04/SynchroDemo.java

```
01  class CarThread extends Thread {
02    private String who;
03    private SharedCar car;
04    private String where;
05
06    public CarThread(String who, SharedCar car, String where) {
07       this.who = who;
08       this.car = car;
09       this.where = where;
10    }
11
12    public void run() {
13       car.drive(who, where);
14    }
15  }
16
17  public class SynchroDemo {
18    public static void main(String[] args) {
19       SharedCar car = new SharedCar();
20       new CarThread("뻰지리", car, "서울").start();
21       new CarThread("문둥이", car, "부산").start();
22       new CarThread("깽깽이", car, "광주").start();
23    }
24  }
```

공동 소유 자동차를 사용하는 스레드이다.

- 동기화하지 않을 때

```
빤지리님이 자동차에 탔습니다.
문둥이님이 자동차에 탔습니다.
문둥이님이 자동차에 탔습니다.
빤지리님이 자동차를 운전합니다.
빤지리님이 자동차를 운전합니다.
빤지리님이 서울에 도착했습니다.
깽깽이님이 자동차를 운전합니다.
깽깽이님이 자동차를 운전합니다.
깽깽이님이 자동차를 운전합니다.
깽깽이님이 광주에 도착했습니다.
문둥이님이 자동차를 운전합니다.
문둥이님이 자동차를 운전합니다.
문둥이님이 부산에 도착했습니다.
```

- 동기화할 때

```
문둥이님이 자동차에 탔습니다.
문둥이님이 자동차를 운전합니다.
문둥이님이 자동차를 운전합니다.
문둥이님이 자동차를 운전합니다.
문둥이님이 부산에 도착했습니다.
깽깽이님이 자동차에 탔습니다.
깽깽이님이 자동차를 운전합니다.
깽깽이님이 자동차를 운전합니다.
깽깽이님이 광주에 도착했습니다.
빤지리님이 자동차에 탔습니다.
빤지리님이 자동차를 운전합니다.
빤지리님이 자동차를 운전합니다.
빤지리님이 서울에 도착했습니다.
```

동기화하지 않을 때 실행 결과를 살펴보면, 일인승 자동차에 서로 다른 목적지로 향하는 세 사람이 승하차하는 잘못된 결과가 나타난다. 이는 한 사람이 승차했을 때 다른 사람이 승차하지 못하도록 임계영역을 동기화하지 않았기 때문에 발생한다. 동기화할 때 실행 결과를 살펴보면, 공유 자원을 충돌 없이 3개의 스레드가 사용하므로 세 사람이 차례대로 승하차한다.

공유 자원 문제를 해결하려면 스레드를 동기화할 때 모든 스레드가 공정하게 공유 자원을 사용할 수 있도록 해야 한다. 그렇지 않으면 기아starvation 또는 교착deadlock 상태에 빠질 수 있기 때문이다. 기아는 다른 작업을 수행하지 못한 채 하나 이상의 스레드가 공유 자원을 얻으려고 계속 대기하는 상태를 의미한다. 교착은 2개 이상의 스레드가 서로 어떤 작업을 수행해 주기를 기다리는 상태를 의미한다.

2 대기와 통보

동기화 메서드나 블록을 이용하면 공유 자원은 보호할 수 있지만, 특정 스레드가 필요 없이 오랜 시간 동안 락을 걸 수 있다. Object 클래스는 객체의 락과 관련된 wait(), notify(), notifyAll() 메서드를 제공해서 이런 상황을 해결할 수 있게 한다. 모든 객체가 Object 클래스의 후손이므로 어떤 객체든 이 3개의 메서드를 사용할 수 있다. 스레드가 wait() 메서드를 호출하면 중지 상태가 된다. wait( ) 메서드로 중지된 스레드는 해당 객체의 notify( ) 또는 notifyAll( ) 메서드의 호출로 다시 실행 대기 상태가 된다. notify( ) 메서드는 하나의 스레드만 실행 대기 상태로 만들지만, notifyAll( ) 메서드는 공유 자원을 기다리는 모든 스레드를 실행 대기 상태로 만든다. 이 3개의 메서드는 동기화된 코드 내부에서만 의미가 있다. 동기화된 코드가 아닌데도 사용하면 IllegalMonitorStateException 예외가 발생한다.

> wait( ) 대신에 wait(long timeout) 또는 wait(long timeout, int nanos) 메서드로 중지한 스레드라면 notify( ) 또는 notifyAll( ) 메서드 호출 이전이라도 지정한 시간이 지나면 깨어난다.

[예제 14-10] 코드를 다시 살펴보자. 메인 스레드는 JoinThread가 작업을 종료할 때까지 기다리고, JoinThread가 작업을 종료하면 메인 스레드가 합산된 결과를 출력한다. 이는 다음과 같은 시나리오로 변경할 수 있다. 작업 스레드가 연산할 동안 메인 스레드가 대기한다. 작업 스레드가 연산을 종료하면 메인 스레드에 통보한다. 통보를 받은 메인 스레드가 연산 결과를 출력한다.

다음은 [예제 14-10]과 실행 결과가 같으며, join( ) 메서드 대신에 wait( )와 notify( ) 메서드로 수정한 예제이다.

예제 14-15 **대기와 통보 방식을 이용한 스레드** sec04/WaitNotifyDemo.java

```
01  class TotalThread extends Thread {
02    int total;
03
04    public void run() {        TotalThread 객체를 메인 스레드에서도 사용하므로 동기화해야 한다.
05      synchronized (this) {
06        for (int i = 1; i <= 100; i++)
07          total += i;
08        notify();              작업을 종료하면 대기 중인 스레드에 통보한다.
09      }
10    }
11  }
12
13  public class WaitNotifyDemo {
```

```
14      public static void main(String[] args) {
15         TotalThread t = new TotalThread();
16         t.start();
17         synchronized (t) {
18            try {
19               System.out.println("스레드 t가 끝날 때까지 대기...");
20               t.wait();
21            } catch (InterruptedException e) {
22            }
23         }
24         System.out.println("총합 : " + t.total);
25      }
26   }
```

TotalThread 객체 t는 메인 스레드와 작업 스레드의 공유 자원이다.

작업 스레드에서 통보가 올 때까지 메인 스레드가 대기한다.

메인 스레드가 Total 객체를 직접 사용한다.

3 스레드 협업

2개 이상의 스레드가 동기화된 코드의 임계영역을 번갈아 가면서 실행할 때가 있다. 대표적인 예로 생산자·소비자 문제가 있으며, 자원을 공유하지만 하나는 생산하고 다른 하나는 소비하는 형태의 작업이다. 이때 두 스레드 사이에 협업이 필요하다. 생산자·소비자 문제에서 사용하는 스레드는 다른 스레드와 협업하려고 Object 클래스가 제공하는 wait(), notify(), notifyAll() 메서드를 이용할 수 있다.

예를 들어 다섯 종류의 음식을 요리하는 요리사와 식사하는 고객이 있는 상황을 코드로 작성해 보자. 요리한 음식이 없을 때는 요리사가 요리해야 고객이 음식을 먹을 수 있고, 한 번에 한 접시씩 요리사와 고객 사이에 오고 간다고 가정하자. 음식은 공유 자원이 되며, 요리사와 고객은 [그림 14-8]과 같이 스레드로 모델링할 수 있다. 고객은 음식을 먹은 후 요리사에게 통보해야 하고, 요리된 음식이 없다면 대기해야 한다. 그리고 요리사는 음식을 요리한 후 고객에게 통보해야 하고, 요리된 음식이 있다면 대기해야 한다.

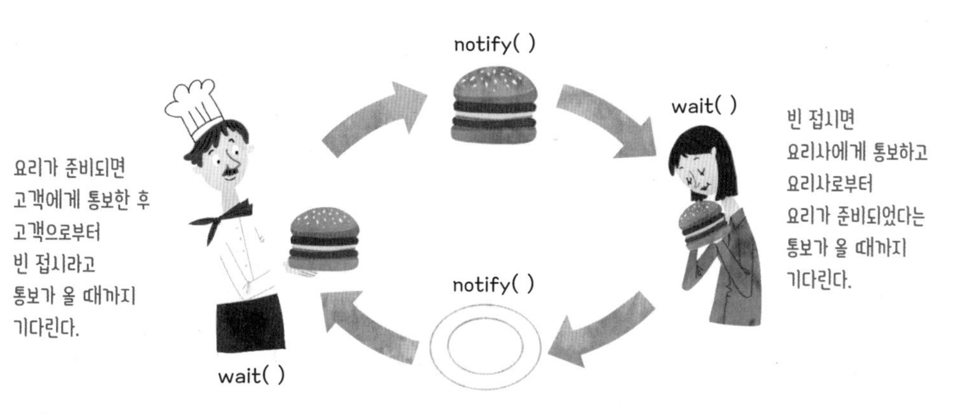

그림 14-8 현실 세계의 협업

음식은 고객과 요리사의 공유 자원으로, 요리를 나타내는 Dish 클래스를 다음과 같이 작성할 수 있다. 다섯 가지 메뉴는 번호로 나타낼 수 있기 때문에 Dish 클래스는 메뉴 필드가 없다. 그러나 Dish 클래스에 요리된 음식 유무를 나타내는 필드와 관련된 메서드는 필요하다.

예제 14-16 **협업에서 공유 자원** sec04/Dish.java

```
01  public class Dish {
02    private boolean empty = true;
03
04    public boolean isEmpty() {
05      return empty;
06    }
07
08    public void setEmpty(boolean empty) {
09      this.empty = empty;
10    }
11  }
```

(02행 설명: 음식이 접시에 담겨 있는지 나타내는 논리 타입 변수이다.)

다음은 공유 자원인 Dish를 생산하는 Cook 클래스를 나타낸다. cook() 메서드는 빈 접시가 아니면 고객이 요청할 때까지 기다리고, 빈 접시면 요리한 음식을 접시에 채워 고객에게 통보한다.

예제 14-17 **협업에서 생산자** sec04/Cook.java

```
01  public class Cook implements Runnable {
02    private final Dish dish;
03
04    public Cook(Dish dish) {
05      this.dish = dish;
06    }
07
08    private void cook(int i) throws InterruptedException {
09      synchronized (dish) {
10        while (!dish.isEmpty())
11          dish.wait();
12        dish.setEmpty(false);
13        System.out.println(i + "번째 음식이 준비되었습니다.");
14        dish.notify();
15      }
16    }
17
18    public void run() {
19      for (int i = 0; i < 5; i++) {
20        try {
21          cook(i);
22          Thread.sleep(50);
23        } catch (InterruptedException ex) {
24        }
25      }
26    }
27  }
```

- 08행 `i`: 음식 종류를 나타내기 위한 변수이다.
- 09행: 요리사와 고객의 공유 자원이므로 코드 블록을 동기화한다.
- 10~11행: 빈 접시가 아니면 기다린다.
- 12행: 접시를 음식으로 채운다.
- 14행: 음식이 준비되었다고 고객에게 알린다.
- 19~25행: 다섯 가지 음식을 차례로 요리한다.

다음은 공유 자원인 Dish를 소비하는 Customer 클래스를 나타낸다. eat() 메서드는 빈 접시면 요리사가 연락할 때까지 기다리고, 요리한 음식이 있다면 접시를 비우고 요리사에게 통보한다.

예제 14-18 **협업에서 소비자** sec04/Customer.java

```
01  public class Customer implements Runnable {
02     private final Dish dish;
03
04     public Customer(Dish dish) {
05        this.dish = dish;
06     }
07
08     private void eat(int i) throws InterruptedException {
09        synchronized (dish) {      ← 요리사와 고객의 공유 자원이므로 코드 블록을 동기화한다.
10           while (dish.isEmpty())
11              dish.wait();         ← 빈 접시면 기다린다.
12           dish.setEmpty(true);    ← 접시에서 음식을 비운다.
13           System.out.println(i + "번째 음식을 먹었습니다.");
14           dish.notify();          ← 요리사에게 음식을 요청한다.
15        }
16     }
17
18     public void run() {
19        for (int i = 0; i < 5; i++) {
20           try {
21              eat(i);
22              Thread.sleep(50);    ← 다섯 가지 음식을 차례로 먹는다.
23           } catch (InterruptedException ex) {
24           }
25        }
26     }
27  }
```

다음은 Dish, Cook, Customer 클래스를 사용해 Cook과 Customer 스레드를 생성한 후 실행하는 예제이다.

예제 14-19 **협업 테스트** sec04/DishDemo.java

```
01  public class DishDemo {
02     public static void main(String[] args) {
03        final Dish d = new Dish();
04        new Thread(new Customer(d)).start();
05        new Thread(new Cook(d)).start();
06     }
07  }
```

```
0번째 음식이 준비되었습니다.
0번째 음식을 먹었습니다.
1번째 음식이 준비되었습니다.
1번째 음식을 먹었습니다.
2번째 음식이 준비되었습니다.
2번째 음식을 먹었습니다.
3번째 음식이 준비되었습니다.
3번째 음식을 먹었습니다.
4번째 음식이 준비되었습니다.
4번째 음식을 먹었습니다.
```

셀프 테스트 14-2

1 스레드의 모든 정보를 관리하며 스레드 스케줄링을 수행하는 것은?

① 메인 스레드 ② 메인 프로세스

③ 작업 스레드 ④ JVM

2 다른 스레드를 모두 종료하면 자동으로 종료되는 스레드는?

3 __________는 다수의 스레드가 공유된 자원을 충돌 없이 사용하는 기법 중 하나이다.

4 스레드 간에 협업을 할 수 있는 wait( ), notify( ) 같은 메서드는 __________ 클래스의 멤버이다.

※ 작업 스레드의 실행 코드를 Thread의 자식 객체, Runnable 인터페이스의 익명 구현 객체, 스레드 풀을 이용하는 방식으로 작성하면서 스레드에 대한 실전 능력을 익히자.

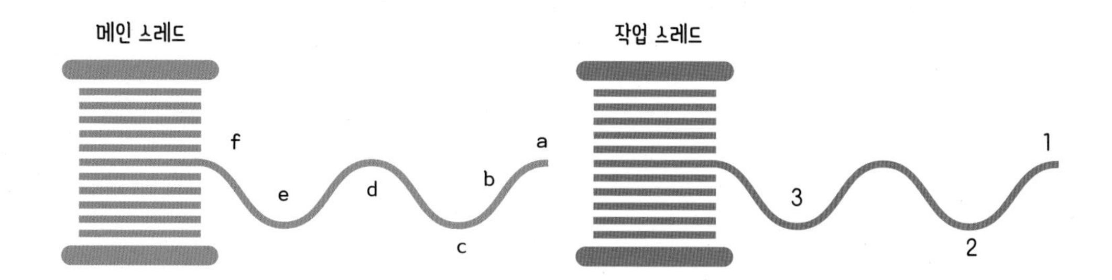

01 – 메인 스레드는 0.5초마다 a부터 알파벳을 차례대로 출력하고, 작업 스레드는 0부터 4까지 1초마다 하나씩 증가하면서 출력한다. 메인 스레드는 작업 스레드가 종료될 때까지만 자신의 작업을 수행한다. 작업 스레드를 Thread의 자식 클래스로 작성하고 메인 스레드와 작업 스레드를 테스트하는 프로그램도 작성해 보자.

① 다음과 같이 Thread의 자식 클래스를 생성한 후 run( ) 메서드를 작성한다.

```
class Worker extends Thread {
   public void run() {
      // for 문을 사용해 1초마다 0부터 하나씩 증가해서 5초 동안 출력
   }
}
```

② 다음과 같이 테스트 프로그램을 작성한다. 'a', 'b', 'c'와 같이 알파벳을 출력하려면 알파벳 'a'를 하나씩 증가시키면서 문자로 출력한다.

```
public static void main(String[] args) {
   int alphabet = 'a';
   // 작업 스레드 객체 생성 및 시작
   // 작업 스레드가 살아 있을 동안 메인 스레드의 작업 수행
}
```

③ 다음 실행 결과를 참고해 테스트 프로그램의 실행 결과를 살펴본다.

```
메인 스레드 : a
작업 스레드 : 0
메인 스레드 : b
메인 스레드 : c
작업 스레드 : 1
메인 스레드 : d
메인 스레드 : e
작업 스레드 : 2
메인 스레드 : f
메인 스레드 : g
작업 스레드 : 3
메인 스레드 : h
작업 스레드 : 4
메인 스레드 : i
메인 스레드 : j
메인 스레드 : k
```

이 부분은 실행할 때마다 출력 여부가 달라질 수 있다.

02 – Runnable 인터페이스의 익명 구현 객체로 **01**과 동일한 내용의 테스트 프로그램을 작성해 보자.

① **01**에서 작성한 작업 스레드는 Runnable 클래스로 구현할 수 있다. Runnable 인터페이스는 함수형 인터페이스이다. 따라서 다음과 같이 람다식으로 수정한다.

```
new Thread( ( ) -> {
   // for 문을 사용해 1초마다 0부터 하나씩 증가해서 5초 동안 출력
});
worker.start();
```

② 테스트 프로그램을 실행하고 그 결과를 확인한다.

03 – 스레드 풀을 사용해 01과 동일한 내용의 테스트 프로그램을 작성해 보자.

① 스레드 풀 생성과 수행할 작업을 위한 코드를 작성한다.

```
ExecutorService exec = Executors.newCachedThreadPool();
Runnable task = () -> {
    // for 문을 사용해 1초마다 0부터 하나씩 증가해서 5초 동안 출력
};
```

② 작업 코드에서 작업 종료 시점, 1초마다 정수를 5초 동안 출력이 끝나면 shutdown() 메서드를 이용하여 스레드 풀에 의한 스레드 실행을 종료한다.

③ 작업 스레드의 shutdown() 이전까지 0.5초마다 알파벳을 출력하는 메인 스레드 코드를 작성한다.

④ 테스트 프로그램을 실행하고 그 결과를 확인한다.

연습 문제

01 – 다음 설명 중 틀린 것은?

① 자바 애플리케이션은 최소한 하나의 스레드를 가진다.

② Thread 클래스는 run() 메서드를 가진다.

③ 작업 스레드는 Thread의 자식 클래스이거나 Runnable 인터페이스의 구현 클래스이다.

④ 스레드를 실행하려면 스레드 객체의 start() 메서드를 호출해야 한다.

02 – 주어진 시간이 지나거나 대응하는 스레드가 종료될 때까지 기다리게 하는 메서드는?

① interrupt() ② join() ③ wait() ④ yield()

03 – 스레드의 상태를 제어하거나 동기화 메서드를 설명한 것이다. 틀린 것은?

① resume()은 중지 상태의 스레드를 실행 대기 상태로 바꾸지만, 폐기 중인 메서드이다.

② stop()은 스레드를 종료시킬 때 반드시 사용해야 한다.

③ notify()는 동기화 블록에서 중지 상태에 있는 스레드를 실행 대기 상태로 만든다.

④ sleep()은 주어진 시간 동안 스레드를 중지 상태로 만든다.

04 – 다음 코드에서 main() 메서드에 추가하기에 가장 적절한 것은?

```
class MyCode implements Runnable {
   public static void main(String[] args) {
      // 필요한 코드
   }
   public void run() { }
}
```

① Thread t = new Thread(MyCode);

② Thread t = new Thread(MyCode); t.start();

③ new Thread(new MyCode()).start();

④ new Thread().run();

05 – 싱글 코어 CPU도 멀티스레딩을 수행할 수 있다. (O, X)

06 – __________는 스레드 t가 살아 있는지 테스트한다.

07 – 작업의 증가로 스레드의 폭증을 막으려면 스레드 풀을 사용하면 된다. 자바는 Executors 클래스의 다양한 정적 메서드를 통하여 스레드 풀인 ______________ 구현 객체를 생성할 수 있다.

08 – 다음은 메인 스레드가 종료되면 MusicThread도 종료된다. 밑줄 친 부분에 적절한 내용은?

```
Thread music = new MusicThread();
______________________________;
music.start();

try {
   Thread.sleep(5000);
} catch(InterruptedException e) {}
```

09 – 다음 코드의 실행 결과는?

```
public class WhichThreadTest implements Runnable {
   public static void main(String[] args) {
      Thread thread = new Thread(() -> System.out.println("안녕"));
      thread.start();
   }

   public void run() {
      System.out.println("안녕하세요");
   }
}
```

프로그래밍 문제

01 – 1초 단위의 타이머를 Runnable 인터페이스를 상속한 하나의 클래스로 작성하라. 또한 스레드 풀을 이용한 1초 단위의 타이머도 작성하라.

02 – 작업 스레드는 메인 스레드로부터 인터럽트를 받을 때까지 1초마다 실행 중임을 출력한다. 메인 스레드는 키보드에서 입력된 값을 점검해 1이면 작업 스레드에 인터럽트를 건다. 다음 실행 결과를 참고해 메인 스레드와 작업 스레드를 포함하는 프로그램을 작성하라.

```
작업 실행 중...
작업 실행 중...
작업 실행 중...
1        작업 스레드에 인터럽트를 건다.
작업 완료.
```

03 – 다음 작업을 수행하는 프로그램을 작성하라.

- 메인 스레드 외에 2개의 작업 스레드로 구성된다.
- 메인 스레드는 작업 스레드가 연산한 2개의 결괏값을 합해서 출력한다.
- 작업 스레드는 0~9 사이 임의의 정수를 누적하며, 스레드 이름과 임의의 정수를 출력한다.
- 작업 스레드의 생성자는 정수 매개변수가 있으며, 그 매개변수는 임의의 정수 개수이다. 예를 들어 작업 스레드가 Accumulator 클래스라면 Accumulator(5)는 5개의 임의의 정수를 누적한다.
- 오른쪽은 2개의 작업 스레드가 각각 3개와 2개의 임의의 정수를 누적할 경우 테스트 프로그램의 실행 결과이다.

```
Thread-1 : 7
Thread-0 : 4
Thread-1 : 0
Thread-0 : 1
Thread-0 : 4
누적 값 : 16
```

+특정 스레드가 종료할 때까지 기다리려면 join( ) 메서드 호출이 필요하다.

04 – 다음 작업을 참고해 세 사람이 산속에서 메아리치는 상황을 비동기화 프로그램과 동기화 프로그램으로 작성하고 실행 결과를 비교하라.

- echo() 메서드로 구성된 Echo 클래스가 있다. Echo 클래스는 0.1초마다 메시지를 세 번 출력한다.
- Thread의 자식 클래스 Echoer 클래스를 작성한다. Echoer 클래스는 String 타입의 msg 및 Echo 타입의 echo 필드를 가지며, echo(msg) 메서드를 실행하는 run() 메서드로 구성된다.
- 세 사람이 메아리치는 테스트 프로그램을 작성한다.
- 다음은 세 사람이 각각 '환영', '야호', '자바'라는 단어로 메아리치는 상황을 동기화 여부에 따라 실행한 결과이다.

- 동기화하지 않을 때

```
환영
자바
야호~~~
자바
야호~~~
환영
야호~~~
자바
환영
```

- 동기화할 때

```
환영
환영
환영
자바
자바
자바
야호~~~
야호~~~
야호~~~
```

05 – 임의의 시간을 대기한 후 속담을 단어 단위로 출력하는 2개의 스레드를 테스트하는 프로그램을 작성하라. 예를 들어 속담이 'Time is money'라면 2개의 스레드를 각각 오른쪽 처럼 출력한다.

```
속담2 : Time
속담1 : Time
속담1 : is
속담2 : is
속담1 : money
속담2 : money
```

06 – 오른쪽처럼 나타나도록 05에서 작성한 프로그램을 다음 두 가지 방식으로 동기화하는 프로그램을 작성하라.

① 속담을 출력하는 메서드를 동기화한다.

② run() 메서드 내부에서 코드 영역을 동기화한다.

```
속담1 : Time
속담1 : is
속담1 : money
속담2 : Time
속담2 : is
속담2 : money
```

Chapter 15

자바 GUI 기초

컴퓨터에서 실행한 프로그램이 사용자와 상호작용할 수 없다면 무용지물이다. 일반 사용자가 가장 쉽게 프로그램과 소통할 수 있는 방식은 그래픽을 사용하는 것이다. 이 장에서는 텍스트 사용자 인터페이스와 그래픽 사용자 인터페이스 개념부터 살펴본다. 그리고 현재 자바의 그래픽 프로그래밍을 위해 가장 많이 사용하는 스윙의 기초를 소개하며, 주요 스윙 컴포넌트를 살펴보고 이를 실습한다.

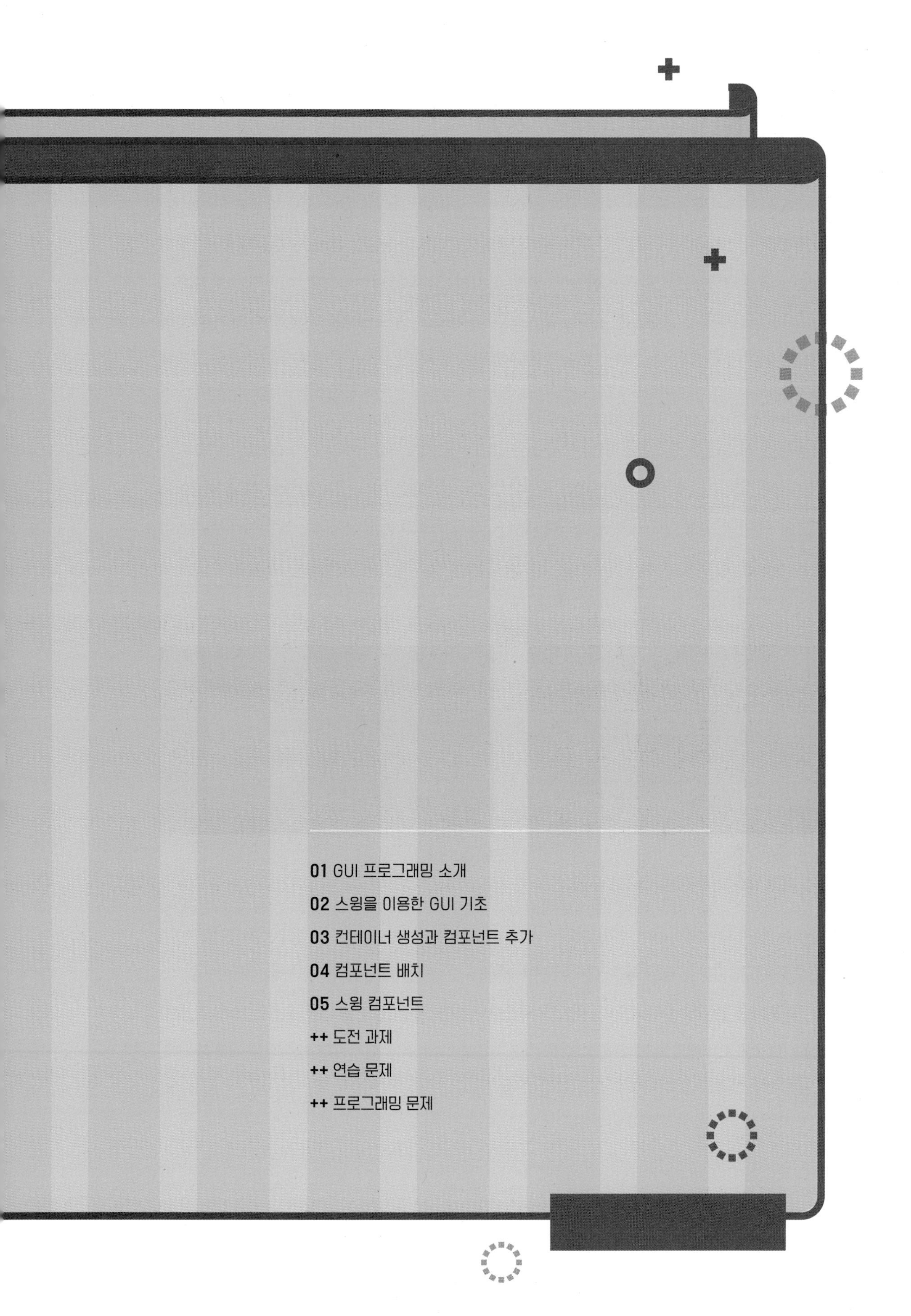

01 GUI 프로그래밍 소개

그래픽graphic은 새기다carve 또는 긁다scratch라는 의미의 그래프graph에서 파생된 단어이다. 그래픽의 사전적 의미는 상품화, 정보 제공, 엔터테인먼트 등을 벽, 캔버스, 컴퓨터 화면, 종이 같은 표면에 나타내는 시각적 표현이다. 사진, 드로잉, 그래프, 다이어그램, 이미지 등이 대표적인 그래픽의 예이다. 그래픽은 문자나 숫자보다 더 빠르고 쉽게 정보를 전달할 수 있기 때문에 컴퓨터 분야에서 매우 중요하다. 비교적 최근에 출시된 자바는 초기 버전부터 그래픽을 고려해서 설계했다.

사용자가 시스템과 상호작용하는 방식에는 CUI Character User Interface와 GUI Graphic User Interface가 있다. CUI는 텍스트 기반이라 빠르지만, 시스템을 어느 정도 알아야 하고 명령어도 알아야 한다. 반면에 GUI는 아이콘이나 메뉴 등으로 프로그램을 실행하는 방식이라서 직관적으로 조작할 수 있다. 초창기 컴퓨터는 성능이 떨어져 비교적 가볍고 빠른 CUI 방식이 더 유용했지만, 현재는 대부분 GUI 방식을 사용한다.

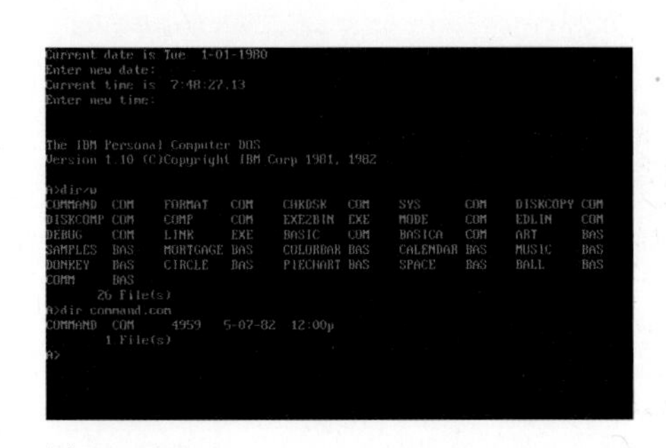

(a) CUI 방식

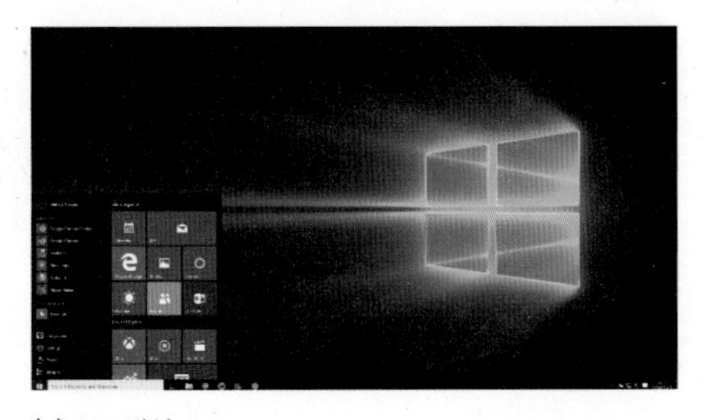

(b) GUI 방식

그림 15-1 사용자와 컴퓨터의 상호작용 방식

자바는 쉽게 GUI를 구현할 수 있도록 AWT, 스윙swing, 자바 2D, 드래그-앤-드롭drag & drop 등 GUI 기능을 모아 놓은 JFC Java Foundation Classes를 제공한다. 최근에는 레이아웃, 스타일, 로직을 분리할 수 있는 JavaFX도 제공한다. 여기서는 가장 많이 사용하는 스윙을 중심으로 GUI 프로그래밍을 다룬다. 스윙은 기본적으로 java.awt 패키지의 클래스를 사용하는데, AWT부터 자바의 GUI 지원 기술을 간단히 살펴보자.

AWT

인터넷이 활성화되지 않았던 시기에는 대다수 클라이언트 애플리케이션을 운영체제가 제공하는 네이티브 UI 컴포넌트로 개발했다. 자바 1.0에 포함된 AWT Abstract Window Toolkit 도 운영체제가 제공하는 네이티브 UI 컴포넌트를 이용하는 자바 라이브러리이다. AWT 컴포넌트는 운영체제의 자원을 많이 소모하기 때문에 중량 컴포넌트 heavyweight component 라고 하며, 운영체제에 따라 외형이 다르다. AWT는 UI 컴포넌트의 종류가 제한적이어서 단순한 사용자 인터페이스 개발에 적합하다.

스윙

스윙은 운영체제가 제공하는 네이티브 UI 컴포넌트에서 독립해 모든 운영체제에서 동일한 룩앤필 look and feel 을 갖도록 자바 1.2부터 제공하는 GUI 컴포넌트이다. 스윙은 운영체제의 도움을 받지 않고 순수하게 자바로 작성되어 있기 때문에 스윙 컴포넌트를 경량 컴포넌트 lightweight component 라고 한다. 모든 스윙 컴포넌트는 AWT 컴포넌트와 완전히 호환되도록 다시 작성되어 있다. 또 AWT에 없는 풍부한 고급 컴포넌트도 추가했기에 스윙을 이용하면 더욱 화려하고 다양하게 GUI 애플리케이션을 개발할 수 있다. 스윙 컴포넌트의 이름은 AWT 컴포넌트와 구분하려고 모두 J로 시작한다.

JavaFX

JavaFX는 원래 RIA Rich Internet Application 시장을 장악하고 있던 어도비의 플래시와 마이크로소프트의 실버라이트에 대항하려고 만들었다. 하지만 RIA의 대세가 HTML5로 넘어가면서 스윙의 괜찮은 대안 정도로만 만족해야 했다. 처음에는 JavaFX 스크립트라는 별도의 언어로 개발되어서 새로운 언어를 사용해야 하는 불편함이 있었지만, 2011년 JavaFX 2.0은 순수한 자바로 개발되었고 JavaFX 2.2는 JDK와 JRE에 포함되었다. 스윙에 JavaFX의 장점을 포함하려면 밑바닥부터 다시 설계해야 한다는 부담감 때문에 현재는 스윙과 JavaFX가 양존하고 있다. JavaFX는 처음 발표한 이후로 적극적으로 개발되지 않았으며, 스윙보다 가벼워 모바일 기기용 애플리케이션 개발에 더 적합하다. 그러나 모바일 분야에서는 더 풍부한 API를 제공하는 안드로이드가 있어 오라클의 바람과 달리 개발자들이 적극적으로 활용하지는 않고 있다.

스윙을 이용한 GUI 기초

1 스윙의 특징

스윙은 AWT와 사용 방법이 거의 유사하지만, AWT에 없는 컴포넌트와 기능도 지원한다. 스윙은 다음 특징이 있다.

- **룩앤필** : AWT에서 제공하는 컴포넌트는 JVM을 설치한 플랫폼에 종속된 네이티브 컴포넌트를 그대로 가져다가 사용하기 때문에 플랫폼마다 외형이 다르다. 그러나 스윙은 AWT와 달리 순수한 자바로 작성했기 때문에 플랫폼에 독립된 외형을 유지한다. 자바가 제공하는 기본 룩앤필은 자바, 윈도우, 모티프 motif 이다.
- **풍선 도움말** : 스윙 컴포넌트는 마우스를 컴포넌트로 가져가면 짧은 컴포넌트 정보를 표시하는 풍선 도움말을 지원한다.
- **더블 버퍼링** : AWT는 개발자가 직접 구현해야 하지만, 스윙은 그래픽의 성능을 향상시키는 더블 버퍼링 double buffering 기능을 제공한다.
- **MVC 모델** : 스윙은 MVC 모델에 기반한다. MVC는 모델 model, 뷰 view, 컨트롤러 controller 라는 3개의 구성 요소로, 상호 유기적으로 관계를 맺는다. 모델은 데이터를 추상화하고 뷰에 데이터를 제공하는 부분이며, 뷰는 데이터를 시각적으로 표현하는 부분이고, 컨트롤러는 모델과 뷰를 제어하면서 이벤트를 처리하는 부분이다. 스윙은 MVC 모델에서 뷰와 컨트롤러를 통합한 UI 델리게이트 delegate 객체를 사용한다.
- **이미지 아이콘** : AWT와 달리 스윙에서는 버튼이나 레이블 등 컴포넌트에 텍스트뿐만 아니라 이미지도 표시할 수 있다.
- **보더** : AWT 컴포넌트는 경계선을 나타내는 기능을 제공하지 않지만, 스윙부터는 경계선을 나타내는 보더 border 를 javax.swing.border 패키지로 제공한다. 자바 8에서는 현재 BevelBorder, LineBorder 등을 포함해 아홉 가지를 제공한다.

2 컴포넌트와 컨테이너의 개념

GUI 프로그래밍을 지원하는 대부분의 언어는 복잡하고 방대한 API를 제공한다. GUI API를 잘 이해해야 GUI 프로그램도 쉽게 작성할 수 있다. 그러나 처음부터 복잡한 GUI API를 이해하기는 매우 어렵다. 스윙 프로그램에서 기본적인 용어인 컴포넌트와 컨테이너를 살펴본 후 맛보기용 간단한 GUI 프로그램을 작성해 보자.

컴포넌트 component 는 버튼, 레이블, 텍스트 필드 등 GUI를 작성하는 기본적인 빌딩 블록을 의미한다. 컴포넌트는 사용자 인터페이스를 생성하는 객체로, 윈도우 시스템에서는 컨트롤 control

이라고 한다. 컨테이너container는 컴포넌트를 부착하는 특수한 컴포넌트를 의미한다. 예를 들어 버튼이나 레이블 등 컴포넌트를 부착할 수 있는 프레임이나 패널 등이 대표적인 컨테이너 클래스이다. 어떤 GUI 애플리케이션이든 최소한 하나의 컨테이너는 포함해야 컨테이너에 부착된 컴포넌트를 화면에 표시할 수 있다.

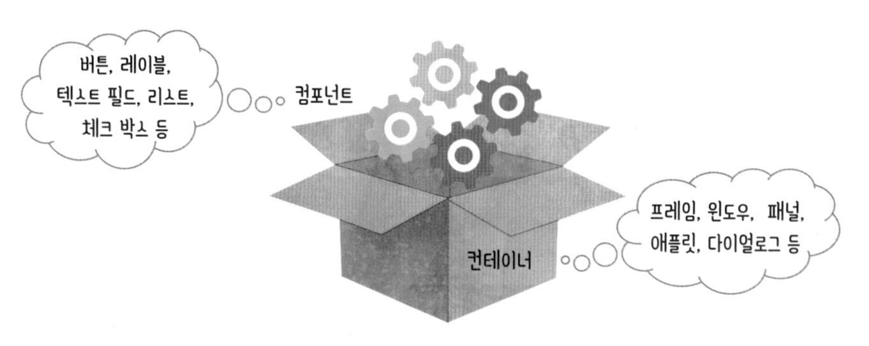

그림 15-2 컴포넌트와 컨테이너

자바의 GUI API는 컴포넌트와 컨테이너를 위한 다양한 클래스를 제공할 뿐만 아니라 GUI 프로그래밍을 보조하는 헬퍼 클래스helper classes도 지원해 그래픽이나 색상, 폰트 등을 다양하게 활용할 수 있도록 도와준다.

3 스윙 기반의 GUI 프로그램 맛보기

GUI 프로그래밍을 하려면 먼저 애플리케이션 목적에 맞게 하나의 컨테이너를 생성해야 한다. 일반적인 애플리케이션이라면 윈도우와 메뉴가 있는 프레임을 사용하고, 대화상자 형식의 간단한 애플리케이션이라면 다이얼로그를 사용하며, 웹 브라우저에서 수행한다면 애플릿을 사용한다.

맛보기 애플리케이션으로 다음과 같이 프레임을 컨테이너로 사용해 보자.

```
JFrame f = new JFrame();
```

컨테이너를 생성하면 애플리케이션에 필요한 컴포넌트를 컨테이너에 추가해야 한다. 버튼과 레이블이 필요하다면 버튼과 레이블을 생성한 후 컨테이너에 추가한다. 필요하다면 버튼과 레이블을 다른 컨테이너에 추가한 후 상위 컨테이너에 다시 추가해도 된다. 상황에 따라서는 헬퍼 클래스를 이용해 컴포넌트나 컨테이너를 다양하게 꾸밀 수 있고, 이벤트 처리도 수행할 수 있다.

[예제 15-1]은 스윙의 JFrame을 사용해 하나의 창을 생성하는 예제이다.

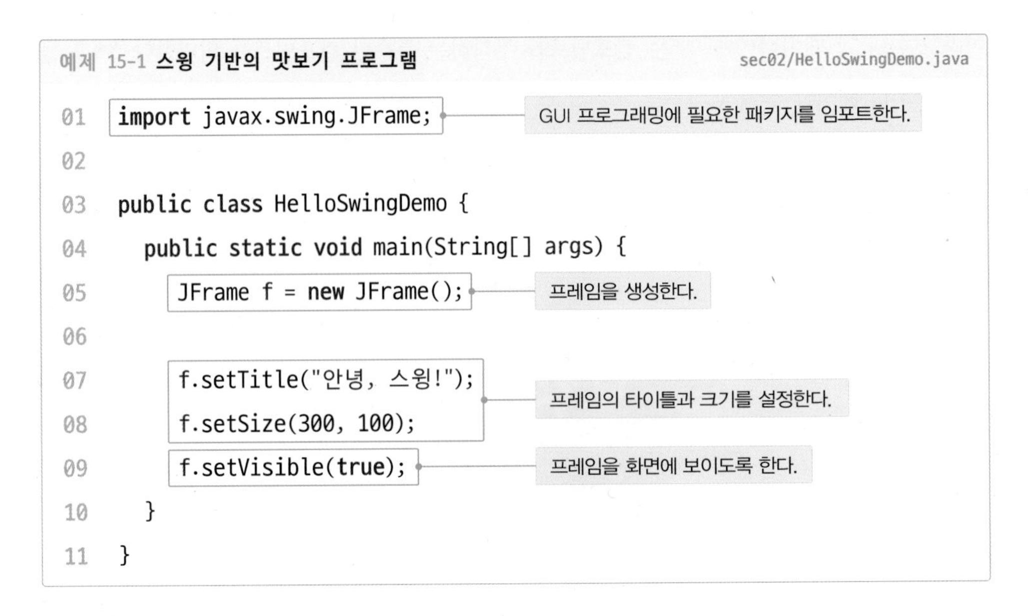
예제 15-1 **스윙 기반의 맛보기 프로그램** sec02/HelloSwingDemo.java

```java
01 import javax.swing.JFrame;
02
03 public class HelloSwingDemo {
04   public static void main(String[] args) {
05     JFrame f = new JFrame();
06
07     f.setTitle("안녕, 스윙!");
08     f.setSize(300, 100);
09     f.setVisible(true);
10   }
11 }
```


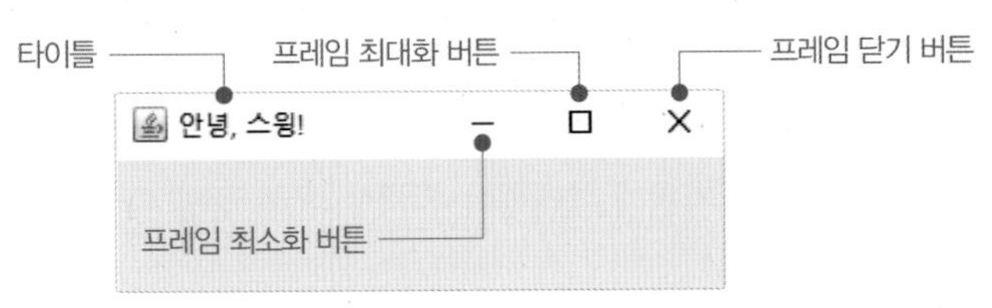

8행의 인수는 각 프레임의 가로 및 세로 크기를 픽셀 개수로 나타낸 것이다. setVisible() 메서드를 호출하기 전에 먼저 필요한 모든 컴포넌트를 프레임에 부착해야 한다. 9행이 없다면 프레임은 생성되지만, 그것을 볼 수는 없다.

[예제 15-1]에서 main() 메서드의 코드를 살펴보면, 프레임 객체를 생성하고 프레임을 설정한 후 main() 메서드를 종료한다. 따라서 프로그램을 실행하자마자 main() 메서드는 바로 종료되지만, 프레임은 아직 작동 중으로 계속 화면에 나타나 있다. 이는 JFrame 객체가 생성되면 사용자의 이벤트를 스윙 컴포넌트에 전달할 수 있도록 이벤트 디스패치 스레드event dispatch thread를 실행하기 때문이다.

스윙 애플리케이션을 실행하면 메인 스레드뿐만 아니라 이벤트 디스패치 스레드도 실행되기 때문에 메인 스레드가 종료되도 스윙 애플리케이션은 종료되지 않은 채 계속 작동한다. 심지어 사용자가 프레임을 닫아도 이클립스를 살펴보면 [그림 15-3]과 같이 여전히 애플리케이션이 작동 중이다. 이는 프레임을 닫을 때 이벤트 디스패치 스레드도 종료하도록 처리해야만 스윙 애플리케이션이 종료되기 때문이다.

그림 15-3 이클립스의 콘솔에 나타난 애플리케이션 작동 여부 표시

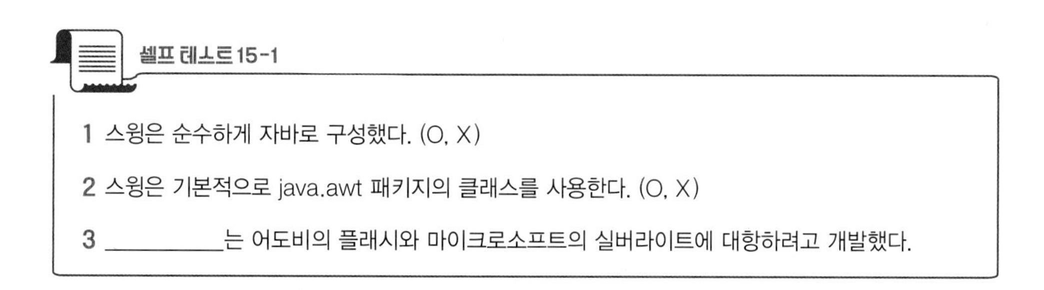

셀프 테스트 15-1

1 스윙은 순수하게 자바로 구성했다. (O, X)

2 스윙은 기본적으로 java.awt 패키지의 클래스를 사용한다. (O, X)

3 __________는 어도비의 플래시와 마이크로소프트의 실버라이트에 대항하려고 개발했다.

03 컨테이너 생성과 컴포넌트 추가

컨테이너는 컴포넌트를 부착할 공간을 제공하며, 컴포넌트를 관리하는 클래스이다. 컨테이너는 내부의 배치 관리자layout manager를 사용해 컴포넌트 위치를 결정하고 자신에게 부착한다. 스윙 애플리케이션을 작성하려면 스윙 애플리케이션의 최상위 컨테이너인 프레임을 생성해야 한다. 일단 프레임을 생성하면 컴포넌트를 직접 프레임에 부착하거나 다른 컨테이너인 패널을 통하여 프레임에 부착할 수 있다.

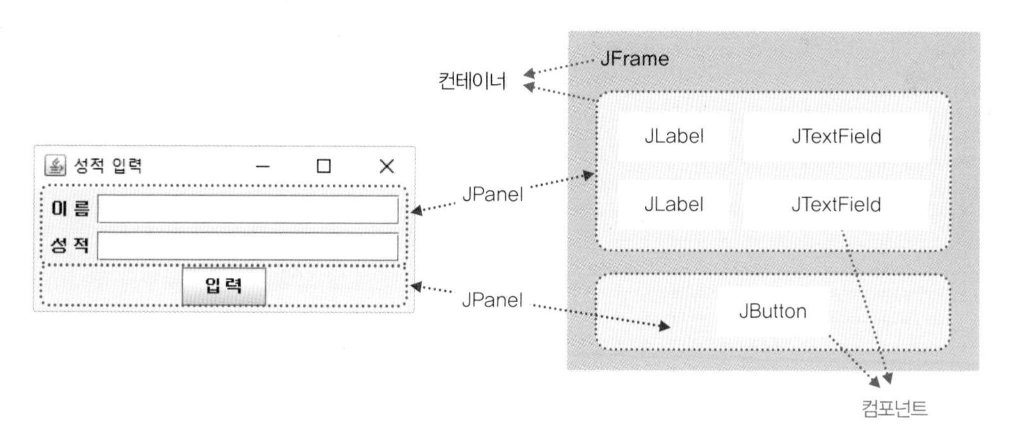

그림 15-4 패널을 통하여 프레임에 컴포넌트 부착

1 프레임 생성

프레임은 애플리케이션을 위한 창을 생성하는 데 사용되고, 타이틀과 메뉴를 지원하며, 보더 border와 시스템 상자(최소화 · 최대화 · 닫기 버튼) 등 기능도 제공한다. 스윙의 JFrame 클래스는 다음과 같이 java.awt.Frame을 상속하며, 세 가지 인터페이스를 구현한 자식 클래스이다.

```
public class JFrame extends Frame
  implements WindowConstants, Accessible, RootPaneContainer
```

JFrame 클래스는 복잡한 구조로 구성되어 있지만, 개발자가 자주 접하는 부분은 메뉴바 menu bar와 컨텐트패인 content pane이다. 메뉴바는 윈도우 메뉴를 제공하며, 메뉴를 명시하지 않을 수도 있다. 컨텐트패인은 일반적인 컴포넌트를 부착할 수 있는 컨테이너이다. JFrame 객체를 생성하는 생성자는 다음과 같다.

```
JFrame()              // 타이틀이 없는 JFrame 객체를 생성한다.
JFrame(String title)  // 명시된 타이틀을 가진 JFrame 객체를 생성한다.
```

JFrame 클래스와 상위 클래스가 제공하는 주요 메서드는 다음과 같다.

표 15-1 JFrame 클래스에서 사용할 수 있는 주요 메서드

메서드	설명
Container getContentPane()	프레임의 컨텐트패인 객체를 반환한다.
void pack()	컴포넌트를 부착하기에 적절한 윈도우 크기로 조절한다.
void setDefaultCloseOperation(int operation)	닫기 버튼을 클릭할 때 기본 작동을 결정한다.
void setIconImage(Image image)	윈도우 아이콘을 설정한다.
void setLayout(LayoutManager manager)	윈도우의 배치 관리자를 설정한다.
void setJMenuBar(JMenuBar menubar)	프레임의 메뉴바를 주어진 메뉴바로 지정한다.

이외에도 부모 클래스인 Component, Window, Frame 클래스가 제공하는 메서드도 JFrame 객체에서 사용할 수 있다. 예를 들어 Component 클래스가 제공하는 add() 메서드, Window 클래스가 제공하는 setVisible() 메서드, Frame 클래스가 제공하는 setResizable() 메서드 등도 JFrame 클래스에서 자주 사용된다.

자바 4에서는 getContentPane( ) 메서드를 호출해 JFrame의 컨텐트패인을 가져와야 컴포넌트를 부착할 수 있다. 그러나 자바 5부터는 JFrame에 직접 컴포넌트를 부착해도 내부적으로는 JFrame의 컨텐트패인에 부착한다.

프레임을 닫을 때 실행할 기본 동작 방식에는 WindowConstants 인터페이스에 정의한 네 가지 상수를 사용할 수 있다. 그런데 JFrame은 WindowConstants의 구현 클래스이므로 다음 상수를 JFrame에서 직접 사용할 수 있다.

표 15-2 JFrame 클래스에서 사용할 수 있는 상수

상수	설명
DISPOSE_ON_CLOSE	종료할 때 모든 자원을 반납한다.
DO_NOTHING_ON_CLOSE	종료할 때 아무 일도 하지 않는다.
EXIT_ON_CLOSE	종료할 때 애플리케이션도 강제로 종료한다.
HIDE_ON_CLOSE	종료할 때 창을 숨긴다.

여기서 setDefaultCloseOperation( )을 호출해 다음과 같이 설정한다면, 프레임을 닫으면 프레임은 물론 System.exit(0)을 호출해서 애플리케이션까지 종료한다.

```
setDefaultCloseOperation(JFrame.EXIT_ON_CLOSE);
```

[예제 15-1]은 JFrame 클래스의 생성자로 프레임 객체를 생성했다. 그런데 이 방식은 가독성, 확장성, 융통성 등이 떨어진다. [예제 15-2]와 같이 JFrame의 자식 클래스를 이용해 프레임 객체를 생성하는 것이 더 바람직하다.

예제 15-2 **JFrame 자식 클래스인 프레임 클래스** sec03/JFrame1Demo.java

```
01  import javax.swing.JFrame;
02
03  class MyFrame extends JFrame {
04    MyFrame() {
05       setTitle("안녕, 스윙!");
06       setSize(300, 100);
07       setVisible(true);
08    }
09  }
```

JFrame의 자식 클래스를 정의한다.

```
10
11  public class JFrame1Demo {
12    public static void main(String[] args) {
13      new MyFrame();    프레임 객체를 생성한다.
14    }
15  }
```

main() 메서드는 어떤 클래스에서든 선언할 수 있다. 따라서 간단한 스윙 프로그램이라면 [예제 15-3]과 같이 굳이 2개의 클래스를 사용할 필요가 없다. 다음 예제처럼 2개의 클래스를 하나로 통합해도 실행 결과는 같다.

예제 15-3 **JFrame의 자식인 애플리케이션 클래스** sec03/JFrame2Demo.java

```
01  import javax.swing.JFrame;
02
03  public class JFrame2Demo extends JFrame {
04    JFrame2Demo() {                JFrame의 자식 클래스이며, main() 메서드를
05      setTitle("안녕, 스윙!");       포함하는 애플리케이션 클래스이다.
06      setSize(300, 100);
07      setVisible(true);
08    }
09
10    public static void main(String[] args) {
11      new JFrame2Demo();
12    }
13  }
```

2 프레임에 컴포넌트 추가

프레임은 스윙 애플리케이션을 구성하는 컨테이너이다. 따라서 프레임 내부에 필요한 여러 가지 스윙 컴포넌트를 부착할 수 있다. 스윙 컴포넌트를 프레임에 부착하려면 Container 클래스가 제공하는 add() 메서드를 호출한다.

다음은 프레임에 하나의 버튼을 부착하고, 프레임을 닫으면 애플리케이션이 종료되는 예제이다.

예제 15-4 **종료할 수 있는 프레임 애플리케이션** sec03/JFrame3Demo.java

```
01  import javax.swing.*;
02  
03  public class JFrame3Demo extends JFrame {
04    JFrame3Demo() {
05       setTitle("안녕, 스윙!");
06  
07       JButton b = new JButton("버튼");
08       add(b);                        버튼을 프레임의 컨텐트패인에 부착한다.
09                                                                    프레임을 닫으면
10       setDefaultCloseOperation(JFrame.EXIT_ON_CLOSE);              애플리케이션을
11       setSize(300, 100);                                           강제 종료하도록
12       setVisible(true);                                            설정한다.
13    }
14  
15    public static void main(String[] args) {
16       new JFrame3Demo();
17    }
18  }
```

안녕, 스윙!

버튼

자바 4 이하라면 8행은 다음처럼 getContentPane() 메서드로 컨텐트패인을 가져와서 버튼 등 컴포넌트를 부착해야 된다.

```
getContentPane().add(b);
```

3 패널로 프레임에 컴포넌트 추가

패널panel은 다른 컴포넌트를 배치할 수 있는 가상의 투명한 공간을 제공한다. 벽에 다수의 그림을 부착할 때는 직접 붙이지 않고 보드에 붙인 후 보드를 벽에 부착하는 것이 더 효율적이다. 따라서 보통은 버튼이나 레이블 등 컴포넌트를 그룹으로 묶어서 패널에 부착한 후 패널을 프레

임에 부착한다. 컴포넌트를 간접적으로 프레임에 부착하면 배치하거나 프레임을 유지 보수하기가 더 편리하다. 패널은 일종의 보조 컨테이너로, 패널을 다른 패널에 부착할 수도 있다.

예를 들어 10개의 버튼 아래에 하나의 텍스트 필드를 가진 화면을 나타내 보자. 11개의 컴포넌트를 프레임에 직접 부착한다면 원하는 외형을 만들기가 쉽지 않다. 그러나 2개의 패널을 사용해서 하나의 패널에 10개의 버튼을 부착하고, 다른 하나의 패널에는 텍스트 필드를 부착한 후 2개의 패널을 프레임에 부착하면 쉽게 원하는 외형을 설계할 수 있다.

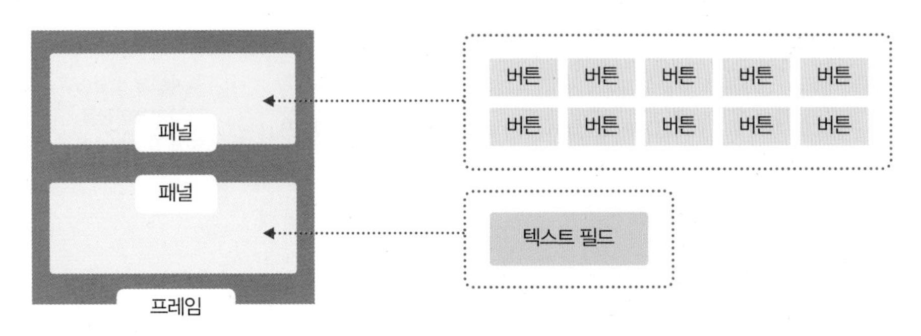

그림 15-5 패널을 이용한 컴포넌트 추가

JPanel 클래스도 여러 개의 메서드를 제공하지만, 별로 사용되지 않는다. 스윙 패널 객체를 생성하는 대표적인 생성자는 다음과 같다.

```
// 플로 레이아웃과 더블 버퍼를 가진 JPanel 객체를 생성한다.
JPanel()

// 플로 레이아웃과 명시된 더블 버퍼 전략을 가진 JPanel 객체를 생성한다.
JPanel(boolean isDoubleBuffered)

// 명시된 레이아웃과 더블 버퍼를 가진 JPanel 객체를 생성한다.
JPanel(LayoutManager manager)

// 명시된 레이아웃과 더블 버퍼 전략을 가진 JPanel 객체를 생성한다.
JPanel(LayoutManager manager, boolean isDoubleBuffered)
```

다음은 레이블과 버튼을 패널에 부착한 후 패널을 프레임에 부착하는 예제이다.

예제 15-5 **패널을 이용한 컴포넌트 추가** sec03/JFrame4Demo.java

```
01  import javax.swing.*;
02
03  public class JFrame4Demo extends JFrame {
04    JFrame4Demo() {
05      setTitle("안녕, 스윙!");
06
07      JPanel p = new JPanel();
08      JLabel l = new JLabel("안녕, 스윙!");
09      JButton b = new JButton("버튼");
10      p.add(l);
11      p.add(b);
12      add(p);
13
14      setDefaultCloseOperation(JFrame.EXIT_ON_CLOSE);
15      setSize(300, 100);
16      // pack();
17      setVisible(true);
18    }
19
20    public static void main(String[] args) {
21      new JFrame4Demo();
22    }
23  }
```

- 07: 패널을 생성한다.
- 08~09: 레이블과 버튼을 생성한다.
- 10~11: 레이블과 버튼을 패널에 부착한다.
- 12: 패널을 프레임에 부착한다.
- 15~16: setSize( )는 창 크기를 명시적으로 정하고, pack( )은 내용에 알맞게 창 크기를 조절한다.

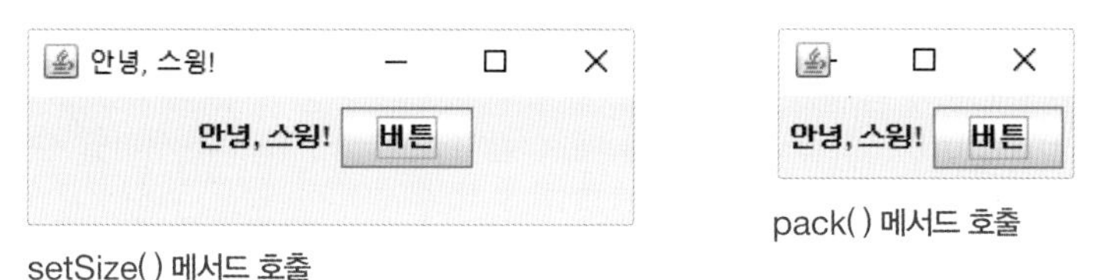

setSize( ) 메서드 호출

pack( ) 메서드 호출

04 컴포넌트 배치

1 배치 관리자의 역할과 종류

프레임, 윈도우, 패널, 다이얼로그 등 컨테이너는 여러 컴포넌트를 포함할 수 있기 때문에 이 컴포넌트를 어떻게 배치할지 전략이 필요하다. 각 컨테이너마다 하나의 배치 관리자 layout manager가 있는데, 이것이 컴포넌트 배치를 결정한다. 배치 관리자는 부착할 컴포넌트 위치를 결정해서 적절히 배치하며, 컨테이너의 크기가 변하면 컴포넌트를 재배치한다.

그림 15-6 배치 관리자의 역할

자바가 java.awt 패키지로 제공하는 배치 관리자는 FlowLayout, BorderLayout, GridLayout, GridBagLayout, CardLayout 등 총 5개이다. 이외에도 javax.swing 패키지로 BoxLayout, GroupLayout, SpringLayout이라는 배치 관리자도 제공한다. 어떤 배치 관리자도 컴포넌트의 절대적인 위치를 결정하지는 않는다. 따라서 컨테이너의 크기가 변하면 컴포넌트의 위치도 변할 수 있다.

컨테이너는 다음과 같이 setLayout() 메서드를 이용해 배치 관리자를 설정하거나 제거할 수 있다.

```
setLayout(new GridLayout());     // GridLayout으로 배치 관리자를 변경한다.
setLayout(null);                 // 배치 관리자를 제거한다.
```

자바의 모든 컨테이너는 생성될 때 기본 배치 관리자로 설정된다. 따라서 setLayout() 메서드를 이용해 배치 관리자를 설정하지 않아도 컨테이너가 자신의 기본 배치 관리자로 컴포넌트를 배치한다.

표 15-3 컨테이너와 기본 배치 관리자

컨테이너	기본 배치 관리자
JDialog	BorderLayout
JFrame	
JWindow	
JApplet	FlowLayout
JPanel	

2 배치 관리자로 컴포넌트 배치

여기서는 자주 사용하는 레이아웃 위주로 살펴본다. GridLayout을 변형한 GridBagLayout과 javax.swing 패키지가 제공하는 레이아웃은 자바 API 문서를 참고하자.

FlowLayout 배치 관리자

FlowLayout은 가장 간단한 배치 관리자로 컴포넌트를 컨테이너의 왼쪽에서 오른쪽으로 차례로 배치한다. 처음에는 위쪽 중앙부터 컴포넌트를 배치하며, 다음 컴포넌트부터는 차례로 오른쪽으로 배치한 후 전체 컴포넌트를 중앙으로 정렬한다. 해당 행에 더 이상 배치할 공간이 없을 때는 다음 행으로 내려온다.

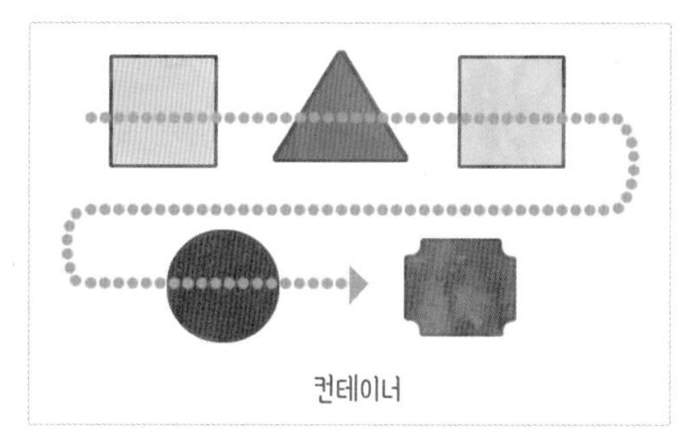

그림 15-7 FlowLayout 방식의 컴포넌트 배치

FlowLayout 생성자는 다음과 같다.

```
// 중앙 정렬, 5픽셀 간격의 FlowLayout 객체를 생성한다.
FlowLayout()

// 명시된 정렬, 5픽셀 간격의 FlowLayout 객체를 생성한다.
FlowLayout(int align)

// 명시된 정렬 및 간격의 FlowLayout 객체를 생성한다.
FlowLayout(int align, int hgap, int vgap)
```

컴포넌트는 기본적으로 중앙에 정렬되지만, FlowLayout 생성자의 매개변수 align 값으로 정렬 방법을 변경할 수 있다.

```
왼쪽 정렬 : FlowLayout.LEFT
오른쪽 정렬 : FlowLayout.RIGHT
중앙 정렬(기본) : FlowLayout.CENTER
```

배치 방향을 변경하려면 Component 클래스가 제공하는 다음 메서드를 호출한다.

```
setComponentOrientation(ComponentOrientation.RIGHT_TO_LEFT);
```

다음은 크기가 다양한 4개의 버튼을 오른쪽에서 왼쪽으로 배치하는 예제이다.

예제 15-6 **FlowLayout 방식의 컴포넌트 배치** sec04/FlowLayoutDemo.java

```
01  import java.awt.*;
02  import javax.swing.*;
03
04  public class FlowLayoutDemo extends JFrame {
05     FlowLayoutDemo() {
06        setTitle("플로우 레이아웃!");
07
08        JPanel p = new JPanel(new FlowLayout());
09        p.setComponentOrientation(ComponentOrientation.RIGHT_TO_LEFT);
10
```

JPanel의 기본 배치 방식이 FlowLayout이므로 생략할 수 있다.

패널에 컴포넌트를 오른쪽에서 왼쪽으로 배치한다.

```
11        JButton b1 = new JButton("B 1");
12        JButton b2 = new JButton("버튼 2");
13        JButton b3 = new JButton("Button 3");
14        JButton b4 = new JButton("Button Four");
15        p.add(b1);
16        p.add(b2);
17        p.add(b3);
18        p.add(b4);
19        add(p);
20
21        setDefaultCloseOperation(JFrame.EXIT_ON_CLOSE);
22        setSize(300, 110);
23        setVisible(true);
24     }
25
26     public static void main(String[] args) {
27        new FlowLayoutDemo();
28     }
29  }
```

4개의 버튼을 생성한다.

4개의 버튼을 패널에 부착한다.

패널을 프레임에 부착한다.

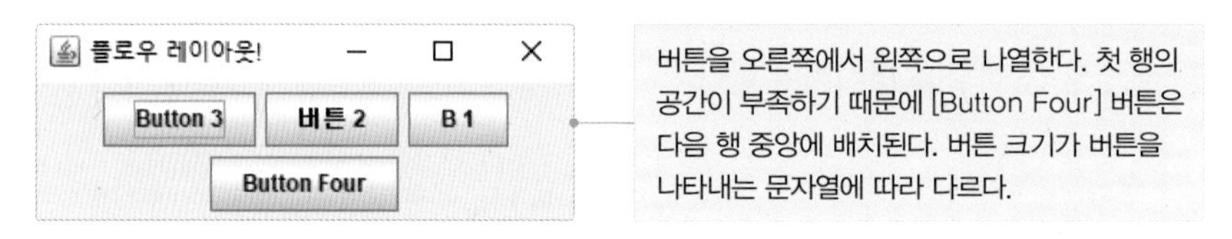

버튼을 오른쪽에서 왼쪽으로 나열한다. 첫 행의 공간이 부족하기 때문에 [Button Four] 버튼은 다음 행 중앙에 배치된다. 버튼 크기가 버튼을 나타내는 문자열에 따라 다르다.

이 실행 결과에서 다음과 같이 프레임의 크기를 변경하면, 컴포넌트를 다시 배치하므로 위치가 달라진다.

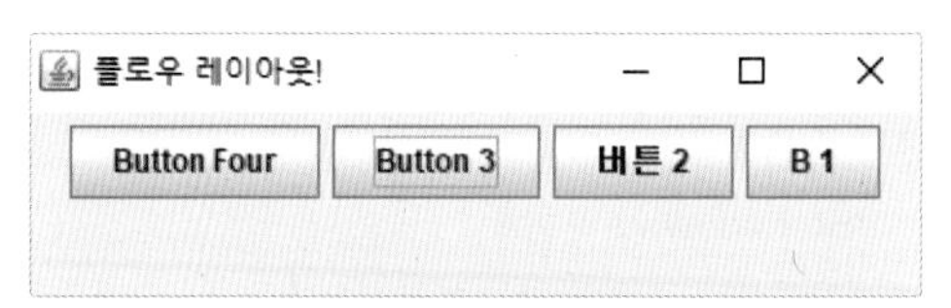

그림 15-8 [예제 15-6]에서 프레임의 크기를 확장한 예

BorderLayout 배치 관리자

BorderLayout은 공간을 동서남북과 중앙으로 분할해서 컴포넌트를 배치한다. 분할된 영역에 컴포넌트를 배치하지 않으면 그 영역은 없어진다.

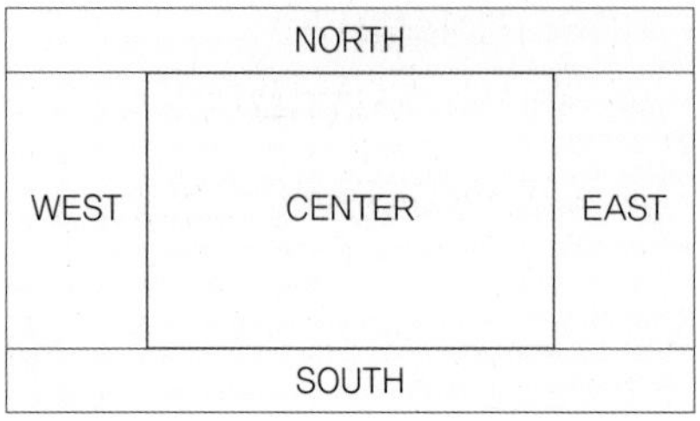

NORTH
WEST CENTER EAST
SOUTH

그림 15-9 BorderLayout 방식의 컴포넌트 배치

BorderLayout 생성자는 다음과 같다.

```
// 간격이 없는 BorderLayout 객체를 생성한다.
BorderLayout()

// 명시한 간격을 가진 BorderLayout 객체를 생성한다.
BorderLayout(int hgap, int vgap)
```

BorderLayout 방식으로 컴포넌트를 컨테이너에 부착하려면, add() 메서드에 다음 두 가지 방식을 사용해 다섯 영역 중 하나를 명시해야 한다.

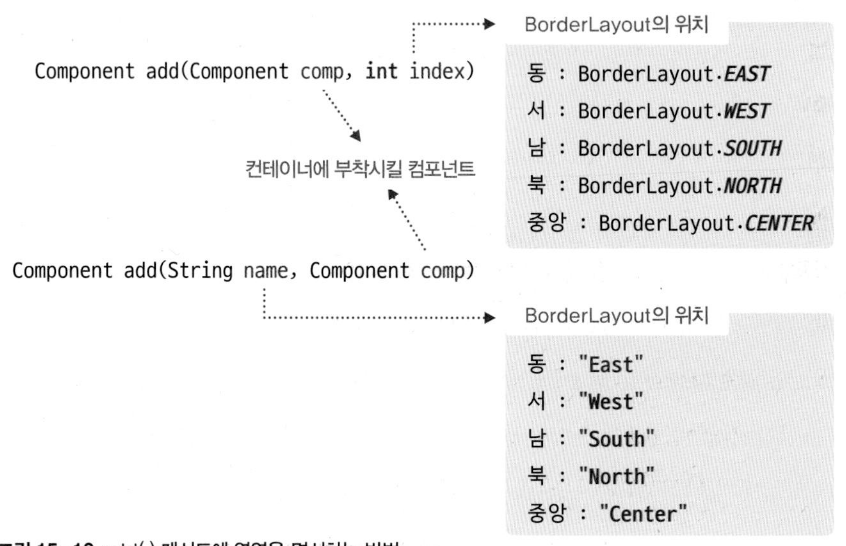

그림 15-10 add() 메서드에 영역을 명시하는 방법

영역을 명시하지 않으면 컴포넌트를 중앙에 배치한다. 따라서 영역을 명시하지 않고 BorderLayout 방식으로 여러 컴포넌트를 배치하면 동일한 영역에 배치하므로 마지막 컴포넌트만 나타난다.

다음은 5개의 버튼을 BorderLayout 방식으로 배치하는 예제이다.

예제 15-7 **BorderLayout 방식의 컴포넌트 배치** sec04/BorderLayoutDemo.java

```
01 import java.awt.*;
02 import javax.swing.*;
03 
04 public class BorderLayoutDemo extends JFrame {
05   BorderLayoutDemo() {
06     setTitle("보더 레이아웃!");
07     setLayout(new BorderLayout());
08 
09     add("East", new JButton("동"));
10     add("West", new JButton("서"));
11     add("South", new JButton("남"));
12     add(new JButton("북"), BorderLayout.NORTH);
13     add(new JButton("중앙"), BorderLayout.CENTER);
14 
15     setDefaultCloseOperation(JFrame.EXIT_ON_CLOSE);
16     setSize(300, 110);
17     setVisible(true);
18   }
19 
20   public static void main(String[] args) {
21     new BorderLayoutDemo();
22   }
23 }
```

프레임의 레이아웃을 BorderLayout으로 설정한다. 프레임의 기본 배치 방식이므로 생략해도 된다.

5개의 버튼을 생성한 후 각 버튼을 BorderLayout의 동서남북, 중앙으로 부착한다.

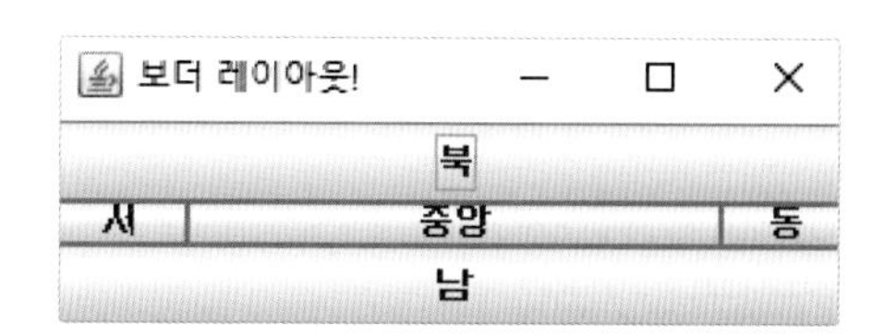

GridLayout 배치 관리자

GridLayout은 컨테이너 공간을 그리드(격자 모양)로 분할해 컴포넌트를 배치하며, 그리드의 크기는 모두 동일하다.

그림 15-11 GridLayout 방식의 컴포넌트 배치

GridLayout 생성자는 다음과 같다.

```
// 하나의 행과 열로 구성된 GridLayout 객체를 생성한다.
GridLayout()

// 명시된 행과 열로 구성된 GridLayout 객체를 생성한다.
GridLayout(int rows, int cols)

// 명시된 행과 열, 명시된 간격의 GridLayout 객체를 생성한다.
GridLayout(int rows, int cols, int hgap, int vgap)
```

프레임의 크기를 변경하면 그리드의 크기도 변경된다. GridLayout 객체를 생성할 때 행과 열의 개수를 0 이상의 정수로 명시한다. 행이나 열의 값이 0이면 필요한 만큼의 행이나 열을 만든다. 그러나 행과 열의 개수로 동시에 0은 사용할 수 없다.

다음은 3개의 열로 구성된 GridLayout 방식으로 4개의 버튼을 배치하는 예제이다.

예제 15-8 **GridLayout 방식의 컴포넌트 배치** sec04/GridLayoutDemo.java

```
01  import java.awt.*;
02  import javax.swing.*;
03
04  public class GridLayoutDemo extends JFrame {
05     GridLayoutDemo() {
06        setTitle("그리드 레이아웃!");
07        setLayout(new GridLayout(0, 3));
08
09        add(new JButton("B 1"));
10        add(new JButton("버튼 2"));
11        add(new JButton("Button 3"));
12        add(new JButton("Button Four"));
13
14        setDefaultCloseOperation(JFrame.EXIT_ON_CLOSE);
15        setSize(350, 110);
16        setVisible(true);
17     }
18
19     public static void main(String[] args) {
20        new GridLayoutDemo();
21     }
22  }
```

3개의 열로 구성된 GridLayout으로 설정한다.

길이가 다른 4개의 버튼을 생성한 후 GridLayout 방식으로 프레임에 부착한다.

그리드 레이아웃!

B 1	버튼 2	Button 3
Button Four		

실행 결과를 보면 3개의 열로 구성된 그리드 레이아웃에 4개의 컴포넌트를 배치하므로 행의 개수는 자동으로 2개가 되며, 버튼의 크기가 달라도 모두 크기가 동일한 그리드 하나를 차지하고 있다.

CardLayout 배치 관리자

CardLayout은 마치 카드를 쌓은 것처럼 컴포넌트를 동일한 영역에 쌓아 둔다. 따라서 배치 관리자로 CardLayout을 사용하면 다수의 컴포넌트를 부착해도 맨 위에 있는 컴포넌트만 나타난다.

그림 15-12 CardLayout 방식의 컴포넌트 배치

CardLayout 생성자는 다음과 같다.

```
CardLayout()                        // 간격이 없는 CardLayout 객체를 생성한다.
CardLayout(int hgap, int vgap)    // 간격이 주어진 CardLayout 객체를 생성한다.
```

일반적으로 CardLayout은 동일한 표시 영역을 공유하는 2개 이상의 컴포넌트를 관리한다. 동일한 표시 영역으로 주로 패널을 사용한다. CardLayout 클래스는 컨테이너에 쌓여 있는 컴포넌트 중 하나를 선택할 수 있도록 다음 메서드를 제공한다.

표 15-4 CardLayout 클래스가 제공하는 메서드

메서드	설명
void first(Container parent)	첫 번째 컴포넌트를 선택한다.
void next(Container parent)	다음 컴포넌트를 선택한다.
void previous(Container parent)	이전 컴포넌트를 선택한다.
void last(Container parent)	마지막 컴포넌트를 선택한다.

다음은 3개의 버튼을 CardLayout 방식으로 쌓아 놓고 0.5초마다 계속 돌리는 예제이다.

예제 15-9 **CardLayout 방식의 컴포넌트 배치** sec04/CardLayoutDemo.java

```
01  import java.awt.*;
02  import javax.swing.*;
03
04  public class CardLayoutDemo extends JFrame {
```

```
05      CardLayout layout;
06
07      public void rotate() {
08         while (true) {
09            try {
10               Thread.sleep(500);
11            } catch (Exception e) {
12            }
13            layout.next(this.getContentPane());
14         }
15      }
16
17      CardLayoutDemo() {
18         setTitle("카드 레이아웃!");
19         layout = new CardLayout();
20         setLayout(layout);
21
22         add(new JButton("버튼 0"));
23         add(new JButton("버튼 1"));
24         add(new JButton("버튼 2"));
25
26         setDefaultCloseOperation(JFrame.EXIT_ON_CLOSE);
27         setSize(300, 110);
28         setVisible(true);
29      }
30
31      public static void main(String[] args) {
32         new CardLayoutDemo().rotate();
33      }
34   }
```

생성자와 rotate( ) 메서드에서 사용하려고 멤버 변수로 선언한다.

CardLayout을 이용해 컨테이너에 쌓여 있는 컴포넌트를 0.5초마다 하나씩 다음 컴포넌트로 넘긴다.

프레임의 배치 관리자를 CardLayout으로 설정한다.

애플리케이션 객체를 생성해 rotate( ) 메서드를 실행한다.

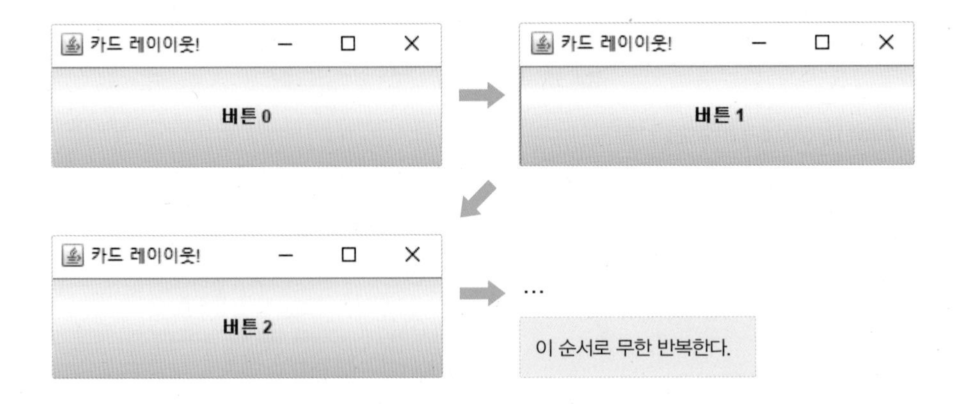

3 배치 관리자 없이 컴포넌트 배치

컨테이너마다 기본 배치 관리자가 있지만, 배치 관리자 없이 컴포넌트를 배치할 수도 있다. 배치 관리자가 없을 때는 절대 좌표로 컴포넌트를 배치해야 한다. 따라서 플랫폼 환경이 다르거나 프레임의 크기가 변경되는 등 외부 원인으로 컴포넌트 크기와 위치가 개발자의 원래 의도와는 다르게 나타날 수 있다.

배치 관리자를 사용하지 않으려면 다음과 같이 컴포넌트의 크기와 위치를 setSize( )와 setLocation( ), setBounds( ) 메서드를 이용해 개발자가 지정하는 번거로움을 감수해야 한다.

예제 15-10 **배치 관리자 없이 컴포넌트 배치** sec04/NoLayoutDemo.java

```
01  import javax.swing.*;
02
03  public class NoLayoutDemo extends JFrame {
04    NoLayoutDemo() {
05      setTitle("절대 위치로 배치!");
06
07      JPanel p = new JPanel();
08      p.setLayout(null);               // 기본 배치 관리자를 제거한다.
09
10      JButton b1 = new JButton("B 1");
11      b1.setBounds(10, 10, 60, 30);    // 버튼의 크기와 위치를 설정한다. 인수 값은 차례대로 가로 좌표, 세로 좌표, 폭, 높이를 의미한다.
```

```
12        JButton b2 = new JButton("버튼 2");
13        b2.setBounds(80, 20, 80, 25);
14        JButton b3 = new JButton("Button 3");
15        b3.setBounds(150, 30, 100, 30);
16        p.add(b1);
17        p.add(b2);
18        p.add(b3);
19        add(p);
20
21        setDefaultCloseOperation(JFrame.EXIT_ON_CLOSE);
22        setSize(300, 110);
23        setVisible(true);
24     }
25
26     public static void main(String[] args) {
27        new NoLayoutDemo();
28     }
29  }
```

절대 위치로 배치!

B1 버튼 2 Button 3

셀프 테스트 15-2

1 왼쪽에서 오른쪽 방향으로 컴포넌트를 차례대로 배치하는 배치 관리자는?

① FlowLayout ② BorderLayout
③ GridLayout ④ CardLayout

2 컨테이너에서 배치 관리자를 제거할 때 필요한 코드는?

① setLayout( ) ② setLayout(false)
③ setLayout(null) ④ setNoLayout( )

3 자바에서 컨테이너에 컴포넌트를 배치하려면 반드시 setLayout( ) 메서드를 호출해야 한다. (O, X)

05 스윙 컴포넌트

스윙 패키지는 매우 많은 클래스로 구성되어 있기 때문에 클래스 간의 관계가 매우 복잡하다. 이와 같이 복잡하고 다양한 스윙 컴포넌트를 쉽게 사용하려면 스윙 컴포넌트의 부모 클래스를 알아야 한다. 여기서는 GUI 컴포넌트의 상속 관계, 스윙 컴포넌트의 부모 클래스를 살펴본 후 주요 스윙 컴포넌트를 알아본다.

1 GUI 컴포넌트의 상속 관계

대부분의 클래스는 [그림 15-13]과 같이 java.awt 패키지가 제공하는 Component의 자식 클래스이다. 따라서 자바 스윙 컴포넌트의 상위 클래스인 Component 클래스, Component의 자식인 Container 클래스, Container의 자식인 JComponent 클래스는 모든 스윙 컴포넌트의 공통된 특징을 제공한다.

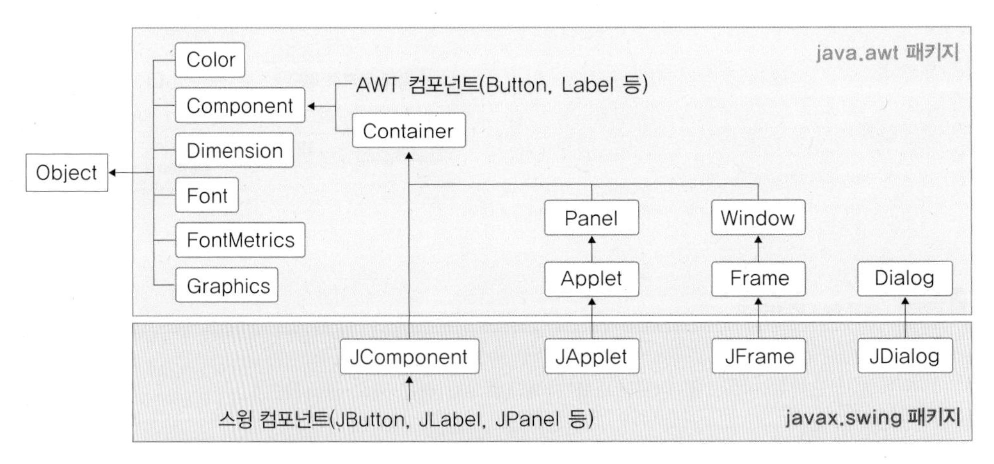

그림 15-13 스윙 컴포넌트의 계층구조

AWT가 제공하는 클래스는 모든 스윙 컴포넌트의 기본으로 종류가 매우 많다. 따라서 필요할 때 개발자는 자바 API 문서를 참고해야 하는데, 다음은 자주 사용하는 AWT 패키지이다.

- **java.awt** : AWT의 GUI 컴포넌트, 색상, 폰트, 그래픽, 레이아웃 배치 관리자 등 관련된 클래스를 포함한다.
- **java.awt.event** : AWT와 스윙의 이벤트 클래스, 각종 리스너 인터페이스 listener interface, 어댑터 클래스 adapter class를 포함한다.
- **java.awt.color**, **java.awt.font**, **java.awt.image** 등

JComponent를 포함한 스윙 컴포넌트도 매우 복잡하고 종류가 많다. 자바는 스윙 컴포넌트를 효율적으로 관리하려고 스윙 패키지 아래에 다음 하부 패키지와 javax.swing.filechooser, javax.swing.table, javax.swing.text 등을 두고 있다.

- **javax.swing** : 기본적인 GUI 관련 클래스를 포함한다.
- **javax.swing.border** : Border 인터페이스와 각종 구현 클래스를 포함한다.
- **javax.swing.event** : 스윙에 추가된 각종 이벤트 클래스event class와 리스너 인터페이스를 포함한다.
- **javax.swing.tree** : 스윙의 트리를 지원하는 인터페이스와 각종 구현 클래스를 포함한다.

JPanel은 JComponent의 자식 클래스이지만, JWindow, JDialog, JFrame, JApplet은 JComponent의 자식 클래스가 아니다. 또 GUI 프로그래밍을 위한 헬퍼 클래스인 그래픽, 색상, 폰트, 레이아웃 배치 관리자 등은 Component의 자식 클래스는 아니지만 java.awt 패키지의 가족이다. 따라서 이와 같은 클래스를 이용하려면 java.awt 패키지를 임포트해야 한다.

컴포넌트는 화면에 표시되어 사용자와 상호작용할 수 있는 그래픽 표현 객체를 의미한다. AWT 컴포넌트의 기본 클래스인 Component 클래스는 모든 GUI 컴포넌트의 최상위에 있는 추상 클래스이다. 따라서 Component 클래스는 컴포넌트의 공통 속성과 [표 15-5]와 같이 크기, 모양, 색상, 폰트, 이동, 삭제, 이벤트 처리 등을 수행할 수 있는 메서드를 제공한다.

표 15-5 Component 클래스가 제공하는 주요 메서드

메서드	설명
Color getBackground( )	컴포넌트의 배경색을 반환한다.
Color getForeground( )	컴포넌트의 전경색을 반환한다.
Graphics getGraphics( )	컴포넌트의 그래픽 컨텍스트를 반환한다.
String getName( )	컴포넌트의 이름을 반환한다.
Container getParent( )	컴포넌트를 포함하는 컨테이너를 반환한다.
Dimension getSize( )	컴포넌트의 크기를 반환한다.
void setBackground(Color c)	컴포넌트의 배경색을 설정한다.
void setEnabled(boolean b)	컴포넌트를 활성화·비활성화한다.
void setFont(Font f)	컴포넌트의 폰트를 설정한다.
void setForeground(Color c)	컴포넌트의 전경색을 설정한다.
void setLocation(Point p)	컴포넌트의 위치를 설정한다.
void setSize(Dimension d)	컴포넌트의 크기를 설정한다.
void setVisible(boolean b)	컴포넌트를 화면에 표시하거나 숨긴다.

Container 클래스는 Component의 자식 클래스로 모든 컨테이너의 부모 클래스이다. AWT 컨테이너로는 Window, Panel, Frame, Applet 클래스 등이 있으며, 스윙 컨테이너로는 JWindow, JPanel, JFrame, JApplet 클래스 등이 있다. 컴포넌트를 나타내려면 컨테이너에 부착해야 하기 때문에 GUI 프로그램에서는 적어도 하나의 컨테이너가 필요하다.

컨테이너에는 다른 컨테이너 내부에 포함될 수 없는 최상위 컨테이너top level container인 프레임, 다이얼로그, 애플릿이 있다. 또 다른 컨테이너에 포함될 수 있는 패널 또는 스크롤패인 등도 있다. JFrame은 스윙 애플리케이션의 최상위 컨테이너이며, JApplet은 스윙 애플릿의 최상위 컨테이너이다. Container 클래스에서 컴포넌트를 컨테이너에 부착하거나 제거할 수 있도록 제공하는 메서드는 다음과 같다.

표 15-6 Container 클래스가 제공하는 주요 메서드

메서드	설명
Component add(Component comp)	컨테이너에 컴포넌트를 부착한다.
Component add(Component comp, int index)	컨테이너에 컴포넌트를 명시한 위치에 부착한다.
void add(Component component, Object constraints)	두 번째 매개변수로 명시된 크기와 위치를 사용해 컨테이너에 컴포넌트를 부착한다.
Insets getInsets( )	컨테이너의 여백을 의미하는 인셋을 반환한다.
void remove(Component comp)	컴포넌트를 컨테이너에서 제거한다.
void remove(int index)	명시된 위치의 컴포넌트를 제거한다.
void setLayout(LayoutManager mgr)	컨테이너의 배치 관리자를 설정한다.

모든 스윙 컴포넌트의 부모 클래스인 JComponent는 모든 스윙 컴포넌트가 사용할 수 있는 다음 메서드를 제공한다.

표 15-7 JComponent 클래스가 제공하는 주요 메서드

메서드	설명
Border getBorder( )	보더를 반환한다.
Dimension getPreferredSize( )	크기를 반환한다.
String getToolTipText( )	툴팁에 설정된 문자열을 반환한다.
void setBorder(Border border)	보더를 설정한다.
void setOpaque(boolean isOpaque)	투명 여부를 설정한다.
void setPreferredSize(Dimension preferredSize)	크기를 설정한다.
void setToolTipText(String text)	툴팁을 문자열로 설정한다.

2 주요 스윙 컴포넌트

레이블은 이벤트와 관계없이 단순히 텍스트나 이미지를 표시만 할 수 있다. 레이블을 편집할 수 없지만, 레이블에 사용할 폰트, 색상, 크기 등은 설정할 수 있다. JLabel은 짧은 문자열이나 이미지로 표시할 수 있는 스윙 컴포넌트로 주요 생성자는 다음과 같다.

```
// 빈 레이블 컴포넌트를 생성한다.
JLabel()

// 이미지만 있는 레이블 컴포넌트를 생성한다.
JLabel(Icon image)

// 문자열만 있는 레이블 컴포넌트를 생성한다.
JLabel(String text)

// 문자열과 이미지가 둘 다 있는 레이블 컴포넌트를 생성한다.
// horizontalAlignment에 LEFT, RIGHT, CENTER 등 상수를 사용해 정렬할 수 있다.
JLabel(String text, Icon icon, int horizontalAlignment)
```

마지막 생성자는 매개변수로 문자열과 이미지를 정렬할 수 있으며, SwingConstants 인터페이스에 정의된 LEFT, RIGHT, CENTER 등 상수를 사용할 수 있다. JLabel은 JComponent의 자식 클래스이기도 하지만, SwingConstants 인터페이스의 구현 클래스이기도 하다. 따라서 SwingConstants 인터페이스에 정의된 상수를 JLabel이 직접 사용할 수 있다.

레이블을 생성한 후 속성을 변경하거나 속성 값을 조사할 수 있도록 JLabel 클래스는 다양한 메서드를 제공한다. JLabel 클래스가 제공하는 주요 메서드는 다음과 같다.

표 15-8 JLabel 클래스가 제공하는 주요 메서드

메서드	설명
Icon getIcon()	레이블이 가진 아이콘을 반환한다.
String getText()	레이블이 가진 문자열을 반환한다.
void setIcon(Icon icon)	레이블에 명시된 아이콘을 설정한다.
void setText(String text)	레이블에 명시된 문자열을 설정한다.

버튼은 사용자가 직접 제어할 수 있는 컴포넌트 중 하나이다. JButton은 사용자가 클릭하면 ActionEvent(16장 참고)를 발생시키며, 이미지나 문자열로 표시할 수 있는 스윙 컴포넌트이다. JButton은 AbstractButton 추상 클래스의 자식으로 생성자는 다음과 같다.

```
JButton(Icon icon)                   // 이미지만 있는 버튼을 생성한다.
JButton(String text)                 // 텍스트만 있는 버튼을 생성한다.
JButton(String text, Icon icon)      // 텍스트와 이미지가 있는 버튼을 생성한다.
```

AbstractButton 클래스는 자식 클래스인 JButton뿐만 아니라 JCheckBox, JRadioButton, JMenuItem, JToggleButton 등 속성을 변경하거나 조사할 수 있는 다양한 메서드를 제공한다. JButton이 제공하거나 AbstractButton에서 물려받은 주요 메서드는 다음과 같다.

표 15-9 JButton 클래스가 사용할 수 있는 주요 메서드

메서드	설명
Icon getIcon( )	설정된 이미지를 반환한다.
String getText( )	설정된 문자열을 반환한다.
void setIcon(Icon icon)	버튼의 이미지를 설정한다.
void setMnemonic(char mnemonic)	단축키 문자를 설정한다.
void setText(String text)	버튼의 문자열을 설정한다.

JTextField는 한 행짜리 문자열 입력 창을 만드는 컴포넌트로, JTextArea 및 JEditPane과 함께 JTextComponent의 자식 클래스이다. 사용자가 문자열을 입력한 후 Enter를 누르면 ActionEvent가 발생한다. JTextField의 생성자는 다음과 같다.

```
// 주어진 열의 개수만큼 텍스트 필드를 생성한다.
JTextField(int columns)

// 초기 문자열이 있는 텍스트 필드를 생성한다.
JTextField(String text)

// 초기 문자열로 주어진 열의 개수만큼 텍스트 필드를 생성한다.
JTextField(String text, int columns)
```

텍스트 필드의 속성을 변경하거나 조사할 수 있도록 JTextField 클래스는 다양한 메서드를 제공한다. JTextField가 제공하거나 JTextComponent에서 상속받은 주요 메서드는 다음과 같다.

표 15-10 JTextField 클래스가 사용할 수 있는 주요 메서드

메서드	설명
int getCaretPosition( )	문자열이 삽입될 캐럿의 위치를 반환한다.
int getColumns( )	텍스트 필드에 설정된 열의 개수를 반환한다.
String getText( )	텍스트 필드에 포함된 문자열을 반환한다.
void setEditable(boolean b)	텍스트 필드의 편집 여부를 설정한다.
void setColumns(int columns)	텍스트 필드의 열 개수를 설정한다.
void setFont(Font f)	텍스트 필드의 폰트를 설정한다.
void setText(String text)	주어진 문자열로 설정한다.

JTextArea는 여러 행에 걸쳐 문자열을 입력하거나 편집할 수 있는 스윙 컴포넌트이다. 사용자가 문자열을 입력한 후 Enter를 누르면 ActionEvent가 발생한다. JTextArea의 생성자는 다음과 같다.

```
// 텍스트 영역을 생성한다.
JTextArea()

// 초기 문자열이 있는 텍스트 영역을 생성한다.
JTextArea(String text)

// 주어진 행과 열이 있는 텍스트 영역을 생성한다.
JTextArea(int rows, int columns)

// 초기 문자열로 주어진 행과 열이 있는 텍스트 영역을 생성한다.
JTextArea(String text, int rows, int columns)
```

텍스트 영역의 속성을 변경하거나 조사할 수 있도록 JTextArea 클래스는 다양한 메서드를 제공한다. JTextArea가 제공하거나 JTextComponent에서 상속받은 주요 메서드는 [표 15-11]과 같다.

표 15-11 JTextArea 클래스가 사용할 수 있는 주요 메서드

메서드	설명
void append(String str)	주어진 문자열을 문서 끝에 추가한다.
int getLineCount( )	행 개수를 반환한다.
String getText( )	텍스트 영역에 포함된 문자열을 반환한다.
void insert(String str, int pos)	주어진 문자열을 pos 위치에 삽입한다.
void replaceRange(String str, int start, int end)	주어진 문자열로 start와 end 사이의 문자열을 교체한다.
void setEditable(boolean b)	텍스트 영역의 편집 여부를 설정한다.
void setFont(Font f)	주어진 폰트로 설정한다.
void setRows(int rows)	주어진 행 개수로 설정한다.

JComboBox는 다수의 항목 중에 하나를 선택하며, 컴포넌트에 텍스트와 이미지를 모두 추가할 수 있다. 사용자가 항목을 선택하면 ActionEvent가 발생하며, 항목을 변경하면 ItemEvent가 발생한다. JComboBox 클래스가 제공하는 생성자와 주요 메서드는 다음과 같다.

```
JComboBox()                    // 비어 있는 JComboBox 객체를 생성한다.
JComboBox(E[] items)           // 배열을 사용해 JComboBox 객체를 생성한다.
JComboBox(Vector<E> items)     // 벡터를 사용해 JComboBox 객체를 생성한다.
```

표 15-12 JComboBox 클래스가 제공하는 주요 메서드

메서드	설명
void addItem(E item)	지정한 항목을 목록에 추가한다.
E getItemAt(int index)	지정한 인덱스의 항목을 목록에서 반환한다.
void insertItemAt(E item, int index)	지정한 항목을 지정한 인덱스에 추가한다.
void removeItem(Object anObject)	지정한 항목을 목록에서 제거한다.
void removeItemAt(int anIndex)	지정한 인덱스의 항목을 목록에서 제거한다.

자바는 지금까지 소개한 스윙 컴포넌트 외에 JCheckBox, JRadioButton, JScrollPane, JList, JSlider 등 많은 스윙 컴포넌트를 제공한다. 대부분의 사용 방법이 유사한데, 자세한 내용은 자바 API 문서를 참고하자.

3 스윙 컴포넌트 응용

다음 역할을 수행하는 프로그램의 외형을 구성해 보자.

- 원의 반지름을 입력하고 버튼을 클릭하면 원의 넓이 계산 과정을 보여 준다.
- 계산 과정을 나타내는 문자 색상을 빨간색이나 파란색으로 변경할 수 있다.
- 원의 반지름이나 넓이, 계산 과정을 나타내는 부분을 리셋할 수 있다.

반지름과 넓이를 나타내는 레이블, 반지름을 입력할 수 있는 텍스트 필드, 계산 결과를 나타낼 텍스트 필드, 계산 과정을 보여 줄 텍스트 영역, 계산하거나 리셋하는 버튼, 색상을 선택할 수 있는 콤보 박스를 사용해 외형을 구성하면 다음과 같다.

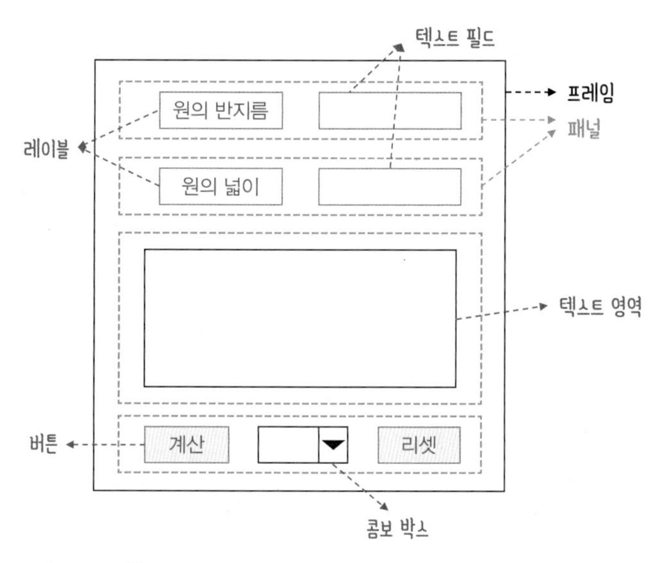

그림 15-14 원 넓이 구하기 화면의 구성

이런 외형은 BorderLayout 배치 관리자로 북쪽, 중앙, 남쪽으로 분리해서 표현하면 편리하다. [예제 15-11]은 [그림 15-14]를 구성하는 전체 프로그램 중 북쪽에 레이블과 텍스트 필드를 배치하는 예제이다.

예제 15-11 **레이블과 텍스트 필드 배치** sec05/north/ComponentDemo.java

```
01 import java.awt.*;
02 import javax.swing.*;
03
04 public class ComponentDemo extends JFrame {
05   ComponentDemo() {
06     setTitle("원 넓이 구하기");
07
08     setLayout(new BorderLayout(10, 10));
09     showNorth();
10
11     setDefaultCloseOperation(JFrame.EXIT_ON_CLOSE);
12     setSize(300, 105);
13     setVisible(true);
14   }
15
16   void showNorth() {
17     JPanel p1 = new JPanel();
18     JPanel p2 = new JPanel();
19     JPanel panel = new JPanel(new GridLayout(2, 0));
20
21     JLabel l1 = new JLabel("원의 반지름");
22     JLabel l2 = new JLabel("원의 넓이");
23
24     JTextField t1 = new JTextField(10);
25     JTextField t2 = new JTextField(10);
26     t2.setEnabled(false);
27
28     p1.add(l1); p1.add(t1); p2.add(l2); p2.add(t2);
29
30     panel.add(p1);
31     panel.add(p2);
32
33     add(panel, BorderLayout.NORTH);
34   }
```

- 08행: BorderLayout 방식으로 배치하며, 수평수직 간격을 10픽셀로 설정한다.
- 19행: 패널을 행이 2개인 GridLayout 방식으로 설정한다.
- 21~22행: 2개의 레이블을 생성한다.
- 24~26행: 2개의 텍스트 필드를 생성한다. 두 번째 텍스트 필드는 입력할 수 없도록 설정한다.
- 28~31행: 2개의 레이블과 2개의 텍스트 필드를 패널에 추가한다. 그리고 2개의 패널도 패널 하나에 추가한다.
- 33행: 레이블과 텍스트 필드를 담은 패널을 프레임의 북쪽에 추가한다.

```
35
36    public static void main(String[] args) {
37        new ComponentDemo();
38    }
39 }
```

다음은 [그림 15-14]를 구성하는 전체 프로그램 중 중앙에 텍스트 영역을 배치하는 예제이다.

예제 15-12 **텍스트 영역 배치** sec05/center/ComponentDemo.java

```
01 import java.awt.*;
02 import javax.swing.*;
03
04 public class ComponentDemo extends JFrame {
05   ComponentDemo() {
06      setTitle("원 넓이 구하기");
07
08      setLayout(new BorderLayout(10, 10));
09      showCenter();
10
11      setDefaultCloseOperation(JFrame.EXIT_ON_CLOSE);
12      setSize(300, 100);
13      setVisible(true);
14   }
15
16   void showCenter() {
17      JPanel panel = new JPanel();
18
19      JTextArea area = new JTextArea(30, 20);
20      area.setText("이 영역에 원의 넓이를\n계산하는 과정이 나타납니다.");
21      area.setEditable(false);
22      area.setForeground(Color.RED);
```

30행 20열의 텍스트 영역을 준비한 후 텍스트 영역을 문자열로 채운다.

텍스트 영역에 입력할 수 없도록 설정하고, 텍스트 영역의 문자열을 빨간색으로 설정한다.

```
23
24        panel.add(area);
25
26        add(panel, BorderLayout.CENTER);
27     }
28
29     public static void main(String[] args) {
30        new ComponentDemo();
31     }
32  }
```

텍스트 영역을 담은 패널을 프레임의 중앙에 추가한다.

원 넓이 구하기

이 영역에 원의 넓이를
계산하는 과정이 나타납니다.

다음은 [그림 15-14]를 구성하는 전체 프로그램 중 남쪽에 2개의 버튼과 1개의 콤보 박스를 배치하는 예제이다.

예제 15-13 **버튼과 콤보 박스 배치** sec05/south/ComponentDemo.java

```
01  import java.awt.*;
02  import javax.swing.*;
03
04  public class ComponentDemo extends JFrame {
05     ComponentDemo() {
06        setTitle("원 넓이 구하기");
07
08        setLayout(new BorderLayout(10, 10));
09        showSouth();
10
11        setDefaultCloseOperation(JFrame.EXIT_ON_CLOSE);
12        setSize(300, 105);
13        setVisible(true);
14     }
15
16     void showSouth() {
```

```
17        String[] color = { "red", "blue" };      콤보 박스에 추가할 문자열이다.
18
19        JPanel panel = new JPanel(new FlowLayout(FlowLayout.CENTER, 10, 10));
20                    수평·수직 간격이 10픽셀인 FlowLayout 방식의 패널을 생성한다.
21        JButton cal = new JButton("계산");
22        JComboBox<String> cb = new JComboBox<>(color);      2개의 버튼과 1개의
23        JButton reset = new JButton("리셋");                콤보 박스를 생성한다.
24
25        panel.add(cal); panel.add(cb); panel.add(reset);
26
27        add(panel, BorderLayout.SOUTH);      2개의 버튼과 1개의 콤보 박스를 담은 패널을
28    }                                        프레임의 남쪽에 추가한다.
29
30    public static void main(String[] args) {
31        new ComponentDemo();
32    }
33 }
```

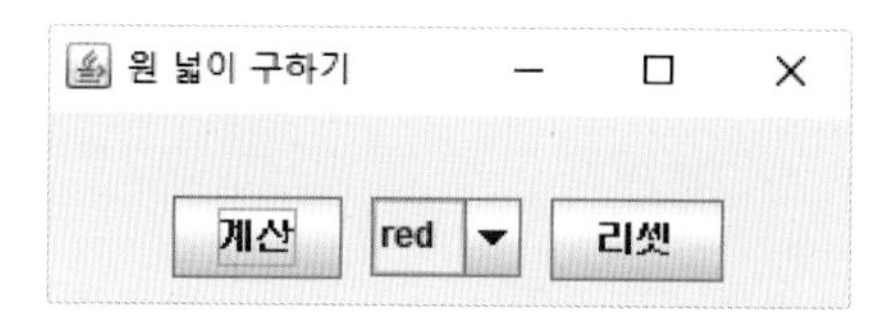

다음은 [예제 15-11]~[예제 15-13]의 코드를 하나의 프로그램으로 합친 예제이다.

예제 15-14 **원 넓이 구하기 화면** sec05/ComponentDemo.java

```
01 import java.awt.*;
02 import javax.swing.*;
03
04 public class ComponentDemo extends JFrame {
05   ComponentDemo() {
06       setTitle("원 넓이 구하기");
07
08       setLayout(new BorderLayout(10, 10));
09       showNorth(); showCenter(); showSouth();
10
```

```
11      setDefaultCloseOperation(JFrame.EXIT_ON_CLOSE);
12      setSize(300, 220);
13      setVisible(true);
14    }
15
16    void showNorth() {
17      JPanel p1 = new JPanel();
18      JPanel p2 = new JPanel();
19      JPanel panel = new JPanel(new GridLayout(2, 0));
20
21      JLabel l1 = new JLabel("원의 반지름");
22      JLabel l2 = new JLabel("원의 넓이");
23
24      JTextField t1 = new JTextField(10);
25      JTextField t2 = new JTextField(10);
26      t2.setEnabled(false);
27
28      p1.add(l1); p1.add(t1); p2.add(l2); p2.add(t2);
29      panel.add(p1);
30      panel.add(p2);
31
32      add(panel, BorderLayout.NORTH);
33    }
34
35    void showCenter() {
36      JPanel panel = new JPanel();
37
38      JTextArea area = new JTextArea(30, 20);
39      area.setText("이 영역에 원의 넓이를\n계산하는 과정이 나타납니다.");
40      area.setEditable(false);
41      area.setForeground(Color.RED);
42
43      panel.add(area);
44
45      add(panel, BorderLayout.CENTER);
46    }
```

BorderLayout의 북쪽, 중앙, 남쪽에 배치한 모든 컴포넌트를 나타내려고 105에서 220으로 변경했다.

```
47
48      void showSouth() {
49         String[] color = { "red", "blue" };
50
51         JPanel panel = new JPanel(new FlowLayout(FlowLayout.CENTER, 10, 10));
52
53         JButton cal = new JButton("계산");
54         JComboBox<String> cb = new JComboBox<>(color);
55         JButton reset = new JButton("리셋");
56
57         panel.add(cal); panel.add(cb); panel.add(reset);
58
59         add(panel, BorderLayout.SOUTH);
60      }
61
62      public static void main(String[] args) {
63         new ComponentDemo();
64      }
65   }
```

셀프 테스트 15-3

1 다음 중 컨테이너 클래스가 아닌 것은?

① Window ② JTextArea

③ JFrame ④ JApplet

2 그래픽, 색상, 레이아웃 관리자 등은 GUI 프로그래밍을 위한 Component의 자식 클래스이다. (O, X)

3 ___________는 입력 이벤트로 반응하지 않고 단순히 텍스트나 이미지를 표시할 수 있는 스윙 컴포넌트이다.

※ 다음 계산기의 외형을 다양한 방법을 이용해 스윙 컴포넌트로 구성해 보면서 프레임, 패널, 배치 관리자, 버튼 등을 이해해 보자.

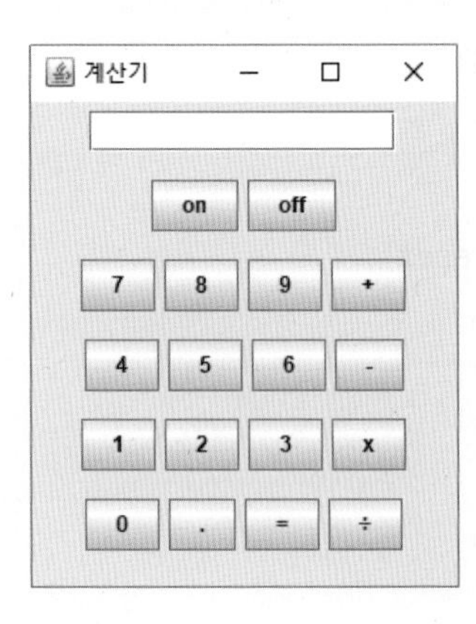

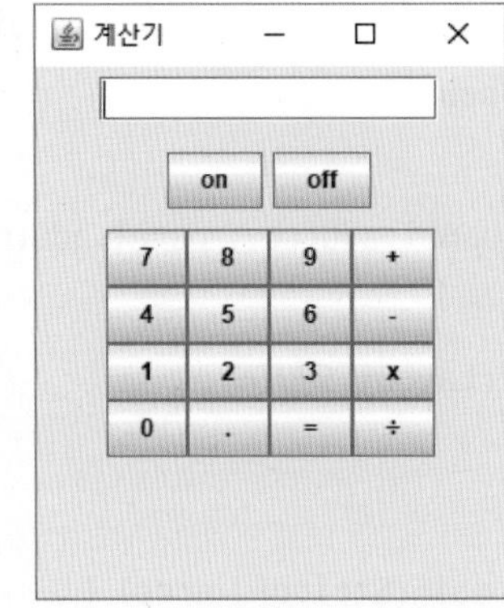

01 – BorderLayout과 FlowLayout을 사용해 계산기 모양을 만들어 보자.

① 다음과 같이 JFrame의 자식 클래스를 정의해 계산기 외형을 위한 기본 골격을 만든다.

```
public class CalculatorTest extends JFrame {
   CalculatorTest() {
      setTitle("계산기");
      // 코드 추가

      setDefaultCloseOperation(JFrame.EXIT_ON_CLOSE);
      setSize(250, 300);
      setVisible(true);
   }

   public static void main(String[] args) {
      new CalculatorTest();
   }
}
```

② 그림을 참고해 필요한 텍스트 필드와 다수의 버튼을 생성한다. 생성된 컴포넌트를 필요에 따라 패널에 추가한 후 패널도 프레임에 추가한다.

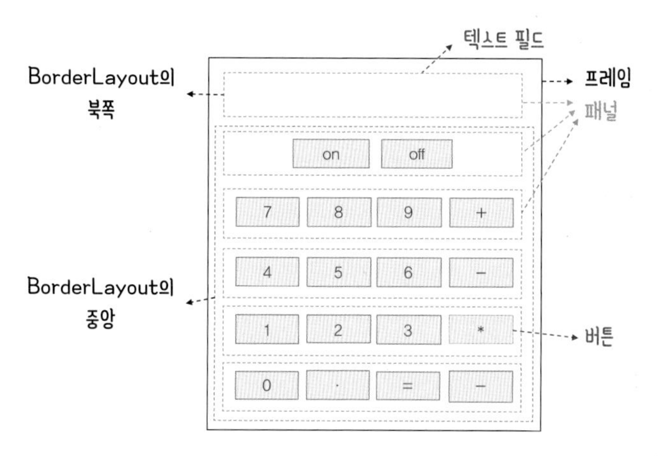

③ 작성된 프로그램을 실행한다.

02 – BorderLayout과 GridLayout을 사용해 계산기 모양을 만들어 보자.

① 01의 ①과 동일하게 프로그램의 기본 골격을 작성한다.

② 그림을 참고해 01의 ②처럼 수행한다.

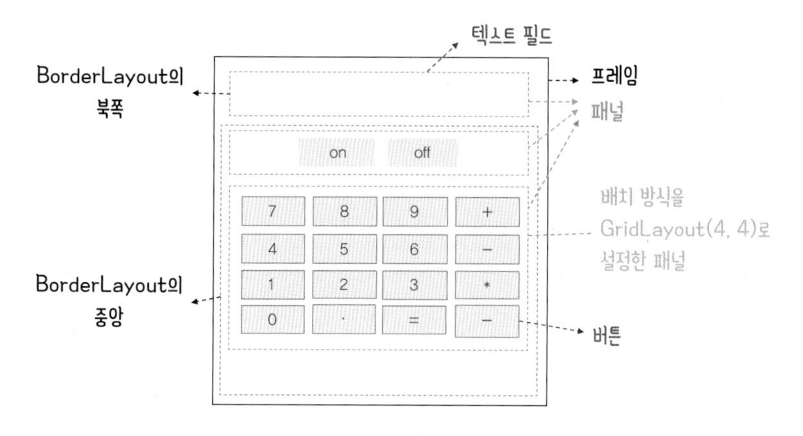

③ 작성된 프로그램을 실행한다.

03 – 02의 실행 결과인 계산기를 보면 버튼 사이의 간격이 없어 외형이 조잡하다. 이를 수정해 보자.

① 02에서 작성한 프로그램에서 GridLayout 방식의 수평·수직 간격을 10픽셀로 설정한 후 숫자 버튼과 기호 버튼을 추가한다.

② 작성된 프로그램을 실행하고 02의 결과와 비교한다.

연습 문제

01 – 다음 중 기본 배치 관리자가 잘못된 것은?

① JApplet은 FlowLayout

② JDialog는 BorderLayout

③ JFrame은 BorderLayout

④ JPanel은 BorderLayout

02 – 스윙을 설명한 내용으로 틀린 것은?

① 스윙은 AWT에 비해 GUI 컴포넌트가 더 많다.

② 일반적으로 스윙 컨테이너는 다른 스윙 컨테이너를 추가할 수 없다.

③ BorderLayout 배치 관리자는 GUI 컴포넌트를 동서남북 및 중앙으로 배치할 수 있다.

④ 스윙은 모델, 뷰, 컨트롤러라는 3개의 구성 요소가 있는 MVC 모델에 기반한다.

03 – 다음 컴포넌트 중 JComponent의 자식 클래스는?

① JApplet ② JDialog

③ JFrame ④ JPanel

04 – Component 클래스와 관련이 없는 것은?

① JButton ② JTextField

③ Label ④ FlowLayout

05 – 자바가 제공하지 않는 배치 관리자는?

① BorderLayout

② FlowLayout

③ LinearLayout

④ GridLayout

06 – JTextArea 컴포넌트는 여러 행의 문자열을 담을 수 있는 컨테이너이다. (O, X)

07 – 스윙 기반이라면 레이아웃 배치, 색상 변경 등이 필요하더라도 java.awt 패키지를 임포트할 필요가 없다. (O, X)

08 – JPanel 객체 p에 4개의 행과 5개의 열을 배치하려면 다음과 같이 배치 관리자를 설정해야 한다. (O, X)

```
p.setGridLayout(4, 5);
```

09 – 스윙은 AWT와 달리 운영체제의 자원에 의존하지 않고 작동하도록 구현해서 ________ 컴포넌트라고 한다.

10 – 다음 프로그램을 실행하니 아무런 결과가 나타나지 않았다. 그 원인은?

```
public class HiGUIDemo extends JFrame {
   HiGUIDemo() {
      setTitle("안녕, GUI 프로그래밍!");
      setSize(300, 100);

      setDefaultCloseOperation(JFrame.EXIT_ON_CLOSE);
   }

   public static void main(String[] args) {
      new HiGUIDemo ();
   }
}
```

프로그래밍 문제

01 – 메시지 창을 사용해 두 정수를 덧셈하는 과정을 보여 주는 프로그램을 작성하라.

+ 메시지 창은 javax.swing.JOptionPane 클래스를 사용하며, 자바 API를 참조한다.

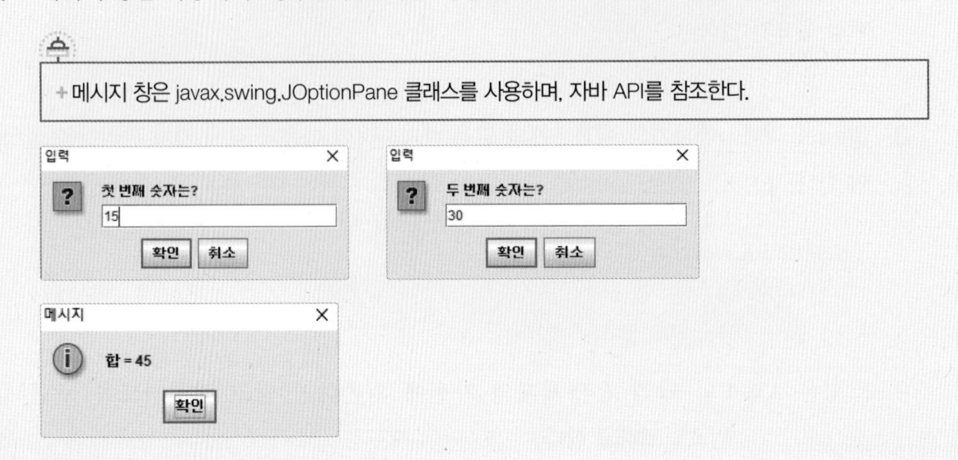

02 – 섭씨온도를 화씨온도로 변환시키는 프로그램의 외형을 작성하라.

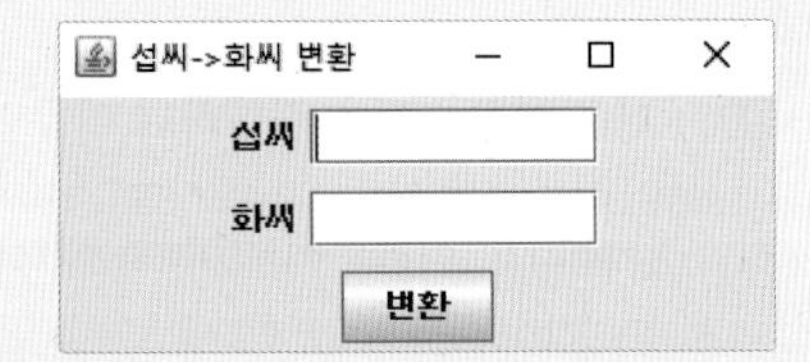

03 – 색상을 선택할 수 있는 프로그램의 외형을 작성하라.

+ JComboBox, JCheckBox, JButton을 사용한다.

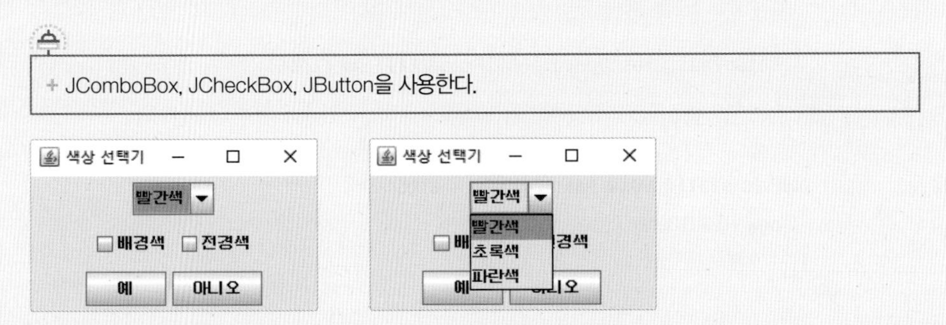

04 – 난수를 발생해 알파벳을 임의의 자리에 표시하는 프로그램을 작성하라.

+ 알파벳은 JLabel 객체를 사용하여 나타낸다. 절대 좌표로 GUI 컴포넌트를 배치하려면 배치 관리자가 없어야 한다.

05 – 여러 개의 버튼을 하나의 그룹으로 만들어 1개의 버튼만 선택하게 하려면 JRadioButton 클래스를 사용한다. JRadioButton으로 오른쪽처럼 외형을 구성하고 실행한 후에는 하나의 버튼만 선택되는지 확인하라.

+ 버튼을 그룹으로 묶으려면 ButtonGroup 객체에 추가한다. 모든 버튼을 버튼 그룹에도 추가해야 하지만 패널이나 프레임에도 추가해야 한다.

06 – 자바 스윙 패키지의 멤버인 BoxLayout이라는 배치 관리자는 박스를 정리하듯이 컴포넌트를 수평 또는 수직으로 배치한다. 다음과 같이 BoxLayout을 이용해 5개의 버튼을 수평으로 나열하는 프로그램의 외형을 구성하라.

07 – 5개의 카드 돌리기 프로그램의 외형을 구성하라. 버튼을 사용해 카드를 넘기는 이벤트 처리는 다음 장에서 살펴보고, 여기서는 화면만 구성한다. 카드 번호가 나오는 부분은 CardLayout을 사용한다.

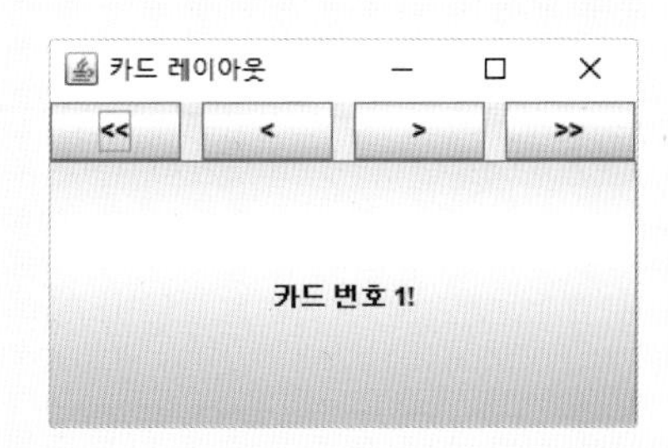

Chapter 16

이벤트 처리

일반적으로 GUI 프로그램은 이벤트로 실행 흐름을 결정한다. 앞 장에 작성한 프로그램은 외형만 있을 뿐 어떤 작동도 하지 않았다. 이 장에서는 GUI 프로그램의 버튼을 클릭하는 것처럼 어떤 이벤트가 발생했을 때 반응할 수 있는 이벤트 처리와 전통적인 사용자 인터페이스인 메뉴 구성과 활용 방법을 알아본다.

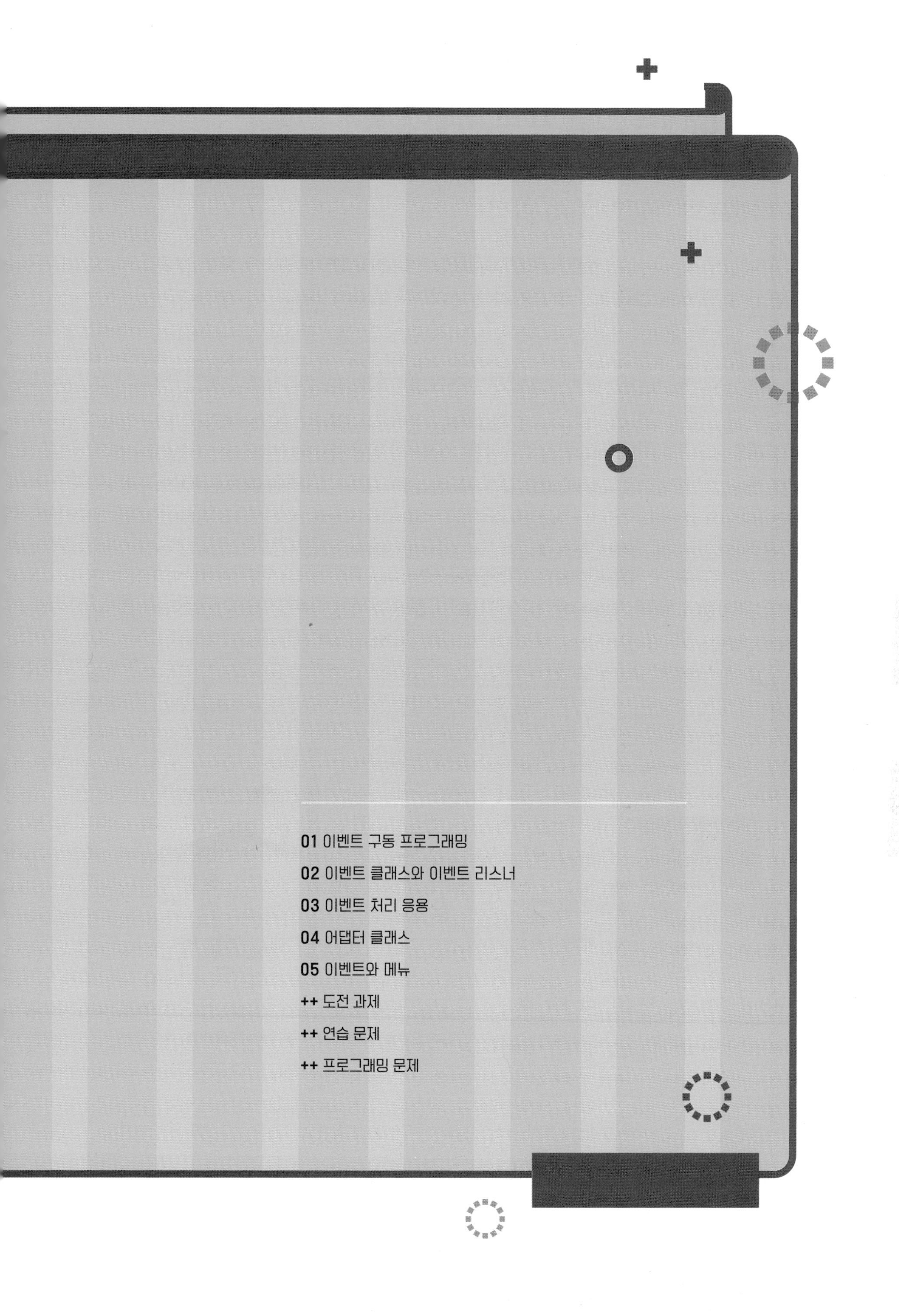

01 이벤트 구동 프로그래밍

1 이벤트의 개념과 처리 과정

이벤트 event 는 윈도우 시스템에서 사용자의 움직임을 애플리케이션에 전달하는 일종의 신호로 버튼 클릭이나 프레임 크기 조절 등이 해당된다. GUI 프로그램을 살펴보면, 사용자가 프레임의 닫기 버튼을 클릭하기 전까지는 무한히 실행된다. GUI 프로그램은 main() 메서드에서 시작해서 순차적으로 실행하는 일반 프로그램과는 다르다. GUI 프로그램은 이벤트가 실행 흐름을 결정하는 이벤트 구동 방식이다. 이벤트는 GUI 프로그램에서 발생한 버튼 클릭이나 프레임 크기 조절 등 특정한 행동을 의미한다. 이런 이벤트에 응답하는 형태로 작동하는 프로그램을 이벤트 구동 event driven 프로그램이라고 한다. 윈도우 환경에서 대부분의 애플리케이션은 이벤트 구동 방식으로 작동한다.

15장에서 작성한 스윙 애플리케이션을 실행하면 GUI 방식으로 외형을 보여 주지만, 프레임 닫기나 프레임 크기 변경을 제외하고는 할 수 있는 일이 없다. 즉, 외형만 구현했을 뿐 아무런 작동도 하지 않는다. 버튼을 클릭하면 무언가를 수행해야 하는데 반응이 없다. 자바는 이벤트에 반응해 프로그램을 작동할 수 있도록 java.awt.event와 javax.swing.event라는 패키지를 제공한다. 스윙 프로그램이 이벤트에 반응하려면 이벤트 패키지로 프로그래밍을 해야 한다.

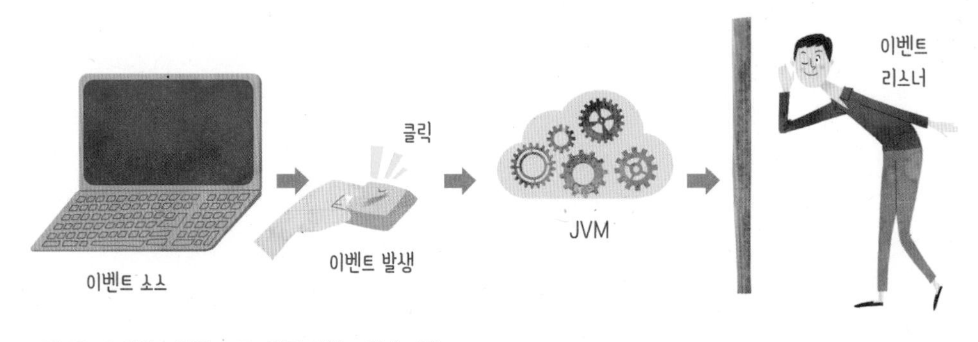

그림 16-1 이벤트 구동 프로그램의 이벤트 처리 과정

자바 프로그램에서 이벤트를 처리하는 과정은 다음과 같다.

❶ 자바 프로그램을 실행하는 동안 운영체제는 이벤트가 발생하는지 검사한다.

❷ 이벤트가 발생하면 운영체제가 JVM에 이벤트를 전달한다.

❸ JVM은 이벤트 디스패치 스레드에 이벤트 정보를 보낸다.

❹ 이벤트 디스패치 스레드는 이벤트 객체를 생성하고 이벤트를 처리할 이벤트 리스너event listener(간단히 리스너라고도 한다)를 찾아 실행한다.

❺ 이벤트 리스너에 포함된 이벤트 핸들러event handler가 이벤트를 처리한다.

따라서 이벤트를 처리하는 과정에서 이벤트 소스, 이벤트, 이벤트 리스너라는 세 종류의 객체를 사용한다. 여기서 이벤트 리스너는 발생한 이벤트를 처리하는 객체로, 이벤트 리스너의 멤버 메서드가 이벤트를 처리하는데, 이 메서드를 이벤트 핸들러라고 한다.

2 이벤트 맛보기

자바는 이벤트를 효율적으로 처리하려고 다양한 이벤트 클래스를 제공한다. 이벤트 클래스는 복잡하므로 먼저 간단한 스윙 프로그램으로 이벤트를 살짝 살펴보자.

다음은 버튼을 클릭하면 화면에 문자열을 보여 주는 간단한 이벤트 프로그램이다. 이벤트 소스인 버튼을 생성하고, 버튼 클릭에 반응하는 이벤트 리스너를 생성한 후 버튼에 이벤트 리스너를 등록하는 예제이다.

예제 16-1 **버튼 이벤트 처리** sec01/HelloEventDemo.java

```
01  import java.awt.event.*;
02  import javax.swing.*;
03
04  public class HelloEventDemo extends JFrame {
05    HelloEventDemo() {
06       setTitle("이벤트 맛보기");
07
```

```
08        ActionListener l = new ActionListener() {
09           public void actionPerformed(ActionEvent e) {
10              System.out.println("버튼을 클릭했습니다.");
11           }
12        };
13
14        JButton b = new JButton("클릭");
15        b.addActionListener(l);
16
17        add(b);
18
19        setDefaultCloseOperation(JFrame.EXIT_ON_CLOSE);
20        setSize(260, 100);
21        setVisible(true);
22     }
23
24     public static void main(String[] args) {
25        new HelloEventDemo();
26     }
27  }
```

이벤트 리스너 구현 객체를 생성한다.

이벤트 소스로 사용할 버튼이다. 버튼을 클릭하면 ActionEvent를 발생한다.

이벤트 소스인 버튼에 이벤트 리스너를 등록한다.

```
버튼을 클릭했습니다.
```

여기서 8~12행을 다음과 같이 람다식으로 표현하면 코드가 더욱 간결하며, 이해하기도 쉽다.

```
ActionListener l = e -> System.out.println("버튼을 클릭했습니다.");
```

8~15행을 다음과 같이 간단하게 표현할 수도 있다. 이후 이벤트 리스너를 람다식으로 표현할 수 있는 프로그램은 이 방식을 사용한다.

```
JButton b = new JButton("클릭");
b.addActionListener(e -> System.out.println("버튼을 클릭했습니다."));
```

02 이벤트 클래스와 이벤트 리스너

1 이벤트 클래스의 구조

자바의 모든 이벤트 클래스는 java.util 패키지에 있는 EventObject의 자식 클래스로 이벤트를 처리하는 각종 정보를 포함한다. AWT나 스윙 애플리케이션에서 사용하는 대부분의 이벤트는 EventObject의 자식인 java.awt.AWTEvent 클래스를 상속한 이벤트이며 java.awt.event 패키지의 가족이다. EventObject를 상속하는 클래스로 스윙에 추가한 다수의 이벤트가 javax.swing.event 패키지에 포함되어 있는데, 그다지 잘 사용하지는 않는다. 다음은 java.awt.AWTEvent의 자식 클래스 상속 관계를 나타내며, GUI 컴포넌트에서 주로 발생하는 이벤트 클래스이다.

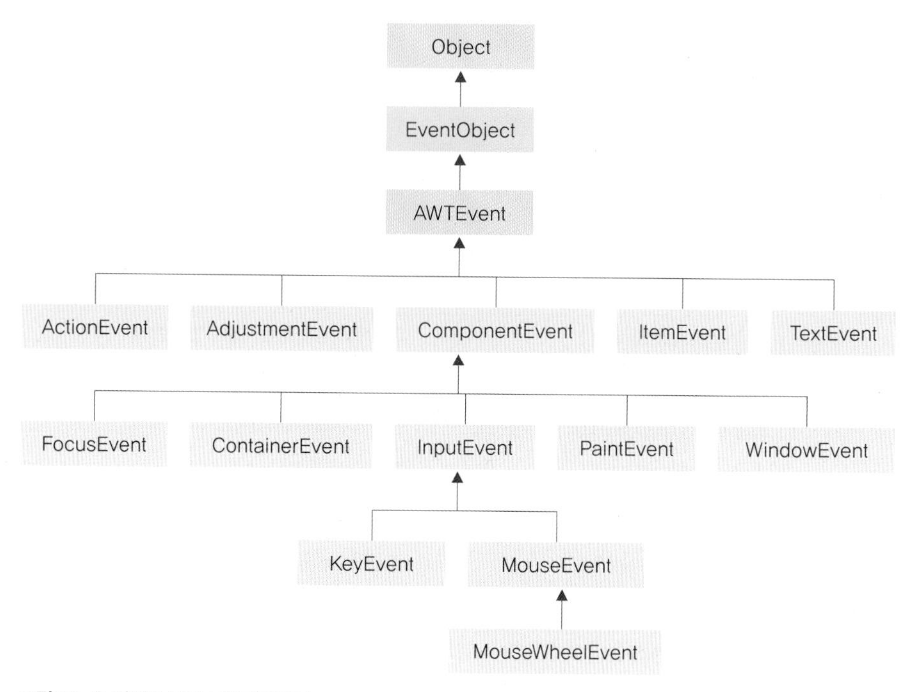

그림 16-2 이벤트 클래스의 계층구조

이벤트는 크게 고수준 이벤트라고도 불리는 의미 이벤트semantic event와 저수준 이벤트low level event로 구분할 수 있다. 의미 이벤트는 버튼 클릭처럼 사용자가 의도하는 이벤트를 의미하며 ActionEvent, AdjustmentEvent, ItemEvent, TextEvent 등이 있다. 저수준 이벤트는 의미 이벤트를 가능하게 하는 이벤트를 의미한다. 즉, 의미 이벤트인 버튼 클릭은 마우스 이동, 마우스 누름, 마우스 놓기 등 여러 단계의 세부적인 이벤트로 구성되어 있다. 마우스 이동 또는 마우스 누름 같은 세부적인 이벤트를 저수준 이벤트라고 한다. 저수준 이벤트로 ComponentEvent, ContainerEvent, FocusEvent, MouseEvent, KeyEvent 등도 있다. 저수준 이벤트는 모든 스윙 컴포넌트에서 발생하는 데 반해, 의미 이벤트는 일부 스윙 컴포넌트에서만 발생한다.

2 이벤트 클래스 종류

이벤트 클래스는 이벤트 처리에 필요한 많은 정보를 제공한다. 예를 들어 사용자가 마우스를 클릭하면 클릭 여부, 클릭된 컴포넌트, 클릭된 위치 등과 같은 정보를 이벤트 객체가 알려 준다. 모든 이벤트 클래스의 최상위 클래스인 EventObject부터 자주 사용하는 이벤트 클래스 몇 가지를 살펴보면 다음과 같다.

표 16-1 주요 이벤트의 메서드와 상수

클래스	메서드 또는 상수	설명
EventObject	Object getSource( )	발생한 이벤트를 반환한다. 반환 타입이 Object 이므로 사용할 때 타입 변환이 필요하다.
AWTEvent	int getID( )	AWT 이벤트의 id 속성을 조사해서 반환한다.
	String paramString( )	이벤트의 상태를 문자열로 반환한다.
ItemEvent	static int DESELECTED	항목의 선택을 해제한다.
	static int ITEM_STATE_CHANGED	항목의 상태를 변경한다.
	static int SELECTED	항목을 선택한다.
	Object getItem( )	선택된 항목을 반환한다.
	int getStateChanged( )	변경된 상태를 반환한다.
WindowEvent	static int WINDOW_ACTIVATED	윈도우가 활성화된 상태이다.
	static int WINDOW_CLOSED	윈도우가 닫힌 상태이다.
	static int WINDOW_DEICONIZED	아이콘에서 윈도우로 변경된 상태이다.
	static int WINDOW_ICONIZED	윈도우가 아이콘으로 바뀐 상태이다.
	Window getWindow( )	이벤트가 발생한 윈도우를 반환한다.

셀프 테스트 16-1

1 의미 이벤트가 아닌 것은?

① ActionEvent ② AdjustmentEvent
③ FocusEvent ④ ItemEvent

2 이벤트 리스너는 이벤트 객체를 생성하고 이벤트를 처리할 핸들러를 실행시킨다. (O, X)

3 이벤트를 처리하기 위한 각종 정보를 포함하는 이벤트 클래스의 최상위 클래스는 ________ 이다.

3 이벤트 리스너 소개

자바 AWT와 스윙에서는 이벤트를 발생시키는 컴포넌트와 이벤트를 처리하는 이벤트 리스너가 서로 다르다. 예를 들어 ActionEvent 객체를 생성하는 버튼이라는 이벤트 소스와 ActionEvent 객체를 처리하는 이벤트 리스너는 서로 다르다. 따라서 이벤트 리스너는 이벤트 소스에 등록되어야 한다.

이벤트 리스너는 컴포넌트에서 이벤트가 발생하면 자신에게 포함된 이벤트 핸들러를 실행한다. 모든 리스너는 java.util 패키지의 EventListener 자식 인터페이스로, 하나 이상의 이벤트 핸들러를 포함한다. 이벤트 리스너는 인터페이스이기 때문에 반드시 구현해야 한다. 이벤트 핸들러는 이벤트 객체를 사용해 윈도우 닫기, 컴포넌트 내용 변경, 다이얼로그 띄우기 등 다양한 코드를 포함할 수 있다.

표 16-2 이벤트 소스와 이벤트 리스너

이벤트 소스	이벤트	이벤트 리스너
버튼, 리스트, 메뉴 아이템, 텍스트 필드	ActionEvent	ActionListener
스크롤바	AdjustmentEvent	AdjustmentListener
체크 박스, 콤보 박스, 리스트	ItemEvent	ItemListener
컨테이너	ContainerEvent	ContainerListener
컴포넌트	ComponentEvent	ComponentListener
	FocusEvent	FocusListener
	KeyEvent	KeyListener
	MouseEvent	MouseListener, MouseMotionListener
윈도우	WindowEvent	WindowListener

자바의 AWT와 스윙 패키지는 이벤트 리스너 인터페이스를 제공해 개발자가 이벤트 리스너를 구현할 수 있도록 한다. 주요 리스너 인터페이스에서 제공하는 추상 메서드는 다음과 같다.

표 16-3 주요 리스너 인터페이스와 추상 메서드

리스너 인터페이스	추상 메서드
ActionListener	void actionPerformed(ActionEvent)
ItemListener	void itemStateChanged(ItemEvent)
AdjustmentListener	void adjustmentValueChanged(AdjustmentEvent)
KeyListener	• void keyPressed(KeyEvent) • void keyReleased(KeyEvent) • void keyTyped(KeyEvent)
MouseListener	• void mousePressed(MouseEvent) • void mouseReleased(MouseEvent) • void mouseClicked(MouseEvent) • void mouseEntered(MouseEvent) • void mouseExited(MouseEvent)
MouseMotionListener	• void mouseDragged(MouseEvent) • void mouseMoved(MouseEvent)

여기서 ActionListener, ItemListener, AdjustmentListener 인터페이스는 모두 하나의 추상 메서드만 있는 함수형 인터페이스이므로, 대응하는 객체는 람다식으로 표현할 수 있다.

발생한 이벤트를 처리하려면, java.awt.Component 클래스가 제공하는 다음 메서드를 사용해 이벤트 소스에 이벤트 리스너를 등록해야 한다.

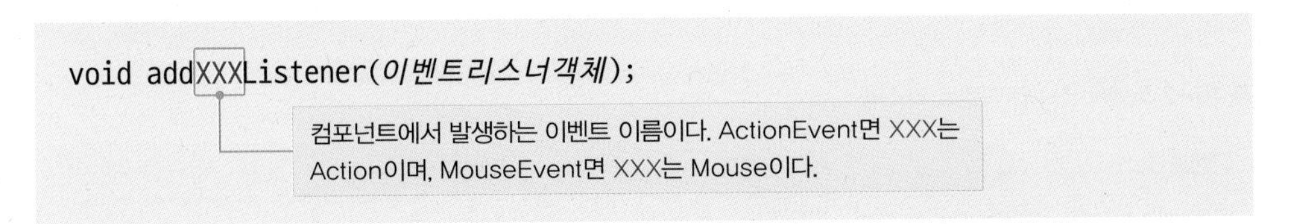
```
void addXXXListener(이벤트리스너객체);
```


발생한 이벤트에 어떻게 반응할지는 애플리케이션마다 다르다. 따라서 이벤트 리스너를 구현하는 것은 전적으로 개발자에게 달렸다. 이벤트 리스너는 매우 빠르게 처리되도록 가능한 짧게 작성되어야 한다. 이는 이벤트 리스너가 과다한 작업을 수행한다면 프로그램이 반응하지 않을 수도 있기 때문이다. 이벤트 처리 시간이 길다면 별도의 스레드에 맡기는 것이 바람직하다.

4 이벤트 클래스와 주요 메서드

ActionEvent 클래스는 버튼, 텍스트 필드, 리스트, 메뉴 등과 같은 컴포넌트를 누르거나 선택할 때 발생하는 의미 이벤트를 표현하며, 제공하는 메서드는 다음과 같다.

표 16-4 ActionEvent 클래스가 제공하는 주요 메서드

메서드	설명
String getActionCommand( )	액션과 관련된 명령어 문자열을 반환한다.
int getModifiers( )	액션이 발생할 때 눌린 변환키의 값을 반환한다.

여기서 변환키modifier key는 Ctrl, Shift, Alt 등 보조키를 의미한다. ActionEvent 클래스는 변환키를 나타내려고 CTRL_MASK, SHIFT_MASK 등 많은 상수를 정의한다.

KeyEvent 클래스는 사용자가 키보드를 누르거나 뗄 때, 문자를 입력할 때 발생하는 저수준 이벤트이다. KeyEvent가 제공하는 주요 메서드는 [표 16-5]와 같고, KeyEvent는 KEY_PRESSED, KEY_RELEASED, KEY_TYPED 등 많은 상수를 제공한다.

표 16-5 KeyEvent 클래스가 제공하는 주요 메서드

메서드	설명
char getKeyChar( )	키보드로 입력한 문자를 반환한다.
int getKeyCode( )	키보드로 입력한 문자의 코드 정숫값을 반환한다.

KeyEvent는 현재 포커스focus를 가진 컴포넌트에서 발생할 수 있으므로 필요하다면 컴포넌트가 포커스를 가질 수 있도록 다음과 같이 요청해야 한다.

```
컴포넌트.requestFocus();
```

MouseEvent 클래스는 마우스를 누르거나 뗄 때 혹은 마우스 커서가 컴포넌트 영역에 들어가거나 나올 때처럼 마우스와 관련된 이벤트를 나타낸다. MouseEvent 클래스가 제공하는 주요 메서드는 [표 16-6]과 같다. MouseEvent 클래스는 BUTTON1, BUTTON2, BUTTON3, MOUSE_CLICKED, MOUSE_PRESSED, MOUSE_RELEASED, MOUSE_WHEEL 등 많은 상수를 정의한다.

표 16-6 MouseEvent 클래스가 제공하는 주요 메서드

메서드	설명
int getButton( )	상태가 변경된 마우스 버튼을 반환한다.
int getClickCount( )	이벤트와 관련된 마우스의 클릭 횟수를 반환한다.
Point getLocationOnScreen( )	이벤트가 발생한 위치의 좌표를 반환한다.
static String getMouseModifiersText( )	마우스 버튼과 함께 누른 변환키의 텍스트를 반환한다.
int getX( )	이벤트가 발생할 때 마우스의 X 좌표를 반환한다.
int getY( )	이벤트가 발생할 때 마우스의 Y 좌표를 반환한다.

마우스의 움직임을 추적할 때는 시스템에 상당한 부담을 주기 때문에 자바는 MouseListener 인터페이스와 별도로 MouseMotionListener 인터페이스로 구분해 제공한다. MouseMotionListener 인터페이스는 2개의 추상 메서드를 제공하며, 마우스를 드래그하거나 이동할 때 호출한다. MouseMotionListener 인터페이스용 MouseMotionEvent는 없다.

AdjustmentEvent 클래스는 스크롤바와 스크롤패인 등 조정할 수 있는 컴포넌트가 발생시키는 의미 이벤트를 지칭한다. AdjustmentEvent 클래스가 제공하는 주요 메서드는 다음과 같다. AdjustmentEvent는 ADJUSTMENT_FIRST, ADJUSTMENT_LAST, ADJUSTMENT_VALUE_CHANGED 등 많은 상수를 정의한다.

표 16-7 AdjustmentEvent 클래스가 제공하는 주요 메서드

메서드	설명
int getValue( )	이벤트의 현재 값을 반환한다.

이벤트 처리 응용

1 원의 넓이 구하기

앞 장에서는 원의 넓이를 구하는 화면을 스윙 컴포넌트로 구성했었다. 그러나 그 프로그램은 외형만 보여 줄 뿐 윈도우 닫기와 크기 조절 외에는 어떤 기능도 수행하지 않는다. 여기에 이벤트 처리를 추가해서 그 프로그램에 생명을 불어넣어 보자.

[예제 15-14]에서 이벤트 소스가 될 수 있는 스윙 컴포넌트는 2개 이상의 메서드에서 사용하므로 여기서는 다음과 같이 지역 변수 대신 멤버 필드로 바꿔야 한다.

예제 16-2 **원 넓이 구하기 화면** sec03/not/EventDemo.java

```
01  import java.awt.*;
02  import javax.swing.*;
03
04  public class EventDemo extends JFrame {
05     JTextField t1, t2;
06     JTextArea area;
07     JButton cal, reset;
08     JComboBox cb;
09
10     EventDemo() {
...       // [예제 15-14]의 ComponentDemo() 코드와 동일
21     }
22
23     void showNorth() {
24        JPanel p1 = new JPanel();
25        JPanel p2 = new JPanel();
26        JPanel panel = new JPanel(new GridLayout(2, 0));
27
28        JLabel l1 = new JLabel("원의 반지름");
29        JLabel l2 = new JLabel("원의 넓이");
30
31        t1 = new JTextField(10);
32        t2 = new JTextField(10);
33        t2.setEnabled(false);
34
35        p1.add(l1); p1.add(t1); p2.add(l2); p2.add(t2);
36        panel.add(p1);
37        panel.add(p2);
38
39        add(panel, BorderLayout.NORTH);
40     }
```

이벤트 소스가 될 수 있는 컴포넌트로 여러 메서드에서 사용되므로 멤버 필드로 선언한다.

```
41
42     void showCenter() {
43        JPanel panel = new JPanel();
44
45        area = new JTextArea(30, 20);
46        area.setText("이 영역에 원의 넓이를\n계산하는 과정이 나타납니다.");
47        area.setEditable(false);
48        area.setForeground(Color.RED);
49
50        panel.add(area);
51
52        add(panel, BorderLayout.CENTER);
53     }
54
55     void showSouth() {
56        String[] color = { "red", "blue" };
57
58        JPanel panel = new JPanel(new FlowLayout(FlowLayout.CENTER, 10, 10));
59
60        cal = new JButton("계산");
61        cb = new JComboBox<>(color);
62        reset = new JButton("리셋");
63
64        panel.add(cal); panel.add(cb); panel.add(reset);
65
66        add(panel, BorderLayout.SOUTH);
67     }
68
69     public static void main(String[] args) {
70        new EventDemo();
71     }
72  }
```

먼저 버튼이 발생시키는 ActionEvent를 처리해 보자. 여기서 ActionEvent를 발생시키는 이벤트 소스는 계산 버튼도, 리셋 버튼도 될 수 있다. 따라서 ActionEvent가 발생하면 어느 버튼이 발생시켰는지 조사해야 한다.

계산 버튼에 의하여 ActionEvent가 발생하면 반지름 텍스트 필드에 입력된 값이 있는지 조사해야 한다. 반지름 텍스트 필드의 입력 데이터가 있다면 넓이 텍스트 필드와 텍스트 영역에 넓이와 계산 과정을 문자열로 추가하고, 입력 데이터가 없다면 텍스트 영역에 오류 메시지를 추가한다. 리셋 버튼에 의하여 ActionEvent가 발생하면 반지름 텍스트 필드, 넓이 텍스트 필드, 텍스트 영역의 내용을 지워야 한다. 버튼에서 발생한 ActionEvent를 처리하려면 ActionEventListener 객체를 생성한 후 버튼에 등록해야 한다. 따라서 [예제 16-2]의 showSouth( ) 메서드 마지막(66행)에 다음과 같은 ActionListener 객체 생성 및 리스너 등록 코드를 추가하면 ActionEvent를 처리해서 넓이와 계산 과정 등을 화면에 나타낼 수 있다.

```
ActionListener listener1 = e -> {
  if (e.getSource() == cal) {
    if (t1.getText().isEmpty())
      area.setText("반지름을 입력하세요!!!");
    else {
      String s = t1.getText();
      double radius = Double.parseDouble(s);
      double result = radius * radius * 3.14;
      t2.setText("" + result);
      area.setText(radius + " * " + radius + " * 3.14 = " + result);
    }
  } else {
    t1.setText("");
    t2.setText("");
    area.setText("");
  }
};

cal.addActionListener(listener1);
reset.addActionListener(listener1);
}
```

ActionListener 객체를 생성한다.

ActionEvent의 소스가 계산 버튼인지 조사한다.

반지름 텍스트 필드에 입력 데이터가 있는지 조사한다. 입력 데이터가 없다면 오류 메시지를 텍스트 영역에 추가한다. 입력 데이터가 있다면 넓이를 계산한 후 넓이 텍스트 필드에 추가하고, 계산 과정도 텍스트 영역에 추가한다.

ActionEvent의 소스가 리셋 버튼이므로 반지름과 넓이의 텍스트 필드와 텍스트 영역에 있는 내용을 지운다.

버튼에 리스너를 등록한다.

다음 그림은 원의 반지름에 100을 입력한 후 계산 버튼을 클릭하여 ActionEvent 처리를 수행한 결과이다.

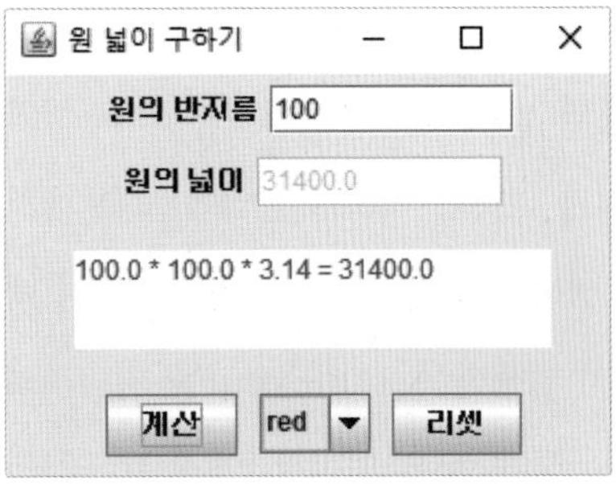

그림 16-3 ActionEvent 처리 결과화면

콤보 박스는 ActionEvent나 ItemEvent를 발생시키기 때문에 어느 방식으로든 처리할 수 있다. 여기서는 콤보 박스에서 발생된 이벤트를 ItemEvent로 처리해 보자. ItemEvent가 발생하면 이벤트를 발생시킬 소스가 하나의 콤보 박스뿐이므로 이벤트 소스를 조사할 필요가 없다. 따라서 ItemEvent가 발생하면 콤보 박스의 어느 항목이 원인인지 인덱스를 구하면 된다. showSouth() 메서드 마지막에 다음 코드를 추가하면 ItemEvent를 처리해서 텍스트 영역의 문자색을 변경할 수 있다.

```
// 콤보 박스에 ItemListener 객체를 람다식으로 등록한다.
cb.addItemListener(e -> {
  int index = ((JComboBox) cb).getSelectedIndex();
  if (index == 0)
    area.setForeground(Color.RED);
  else
    area.setForeground(Color.BLUE);
});
```

콤보 박스에 ItemListener 객체를 람다식으로 등록한다.

선택한 콤보 박스 항목의 인덱스를 가져온다.

콤보 박스의 선택한 항목에 따라 글자색을 변경한다.

다음 그림은 콤보 박스에서 blue 항목을 선택하여 ItemEvent 처리를 수행한 결과이다.

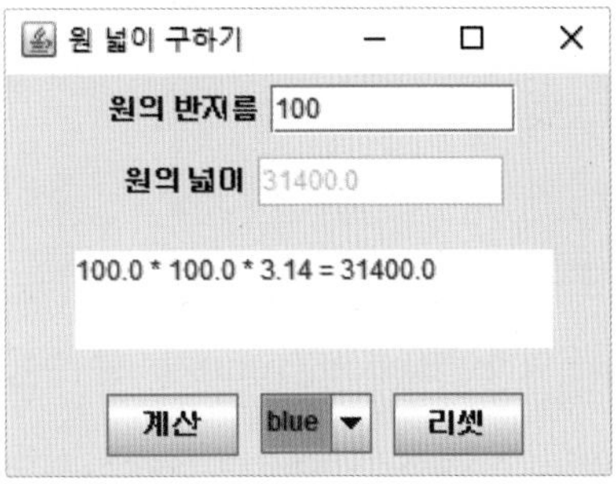

그림 16-4 ItemEvent 처리 결과화면

키보드로 반지름 텍스트 필드에 값을 입력하면 KeyEvent가 발생하고, KeyListener의 keyPressed( ), keyTyped( ), keyReleased( ) 메서드를 차례대로 호출한다. 그러나 유니코드가 없는 기능키(Function Key)나 홈키(Home Key) 등을 누르면 keyTyped( ) 메서드를 호출하지 않고, keyPressed( )와 keyReleased( ) 메서드만 호출한다. KeyListener 인터페이스는 함수형 인터페이스가 아니므로 KeyListener 객체를 람다식으로 표현할 수 없다. [예제 16-2]의 showNorth( ) 메서드 마지막(39행)에 다음 코드를 추가하면 KeyEvent를 처리해서 입력한 키 값을 화면에 나타낼 수 있다.

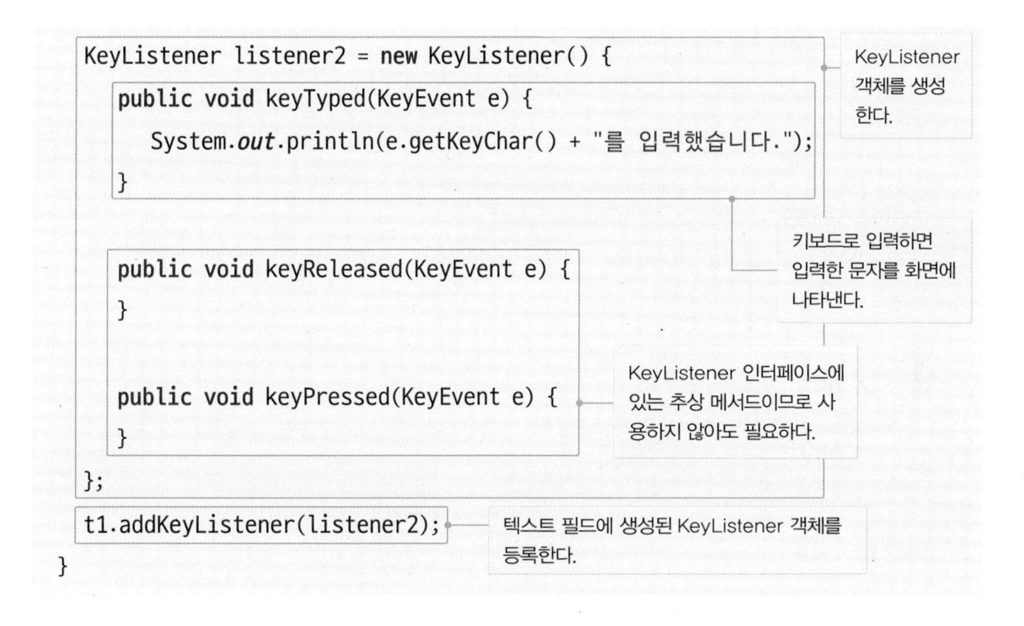

다음 그림은 원의 반지름값으로 190을 입력할 때 KeyEvent 처리를 수행한 결과이다.

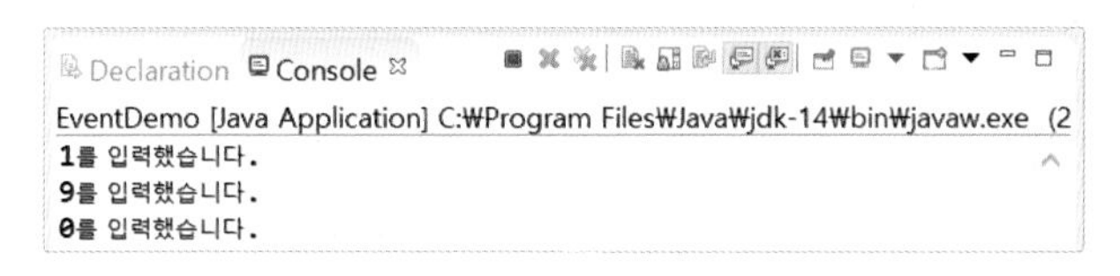

그림 16-5 KeyEvent 처리 결과

마우스를 사용할 때마다 MouseEvent가 발생한다. MouseEvent는 MouseListener 인터페이스, MouseMotionListener 인터페이스와 관련된다. MouseMotionListener 인터페이스의 mouseDragged( )는 마우스를 클릭한 후 움직일 때 호출되며, mouseMoved( )는 마우스를 클릭하지 않고 움직일 때 호출된다. 마우스를 드래그할 때는 mouseClicked( )와 mouseMoved( )를 호출하지 않는다. MouseListener와 MouseMotionListener 인터페

이스도 함수형 인터페이스가 아니므로 해당 이벤트 객체를 람다식으로 표현할 수 없다. [예제 16-2]의 EventDemo( ) 생성자 마지막(20행)에 다음 코드를 추가하면 MouseEvent를 처리해서 이벤트의 종류나 좌표를 화면에 나타낼 수 있다.

```
addMouseListener(new MouseListener() {
   public void mouseClicked(MouseEvent e) {
      System.out.println("마우스 클릭");
   }

   public void mousePressed(MouseEvent e) {
      System.out.println("마우스 버튼 누르기");
   }

   public void mouseReleased(MouseEvent e) {
      System.out.println("마우스 버튼 놓기");
   }

   public void mouseEntered(MouseEvent e) {
      System.out.println("마우스 입장");
   }

   public void mouseExited(MouseEvent e) {
      System.out.println("마우스 퇴장");
   }
});
```

JFrame의 자식 클래스인 프로그램 자신이 이벤트 소스이므로 this.addMouseListener( )와 동일하다.

MouseListener 익명 객체를 이벤트 소스인 프로그램 자신에 등록한다.

```
addMouseMotionListener(new MouseMotionListener() {
   public void mouseDragged(MouseEvent e) {
      System.out.println("마우스 드래그(" + e.getX() + ", "
                  + e.getY() + ").");
   }

   public void mouseMoved(MouseEvent e) {
      System.out.println("마우스 이동(" + e.getX() + ", "
                  + e.getY() + ").");
   }
});
```

MouseMotionListener 익명 객체를 이벤트 소스인 프로그램 자신에 등록한다.

JFrame의 자식 클래스인 프로그램 자신이 이벤트 소스이므로 위의 addMouseListener() 및 addMouseMotionListener()는 this.addMouseListener() 및 this.addMouseMotionListener()와 동일하다.

다음 그림은 프레임에 마우스를 옮겼다가 빠져나올 때 MouseEvent 처리를 수행한 결과이다.

```
EventDemo (1) [Java Application] C:₩Program Files₩Java₩jdk-14₩bin₩javaw.exe
마우스 입장
마우스 이동(291, 151).
마우스 이동(289, 151).
마우스 이동(288, 151).
마우스 퇴장
```

그림 16-6 MouseEvent 처리 결과

2 스크롤바 움직이기

원 넓이를 구하는 예제 화면에 스크롤바를 포함하지 않아 별도로 작성한다. 다음은 스크롤바에서 손잡이knob를 움직일 때 발생하는 AdjustmentEvent를 처리해 현재 손잡이의 위치를 보여 주는 예제와 실행 결과이다.

예제 16-3 **AdjustmentEvent 처리** sec03/AdjustmentListenerDemo.java

```java
01  import javax.swing.*;
02
03  public class AdjustmentListenerDemo extends JFrame {
04    AdjustmentListenerDemo() {
05      setTitle("스크롤바 손잡이 움직이기");
06
07      JLabel label = new JLabel("", JLabel.CENTER);
08
09      JScrollBar bar = new JScrollBar(JScrollBar.HORIZONTAL);
10      bar.setValues(50, 10, 0, 100);
11      bar.addAdjustmentListener(e -> {
12        int v = e.getValue();
13        label.setText("위치 : " + v);
14      });
```

수평 스크롤바를 생성한다.

초깃값이 50, 단추 크기가 10, 범위가 0부터 100 미만인 스크롤바를 설정한다.

스크롤바에 AdjustmentEvent가 발생하면 처리할 리스너를 등록한다.

```
15
16        add("Center", label);
17        add("North", bar);
18
19        setDefaultCloseOperation(JFrame.EXIT_ON_CLOSE);
20        setSize(300, 100);
21        setVisible(true);
22     }
23
24     public static void main(String[] args) {
25        new AdjustmentListenerDemo();
26     }
27  }
```

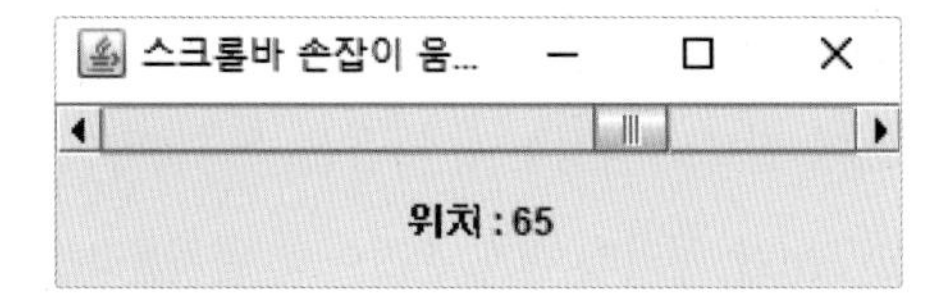

셀프 테스트 16-2

1 다음 중 ActionEvent와 관련 없는 이벤트 소스는?

① 버튼 ② 리스트

③ 메뉴 항목 ④ 스크롤바

2 마우스 움직임과 같은 이벤트를 처리하기 위한 리스너는 MouseMotionListener이다. (O, X)

3 KeyEvent는 포커스를 가진 컴포넌트에서 발생할 수 있으므로 필요하다면 포커스를 얻기 위해 ___________ 메서드를 호출해야 한다.

04 어댑터 클래스

사용하지 않는 추상 메서드도 구현해야 한다는 것은 개발자 입장에서는 조금 번거롭다. 자바는 개발자가 필요한 추상 메서드만 구현하면 되도록 리스너에 대응하는 어댑터 클래스를 제공한다.

어댑터 클래스는 리스너 인터페이스에 포함된 모든 추상 메서드를 빈 본체empty body로 구현한 클래스에 불과하다. 예를 들어 KeyListener 인터페이스에 대응하는 KeyAdapter 클래스는 다음과 같다.

```
public abstract class KeyAdapter implements KeyListener {
  void keyPressed(KeyEvent e) { }
  void keyReleased(KeyEvent e) { }      본체는 비어 있다.
  void keyTyped(KeyEvent e) { }
}
```

리스너는 인터페이스인 반면에 어댑터는 클래스이다. 또 의미 이벤트의 리스너 인터페이스는 모두 함수형 인터페이스이기 때문에 대응하는 어댑터는 의미가 없다. 따라서 자바는 의미 이벤트 리스너를 제외한 나머지 이벤트 리스너의 어댑터만 제공한다.

표 16-8 리스너 인터페이스와 대응하는 어댑터 클래스

리스너 인터페이스	어댑터 클래스
ComponentListener	ComponentAdapter
ContainerListener	ContainerAdapter
FocusListener	FocusAdapter
KeyListener	KeyAdapter
MouseListener	MouseAdapter
MouseMotionListener	MouseMotionAdapter
WindowListener	WindowAdapter

다음은 텍스트 필드에 문자열을 입력한 후 Enter를 누르면 레이블에 나타나도록 KeyAdapter 클래스를 활용한 예제이다.

예제 16-4 **KeyAdapter 클래스의 활용** sec04/KeyAdapterDemo.java

```
01  import java.awt.event.*;
02  import javax.swing.*;
03
04  public class KeyAdapterDemo extends JFrame {
05    public KeyAdapterDemo() {
06       setTitle("키 어댑터");
07
```

```
08      JLabel l = new JLabel("", JLabel.CENTER);
09      JTextField t = new JTextField(10);
10
11      add("North", t);
12      add("Center", l);
13
14      t.addKeyListener(new KeyAdapter() {
15         public void keyPressed(KeyEvent e) {
16            if (e.getKeyCode() == KeyEvent.VK_ENTER) {
17               l.setText("입력한 문자열 : " + t.getText());
18            }
19         }
20      });
21
22      setDefaultCloseOperation(JFrame.EXIT_ON_CLOSE);
23      setSize(300, 120);
24      setVisible(true);
25   }
26
27   public static void main(String[] args) {
28      new KeyAdapterDemo();
29   }
30 }
```

KeyAdapter의 익명 자식 객체이다. KeyListener와는 달리 필요한 메서드만 오버라이딩하면 된다.

키 어댑터

안녕

입력한 문자열 : 안녕

다음은 MouseMotionAdapter 클래스를 사용해 움직이는 레이블을 나타내는 예제이다. 이 예제는 [예제 16-4]와 달리 MouseMotionAdapter 클래스의 자식인 MyMouseMotionAdapter 클래스를 먼저 작성한 후 MyMouseMotionAdapter 객체를 리스너로 활용한 것이다.

예제 16-5 **MouseMotionAdapter 클래스의 활용** sec04/MouseMotionAdapterDemo.java

```
01 import java.awt.*;
02 import java.awt.event.*;
03 import javax.swing.*;
04
```

```
05  public class MouseMotionAdapterDemo extends JFrame {
06    MouseMotionAdapterDemo() {
07      setTitle("마우스 이동 어댑터");
08
09      JLabel label = new JLabel("움직이는 레이블");
10      label.setForeground(Color.RED);
11      add(label);
12
13      addMouseMotionListener(new MyMouseMotionAdapter(label));
14
15      setDefaultCloseOperation(JFrame.EXIT_ON_CLOSE);
16      setSize(300, 120);
17      setVisible(true);
18    }
19
20    public static void main(String[] args) {
21      new MouseMotionAdapterDemo();
22    }
23  }
24
25  class MyMouseMotionAdapter extends MouseMotionAdapter {
26    JLabel label;
27
28    public MyMouseMotionAdapter(JLabel label) {
29      this.label = label;
30    }
31
32    public void mouseMoved(MouseEvent e) {
33      label.setLocation(e.getX(), e.getY() - 50);
34    }
35  }
```

빨간색의 레이블을 생성한 후 프레임에 추가한다.

레이블은 MyMouseMotionAdapter와 MouseMotionAdapterDemo 클래스가 모두 사용하는 컴포넌트이다. 동일한 레이블이므로 생성자의 인수로 전달한다.

마우스 이동 이벤트만 처리하려고 mouseMoved( ) 메서드만 오버로딩한다.

마우스 커서의 위치를 보정하려고 -50을 했다.

마우스 이동 어댑터

움직이는 레이블

05 이벤트와 메뉴

1 메뉴 소개

메뉴는 일반적으로 최상위 컨테이너의 윈도우 타이틀바 아래에 있는 컴포넌트로, 사용자에게 선택 기능을 제공할 수 있어 편리하다. 메뉴는 JMenuBar, JMenu, JMenuItem 등으로 구성된다.

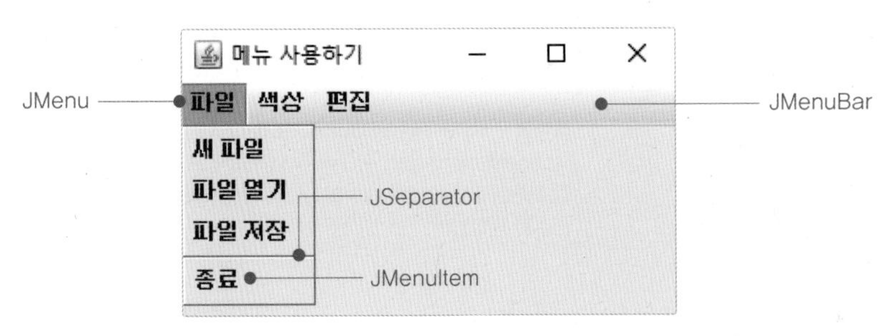

그림 16-7 메뉴의 구성

메뉴를 구성하는 컴포넌트는 모두 JComponent의 자식 클래스이며, 그 상속 관계는 [그림 16-8]과 같다. JMenuItem의 부모인 AbstractButton 클래스는 버튼과 메뉴 항목을 위한 공통 메서드를 정의하는 추상 클래스이다. AbstractButton 클래스는 버튼이나 메뉴의 각종 이벤트 리스너를 등록하는 addActionListener( ), addItemListener( ) 등 메서드를 제공한다.

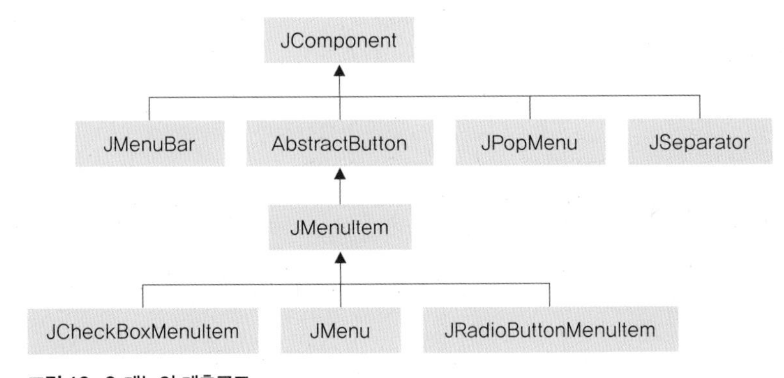

그림 16-8 메뉴의 계층구조

각 컴포넌트의 생성자와 메서드는 다음과 같다. 대부분 이름이 기능 자체를 의미한다.

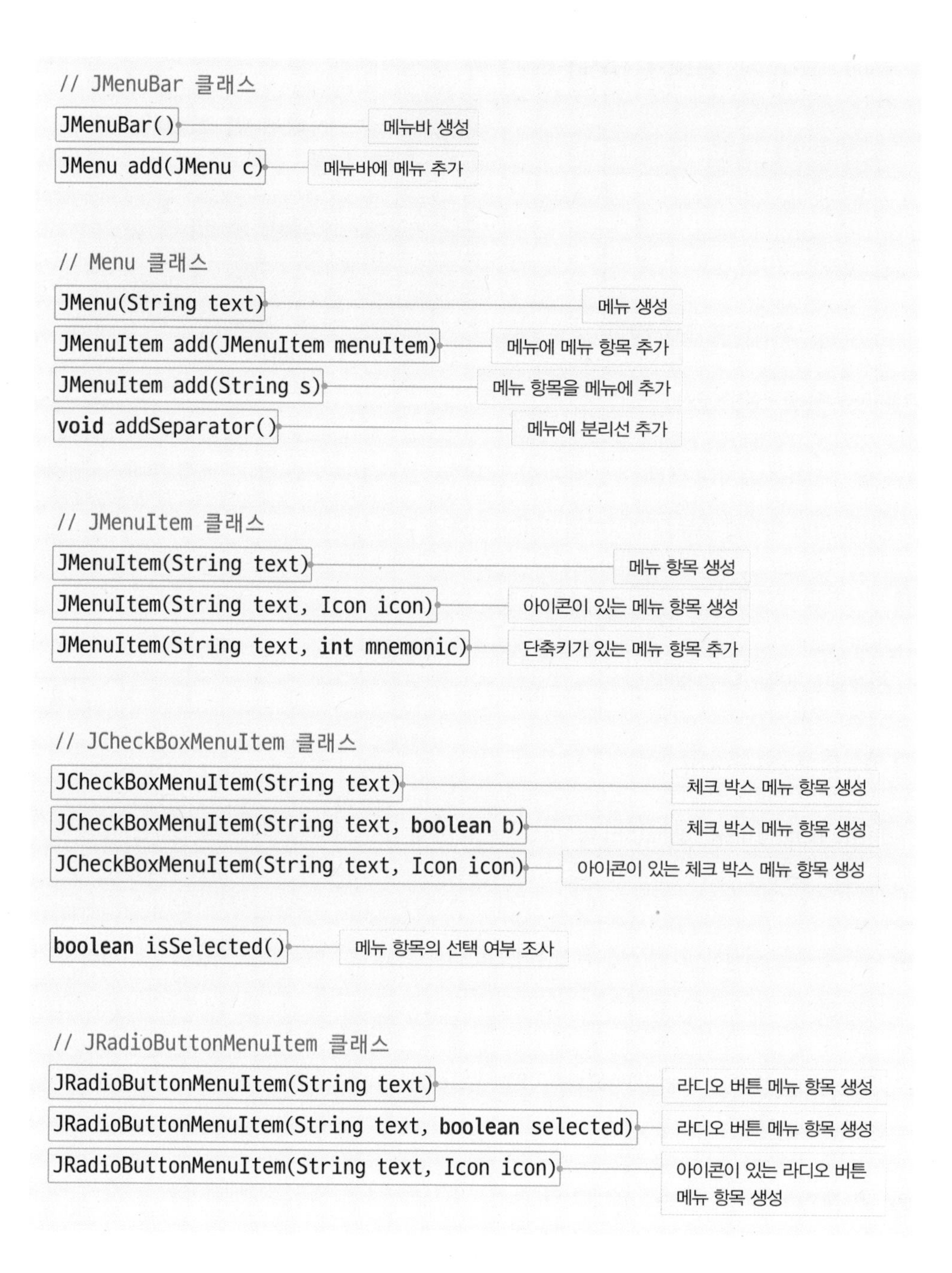

이외에도 JSeparator 클래스는 메뉴 항목을 논리적으로 묶어 메뉴 항목 사이를 구별하는 분리선을 제공한다. JPopupMenu 클래스는 사용자가 메뉴바에 있는 항목을 선택했을 때 나타나는 동적 메뉴를 제공한다.

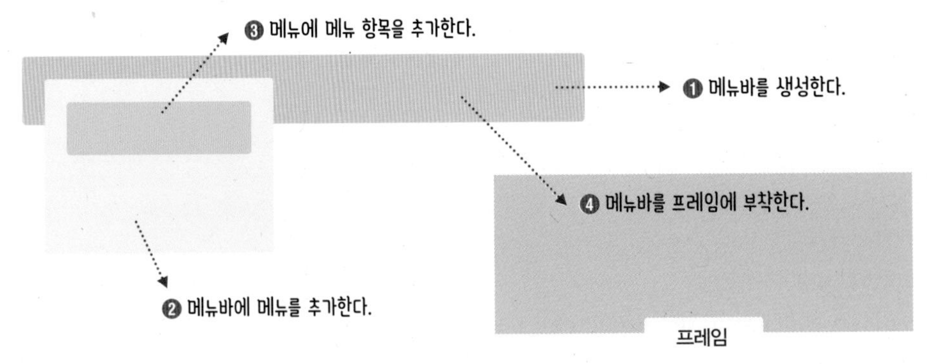

그림 16-9 메뉴를 구성하는 순서

메뉴를 구성하는 순서는 바뀔 수 있지만 일반적으로 [그림 16-9]와 같다. 예를 들어 frame이라는 JFrame 객체에 메뉴를 생성하는 과정은 다음과 같다.

❶ 메뉴바를 생성한다.

```
JMenuBar mb = JMenuBar();
```

❷ 메뉴를 생성한 후 메뉴바에 추가한다.

```
JMenu menu = new JMenu("File");
mb.add(menu);
```

❸ 메뉴 항목을 생성한 후 메뉴에 추가한다. addSeparator() 메서드를 이용해 분리선을 추가할 수도 있다.

```
JMenuItem item = new JMenuItem("New File");
menu.add(item);
```

❹ 메뉴바를 프레임에 부착한다.

```
frame.setJMenuBar(mb);
```

사용자가 메뉴 항목을 선택하면 이벤트가 발생하고, ActionEvent 객체를 생성한다. 따라서 이벤트가 발생할 때 해당 메뉴 작업을 수행하려면 addActionListener() 메서드로 리스너를 등록해야 한다.

생성된 메뉴에 다음과 같이 단축키를 추가할 수 있다. 단축키는 변환키 중 하나인 Alt와 함께 사용해야 한다. 이때 기능키, 홈키, 방향키 등은 유니코드로 정의하지 않아서 키의 코드 값이 플랫폼에 따라 다를 수 있다. 이와 같은 키를 KeyEvent 클래스는 가상키로 취급하며 VK_로 시작하는 상수를 제공한다. 예를 들어 VK_LEFT, VK_SHIFT, VK_HOME, VK_ENTER 등은 각각 ←, Shift, Home, Enter 등을 의미하는 가상키를 나타내는 상수이다.

```
JMenu menu = new JMenu("메뉴 이름");
menu.setMnemonic(KeyEvent.가상키);
```

그리고 다음과 같이 메뉴 항목을 생성할 때 단축키도 설정할 수 있다.

```
JMenuItem item = new JMenuItem("메뉴 항목 이름", KeyEvent.가상키);
```

JMenuItem 객체를 생성할 때 생성된 단축키는 메뉴를 펼친 상태에서 사용할 수 있다. 메뉴를 펼치지 않은 상태에서 단축키를 사용하려면 다음과 같이 설정한다.

```
JMenuItem item = new JMenuItem("메뉴 항목 이름");
item.setAccelerator(KeyStroke)
```

setAccelerator()는 JMenuItem 클래스가 제공하는 메서드로, 메뉴 계층구조를 펼치지 않고 직접 메뉴 항목에 등록된 리스너를 호출하는 키 조합을 설정한다. 보통 키 조합으로는 KeyEvent에 정의된 가상키와 ActionEvent 클래스에 정의된 변환키를 사용한다. 키 조합은 다음과 같이 KeyStroke 클래스가 제공하는 정적 메서드인 getKeyStroke()로 얻을 수 있으며, KeyStroke는 키보드나 해당 입력 장치를 사용해 키를 누르는 동작을 나타낸다.

```
KeyStroke key = KeyStroke.getKeyStroke(KeyEvent.가상키, ActionEvent.변환키);
```

GUI 애플리케이션에서 이런 메뉴를 구성하기 위한 과정을 적용하면 다음과 같다.

```java
public class MenuDemo extends JFrame implements ActionListener {
  MenuDemo() {
    setTitle("메뉴 구성하기");
    setSize(250, 170);
    makeMenu();
    setDefaultCloseOperation(JFrame.EXIT_ON_CLOSE);
    setVisible(true);
  }

  void makeMenu() {
    …
  }

  public static void main(String[] args) {
    new MenuDemo();
  }

  public void actionPerformed(ActionEvent e) {
    …
  }
}
```

메뉴 항목을 선택할 때 발생한 ActionEvent를 처리하기 위함이다.

메뉴 만들기와 관련된 코드를 포함한다.

메뉴에 의해 발생한 ActionEvent를 처리할 코드를 포함한다. MenuDemo 클래스가 ActionListener의 구현 클래스이므로 이 메서드를 구현해야 한다.

2 메뉴 응용

다음 조건을 만족하며, 파일 및 색상과 관련된 2개의 메뉴를 가진 프레임을 나타내는 프로그램을 작성하면 [예제 16-6]과 같다.

- **[파일] 메뉴** : 새 파일, 파일 열기, 파일 저장, 종료 메뉴 항목으로 구성된다. 이 중 종료 메뉴 항목은 다른 메뉴 항목과 구분해 표시한다.
- **[색상] 메뉴** : 파란색, 빨간색, 노란색 메뉴 항목으로 구성된다.
- [파일] 메뉴와 [색상] 메뉴를 선택할 때는 Alt+F와 Alt+C를 단축키로 사용한다.
- [파일] 메뉴를 선택한 후 새 파일 메뉴 항목을 실행하는 단축키는 N이다.
- [색상] 메뉴를 선택한 상태가 아니더라도 Ctrl+B, Ctrl+R, Ctrl+Y를 클릭하면 파란색, 빨간색, 노란색 메뉴 항목이 선택되고, 프레임의 컨텐트패인이 해당 색상으로 변경된다.

예제 16-6 **메뉴 사용** sec05/MenuDemo.java

```
01  import java.awt.*;
02  import java.awt.event.*;
03  import javax.swing.*;
04
05  public class MenuDemo extends JFrame implements ActionListener {
06    MenuDemo() {
07      setTitle("메뉴 구성하기");
08      makeMenu();
09      setDefaultCloseOperation(JFrame.EXIT_ON_CLOSE);
10      setSize(300, 170);
11      setVisible(true);
12    }
13
14    void makeMenu() {
15      JMenuItem item;
16      KeyStroke key;
17
18      JMenuBar mb = new JMenuBar();
19      JMenu m1 = new JMenu("파일");
20      m1.setMnemonic(KeyEvent.VK_F);
21      JMenu m2 = new JMenu("색상");
22      m2.setMnemonic(KeyEvent.VK_C);
23
24      item = new JMenuItem("새 파일", KeyEvent.VK_N);
25      item.addActionListener(this);
26      m1.add(item);
27      item = new JMenuItem("파일 열기", KeyEvent.VK_O);
28      item.addActionListener(this);
29      m1.add(item);
30      m1.add(new JMenuItem("파일 저장"));
31      m1.addSeparator();
32      m1.add(new JMenuItem("종료"));
33
34      item = new JMenuItem("파란색");
```

- 05행 MenuDemo: JFrame의 자식 클래스이며, ActionListener 구현 클래스이다.
- 18행: 메뉴바를 생성한다.
- 19~20행: [파일] 메뉴를 생성하고 단축키도 설정한다. Alt+F를 누르면 [파일] 메뉴가 나타난다.
- 24행: [새 파일] 메뉴 항목을 단축키 N으로 설정해 생성한다.
- 25행: MenuDemo 클래스가 ActionListener 구현 클래스이므로 this가 리스너가 된다.

```
35          key = KeyStroke.getKeyStroke(KeyEvent.VK_B, ActionEvent.CTRL_MASK);
36          item.setAccelerator(key);
37          item.addActionListener(this);
38          m2.add(item);
39          item = new JMenuItem("빨간색");
40          key = KeyStroke.getKeyStroke(KeyEvent.VK_R, ActionEvent.CTRL_MASK);
41          item.setAccelerator(key);
42          item.addActionListener(this);
43          m2.add(item);
44          item = new JMenuItem("노란색");
45          key = KeyStroke.getKeyStroke(KeyEvent.VK_Y, ActionEvent.CTRL_MASK);
46          item.setAccelerator(key);
47          item.addActionListener(this);
48          m2.add(item);
49          mb.add(m1);
50          mb.add(m2);
51          setJMenuBar(mb);
52       }
53
54       public static void main(String[] args) {
55          new MenuDemo();
56       }
57
58       public void actionPerformed(ActionEvent e) {
59          JMenuItem mi = (JMenuItem) (e.getSource());
60
61          switch (mi.getText()) {
62             case "새 파일" -> System.out.println("새 파일");
63             case "파일 열기" -> System.out.println("파일 열기");
64             case "파란색" -> getContentPane().setBackground(Color.BLUE);
65             case "빨간색" -> getContentPane().setBackground(Color.RED);
66             case "노란색" -> getContentPane().setBackground(Color.YELLOW);
67          }
68       }
69    }
```

Ctrl+B의 KeyStroke 객체를 생성한 후 단축키로 설정한다.

메뉴 항목의 문자열에 따라 화면에 문자열을 출력하거나 프레임의 컨텐트패인 배경색을 변경한다.

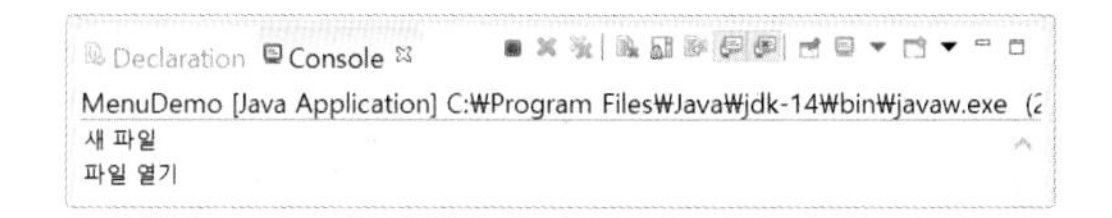

셀프 테스트 16-3

1 다음 중 자바가 지원하지 않는 것은?

① ActionAdapter

② FocusAdapter

③ KeyAdapter

④ MouseAdapter

2 WindowListener는 인터페이스이지만 WindowAdapter는 클래스이다. (O, X)

3 JMenuItem은 AbstractButton의 자식 클래스이다. (O, X)

4 __________는 메뉴 항목을 논리적으로 묶어 메뉴 항목 사이를 구별하는 분리선을 제공한다.

※ 다음과 같이 0부터 하나씩 증가하는 카운터를 GUI 프로그래밍해 봄으로써 스윙 컴포넌트, 배치 관리자, 이벤트 처리에 익숙해지자.

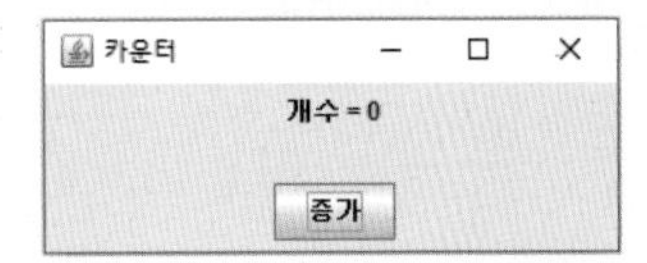

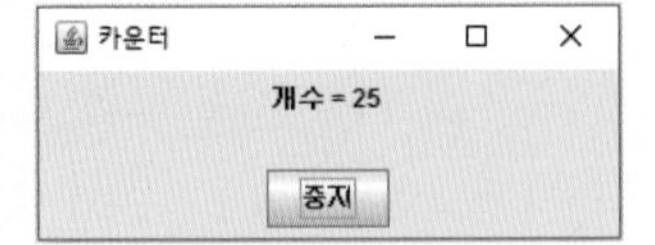

01 – [증가] 버튼을 클릭할 때마다 숫자가 하나씩 증가하는 카운터 프로그램을 작성해 보자.

① 다음 화면을 스윙 컴포넌트로 작성한다. BorderLayout 방식으로 배치하면 편리하다.

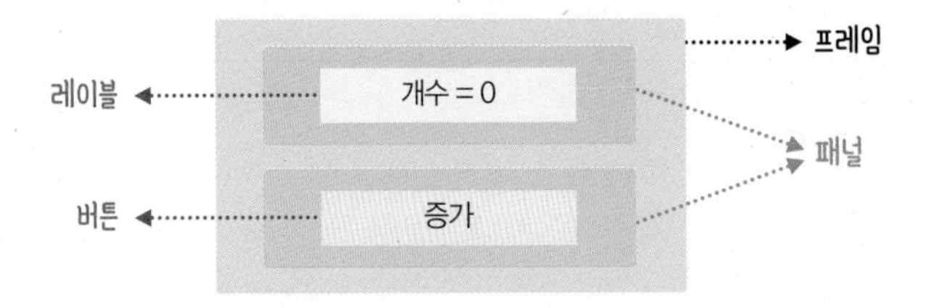

② 버튼 클릭에 의한 ActionEvent를 처리하는 ActionListener 인터페이스의 구현 객체를 작성하고 버튼에 등록한다.

③ 카운터 프로그램을 실행한 후 [증가] 버튼을 클릭할 때마다 숫자가 증가되는지 확인한다.

02 – [시작] 버튼을 클릭하면 0.5초마다 자동으로 숫자가 증가하는 카운터를 작성해 보자. 이번에는 카운터 프로그램을 ActionListener 인터페이스의 구현 클래스로 작성한다.

① 01에서 작성한 카운터 프로그램에서 ActionEvent를 처리하는 코드가 복잡하므로 다음과 같이 카운터 프로그램을 새로 작성한다.

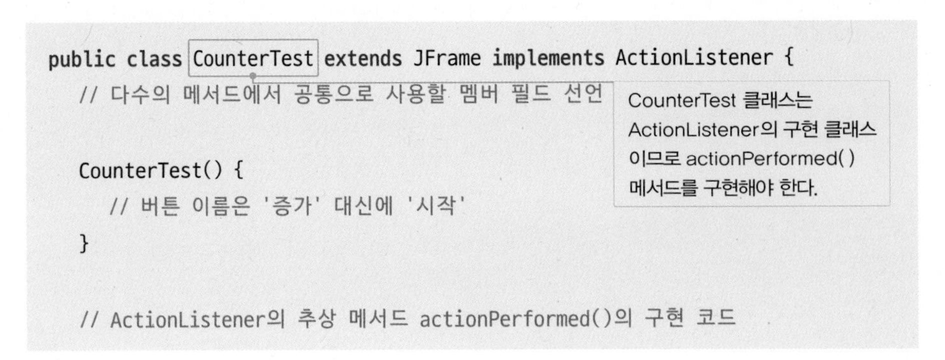

```
public class CounterTest extends JFrame implements ActionListener {
   // 다수의 메서드에서 공통으로 사용할 멤버 필드 선언

   CounterTest() {
      // 버튼 이름은 '증가' 대신에 '시작'
   }

   // ActionListener의 추상 메서드 actionPerformed()의 구현 코드
```

```
    public static void main(String[] args) {
        new CounterTest();
    }
}
```

② 01의 ①에서 주어진 화면을 CounterTest() 생성자 안에 스윙 컴포넌트로 작성하고, 다수의 메서드에서 공통으로 사용할 변수는 멤버 필드로 선언한다.

③ ActionListener의 추상 메서드 actionPerformed()를 구현한 후 버튼에 ActionListener 객체를 등록한다. actionPerformed() 메서드는 0.5초 이상의 긴 작업을 수행하므로 다음과 같이 스레드를 사용한다.

+ 여기서 ActionListener 객체는 JFrame 클래스의 자식인 카운터 프로그램 자신이다.

```
new Thread(() -> {
    while (true) {
        _____________________;
        _____________________;
        try {
            Thread.sleep(500);
        } catch (Exception e) {
        }
    }
}).start();
```

④ 카운터 프로그램을 실행한 후 [시작] 버튼을 클릭해 0.5초마다 카운터가 증가하는지 확인한다.

03 – 카운터 프로그램을 시작뿐만 아니라 멈출 수 있도록 작성해 보자. 하나의 버튼으로 시작 및 멈춤이 가능하도록 버튼 이름을 토글링한다.

① 02에서 작성한 스레드가 수행할 작업 코드가 복잡하기 때문에 람다식 대신 중첩 클래스 Counter로 정의한다.

```
public class CounterTest extends JFrame implements ActionListener {
    // 02와 동일한 멤버 필드 선언
    Thread thread;
```

```
    CounterTest() {
        // 02와 동일한 카운터 화면을 구성하는 코드
    }

    public void actionPerformed(ActionEvent e) {
    }

    class Counter implements Runnable {
        public void run() {
            // 0.5초마다 레이블 값을 하나씩 증가시키는 코드
        }
    }

    public static void main(String[] args) {
        new CounterTest();
    }
}
```

② ActionListener의 actionPerformed( ) 메서드에 다음과 같이 작성한다.

- 카운터 작업을 수행하는 스레드 객체를 아직 생성하지 않았거나 스레드가 살아 있지 않다면 Counter 클래스를 사용해 스레드 객체를 생성하고 시작한다.
- 스레드가 살아 있으면 인터럽트를 사용해 스레드를 멈추게 한다.

```
public void actionPerformed(ActionEvent e) {
    if (thread == null || thread.isAlive() == false) {
        // 스레드 객체 생성 및 시작
    } else {
        // 스레드를 중지시키는 인터럽트
    }
}
```

③ actionPerformed( ) 메서드 내부에 버튼 이름을 상황에 따라 '중지' 또는 '계속'으로 수정하는 코드를 추가한다. 버튼 이름은 setText( ) 메서드로 수정할 수 있다.

④ 카운터 프로그램을 실행한 후 시작, 중지, 계속 버튼을 클릭해 동작 과정을 확인한다.

01 – 버튼을 클릭하면 발생하는 이벤트는?

① ActionEvent

② ButtonEvent

③ ItemEvent

④ MouseEvent

02 – 프레임의 오른쪽 위에 있는 닫기 버튼을 클릭하면 발생하는 이벤트는?

① ActionEvent

② FrameEvent

③ ItemEvent

④ WindowEvent

03 – JPanel 객체 p를 JButton 객체 b의 리스너로 등록하는 실행문은?

① addActionListener(p);

② addActionEventListener(p);

③ b.addActionListener(p);

④ b.addActionEventListener(p);

04 – JMenu 객체 m을 JMenuBar 객체 mb에 등록하는 실행문은?

① mb.add(m);

② mb.addItem(m);

③ mb.addMenu(m);

④ mb.addMenuItem(m);

05 – 다음 중 어댑터 클래스가 없는 이벤트 리스너는?

① ActionListener

② KeyListener

③ MouseListener

④ ContainerListener

06 – [Home]을 누르면 호출되는 메서드는?

① keyTyped()

② KeyPressed(), KeyTyped()

③ KeyPressed(), KeyReleased()

④ KeyPressed(), KeyTyped(), KeyReleased()

07 – 모든 이벤트 객체에는 getSource()라는 메서드가 있다. (O, X)

08 – JMenuItem 클래스는 AbstractButton의 자식 클래스이다. (O, X)

09 – 이벤트를 위한 모든 리스너는 대응하는 어댑터 클래스를 가진다. (O, X)

10 – 키보드 작동 이벤트를 처리하려면 ________ 인터페이스를 구현하거나 ________ 클래스를 확장한다.

11 – 다음 코드에서 밑줄 친 부분에 적절한 코드는?

```
public class ButtonTest extends JFrame {
   public ButtonTest() {
      JButton b = new JButton("OK");
      ____________________;
      b.addActionListener(e -> System.out.println("OK 버튼 클릭"));
   }

   public static void main(String[] args) {
      JFrame f = new ButtonTest();
      f.setSize(300, 300);
      f.setVisible(true);
      f.setDefaultCloseOperation(JFrame.EXIT_ON_CLOSE);
   }
}
```

프로그래밍 문제

01 – 하나의 버튼으로 구성된 프레임이 있다. 버튼을 클릭할 때마다 다음과 같이 프레임의 바탕색이 기본 색이나 노란색으로 토글링되도록 프로그램을 작성하라. 기본 색은 색상을 설정할 때 null 값을 주면 된다.

02 – 15장 프로그래밍 문제 02에서 작성한 섭씨온도를 화씨온도로 변환시키는 프로그램을 작성하라. 단, 섭씨온도를 입력한 후 [변환] 버튼을 클릭하면 화씨온도를 표시하며, 섭씨온도를 입력하지 않고 [변환] 버튼을 클릭하면 화씨온도를 표시하는 필드에 물음표가 나타난다.

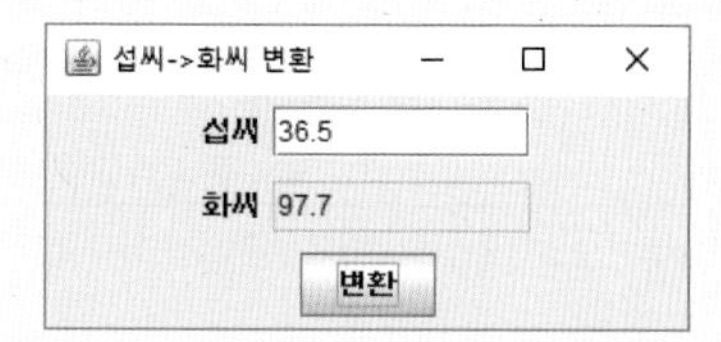

03 – 15장 프로그래밍 문제 07에서 작성한 카드 돌리기 프로그램의 외형에서 각 버튼을 클릭하면 최초 카드, 이전 카드, 다음 카드, 마지막 카드로 넘기도록 프로그램을 완성하라.

04 – 도전 과제 03에서 작성한 프로그램에 다음 기능을 추가하라.

> + 2개의 버튼을 구별하려면 ActionEvent 타입의 e 객체를 사용한다. 즉, '(JButton) e.getSource( ) == 버튼'처럼 조건식을 사용할 수 있다.

- [리셋] 버튼을 추가한다.
- [리셋] 버튼을 클릭하면 카운터를 정지하고, 카운터 값을 0으로 초기화한다.

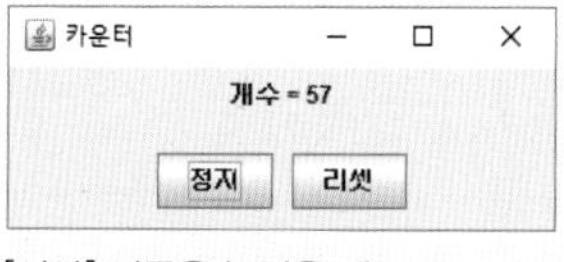

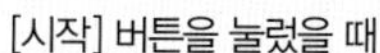

[시작] 버튼을 눌렀을 때

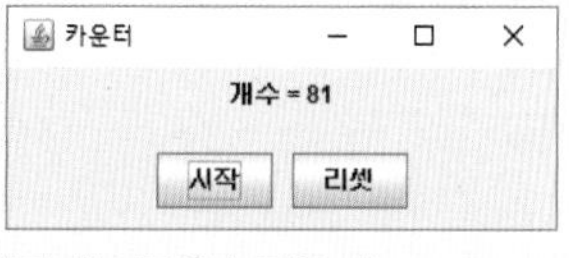

[정지] 버튼을 눌렀을 때

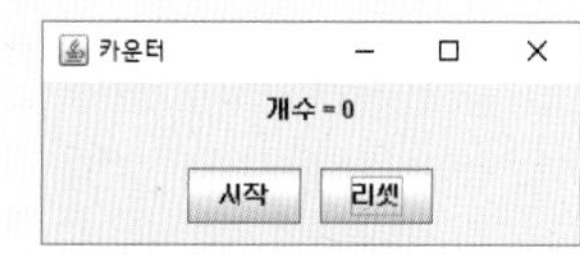

[리셋] 버튼을 눌렀을 때

05 – 마우스를 클릭할 때마다 프레임의 컨텐트패인 배경색이 랜덤하게 변경되는 프로그램을 작성하라.

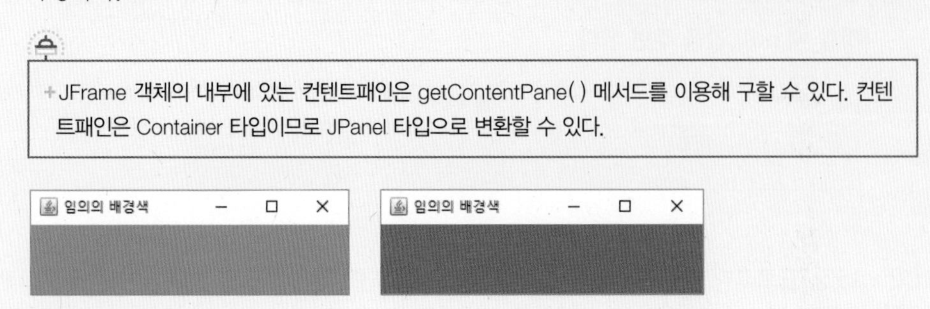

+ JFrame 객체의 내부에 있는 컨텐트패인은 getContentPane( ) 메서드를 이용해 구할 수 있다. 컨텐트패인은 Container 타입이므로 JPanel 타입으로 변환할 수 있다.

06 – 현재 시각에서 시, 분, 초 값을 가지는 디지털시계를 나타내는 프로그램을 작성하라.

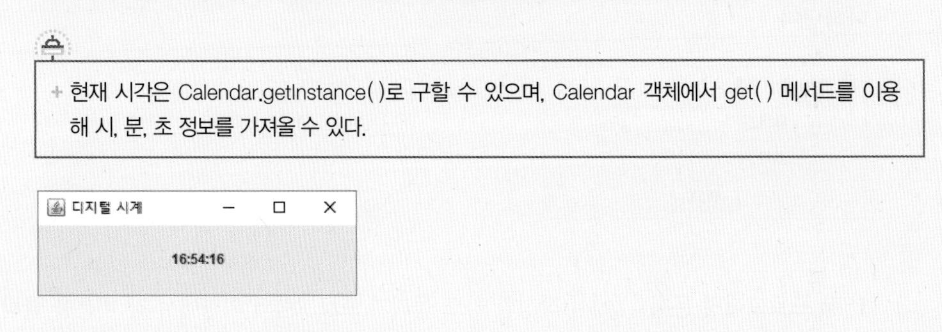

+ 현재 시각은 Calendar.getInstance( )로 구할 수 있으며, Calendar 객체에서 get( ) 메서드를 이용해 시, 분, 초 정보를 가져올 수 있다.

07 – 다음과 프로그램을 참고해 라디오버튼을 선택하면 레이블에 선택된 애완동물을 보여 주는 GUI 프로그램을 작성하라.

```java
public class JRadioButtonTest extends JFrame {
    public JRadioButtonTest() {
        JRadioButton[] pet = new JRadioButton[3];
        String[] name = { "강아지", "고양이", "금붕어" };
        ImageIcon[] image = { new ImageIcon("images/dog.png"),
            new ImageIcon("images/cat.png"), new ImageIcon("images/goldfish.png") };
        JLabel label = new JLabel();

        setTitle("애완 동물");

        // 코드 추가

    }

    public static void main(String[] args) {
        new JRadioButtonTest();
    }
}
```

08 - 다음과 같이 숫자를 입력할 수 있는 키패드를 GUI 프로그램으로 작성하라. 키패드에서 [CE]를 클릭하기 전까지는 클릭한 숫자나 소수점이 텍스트 필드에 입력된다. 그리고 [CE]를 클릭하면 텍스트 필드의 내용을 삭제한다.

Chapter 17

그래픽 프로그래밍

앞서 배운 AWT나 스윙에서는 미리 만들어진 그래픽 컴포넌트를 사용한다. 따라서 패널에 임의 도형이나 그림을 그릴 수 없다. 이 장에서는 그래픽과 렌더링의 개념, Graphics 클래스가 지원하는 기능을 알아본다. 특히 도형 그리기 및 칠하기, 이미지 그리기 및 클립핑, 컴포넌트의 색상 및 폰트 지정, 그래픽 좌표 체계 등을 학습한다. 또 그래픽을 좀 더 세련되게 표현하는 기법도 소개한다.

01 그래픽 컨텍스트

보통 그래픽을 처리할 때는 그래픽 주체, 그래픽 도구, 그래픽 대상이 필요하다. 그래픽 주체는 그림을 그리는 주체를 의미하는데, 대개 그림을 그리도록 프로그래밍하는 개발자를 지칭하지만 JVM도 될 수 있다. 이는 프레임을 아이콘화했다 복구할 때 JVM이 프레임을 다시 그리기 때문이다. 그래픽 도구는 그릴 때 사용할 수 있는 펜, 붓, 팔레트palette, 폰트 등을 의미한다. 자바는 Graphics 클래스로 그리기, 칠하기, 이미지 출력하기, 클리핑 등 프로그래밍에 필요한 모든 필드와 메서드를 제공한다. 그래픽 대상은 그림을 그릴 수 있는 도화지 등을 의미한다. 자바에서는 AWT나 스윙의 모든 컴포넌트, 이미지가 그래픽 대상이 될 수 있다.

그림 17-1 그래픽 요소

개발자가 그래픽 도구로 프로그래밍하지 않은 버튼, 텍스트 필드 등 컴포넌트가 어떻게 그려지는지 살펴보자. 그래픽을 지원하는 대부분의 프로그래밍에서 GUI 시스템이 컴포넌트의 모양을 렌더링한다. 자바에서도 JVM이 다음 메서드를 호출해 모든 스윙 컴포넌트의 모양을 렌더링한다. 이 메서드는 javax.swing.JComponent 클래스가 제공한다.

```
protected void paintComponent(Graphics g)
```

참고

렌더링rendering은 GUI 컴포넌트의 내부 데이터를 시각적 이미지로 변환하는 과정이다.

예를 들어 JButton 객체는 이미 paintComponent( ) 메서드에 버튼 모양을 그리는 코드가 들어 있다. JButton 객체를 컨테이너에 추가하면 JVM은 JButton 객체에 포함된

paintComponent( ) 메서드를 호출한다. paintComponent( ) 메서드는 Graphics 객체를 사용해 버튼 모양을 컨테이너에 그리는 것이다. 따라서 다음과 같이 paintComponent( ) 메서드를 오버라이딩하면 자바가 제공하는 스윙 컴포넌트로 커스텀 컴포넌트를 만들 수 있다.

```
class 커스텀컴포넌트 extends 스윙컴포넌트 {
  …
  public void paintComponent(Graphics g) {
     // 커스텀 컴포넌트에 필요한 코드
  }
}
```

그래픽 객체를 그리는 데 필요한 정보를 그래픽 컨텍스트graphic context라고 하며, java.awt.Graphics는 그래픽 컨텍스트를 추상화한 클래스이다. Graphics 클래스는 자바에서 그리기 작업을 할 때 필요한 도구로 AWT뿐만 아니라 스윙에서도 사용한다. 자바에서는 색상 선택, 문자열 그리기, 도형 그리기, 도형 칠하기, 이미지 그리기, 클리핑 등을 지원하는 각종 메서드와 상수를 Graphics 클래스로 제공한다. Graphics 클래스가 제공하는 색상이나 폰트 관련 메서드는 Color와 Font 객체를 사용한다.

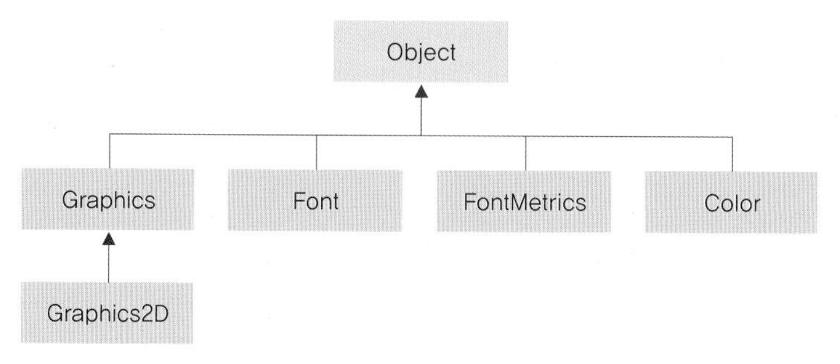

그림 17-2 그래픽 프로그래밍과 관련된 클래스의 계층구조

Graphics 클래스가 사용하는 좌표 체계는 왼쪽 위를 원점(0, 0)으로 하며, 원점을 제외한 모든 좌표 값은 양수를 사용하고 단위는 픽셀pixel이다. x 좌표는 오른쪽으로 갈수록 증가하고, y 좌표는 아래쪽으로 내려갈수록 증가한다.

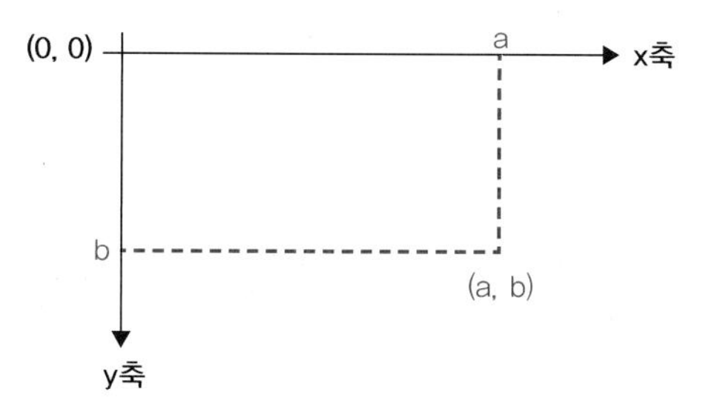

그림 17-3 Graphics **클래스 좌표 체계**

02 그래픽 그리기

1 문자열 그리기

Graphics 클래스는 문자열을 그릴 수 있도록 drawString() 메서드를 제공하며, 현재 Graphics에 설정된 색상과 폰트를 사용해 지정한 좌표에 문자열을 그린다.

```
void drawString(String str, int x, int y)
```

다음은 2개의 문자열을 패널 내부의 (20, 20)과 (40, 40) 좌표에 그리는 예제이다.

예제 17-1 문자열 그리기 sec02/StringDemo.java

```
01  import java.awt.*;
02  import javax.swing.*;
03
04  public class StringDemo extends JFrame {
05    class MyPanel extends JPanel {
06      protected void paintComponent(Graphics g) {
07        super.paintComponent(g);
08
09        g.drawString("문자열을 그려 보자!", 20, 20);
10        g.drawString("너만 그리니? 나도 그려 보자!", 50, 50);
11      }
12    }
13
14    StringDemo() {
15      setTitle("문자열 그리기");
16
17      add(new MyPanel());
18
19      setDefaultCloseOperation(JFrame.EXIT_ON_CLOSE);
20      setSize(300, 100);
21      setVisible(true);
22    }
```

- JPanel을 확장해 커스텀 패널을 정의한다. (4~5행)
- JPanel의 메서드를 오버라이딩한다. (6행)
- 대부분은 부모 클래스가 그려야 할 부분이 있기 때문에 호출한다. (7행)
- 명시된 좌표에 문자열을 그린다. (9~10행)
- 패널 객체를 프레임에 추가할 때 MyPanel 클래스에 오버라이딩된 paintComponent( )를 JVM이 호출한다. (17행)

```
23
24      public static void main(String[] args) {
25          new StringDemo();
26      }
27  }
```

문자열 그리기

문자열을 그려 보자!

너만 그리니? 나도 그려 보자!

2 색상 지정 : Color 클래스

그래픽을 사용해 도형이나 글자를 그릴 때는 색상을 지정해야 한다. 자바는 java.awt.Color 클래스로 그래픽에 색상을 지원한다. Color 객체를 사용해 그래픽 컨텍스트를 설정하면 컴포넌트의 색상을 변경할 수 있다.

그림 17-4 도형에 색상을 지정한 예

Color 클래스는 기본적으로 sRGB 색상 공간color space을 사용한다. 색상의 투명도를 나타내는 알파 값은 0에 가까울수록 투명함을 나타낸다. RGB 값은 0~255 범위의 수로 정수와 실수 모두를 사용한다. Color 클래스의 주요 생성자는 다음과 같다.

```
Color(float r, float g, float b)
Color(float r, float g, float b, float a)
Color(int r, int g, int b)
Color(int r, int g, int b, int a)
Color(int rgb)
Color(int rgba, boolean hasalpha)
```

여기서 r은 red, g는 green, b는 blue, a는 alpha를 나타낸다. rgb는 하위 24비트만 유효하다. rgb는 0xrrggbb로 표현하고, rgba는 0xaarrggbb로 표현한다. hasalpha는 알파 값의 사용 여부를 나타낸다.

Color 클래스는 13가지 색상을 나타내는 상수를 제공하는데, 다음은 이 중 대표적인 상수이다.

표 17-1 Color 클래스가 제공하는 대표적인 상수

상수	RGB 값
static Color black(또는 BLACK)	(0, 0, 0)
static Color blue(또는 BLUE)	(0, 0, 255)
static Color darkgray(또는 DARK_GRAY)	(64, 64, 64)
static Color lightGray(또는 LIGHT_GRAY)	(192, 192, 192)
static Color green(또는 GREEN)	(0, 255, 0)
static Color red(또는 RED)	(255, 0, 0)
static Color white(또는 WHITE)	(255, 255, 255)

자바는 컴포넌트 객체의 전경색이나 배경색을 설정할 수 있도록 다음과 같은 Component 클래스의 메서드를 제공한다.

```
void setBackground(Color c)
void setForeground(Color c)
```

컴포넌트 객체 위에서 문자나 도형 등을 그리기 전에 Graphics 클래스가 제공하는 다음 메서드로 색상을 설정할 수 있다.

```
void setColor(Color c)
```

다음은 버튼을 클릭할 때마다 버튼의 색상을 임의로 변환하는 예제이다.

예제 17-2 **색상 변경** sec02/ColorDemo.java

```
01  import java.awt.*;
02  import javax.swing.*;
03
04  public class ColorDemo extends JFrame {
05    ColorDemo() {
06       setTitle("색상 변환하기");
```

```
07
08         JButton b = new JButton("색상 변환");
09         add(b);
10         b.addActionListener(e -> {
11            Color color = new Color((int) (Math.random() * 255.0),
12                  (int) (Math.random() * 255.0),
13                  (int) (Math.random() * 255.0));
14            b.setBackground(color);
15         });
16
17         setDefaultCloseOperation(JFrame.EXIT_ON_CLOSE);
18         setSize(300, 100);
19         setVisible(true);
20      }
21
22      public static void main(String[] args) {
23         new ColorDemo();
24      }
25   }
```

난수를 사용해 색상의 RGB 값을 설정한 후 버튼 배경색을 변경한다.

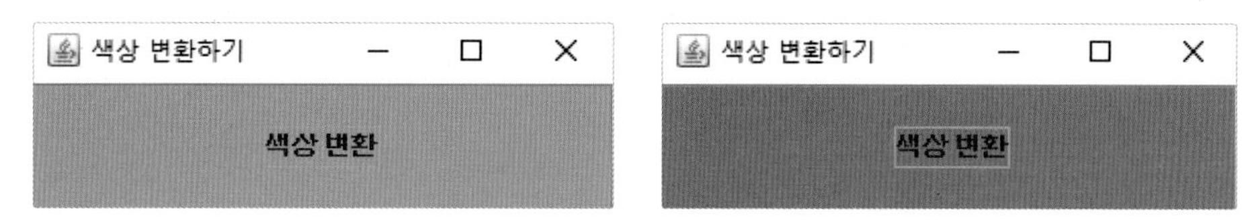

[예제 17-1]에서 import java.awt.Color;를 추가하고 11행과 12행을 다음과 같이 수정하면 [그림 17-5]와 같이 2개의 문자열을 각각 빨간색과 파란색으로 그린다.

```
g.setColor(Color.RED);
g.drawString("문자열을 그려 보자!", 20, 20);
g.setColor(Color.BLUE);
g.drawString("너만 그리니? 나도 그려 보자!", 50, 50);
```

그래픽 컨텍스트의 색상을 빨간색으로 설정한다.

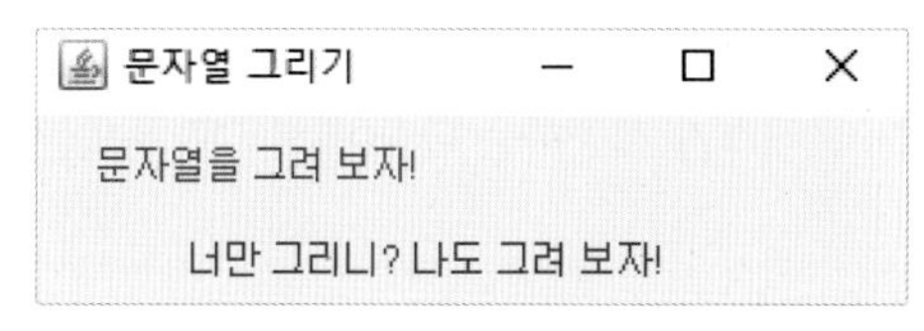

그림 17-5 빨간색과 파란색 문자열을 그리는 패널

3 폰트 지정 : Font 클래스

그래픽 컨텍스트를 사용하면 문자열을 그릴 때 다양한 폰트를 지정할 수 있다. 자바는 java.awt.Font 클래스로 다양한 폰트를 지원한다.

ABCDEFGHI
JKLMNOPQ
RSTUVWXYZ

그림 17-6 폰트 예

Font 객체로 사용할 폰트를 지정해 그래픽 컨텍스트에 설정하면 문자열의 폰트를 변경할 수 있다. Font 객체를 생성할 때 다음 생성자를 사용한다.

```
Font(String name, int style, int size)
```

name: 폰트 이름, style: 폰트 스타일, size: 폰트 크기

폰트 이름으로 TimesRoman, Helvetica, Courier, Dialog 등을 사용할 수 있으며, 스타일에는 Font 클래스가 제공하는 다음 상수를 사용할 수 있다. 그리고 폰트 크기는 단위가 픽셀이다.

표 17-2 Font 클래스가 제공하는 상수

상수		설명
폰트 이름	String DIALOG	대화상자에서 주로 사용하는 폰트이다.
	String MONOSPACED	고정 폭을 가지는 폰트이다.
	String SERIF	삐침이 있는 가변 폭의 폰트이다.
	String SANS_SERIF	삐침이 없는 가변 폭의 폰트이다.
폰트 스타일	int BOLD	굵은체이다.
	int ITALIC	이탤릭체이다.
	int PLAIN	일반 폰트이다.

컴포넌트 객체 위에서 문자를 그리기 전에 Graphics 클래스가 제공하는 다음 메서드로 폰트를 설정할 수 있다.

```
void setFont(Font font)
```

다음은 로컬 시스템에서 사용할 수 있는 폰트의 이름을 모두 출력하는 예제이다.

예제 17-3 **사용할 수 있는 모든 폰트 출력** sec02/Font1Demo.java

```
01  import java.awt.GraphicsEnvironment;
02
03  public class Font1Demo {
04    public static void main(String[] args) {
05      GraphicsEnvironment e =
06          GraphicsEnvironment.getLocalGraphicsEnvironment();
07
08      String[] fontNames = e.getAvailableFontFamilyNames();
09
10      for (String s : fontNames)
11        System.out.println(s);
12    }
13  }
```

로컬 시스템의 그래픽 정보를 나타내는 추상 클래스이다. 이 클래스로 로컬 시스템에서 사용할 수 있는 모든 폰트 이름을 얻을 수 있다.

사용할 수 있는 폰트 이름을 문자열로 가져온다.

```
Algerian
Arial
…
휴먼옛체
휴먼편지체
```

다음은 다양한 폰트 이름과 폰트 스타일을 이용해 문자열을 패널에 출력하는 예제이다.

예제 17-4 **다양한 폰트에 의한 문자열** sec02/Font2Demo.java

```
01  import java.awt.*;
02  import javax.swing.*;
03
04  public class Font2Demo extends JFrame {
05    Font2Demo() {
06      setTitle("폰트 설정하기");
07      add(new MyPanel());
08      setDefaultCloseOperation(JFrame.EXIT_ON_CLOSE);
09      setSize(400, 230);
10      setVisible(true);
11    }
12
```

```
13    public static void main(String[] args) {
14       new Font2Demo();
15    }
16 }
17
18 class MyPanel extends JPanel {
19    protected void paintComponent(Graphics g) {
20       super.paintComponent(g);
21
22       Font f1 = new Font("TimesRoman", Font.PLAIN, 10);
23       Font f2 = new Font("TimesRoman", Font.BOLD, 12);
24       Font f3 = new Font("TimesRoman", Font.ITALIC, 14);
25       Font f4 = new Font("TimesRoman", Font.BOLD + Font.ITALIC, 16);
26       Font f5 = new Font("Helvetica", Font.PLAIN, 18);
27       Font f6 = new Font("Courier", Font.PLAIN, 20);
28       Font f7 = new Font("Dialog", Font.PLAIN, 22);
29
30       g.setFont(f1);
31       g.drawString("안녕하세요 (TimesRoman Plain)", 10, 25);
32       g.setFont(f2);
33       g.drawString("안녕하세요 (TimesRoman Bold)", 10, 50);
34       g.setFont(f3);
35       g.drawString("안녕하세요 (TimesRoman Italic)", 10, 75);
36       g.setFont(f4);
37       g.drawString("안녕하세요 (TimesRoman Bold & Italic)", 10, 100);
38       g.setFont(f5);
39       g.drawString("안녕하세요 (Helvetica)", 10, 125);
40       g.setFont(f6);
41       g.drawString("안녕하세요 (Courier)", 10, 150);
42       g.setFont(f7);
43       g.drawString("안녕하세요 (Dialog)", 10, 175);
44    }
45 }
```

폰트 이름이다.

폰트 스타일이다.

폰트 크기이다.

폰트 스타일이 볼드체이면서 이탤릭체이다.

그래픽 컨텍스트의 폰트를 설정한다.

4 도형 그리기

Graphics 클래스가 제공하는 직선을 그리는 메서드는 다음과 같다.

```
void drawLine(int x1, int y1, int x2, int y2)
void drawPolyline(int[] xPoints, int[] yPoints, int nPoints)
```

drawLine() 메서드는 (x1, y1)에서 (x2, y2) 좌표까지 직선을 그리고, drawPolyline() 메서드는 2개의 배열 xPoints와 yPoints의 x 및 y 좌표를 사용해 다음과 같이 nPoints개의 점을 연결한 직선을 그린다. xPoints와 yPoints 배열의 원소 개수가 nPoints보다 적다면 nPoints만큼 배열 원소를 사용해 직선을 그린다. nPoints가 크다면 ArrayIndexOutOfBoundsException 예외가 발생한다.

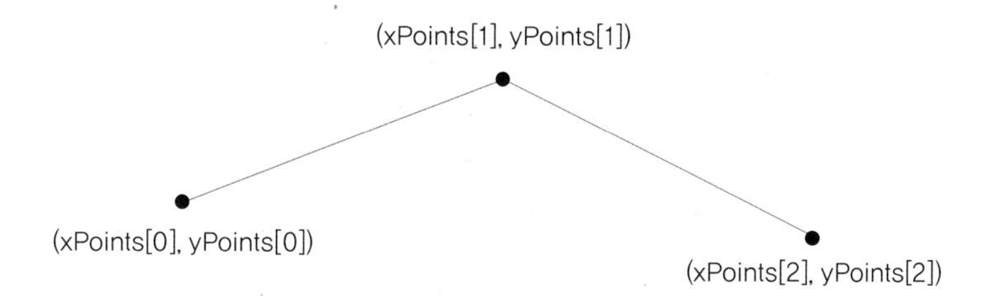

그림 17-7 drawPolyline() 메서드를 사용해 직선 그리기

다음은 Graphics 클래스를 사용해 직선과 꺾은선을 그리는 예제이다.

예제 17-5 **다양한 직선 그리기** sec02/LineDemo.java

```
01  import java.awt.*;
02  import javax.swing.*;
03
04  public class LineDemo extends JFrame {
05     int[] x = { 155, 205, 255 };
06     int[] y = { 5, 50, 5 };
07
08     LineDemo() {
09        setTitle("직선 그리기");
10
11        class MyPanel extends JPanel {
12           protected void paintComponent(Graphics g) {
13              super.paintComponent(g);
14
15              g.setColor(Color.RED);
16              g.drawLine(50, 10, 150, 50);
17              g.setColor(Color.BLUE);
18              g.drawPolyline(x, y, 3);
19           }
20        }
21
22        add(new MyPanel());
23
24        setDefaultCloseOperation(JFrame.EXIT_ON_CLOSE);
25        setSize(300, 100);
26        setVisible(true);
27     }
28
29     public static void main(String[] args) {
30        new LineDemo();
31     }
32  }
```

연결된 직선을 그리기 위한 x 좌표와 y 좌표 배열이다.

(50, 10)과 (150, 50) 좌표를 연결하는 직선을 그린다.

x 좌표 배열과 y 좌표 배열을 사용해 연결된 직선을 그린다.

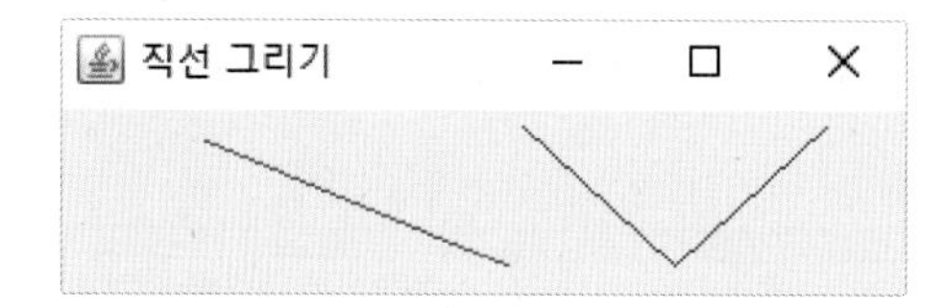

Graphics 클래스는 다양한 종류의 사각형을 그릴 수 있도록 여섯 가지 메서드를 제공하는데 일반 사각형, 모서리가 둥근 사각형, 3D가 적용된 사각형 등을 그릴 수 있다. 다음은 Graphics 클래스가 제공하는 도형을 그리는 메서드이다.

```
void drawRect(int x, int y, int width, int height)
void drawRoundRect(int x, int y, int width, int height, int arcWidth,
                   int arcHeight)
void draw3DRect(int x, int y, int width, int height, boolean raised)

void fillRect(int x, int y, int width, int height)
void fillRoundRect(int x, int y, int width, int height, int arcWidth,
                   int arcHeight)
void fill3DRect(int x, int y, int width, int height, boolean raised)
```

drawRect( )와 fillRect( ) 메서드는 왼쪽 위 (x, y) 좌표에 넓이와 폭이 width와 height인 사각형을 그린다. drawRoundRect( )와 fillRoundRect( ) 메서드는 drawRect( ) 및 fillRect( ) 메서드와 동일하지만, 모서리를 arcWidth와 arcHeight를 사용해 둥글게 처리한다. draw3DRect( )와 fill3DRect( ) 메서드는 각각 drawRect( ) 및 fillRect( ) 메서드와 동일하지만, 3D가 적용된다. raised는 참 또는 거짓에 따라 3차원 사각형에 볼록 또는 오목 효과를 준다.

예를 들어 drawRoundRect(x, y, width, height, arcWidth, arcHeight)로 그려지는 모양은 다음과 같다.

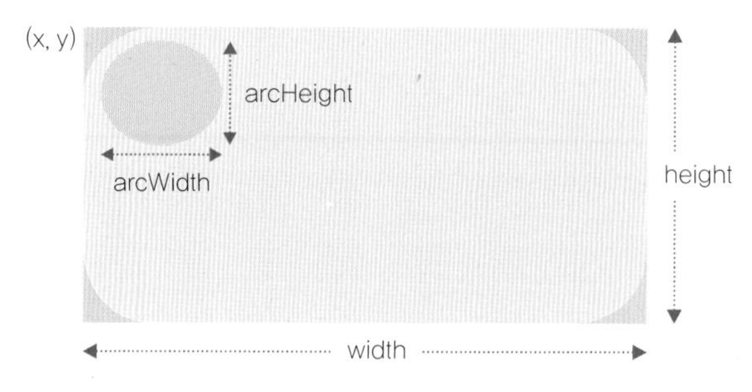

그림 17-8 drawRoundRect( ) 메서드로 그린 사각형

다음은 Graphics 클래스를 사용해 사각형, 채운 사각형, 모서리가 둥근 사각형, 3차원 사각형을 그리는 예제이다.

예제 17-6 **다양한 사각형 그리기** sec02/RectDemo.java

```
01 import java.awt.*;
02 import javax.swing.*;
03
04 public class RectDemo extends JFrame {
05   RectDemo() {
06     setTitle("다양한 사각형 그리기");
07
08     add(new JPanel() {
09       protected void paintComponent(Graphics g) {
10         super.paintComponent(g);
11
12         g.setColor(Color.RED);
13         g.drawRect(30, 10, 50, 50);
14         g.drawRoundRect(120, 10, 50, 50, 30, 20);
15         g.draw3DRect(210, 10, 50, 50, false);
16         g.draw3DRect(300, 10, 50, 50, true);
17
18         g.setColor(Color.GREEN);
19         g.fillRect(30, 80, 50, 50);
20         g.fillRoundRect(120, 80, 50, 50, 30, 20);
21         g.fill3DRect(210, 80, 50, 50, false);
22         g.fill3DRect(300, 80, 50, 50, true);
23       }
24     });
25
26     setDefaultCloseOperation(JFrame.EXIT_ON_CLOSE);
27     setSize(400, 180);
28     setVisible(true);
29   }
30
31   public static void main(String[] args) {
```

모서리가 둥글면서 빨간색 테두리가 있는 사각형을 그린다.

테두리가 빨간색인 오목한 3D 사각형을 그린다.

모서리가 둥글고 초록색으로 채운 사각형을 그린다.

초록색으로 채운 볼록한 3D 사각형을 그린다.

```
32          new RectDemo();
33      }
34  }
```

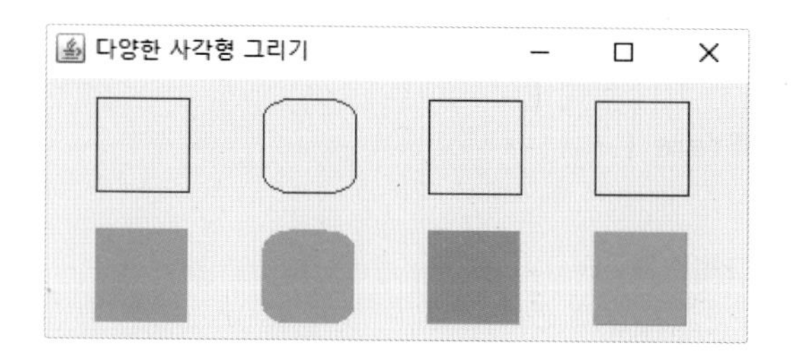

Graphics 클래스는 타원, 호arc, 다각형을 그릴 수 있도록 다음 메서드를 제공한다.

```
void drawOval(int x, int y, int width, int height)
void drawArc(int x, int y, int width, int height, int startAngle, int arcAngle)
void drawPolygon(int[] xPoints, int[] yPoints, int nPoints)

void fillOval(int x, int y, int width, int height)
void fillArc(int x, int y, int width, int height, int startAngle, int arcAngle)
void fillPolygon(int[] xPoints, int[] yPoints, int nPoints)
```

x, y, width, height 매개변수의 의미는 [그림 17-9]와 같고 startAngle과 arcAngle은 radian이 아니라 degree로 0~360 사이의 정수를 사용한다.

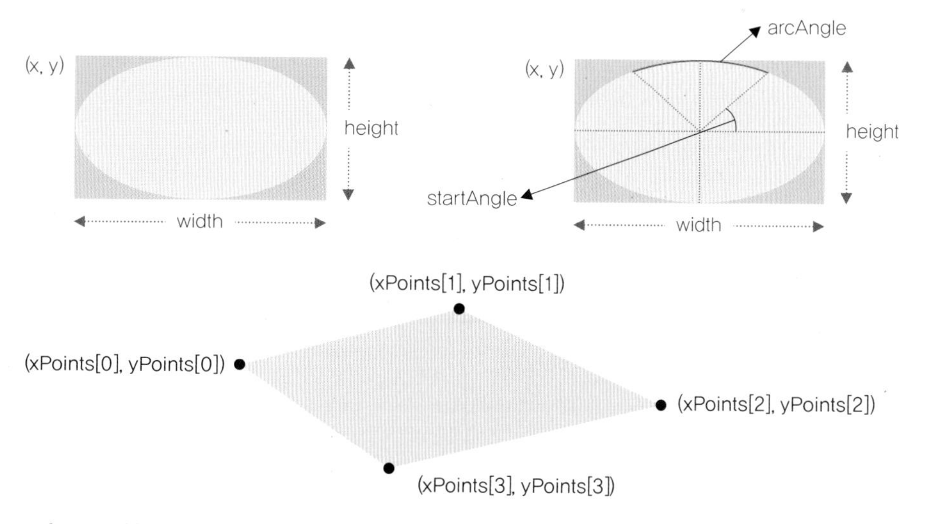

그림 17-9 타원, 호, 다각형 그리기에서 매개변수 의미

다음은 Graphics 클래스를 사용해 별, 원, 네 가지 호로 구성된 원, 타원을 그리는 예제이다.

예제 17-7 **타원, 호, 다각형 그리기** sec02/StarDemo.java

```
01 import java.awt.*;
02 import javax.swing.*;
03
04 public class StarDemo extends JFrame {
05   StarDemo() {
06     setTitle("타원, 호, 다각형 그리기");
07
08     add(new JPanel() {
09       protected void paintComponent(Graphics g) {
10         super.paintComponent(g);
11
12         g.setColor(Color.RED);
13         int x[] = { 82, 92, 112, 92, 100, 80, 55, 68, 49, 72, 82 };
14         int y[] = { 8, 32, 38, 50, 75, 55, 72, 45, 28, 30, 8 };
15
16         g.fillPolygon(x, y, x.length);
17
18         g.fillArc(150, 10, 50, 50, 90, 90);
19
20         g.setColor(Color.BLUE);
21         g.fillArc(160, 10, 50, 50, 0, 90);
22
23         g.setColor(Color.YELLOW);
24         g.fillArc(150, 20, 50, 50, 180, 90);
25
26         g.setColor(Color.GREEN);
27         g.fillArc(160, 20, 50, 50, 270, 90);
28
29         g.setColor(Color.BLACK);
30         g.drawOval(60, 100, 50, 50);
31
32         g.drawOval(130, 100, 100, 50);
```

다각형으로 별 모양을 그린다.

각도가 90도인 호를 네 종류 그린다.

테두리가 검은색인 원과 타원을 그린다.

```
33            }
34         });
35
36         setDefaultCloseOperation(JFrame.EXIT_ON_CLOSE);
37         setSize(300, 210);
38         setVisible(true);
39      }
40
41      public static void main(String[] args) {
42         new StarDemo();
43      }
44   }
```

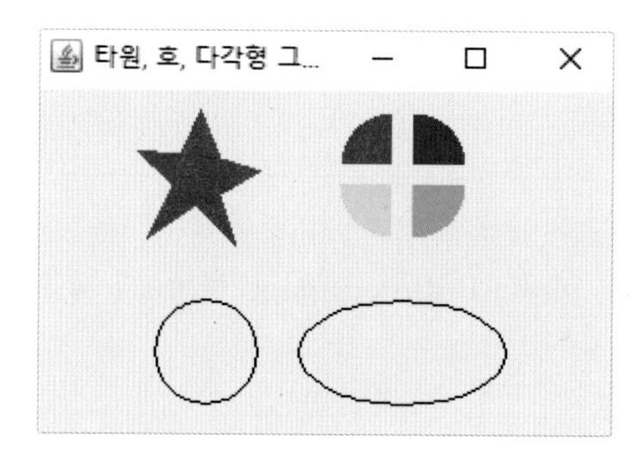

5 이미지 그리기

자바는 GIF, JPEG, PNG 형식의 파일을 화면에 그릴 수 있으며, 프로그램에서 작성한 그림을 이미지 파일로 저장할 수 있다. 이미지는 폭과 높이가 있고, 단위는 픽셀을 사용하며, 좌표 체계는 독립적이다. 자바는 다음 두 가지 주요 클래스로 이미지를 처리한다.

- **java.awt.image 클래스** : 그래픽 이미지를 사각형 픽셀 이미지로 표현한다.
- **java.awt.image.BufferedImage 클래스** : Image의 자식 클래스로 애플리케이션이 직접 Buffered Image 객체를 생성할 수 있고, 이미지 데이터도 조작할 수 있다.

이외에도 javax.swing.ImageIcon 클래스가 제공하는 getImage() 메서드를 사용하거나 java.awt.Toolkit 클래스가 제공하는 getImage() 메서드를 사용해 외부 이미지 파일에서 Image 객체를 가져올 수 있다. 예를 들어 images 폴더의 tiger.png 파일에서 Image 객체를 가져오는 방법은 다음과 같다.

```
ImageIcon icon = new ImageIcon("images/tiger.png");
Image img = icon.getImage();

또는

Image img = Toolkit.getDefaultToolkit().getImage("images/tiger.png");
```

프로그램에서 이미지를 사용하려면, 먼저 이미지 파일을 읽어서 내부 형식의 이미지로 변환해야 한다. 이미지 파일을 읽으려면 GIF, PNG, JPEG, BMP, WBMP 등 다양한 형식의 이미지 파일을 지원하는 javax.imageio.ImageIO 클래스를 다음과 같이 사용한다.

```
BufferedImage img;
try {                          Image의 자식 클래스이다.
  img = ImageIO.read(new File("tiger.png"));
} catch (IOException e) {
}
```

필요하다면 읽어 온 이미지의 크기를 알아볼 수 있다. 이때는 BufferedImage 클래스가 제공하는 다음 메서드를 사용한다.

```
int getHeight()
int getWidth()
```

Graphics 클래스는 이미지를 다양한 방식으로 그릴 수 있도록 다음 메서드를 제공한다.

```
// 원본 이미지와 동일한 크기로 그리기
boolean drawImage(Image img, int x, int y, Color bgcolor,
                  ImageObserver observer)
boolean drawImage(Image img, int x, int y, ImageObserver observer)

// 원본 이미지 크기를 조절해 그리기
boolean drawImage(Image img, int x, int y, int width, int height,
                  Color bgcolor, ImageObserver observer)
boolean drawImage(Image img, int x, int y, int width, int height,
                  ImageObserver observer)
```

```
// 원본 이미지 일부를 크기 조절해 그리기
boolean drawImage(Image img, int dx1, int dy1, int dx2, int dy2, int sx1,
                  int sy1, int sx2, int sy2, Color bgcolor,
                  ImageObserver observer)
boolean drawImage(Image img, int dx1, int dy1, int dx2, int dy2, int sx1,
                  int sy1, int sx2, int sy2, ImageObserver observer)
```

여기서 img는 로딩해 둔 외부 이미지 파일이다. x와 y는 이미지 원본의 왼쪽 위 좌표, bgColor는 이미지의 투명한 부분에 칠한 배경색, width와 height는 그릴 그래픽 대상의 폭과 높이를 의미한다. [그림 17-10]과 같이 (sx1, sy1)과 (sx2, sy2)는 각각 이미지 원본의 왼쪽 위와 오른쪽 아래 모서리 좌표이고, (dx1, dy1)과 (dx2, dy2)는 각각 화면에 그릴 이미지의 왼쪽 위와 오른쪽 아래 모서리 좌표이다. observer는 이미지 그리기 작업을 완료했을 때 통보받을 객체를 의미하며, 이미지를 갱신하는 역할을 수행한다.

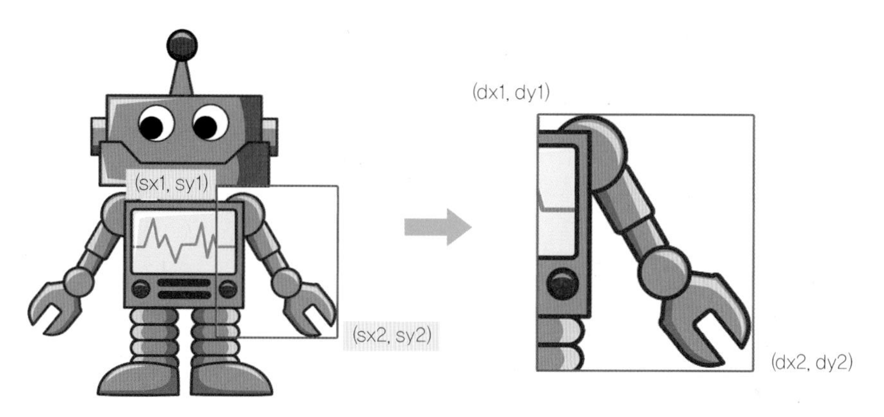

그림 17-10 원본 이미지의 일부를 크기 조절해 그리기

다음은 간단한 PNG 형식의 이미지를 ImageIO 클래스를 사용해 이미지를 읽고 화면에 표시하는 예제이다.

예제 17-8 **이미지의 화면 표시** sec02/ImageDemo.java

```
01  import java.awt.*;
02  import java.awt.Image.*;
03  import java.io.*;
04  import javax.imageio.*;
05  import javax.swing.*;
06
```

```
07  public class ImageDemo extends JFrame {
08    ImageDemo() {
09      setTitle("이미지 그리기");
10
11      class MyPanel extends JPanel {
12        BufferedImage img;
13
14        public MyPanel() {
15          try {                                    ImageIO 클래스를 사용해 이미지를 로딩한다.
16            img = ImageIO.read(new File("images/balloons.png"));
17          } catch (IOException e) {
18          }
19        }
20
21        public void paintComponent(Graphics g) {
22          super.paintComponent(g);
23
24          g.drawImage(img, 0, 0, null);      (0, 0) 좌표를 기준으로 이미지를 그린다.
25        }
26      }
27
28      add(new MyPanel());
29
30      setDefaultCloseOperation(JFrame.EXIT_ON_CLOSE);
31      setSize(320, 262);
32      setVisible(true);
33    }
34
35    public static void main(String[] args) {
36      new ImageDemo();
37    }
38  }
```

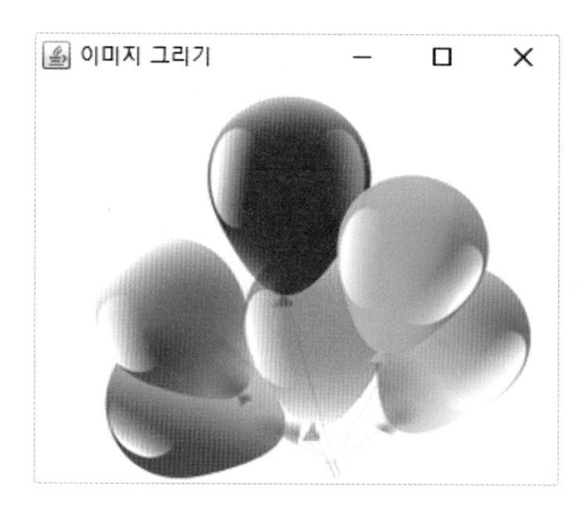

여기서 balloons.png 파일을 가진 images 폴더의 위치는 다음 그림과 같다. 이클립스의 경우 프로젝트(chap17) 아래에 있는 src 폴더와 같은 위치이다. 그런데 인텔리J 아이디어의 경우는 프로젝터 아래에 생성한 모듈(chap17)의 위치와 같다.

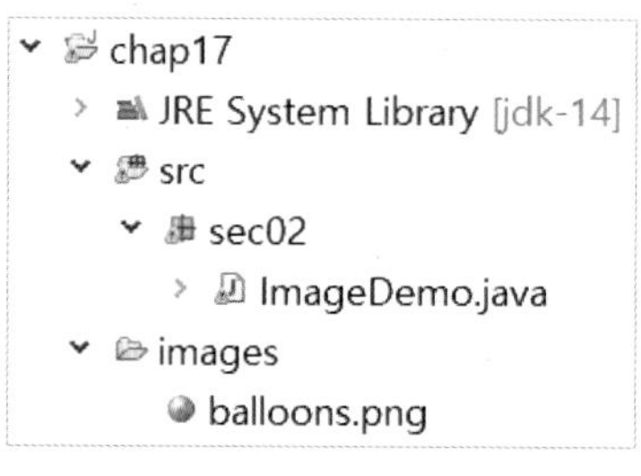

chap17
src
sec02
ImageDemo
chap17.iml
images
balloons.png

(a) 이클립스

(b) 인텔리J 아이디어

그림 17-11 이미지의 위치

[예제 17-8]의 24행을 다음 두 가지 유형으로 변경했을 때 어떤 변화가 있는지 살펴보자.

```
g.drawImage(img, 0, 0, getWidth() / 2, getHeight() / 2, null);

또는

g.drawImage(img, 0, 0, 150, 150, 50, 50, 150, 150, null);
```

첫 번째 유형에서 getWidth()와 getHeight()는 JComponent 클래스가 제공하는 메서드로 컴포넌트의 넓이와 높이를 의미한다. 여기서는 패널에서 호출하므로 패널의 넓이와 높이가 되어 [그림 17-12]의 (a)와 같이 넓이와 높이가 절반으로 줄어든 이미지가 나타난다. 두 번째 유형에서는 (b)와 같이 (50, 50)에서 (150, 150) 좌표의 이미지 일부를 (0, 0)에서 (150, 150) 좌표에 나타낸다. 따라서 100×100 크기의 부분을 150×150 크기로 확대해서 나타낸다.

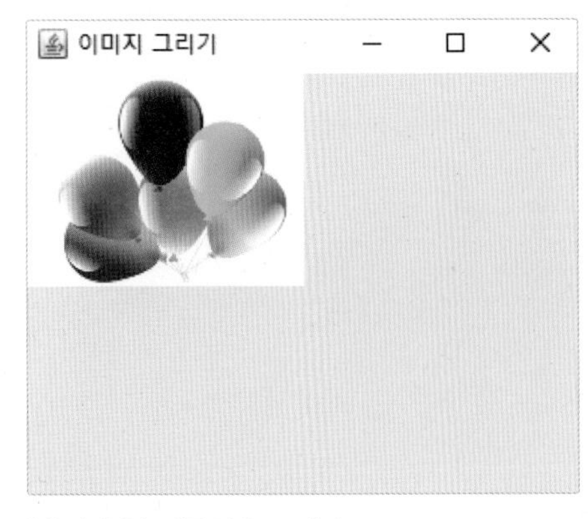

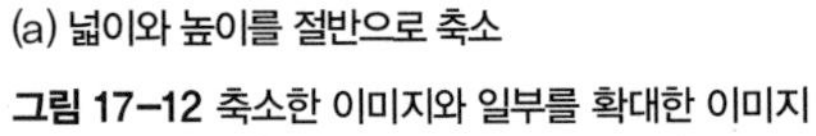
(a) 넓이와 높이를 절반으로 축소

(b) 이미지 일부를 확대

그림 17-12 축소한 이미지와 일부를 확대한 이미지

6 클리핑

클리핑clipping은 실제 이미지의 필요한 부분을 꺼내기 위해 잘라내는 것으로 시저링scissoring이라고도 한다. 자바에서 클리핑은 Graphics 클래스로 그리기를 할 때 지정된 특정 부분만 보이도록 하는 기능이다. 클리핑을 위한 사각형 영역을 클리핑 영역clipping area이라고 한다. 영역을 따로 설정하지 않으면 기본적으로 컴포넌트의 전체 영역을 클리핑 영역으로 설정한다. Graphics 클래스가 클리핑할 수 있도록 제공하는 주요 메서드는 다음과 같다.

표 17-3 Graphics 클래스의 주요 클리핑 메서드

메서드	설명
void clipRect(int x, int y, int w, int h)	기존 클리핑 영역과 (x, y) 좌표에서 w×h 사각형 영역의 교집합을 새로운 클리핑 영역으로 지정한다.
Shape getClip( )	클리핑 영역을 반환한다.
void setClip(int x, int y, int w, int h)	(x, y) 좌표에서 w×h 사각형 영역을 클리핑 영역으로 지정한다.

다음은 패널의 (30, 20) 좌표에서 240×170 크기에 해당하는 부분을 클리핑 영역으로 설정한 후 도형과 이미지를 그린 결과를 나타내는 예제이다.

예제 17-9 **클리핑** sec02/ClipDemo.java

```
01 import java.awt.*;
02 import java.awt.Image.*;
03 import java.io.*;
04 import javax.imageio.*;
05 import javax.swing.*;
06
07 public class ClipDemo extends JFrame {
08   ClipDemo() {
09     setTitle("이미지 그리기");
10
11     class MyPanel extends JPanel {
12       BufferedImage balloons, bear;
13
14       public MyPanel() {
15         try {
16           balloons = ImageIO.read(new File("images/balloons.png"));
17           bear = ImageIO.read(new File("images/bear.png"));
18         } catch (IOException e) {
19         }
20       }
21
22       public void paintComponent(Graphics g) {
23         super.paintComponent(g);
24
25         g.setClip(30, 20, 240, 170);           // 클리핑 영역을 설정한다.
26
27         g.drawImage(balloons, 0, 0, null);     // 이미지를 그린다. 그런데 클리핑 영역에 그린 이미지의 일부만 보인다.
28
29         g.setColor(Color.RED);
30
31         g.drawRect(20, 10, 100, 100);          // 사각형을 그린다. 그런데 클리핑 영역에 그린 사각형의 일부만 보인다.
32
33         g.drawImage(bear, 190, 120, null);     // 이미지를 그린다. 이미지가 모두 클리핑 영역에 있기 때문에 이미지 전체가 보인다.
34       }
```

```
35        }
36
37        add(new MyPanel());
38
39        setDefaultCloseOperation(JFrame.EXIT_ON_CLOSE);
40        setSize(320, 265);
41        setVisible(true);
42     }
43
44     public static void main(String[] args) {
45        new ClipDemo();
46     }
47  }
```

7 스윙의 그리기 과정

스윙 컴포넌트는 모두 JComponent 클래스의 자식 객체로 JComponent 클래스의 paintComponent() 메서드를 호출해서 그린다. 그런데 paintComponent() 메서드는 애플리케이션이 직접 호출할 수 없고, JVM이 호출하는 콜백 메서드callback method이다. 즉, [그림 17-13]의 ❶과 ❷ 같이 JVM이 GUI 컴포넌트를 렌더링할 필요가 있다고 결정하면 컴포넌트의 paintComponent() 메서드를 호출하며, Graphics 객체를 인수로 전달한다.

그런데 프로그램 내부에서 컴포넌트의 크기나 색상이 바뀌는 경우 JVM은 컴포넌트의 변화를 알 수 없기 때문에 JVM이 컴포넌트를 렌더링하지 않는다. 이때 컴포넌트의 변화를 화면에 반영하려면 Component 클래스가 제공하는 다음 메서드를 호출해야 한다.

```
void repaint()
```

repaint()는 JVM에 컴포넌트를 다시 그려 달라고 요청하는 메서드이다. 따라서 애플리케이션은 repaint() 메서드를 이용해 간접적으로 paintComponent() 메서드를 호출할 수 있다.

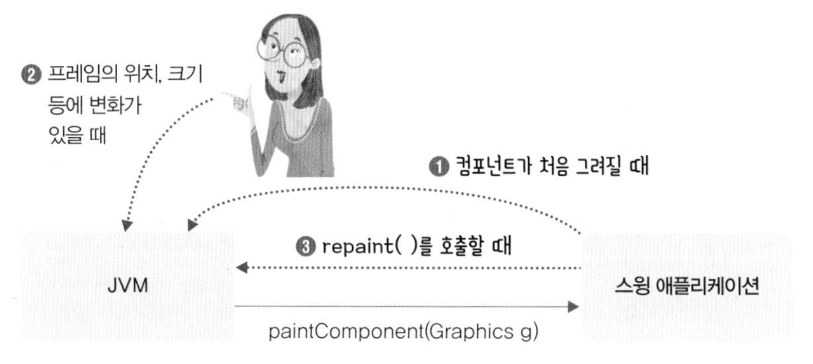

그림 17-13 paintComponent( ) 메서드 요청

다음 예제는 클릭할 때마다 임의의 위치에 크기가 25픽셀 미만인 정사각형을 그리기 위해 repaint() 메서드를 사용하는 코드이다.

예제 17-10 **임의로 사각형 그리기** sec02/RepaintDemo.java

```
01  import java.awt.*;
02  import java.awt.event.*;
03  import java.util.*;
04  import javax.swing.*;
05
06  public class RepaintDemo extends JFrame {
07     Random r = new Random();
08     List<Rectangle> list = new ArrayList<>();
09     MouseEvent e;
10
11     public RepaintDemo() {
12        setTitle("클릭할 때마다 임의의 사각형 그리기");
13        add(new MousePanel());
14
15        setDefaultCloseOperation(JFrame.EXIT_ON_CLOSE);
16        setSize(400, 200);
17        setVisible(true);
18     }
```

- 08행: 생성된 사각형을 모아 두는 공간이다.
- 09행: 이전 클릭 위치를 저장하는 변수이다. 마우스를 한 번 클릭해도 물리적인 떨림은 여러 번 발생한다. 따라서 동일한 위치의 클릭 정보를 한 번만 얻으려면 이전 클릭 정보를 저장해야 한다.

```
19
20    class MousePanel extends JPanel {
21       protected void paintComponent(Graphics g) {
22          super.paintComponent(g);
23
24          addMouseListener(new MouseAdapter() {
25             public void mousePressed(MouseEvent e) {
26                if (RepaintDemo.this.e != null) {
27                   if (RepaintDemo.this.e.equals(e))
28                      return;
29                }
30
31                int w = r.nextInt(20) + 5;
32                int x = r.nextInt(350);
33                int y = r.nextInt(150);
34                list.add(new Rectangle(x, y, w, w));
35
36                repaint();
37
38                RepaintDemo.this.e = e;
39             }
40          });
41
42          for (int i = 0; i < list.size(); i++) {
43             Rectangle r = list.get(i);
44             int x = (int) r.getX();
45             int y = (int) r.getY();
46             int l = (int) r.getWidth();
47             g.drawRect(x, y, l, l);
48          }
49       }
50    }
51
52    public static void main(String[] argv) {
```

중첩 클래스에서 외부 클래스의 필드 e를 나타낸다.

최초 마우스 클릭이 아닌지 조사한다.

마우스 클릭의 떨림 효과를 제거하려는 것이다. 동일한 위치에서 연속 클릭이 발생하면 무시한다.

생성된 사각형을 리스트에 추가한다.

JVM에 그리기를 요청한다.

이전 마우스 클릭 정보를 보관한다.

리스트에 보관된 모든 사각형을 그린다.

```
53        new RepaintDemo();
54    }
55 }
```

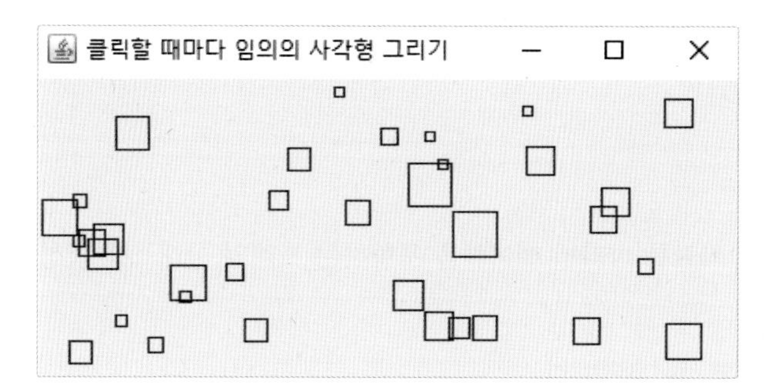

셀프 테스트 17-1

1 원을 그리려면 Graphics 클래스가 제공하는 다음 메서드 중 어떤 것을 호출해야 하는가?

① drawCircle( )

② drawArc( )

③ drawOval( )

④ fillCircle( )

2 Font 클래스를 사용하는 데 필요한 패키지는?

① java.awt

② java.awt.font

③ javax.swing

④ javax.swing.font

3 GUI 컴포넌트를 화면에 그리려면 애플리케이션에서 JComponent 클래스가 제공하는 paintComponent( ) 메서드를 직접 호출해야 한다. (O, X)

4 그래픽 좌표는 화면 중앙을 원점인 (0, 0)으로 해서 오른쪽 또는 위쪽으로 갈수록 양의 값으로 증가하며, 왼쪽 또는 아래쪽으로 갈수록 음의 값으로 증가한다. (O, X)

5 __________ 클래스는 Image 클래스의 자식 클래스로서 애플리케이션에서 생성된 이미지 데이터를 직접 조작할 수 있게 해 준다.

※ 마우스로 클릭해 드래그하면 프레임에 사각형이 나타나고, 아래쪽에 사각형의 왼쪽 위와 오른쪽 아래 좌표를 표시하는 프로그램을 작성해 보자.

01 – 사각형을 그릴 패널과 사각형의 좌표를 나타낼 레이블을 포함하는 프레임 클래스를 생성하는 프로그램을 작성해 보자.

① JFrame의 자식 클래스를 다음과 같이 작성한다.

```
public class MouseDragTest extends JFrame {
   public static void main(String[] args) {
      new MouseDragTest();
   }
}
```

② 아래와 같이 두 개의 컴포넌트(프레임의 중앙에 노란색 패널과 프레임의 아래쪽에 레이블)를 추가하는 프레임 클래스의 생성자를 작성한다.

```
public MouseDragTest() {
   setTitle("드래그로 사각형 그리기");
   JPanel p1 = new JPanel();
   ________________________________;

   JPanel p2 = new JPanel();
   ________________________________;
   p2.add(status);

   add("Center", p1);
   add("South", p2);

   setDefaultCloseOperation(JFrame.EXIT_ON_CLOSE);
   setSize(400, 250);
   setVisible(true);
}
```

③ 프로그램을 실행해 중앙에 있는 노란색 패널과 아래쪽에 레이블을 확인한다.

02 - 마우스를 드래그하는 과정에서 마우스를 클릭한 지점과 놓는 부분의 좌표를 레이블로 나타내는 프로그램을 작성해 보자.

① 사각형의 좌표를 구하려면 MouseListener와 MouseMotionListener 인터페이스의 구현 클래스를 다음과 같이 중첩 클래스로 작성한다.

```
class MyMouseListener implements MouseListener, MouseMotionListener {
   int x1, y1, x2, y2;

   public void mousePressed(MouseEvent e) {
      x1 = e.getX();
      y1 = e.getY();
      status.setText("(" + x1 + "," + y1 + ")");
   }

   public void mouseDragged(MouseEvent e) {
      …
   }

   public void mouseReleased(MouseEvent e) {
      …
   }
   …
}
```

② MouseListener와 MouseMotionListener 인터페이스의 구현 객체를 생성하고, addMouseListener()와 addMouseMotionListener() 메서드로 리스너를 패널 객체에 등록한다.

```
public MouseDragTest() {
   // 기존 코드

   MyMouseListener listener = new MyMouseListener();
   p1.addMouseListener(listener);
   p1.addMouseMotionListener(listener);  // p1은 마우스가 드래그되는 패널
}
```

③ 작성한 프로그램을 실행해 아래쪽 레이블에 다음과 같이 사각형 좌표가 나타나는지 확인한다.

03 – 패널에 마우스를 클릭한 지점에서 드래그한 부분까지 사각형을 그리려면 패널의 paintComponent( ) 메서드를 오버라이딩해야 한다. 여기서는 익명 클래스로 패널을 구현해 보자.

① 사각형을 그리는 코드를 추가한다. 마우스를 클릭한 지점이 놓는 지점보다 좌표의 x 또는 y 값이 더 작을 수도 있으므로 작은 x 값과 y 값을 사각형의 왼쪽 위 좌표로 사용한다.

```
JPanel p = new JPanel() {
   public void paintComponent(Graphics g) {
      super.paintComponent(g);
      …
   }
};
```

② 마우스 이벤트가 발생할 때마다 repaint( ) 메서드를 호출해 JVM에 다시 그리도록 요청하는 코드를 추가한다.

③ 완성된 프로그램을 실행해 다음과 같이 드래그한 영역에서 사각형과 좌표가 나타나는지 확인한다.

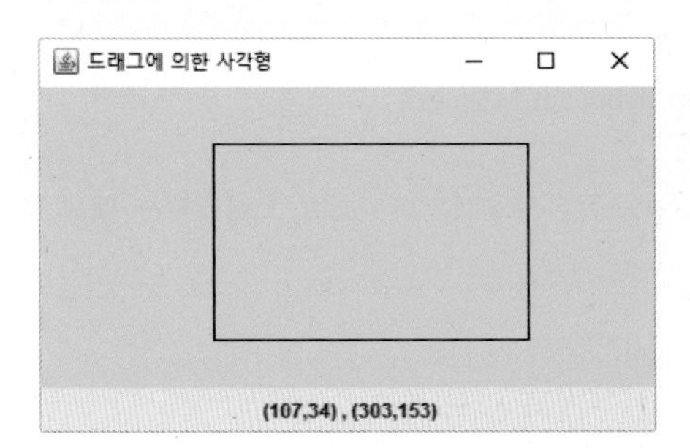

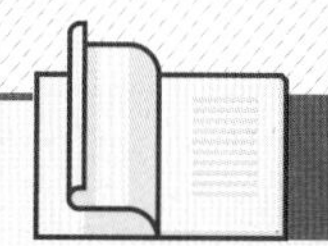

01 - Graphics 클래스가 사용하는 좌표 체계는?

① 중앙이 (0, 0)이고 오른쪽으로 x축 값이 증가하며, 위쪽으로 y축 값이 증가한다.

② 왼쪽 위 모서리가 (0, 0)이고 오른쪽으로 x축 값이 증가하며, 아래쪽으로 y축 값이 증가한다.

③ 왼쪽 아래 모서리가 (0, 0)이고 오른쪽으로 x축 값이 증가하며, 위쪽으로 y축 값이 증가한다.

④ 오른쪽 아래 모서리가 (0, 0)이고 왼쪽으로 x축 값이 증가하며, 위쪽으로 y축 값이 증가한다.

02 - 자신의 외형을 그리는 메서드로 모든 스윙 컴포넌트가 갖는 것은?

① paint()

② repaint()

③ paintComponent()

④ repaintComponent()

03 - Graphics 객체 g를 이용해 (50, 50) 좌표에 크기가 100X100픽셀인 사각형을 그리는 코드는?

① drawRectangle(50, 50, 100, 100);

② drawRect(50, 50, 100, 100);

③ drawRectangle(100, 100, 50, 50);

④ drawRect(100, 100, 50, 50);

04 - 그래픽 프로그래밍에 필요한 다양한 메서드를 제공하는 클래스는?

① java.awt

② java.Graphics

③ java.awt.Graphics

④ java.swing.Graphics

05 – 다음과 같은 drawArc( ) 메서드를 호출해 호를 그리려고 한다. startAngle에 해당하는 것은?

```
void drawArc(int x, int y, int width, int height, int startAngle, int arcAngle)
```

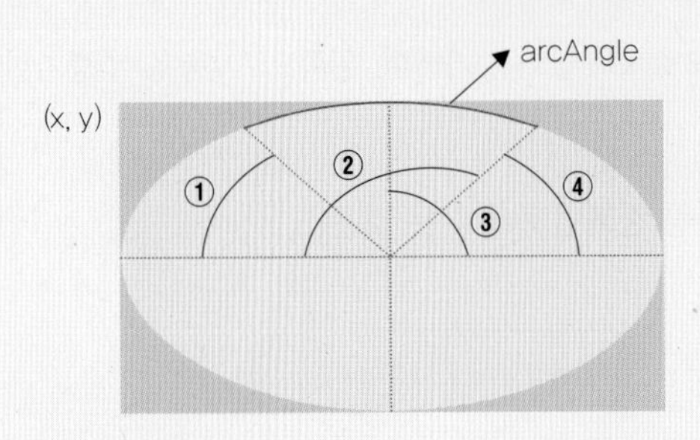

06 – 다음 코드는 폰트 크기가 16이며, 볼드체 및 이탤릭체로 된 TimeRoman 폰트 객체를 생성한다. (O, X)

```
new Font("TimesRoman", Font.BOLD && Font.ITALIC, 16);
```

07 – 애플리케이션 안에서 컴포넌트의 모양이나 색상 등이 변경될 때마다 화면에 바로 반영하려면, Component 클래스가 제공하는 ____________ 메서드를 호출한다.

08 – 자바 그래픽의 좌표 값 단위는 ____________ 이다.

09 – 다음 코드에서 빨간색이면서 투명도가 50%인 색상을 나타내려고 한다. 밑줄 그은 부분에 적절한 내용은?

```
new Color(__________);
```

10 – 프레임에 '안녕'이라는 문자열을 나타내는 프로그램이다. 밑줄 그은 부분에 적절한 내용은?

```
public class PaintStringTest extends JFrame {
   public PaintTest() {
      add(new Hello());
      …
   }

   public static void main(String[] args) {
      new PaintStringTest();
   }
}

class Hello extends ____________________ {
   public void ____________________(Graphics g) {
      ____________________("안녕", 10, 30);
   }
}
```

프로그래밍 문제

01 – 이미지를 포함한 레이블이 있는 형태의 프로그램을 작성하라.

+ ImageIcon 객체를 인수로 가진 JLabel( ) 생성자를 사용하면 되는데, ImageIcon 객체는 이미지 파일로 생성할 수 있다.

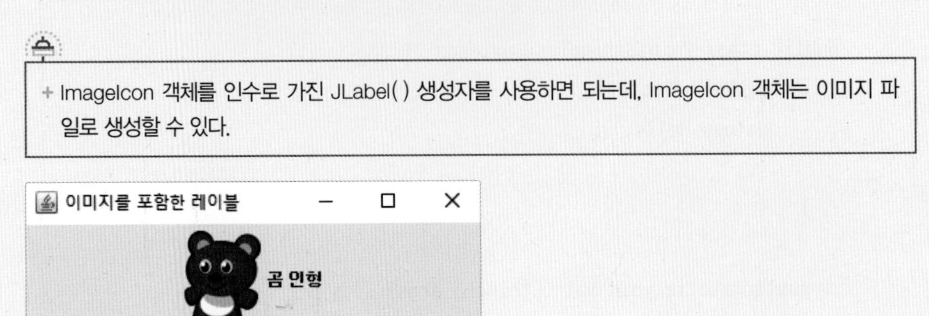

02 – 다음 실행 결과가 나타나도록 JPanel의 자식 클래스 CustomPanel을 작성하라. 커스텀 패널은 픽셀 1개 두께만큼 빨간색 경계선이 있으며, 내부에는 사각형과 원이 있다.

```
public class CircleNRectTest extends JFrame {
   class CustomPanel extends JPanel {
      // 코드 추가
   }

   public CircleNRectTest() {
      setTitle("원과 사각형");
   }
   CustomPanel customPanel = new CustomPanel();
   add(customPanel);
   …
}
```

03 – 다음 그림을 참고해 동심원으로 구성된 무지개를 나타내는 프로그램을 작성하라.

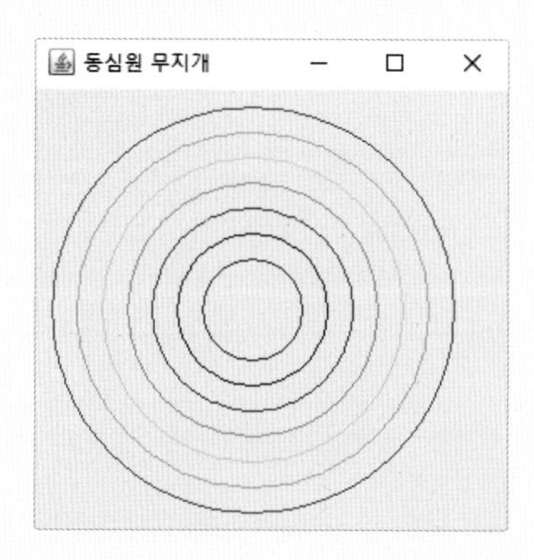

04 – 다음 그림을 참고해 신호등이 프레임에 나타나도록 JPanel의 자식 클래스를 작성하라.

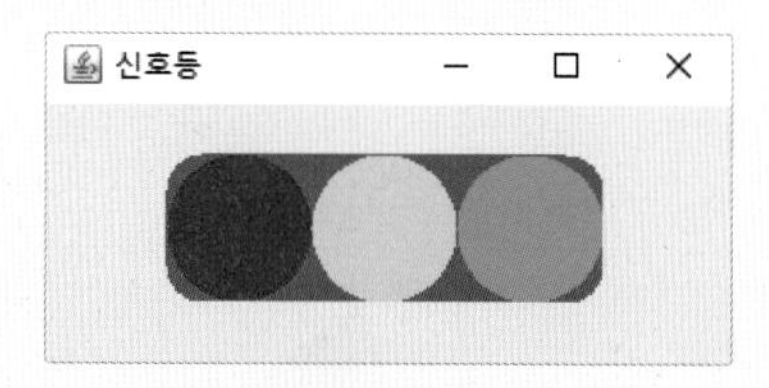

05 – 다음 그림을 참고해 사람 얼굴이 프레임에 나타나도록 JPanel의 자식 클래스를 작성하라.

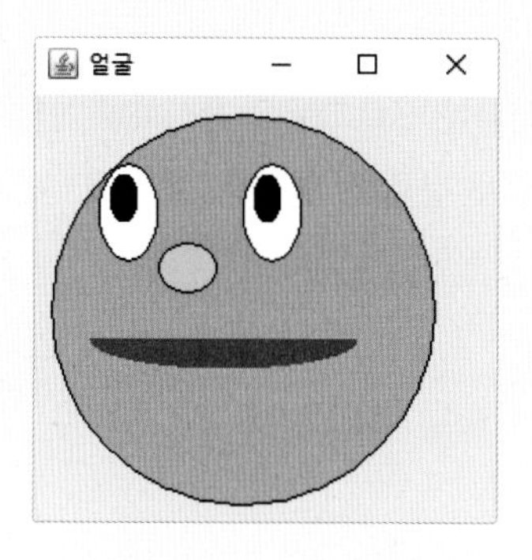

06 – 다음 그림을 참고해 3개의 팬이 프레임에 나타나도록 프로그램을 작성하라.

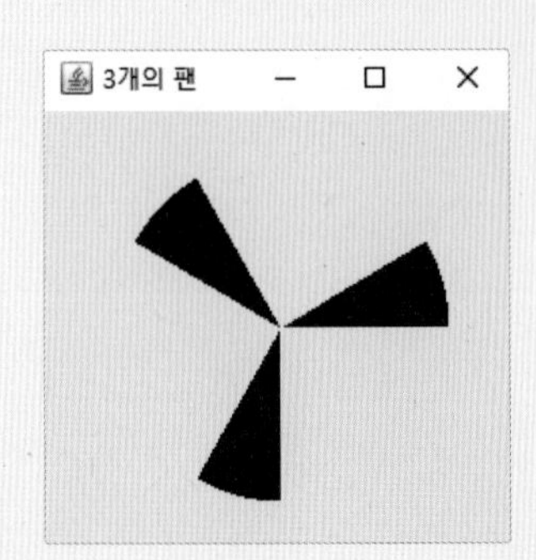

07 – 다음 그림을 참고해 버튼과 호로 구성된 패널을 작성하고, 버튼을 클릭할 때마다 호가 색상을 바꾸면서 반시계 방향으로 돌아가는 프로그램을 작성하라.

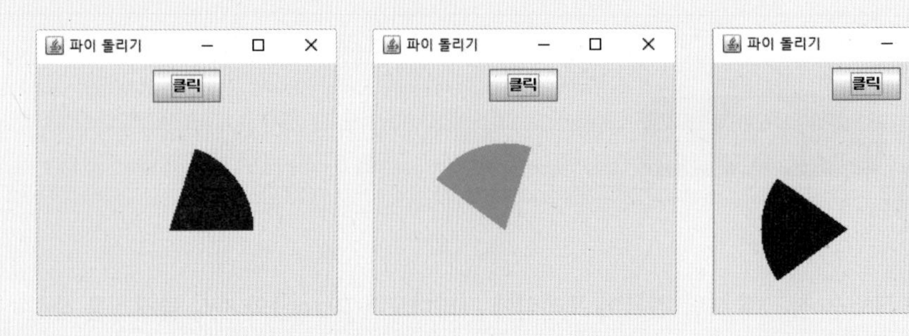

08 – 마우스를 눌러서 드래그하면 프레임에 사각형이 나타나는 프로그램을 작성하라. 단, 사각형의 테두리 색상을 선택할 수 있도록 프레임 아래쪽에 검은색, 빨간색, 초록색, 파란색, 노란색 버튼을 배치한다.

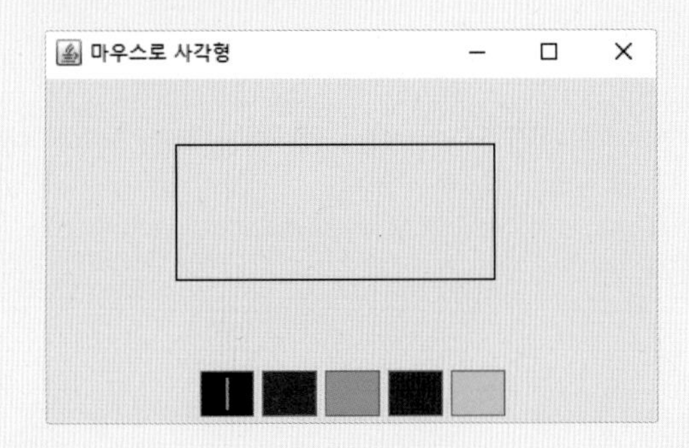

09 – 그림을 참고해 다음과 같은 요구 조건을 만족하는 프로그램을 작성하라.

- 패널 전체에 하나의 이미지를 그린다.
- 그림의 일부만 보이도록 패널의 일부 사각형 영역만 클리핑 영역으로 지정한다.
- 마우스로 클리핑 영역을 클릭한 후 움직이면 클리핑 영역도 움직인다.

Chapter 18

네트워크 및 데이터베이스 프로그래밍

최근 대다수 애플리케이션은 네트워크, 데이터베이스와 밀접하게 연관되어 있다. 자바는 태생적으로 인터넷 프로그래밍 언어로 개발했기 때문에 네트워크와는 분리할 수 없다. 또 데이터를 체계적으로 관리하려면 데이터베이스를 염두에 두어야 한다. 이 장에서는 네트워크와 데이터베이스 기본 개념부터 관련 드라이버 설치 및 응용까지 기본적인 내용을 알아본다.

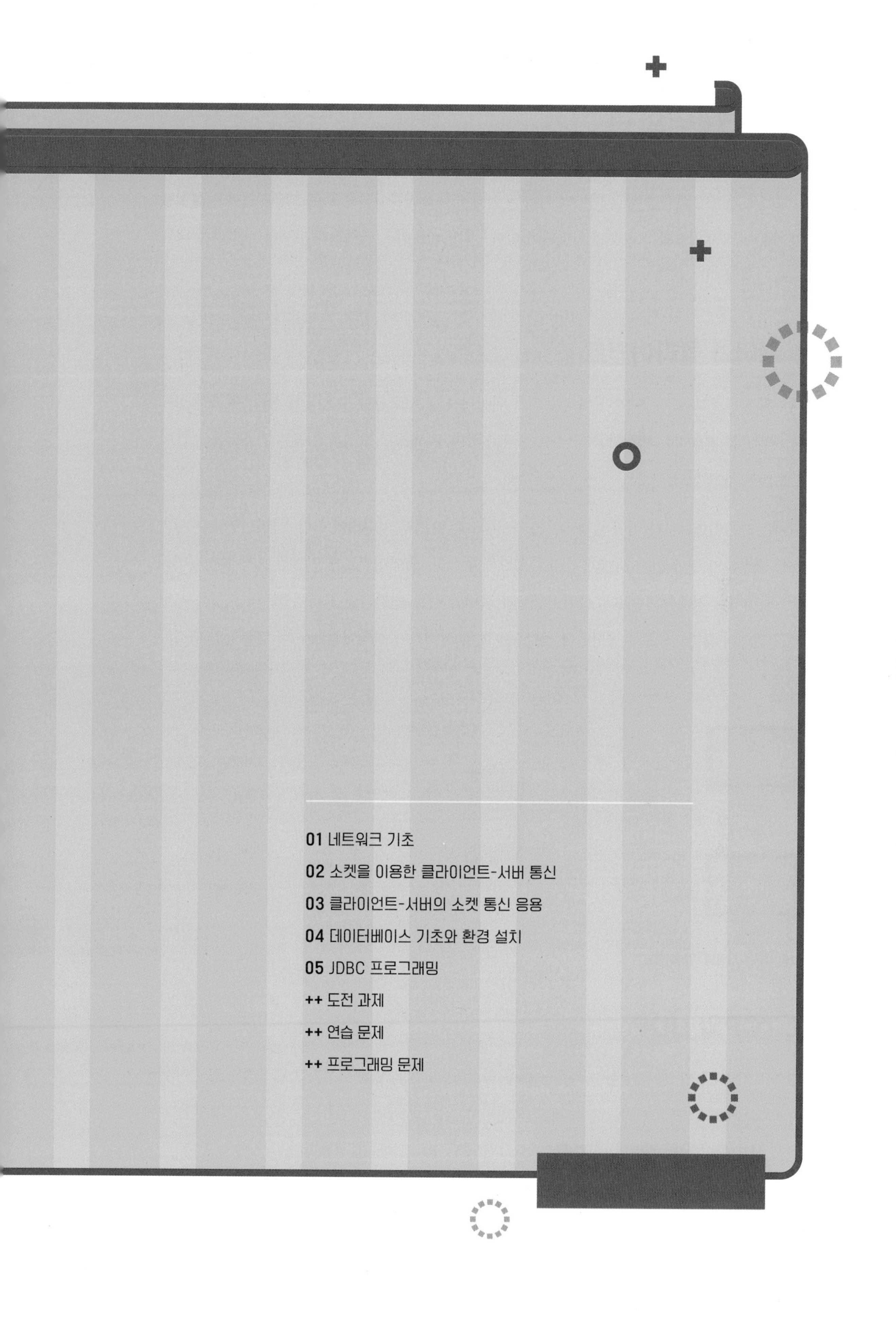

01 네트워크 기초

02 소켓을 이용한 클라이언트-서버 통신

03 클라이언트-서버의 소켓 통신 응용

04 데이터베이스 기초와 환경 설치

05 JDBC 프로그래밍

++ 도전 과제

++ 연습 문제

++ 프로그래밍 문제

01 네트워크 기초

오크에서 자바로 이름을 바꿀 때부터 자바는 인터넷 애플리케이션용 프로그래밍 언어로 설계했기 때문에 네트워크와 밀접하게 연관되어 있다. 자바 네트워크 프로그래밍을 하려면 다음 네트워크 관련 용어를 이해해야 한다.

1 서버와 클라이언트

네트워크 프로그램은 하나 이상의 컴퓨터가 데이터를 상호 교환할 수 있도록 한다. 여기서 정보나 서비스를 제공하는 컴퓨터를 서버server라고 하며, 서비스를 요청하고 받는 컴퓨터를 클라이언트client라고 한다.

서버는 클라이언트보다 미리 실행되어 클라이언트의 요청을 기다려야 한다. 클라이언트는 서비스를 요청하기 전에 먼저 서버와 연결을 시도해야 한다. 클라이언트가 연결을 요청하면 서버는 받아들이거나 거부할 수 있다. 클라이언트와 서버가 서로 연결되면 클라이언트의 요청을 서버가 처리해서 클라이언트에 응답한다. 웹 또는 메일 서비스가 클라이언트·서버 컴퓨팅의 대표적인 예이다.

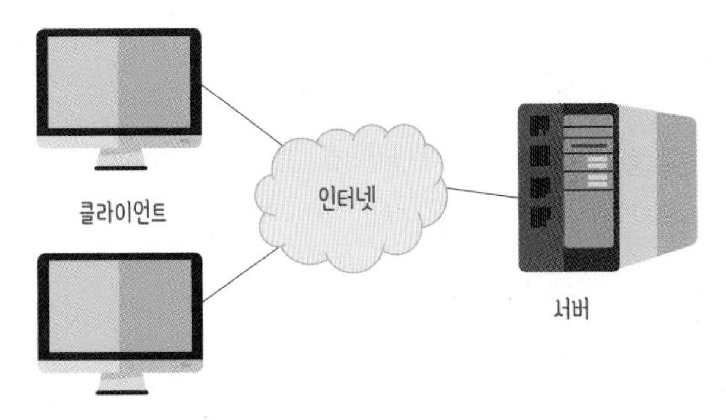

그림 18-1 서버와 클라이언트

2 TCP와 UDP

컴퓨터 간에 데이터를 전송하는 과정은 매우 복잡하다. 이 과정을 추상화한 대표적인 모델이 바로 OSIOpen System Interconnection 계층 모델이다. 인터넷 기반의 컴퓨터는 TCP/IP 모델을 사용해 상호 통신하며, 자바의 네트워크 프로그램도 TCP/IP 모델을 사용한다.

TCP/IP는 인터넷 표준 프로토콜로 컴퓨터의 데이터 통신을 위해 만든 통신 규약이다. TCP/IP는 데이터의 흐름 관리, 데이터의 정확성 확인, 데이터를 목적지까지 전송하는 역할을 수행한다. TCP/IP는 다음과 같이 여러 개의 계층으로 구성된다. 응용 계층application layer은 애플리케이션에서 요청을 받아 이를 적절한 메시지로 변환해서 하위 계층으로 전달한다. 전송 계층transport layer은 패킷의 오류를 검사하고 재전송을 요구하는 등 제어를 담당하는 계층이다. 연결 지향 프로토콜인 TCPTransmission Control Protocol와 비연결 지향 프로토콜인 UDPUser Datagram Protocol를 사용한다.

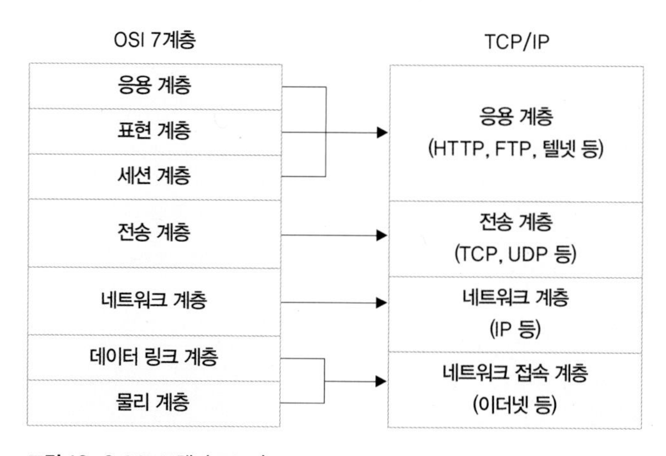

그림 18-2 OSI 모델과 TCP/IP

TCP는 데이터를 상대편에 제대로 전달했는지 알려고 확인 메시지를 교환하기 때문에 데이터 손실이 없다. 그리고 서버와 클라이언트 간에 연결을 설정한 후 데이터를 전송하기 때문에 데이터의 전달 순서가 보장된다. TCP는 전화와 유사하다. 전화는 상대방과 연결해야 통화할 수 있는데, 통화 내용을 순서대로 내보내면서 손실 없이 전달하기 때문이다. 그러나 연결 설정과 해제에 따른 시간적 부담이 발생한다.

UDP는 TCP와 달리 데이터의 전달 여부를 확인하지 않기 때문에 데이터 전달 속도가 빠르다. 그러나 데이터 손실이 발생할 수 있고, 데이터마다 전달 경로가 다를 수 있기 때문에 데이터의 전달 순서를 보장하지 않는다. 데이터 손실이나 데이터 순서 처리는 애플리케이션 몫이다. UDP는 편지와 유사하다. 상대방과 편지를 교환하기 전부터 미리 연결할 필요가 없고, 배달 도중 분실할 수도 있고 배달 순서가 뒤바뀔 수도 있기 때문이다.

3 IP 주소와 DNS 서버

네트워크에 연결된 모든 컴퓨터가 상호 통신하려면 각 컴퓨터마다 고유한 주소가 있어야 한다. 이는 마치 우편물을 정확하게 보내려면 집집마다 고유 주소가 필요한 것과 마찬가지이다. 컴퓨터에 부여된 고유 주소를 IP Internet Protocol 주소, 즉 인터넷 주소라고 한다. IP 주소는 네트워크 어댑터마다 할당되고, 32 비트로 구성되며, xxx.xxx.xxx.xxx 형식으로 표현한다. 여기서 xxx는 0~255 사이인 8비트의 부호 없는 정수이다. 윈도우 컴퓨터에서 자신의 IP 주소를 파악하려면 명령 창에서 다음 명령어를 실행하면 된다.

```
C:\> ipconfig
```

인터넷에 연결된 모든 컴퓨터는 고유한 IP 주소가 있기 때문에 특정 컴퓨터의 IP 주소를 안다면 전 세계 어디에서든지 통신할 수 있다. 그런데 인터넷을 사용할 때 숫자보다 문자열이 편하기 때문에 IP 주소보다는 www.naver.com처럼 URL Uniform Resource Locator을 사용한다. URL을 사용하면 IP 주소로 변환하는 DNS Domain Name System 서버가 필요한데, DNS 서버는 회사 이름을 말하면 전화번호를 알려 주는 114 전화국과 유사하다.

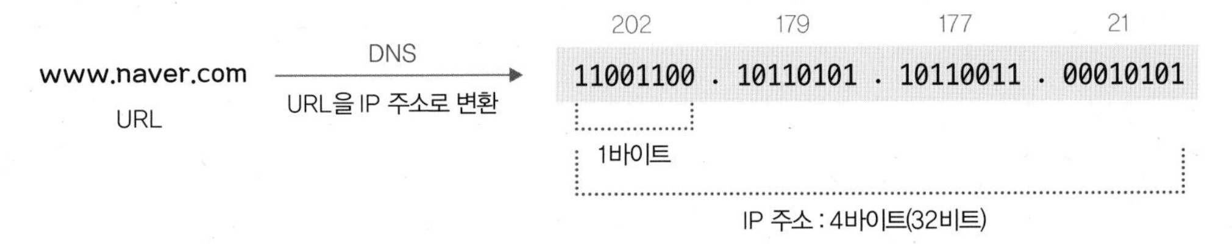

그림 18-3 DNS의 역할

4 포트

네트워크 카드가 1개인 서버 컴퓨터라도 다수의 서버 프로그램을 실행할 수 있다. 그런데 하나의 네트워크 카드에는 하나의 IP 주소가 부여되므로 다수의 서버 프로그램을 동시에 실행하려면 클라이언트는 어느 서버 프로그램과 통신할지를 결정해야 한다. 이는 같은 주소를 사용하는 건물 안의 독립된 방을 사용하는 부서에 우편물을 전달하는 것과 유사한 방식으로 해결할 수 있다. 주소가 같더라도 부서의 방 번호가 다르므로 우편물을 어느 방으로 전달할지 알 수 있다. 회사 건물을 컴퓨터라고 한다면 건물 주소는 IP 주소에 해당하며, 방 번호는 컴퓨터의 포트 port

번호에 해당한다.

포트는 논리적인 통신 연결 번호를 의미하며, 0~65,535 사이의 번호를 사용한다. 0~1,023은 인터넷주소관리기구ICANN, Internet Corporation for Assigned Names and Numbers가 특정 프로그램에 예약해 놓았다. 서버 프로그램은 고정된 포트 번호를 사용한다. 예를 들어 파일 서버는 21번, 메일 서버는 25번, 웹 서버는 80번 포트를 사용한다. 따라서 클라이언트 컴퓨터에서 웹 브라우저로 웹 서버에 접속하려면 해당 웹 서버의 IP 주소 외에 80번 포트로 연결을 요청해야 한다.

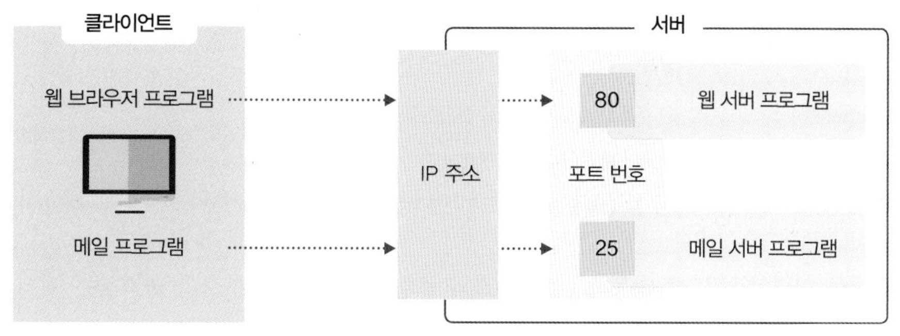

그림 18-4 클라이언트-서버 컴퓨팅 환경에서 IP 주소와 포트 번호

5 IP 주소 얻기

InetAddress는 IP 주소를 나타내는 클래스로 java.net 패키지에 있으며 자바 프로그램에서 IP 번호와 URL을 조사할 때 사용한다. InetAddress 클래스는 InetAddress 타입을 반환하는 다양한 정적 메서드를 제공한다. InetAddress 객체를 생성할 때는 생성자가 아닌 다음 정적 메서드를 사용한다.

```
static InetAddress[] getAllByName(String host)
static InetAddress getByAddress(byte[] addr)
static InetAddress getByAddress(String host, byte[] addr)
static InetAddress getByName(String host)
static InetAddress getLocalHost()
```

이 메서드는 모두 UnknownHostException 예외를 발생시킬 수 있기 때문에 예외 처리가 필요하다. 여기서 host는 'www.naver.com'처럼 호스트 이름이며, addr은 4개의 바이트 배열로 구성된 IP 주소이다. 예를 들어 IP 주소가 202.131.30.11이라면 다음과 같이 지정한다.

```
byte[] addr = new byte[4];
addr[0] = (byte)202;
addr[1] = (byte)179;
addr[2] = (byte)177;
addr[3] = (byte)21;
```

InetAddress 클래스가 제공하는 주요 메서드는 다음과 같다.

표 18-1 InetAddress 클래스가 제공하는 주요 메서드

메서드	설명
byte[ ] getAddress( )	IP 주소를 배열 타입으로 변환한다.
String getHostAddress( )	IP 주소를 String 타입으로 변환한다.
String getHostName( )	호스트 이름을 String 타입으로 변환한다.

다음은 키보드로 입력한 URL에 대응하는 IP 주소와 로컬 컴퓨터의 IP 주소를 출력하는 예제이다.

예제 18-1 **IP 주소 얻기** sec01/InetAddressDemo.java

```
01  import java.net.*;
02  import java.util.Scanner;
03
04  public class InetAddressDemo {
05     public static void main(String[] args) {
06        InetAddress addr1 = null, addr2 = null;
07        System.out.print("호스트 이름을 입력하시오 : ");
08        Scanner in = new Scanner(System.in);
09        String url = in.nextLine();
10
11        try {
12           addr1 = InetAddress.getByName(url);
13           addr2 = InetAddress.getLocalHost();
14        } catch (UnknownHostException e) {
15        }
16
```

호스트 이름으로 InetAddress 객체를 생성한다.

로컬 호스트의 InetAddress 객체를 생성한다.

```
17        System.out.print(url + "의 IP 주소 : ");
18        System.out.println(addr1.getHostAddress());
19        System.out.print("로컬 IP 주소 : ");
20        System.out.println(addr2.getHostAddress());
21    }
22  }
```

IP 주소를 String 타입으로 반환한다.

```
호스트 이름을 입력하시오 : www.hanbit.co.kr
www.hanbit.co.kr의 IP 주소 : 218.38.58.195
로컬 IP 주소 : 192.168.0.000
```

소켓을 이용한 클라이언트-서버 통신

자바는 데이터를 전송하려고 TCP 기반의 스트림 소켓stream socket과 UDP 기반의 데이터그램 소켓datagram socket을 지원한다. UDP는 손실 없는 전송을 보장할 수 없기 때문에 스트림 소켓 기반의 네트워크 프로그램이 간단하다.

소켓socket은 서버와 클라이언트 간에 통신할 수 있도록 추상화한 연결 통로, 즉 두 컴퓨터 간에 통신하는 끝부분endpoint을 의미한다. 프로그램은 지정된 소켓으로 통신할 수 있다. 소켓은 전송 계층까지 추상화했기 때문에 개발자는 전송 계층 및 네트워크 계층은 신경 쓸 필요가 없다.

자바에서는 클라이언트와 서버가 java.net.Socket 클래스를 사용해 상호 데이터를 전송한다. 따라서 클라이언트와 서버는 모두 Socket 객체가 있어야 한다. 클라이언트는 Socket 생성자로 소켓을 생성하지만, 서버는 ServerSocket 클래스의 생성자로 서버 소켓을 생성한 후 그것을 사용해 Socket 객체를 생성한다. Socket 클래스가 제공하는 주요 생성자는 다음과 같으며, 주요 메서드는 [표 18-2]와 같다.

```
Socket()
Socket(InetAddress address, int port)
Socket(String host, int port)
```

여기서 address, host, port는 각각 접속할 서버의 IP 주소, 호스트 이름, 포트 번호를 의미한다. 서버는 고정된 포트 번호를 사용하지만, 클라이언트는 서버와 달리 운영체제가 자동으로 부여하는 동적 포트 번호를 사용한다. Socket 객체를 생성할 때 두 가지 종류의 예외가 발생할 수 있다. 호스트를 찾을 수 없거나 서버의 포트가 열려 있지 않으면 UnknownHostException 예외가 발생한다. 네트워크와 연결되지 않았거나 방화벽 때문에 서버에 접근할 수 없다면 IOException 예외가 발생한다. 따라서 Socket 객체를 생성할 때는 이런 예외 처리를 해야 한다.

표 18-2 Socket 클래스가 제공하는 주요 메서드

메서드	설명
void close()	소켓을 닫는다.
void connect(SocketAddress endpoint)	소켓을 서버와 연결한다.
InetAddress getInetAddress()	원격 컴퓨터의 InetAddress 객체를 가져온다.
InetAddress getLocalAddress()	로컬 컴퓨터의 InetAddress 객체를 가져온다.
InputStream getInputStream()	소켓에서 InputStream 객체를 가져온다.
OutputStream getOutputStream()	소켓에서 OutputStream 객체를 가져온다.
int getLocalPort()	로컬 컴퓨터의 포트 번호를 가져온다.
int getPort()	원격 컴퓨터의 포트 번호를 가져온다.

소켓은 한정된 자원이므로 더 이상 사용하지 않을 때는 Socket 클래스가 제공하는 close() 메서드를 호출해 연결을 끊어야 한다.

서버는 다수의 클라이언트와 상대하므로 클라이언트와 달리 연결 요청을 처리할 수 있는 ServerSocket 클래스를 사용한다. ServerSocket은 클라이언트가 연결을 요청하면 대응하는 Socket 객체를 생성하는 역할을 한다. 자주 사용하는 ServerSocket 클래스의 생성자는 다음과 같다. 여기서 port는 서버가 사용할 포트 번호이다.

```
ServerSocket(int port)
```

ServerSocket 객체를 생성할 때 포트 번호가 사용 중이라면 IOException 예외가 발생할 수 있으므로 예외 처리를 해야 한다. ServerSocket 클래스가 제공하는 주요 메서드는 다음과 같다.

표 18-3 ServerSocket 클래스가 제공하는 주요 메서드

메서드	설명
Socket accept()	클라이언트의 연결 요청을 받아 Socket 객체를 생성한다.
void close()	서버 소켓을 닫는다.
public InetAddress getInetAddress()	소켓에 연결된 인터넷 주소를 가져온다.

서버 소켓도 더 이상 사용하지 않을 때는 ServerSocket 클래스가 제공하는 close() 메서드를 호출해 연결을 끊는 것이 좋다.

다음은 클라이언트와 서버 사이에서 소켓을 이용해 통신하는 방법을 나타낸다.

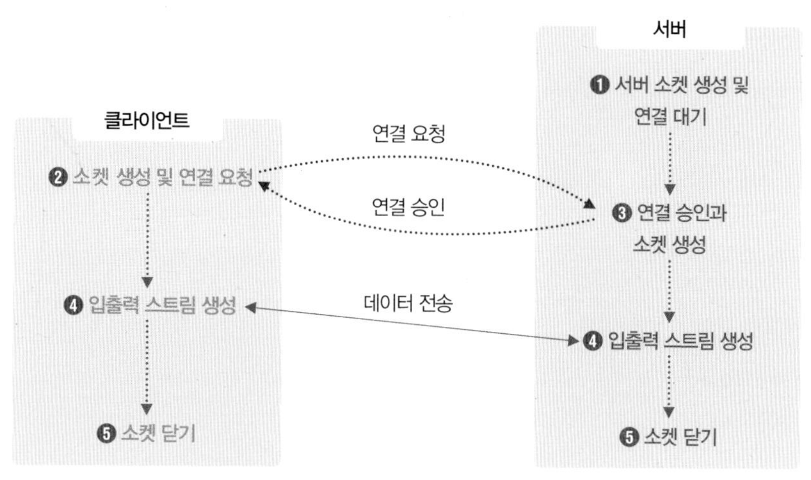

그림 18-5 소켓을 이용한 클라이언트·서버 통신 과정

❶ 서버가 클라이언트의 접속 대기 : 서버가 작동하면 ServerSocket 객체를 생성한다. ServerSocket의 accept() 메서드를 수행해서 클라이언트가 접속할 때까지 대기한다. accept() 메서드는 클라이언트가 접속하기 전까지는 블로킹blocking 되어 스레드가 대기 상태가 된다.

```
ServerSocket server = new ServerSocket(port);
```

❷ 연결 요청 : 클라이언트가 Socket 객체를 생성하는 즉시 바로 서버에 연결을 요청한다.

```
Socket client = new Socket(inetAddress, port)
```

❸ 연결 승인 및 소켓 생성 : 서버는 ServerSocket 객체의 accept() 메서드로 클라이언트

의 연결을 승인하고 클라이언트 소켓의 정보로 서버가 사용할 Socket 객체를 생성한다. 이 Socket 객체로 클라이언트와 통신한다.

```
Socket connection = server.accept();
```

❹ 입출력 스트림 생성과 데이터 전송 : 클라이언트와 서버가 서로 연결되면 클라이언트와 서버는 각각 자신의 Socket 객체로 getInputStream()과 getOutputStream() 메서드를 호출해 입출력 스트림을 가져온다. 입력과 출력을 위한 스트림이 생성되면 데이터를 교환한다.

```
InputStream is = (client 또는 connection).getInputStream();
OutputStream os = (client 또는 connection).getOutputStream();
```

❺ 소켓 닫기 : 한쪽의 소켓 연결을 끊으면 소켓에서 가져온 입출력 스트림과 소켓을 닫는다.

다음은 클라이언트가 문자열을 보내면 서버가 받아 출력하는 간단한 소켓 프로그램을 보여 주는 예제이다.

예제 18-2(1) **문자열을 받는 간단한 서버** sec02/SimpleServer.java

```
01 import java.io.*;
02 import java.net.*;
03
04 public class SimpleServer {
05   public static void main(String[] args) {
06      try (ServerSocket server = new ServerSocket(5000);
07              Socket connection = server.accept();
08              InputStream is = connection.getInputStream();
09              ObjectInputStream ois = new ObjectInputStream(is);) {
10
11         String str = (String) ois.readObject();
12         System.out.println("받은 문자열 = " + str);
13      } catch (Exception e) {
14      }
15   }
16 }
```

try~with~resource 문이므로 여기서 생성한 자원은 블록이 끝날 때 자동으로 반납된다.

클라이언트가 연결을 요청할 때까지 기다린다. 연결을 요청하면 승인하고, 서버용 소켓을 생성한다.

입력 스트림을 통해 문자열을 읽어 들인다.

예제 18-2(2) **문자열을 보내는 간단한 클라이언트** sec02/SimpleClient.java

```
01  import java.io.*;
02  import java.net.*;
03
04  public class SimpleClient {
05    public static void main(String[] args) {
06       try (Socket client = new Socket("localhost", 5000);
07            OutputStream os = client.getOutputStream();
08            ObjectOutputStream oos = new ObjectOutputStream(os);) {
09
10          oos.writeObject("안녕, 단순 서버야");
11          oos.flush();
12       } catch (Exception e) {
13       }
14    }
15  }
```

5000번 포트로 연결할 Socket 객체를 생성한다. 5000번은 연결할 서버의 포트 번호이다.

출력 스트림으로 문자열을 보내고 버퍼를 비운다.

```
받은 문자열 = 안녕, 단순 서버야
```

서버가 로컬 컴퓨터가 아니라면 [예제 18-2(2)]의 6행에 localhost 대신 서버의 IP 주소를 넣어야 한다.

클라이언트가 소켓을 생성하면 자동으로 서버에 연결을 요청하는데, 이 과정을 다음과 같이 2개의 코드로 분리할 수도 있다.

```
Socket client = new Socket();
socket.connect(new InetSocketAddress("localhost", 5000));
```

connect() 메서드는 클라이언트의 정보를 서버에 전달하면서 연결을 요청한다. InetSocketAddress는 SocketAddress의 자식 클래스이다. 클라이언트 소켓을 생성할 때 운영체제는 자동으로 클라이언트 소켓에 포트 번호를 부여한다.

서버와 클라이언트의 통신 과정을 살펴보기 위하여 이클립스와 같은 통합 개발 환경 대신에 명령창에서 실행해보자. 이클립스의 기본 작업 공간을 D:\workspace로 지정하고 프로젝트 이름은 chap18, 패키지 이름은 sec02라고 가정한다.

먼저 명령 창에서 서버 프로그램을 [그림 18-6]의 ❶처럼 실행한다. 그러면 ServerSocket 객체를 생성한 후 accept() 메서드를 실행해 클라이언트의 연결 요청을 기다린다. accept() 메서드는 클라이언트가 연결을 요청할 때까지 무한정 기다린다. 이제 다른 명령 창에서 클라이언트 프로그램을 ❷처럼 실행한다. 클라이언트 프로그램은 매우 간단하므로 실행하자마자 바로 종료하는 것처럼 보이지만 서버와 다음 과정을 수행한다.

- 클라이언트는 먼저 Socket 객체를 생성하며, 즉시 서버에 연결을 요청한다.
- 서버는 accept() 메서드로 클라이언트의 연결 요청을 승인하고 서버용 Socket 객체를 생성한다.
- 클라이언트와 서버는 소켓을 사용해 각각 출력 스트림과 입력 스트림을 생성한다.
- 클라이언트는 서버에 '안녕, 단순 서버야.'라는 문자열을 보낸 후 소켓과 출력 스트림을 닫고 프로그램을 종료한다.
- 서버는 입력 스트림을 이용해 문자열을 받은 후 명령창에 ❸과 같이 문자열을 출력하고는 소켓과 입력 스트림을 닫아 프로그램을 종료한다.

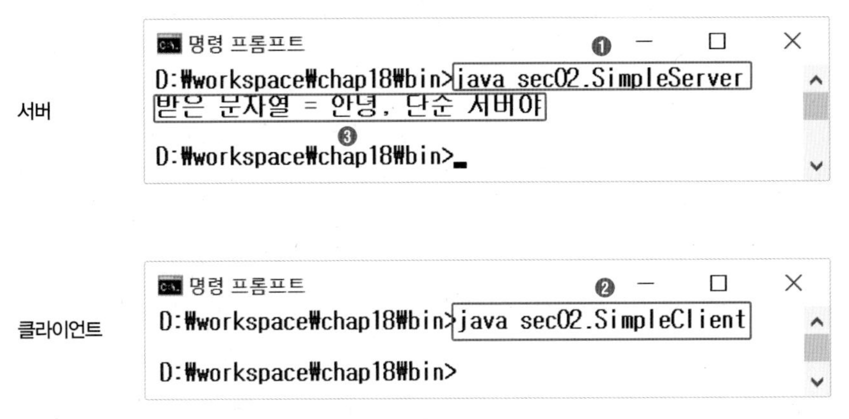

그림 18-6 명령 창에서 실행한 서버와 클라이언트의 통신

03 클라이언트-서버의 소켓 통신 응용

여기서는 메아리 프로그램이라고도 하는 에코 프로그램을 작성한다. 클라이언트가 메시지를 보내면 서버는 메시지를 수신하고 그 메시지를 출력하는 프로그램이다.

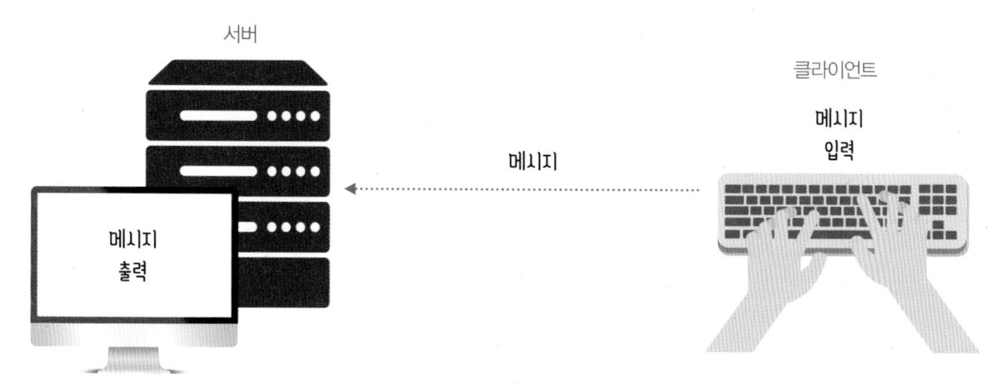

그림 18-7 에코 프로그램의 동작 과정

1 일대일 클라이언트 및 서버

클라이언트가 문자열을 입력하면 서버에서 출력되도록 앞 절에서 작성한 [예제 18-2(1) · (2)] 프로그램을 수정해 보자. 클라이언트가 입력한 문자열에 '끝'을 포함하면 클라이언트 프로그램을 종료하고 서버도 받은 문자열에 '끝'을 포함하면 종료한다.

예제 18-3(1) **일대일 에코 서버** sec03/Echo1Server.java

```
01 import java.io.*;
02 import java.net.*;
03
04 public class Echo1Server {
05   public static void main(String[] args) throws IOException {
06     ServerSocket server = null;
07     Socket connection = null;
08     BufferedReader in = null;
09
10     try {
11       server = new ServerSocket(5000);
12     } catch (IOException e) {
13     }
14
15     System.out.println("연결 대기 중.....");
16
```

서버 소켓을 5000번 포트로 생성한다. 5행의 throws 문이 있기 때문에 try~catch 문을 제거해도 된다.

```
17         try {
18             connection = server.accept();
19         } catch (IOException e) {
20         }
21 
22         System.out.println("메시지를 기다리는 중.....");
23 
24         in = new BufferedReader(
25             new InputStreamReader(connection.getInputStream()));
26 
27         String msg;
28 
29         while ((msg = in.readLine()) != null) {
30             if (msg.contains("끝"))
31                 break;
32             System.out.println("읽은 메시지 메아리 : " + msg);
33         }
34 
35         System.out.println("서버 종료");
36         in.close();
37         connection.close();
38         server.close();
39         }
40 }
```

클라이언트에서 연결을 요청하면 승인하고 소켓을 생성한다. 5행의 throws 문이 있기 때문에 try~catch 문을 제거해도 된다.

소켓에서 입력 스트림을 가져와 InputStreamReader 객체를 생성한다.

소켓을 이용해 클라이언트에서 입력된 메시지를 입력 스트림으로 읽은 후 '끝'을 포함하지 않을 때까지 화면에 출력한다.

예제 18-3(2) **일대일 에코 클라이언트** sec03/EchoClient.java

```
01 import java.io.*;
02 import java.net.*;
03 import java.util.Scanner;
04 
05 public class EchoClient {
06     public static void main(String[] args) {
07         Socket client = null;
```

```
08        PrintWriter out = null;
09
10        try {
11           client = new Socket();
12           System.out.println("에코 서버와 연결 시도...");
13           client.connect(new InetSocketAddress("localhost", 5000), 3000);
14           System.out.println("에코 서버와 연결 성공...");
15        } catch (Exception e) {
16        }
17
18        out = new PrintWriter(client.getOutputStream(), true);
19
20        Scanner in = new Scanner(System.in);
21        String msg;
22
23        System.out.print("보낼 메시지가 있나요? ");
24        while ((msg = in.nextLine()) != null) {
25           if (msg.contains("끝"))
26              break;
27           out.println(msg);
28           System.out.print("보낼 메시지가 더 있나요? ");
29        }
30
31        System.out.println("클라이언트 종료");
32        out.close();
33        in.close();
34        client.close();
35     }
36  }
```

빈 소켓을 생성한다.

소켓으로 서버에 연결을 요청한다.

타임아웃을 의미하며, 단위는 ms이다.

소켓에서 출력 스트림을 생성한다.

true이면 버퍼를 자동으로 비운다.

소켓을 이용해 클라이언트에서 입력된 메시지를 입력 스트림으로 읽은 후 '끝'을 포함하지 않을 때까지 화면에 출력한다

소켓, 입력·출력 스트림을 닫는다.

다음은 서버와 클라이언트를 차례대로 실행한 결과를 나타내며, 파란색 문자는 키보드로 입력한 내용이다. 클라이언트에서 '안녕하세요.', '좋습니다.'(❹, ❻)라는 메시지를 입력하면 서버는 수신한 메시지를 그대로 화면에 표시한다(❺, ❼). 마지막으로 클라이언트가 '끝'을 입력하고(❽) 스스로 종료하면 서버도 종료된다.

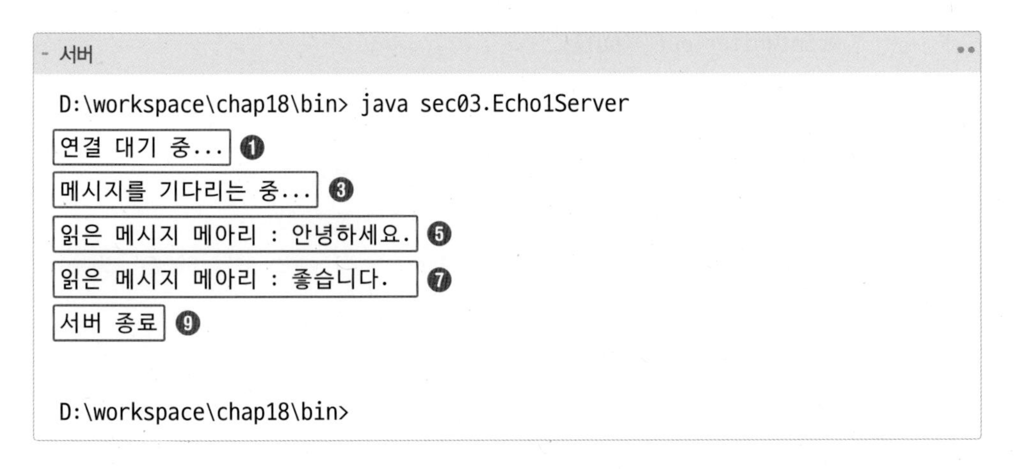

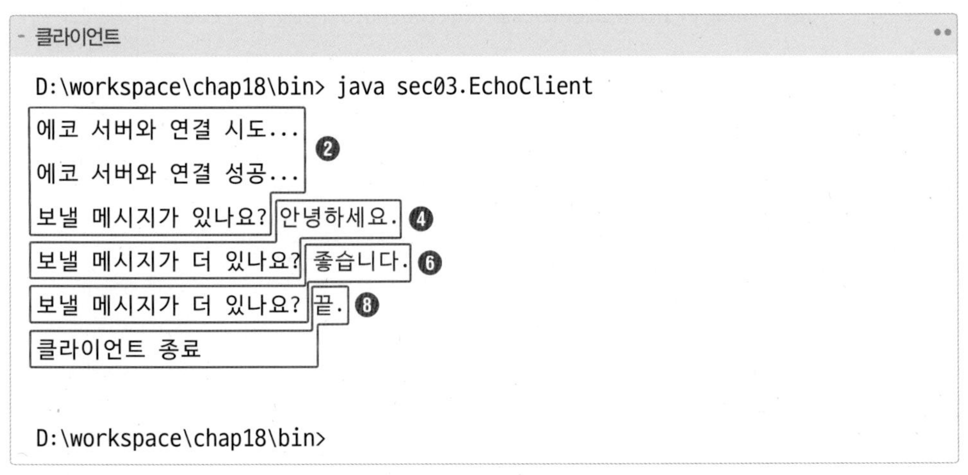

2 일대다 클라이언트 및 서버

이번에는 다수의 클라이언트와 통신할 수 있는 일대다 에코 서버를 작성해 보자. 하나의 서버가 다수의 클라이언트를 상대하려면, 서버 프로그램은 연결을 요청하는 모든 클라이언트에 대응하는 스레드를 준비해야 한다. 서버가 스레드를 생성할 때는 클라이언트 소켓 정보가 필요하므로 스레드 생성자의 인수 값으로 소켓 정보를 제공하면 된다. 서버는 다수의 클라이언트와 통신하므로 sec03/Echo1Server.java를 수정해야 하는데, 클라이언트는 [예제 18-3(2)]의 클라이언트 프로그램을 그대로 사용할 수 있다.

예제 18-4 **일대다 에코 서버** sec03/Echo2Server.java

```
01 import java.io.*;
02 import java.net.*;
03
04 public class Echo2Server extends Thread {
05    protected static boolean cont = true;
06    protected Socket connection = null;
07
08    public static void main(String[] args) throws IOException {
09       ServerSocket server = null;
10
11       server = new ServerSocket(5000);
12       System.out.println("서버 소켓 생성");
13
14       while (cont) {
15          System.out.println("연결 대기 중...");
16          new Echo2Server(server.accept());
17       }
18       server.close();
19    }
20
21    private Echo2Server(Socket clientSocket) {
22       connection = clientSocket;
23       start();
24    }
25
26    public void run() {
27       BufferedReader in;
28
29       System.out.println("클라이언트와 통신을 위한 새로운 스레드 생성");
30       try {
```

Echo2Server가 Thread의 자식 클래스이다.

클라이언트의 요청을 승인하고 소켓을 사용해 스레드를 생성한다.

```
31            in = new BufferedReader(
32                   new InputStreamReader(connection.getInputStream()));
33
34            String msg;
35
36            while ((msg = in.readLine()) != null) {
37               System.out.println("읽은 메시지 메아리 : " + msg);
38            }
39
40            in.close();
41            connection.close();
42         } catch (IOException e) {
43         }
44      }
45   }
```

소켓에서 생성한 입력 스트림으로 클라이언트에서 문자열을 받아 출력한다.

다음은 서버와 2개의 클라이언트를 차례대로 실행한 결과이다. 서버를 실행하면 서버 소켓을 생성하고 클라이언트의 연결 요청을 대기한다(❶). 첫 번째 클라이언트를 실행하면 소켓을 생성한 후 서버에 연결을 요청한다(❷). 서버는 먼저 연결을 승인하고 소켓을 생성하며, 다른 클라이언트가 연결 요청하기를 기다린다. 그리고 서버는 새로운 스레드를 시작하고는 스레드에서 입력 버퍼를 사용해 첫 번째 클라이언트의 메시지를 기다린다(❸). 첫 번째 클라이언트가 '나야, 봉이 김선달' 문자열을 입력하면(❹) 서버가 이 문자열을 받아 출력한다(❺). 두 번째 클라이언트를 실행하면 첫 번째 클라이언트와 동일하게 소켓을 생성한 후 서버에 연결을 요청한다(❻). 서버는 클라이언트의 연결을 승인하고 소켓을 생성하며, 또 다른 클라이언트가 연결 요청하기를 기다린다. 그리고 서버는 새로운 스레드를 시작하고는 스레드에서 입력 버퍼를 사용해 두 번째 클라이언트의 메시지를 기다린다(❼). 두 번째 클라이언트가 '나야, 의적 임꺽정' 문자열을 전송하면(❽) 서버가 이 문자열을 받아 출력한다(❾).

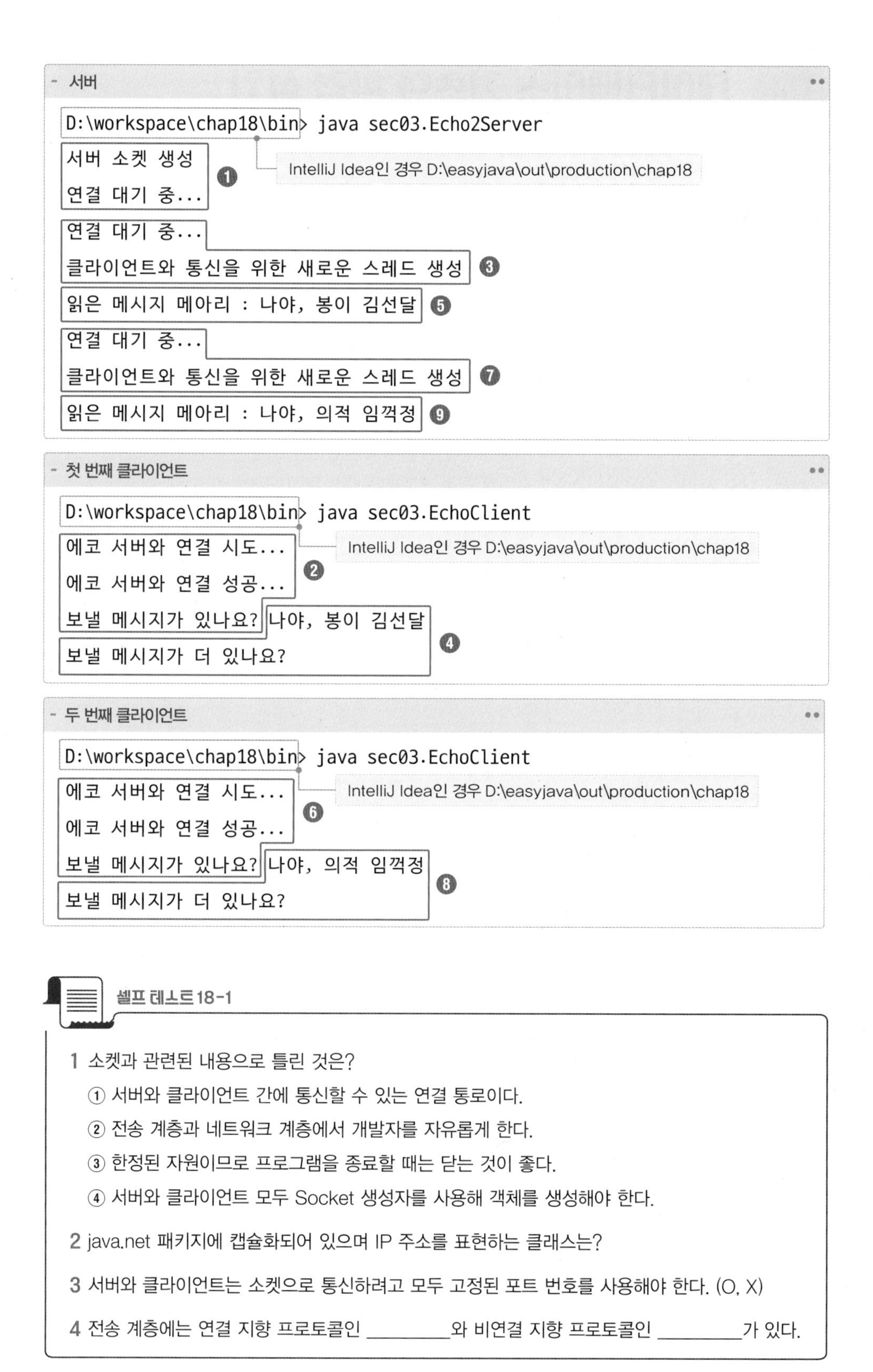

셀프 테스트 18-1

1 소켓과 관련된 내용으로 틀린 것은?

① 서버와 클라이언트 간에 통신할 수 있는 연결 통로이다.

② 전송 계층과 네트워크 계층에서 개발자를 자유롭게 한다.

③ 한정된 자원이므로 프로그램을 종료할 때는 닫는 것이 좋다.

④ 서버와 클라이언트 모두 Socket 생성자를 사용해 객체를 생성해야 한다.

2 java.net 패키지에 캡슐화되어 있으며 IP 주소를 표현하는 클래스는?

3 서버와 클라이언트는 소켓으로 통신하려고 모두 고정된 포트 번호를 사용해야 한다. (O, X)

4 전송 계층에는 연결 지향 프로토콜인 ________와 비연결 지향 프로토콜인 ________가 있다.

04 데이터베이스 기초와 환경 설치

1 데이터베이스의 기초

데이터베이스는 다수가 공유할 목적으로 통합해서 관리하는 데이터의 집합으로, 논리적으로 연관된 데이터를 구조화해 검색과 갱신의 효율화를 꾀한 것이다. 이런 데이터베이스를 관리하는 시스템을 데이터베이스 관리 시스템, 즉 DBMS DataBase Management System 라고 한다. DBMS는 크게 세 가지 종류인 계층형 hierarchical, 네트워크형 network, 관계형 relational 으로 구분하는데, 최근에는 관계형 DBMS가 주류를 이룬다. 관계형 DBMS RDBMS, Relational DBMS 에는 DB2, 오라클, MS-SQL, 사이베이스 cybase, 인포믹스 infomix, MySQL 등이 있다.

관계형 데이터베이스는 데이터를 계층구조가 아닌 단순한 관계로 표현하는 형식으로 데이터 관계를 일련의 정형화된 테이블로 구현한다. 관계형 데이터베이스에서는 테이블을 재구성하지 않더라도 데이터를 다양한 방법으로 접근하거나 조합할 수 있다. 관계형 데이터베이스는 제작과 이용이 비교적 쉬울 뿐만 아니라 확장도 용이하다.

테이블 table 은 레코드라고 하는 행으로 구성되며, 행은 하나 이상의 열로 구성된다. 테이블은 기본키 primary key 를 사용해 레코드와 레코드를 구분하는데, 기본키는 각 레코드를 구분할 수 있는 유일한 열을 의미하며 null 값을 가지면 안 된다.

학교 테이블

학교 번호	이름
S001	한국대학교
S002	대한대학교
S003	미국대학교

관계

학생 테이블

학생 번호	이름	학교 번호	나이
001	김선달	S003	32
002	배장화	S002	20
003	연흥부	S003	28
004	임꺽정	S001	29
005	홍길동	S002	25

열

행

그림 18-8 관계형 데이터베이스의 테이블

사용자와 관계형 데이터베이스를 연결하는 표준 검색 언어를 SQL Standard Query Language 이라고 하는데, SQL 문장은 관계형 DBMS의 표준 언어로 기본적으로 데이터베이스에 포함된 테이블을 처리한다. SQL 문을 이용하면 단순한 질의뿐만 아니라 DBMS 객체를 생성하거나 데이터베이스에 레코드 삽입, 갱신, 삭제 등 다양한 작업을 수행할 수 있다.

2 JDBC 드라이버

DBMS는 종류가 다양하며, 그 구조와 특징도 다 다르다. 따라서 자바 표준 API를 확장해 DBMS에 접근한다는 것은 자바의 기본 개념에 맞지 않을 뿐만 아니라 개발자에게도 고통이다. 자바는 마이크로소프트의 ODBC Open DataBase Connectivity 와 유사하게 모든 DBMS에서 공통으로 사용할 수 있는 인터페이스와 클래스로 구성된 JDBC Java DataBase Connectivity 를 제공한다. 각 DBMS 벤더 vender 는 JDBC를 구현한 JDBC 드라이버를 개발자에게 제공한다. 따라서 DBMS를 선택한 후 그에 맞는 JDBC 드라이버를 설치하면 애플리케이션은 JDBC를 사용해 간접적으로 데이터베이스에 접근하기 때문에 개발자는 DBMS에 관계없이 애플리케이션을 작성할 수 있다.

애플리케이션에서 SQL 문을 JDBC 인터페이스를 통하여 DBMS에 전송하면 다음과 같이 실제 구현 클래스인 JDBC 드라이버가 DBMS에 접속을 시도해 DBMS에 SQL 문장을 실행하도록 한다. SQL 문장의 실행 결과는 역으로 JDBC 드라이버에서 JDBC 인터페이스에 전달되고, 다시 애플리케이션으로 전달된다. JDBC는 애플리케이션을 DBMS에 연결해서 SQL 문을 전달하며, DBMS의 결괏값을 애플리케이션에 전달하는 다리 역할을 수행한다.

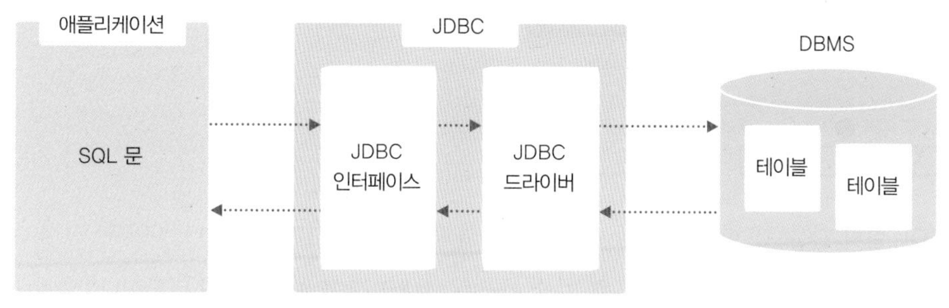

그림 18-9 JDBC가 데이터베이스에 접근하는 과정

자바로 데이터베이스를 프로그래밍하려면 먼저 오라클이나 MySQL 같은 DBMS를 설치하고, 그것에 맞는 JDBC 드라이버도 설치해야 한다. 이 책에서는 무료로 손쉽게 설치할 수 있는 MySQL을 사용한다. MySQL에 맞는 JDBC 드라이버로 Connector/J가 있다.

3 MySQL 다운로드 및 설치

MySQL 사이트에서 사용자의 컴퓨터에 적합한 운영체제와 버전을 선택해서 무료 버전을 다운로드할 수 있다. 여기서는 64비트 윈도우 10 기반의 컴퓨터에 설치하는 과정을 알아본다.

1 **MySQL 다운로드** 웹 브라우저에서 http://dev.mysql.com/downloads/mysql/에 접속한 후 MySQL Community Server 최신 버전의 압축 파일을 다운로드한 후 설치하면 되고, 로그인 화면에서는 로그인을 원하지 않는다면 맨 아래쪽의 'No thanks, just start my download.'를 클릭한다.

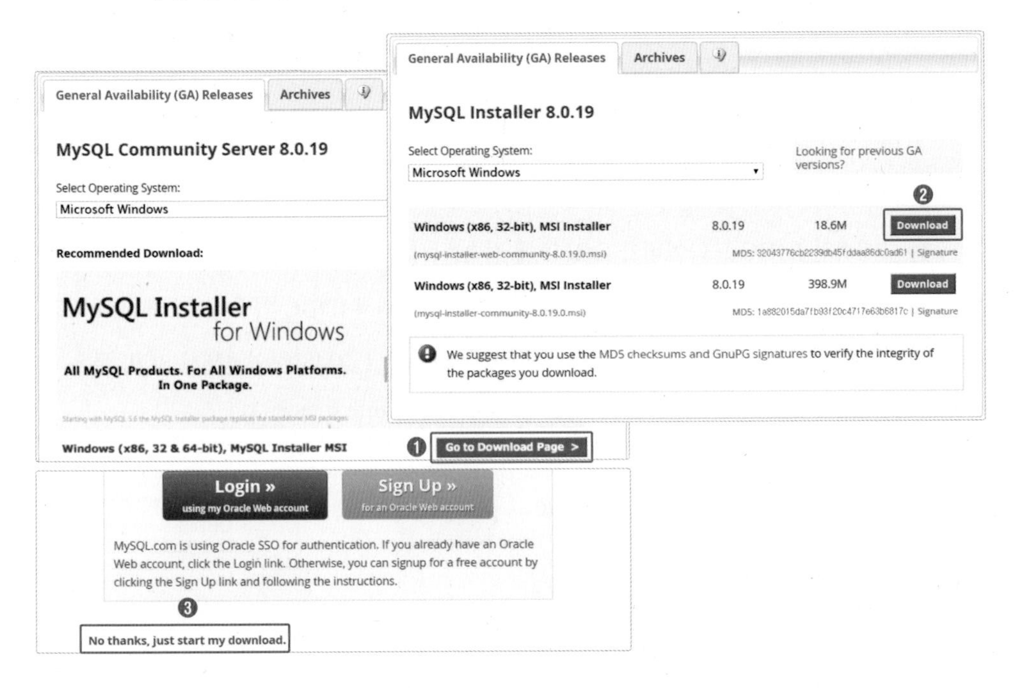

2 **MySQL 설치** 다운로드한 Installer MSI를 더블클릭하면 설치하기 시작한다. 다양한 설정이 있지만, 여기서는 라이선스에 동의한 후 기본 설정을 그대로 두고 [Execute] 버튼이나 [Next] 버튼을 클릭해 설치하면 큰 무리가 없다. 특히, 다음 화면이 나타나면 [Execute] 버튼을 클릭하여 MySQL 설치에 필요한 소프트웨어를 설치해야 한다. 그러나 Python과 같은 자바와 관련이 없는 항목이 설치되지 않아 팝업 창이 나타나면 [Yes] 버튼을 클릭해도 상관 없다.

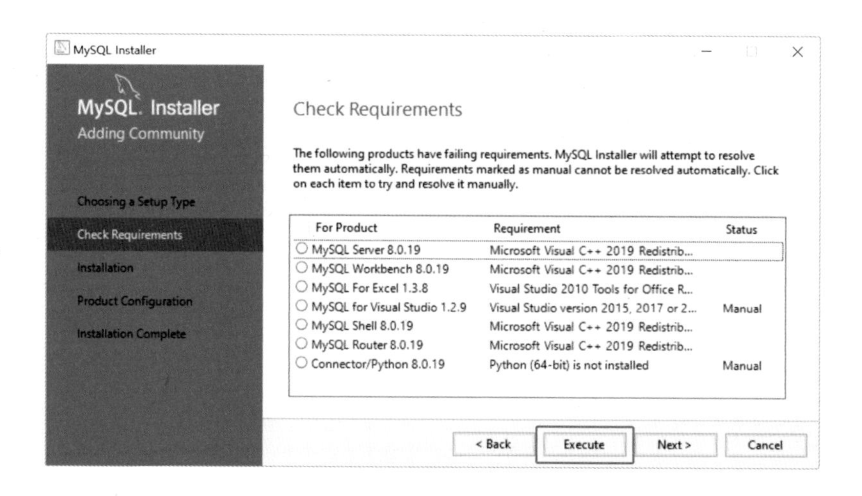

3 **사용자 계정 설정과 설치 완료** 사용자 계정 설정 화면이 나타나면 루트 비밀번호(편의상 'password')를 입력한다. JDBC 프로그래밍을 할 때 필요하므로 루트의 비밀번호를 기억해 둔다. 계속해서 단계별 [Finish] 과정을 여러 번 반복하게 되며 마지막으로 MySQL Workbench 환영 창이 나타나면 설치가 완료된다.

4 **MySQL 드라이버 다운로드** 정상적으로 설치하면 'C:\Program Files (x86)\MySQL\Connector J 버전' 폴더에 MySQL 드라이버((mysql-connector-java-버전번호.jar)가 나타난다. 만약 MySQL 드라이버가 없다면 웹 브라우저에서 http://dev.mysql.com/downloads/에 접속하여 MySQL Community Downloads 화면으로 이동한다. 여기서 그림과 같이 Connector/J 항목을 선택한 후 운영체제를 Platform Independent로 선택하여 MySQL 드라이버를 포함한 압축 파일(mysql-connector-java-버전번호.tar)을 다운로드한다. 다운로드한 압축 파일에서 MySQL 드라이버 파일을 추출한다. 이제 MySQL 드라이버 파일을 임의 폴더(여기서는 C: \Program Files\MySQL\)로 옮긴다.

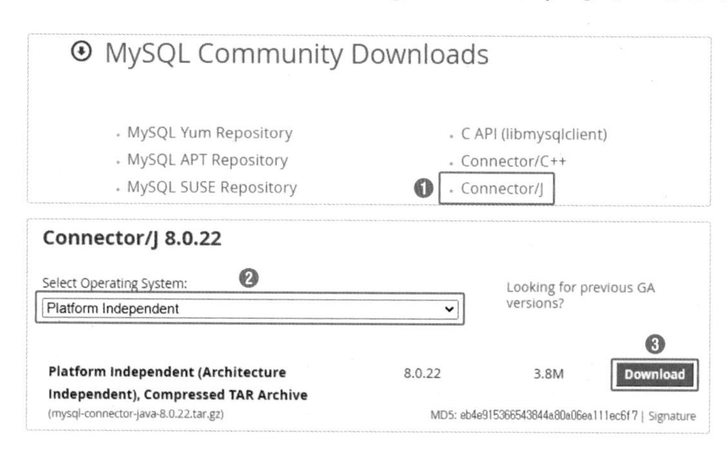

5 MySQL 드라이버 설정 MySQL 설치가 끝나면 JVM이 MySQL 드라이버를 찾을 수 있도록 설정해야 한다. 이클립스의 패키지 탐색기 뷰에서 해당 프로젝트(여기서는 chap18)를 선택한 후 Alt+Enter를 눌러 [Properties] 대화상자가 나타나면, 다음 과정을 따라 다운로드한 JDBC 드라이버를 찾아 추가한 후 [OK] 버튼을 누른다. JDBC를 해당 프로젝트에 등록했다면 이클립스의 패키지 탐색기 뷰에 ❽과 같이 JDBC 드라이버에 해당하는 JAR 파일이 나타난다.

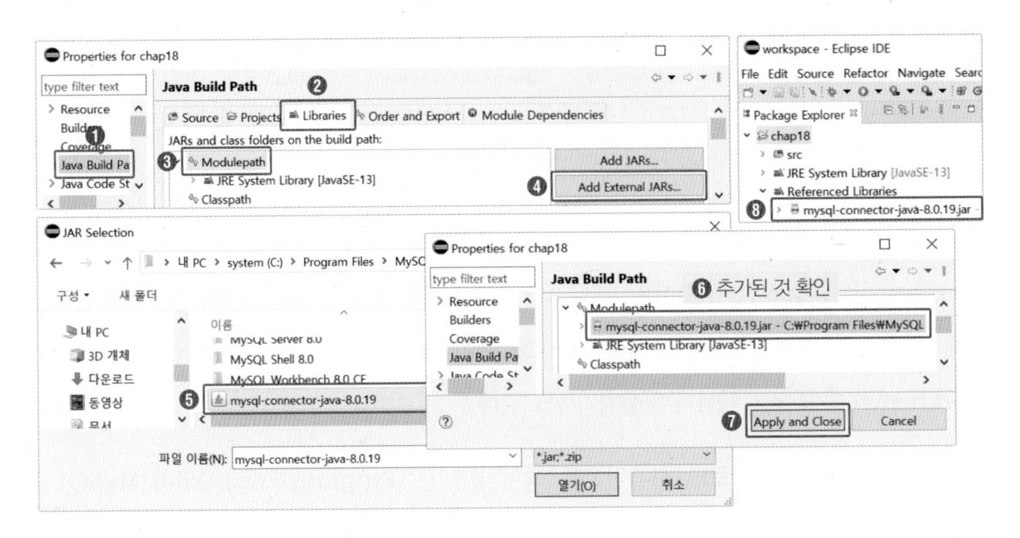

참고

인텔리J 아이디어에 JDBC 드라이버 추가

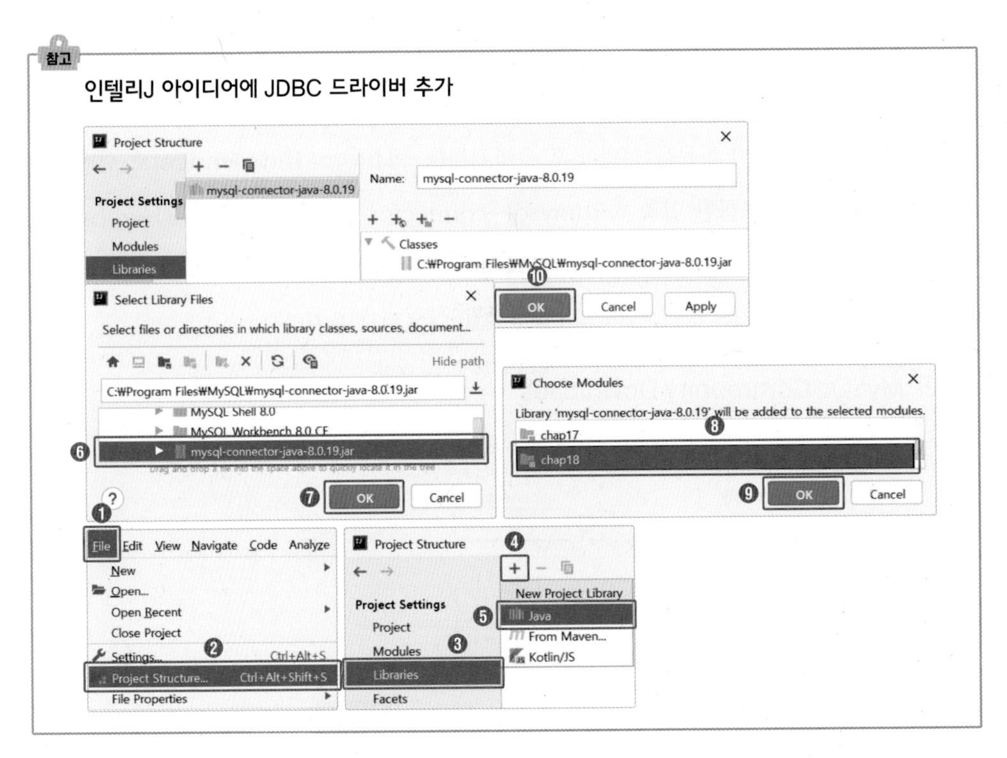

4 SQL 명령어

SQL은 크게 세 가지 종류인 DDL Data Definition Language, DML Data Manipulation Language, DCL Data Control Language로 구분한다. DDL은 테이블 생성·수정·삭제 등 테이블을 관리하는 SQL 명령어이며, DML은 데이터의 검색·수정·삭제 등을 수행하는 SQL 명령어이다. 그리고 DCL은 데이터베이스의 사용자 권한을 정의하는 SQL 명령어이다. SQL 명령어는 반드시 세미콜론(;)으로 마쳐야 한다. SQL 명령어의 일부는 오른쪽과 같다.

표 18-4 SQL 명령어

SQL 명령어	설명	
DDL	CREATE	테이블을 생성한다.
	DROP	테이블을 삭제한다.
	ALTER	테이블 구조를 변경한다.
	USE	사용할 데이터베이스를 지정한다.
DML	INSERT	데이터를 추가한다.
	UPDATE	데이터를 갱신한다.
	DELETE	데이터를 삭제한다.
	SELECT	데이터를 조회한다.
DCL	GRANT	테이블에 권한을 부여한다.

대부분의 DBMS는 이런 SQL 명령어를 직접 실행할 수 있는 명령 창을 제공한다. MySQL에서도 윈도우의 [시작] 버튼을 누르면 두 가지의 MySQL 8.0 Command Line Client 창이 뜬다. 둘 중에서 Unicode를 지원하는 MySQL 8.0 Command Line Client를 실행하면 SQL 명령 창이 나타나며 암호를 입력하면 다음과 같이 'mysql>'이라는 SQL 프롬프트가 나타난다.

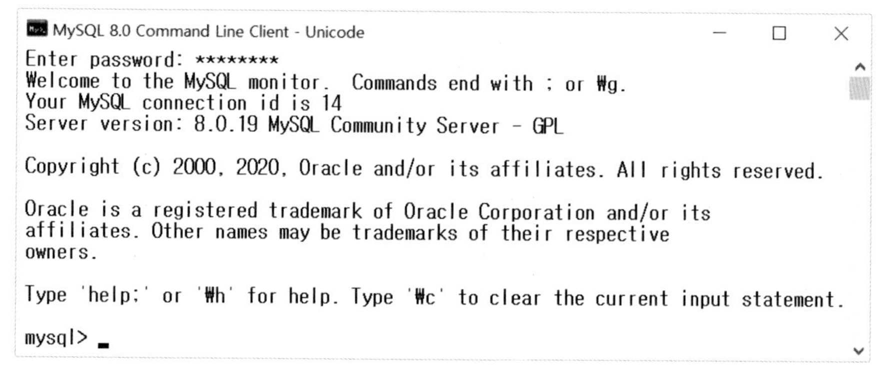

그림 18-10 SQL 명령 창

데이터베이스와 테이블을 생성할 때는 CREATE 명령어를 사용한다. 다음과 같이 SQL 명령창에서 contacts라는 데이터베이스와 person이라는 테이블을 생성해보자.

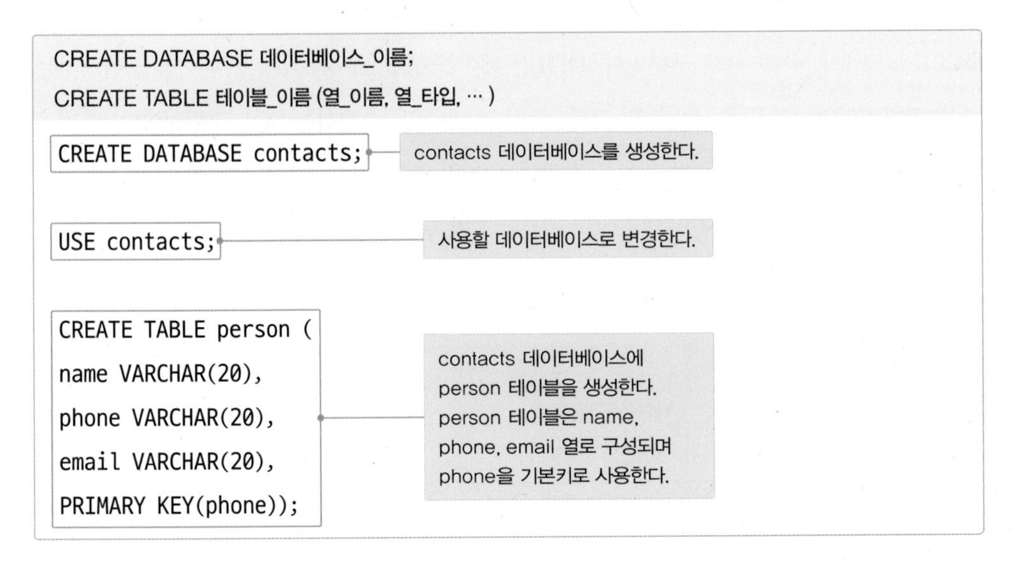

여기서 name, phone, email은 열column 이름이며, VARCHAR(n)은 문자열 타입으로 문자의 개수가 가변적일 때 사용한다. MySQL에서는 VARCHAR 외에 INT, REAL, CHAR, DATE, TIME 등과 같은 데이터 타입도 지원한다.

테이블에 레코드를 추가하려면 INSERT 명령어를 사용한다. 다음과 같이 SQL 명령창에서 name, phone, email 열로 구성된 레코드 하나를 추가해 보자.

INSERT INTO 테이블_이름 [(열_이름, …)] VALUES(값, …);

```
INSERT INTO person (name, phone, email) VALUES ('김선달', '010-1111-1111',
'kim@one.com');
```

같은 방법으로 name, phone, email 값이 각각 '연흥부', '010-3333-3333', 'yeon@three.com'과 '홍길동', '010-6666-6666', 'hong@five.com'인 레코드를 2개 더 추가한다.

테이블에서 필요한 레코드를 검색하려면 SELECT 명령어를 사용한다. 다음은 person 테이블에서 name과 phone 열을 검색하는 예이다. 레코드의 모든 열을 검색할 때는 일일이 나열하는 것보다 *를 사용하는 것이 더 편리하다. 3개의 레코드를 모두 추가하고 다음 예와 같이 검색하면 [그림 18-11]과 같은 결과가 나타난다.

```
SELECT 열_이름, … FROM 테이블_이름 [WHERE 조건] [ORDER BY 정렬 방식];

SELECT name, phone FROM person;
```

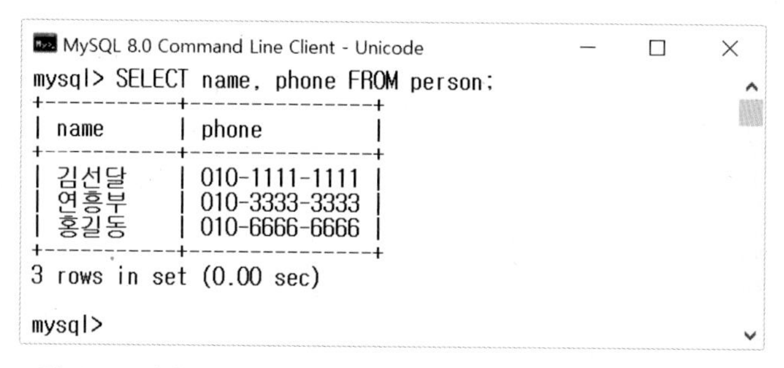

그림 18-11 테이블을 생성하고 데이터를 삽입한 결과

테이블에 있는 레코드를 삭제하려면 DELETE 명령어로 사용한다. 다음과 같이 person 테이블에서 '김선달'의 연락처를 삭제해 보자.

```
DELETE FROM 테이블_이름 [WHERE 조건];

DELETE FROM person WHERE name='김선달';
```

테이블에 있는 레코드를 수정하려면 UPDATE 명령어를 사용한다. 다음과 같이 person 테이블에서 '홍길동'의 phone 내용을 '010-5555-5555'로 수정해 보자.

```
UPDATE 테이블_이름 SET 열_이름=값, … [WHERE 조건];

UPDATE person SET phone='010-5555-5555' WHERE name='홍길동';
```

이제 person 테이블에는 연흥부와 홍길동 2개의 레코드만 남아 있다. SELECT 명령어로 검색해보면 다음과 같다.

```
MySQL 8.0 Command Line Client - Unicode
mysql> SELECT name, phone FROM person;
+-----------+---------------+
| name      | phone         |
+-----------+---------------+
| 연흥부    | 010-3333-3333 |
| 홍길동    | 010-5555-5555 |
+-----------+---------------+
2 rows in set (0.00 sec)

mysql> _
```

그림 18-12 데이터를 삭제하고 수정한 결과

05 JDBC 프로그래밍

앞 절에서 MySQL을 이용해 데이터베이스를 생성하고, 데이터를 추가 · 검색 · 수정 · 삭제하는 방법을 알아보았다. 이제 자바로 데이터베이스를 조작하는 애플리케이션을 작성해 보자. JDBC API를 이용해 데이터를 추가 · 검색 · 수정 · 삭제할 수 있는 자바 애플리케이션을 작성하는 것을 JDBC 프로그래밍이라고 한다. 이것과 관련된 API는 대부분 java.sql 패키지에 포함되어 있다.

JDBC 프로그래밍은 다음 단계를 따라 진행한다.

❶ JDBC 드라이버 로드 및 데이터베이스를 연결한다.

❷ SQL 문을 실행한다.

❸ ResultSet 객체를 처리한다.

❹ 자원 객체를 닫는다.

1 JDBC 드라이버 로드 및 데이터베이스 연결

JDBC 드라이버를 사용하려면 먼저 메모리에 로드해야 한다. Class 클래스의 정적 메서드인 forName()은 인수로 나타난 클래스를 클래스 로더가 메모리에 로드할 수 있게 한다. 예를 들어 MySQL 드라이버라면 다음 실행문으로 드라이버를 메모리에 로드할 수 있다.

```
Class.forName("com.mysql.jdbc.Driver");      // MySQL 드라이버 6.0 이전
Class.forName("com.mysql.cj.jdbc.Driver");   // MySQL 드라이버 6.0 이후
```

그런데 forName() 메서드를 실행할 때 클래스 로더가 인수에 나타난 클래스를 찾지 못하면 ClassNotFoundException을 발생시킬 수 있으므로 반드시 예외 처리해야 한다.

JDBC 드라이버를 메모리에 로드했다면 데이터베이스와 연결해 Connection 객체를 생성한다. Connection 객체는 다음과 같이 DriverManager 클래스의 정적 메서드인 getConnection()을 호출해 생성한다. getConnection() 메서드가 Connection 객체를 생성하지 못한다면 SQLException을 발생시킬 수 있으므로 예외 처리해야 한다.

```
Connection con = DriverManager.getConnection(url, user_id, passwd);
```

getConnection() 메서드의 인수는 모두 문자열로 URL, 사용자 ID, 암호를 나타낸다. URL은 데이터베이스의 위치를 기술하는 것으로 형식은 다음과 같다.

```
jdbc:subprotocol:subname                                     // MySQL 드라이버 6.0 이전
jdbc:subprotocol:subname?serverTimezone=Asia/Seoul // MySQL 드라이버 6.0 이후
```

여기서 subprotocol은 JDBC 드라이버를 기술하는 부분이며, subname은 '//IP주소//DB이름'으로 데이터베이스를 찾는 경로이다. 데이터베이스가 로컬 컴퓨터에 있고 데이터베이스 이름이 contacts라면 subprotocol과 subname으로 각각 'mysql'과 '//localhost/contacts'를 사용한다.

DriverManager 클래스의 getConnection() 메서드로 Connection 객체를 생성했다면 데이터베이스와 연결된 상태라는 의미이다.

다음은 JDBC 드라이버를 이용해 앞 절에서 생성한 contacts 데이터베이스에 연결하는 예제이다.

예제 18-5 **데이터베이스 연결** sec05/DB1Demo.java

```
01 import java.sql.*;
02
03 public class DB1Demo {
04   public static Connection makeConnection() {
05      String url =
06            "jdbc:mysql://localhost/contacts?serverTimezone=Asia/Seoul";
07      Connection con = null;
08      try {
09         Class.forName("com.mysql.cj.jdbc.Driver");
10
11         System.out.println("데이터베이스 연결 중...");
12         con = DriverManager.getConnection(url, "root", "password");
13         System.out.println("데이터베이스 연결 성공");
14      } catch (ClassNotFoundException e) {
```

MySQL 드라이버를 메모리에 로드한다.

데이터베이스와 연결해 Connection 객체를 생성한다.

```
15            System.out.println("JDBC 드라이버를 찾지 못했습니다...");
16         } catch (SQLException e) {
17            System.out.println("데이터베이스 연결 실패");
18         }
19         return con;
20      }
21
22      public static void main(String[] args) {
23         makeConnection();
24      }
25   }
```

```
데이터베이스 연결 중...
데이터베이스 연결 성공
```

2 SQL 문 실행

MySQL 데이터베이스와 연결했다면 SQL 문을 DBMS에 전송할 수 있는 Statement 객체를 생성한다. Statement 객체는 다음과 같이 Connection 인터페이스의 createStatement() 메서드로 생성할 수 있다. Statement 객체를 생성하지 못했다면 SQLException이 발생하기 때문에 예외 처리를 해야 한다.

Connection 타입의 참조변수를 의미

```
Statement stmt = con.createStatement();
```

Statement 객체를 생성하면 세 가지 방법으로 SQL 문을 DBMS에 전송할 수 있다. 보통 SELECT 문장을 전송할 때는 Statement 인터페이스의 executeQuery() 메서드를 사용하고, 그 외에는 executeUpdate() 메서드를 사용한다. SELECT 문장인지 알 수 없을 때는 execute() 메서드를 사용한다. Statement 인터페이스가 제공하는 메서드의 일부는 다음과 같다.

표 18-5 Statement 인터페이스가 제공하는 주요 메서드

메서드	설명
boolean execute(String sql)	SQL 문을 수행한다. 실행 결과가 ResultSet 객체라면 true, 아니면 false를 반환한다.
ResultSet executeQuery(String sql)	SQL 문을 수행한다. ResultSet 객체를 반환한다.
int executeUpdate(String sql)	SQL 문을 수행한다. 영향을 받은 레코드의 개수를 반환한다.

[예제 18-6]은 contacts 데이터베이스의 person 테이블에 하나의 레코드를 추가하는 예제이다.

예제 18-6 **데이터베이스에 레코드 추가** sec05/DB2Demo.java

```
01 import java.sql.*;
02
03 public class DB2Demo {
04   public static Connection makeConnection() {
05      String url =
06           "jdbc:mysql://localhost/contacts?serverTimezone=Asia/Seoul";
07      Connection con = null;
08      try {
09         Class.forName("com.mysql.cj.jdbc.Driver");
10
11         System.out.println("데이터베이스 연결 중...");
12         con = DriverManager.getConnection(url, "root", "password");
13         System.out.println("데이터베이스 연결 성공");
14      } catch (ClassNotFoundException e) {
15         System.out.println("JDBC 드라이버를 찾지 못했습니다...");
16      } catch (SQLException e) {
17         System.out.println("데이터베이스 연결 실패");
18      }
19      return con;
20   }
21
22   public static void main(String[] args) throws SQLException {
23      Connection con = makeConnection();
24      Statement stmt = con.createStatement();
```

Connection 객체에서 Statement 객체를 생성한다.

```
25
26        String sql = "INSERT INTO person (name, phone, email) VALUES "
27                + "('임꺽정', '010-4444-4444', 'lim@four.com')";
28
29        if (stmt.executeUpdate(sql) == 1)
30            System.out.println("레코드 추가 성공");
31        else
32            System.out.println("레코드 추가 실패");
33
34        con.close();
35        stmt.close();
36    }
37 }
```

SQL 문을 실행한다.

SQL 문을 작성한다.

```
데이터베이스 연결 중...
데이터베이스 연결 성공
레코드 추가 성공
```

Statement 인터페이스 대신에 Statement의 자식인 PreparedStatement 인터페이스를 사용할 수 있다. PreparedStatement를 사용하면 다음과 같이 SQL 문을 미리 만들어 두고 사용할 수 있기 때문에 효율성이나 유지 보수 면에서 유리하다.

```
PreparedStatement pstmt =
  con.prepareStatement("UPDATE EMP SET SALARY = ? WHERE ID = ?");

pstmt.setBigDecimal(1, 153833.00)

pstmt.setInt(2, 110592)

pstmt.executeUpdate();
```

prepareStatement( ) 메서드에서 인수인 SQL 문에 변숫값을 나타내는 물음표(?)를 사용할 수 있다. 물음표는 setInt( ), setString( ) 메서드로 값으로 설정할 수 있다.

[예제 18-7]은 PreparedStatement를 사용해 contacts의 person 테이블에 하나의 레코드를 추가하는 예제이다.

예제 18-7 **PreparedStatement를 사용한 레코드 추가** sec05/DB3Demo.java

```
01 import java.sql.*;
02
03 public class DB3Demo {
04   public static Connection makeConnection() {
05     String url =
06       "jdbc:mysql://localhost/contacts?serverTimezone=Asia/Seoul";
07     Connection con = null;
08     try {
09       Class.forName("com.mysql.cj.jdbc.Driver");
10
11       System.out.println("데이터베이스 연결 중...");
12       con = DriverManager.getConnection(url, "root", "password");
13       System.out.println("데이터베이스 연결 성공");
14     } catch (ClassNotFoundException e) {
15       System.out.println("JDBC 드라이버를 찾지 못했습니다...");
16     } catch (SQLException e) {
17       System.out.println("데이터베이스 연결 실패");
18     }
19     return con;
20   }
21
22   public static void main(String[] args) throws SQLException {
23     Connection con = makeConnection();
24     StringBuilder sql = new StringBuilder();
25     sql.append("INSERT INTO person (name, phone, email)");
26     sql.append("VALUES (?, ?, ?)");
27     PreparedStatement pstmt = con.prepareStatement(sql.toString());
28     pstmt.setString(1, "배장화");
29     pstmt.setString(2, "010-2222-2222");
30     pstmt.setString(3, "bae@two.com");
31     pstmt.execute();
32   }
33 }
```

PreparedStatement 객체를 이용해 레코드를 추가한다.

[예제 18-6]과 [예제 18-7]을 실행한 후 MySQL 명령 창에서 전체 레코드를 SELECT 문으로 조회하면 다음과 같다.

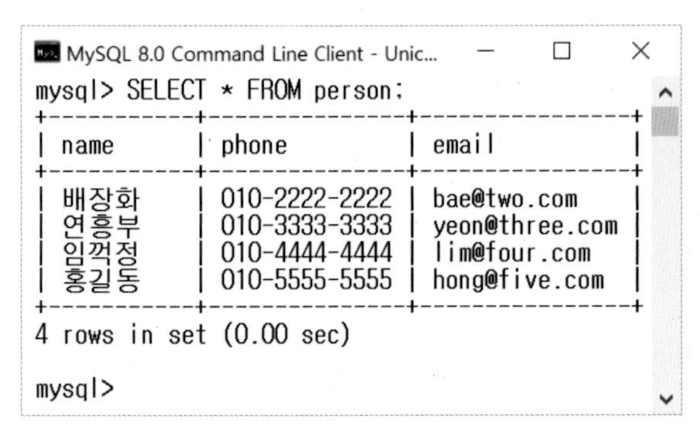

그림 18-13 레코드를 추가한 후 SQL 명령어로 검색한 결과

3 결과집합의 처리

ResultSet은 SQL 질의문의 결과물을 추상화한 인터페이스이다. 예를 들어 다음 SQL 문이 있다고 가정하자.

```
SELECT name, phone FROM person;
```

이 SQL 문을 DBMS에 전송해 실행하면 다음과 같이 ResultSet 타입의 결과가 나타난다.

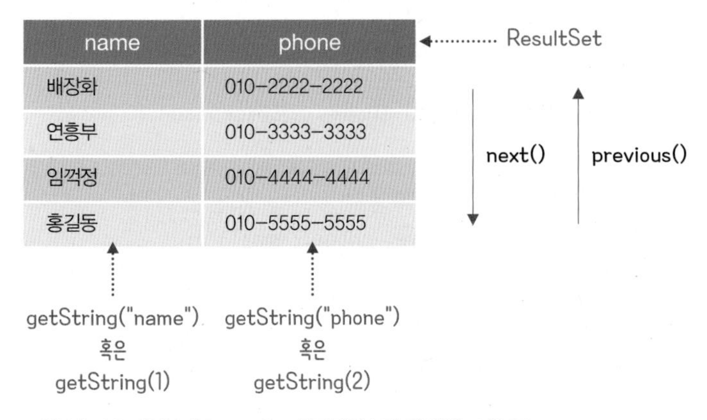

그림 18-14 테이블과 ResultSet 인터페이스가 제공하는 메서드

SQL 질의문의 실행 결과로 받은 ResultSet 타입은 java.sql 패키지에 있는 인터페이스 타입이다. ResultSet 인터페이스는 다음과 같은 다양한 메서드를 지원한다.

표 18-6 ResultSet 인터페이스가 제공하는 주요 메서드

메서드	설명
void afterLast( )	커서를 마지막 행 다음으로 이동한다.
void beforeFirst( )	커서를 첫 행 이전으로 이동한다.
void close( )	ResultSet 객체를 닫는다.
boolean first( )	커서를 첫 행으로 이동한다.
int getInt(int columnIndex) long getLong(String columnLabel)	현재 레코드에서 주어진 열의 값을 int 혹은 long 타입으로 반환한다.
int getRow( )	현재 레코드 번호를 반환한다.
String getString(int columnIndex) String getString(String columnLabel)	현재 레코드에서 주어진 열의 값을 String 타입으로 반환한다.
boolean last( )	커서를 마지막 행으로 이동한다.
boolean next( )	커서를 다음 행으로 이동한다.
boolean previous( )	커서를 이전 행으로 이동한다.

ResultSet 객체가 테이블 형식의 모든 결과물을 한꺼번에 가져오지는 않는다. ResultSet 객체는 결과집합에서 현재 레코드를 지시하는 커서cursor를 사용한다. 커서의 초깃값은 첫 번째 레코드 이전을 가리킨다. 원하는 레코드의 위치로 이동하려면 next( ), previous( ) 등 메서드를 호출하면 된다.

다음은 contacts 데이터베이스의 person 테이블에 있는 모든 레코드의 name과 phone 필드를 출력하는 예제이다.

예제 18-8 **모든 레코드의 name과 phone 필드 출력** sec05/DB4Demo.java

```
01  import java.sql.*;
02
03  public class DB4Demo {
04    public static Connection makeConnection() {
05       String url =
06          "jdbc:mysql://localhost/contacts?serverTimezone=Asia/Seoul";
07       Connection con = null;
08       try {
09          Class.forName("com.mysql.cj.jdbc.Driver");
10
11          System.out.println("데이터베이스 연결 중...");
12          con = DriverManager.getConnection(url, "root", "password");
```

```
13          System.out.println("데이터베이스 연결 성공");
14       } catch (ClassNotFoundException e) {
15          System.out.println("JDBC 드라이버를 찾지 못했습니다...");
16       } catch (SQLException e) {
17          System.out.println("데이터베이스 연결 실패");
18       }
19       return con;
20    }
21
22    public static void main(String[] args) throws SQLException {
23       Connection con = makeConnection();
24
25       String sql = "SELECT * FROM person;";
26       PreparedStatement pstmt = con.prepareStatement(sql);
27       ResultSet rs = pstmt.executeQuery();
28
29       while (rs.next()) {
30          System.out.print("name : " + rs.getString(1) + "\t");
31          System.out.println("phone : " + rs.getString("phone"));
32       }
33    }
34 }
```

SQL 문을 실행한 후 결과집합인 ResultSet 객체를 가져온다.

rs.getString("name")을 사용해도 결과가 동일하다.

결과집합을 사용해 필요한 내용을 출력한다.

```
데이터베이스 연결 중...
데이터베이스 연결 성공
name : 배장화   phone : 010-2222-2222
name : 연흥부   phone : 010-3333-3333
name : 임꺽정   phone : 010-4444-4444
name : 홍길동   phone : 010-5555-5555
```

셀프 테스트 18-2

1 JDBC 드라이버를 메모리에 로드하는 데 필요한 클래스는?

① Class ② Connection

③ Statement ④ Load

2 SQL 문의 실행 결과는 String[ ] 타입이다. (O, X)

3 ________는 데이터베이스에 접근해 각종 SQL 문을 수행할 수 있도록 자바가 제공하는 API를 의미한다.

※ 날짜를 알려 주는 서버·클라이언트 프로그램과 과일을 관리하는 데이터베이스 프로그램을 작성하면서 네트워크 프로그래밍과 데이터베이스 프로그래밍을 학습해 보자.

01 – 날짜를 알려 주는 네트워크 서버·클라이언트 프로그램을 작성해 보자.

① 클라이언트에서 요청하면 날짜와 시간을 제공하는 서버 프로그램을 다음과 같이 작성한다. Date 객체의 문자열을 출력하려면 new Date().toString()을 사용한다.

```
public static void main(String[] args) {
   try (
      // 9000번 포트를 사용하는 ServerSocket 객체 생성
      // 클라이언트의 연결 요청이 오면 승인하고 Socket 객체 생성
      // 클라이언트에 문자열을 보내는 PrintWriter 스트림 생성
      ) {
      // 출력 스트림을 사용해 Date 객체를 문자열 형식으로 출력
   } catch (Exception e) { }
}
```

② 날짜와 시간을 요청하는 클라이언트 프로그램을 작성한다.

```
public static void main(String[] args) {
   // 서버의 IP 주소를 Scanner 객체로 입력받는 코드
   try (
      // 서버에 연결할 Socket 객체 생성
      // BufferedReader 스트림 생성
      ) {
      // BufferedReader 스트림을 사용해 문자열 읽기
      // 읽은 문자열을 모니터에 출력
   } catch (Exception e) { }
}
```

• 서버와 클라이언트를 차례대로 실행해서 다음 결과가 나타나는지 확인한다. 여기서는 서버와 클라이언트가 동일한 IP 주소를 가지기 때문에 IP 주소를 'localhost'라고 입력한다.

```
클라이언트 > 날짜 서버의 IP 주소는? localhost
서버 > Tue Jun 06 16:45:43 KST 2017
```

02 – 과일을 관리하는 데이터베이스 프로그램을 작성해 보자.

① 다음과 같이 수행해 과일을 관리하는 데이터베이스를 생성한다.

- 윈도우의 [시작] 버튼을 눌러 MySQL Command Line Client 창을 띄우고 암호를 입력해 SQL 프롬프트가 나타나게 한다.
- SQL 문을 이용해 fruits라는 이름의 데이터베이스를 생성한다.
- SQL 문을 이용해 fruit라는 이름의 테이블을 정수 id, 문자열 name, 문자열 color, 정수 price라는 열로 생성하며, id를 기본키로 사용한다.
- SQL 문을 이용해 3~4개의 레코드를 추가한다.

② JDBC를 이용해서 fruits라는 데이터베이스에 연결하기 위해 다음과 같은 테스트 프로그램을 작성한다.

```
public static Connection makeConnection() {
   // 필요한 코드 추가
}

public static void main(String[] args) {
   Connection conn = makeConnection();
}
```

③ 생성한 데이터베이스의 레코드를 출력하는 프로그램을 작성한다.

- JDBC 드라이버를 등록하고 Connection 객체를 생성해 데이터베이스와 연결한 후 Statement 객체를 준비한다.

```
Class.forName("com.mysql.cj.jdbc.Driver");
conn = DriverManager.getConnection("jdbc:mysql://localhost/
                                   fruits?serverTimezone=Asia/Seoul",
                                   "root", "password");
System.out.println("객체 생성 중…");
```

- SELECT 문을 사용해 데이터베이스에 저장한 모든 레코드를 읽어 온다.
- 반복문을 사용해 읽어 온 ResultSet 객체를 레코드 단위로 출력한다.
- Connection, Statement, ResultSet 객체를 모두 닫는다.

④ 프로그램을 실행한 후 다음 결과가 나타나는지 확인한다.

```
데이터베이스 연결 중...
데이터베이스 연결 성공
객체 생성 중...
ID : 1, 이름 : 사과, 색상 : 빨강, 가격 : 2000
ID : 2, 이름 : 바나나, 색상 : 노랑, 가격 : 1000
ID : 3, 이름 : 포도, 색상 : 보라, 가격 : 1500
```

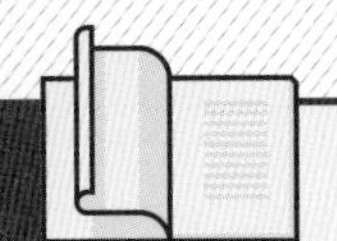

연습 문제

01 - 데이터 흐름 관리, 데이터 정확성 확인, 데이터 목적지까지 전송 등 컴퓨터의 데이터 통신을 수행하는 인터넷 표준 통신 규약은?

① LAN ② Internet
③ TCP/IP ④ HTTP

02 - TCP/IP 네트워크에서 서버와 클라이언트가 통신하는 접속점을 의미하는 것은?

① 포트 ② 소켓
③ IP ④ URL

03 - Socket 클래스와 관련 없는 메서드는?

① accept()
② connect()
③ getInetAddress()
④ getLocalPort()

04 - 데이터베이스에 관한 내용이다. 잘못된 것은?

① 오라클, MySQL 등은 객체 지향 DBMS이다.
② 데이터의 무결성이 유지된다.
③ 데이터의 중복을 최소화할 수 있다.
④ 데이터에 보안성을 제공한다.

05 - SQL 질의문의 실행 결과로 받은 타입이 제공하지 않는 메서드는?

① afterLast()
② close()
③ getInt()
④ execute()

06 - Socket 객체를 생성할 때 예외가 발생할 수 있으므로 예외 처리를 해야 한다. (O, X)

07 - SQL 명령어 중 DML은 데이터베이스 테이블의 생성 또는 삭제 등을 수행하는 언어를 의미한다. (O, X)

08 - URL을 IP 주소로 변환하는 서버는?

09 - MySQL 드라이버를 메모리에 로드하는 실행문은?

10 - MySQL 데이터베이스와 연결했다면 SQL 문을 DBMS에 전송하려고 ________ 객체를 생성한다.

프로그래밍 문제

01 – 다음 실행 결과와 같이 클라이언트가 제공한 영문 문장을 서버가 받아 모두 대문자로 변환한 후 다시 클라이언트에게로 보내고자 한다. 이를 위한 서버와 클라이언트를 작성하라. 단, 클라이언트는 그래픽 기반으로 만들고 서버의 IP 주소를 묻는 부분은 JOptionPane 클래스로 작성한다.

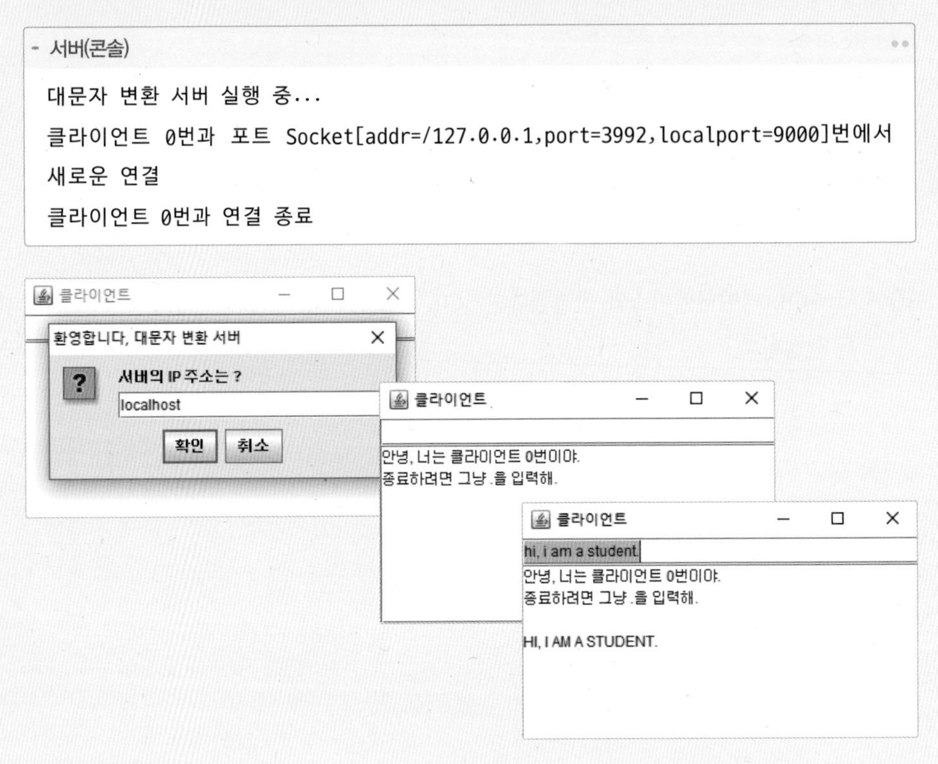

02 – 클라이언트가 파일 이름을 제공하면 서버는 해당 파일을 읽어 출력하는 간단한 파일 조회 프로그램을 작성하시오. 단, 클라이언트는 그래픽 기반으로 만드시오.

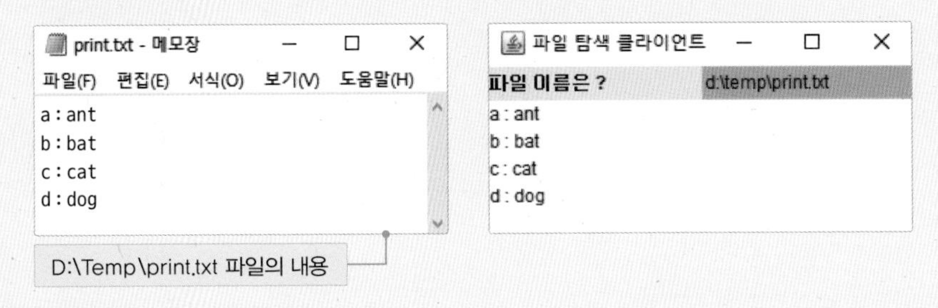

03 – 동일한 컴퓨터에서 실행하는 채팅 프로그램을 작성하라. 서버나 클라이언트에서 메시지를 보내면 다음과 같이 서버와 클라이언트에 발신지 및 메시지가 나타난다. 클라이언트에서 '잘 있어' 메시지를 보내면 서버는 살아 있고 클라이언트는 종료되며, 새로운 클라이언트를 실행하면 서버와 연결된다.

서버

채팅 서버

연결 대기 중.....

❶ 서버 실행

채팅 서버

연결 대기 중.....
127.0.0.1와 연결

채팅 서버

어때

연결 대기 중.....
127.0.0.1와 연결
클라이언트 >>> 안녕

❹ 서버에서 '어때' 입력 후 Enter

채팅 서버

연결 대기 중.....
127.0.0.1와 연결
클라이언트 >>> 안녕
서버 >>>어때

채팅 서버

연결 대기 중.....
127.0.0.1와 연결
클라이언트 >>> 안녕
서버 >>>어때
클라이언트 >>> 잘 있어

클라이언트

클라이언트

연결 시도
127.0.0.1와 연결 성공

❷ 클라이언트 실행

클라이언트

안녕

연결 시도
127.0.0.1와 연결 성공

❸ 클라이언트에서 '안녕' 입력 후 Enter

클라이언트

연결 시도
127.0.0.1와 연결 성공
클라이언트 >>>안녕

클라이언트

잘 있어

연결 시도
127.0.0.1와 연결 성공
클라이언트 >>>안녕
서버 >>> 어때

❺ 클라이언트에서 '잘 있어' 입력 후 Enter

클라이언트 창이 사라짐

04 – 다음 MySQL 명령 창은 현재 접속된 데이터베이스의 구성을 나타낸다. MySQL 명령 창을 사용하지 않고 콘솔에서 현재 접속된 데이터베이스의 구성을 확인할 수 있는 프로그램을 작성하라. 프로그램으로 데이터베이스에 접속해서 MySQL 명령 창에 입력된 SQL 문을 실행하면 된다.

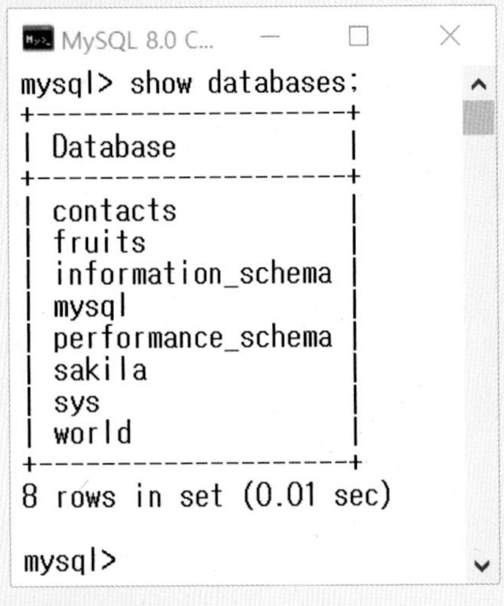

MySQL 명령 창

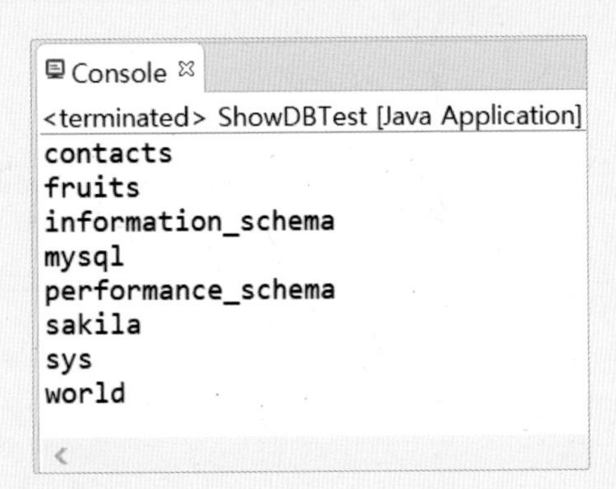

이클립스

05 – 다음 실행 결과를 참고해 레코드를 추가하거나 삭제할 수 있고, 전체 레코드의 내용을 출력할 수 있는 프로그램을 작성하라. 단, 18장에서 생성한 contacts 데이터베이스의 person 테이블을 사용한다.

- 전체 레코드 출력

```
다음 중 하나를 선택하세요 : s(show), a(add), d(delete) -> s
## 연락처 리스트 ##
배장화  010-2222-2222 bae@two.com
연흥부  010-3333-3333 yeon@three.com
임꺽정  010-4444-4444 lim@four.com
홍길동  010-5555-5555 hong@five.com
```

```
- 레코드 추가

다음 중 하나를 선택하세요 : s(show), a(add), d(delete) -> a
추가할 레코드의 이름, 전화번호, 이메일은?
이름 : 최콩쥐
전화번호 : 010-6666-6666
이메일 : choi@six.com
##  연락처 리스트  ##
배장화    010-2222-2222 bae@two.com
연흥부    010-3333-3333 yeon@three.com
임꺽정    010-4444-4444 lim@four.com
홍길동    010-5555-5555 hong@five.com
최콩쥐    010-6666-6666 choi@six.com
```

06 – 다음 그림을 참고해 레코드를 추가 · 삭제 · 조회 · 갱신할 수 있는 프로그램을 GUI 버전으로 작성하라. 조회한 레코드가 2개 이상이면 앞뒤로 이동할 수 있는 기능도 추가한다. 다음 실행 결과에서 이름 항목을 입력한 후 [탐색] 버튼을 누르면 이름 항목을 포함한 모든 레코드를 찾아내는데, [《(이전)] 버튼과 [》(이후)] 버튼을 사용해 차례대로 조회할 수 있다. 단, 18장에서 생성한 contacts 데이터베이스의 person 테이블을 사용한다.

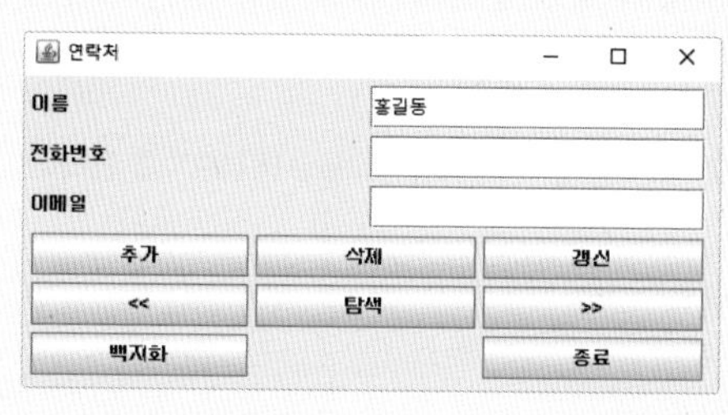

이름 항목에 이름 입력

[탐색] 버튼을 클릭한 결과

셀프 테스트 해답

셀프 테스트 1-1 1 JVM 2 컴파일러 3 ○ 4 ×

셀프 테스트 1-2 1 JDK 2 람다식 3 java, class 4 ×

셀프 테스트 2-1 1 ② 2 ①, ② 3 주석 4 세미콜론

셀프 테스트 2-2 1 리터럴 2 ○ 3 × 4 × 5 ○ 6 3.0

셀프 테스트 2-3 1 %x 2 ②

셀프 테스트 2-4 1 true 2 12 3 3 4 /, *, +, 두 번째 =, 첫 번째 =

셀프 테스트 3-1 1 × 2 43 3 else를 else if로 수정

셀프 테스트 3-2 1 abcdefghijklmnopqrstuvwxyz 2 x 3 x 4 12

셀프 테스트 3-3 1 × 2 234

셀프 테스트 3-4 1 void 2 메서드 오버로딩 3 if (x % 2 == 1) System.out.println(x);

셀프 테스트 4-1 1 × 2 캡슐화, 상속, 다형성 3 클래스 4 필드, 메서드

셀프 테스트 4-2 1 ③ 2 생성자 3 Circle 클래스의 객체(예를 들어 c)를 생성한 후 c.radius로 접근

셀프 테스트 4-3 1 × 2 × 3 ○ 4 × 5 접근자(getter), 설정자(setter)

셀프 테스트 5-1 1 ○ 2 × 3 ○ 4 string.length( )

셀프 테스트 5-2 1 ○ 2 × 3 array.length

셀프 테스트 5-3 1 × 2 ○ 3 String...

셀프 테스트 5-4 1 ○ 2 ○ 3 × 4 enum

셀프 테스트 6-1 1 ③ 2 ② 3 메서드 오버라이딩 4 super

셀프 테스트 6-2 1 public, protected 2 public 3 import

셀프 테스트 6-3 1 ○ 2 × 3 final 4 instanceof

셀프 테스트 7-1 1 × 2 ○ 3 ×

셀프 테스트 7-2 1 ○ 2 ○ 3 implements 4 디폴트 메서드, 정적 메서드, private 메서드 5 인터페이스

셀프 테스트 7-3 1 ○ 2 × 3 ○

셀프 테스트 7-4 1 ③ 2 ① 3 × 4 ○ 5 내부 클래스

셀프 테스트 8-1 1 ② 2 × 3 × 4 × 5 int, 자동 언박싱

셀프 테스트 8-2 1 ① 2 × 3 ○

셀프 테스트 8-3 1 #,###.## 2 "홍길동" 3 SimpleDateFormat

셀프 테스트 9-1 1 ① 2 ③ 3 ○ 4 예외 또는 Exception 5 일반 예외 또는 검사형 예외

셀프 테스트 9-2 1 ○ 2 × 3 ○ 4 T extends Comparable

셀프 테스트 10-1 1 ○ 2 × 3 ② 4 String::substring

셀프 테스트 10-2 1 ○ 2 × 3 IntBinaryOperator 4 ①

셀프 테스트 11-1 1 ② 2 ④

셀프 테스트 11-2 1 ① 2 스레드 또는 다중 스레드 3 LinkedList

셀프 테스트 11-3 1 ④ 2 ④ 3 ○

셀프 테스트 11-4 1 ① 2 ② 3 ×

셀프 테스트 12-1 1 ① 2 ④ 3 ○

셀프 테스트 12-2 1 × 2 ○ 3 Optional 4 getAsInt( )

셀프 테스트 12-3 1 사과\n딸기 2 Map〈Boolean, List〈String〉〉 3 flatMap(x -> x.stream( ))

셀프 테스트 13-1 1 ④ 2 바이트 스트림, 문자 스트림 3 System.out

셀프 테스트 13-2 1 ③ 2 DataInputStream 3 InputStream, OutputStream

셀프 테스트 13-3 1 ③ 2 ○ 3 BufferedReader와 BufferedWriter

셀프 테스트 13-4 1 ③ 2 × 3 ○ 4 ○

셀프 테스트 14-1 1 ① 2 ○ 3 멀티스레딩 4 run( )

셀프 테스트 14-2 1 ④ 2 데몬 스레드 3 동기화 4 Object

셀프 테스트 15-1 1 ○ 2 ○ 3 JavaFX

셀프 테스트 15-2 1 ① 2 ③ 3 ×

셀프 테스트 15-3 1 ② 2 × 3 JLabel

셀프 테스트 16-1 1 ③ 2 × 3 EventObject

셀프 테스트 16-2 1 ④ 2 ○ 3 requestFocus( )

셀프 테스트 16-3 1 ① 2 ○ 3 ○ 4 JSeparator

셀프 테스트 17-1 1 ③ 2 ① 3 × 4 × 5 BufferedImage

셀프 테스트 18-1 1 ④ 2 InetAddress 3 × 4 TCP, UDP

셀프 테스트 18-2 1 ① 2 × 3 JDBC

참고 문헌과 참고 사이트

01 『Java 8 Lambdas』, Richard Warburton, O'Reilly, 2014.

02 『Power Java(2판)』, 천인국·하상호 공저, 인피니티북스, 2012.

03 『명품 Java Programming(개정판)』, 황기태·김효수 공저, 생능출판사, 2013.

04 『이것이 자바다』, 신용권 저, 한빛미디어, 2015.

05 『모던자바 인 액션』, 우정은 역, 한빛미디어, 2019

06 『가장 빨리 만나는 코어 자바 9』, 신경근 역, 길벗, 2018

07 『프로그래머를 위한 Java 2(4판)』, 최종명·최재영·유재우 공저, 홍릉과학출판사, 2015.

08 http://docs.oracle.com/javase/tutorial/index.html

09 https://docs.oracle.com/en/java/javase/14/docs/api/index.html

10 http://winterbe.com/posts/2014/07/31/java8-stream-tutorial-examples/

11 http://tutorials.jenkov.com/java-io/overview.html

12 https://www.ntu.edu.sg/home/ehchua/programming/java/J4a_GUI.html

기호

A

B

C

D

E

F

G

H

L